동영상강의 www.pmg.co.kr

박문각
행정사

조민기
민법총칙

기본서 | 1차

박문각 행정사연구소 편_조민기

브랜드만족
1위
박문각

근거자료
후면표기

**20
24**

5년 최다  **전체
수석**  합격자 배출

박문각

머리말

본서는 2024년에 시행될 제12회 행정사 자격시험을 위한 민법총칙의 기본서입니다.

민법은 모든 법 공부의 핵심으로, 특히 양이 방대하다는 점에서 체계적 이해가 필수적입니다.

이를 위해서는 법 조문을 기본으로 하고 법률용어의 개념을 명확하게 이해한 후 중요 판례를 통해 구체적인 적용현상까지 공부할 것이 요구됩니다.

최근 민법시험의 경향은 단순 암기문제는 지양하고 민법의 각 분야에 핵심적인 기본문제와 상당한 이해력을 요하는 고난도의 문제까지 출제되고 있습니다. 이에 효과적으로 대응하기 위해서는 무조건적 암기보다는 기본서의 반복적인 정독을 통한 충실한 이해가 필요합니다.

본서는 민법총칙 전반에 대한 체계적인 이해를 통한 보다 빠른 시험 합격이라는 목표를 염두에 두고 다음과 같이 구성하였습니다.

첫째, 법 조문을 관련 분야에 세심하게 배치하였습니다. 민법은 결국 조문의 해석이므로 각 분야마다 관련 법 조문을 먼저 제시함으로써 조문과 이론의 연계를 확인할 수 있도록 하였습니다.

둘째, 이론을 명확하게 정리하였습니다. 쉬운 문장으로 빠짐없이 기본이론을 정리한 후, 고득점 합격을 위해서 학설의 대립이 심한 핵심쟁점까지도 꼼꼼히 살펴보았습니다.

셋째, 판례를 최근 것까지 풍부하게 반영하였습니다. 각 판례는 관련 이론의 해당 부분에 맞게 배치하여, 이론이 판례를 통해 어떻게 응용되는지를 볼 수 있도록 하였습니다.

넷째, 문제도 최대한 많이 수록하였습니다. 무엇보다 민법총칙 과목의 출제경향을 파악할 수 있도록 제1회부터 제11회까지의 행정사 시험 기출문제에 정확한 해설을 달았고, 그 밖에 출제가 예상되는 여러 유형의 문제를 정선하여 담았습니다. 본문내용을 공부한 후 반드시 문제를 통해서 어떻게 출제되는지를 확인하기 바랍니다.

다섯째, 체계적인 암기를 위해 목차를 최대한 세분하였습니다. 목차와 키워드 위주로 기본서를 여러 번 정독하면 암기에 큰 도움이 됩니다.

행정사 시험은 전문인을 선발하기 위한 자격시험입니다. 단순한 교양시험이 아닙니다. 이러한 자격시험에 합격하기 위해서는 좋은 책과 본인의 노력 그리고 명쾌한 강의가 함께 어우러져야 합니다. 본인이 열심히 공부하는 것이 가장 중요하지만, 그에 못지않게 좋은 교재의 선택도 중요한 부분입니다.

본서는 출제경향에 대한 철저한 분석과 정확한 이해를 바탕으로, 수험생들이 합격에의 자신감을 갖고 시험준비에 임할 수 있도록 하였습니다.

이 책으로 행정사 자격시험을 준비하시는 모든 분들이 반드시 합격하기를 간절히 기원합니다.

편저자 조민기

행정사 개요

| 국가자격시험 "행정사" |

행정사 자격시험을 통과하면 국민 누구나 행정사 사무소 영업이 가능합니다.

행정사란?

행정사는 행정업무의 원활한 운영과 국민의 권리구제를 목적으로 행정기관에 제출하는 서류의 작성·번역 및 제출 대행, 행정 관계법령 및 행정에 대한 상담 및 자문, 법령으로 위탁받은 사무의 사실조사 및 확인의 업무를 하는 등 대국민 행정서비스를 통한 국민의 편의를 도모하기 위한 자격사제도이다. 행정사 자격증은 지난 1961년에 도입되었고, 1995년도 '행정서사'에서 '행정사'로 명칭이 변경되었다. 과거 행정사 자격시험은 퇴직 공무원들이 독점해 왔으나, 헌재의 위헌판결로 일반인도 행정사 자격시험을 통해서 행정사 자격증을 취득할 수 있게 되었다.

행정사가 하는 일

행정사는 다른 사람의 위임을 받아 다음 각 호의 업무를 수행한다. 다만, 다른 법률에 따라 제한된 업무는 할 수 없다. 행정사가 아닌 사람은 다른 법률에 따라 허용되는 경우를 제외하고는 다음의 업무를 업(業)으로 하지 못한다.

1. 행정기관에 제출하는 서류의 작성
   ① 진정·건의·질의·청원 및 이의신청에 관한 서류
   ② 출생·혼인·사망 등 가족관계의 발생 및 변동사항에 관한 신고 등의 각종 서류

2. 권리·의무나 사실증명에 관한 서류의 작성
   ① 각종 계약·협약·확약 및 청구 등 거래에 관한 서류
   ② 그 밖에 권리관계에 관한 각종 서류 또는 일정한 사실관계가 존재함을 증명하는 각종 서류

3. 행정기관의 업무에 관련된 서류의 번역

4. 제1호부터 제3호까지의 규정에 따라 작성된 서류의 제출 대행

5. 인가·허가 및 면허 등을 받기 위하여 행정기관에 하는 신청·청구 및 신고 등의 대리

6. 행정 관계 법령 및 행정에 대한 상담 또는 자문에 대한 응답

7. 법령에 따라 위탁받은 사무의 사실 조사 및 확인

행정사의 종류 및 소관업무

종류	의의	업무 영역
일반행정사	민원인의 부탁을 받고 행정기관에 제출하는 서류 작성, 또는 주민의 권리·의무 사실의 증명에 관한 서류 작성 및 대리 제출 등을 업무로 하는 전문자격사	• 행정기관에 제출하는 서류의 작성 및 제출 대행 • 권리·의무나 사실증명에 관한 서류의 작성 및 제출 대행 • 인가·허가 및 면허 등을 받기 위하여 행정기관에 하는 신청·청구 및 신고 등의 대리(代理) • 행정 관계 법령 및 행정에 대한 상담 또는 자문에 대한 응답 • 법령에 따라 위탁받은 사무의 사실 조사 및 확인
해사행정사	일반행정사의 업무뿐 아니라 해운 및 해양안전심판과 관련한 업무를 겸하는 전문자격사	• 일반행정사와 동일한 업무 • 해운 또는 해양안전심판에 관한 업무
외국어 번역행정사	행정기관의 업무에 관련된 서류의 번역 및 제출을 대행하는 전문자격사	• 행정기관의 업무에 관련된 서류의 번역 • 다른 사람의 위임에 따라 행정사가 작성하거나 번역한 서류를 위임자를 대행하여 행정기관에 제출하는 일 • 외국 서류의 번역과 관련된 인·허가 및 면허 등 행정기관에 제출하는 신고, 신청, 청구 등의 대리행위 • 외국의 행정 업무와 관련된 법령 및 행정에 대한 상담 또는 자문

행정사 시험 정보

1. **자격 분류:** 국가 전문 자격증
2. **시험 기관 소관부처:** 행정안전부(주민과)
3. **실시 기관:** 한국산업인력공단
4. **시험 일정:** 매년 1차, 2차 실시

구분	원서 접수	시험 일정	합격자 발표
1차	2023년 4월 24일~4월 28일	2023년 6월 3일	2023년 7월 5일
2차	2023년 7월 31일~8월 4일	2023년 10월 7일	2023년 12월 6일

〈2023년 제11회 행정사 시험 기준〉

5. **응시자격:** 제한 없음. 다만, 행정사법 제5·6조의 결격사유가 있는 자와 행정사법 시행령 제 19조에 따라 부정행위자로 처리되어, 그 처분이 있은 날부터 5년이 지나지 않은 자는 시험 에 응시할 수 없다.

6. 시험 면제대상
- 1차 시험에 합격한 사람에 대하여는 다음 회의 시험에서만 1차 시험을 면제한다(단, 경 력서류 제출로 1차 시험이 면제된 자는 행정사법이 개정되지 않는 한 계속 면제).
- 행정사 자격이 있는 사람으로서 다른 종류의 행정사 자격시험에 응시하는 사람은 1차 시험을 면제한다.
- 행정사법 제9조 및 동법 부칙 제3조에 따라, 공무원으로 재직하였거나 외국어 전공 학 위를 받고 외국어 번역 업무에 종사한 경력이 있는 사람 등은 행정사 자격시험의 전부 또는 일부가 면제된다(1차 시험 면제, 1차 시험 전부와 2차 시험 일부 면제, 1·2차 시 험 전부 면제).

7. 시험 과목 및 시간
● **1차 시험(공통)**

교시	입실 시간	시험 시간	시험 과목	문항 수	시험 방법
1교시	09:00	09:30~10:45 (75분)	① 민법(총칙) ② 행정법 ③ 행정학개론(지방자치행정 포함)	과목당 25문항	5지택일

● **2차 시험**

교시	입실시간	시험 시간	시험 과목	문항 수	시험 방법
1교시	09:00	09:30~11:10 (100분)	**[공통]** ① 민법(계약) ② 행정절차론(행정절차법 포함)	과목당 4문항 (논술 1문제, 약술 3문제)	논술형 및 약술형 혼합
2교시	11:30	• 일반·해사행정사 11:40~13:20 (100분) • 외국어번역행정사 11:40~12:30 (50분)	**[공통]** ③ 사무관리론 (민원 처리에 관한 법률 및 행정 효율과 협업 촉진에 관한 규정 포함) **[일반행정사]** ④ 행정사실무법 (행정심판사례, 비송사건절차법) **[해사행정사]** ④ 해사실무법 (선박안전법, 해운법, 해사안전법, 해양사고의 조사 및 심판에 관한 법률) **[외국어번역행정사]** ④ 해당 외국어(외국어능력검정시험으로 대체하며 영어, 중국어, 일본어, 프랑스어, 독일어, 스페인어, 러시아어의 7개 언어에 한함)		

8. 합격 기준

- 과목당 100점을 만점으로 하여 모든 과목의 점수가 40점 이상이고, 전 과목의 평균 점수가 60점 이상인 사람(2차 시험의 해당 외국어시험 제외)
- 단, 제2차 시험 합격자가 최소선발인원보다 적은 경우, 최소선발인원이 될 때까지 전 과목의 점수가 40점 이상인 사람 중에서 전 과목 평균 점수가 높은 순으로 합격자를 추가로 결정한다. 동점자로 인해 최소선발인원을 초과하는 경우 동점자 모두를 합격자로 한다.

9. 외국어능력검정시험 성적표 제출(외국어번역행정사)

외국어번역행정사 2차 시험의 '해당 외국어' 과목은 원서접수 마감일 전 2년 이내에 실시된 외국어능력검정시험으로 대체(행정사법 시행령 제9조 제3항, 별표 2)

● **외국어 과목을 대체하는 외국어능력검정시험 종류 및 기준점수**

시험명	기준점수	시험명	기준점수
TOEFL	쓰기 시험 부문 25점 이상	IELTS	쓰기 시험 부문 6.5점 이상
TOEIC	쓰기 시험 부문 150점 이상	신HSK	6급 또는 5급 쓰기 영역 60점 이상
		DELE	C1 또는 B2 작문 영역 15점 이상
TEPS	쓰기 시험 부문 71점 이상 ※ 청각장애인: 쓰기 시험 부문 64점 이상	DELF/DALF	• C2 독해와 작문 영역 25점 이상 • C1 또는 B2 작문 영역 12.5점 이상
G-TELP	GWT 작문 시험 3등급 이상	괴테어학	• C2 또는 B2 쓰기 모듈 60점 이상 • C1 쓰기 영역 15점 이상
FLEX	쓰기 시험 부문 200점 이상	TORFL	4단계 또는 3단계 또는 2단계 또는 1단계 쓰기 영역 66% 이상

민법총칙 1차 시험 총평

민법총칙 1차 시험 총평

제11회 행정사 민법총칙 과목은 작년 제10회 시험과 비슷한 수준이었다.

심화문제는 3개 정도에 불과하였으며, 중급문제 5개, 기본문제 17개가 출제되었고, 조문과 기본 내용을 묻는 문제가 여전히 많은 반면에 판례·사례문제도 예년에 비해 쉬운 편이었다. 다만 자연인, 법률행위에서 조금 더 출제되었다.

선택형 민법시험에서 고득점하기 위해서는 먼저 법조문을 꼼꼼히 읽으면서 이해하는 습관을 길러야 한다. 그 다음 기본서에 수록된 판례의 결론과 근거를 정리하고 문제를 통해 실수를 줄이는 연습도 필요하다. 이해와 정리를 통해 습득한 지식은 반드시 암기하여야 하며, 시험 당일까지 이해→정리→암기의 과정을 반복해야 한다.

행정사 시험도 11년간의 기출문제가 축적된 만큼 먼저 기출문제를 확인하여 비슷한 유형의 국가고시문제를 많이 풀고, 여기에 개정 법률과 최신판례만 추가하면 시험대비에 충분하다고 생각한다.

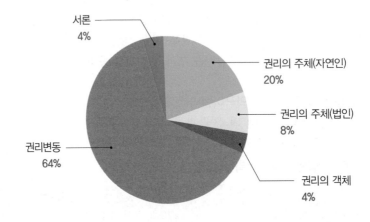

- 서론 4%
- 권리의 주체(자연인) 20%
- 권리의 주체(법인) 8%
- 권리의 객체 4%
- 권리변동 64%

민법총칙 출제 경향 분석

🔍 2013~2023 민법총칙 출제 경향 분석

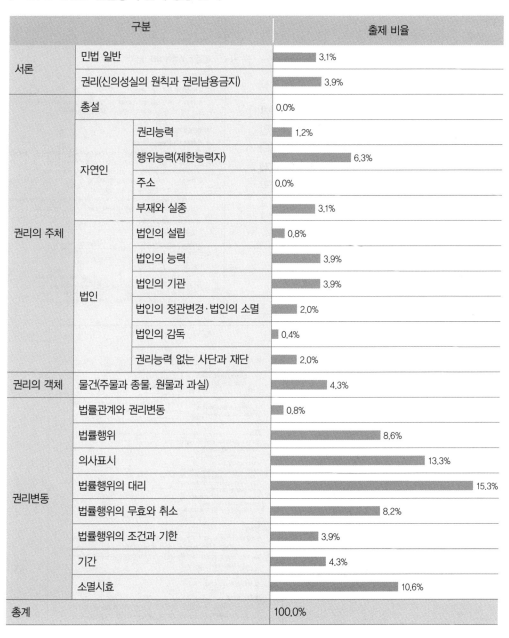

구분			출제 비율
서론	민법 일반		3.1%
	권리(신의성실의 원칙과 권리남용금지)		3.9%
권리의 주체	총설		0.0%
	자연인	권리능력	1.2%
		행위능력(제한능력자)	6.3%
		주소	0.0%
		부재와 실종	3.1%
	법인	법인의 설립	0.8%
		법인의 능력	3.9%
		법인의 기관	3.9%
		법인의 정관변경·법인의 소멸	2.0%
		법인의 감독	0.4%
		권리능력 없는 사단과 재단	2.0%
권리의 객체	물건(주물과 종물, 원물과 과실)		4.3%
권리변동	법률관계와 권리변동		0.8%
	법률행위		8.6%
	의사표시		13.3%
	법률행위의 대리		15.3%
	법률행위의 무효와 취소		8.2%
	법률행위의 조건과 기한		3.9%
	기간		4.3%
	소멸시효		10.6%
총계			100.0%

구성 및 활용법

1

한눈에 들어오는 교재 구성

방대한 학습내용을 체계적으로 분류하고 서술하여 전반적인 내용 파악이 용이하도록 하였다. 그리고 체계적인 암기를 위해 목차를 세분화하여 구성하였으며 기본서의 정독에 도움이 되도록 하였다. 또한, 행정사 시험에 출제된 부분에 기출 표시를 달아 출제 경향을 충분히 파악할 수 있도록 하였다.

---

www.pmg.co.kr

제2절 민법의 법원 2015 · 2017 · 2018 · 2019 · 2020 · 2022 기출

01 서설

1. 법원(法源)의 의미

법원이란 '법(法)의 연원(淵源)'의 약칭으로서 법의 존재형식 내지 법의 현상형태를 말한다. 즉, 민법의 법원은 실질적 의미의 민법이 존재하는 형식을 의미한다.

2. 성문법주의와 불문법주의

(1) 성문법주의와 불문법주의의 의의

① 문자로 표현되고, 문서의 형식을 갖추어 일정한 절차에 따라 규정된 법이 성문법(成文法)이고, 그렇지 않은 법이 불문법(不文法)이다. 성문법을 1차적인 법원으로 인정하는 것이 성문법주의이고, 불문법을 주된 법원으로 인정하는 것이 불문법주의이다.

② 대륙법계인 우리나라는 성문법주의를 채택하고 있으므로 성문법이 제1차적인 법원이 되고 관습법, 조리 등이 이를 보충하고 있다.

③ 영미법계는 불문법주의를 채택하고 있으므로 판례에 의하여 형성된 판례법이 제1차적인 법원이 되고, 성문법은 이를 명확히 하거나 보충하는 의의를 가질 뿐이다.

(2) 성문법주의와 불문법주의의 비교

구분	성문법주의	불문법주의
의의	성문법이 주된 법원	불문법이 주된 법원
법계	대륙법계 국가	영미법계 국가
장점	• 법률의 명확화를 기할 수 있다. • 법의 통일정비가 용이하다. • 법질서가 안정적이다.	• 법질서가 경화되지 않고, 유동적이어서 구체적 타당성을 기할 수 있다. • 법의 진화가 보다 용이하다.
단점	• 법질서가 유동적이지 않아 구체적 타당성을 저해하는 경우가 많다. • 사회사정의 변천에 곧 적응하기 어렵다.	• 법이 명확하지 않다. • 법의 통일정비가 곤란하다. • 법질서의 안정을 해친다.

2

실력을 살릴 수 있는 참고와 예시

방대하고 다소 난이도 있는 내용이므로 중간중간에 이 내용들을 설명할 수 있는 장치들을 마련하였다. 제시된 이론과 관련하여 알아 두면 좋은 내용은 **참고**로 정리하였으며, 본문에서 예시가 필요한 부분은 **예**로 표시하여 이해하는 데 도움이 될 수 있도록 하였다.

---

www.pmg.co.kr

권리자의 의사표시만으로 효과를 발생하는 형성권	법률행위의 동의권(제5조 · 제10조), 제한능력자의 상대방의 최고권 · 철회권 · 거절권(제15조 · 제16조), 취소권(제140조), 추인권(제143조), 계약의 해제권 · 해지권(제543조), 상계권(제492조), 매매의 예약완결권(제564조), 약혼해제권(제805조), 상속포기권(제1041조) 등
재판상으로 권리를 행사하여 그 판결에 의해 효과가 발생하는 형성권	채권자취소권(제406조), 혼인취소권(제816조), 재판상 이혼권(제840조), 친생부인권(제846조), 입양취소권(제884조), 재판상 파양권(제905조) 등

참고

청구권이라 표현하지만 실제는 형성권인 경우

• 공유물분할청구권(제268조)
• 지상물매수청구권(제283조)
• 지료증감청구권(제286조)
• 지상권설정자의 지상권소멸청구권(제287조)
• 전세권설정자의 전세권소멸청구권(제311조)
• 전세권설정자의 부속물매수청구권(제316조)
• 전세권자의 부속물매수청구권(제316조)
• 채무자의 유치권소멸청구권(제324조)
• 매매대금감액청구권(제572조)
• 임차인의 지상물매수청구권(제643조) 등

(4) 항변권

항변권은 상대방의 청구권 행사에 대하여 일시적 또는 영구적으로 작용을 저지할 수 있는 권리이다. 여기에는 청구권의 행사를 일시적으로 저지하는 연기적 항변권(예 보증인의 최고 · 검색의 항변권(제437조)), 동시이행의 항변권(제536조))과 영구적으로 저지할 수 있는 영구적 항변권(예 상속인의 한정승인(제1028조))이 있다.

3. 그 밖의 분류

(1) 절대권 · 상대권

절대권은 모든 사람에 대해 주장할 수 있는 권리이며, 대세권이라고도 한다. 이에 반해 상대권은 특정인에 대해서만 주장할 수 있는 권리이며, 대인권이라고도 한다. 물권 · 지식재산권 · 친권 등의 지배권은 절대권에 속하고, 채권 등의 청구권은 상대권에 속한다.

3

관련 판례 및 유형별 조문 수록

이론과 관련되는 판례 및 조문을 함께 수록하였다. 민법에서 이론과 판례는 따로 떼어 놓고 생각할 수 없는 관계로, 이론이 곧 판례이자, 판례가 곧 이론이라 할 수 있다. 따라서 이론과 판례를 연계하는 학습, 즉 판례를 이해하며 이론을 습득하는 것이 좋은 학습법이다. 또한, 조문을 통해 이로부터 파생되는 이론의 핵심을 공부하는 것이 좋다.

4

실전이 두렵지 않은, 문제로 실력다지기

Chapter별로 실력을 점검해볼 수 있는 문제들을 수록하였다. 행정사 시험에 대비한 예상문제들과 함께 명쾌한 해설을 함께 실어 독자들이 부족한 부분을 찬찬히 짚어볼 수 있게 하였다. 기본적인 내용의 문제부터 심화된 내용의 문제까지 다양한 난이도의 문제를 수록함으로써 차근차근 실력을 다지고 실전감각을 기를 수 있도록 하였다.

차 례

Part 01 서론

chapter 01 민법 일반

제1절 민법의 의의 • 16
제2절 민법의 법원 • 18
제3절 민법의 기본원리 • 22
제4절 민법의 효력 및 해석 • 23
문제로 실력다지기 • 27

chapter 02 권리

제1절 민법의 법률관계와 권리·의무 • 32
제2절 신의성실의 원칙과 권리남용금지의 원칙 • 40
문제로 실력다지기 • 51

Part 02 권리의 주체

chapter 01 서설 • 66

chapter 02 자연인 • 68
문제로 실력다지기 • 96

chapter 03 법인 • 118
문제로 실력다지기 • 150

Part 03 권리의 객체

제1절 물건 • 176
제2절 부동산과 동산 • 179
제3절 주물과 종물 • 183
제4절 원물과 과실 • 187
문제로 실력다지기 • 190

Part 04 권리의 변동

chapter 01 **권리변동 서론** •202
　문제로 실력다지기 •206

chapter 02 **법률행위** •208
　문제로 실력다지기 •230

chapter 03 **의사표시** •250
　문제로 실력다지기 •277

chapter 04 **법률행위의 대리** •302
　문제로 실력다지기 •331

chapter 05 **법률행위의 무효와 취소** •356
　문제로 실력다지기 •374

chapter 06 **법률행위의 조건과 기한** •387
　문제로 실력다지기 •397

chapter 07 **기간** •404
　문제로 실력다지기 •407

chapter 08 **소멸시효**
　제1절 서설 •412
　제2절 소멸시효의 요건 •416
　제3절 소멸시효의 중단과 정지 •425
　제4절 소멸시효의 효력 •435
　문제로 실력다지기 •440

부록 기출문제 / 민법총칙 조문

제11회 행정사 민법총칙 기출문제 •458
민법총칙 조문 •474

행정사
조민기 민법총칙

PART

01

서론

Chapter 01 민법 일반
Chapter 02 권리

민법 일반

제1절 민법의 의의

01 실질적 의의의 민법

실질적 의의의 민법이란 개인 상호 간의 재산관계와 가족관계를 규율하는 사법의 일반법(일반사법)이라고 할 수 있다.

1. 법질서 일부로서의 민법

사람은 사회적 동물로서 고립되어 살아갈 수 없으며, 사회 공동생활을 할 수밖에 없다. 이처럼 인간이 사회 공동생활을 하기 위하여는 질서가 유지되어야 하며, 그러한 질서를 유지하기 위하여 지켜야 할 최소한의 규범으로 법규범이 있어야 한다. 이러한 법규범의 하나가 민법이다.

2. 사법(私法)으로서의 민법

법은 그 규율대상인 법률관계에 따라서 공법과 사법으로 나뉜다. 민법과 상법은 사법이며, 헌법·행정법·형법·민사소송법·형사소송법 등은 공법이다. 공법과 사법은 소송을 달리하며, 공법은 고권적 행정원리가 지배하고, 사법은 사적자치의 원리가 지배한다. 근래에 노동법·경제법·사회보장법 등의 사회법이 등장하여 공법과 사법의 어느 것도 아닌 독자의 법영역을 형성하여 나가고 있어, 공법과 사법의 구별을 곤란하게 하고 있다.

3. 일반법(一般法)으로서의 민법

모든 사람·장소·사항에 대하여 일반적으로 적용되는 법이 일반법이며, 적용에 있어서 특별한 제한이 있는 것이 특별법이다. 어떤 사항에 관하여 일반법과 특별법이 있는 경우에 '특별법 우선의 원칙'에 의하여 특별법이 일반법에 우선하여 적용된다. 민법은 사법관계에 있어서 누구에게나 적용될 것을 예정하고 있는 가장 일반적인 법률이다.

4. 실체법(實體法)으로서의 민법

권리·의무의 발생·변경·소멸·효과 등과 같이 법률관계의 실체에 관하여 규정한 법이 실체법이며, 실체법이 규정하는 내용을 실현시키는 절차를 규정하는 법이 절차법이다. 민법과 상법 등 법률의 대부분은 실체법이며, 민사소송법·민사집행법·형사소송법·행정소송법 등은 절차법이다.

(02) 형식적 의의의 민법

1. 형식적 민법과 실질적 민법의 관계

형식적 의미의 민법은 민법이라는 성문(成文)의 법전, 즉, 민법전(民法典)을 뜻한다. 형식적 민법과 실질적 민법은 반드시 일치하지는 않는다. 형식적 민법(민법전)은 실질적 민법을 전부 수용하고 있지 않으며, 실질적 민법이 아닌 규정도 포함하고 있기 때문이다(제97조, 제389조 등).

2. 우리 민법전의 성립과 구성

우리 민법전(民法典)은 1960년 1월 1일부터 시행되었다. 우리 민법은 독일식 구성방법에 따라 실체법(민법)과 절차법(민사소송법)이 분리되어 법제화되었으며, 민법전(民法典)은 총칙(제1조~제184조), 물권(제185조~제372조), 채권(제373조~제766조), 친족(제767조~제996조), 상속(제997조~제1118조) 등 5편과 부칙으로 구성되어 있다.

제2절 ▶ 민법의 법원 2015 · 2017 · 2018 · 2019 · 2020 · 2022 기출

01 서설

1. 법원(法源)의 의미

법원이란 '법(法)의 연원(淵源)'의 약칭으로서 법의 존재형식 내지 법의 현상형태를 말한다. 즉, 민법의 법원은 실질적 의미의 민법이 존재하는 형식을 의미한다.

2. 성문법주의와 불문법주의

(1) 성문법주의와 불문법주의의 의의

① 문자로 표현되고, 문서의 형식을 갖추어 일정한 절차에 따라 규정된 법이 성문법(成文法)이고, 그렇지 않은 법이 불문법(不文法)이다. 성문법을 1차적인 법원으로 인정하는 것이 성문법주의이고, 불문법을 주된 법원으로 인정하는 것이 불문법주의이다.
② 대륙법계인 우리나라는 성문법주의를 채택하고 있으므로 성문법이 제1차적인 법원이 되고 관습법, 조리 등이 이를 보충하고 있다.
③ 영미법계는 불문법주의를 채택하고 있으므로 판례에 의하여 형성된 판례법이 제1차적인 법원이 되고, 성문법은 이를 명확히 하거나 보충하는 의의를 가질 뿐이다.

(2) 성문법주의와 불문법주의의 비교

구분	성문법주의	불문법주의
의의	성문법이 주된 법원	불문법이 주된 법원
법계	대륙법계 국가	영미법계 국가
장점	• 법률의 명확화를 기할 수 있다. • 법의 통일정비가 용이하다. • 법질서가 안정적이다.	• 법질서가 경화되지 않고, 유동적이어서 구체적 타당성을 기할 수 있다. • 법의 진화가 보다 용이하다.
단점	• 법질서가 유동적이지 않아 구체적 타당성을 저해하는 경우가 많다. • 사회사정의 변천에 곧 적응하기 어렵다.	• 법이 명확하지 않다. • 법의 통일정비가 곤란하다. • 법질서의 안정을 해친다.

⑩ 민법의 법원의 종류

1. 민법 제1조

> **제1조【법원】** 민사에 관하여 법률에 규정이 없으면 관습법에 의하고 관습법이 없으면 조리에 의한다.

민법 제1조는 민법의 법원의 종류 및 적용순위를 규정하고 있다. 즉, 법원의 종류로서 법률·관습법·조리를 인정하고, 법원의 적용순서로서 ① 법률 ② 관습법 ③ 조리를 규정하고 있다.

2. 성문법원(成文法源)

민법 제1조에서의 법률은 형식적 의의의 법률에 한정하지 않고 성문화된 법규명령, 자치법규, 조약 등 성문법원 전체를 통칭하는 것이다.

(1) 법률(형식적 의의의 법률)

형식적 의의의 법률이란 국회에서 헌법이 정하는 절차에 따라 제정·공포된 법률을 말한다. 여기에는 민법전, 민사특별법, 민법부속법률 등이 있다.

(2) 명령

입법기관인 국회의 의결을 거치지 않고 행정기관에 의하여 제정되는 법규범을 말한다. 이에는 위임명령·집행명령 등이 있으며, 제정권자에 따라 대통령령·총리령·부령 등으로 나눌 수 있다.

(3) 대법원규칙

대법원은 법률에 저촉되지 않는 범위 내에서 소송에 관한 절차, 법원의 내부규율과 사무처리에 관한 규칙을 제정할 수 있다(헌법 제108조). 이에는 부동산등기법 시행규칙, 공탁사무처리규칙 등이 있다.

(4) 조약과 일반적으로 승인된 국제법규

헌법에 의하여 체결·공포된 조약과 일반적으로 승인된 국제법규는 국내법과 같은 효력을 가진다(헌법 제6조). 따라서 그 내용이 민사에 관한 것은 민법의 법원이 된다.

(5) 자치법규

지방자치단체가 법령의 범위 내에서 그 사무에 관하여 제정하는 조례나 규칙도 민사에 관한 사항이 포함되는 경우에는 민법의 법원이 된다.

3. 불문법원(不文法源)

(I) 관습법

① **의의**: 관습법이란 사회에서 자연적으로 발생한 관습 내지 관행이 일반인의 법적 확신을 얻어 법규범으로 승인된 것을 말한다.

② **관습법의 성립요건**

    ㉠ 관행이 존재할 것

    ㉡ 관행을 법규범으로 인식하는 법적 확신이 있을 것(사실인 관습과의 구별기준)

    ㉢ 관행이 전체 법질서 및 선량한 풍속 기타 사회질서에 반하지 않을 것

③ **성립시기**: 관습법은 법원의 판결에 의하여 그 존재가 확인되지만, 성립시기는 그 관습이 법적 확신을 얻은 때로 소급한다(통설).

④ **관습법의 효력**

    ㉠ 보충적 효력설(다수설·판례): 민법 제1조의 규정을 충실히 해석하여, 관습법은 법률의 규정이 없는 사항에 관하여 보충적으로 적용된다.

    ㉡ 대등적 효력설(변경적 효력설): 관습법에 성문법과 대등한 지위를 인정하여, 관습법에 의한 성문법의 개폐를 인정한다.

판례

1. 관습법과 사실인 관습의 의의·입증책임·효력

    [1] 관습법이란 사회의 거듭된 관행으로 생성한 사회생활규범이 사회의 법적 확신과 인식에 의하여 법적 규범으로 승인·강행되기에 이른 것을 말하고, 사실인 관습은 사회의 관행에 의하여 발생한 사회생활규범인 점에서 관습법과 같으나 사회의 법적 확신이나 인식에 의하여 법적 규범으로서 승인된 정도에 이르지 않은 것을 말하는바, **관습법은 바로 법원으로서 법령과 같은 효력을 갖는 관습으로서 법령에 저촉되지 않는 한 법칙으로서의 효력이 있는 것이며,** 이에 반하여 사실인 관습은 법령으로서의 효력이 없는 단순한 관행으로서 법률행위의 당사자의 의사를 보충함에 그치는 것이다.

    [2] 법령과 같은 효력을 갖는 관습법은 당사자의 주장 입증을 기다림이 없이 법원이 직권으로 이를 확정하여야 하고 사실인 관습은 그 존재를 당사자가 주장 입증하여야 하나, 관습은 그 존부 자체도 명확하지 않을 뿐만 아니라 그 관습이 사회의 법적 확신이나 법적 인식에 의하여 법적 규범으로까지 승인되었는지의 여부를 가리기는 더욱 어려운 일이므로, 법원이 이를 알 수 없는 경우 결국은 당사자가 이를 주장 입증할 필요가 있다.

    [3] 사실인 관습은 사적자치가 인정되는 분야, 즉 그 분야의 제정법이 주로 임의규정일 경우에는 법률행위의 해석기준으로서 또는 의사를 보충하는 기능으로서 이를 재판의 자료로 할 수 있을 것이나 이 외의, 즉 그 분야의 제정법이 주로 강행규정일 경우에는 그 강행규정 자체에 결함이 있거나 강행규정 스스로가 관습에 따르도록 위임한 경우 등 이외에는 법적 효력을 부여할 수 없다.

    [4] 가정의례준칙 제13조의 규정과 배치되는 관습법의 효력을 인정하는 것은 관습법의 제정법에 대한 열후적, 보충적 성격에 비추어 민법 제1조의 취지에 어긋나는 것이다.

    [5] 가정의례준칙 제13조의 규정과 배치되는 사실인 관습의 효력을 인정하려면 그와 같은 관습을 인정할 수 있는 당사자의 주장과 입증이 있어야 할 뿐만 아니라 이 관습이 사적자치가 인정되는 임의규정에 관한 것인지 여부를 심리판단하여야 한다(대판 1983. 6. 14, 80다3231).

2. 종중 구성원의 자격을 성년 남자만으로 제한하는 종래 관습법의 효력

[1] 관습법이란 사회의 거듭된 관행으로 생성한 사회생활규범이 사회의 법적 확신과 인식에 의하여 법적 규범으로 승인·강행되기에 이른 것을 말하고, 그러한 관습법은 법원으로서 법령에 저촉되지 아니하는 한 법칙으로서의 효력이 있는 것이고, 또 사회의 거듭된 관행으로 생성한 어떤 사회생활 규범이 법적 규범으로 승인되기에 이르렀다고 하기 위해서는 헌법을 최상위 규범으로 하는 전체 법질서에 반하지 아니하는 것으로서 정당성과 합리성이 있다고 인정될 수 있는 것이어야 하고, 그렇지 아니한 사회생활규범은 비록 그것이 사회의 거듭된 관행으로 생성된 것이라고 할지라도 이를 법적 규범으로 삼아 관습법으로서의 효력을 인정할 수 없다.

[2] 사회의 거듭된 관행으로 생성된 사회생활규범이 관습법으로 승인되었다고 하더라도 사회 구성원들이 그러한 관행의 법적 구속력에 대하여 확신을 갖지 않게 되었다거나, 사회를 지배하는 기본적 이념이나 사회질서의 변화로 인하여 그러한 관습법을 적용하여야 할 시점에 있어서의 전체 법질서에 부합하지 않게 되었다면 그러한 관습법은 법적 규범으로서의 효력이 부정될 수밖에 없다.

[3] 종원의 자격을 성년 남자로만 제한하고 여성에게는 종원의 자격을 부여하지 않는 종래 관습에 대하여 우리 사회 구성원들이 가지고 있던 법적 확신은 상당 부분 흔들리거나 약화되어 있고, 무엇보다도 헌법을 최상위 규범으로 하는 우리의 전체 법질서는 개인의 존엄과 양성의 평등을 기초로 한 가족생활을 보장하고, 가족 내의 실질적인 권리와 의무에 있어서 남녀의 차별을 두지 아니하며, 정치·경제·사회·문화 등 모든 영역에서 여성에 대한 차별을 철폐하고 남녀평등을 실현하는 방향으로 변화되어 왔으며, 앞으로도 이러한 남녀평등의 원칙은 더욱 강화될 것인바, 종중은 공동선조의 분묘수호와 봉제사 및 종원 상호간의 친목을 목적으로 형성되는 종족단체로서 공동선조의 사망과 동시에 그 후손에 의하여 자연발생적으로 성립하는 것임에도, 공동선조의 후손 중 성년 남자만을 종중의 구성원으로 하고 여성은 종중의 구성원이 될 수 없다는 종래의 관습은 공동선조의 분묘수호와 봉제사 등 종중의 활동에 참여할 기회를 출생에서 비롯되는 성별만에 의하여 생래적으로 부여하거나 원천적으로 박탈하는 것으로서, 위와 같이 변화된 우리의 전체 법질서에 부합하지 아니하여 정당성과 합리성이 있다고 할 수 없으므로, 종중 구성원의 자격을 성년 남자만으로 제한하는 종래의 관습법은 이제 더 이상 법적 효력을 가질 수 없게 되었다(대판 전합 2005. 7. 21, 2002다1178).

[4] 종중이란 공동선조의 분묘수호와 제사 및 종원 상호간의 친목 등을 목적으로 하여 구성되는 자연발생적인 종족집단이므로, 종중의 이러한 목적과 본질에 비추어 볼 때 공동선조와 성과 본을 같이 하는 후손은 성별의 구별 없이 성년이 되면 당연히 그 구성원이 된다고 보는 것이 조리에 합당하다.

3. 토지 또는 건물이 동일한 소유자에게 속하였다가 그 건물 또는 토지가 매매 기타의 원인으로 인하여 양자의 소유자가 다르게 될 때에 그 건물을 철거한다는 조건이 없는 이상 건물소유자는 토지소유자에 대하여 그 건물을 위한 관습상의 법정지상권을 취득하는 것이고, 자기의 의사에 의하여 건물만의 소유권을 취득하였다고 하여 관습상의 법정지상권을 취득할 수 없는 것은 아니다(대판 1997. 1. 21, 96다40080).

4. 온천에 관한 권리를 관습법상의 물권이라고 볼 수 없고 또한 온천수는 민법 제235조, 제236조 소정의 공용수 또는 생활상 필요한 용수에 해당하지 아니한다(대판 1970. 5. 26, 69다1239).

5. 미등기 무허가건물의 양수인이라 할지라도 그 소유권이전등기를 경료받지 않는 한 그 건물에 대한 소유권을 취득할 수 없고, 그러한 상태의 건물 양수인에게 소유권에 준하는 관습상의 물권이 있다고 볼 수도 없으므로, 건물을 신축하여 그 소유권을 원시취득한 자로부터 그 건물을 매수하였으나 아직 소유권이전등기를 갖추지 못한 자는 그 건물의 불법점거자에 대하여 직접 자신의 소유권 등에 기하여 명도를 청구할 수는 없다(대판 2007. 6. 15, 2007다11347).

(2) 조리

조리는 일반 사회인의 건전한 상식으로 판단할 수 있는 사물의 도리를 일컫는 것으로서, 우리 민법 제1조는 조리를 민법의 법원으로 규정하고 있다. 따라서 조리는 민법의 법원이 된다(통설・판례).

(3) 판례

① 어떤 법률문제에 같은 취지의 법해석(판결)이 반복됨으로써 법원을 구속하게 되는 규범을 판례법이라 한다.

② 영미법계에서는 판례가 가장 중요한 법원이지만, 우리나라에서는 원칙적으로 성문법주의를 채용하고 있으므로 판례를 법원으로 인정하지 않는다(다수설).

③ 법원조직법 제8조는 "상급법원의 재판에 있어서의 판단은 해당 사건에 관하여 하급심을 기속한다"라고 규정하고 있으나, 이것은 '당해 사건'에 한정되는 것으로서 판례의 일반적 구속력을 인정하는 것은 아니다.

④ 또한 상급심이 행한 법률의 해석은 하급심이 이와 유사한 장래의 다른 사건을 재판함에 있어서 일반적으로 적용이 되지만, 이것은 사실상의 구속력이지 법적인 구속력은 아니다.

제3절 민법의 기본원리

01 근대 민법의 기본원리

1. 지도원리

개인의 자유와 평등이 강조되는 인격절대주의를 배경으로 하는 개인주의적 법원리를 바탕으로 제정되었다.

2. 근대 민법의 3대 원칙

(1) 사유재산권 존중의 원칙(소유권 절대의 원칙)

(2) 사적자치의 원칙(법률행위자유의 원칙, 계약자유의 원칙)

(3) 과실책임의 원칙(자기책임의 원칙)

⑫ 근대 민법의 기본원리의 수정

1. 지도원리

자본주의 경제 모순의 심화로 인하여 실질적인 자유와 평등을 통한 인간다운 생활을 실현하기 위하여, 공공복리의 원리가 근대 민법의 기본원리를 시정하기 위한 이념으로 등장하게 되었다.

2. 수정원리

근대 민법의 기본원리는 공공복리의 원리에 의해서 수정되며, 그 구체적 실천은 신의성실의 원칙, 권리남용금지의 원칙, 거래안전보호의 원칙 등에 의하여 제한하는 형태로 이루어지고 있다.

3. 3대 원칙의 수정

(1) 사유재산권 존중의 원칙 ⇨ 사유재산권 상대의 원칙

(2) 사적자치의 원칙 ⇨ 계약의 공정성

(3) 과실책임의 원칙 ⇨ 무과실책임의 가미

제4절 ▶ 민법의 효력 및 해석

⑪ 민법의 효력

1. 시간적 효력

(1) 원칙적 소급효 인정

민법은 부칙 제2조 본문에서 "본법은 특별한 규정이 있는 경우 외에는 본법 시행일 전의 사항에 대하여도 이를 적용한다"라고 규정하여 원칙적으로 소급효를 인정하고 있다.

(2) 실질적 불소급원칙의 채택

민법은 부칙 제2조 단서에서 "그러나 이미 구법에 의하여 생긴 효력에 영향을 미치지 아니한다"라고 규정하고 있다. 이는 원칙적으로 민법의 소급효를 인정하면서 단서에 의하여 기득권을 보호하는 형식을 취한 것이다. 따라서 부칙 제2조 본문에서 원칙상 그 소급적용을 인정하였다고 해도, 그 단서에 의해 실질적으로는 불소급의 원칙을 채택한 것이나 다름없다.

2. 인적 효력

(1) 속인주의

민법은 모든 대한민국 국민에게 적용된다. 국내에 있는 국민은 물론이고 국외에 있는 한국인에게도 적용된다.

(2) 속지주의

민법은 대한민국의 영토 내에 있는 외국인에게도 적용되는 것을 원칙으로 한다.

3. 장소적 효력

민법은 우리나라의 전 영토 내에서 적용된다. 북한의 지역도 대한민국의 영토에 포함되므로 (헌법 제3조), 여기에도 우리 민법은 적용된다. 다만, 현실적으로 그 적용이 정지되고 있는 상태일 뿐이다.

02 민법의 해석

1. 해석의 의의

① 법의 해석은 법을 적용함에 있어서 그 전제가 된다. 추상적인 법규범을 대전제로 하고 구체적 생활관계를 소전제로 하여, 3단 논법에 의한 추론으로서 법적 판단을 내리는 것이 법의 적용인데(사실의 확정 ⇨ 법규의 해석 ⇨ 법규의 적용), 여기서 대전제가 되는 법규(즉, 법원)의 내용을 확정하는 것을 법의 해석이라 할 수 있다. 따라서 ② 민법의 해석이란 각종 민법의 법원에 관하여 그 내용을 확정하는 것을 의미한다. 또한, 법의 해석이라고 할 때에는 법원이 재판을 통해서 하는 해석 또는 학자들의 학설에 의한 해석인 학리적 해석을 말한다. 따라서 법규의 특정용어의 뜻을 다른 법규로써 확정하는 정의규정(예컨대 제98조의 본법에서 물건이라 함은 유체물 및 전기 기타 관리할 수 있는 자연력을 말한다)인 입법해석(유권해석 · 공권적 해석)은 포함되지 않는다.

2. 해석의 방법

(1) Savigny가 제시한 4가지 방법

① **문리해석**: 법규의 문장 · 용어를 기초로 하여 그 문자가 가지는 의미를 따라서 하는 해석

② **논리해석**: 민법을 하나의 논리적 체계로 구성하여 개개 조문의 의미를 민법의 전 체계와 조화될 수 있도록 하는 해석

③ **역사적 해석**: 법률의 제정 당시에 그에 의하여 규율될 구체적 자료와 법률과의 관계를 고려하는 해석

④ **체계적 해석**: 모든 법제도와 법규정의 내적 관계를 고려하여 하는 해석

(2) 반대해석 · 유추해석 · 확장해석 · 축소해석

① **반대해석**: 甲과 乙의 두 사실이 있을 때, 甲에 관하여는 규정이 있고 乙에 대하여는 규정이 없는 경우 乙에 관하여는 甲과 다른 결과를 인정하는 해석방법이다. 예컨대, 제184조 제1항이 "소멸시효의 이익은 미리 포기하지 못한다"라고 규정하고 있으므로 시효완성 후의 포기는 가능하다고 해석하는 것이다.

② **유추해석**: 당해 사실에 관한 법규정이 없는 경우에 유사한 사항에 대한 법규정의 목적 내지 취지를 고려하여 동일한 법적 결과를 도출하는 해석방법이다. 예컨대, 비법인사단에 대해서 민법의 법인에 관한 규정 중 불법행위능력규정 등을 유추적용하는 것이다.

③ **확장해석**: 조문의 문언 그 자체가 가지는 의미보다 넓게 인정하는 해석방법이다. 예컨대, 제752조의 "타인의 생명을 해한 자는 피해자의 직계존속, 직계비속 및 배우자에 대하여는 재산상의 손해 없는 경우에도 손해배상의 책임이 있다"에서의 '배우자'에 사실혼의 배우자까지도 포함되는 것으로 해석하는 것이다.

④ **축소해석**: 조문의 문언 그 자체가 가지는 의미보다 좁게 인정하는 해석방법이다. 예컨대, 제22조의 부재자의 재산관리에 관한 청구권자인 '이해관계인'은 법률상의 이해관계인만을 의미하며, 사실상의 이해관계인은 포함되지 아니하는 것으로 해석하는 것이다.

3. 해석의 목적

(1) 법적 안정성과 구체적 타당성

민법해석은 법적 안정성과 구체적 타당성이 조화될 수 있는 해석을 하여야 한다. 대개 문리적 해석 · 논리적 해석 · 반대해석은 법적 안정성에 충실하며, 역사적 해석 · 체계적 해석 · 유추 해석은 구체적 타당성에 충실하게 된다.

(2) 헌법에 부합되는 해석

민법의 개별 법규는 민법의 기본원리를 구체화하고 있으므로 민법 법규의 해석은 민법의 기본원리에 충실하여야 한다. 이러한 민법의 기본원리는 헌법이 규정하고 있는 우리나라 기본질서의 민법에서의 실천원리이므로 민법의 해석은 헌법에 합치되어야 한다.

4. 해석의 용어정리

(1) 유추와 준용

유추는 법해석의 한 방법이지만, 준용은 입법기술상의 방법이다. 즉, 비슷한 사항에 관하여 법규를 제정할 때에 법률을 간결하게 할 목적으로 다른 유사한 법규를 적용할 것을 규정하는 것이 준용인 것이다(제12조 등).

(2) 선의와 악의

선의는 어떤 사정을 알지 못하는 것이고, 악의는 이를 알고 있는 것이다.

(3) 추정과 간주

추정은 반대의 증거가 제출되면 법규의 적용을 면할 수 있지만, 간주는 반대의 증거제출을 허용치 않고 법률이 정한 효력을 당연히 생기게 하는 것이다. 우리 민법은 간주조항을 "~으로 본다"라고 표현한다.

(4) 제3자

원칙적으로 당사자 이외의 모든 자를 가리키는 것이나, 때로는 그 범위가 제한된다.

(5) 대항하지 못한다

법률행위 당사자가 제3자에 대하여 법률행위의 효력을 주장하지는 못하지만, 제3자가 그 효력을 인정하는 것은 무방한 것을 말한다.

문제로 실력다지기

01 민법의 법원(法源)에 관한 설명으로 가장 옳지 않은 것은? (다수설과 판례에 의함)

① 민법 제1조에 따르면, 관습법은 법률에 대하여 보충적인 효력을 갖는다.
② 민사문제에 관하여 법률, 관습법, 조리의 순서로 재판의 준칙이 된다.
③ 여기에서 법률은 국회에서 통과된 성문의 법률만을 의미한다.
④ 관습법은 법원이 그 존재의 여부를 직권으로 조사하여 적용한다.
⑤ 조리는 사물의 본질로서 법원인 동시에 법률해석과 계약해석의 기준이 된다.

02 법원(法源)에 관한 설명으로 옳지 않은 것은?

① 민사에 관한 대법원규칙은 민법의 법원이 된다.
② 민법의 법원으로서 법률은 형식적 의미의 민법만을 의미한다.
③ 헌법재판소의 결정이 민사에 관한 것이면 민법의 법원이 된다.
④ 일반적으로 승인된 국제법규가 민사에 관한 것이면 민법의 법원이 된다.
⑤ 민사에 관하여 법률에 규정이 없으면 관습법에 의하고 관습법이 없으면 조리에 의한다.

03 다음 중 판례에 의해서 확인된 관습법이나 관습법상의 제도가 아닌 것은?

① 분묘기지권　② 지역권
③ 명인방법　④ 동산의 양도담보
⑤ 관습법상의 법정지상권

---

01 ③ 민법 제1조에서의 성문법은 형식적 의미의 법률에 한정하지 않고 넓은 의미의 법률, 즉 성문화된 명령·규칙·자치법규·국제법 등을 통칭한다.
02 ② 민법 제1조의 법률은 형식적 의미의 법률에 한정하지 않고 법규명령, 자치법규, 조약 등 성문법원 전체를 말한다.
03 ② 지역권은 우리 민법이 명문으로 인정하고 있는 물권이다.

Answer　01 ③　02 ②　03 ②

04 민법의 법원(法源)에 관한 설명으로 옳은 것은? (다툼이 있으면 판례에 의함)

① 대통령의 긴급명령이 민사에 관한 것이면 민법의 법원이 될 수 있다.
② 국제조약이나 일반적으로 승인된 국제법규는 민사에 관한 것이라도 민법의 법원이 될 수 없다.
③ 대법원규칙은 민사에 관한 것이라도 민법의 법원이 될 수 없다.
④ 헌법재판소의 결정은 민사에 관한 것이라도 민법의 법원이 될 수 없다.
⑤ 관습법도 민법의 법원이며, 판례가 인정한 관습법상의 권리로 분묘기지권, 관습상의 법정지상권, 온천권을 들 수 있다.

05 민법의 법원(法源)에 관한 설명으로 옳지 않은 것은? (다툼이 있으면 판례에 의함)

① 조약은 국회의 비준을 얻더라도 법원(法源)이 될 수 없다.
② 관습법의 확인과 적용은 법원(法院)이 직권으로 하는 것이 원칙이나, 당사자가 이를 주장·입증할 수도 있다.
③ 상행위와 관련된 법률관계에서는 상관습법이 민법보다 우선하여 적용된다.
④ 물권은 법률 또는 관습법에 의하는 외에는 임의로 창설하지 못한다.
⑤ 관습이 관습법이 되기 위해서는 사회의 법적 확신과 인식에 의해 법적 규범으로 승인·강행되어야 한다.

06 민법의 법원(法源)에 관한 설명으로 옳지 않은 것은? (다툼이 있으면 판례에 의함)

① 대법원이 제정한 규칙도 민사에 관한 것이면 민법의 법원이 될 수 있다.
② 사실인 관습은 사회생활규범일 뿐 법규범이 아니기 때문에 민법의 법원으로 인정되지 않는다.
③ 상급법원의 재판에서의 판단은 이와 유사한 장래의 다른 사건을 재판함에 있어서 하급심을 기속한다.
④ 관행이 관습법으로 인정되기 위해서는 헌법을 최상위 규범으로 하는 전체 법질서에 반하지 않아야 한다.
⑤ 가치관 등의 변천으로 기존 관습법의 효력이 부정되면 그 관습법에 의해 규율되던 영역은 조리에 의하여 보충된다.

07 민법의 법원(法源)에 관한 설명으로 옳지 않은 것은? (다툼이 있으면 판례에 따름)

2015 기출

① 민사에 관하여 법률에 규정이 없으면 관습법에 의하고 관습법이 없으면 조리에 의한다.
② 헌법에 의하여 체결·공포된 조약이나 일반적으로 승인된 국제법규가 민사에 관한 것이라도 민법의 법원이 될 수 없다.
③ 공동선조와 성과 본을 같이 하는 후손은 성별의 구별 없이 성년이 되면 당연히 종중의 구성원이 된다고 보는 것이 조리에 합당하다.
④ 법령과 같이 효력을 갖는 관습법은 특별한 사정이 없으면 당사자의 주장·증명을 기다릴 필요 없이 법원이 직권으로 이를 확정하여야 한다.
⑤ 헌법을 최상위 규범으로 하는 전체 법질서에 반하는 사회생활규범은 사회의 거듭된 관행으로 생성된 것일지라도 관습법으로서의 효력이 인정될 수 없다.

08 민법의 법원(法源)에 관한 설명으로 옳지 않은 것은?

2019 기출

① 관습법은 법률에 대하여 열후적·보충적 성격을 가진다.

② 헌법에 의하여 체결·공포된 조약으로서 민사에 관한 것은 민법의 법원이 된다.

③ 관습법은 원칙적으로 당사자의 주장·입증을 기다림이 없이 법원이 직권으로 이를 확정할 수 있다.

④ 민법 제1조 소정의 '법률'은 헌법이 정하는 절차에 따라서 제정·공포되는 형식적 의미의 법률만을 뜻한다.

⑤ 사회의 거듭된 관행으로 생성된 사회생활규범은 전체 법질서에 반하지 않아야 관습법으로서의 효력이 인정될 수 있다.

---

04 ①, ②, ③ 민법 제1조에서의 법률은 형식적 의의의 법률에 한정하지 않고 넓은 의미의 법, 즉 법규명령·자치법규·조약 등을 통칭한다.
④ 헌법재판소의 결정은 법원 기타 국가기관과 지방자치단체를 기속하므로(헌법재판소법 제47조·제67조·제75조), 그 결정내용이 민사에 관한 것인 한 민법의 법원이 된다.
⑤ 판례는 온천권을 관습법상 물권으로 인정하지 않는다.

05 ① 헌법에 의하여 체결·공포된 조약과 일반적으로 승인된 국제법규는 국내법과 같은 효력을 가지므로(헌법 제6조 제1항), 민사에 관한 조약은 민법의 법원이 된다.

06 ③ 우리나라에서는 판례를 법원으로 인정하지 않는다(다수설).

07 ② 헌법에 의하여 체결·공포된 조약과 일반적으로 승인된 국제법규는 국내법과 같은 효력을 가지므로, 그 내용이 민사에 관한 것일 경우에는 민법의 법원이 될 수 있다.

08 ④ 민법 제1조의 법률은 형식적 의미의 법률만을 의미하는 것이 아니라 성문법원 전체를 통칭한다.
① 가정의례에 관한 법률에 따라 제정된 가정의례준칙 제13조의 규정이 있으므로 원심이 인정하는 관습이 관습법이라는 취지라도 관습법의 제정법에 대한 열후적·보충적 성격에 비추어 가정의례준칙에 위배되는 관습법의 효력을 인정하는 것은 관습법의 법원으로서의 효력을 규정한 민법 제1조의 취지에 어긋나는 것이다(대판 1983. 6. 14, 80다3231).
③ 관습법은 당사자의 주장·입증을 기다림이 없이 법원이 이를 직권으로 확정하여야 한다(대판 1983. 6. 14, 80다3231).
⑤ 사회의 거듭된 관행으로 생성한 어떤 사회생활규범이 법적 규범으로 승인되기에 이르렀다고 하기 위한 요건으로는, 관습법은 헌법을 최상위 규범으로 하는 전체 법질서에 반하지 아니하는 것으로서 정당성과 합리성이 있다고 인정될 수 있는 것이어야 하고, 그렇지 아니한 사회생활규범은 비록 그것이 사회의 거듭된 관행으로 생성된 것이라고 할지라도 이를 법적 규범으로 삼아 관습법으로서의 효력을 인정할 수 없다(대판 2005. 7. 21, 2002다1178 전합).

Answer 04 ① 05 ① 06 ③ 07 ② 08 ④

09 관습법과 사실인 관습에 관한 설명으로 옳지 않은 것은? (다툼이 있으면 판례에 따름)

2017 기출

① 관습법은 성문법에 대하여 보충적 효력을 가진다.
② 관습법이 성립하기 위해서는 사회구성원의 법적 확신과 인식이 있어야 한다.
③ 사실인 관습은 법원(法源)으로서의 효력이 인정된다.
④ 사실인 관습은 그 존재를 당사자가 주장·증명하여야 한다.
⑤ 사실인 관습은 당사자의 의사가 명확하지 아니한 때에 그 의사를 보충함에 그친다.

10 관습법과 사실인 관습에 관한 설명으로 옳은 것을 모두 고른 것은? (다툼이 있으면 판례에 따름)

2020 기출

> ㉠ 관습법은 사회의 거듭된 관행으로 생성된 사회생활규범이 법적 확신과 인식에 의하여 법적 규범으로 승인된 것이다.
> ㉡ 종래 관습법으로 승인되었더라도 그 관습법을 적용하여야 할 시점에서 전체 법질서에 부합하지 않게 되었다면 법적 규범으로서의 효력이 부정된다.
> ㉢ 사실인 관습은 법령으로서의 효력이 없는 단순한 관행으로서 당사자의 의사를 보충하는 데 그친다.

① ㉠
② ㉠, ㉡
③ ㉠, ㉢
④ ㉡, ㉢
⑤ ㉠, ㉡, ㉢

11 민법의 법원(法源)인 관습법에 관한 설명으로 옳지 않은 것은?

2018 기출

① 관습법이란 사회의 거듭된 관행으로 생성된 사회생활규범이 사회의 법적 확신과 인식에 의하여 법적 규범으로 승인·강행되기에 이른 것을 말한다.
② 어떤 관행이 관습법으로 승인된 이상, 사회구성원들이 그러한 관행의 법적 구속력에 대하여 확신을 갖지 않게 되었더라도, 그 관습법은 법규범으로서의 효력에 영향을 받지 않는다.
③ 관습법의 존재는 당사자의 주장·증명이 없어도 법원이 직권으로 이를 확정할 수 있다.
④ 수목의 집단에 대한 공시방법인 명인방법은 판례에 의하여 확인된 관습법이다.
⑤ 관습법은 법령에 저촉되지 아니하는 한 법칙으로서의 효력이 있다.

12 관습법과 사실인 관습에 관한 설명으로 옳지 않은 것은? (다툼이 있는 경우에는 판례에 의함)

2014 기출

① 관습법은 헌법을 최상위규범으로 하는 전체 법질서에 반하지 않고 정당성과 합리성이 있어야 한다.
② 관습법은 바로 법원(法源)으로서 법령과 같은 효력을 갖는 관습이므로 법령에 저촉하는 관습법도 법칙으로서 효력이 있다.
③ 사실인 관습은 사회의 관행에 의하여 발생한 사회생활규범인 점에서 관습법과 같다.
④ 사실인 관습은 단순한 관행으로서 법률행위의 당사자의 의사를 보충한다.
⑤ 관습법도 사회구성원이 그러한 관행의 법적 구속력에 대하여 확신을 갖지 않게 된 경우 그 법적 규범으로서 효력을 잃는다.

13 민법의 법원(法源)에 관한 설명으로 옳지 않은 것은? (다툼이 있으면 판례에 따름)

2022 기출

① 헌법에 의하여 체결·공포된 민사에 관한 조약은 민법의 법원(法源)이 될 수 있다.

② 관습법은 헌법재판소의 위헌법률심판의 대상이 아니다.

③ 관습법의 존재는 특별한 사정이 없으면 당사자의 주장·증명을 기다릴 필요 없이 법원이 직권으로 확정하여야 한다.

④ 사실인 관습은 법원(法源)으로서 법령에 저촉되지 않는 한 법칙으로서의 효력이 있다.

⑤ 공동선조와 성과 본을 같이 하는 후손은 성별의 구별 없이 성년이 되면 당연히 종중의 구성원이 된다고 보는 것이 조리에 합당하다.

---

09 ③ 사실인 관습은 법령으로서의 효력이 없는 단순한 관행으로서 법률행위의 당사자의 의사를 보충함에 그치는 것이다(대판 1983. 6. 14, 80다3231).

10 ㉠, ㉡ [1] 관습법이란 사회의 거듭된 관행으로 생성한 사회생활규범이 사회의 법적 확신과 인식에 의하여 법적 규범으로 승인·강행되기에 이른 것을 말하고… [2] 사회의 거듭된 관행으로 생성된 사회생활규범이 관습법으로 승인되었다고 하더라도 사회 구성원들이 그러한 관행의 법적 구속력에 대하여 확신을 갖지 않게 되었다거나, 사회를 지배하는 기본적 이념이나 사회질서의 변화로 인하여 그러한 관습법을 적용하여야 할 시점에 있어서의 전체 법질서에 부합하지 않게 되었다면 그러한 관습법은 법적 규범으로서의 효력이 부정될 수밖에 없다(대판 2005. 7. 21, 2002다1178). ㉢ 제106조의 사실인 관습은 사적 자치가 인정되는 분야에서 법률행위의 해석기준이나 당사자의 의사를 보충하는 것으로서, 그 존재는 당사자가 주장·입증하여야 한다(대판 1983. 6. 14, 80다3231).

11 ② 사회의 거듭된 관행으로 생성된 사회생활규범이 관습법으로 승인되었다고 하더라도 사회 구성원들이 그러한 관행의 법적 구속력에 대하여 확신을 갖지 않게 되었다면 그러한 관습법은 법적 규범으로서의 효력이 부정될 수밖에 없다(대판 전합 2005. 7. 21, 2002다1178).
⑤ 관습법은 법령에 저촉되지 않는 한 법칙으로서의 효력이 있는 것이며, 이에 반하여 사실인 관습은 법령으로서의 효력이 없는 단순한 관행으로서 법률행위의 당사자의 의사를 보충함에 그치는 것이다.

12 ② 관습법은 바로 법원으로서 법령과 같은 효력을 갖는 관습으로서 법령에 저촉되지 않는 한 법칙으로서의 효력이 있는 것이며, 이에 반하여 사실인 관습은 법령으로서의 효력이 없는 단순한 관행으로서 법률행위의 당사자의 의사를 보충함에 그치는 것이다(대판 1983. 6. 14, 80다3231).

13 ② 이 사건 관습법은 실질적으로는 법률과 같은 효력을 갖는 것이므로 위헌법률심판의 대상이 된다(헌재 2013. 2. 28. 2009헌바129). → 복수정답 인정
④ 사실인 관습은 법령으로서의 효력이 없는 단순한 관행으로서 법률행위의 당사자의 의사를 보충함에 그치는 것이다.

Answer 09 ③ 10 ⑤ 11 ② 12 ② 13 ②, ④

제1절 ▶ 민법의 법률관계와 권리·의무

ⓐ 법률관계

1. 법률관계의 의의

법에 의하여 규율되는 생활관계를 가리켜 법률관계라고 한다(법적생활관계설, 통설).

2. 법률관계의 내용

법률관계는 어느 한 사람의 권리에 대하여 다른 사람의 의무가 대응하는 것이 보통이므로 법률관계는 권리·의무관계라 할 수 있다.

3. 법률관계와 호의관계

(1) 호의관계의 의의

호의관계란 법적으로 구속받을 의사 없이 호의로 어떤 행위를 해주기로 하는 생활관계를 의미한다. 본인 차에 아는 사람을 무료로 태워준 경우(호의동승)가 그 대표적 예이다. 그런데 호의관계는 법적으로 규율되는 관계가 아니므로 약속을 위반하여도 법적 제재를 받지 않는다. 호의관계냐 아니면 법률관계냐의 구별은 '법적 구속의사의 존부'에 의해 결정되어야 한다. 법적 구속의사의 존부는 결국 법률행위 해석의 문제로 귀착된다.

(2) 호의관계의 효과

① 호의관계는 법적으로 규율되는 관계가 아니므로, 그에 기한 계약상 청구권이 발생하지 않으며, 따라서 채무불이행에 기한 손해배상을 청구할 수 없다.

② 그러나 호의관계에 기해서도 불법행위에 기한 손해배상청구권과 같은 법률의 규정에 의한 청구권은 성립할 수 있다고 본다. 예컨대, 甲이 호의로 乙을 차에 동승시켜 목적지로 가다가 실수로 교통사고를 일으켜 乙이 부상을 입은 경우, 乙은 甲에 대하여 불법행위에 기한 손해배상청구권을 갖는다. 여기서 문제되는 것은 그 호의성 때문에 손해배상책임의 면제 또는 경감을 인정할 것인가 하는 점이다. 판례는 차량의 운행자가 아무런 대가를 바

라지 아니하고 동승자의 편의와 이익을 위하여 동승을 허락하고, 동승자도 그 자신의 편의와 이익을 위하여 그 제공을 받은 경우, 그 운행 목적, 동승자와 운행자의 인적 관계, 그가 차에 동승한 경위, 특히 동승을 요구한 목적과 적극성 등 여러 사정에 비추어, 가해자에게 일반 교통사고와 동일한 책임을 지우는 것이 신의칙이나 형평의 원칙으로 보아 매우 불합리하다고 인정될 때에는 그 배상액을 경감할 수 있으나, 사고 차량에 단순히 호의로 동승하였다는 사실만 가지고 바로 이를 배상액 경감사유로 삼을 수 있는 것은 아니라고 한다.

02 권리와 의무

1. 권리

(1) 권리의 의의

권리란 일정한 구체적 이익을 누릴 수 있도록 법에 의하여 권리주체에 주어진 힘을 말한다(권리법력설, 통설).

(2) 권리와 구별개념

① **권능**: 권리의 내용을 이루는 개개의 법률상의 힘을 말한다. 예컨대, 소유권이라는 권리는 소유물을 사용·수익·처분할 수 있는 것을 내용으로 하는데(제211조), 이때의 사용·수익·처분은 소유권이 가지는 권능이 된다.

② **권한**: 대리인의 대리권처럼 타인을 위해 일정한 행위를 하고 그로 인한 법률효과를 그 타인에게 발생하게 할 수 있는 법률상의 자격이나 지위를 말한다.

③ **권원**: 일정한 법률상 또는 사실상의 행위를 하는 것을 정당화하는 법률상의 원인을 말한다. 예컨대, 타인의 토지에 건물을 지은 경우에 철거를 당하지 않기 위해서는 그 토지를 사용할 권원이 있어야 하는데, 그러한 것으로는 지상권·임차권 등이 있다.

2. 의무

(1) 의무의 의의

① 의무란 의무자의 의사와는 관계없이 반드시 따라야 할 법률상의 구속을 말한다. 의무는 그 내용에 따라 어떤 행위를 하여야 할 작위의무와 하지 않아야 할 부작위의무로 나뉜다.

② 의무는 권리에 대응하는 관계에 있지만 항상 그런 것은 아니다. 예컨대 취소권, 추인권, 해제권은 권리만 있고 의무는 없다. 반대로 공고의무(제88조), 등기의무(제50조·제85조 등)는 의무만 있고 권리는 없다.

(2) 의무와 구별개념 ⇨ 책무

책무(責務)란, 그것을 준수하지 않으면 그 부담자에게 법에 의한 일정한 불이익이 발생하지만, 상대방이 그것을 강제하거나 그 위반에 대하여 손해배상을 청구할 수 없는 것을 말한다. 증여자의 하자고지의무(제559조 제1항), 청약자의 승낙연착에 대한 통지의무(제528조 제2항) 등이 이에 속한다.

(03) 권리의 종류

1. 내용에 따른 분류

(1) 인격권

인격권이란 권리의 주체와 분리할 수 없는 인격적 이익의 향수를 내용으로 하는 권리를 말한다. 즉, 생명·신체·명예·신용·성명·정조·초상·사생활의 보호 등에 대한 권리가 이에 속한다.

> **판례**
>
> 명예는 생명, 신체와 함께 매우 중대한 보호법익이고 인격권으로서의 명예권은 물권의 경우와 마찬가지로 배타성을 가지는 권리라고 할 것이므로 사람의 품성, 덕행, 명성, 신용 등의 인격적 가치에 관하여 사회로부터 받는 객관적인 평가인 <u>명예를 위법하게 침해당한 자는 손해배상 또는 명예회복을 위한 처분을 구할 수 있는 이외에</u> 인격권으로서 명예권에 기초하여 가해자에 대하여 현재 이루어지고 있는 침해행위를 배제하거나 장래에 생길 침해를 예방하기 위하여 <u>침해행위의 금지를 구할 수도 있다</u>(대결 2005. 1. 17, 2003마1477).

(2) 재산권

재산권이란 경제적 가치가 있는 이익을 누리는 것을 내용으로 하는 권리를 말한다.

① **물권(物權)**: 물권이란 권리자가 물건을 직접적으로 지배하여 이익을 얻는 배타적인 권리를 말한다. 우리 민법은 점유권, 소유권, 지상권, 지역권, 전세권, 유치권, 질권, 저당권 등 8가지의 물권을 규정하고 있다.

② **준물권(準物權)**: 준물권이란 물건을 직접적으로 지배하고 있지는 않으나, 타인을 배제하고 독점적으로 물건을 취득할 수 있는 권리를 말한다. 광업권, 어업권 등이 이에 속한다.

> **참고**
>
> 1. 광업권은 물권으로 하고, 이 법에서 따로 정한 경우 외에는 부동산에 관하여 민법과 그 밖의 법령에서 정하는 사항을 준용한다(광업법 제10조 제1항).
> 2. 어업권은 물권으로 하며, 이 법에서 정한 것 외에는 민법 중 토지에 관한 규정을 준용한다(수산업법 제16조 제2항).

③ **채권** : 채권이란 특정인(채권자)이 다른 특정인(채무자)에 대하여 일정한 행위(급부)를 요구할 수 있는 권리이다. 채권은 계약, 사무관리, 부당이득, 불법행위 등 여러 원인에 의하여 발생한다.

④ **지식재산권** : 지식재산권이란 저작·발명 등의 정신적 창조물을 독점적으로 이용하는 것을 내용으로 하는 권리를 말한다. 무체재산권 또는 지적재산권이라고도 한다. 저작권, 특허권, 실용신안권, 디자인권, 상표권 등이 이에 속한다.

(3) 가족권(신분권)

가족권은 친족관계에 있어서의 일정한 지위에 따르는 이익을 향수할 수 있는 친족권과 상속인이 누릴 수 있는 상속권이 있고, 우리 민법 제4편 친족, 제5편 상속에 규정되어 있다.

(4) 사원권(社員權)

사원권이란 단체의 구성원이 그 구성원이라는 지위에 기하여 단체에 대하여 가지는 권리를 말한다. 사단법인의 사원의 권리, 주식회사의 주주권 등이 이에 속한다.

2. 작용에 따른 분류

(1) 지배권

지배권은 타인의 행위를 매개로 하지 않고 일정한 객체를 직접 지배할 수 있는 권리이다. 인격권·물권·지식재산권이 이에 속한다. 지배권에 대한 제3자의 위법한 침해는 불법행위를 성립시키며(제750조), 권리자에게 침해상태의 배제를 청구할 수 있는 권리가 인정된다(제213조·제214조).

(2) 청구권 2021 기출

청구권은 특정인이 다른 특정인에 대하여 일정한 행위(급부)를 요구할 수 있는 권리이다. 그 청구에 응해 상대방이 급부를 하여야 비로소 만족을 얻게 되는 점에서, 일정한 객체를 직접 지배하는 지배권과는 다르다. 청구권은 채권에서 나오는 것이 보통이지만, 물권·지식재산권·가족권으로부터도 발생한다(예 소유물반환청구권, 상속회복청구권, 부양청구권, 부부의 동거청구권).

(3) 형성권 2018·2021 기출

형성권은 권리자의 일방적 의사표시에 의하여 법률관계의 발생·변경·소멸 등을 일으키는 권리이다. 이러한 형성권은 권리자의 의사표시만으로 효과가 발생하는 경우와 반드시 재판상 행사하여야 하는 경우가 있다.

권리자의 의사표시만으로 효과를 발생하는 형성권	법률행위의 동의권(제5조·제10조), 제한능력자의 상대방의 최고권·철회권·거절권(제15조·제16조), 취소권(제140조), 추인권(제143조), 계약의 해제권·해지권(제543조), 상계권(제492조), 매매의 예약완결권(제564조), 약혼해제권(제805조), 상속포기권(제1041조) 등
재판상으로 권리를 행사하여 그 판결에 의해 효과가 발생하는 형성권	채권자취소권(제406조), 혼인취소권(제816조), 재판상 이혼권(제840조), 친생부인권(제846조), 입양취소권(제884조), 재판상 파양권(제905조) 등

참고

청구권이라 표현하지만 실제는 형성권인 경우

- 공유물분할청구권(제268조)
- 지상물매수청구권(제283조)
- 지료증감청구권(제286조)
- 지상권설정자의 지상권소멸청구권(제287조)
- 전세권설정자의 전세권소멸청구권(제311조)
- 전세권설정자의 부속물매수청구권(제316조)
- 전세권자의 부속물매수청구권(제316조)
- 채무자의 유치권소멸청구권(제324조)
- 매매대금감액청구권(제572조)
- 임차인의 지상물매수청구권(제643조) 등

---

(4) 항변권

항변권은 상대방의 청구권 행사에 대하여 일시적 또는 영구적으로 작용을 저지할 수 있는 권리이다. 여기에는 청구권의 행사를 일시적으로 저지하는 연기적 항변권(예 보증인의 최고·검색의 항변권(제437조), 동시이행의 항변권(제536조))과 영구적으로 저지할 수 있는 영구적 항변권(예 상속인의 한정승인(제1028조))이 있다.

3. 그 밖의 분류

(1) 절대권·상대권

절대권은 모든 사람에 대해 주장할 수 있는 권리이며, 대세권이라고도 한다. 이에 반해 상대권은 특정인에 대해서만 주장할 수 있는 권리이며, 대인권이라고도 한다. 물권·지식재산권·친권 등의 지배권은 절대권에 속하고, 채권 등의 청구권은 상대권에 속한다.

(2) 일신전속권 · 일신비전속권

일신전속권은 ① 권리가 고도로 인격적이기 때문에 타인에게 이전되어서는 의미가 없어 양도나 상속이 허용되지 않는 귀속상 일신전속권과 ② 권리자 자신이 직접 행사하지 않으면 의미가 없어 타인이 대위행사할 수 없는 행사상 일신전속권의 두 가지가 있다. 이 두 종류의 일신전속권은 대개 일치하지만, 반드시 일치하는 것은 아니다. 예컨대 부양청구권, 이혼청구권 등의 신분권은 귀속상 일신전속권이면서 동시에 행사상 일신전속권이다. 그러나 이혼위자료청구권은 원칙적으로 일신전속적 권리로서 양도나 상속 등 승계가 되지 아니하나, 이는 행사상 일신전속권이고 귀속상 일신전속권은 아니라 할 것인바, 그 청구권자가 위자료의 지급을 구하는 소송을 제기함으로써 청구권을 행사할 의사가 외부적 객관적으로 명백하게 된 이상 양도나 상속 등 승계가 가능하다고 본다(92므143). 일신비전속권은 양도성과 상속성이 있는 권리로, 대부분의 재산권이 이에 속한다.

> **판례**
>
> 이혼위자료청구권의 양도 내지 승계의 가능 여부에 관하여 민법 제806조 제3항은 약혼해제로 인한 손해배상청구권에 관하여 정신상 고통에 대한 손해배상청구권은 양도 또는 승계하지 못하지만 당사자 간에 배상에 관한 계약이 성립되거나 소를 제기한 후에는 그러하지 아니하다고 규정하고 같은 법 제843조가 위 규정을 재판상 이혼의 경우에 준용하고 있으므로, 이혼위자료청구권은 원칙적으로 일신전속적 권리로서 양도나 상속 등 승계가 되지 아니하나 이는 행사상 일신전속권이고 귀속상 일신전속권은 아니라 할 것인바, 그 청구권자가 위자료의 지급을 구하는 소송을 제기함으로써 청구권을 행사할 의사가 외부적 객관적으로 명백하게 된 이상 양도나 상속 등 승계가 가능하다(대판 1993. 05. 27, 92므143).

(3) 주된 권리 · 종된 권리

다른 권리에 종속되어 있는 권리를 종된 권리라 하고, 그 다른 권리를 주된 권리라고 한다(⑩ 저당권은 그 피담보채권의 종된 권리이며, 이자채권은 원본채권의 종된 권리). 종된 권리는 주된 권리에 의존하고 그와 법률적 운명을 같이하는 점에 특성이 있다. 주된 권리가 시효로 소멸하면 종된 권리도 소멸한다(제183조).

(4) 기대권

권리발생요건 중 일부만이 충족되어 있는 상태이지만, 장래 남은 요건이 갖추어지면 권리를 취득할 수 있는 상태에 있으므로 일정한 보호를 받는 권리를 기대권이라고 한다. 조건부 권리(제148조 · 제149조), 기한부 권리(제154조) 등이 그 예이다.

04 권리의 충돌과 경합

1. 권리의 충돌

(1) 의의

권리의 충돌이란 동일한 객체에 수 개의 권리가 존재하는 경우에 그 객체가 모든 권리를 만족시킬 수 없는 경우를 말한다.

(2) 권리의 충돌과 권리의 순위

① **물권 상호 간의 충돌**

㉠ 물권은 배타적인 권리이므로 하나의 물건 위에 양립할 수 없는 물권이 함께 성립할 수는 없다. 예를 들면 하나의 토지에 소유권이 두 개 성립할 수 없고, 동일한 지상권이 두 개 성립할 수 없다. 이때에는 시간적으로 먼저 성립한 물권이 우선한다.

㉡ 그러나 서로 다른 내용의 물권은 양립할 수 있다. 즉, 종류가 다른 물권이 하나의 물건 위에 동시에 성립할 수 있으며(예 전세권과 저당권), 하나의 물건 위에 여러 개의 저당권이 성립할 수 있다. 이들 상호 간에도 먼저 성립한 물권이 우선한다.

㉢ 소유권과 제한물권이 병존하는 경우 소유권은 제한물권에 의해 제한을 받으므로 결국 제한물권이 소유권에 우선한다. 예컨대, 지상권이 설정되면 지상권의 존속기간 내에는 지상권자가 그 목적물을 사용한다.

② **물권과 채권의 충돌**

㉠ 원칙: 동일한 물건에 대해 물권과 채권이 충돌한 때에는 그 성립시기의 선후를 불문하고 물권이 우선한다.

㉡ 예외: 등기된 부동산임차권 및 주택임대차보호법(또는 상가건물 임대차보호법)상 대항력을 갖춘 임차권은 그 대항력을 갖춘 시점을 기준으로 물권과의 선후에 따라 우열관계가 정해진다. 또한 주택임대차보호법(또는 상가건물 임대차보호법)상 소액임차인의 보증금 중 일정액은 법률의 규정에 따라 채권이지만 물권에 우선한다.

③ **채권 상호 간의 충돌**: 동일한 채무자에 대하여 수 개의 채권이 충돌하는 경우 채권 성립의 선후는 문제되지 않으며, 채권자 평등의 원칙에 따라 어느 채권자도 우선적으로 변제받을 수 없는 것이 원칙이다. 그러나 이 원칙이 그대로 지켜지는 것은 채무자가 파산한 경우와 채무자 재산에 대한 경매의 배당에 참가한 경우이며, 그 밖의 경우에는 선행주의에 따라 채무자로부터 먼저 변제받는 자가 만족을 얻게 된다.

2. 권리의 경합

(1) 의의

권리의 경합이란 하나의 생활사실이 수 개의 법규의 요건을 충족하여, 그 결과 동일한 목적과 결과를 가져오는 수 개의 권리가 동일한 권리자에게 발생하는 경우를 말한다. 예컨대, 임대차 계약 종료 후 임대목적물의 소유자인 임대인에게는 임대차에 기한 반환청구권(제618조)과 소유권에 기한 반환청구권(제213조)이 발생한다. 이 경우 각각의 권리는 독립적이기 때문에 서로 무관계하게 행사할 수 있으며, 각각 단독으로 시효 기타의 원인으로 소멸할 수 있다. 그런데 이들 수 개의 권리는 동일한 목적을 위하여 존재하므로, 그중 어느 하나의 행사로 목적을 달성하면 나머지 권리는 소멸한다.

(2) 법조경합과의 구별

법조경합이란 하나의 생활사실이 수 개의 법규의 요건을 충족하지만, 그중 한 법규가 다른 법규를 배제하고 우선 적용되는 경우로서, 보통 일반법과 특별법의 관계에서 나타난다. 예컨대, 공무원이 그 직무집행에 따른 고의·과실로 위법하게 타인에게 손해를 입힌 경우에, 사용자인 국가의 책임에 관하여는 민법 제756조와 국가배상법 제2조가 경합하지만, 후자가 전자에 대한 특별규정으로서 후자에 의한 손해배상청구권만이 인정된다.

05 권리의 보호

1. 국가구제

(1) 재판제도

재판제도는 권리의 침해가 있는 경우에 권리자가 법률이 정하는 절차에 따라 법원에 대하여 권리의 보호를 구하는 제도이다. 당사자의 신청이 있으면 법원은 민사소송법이 정하는 절차에 따라 그 신청이 이유 있는지 여부를 심리한 후 재판을 한다. 나아가 원고의 청구를 인용하는 판결이 있었음에도 불구하고 상대방이 이를 따르지 않으면, 민사집행법이 정하는 바에 따라 국가의 강제력에 의하여 권리의 내용을 실현할 수 있다.

(2) 재판 외 분쟁해결제도

① **의의**: 소송비용의 과다, 소송의 지연, 비효율적인 절차 등 소송절차에 대한 불만이 높아짐에 따라 많은 분쟁을 소송을 통하지 않고 자율적으로 해결할 수 있는 방법이 고안되어 있다. 이들을 소송 외의 분쟁해결방법(ADR ; Alternative Dispute Resolution)이라 한다.

② **조정**: 조정이란 법관이나 조정위원회가 분쟁당사자 사이에 개입하여 화해를 끌어내는 절차이다. 조정에 관한 기본법은 민사조정법이다. 당사자 사이에 합의된 내용을 조서에 기재함으로써 조정이 성립하며, 조정조서는 재판상 화해와 동일한 효력을 가진다.

③ **중재**: 중재는 당사자들이 분쟁의 해결을 관련 분야의 전문가인 중재인에게 맡기고 중재인의 판정에 복종할 것을 약정함으로써 분쟁을 해결하는 제도를 말한다. 중재에 관한 기본법은 중재법이다. 중재의 합의가 있으면 소의 이익이 없게 되며, 중재판정은 확정판결과 동일한 효력을 가진다.

④ **재판상 화해**: 당사자의 상호 양보에 의하여 분쟁을 해결하는 화해로 민법상 화해(제731조) 외에 재판상 화해가 있으며, 재판상 화해는 소송계속 전에 하는 제소 전 화해와 소송계속 중에 하는 소송상 화해로 나누어진다. 재판상 화해가 성립되어 조서에 기재되면 화해조서는 확정판결과 동일한 효력을 가진다.

2. 사력구제(私力救濟)

권리가 침해된 때에는 국가구제에 의하는 것이 원칙이나, 예외적인 경우에 한해 사력구제가 인정된다. 사력구제로, 국가구제를 기다릴 수 없는 긴급한 사정이 있는 경우 ① 정당방위(제761조 제1항) ② 긴급피난(제761조 제2항) ③ 자력구제(제209조)가 있다.

제2절 **신의성실의 원칙과 권리남용금지의 원칙** 2013 · 2014 · 2015 · 2016 · 2017 · 2019 · 2020 · 2021 · 2022 · 2023 기출

> **제2조 【신의성실】** ① 권리의 행사와 의무의 이행은 신의에 좇아 성실히 하여야 한다.
> ② 권리는 남용하지 못한다.

01 서설

1. 의의

신의성실의 원칙이란 법률관계의 당사자는 서로 상대방의 신뢰에 어긋나지 않도록 성실히 행동해야 한다는 원칙을 말한다.

2. 연혁과 입법례

신의칙은 로마법에 그 기원을 두고 있으며, 신의칙을 근대사법에서 최초로 규정한 민법은 프랑스 민법으로, 프랑스 민법은 계약의 장에 규정하였다. 한편 독일 민법은 계약의 효력과 채무의 이행의 두 가지에 관하여 신의칙을 규정하였는데, 당시 독일의 학설과 판례는 신의칙을 채권법 전체에 걸치는 원칙으로 해석하였다. 그 뒤에 제정된 스위스 민법은 신의칙을 민법 전체를 지배하는 원칙으로 인정하는 규정을 두게 된다. 우리 민법은 스위스 민법을 본받아 제2조 제1항에 신의칙을 규정하고 있다.

3. 법적 성격

(1) 일반조항

제2조는 신의성실이라는 극히 추상적인 용어를 사용하고 있을 뿐이고, 개별적인 경우에 무엇이 신의성실에 합치되느냐를 구체적으로 밝히지 않고 있다. 즉, 제2조는 제103조와 더불어 대표적인 일반조항(제왕조항·백지규정)이다.

(2) 추상적 규범성

민법상 신의성실의 원칙이란 법률관계의 당사자는 상대방의 이익을 고려(배려)하여 형평에 어긋나거나 신의를 저버리는 내용 또는 방법으로 권리를 행사하거나 의무를 이행하여서는 안 된다는 추상적 규범을 말하는 것이다(판례). 다만, 그 구체적 내용은 개개의 경우에 구체적인 재판을 통하여 실현된다.

(3) 강행법규성

신의성실의 원칙에 반하는 것 또는 권리남용은 강행규정에 위배되는 것이므로 당사자의 주장이 없더라도 법원은 직권으로 판단할 수 있다(판례).

4. 신의성실의 원칙과 권리남용금지 원칙의 관계

다수설은 신의칙에 반하는 권리행사는 권리남용이 된다고 보아, 양자가 별개의 원칙이 아니라 공통의 가치관에 바탕을 둔 것으로서 표리관계를 이루고 있다고 파악하거나, 권리남용금지의 원칙을 신의칙의 파생원칙이라고 본다(중복적용설·중첩설). 판례도 마찬가지이다.

⑫ 신의성실의 원칙의 기능

1. 법구체화 기능

신의칙은 권리와 의무의 내용을 보다 구체적으로 정하는 기능, 즉 '법구체화 기능'을 수행한다. 특히 이미 발생하고 있는 채무에 관하여 그 채무이행의 방법, 장소, 시간 등과 같은 여러 측면이 계약이나 법률에서 명확하게 규정되어 있지 않은 경우에도 채무자는 신의칙이 요구하는 대로 이행하여야 한다. 또한, 신의칙은 급부의무를 확장하여 부수의무를 발생시키기도 한다.

판례

1. 공중접객업인 숙박업을 경영하는 자가 투숙객과 체결하는 숙박계약은 숙박업자가 고객에게 숙박을 할 수 있는 객실을 제공하여 고객으로 하여금 이를 사용할 수 있도록 하고 고객으로부터 그 대가를 받는 일종의 일시 사용을 위한 임대차계약으로서 객실 및 관련 시설은 오로지 숙박업자의 지배 아래 놓여 있는 것이므로 숙박업자는 통상의 임대차와 같이 단순히 여관 등의 객실 및 관련 시설을 제공하여 고객으로 하여금 이를 사용·수익하게 할 의무를 부담하는 것에서 한 걸음 더 나아가 고객에게 위험이 없는 안전하고 편안한 객실 및 관련 시설을 제공함으로써 고객의 안전을 배려하여야 할 보호의무를 부담하며 이러한 의무는 숙박계약의 특수성을 고려하여 신의칙상 인정되는 부수적인 의무로 숙박업자가 이를 위반하여 고객의 생명·신체를 침해하여 투숙객에게 손해를 입힌 경우 불완전이행으로 인한 채무불이행 책임을 부담하고, 이 경우 피해자로서는 구체적 보호의무의 존재와 그 위반 사실을 주장·입증하여야 하며 숙박업자로서는 통상의 채무불이행에 있어서와 마찬가지로 그 채무불이행에 관하여 자기에게 과실이 없음을 주장·입증하지 못하는 한 그 책임을 면할 수는 없다고 할 것이고, 이와 같은 법리는 장기 투숙의 경우에도 마찬가지이다(대판 2000. 11. 24, 2000다38718·38725).

2. 환자가 병원에 입원하여 치료를 받는 경우에 있어서, 병원은 진료뿐만 아니라 환자에 대한 숙식의 제공을 비롯하여 간호, 보호 등 입원에 따른 포괄적 채무를 지는 것인 만큼, 병원은 병실에의 출입자를 통제·감독하든가 그것이 불가능하다면 최소한 입원환자에게 휴대품을 안전하게 보관할 수 있는 시정장치가 있는 사물함을 제공하는 등으로 입원환자의 휴대품 등의 도난을 방지함에 필요한 적절한 조치를 강구하여 줄 신의칙상의 보호의무가 있다고 할 것이고, 이를 소홀히 하여 입원환자와는 아무런 관련이 없는 자가 입원환자의 병실에 무단출입하여 입원환자의 휴대품 등을 절취하였다면 병원은 그로 인한 손해배상책임을 면하지 못한다(대판 2003. 4. 11, 2002다63275).

3. 부동산 거래에 있어 거래 상대방이 일정한 사정에 관한 고지를 받았더라면 그 거래를 하지 않았을 것임이 경험칙상 명백한 경우에는 신의성실의 원칙상 사전에 상대방에게 그와 같은 사정을 고지할 의무가 있으며, 그와 같은 고지의무의 대상이 되는 것은 직접적인 법령의 규정뿐 아니라 널리 계약상, 관습상 또는 조리상 일반원칙에 의하여도 인정될 수 있다. 아파트 분양자는 아파트 단지 인근에 쓰레기매립장이 건설예정인 사실을 분양계약자에게 고지할 신의칙상 의무를 부담한다(대판 2006. 10. 12, 2004다48515).

2. 구체적 타당성을 실현하는 기능

신의칙은 개별사안에 대하여 법률을 형식적·획일적으로 적용함으로써 발생하는 부작용을 줄여 '구체적 타당성을 실현하는 기능'을 한다.

3. 법률행위의 내용을 수정하는 기능

신의칙은 이미 명백하게 확정되어 있는 '법률행위의 내용을 수정하는 기능'을 한다. 사정변경의 원칙에 의한 계약의 해소나 신의칙에 의한 계약의 수정해석 등이 이에 해당한다.

> **판례**
>
> 유효하게 성립한 계약상의 책임을 공평의 이념 또는 신의칙과 같은 일반원칙에 의하여 제한하는 것은 사적 자치의 원칙이나 법적 안정성에 대한 중대한 위협이 될 수 있으므로, <u>채권자가 유효하게 성립한 계약에 따른 급부의 이행을 청구하는 때에 법원이 급부의 일부를 감축하는 것은 원칙적으로 허용되지 않는다</u>(대판 2016. 12. 1, 2016다240543).

03 신의칙의 파생원칙

1. 사정변경의 원칙

(1) 의의

사정변경의 원칙이란 법률행위 성립의 기초가 된 사정이 당사자가 예견할 수 없었던 중대한 변경으로 당초의 법률행위의 효과를 그대로 유지하는 것이 신의칙에 반하는 부당한 결과를 가져오는 때에, 그 법률행위의 내용을 변경된 사정에 맞게 수정하거나 계약을 해제·해지할 수 있다는 원칙이다. 민법에는 지료증감청구권(제286조), 차임증감청구권(제628조), 고용계약의 해지(제661조) 등 사정변경의 원칙에 입각한 개별규정이 많이 있다. 그러나 이를 직접 규정하는 일반규정은 두고 있지 않다.

(2) 학설

대체적으로 신의칙의 파생원칙으로 이 원칙을 인정한다. 다만, 이 원칙의 적용을 너무 쉽게 인정하면 계약사회의 기반이 무너진다는 점에서 사정변경으로 인한 급부의무의 수정 내지 계약의 해소는 극히 예외적인 경우로 한정되어야 한다고 본다.

(3) 판례

① **비계속적 계약관계에 있어 사정변경의 원칙에 기한 계약해제**: 종래 사정변경의 원리를 내세워서 그 매매계약을 해제할 수 있는 권리는 생기지 않았으나(판례), 최근에 계약해제가 인정될 수 있음을 전제로 그 구체적 요건을 적시한 주목할 만한 판례가 나왔다.

② **계속적 계약관계에 있어 사정변경의 원칙에 기한 계약해지**: 예컨대 회사 임원의 지위에 있기 때문에 회사의 요구로 부득이 회사와 제3자 사이의 계속적 거래로 인한 회사의 채무에 대하여 보증인이 된 자가, 그 후 회사로부터 퇴사하여 임원의 지위를 떠난 때에는 보증계약 성립 당시의 사정에 현저한 변경이 생긴 경우에 해당하므로, 사정변경을 이유로 보증계약을 해지할 수 있다(판례).

판례

1. 매매계약을 맺은 때와 그 잔대금을 지급할 때와의 사이에 장구한 시일이 지나서 그동안에 화폐가치의 변동이 극심하였던 탓으로 매수인이 애초에 계약할 당시의 금액표시대로 잔대금을 제공한다면 그동안에 앙등한 매매목적물의 가격에 비하여 그것이 현저하게 균형을 잃은 이행이 되는 경우라 할지라도 <u>민법상 매도인으로 하여금 사정변경의 원리를 내세워서 그 매매계약을 해제할 수 있는 권리는 생기지 않는다</u>(대판 1963. 9. 12, 63다452).

2. <u>매매계약체결 후 9년이 지났고 시가가 올랐다는 사정만으로 계약을 해제할 만한 사정변경이 있다고 볼 수 없고,</u> 매수인의 소유권이전등기절차이행청구가 신의칙에 위배된다고도 할 수 없다(대판 1991. 2. 26, 90다19664).

3. <u>사정변경으로 인한 계약해제는</u> 계약 성립 당시 당사자가 예견할 수 없었던 현저한 사정의 변경이 발생하였고 그러한 사정의 변경이 해제권을 취득하는 당사자에게 책임 없는 사유로 생긴 것으로서, 계약내용대로의 구속력을 인정한다면 신의칙에 현저히 반하는 결과가 생기는 경우에 <u>계약준수 원칙의 예외로서 인정되는 것</u>이고, 여기에서 말하는 사정이라 함은 계약의 기초가 되었던 객관적인 사정으로서, 일방 당사자의 주관적 또는 개인적인 사정을 의미하는 것은 아니라 할 것이다(대판 2007. 3. 29, 2004다31302).

4. <u>사정변경을 이유로 보증계약을 해지할 수 있는 것은 포괄근보증이나 한정근보증과 같이 채무액이 불확정적이고 계속적인 거래로 인한 채무에 대하여 한 보증에 한하는바,</u> 회사의 이사로 재직하면서 보증 당시 그 채무액과 변제기가 특정되어 있는 회사의 확정채무에 대하여 보증을 한 후 이사직을 사임하였다 하더라도, 사정변경을 이유로 보증계약을 해지할 수 없다(대판 1996. 2. 9, 95다27431).

5. 회사의 임원이나 직원의 지위에 있기 때문에 회사의 요구로 부득이 회사와 제3자 사이의 계속적 거래로 인한 회사의 채무에 대하여 보증인이 된 자가 그 후 회사로부터 '퇴사'하여 임원이나 직원의 지위를 떠난 때에는 보증계약 성립 당시의 사정에 현저한 변경이 생긴 경우에 해당하므로 사정변경을 이유로 보증계약을 해지할 수 있다고 보아야 하며, <u>위 계속적 보증계약에서 보증기간을 정하였다고 하더라도 그것이 퇴사 후에도 보증채무를 부담키로 특약한 취지라고 인정되지 않는 한 위와 같은 해지권의 발생에 영향이 없다</u>(대판 1990. 2. 27, 89다카1381).

6. <u>특정채무에 대한 보증책임을 신의칙에 의하여 제한할 수 있는지 여부(한정 적극) : 채권자와 채무자 사이에 계속적인 거래관계에서 발생하는 불확정한 채무를 보증하는 이른바 계속적 보증의 경우뿐만 아니라 특정채무를 보증하는 일반보증의 경우에 있어서도, 채권자의 권리행사가 신의칙에 비추어 용납할 수 없는 성질의 것인 때에는 보증인의 책임을 제한하는 것이 예외적으로 허용될 수 있을 것이나,</u> 일단 유효하게 성립된 보증계약에 따른 책임을 신의칙과 같은 일반원칙에 의하여 제한하는 것은 자칫 잘못하면 사적 자치의 원칙이나 법적 안정성에 대한 중대한 위협이 될 수 있으므로 신중을 기하여 극히 예외적으로 인정하여야 한다(대판 2004. 1. 27, 2003다45410).

7. <u>임대차계약에 있어서 차임불증액의 특약이 있더라도</u> 약정 후 그 특약을 그대로 유지시키는 것이 <u>신의칙에 반한다고 인정될 정도의 사정변경이 있다고 보여지는 경우에는</u> 형평의 원칙상 <u>임대인에게 차임증액청구를 인정하여야 한다</u>(대판 1996. 11. 12, 96다34061).

2. 실효의 원칙

실효의 원칙이란 ① 권리자가 권리를 장기간 행사하지 않았기 때문에 ② 상대방이 이제는 그 권리를 행사하지 않을 것으로 믿을 만한 정당한 사유가 있게 된 경우, 새삼스럽게 그 권리를 행사하는 것이 신의칙에 위반되는 결과가 될 때에는 그 권리행사를 허용하지 않는 것을 의미한다. 즉, 권리자가 실제로 권리를 행사할 수 있는 기회가 있어서 그 권리행사의 기대가 능성이 있었음에도 불구하고, 상당한 기간이 경과하도록 권리를 행사하지 아니하여, 의무자인 상대방으로서도 이제는 권리자가 권리를 행사하지 아니할 것으로 신뢰할 만한 정당한 기대를 가지게 된 다음에, 새삼스럽게 그 권리를 행사하는 것이 법질서 전체를 지배하는 신의성실의 원칙에 위반하는 것으로 인정되는 결과가 될 때에는, 이른바 실효의 원칙에 따라 그 권리의 행사가 허용되지 않는다고 본다.

판례

1. 권리자가 장기간에 걸쳐 그 권리를 행사하지 아니하여 새삼스럽게 그 권리를 행사하는 것이 신의성실의 원칙에 위반되어 허용되지 아니한다고 하려면, 의무자인 상대방이 더 이상 권리자가 그 권리를 행사하지 아니할 것으로 믿을 만한 정당한 사유가 있어야 하는 것이므로 <u>토지소유자가 그 점유자에 대하여 부당이득반환청구권을 장기간 적극적으로 행사하지 아니하였다는 사정만으로는 부당이득반환청구권이 이른바 실효의 원칙에 따라 소멸하였다고 볼 수 없다</u>(대판 2002. 1. 8, 2001다60019).

2. <u>종전 토지소유자가 자신의 권리를 행사하지 않았다는 사정</u>은 그 토지의 소유권을 적법하게 취득한 <u>새로운 권리자에게 실효의 원칙을 적용함에 있어서 고려하여야 할 것은 아니다</u>(대판 1995. 8. 25, 94다27069).

3. 인지청구권은 본인의 일신전속적인 신분관계상의 권리로서 포기할 수도 없으며 포기하였더라도 그 효력이 발생할 수 없는 것이고, 이와 같이 <u>인지청구권의 포기가 허용되지 않는 이상 거기에 실효의 법리가 적용될 여지도 없다</u>(대판 2001. 11. 27, 2001므1353).

4. [1] 일반적으로 권리의 행사는 신의에 좇아 성실히 하여야 하고 권리는 남용하지 못하는 것이므로, 해제권을 갖는 자가 상당한 기간이 경과하도록 이를 행사하지 아니하여 상대방으로서도 이제는 그 권리가 행사되지 아니할 것이라고 신뢰할 만한 정당한 사유를 갖기에 이르러 그 후 새삼스럽게 이를 행사하는 것이 법질서 전체를 지배하는 신의성실의 원칙에 위반하는 것으로 인정되는 결과가 될 때에는 이른바 <u>실효의 원칙에 따라 그 해제권의 행사가 허용되지 않는다</u>고 보아야 할 것이다.
   [2] 해제의 의사표시가 있은 무렵을 기준으로 볼 때 무려 1년 4개월 가량 전에 발생한 해제권을 장기간 행사하지 아니하고 오히려 매매계약이 여전히 유효함을 전제로 잔존채무의 이행을 최고함에 따라 상대방으로서는 그 해제권이 더이상 행사되지 아니할 것으로 신뢰하였고 또 매매계약상의 매매대금 자체는 거의 전부가 지급된 점 등에 비추어 보면 그와 같이 신뢰한 데에는 정당한 사유도 있었다고 봄이 상당하다면, 그 후 새삼스럽게 그 해제권을 행사한다는 것은 신의성실의 원칙에 반하여 허용되지 아니한다 할 것이므로, 이제 와서 매매계약을 해제하기 위하여는 다시 이행제공을 하면서 최고를 할 필요가 있다(대판 1994. 11. 25, 94다12234).

3. 모순행위금지의 원칙(금반언의 원칙)

모순행위금지의 원칙이란 선행하는 행위와 모순되는 후행행위의 효과를 인정하게 되면, 선행 행위로 말미암아 야기된 다른 사람의 신뢰를 부당하게 침해하기 때문에 후행행위의 효력을 제한하려는 원칙이다. 이는 영미법상의 금반언(estoppel)의 법리와 유사하다.

판례

1. 사용자로부터 해고된 근로자가 퇴직금 등을 수령하면서 아무런 이의의 유보나 조건을 제기하지 않았다 면 해고의 효력을 인정하지 아니하고 이를 다투고 있었다고 볼 수 있는 객관적인 사정이 있다거나 그 외에 상당한 이유가 있는 상황하에서 이를 수령하는 등의 특별한 사정이 없는 한 그 해고의 효력을 인정 하였다고 할 것이고, 따라서 그로부터 오랜 기간이 지난 후에 그 해고의 효력을 다투는 소를 제기하는 것은 신의칙이나 금반언의 원칙에 위배되어 허용될 수 없다(대판 2000. 4. 25, 99다34475).

2. 근저당권자가 담보로 제공된 건물에 대한 담보가치를 조사할 당시 대항력을 갖춘 임차인이 그 임대차 사실을 부인하고 임차보증금에 대한 권리주장을 않겠다는 내용의 확인서를 작성해 준 경우, 그 후 그 건물에 대한 경매절차에서 이를 번복하여 대항력 있는 임대차의 존재를 주장함과 아울러 근저당권자보 다 우선적 지위를 가지는 확정일자부 임차인임을 주장하여 그 임차보증금반환채권에 대한 배당요구를 하는 것은 특별한 사정이 없는 한 금반언 및 신의칙에 위반되어 허용될 수 없다(대판 1997. 6. 27, 97다 12211).

3. 대리권한 없이 타인의 부동산을 매도한 자가 그 부동산을 상속한 후 소유자의 지위에서 자신의 대리행 위가 무권대리로 무효임을 주장하여 등기말소 등을 구하는 것은 금반언원칙이나 신의칙상 허용될 수 없다(대판 1994. 9. 27, 94다20617).

4. 甲이 하여야 할 연대보증을 그 부탁으로 乙이 대신 한 경우, 甲이 그 연대보증채무를 대위변제하였다는 이유로 乙에 대하여 구상권을 행사하는 것은 신의칙에 반한다(대판 2000. 5. 12, 99다38293).

5. 농지의 명의수탁자가 적극적으로 농가이거나 자경의사가 있는 것처럼 하여 소재지관서의 증명을 받아 그 명의로 소유권이전등기를 마치고 그 농지에 관한 소유자로 행세하면서, 한편으로 증여세 등의 부과 를 면하기 위하여 농가도 아니고 자경의사도 없었음을 들어 농지개혁법에 저촉되기 때문에 그 등기가 무효라고 주장함은 전에 스스로 한 행위와 모순되는 행위를 하는 것으로 자기에게 유리한 법지위를 악 용하려 함에 지나지 아니하므로 이는 신의성실의 원칙이나 금반언의 원칙에 위배되는 행위로서 법률상 용납될 수 없다(대판 1990. 7. 24, 89누8224).

6. 자신의 친딸로 하여금 그 소유의 대지상에 건물을 신축하도록 승낙한 자가 위 건물이 친딸의 채권자에 의한 강제경매신청에 따라 경락되자 경락인에 대하여 그 철거를 구하는 행위가 신의칙에 위배된다(대판 1991. 6. 11, 91다9299).

7. 지방자치단체가 그 행정재산인 토지를 매도하였더라도 그 후 공용폐지가 되었다면 지방자치단체가 위 토지에 관하여 소유권이전등기의 말소등기절차이행을 구하는 것은 그 재산을 회수하여 공공의 용에 사 용하려는 데 그 목적이 있는 것도 아니며 한편 매도인인 지방자치단체는 특단의 사정이 없는 한 매매행 위 당시에 동 토지가 행정재산임을 알고 있었다고 보아야 할 것이고 매수인들로서도 동 처분행위가 적 법하다고 믿어 동 매매계약을 체결하였을 것이므로 처분행위 후 20년 가까이 경과하고 공용폐지까지 된 이제 와서 당해 토지가 매매 당시에 행정재산임을 내세워 무효라고 주장하는 것은 신의칙에 반하는 권리행사에 해당되어 허용될 수 없다(대판 1986. 10. 14, 86다카204).

8. 상속인 중의 1인이 피상속인의 생존시에 피상속인에 대하여 상속을 포기하기로 약정하였다고 하더라도, 상속개시 후 민법이 정하는 절차와 방식에 따라 상속포기를 하지 아니한 이상, 상속개시 후에 자신의 상속권을 주장하는 것은 정당한 권리행사로서 권리남용에 해당하거나 또는 신의칙에 반하는 권리의 행사라고 할 수 없다(대판 1998. 7. 24, 98다9021).

9. 강행법규에 위반하여 무효인 수익보장약정이 투자신탁회사가 먼저 고객에게 제의를 함으로써 체결된 것이라고 하더라도, 이러한 경우에 강행법규를 위반한 투자신탁회사 스스로가 그 약정의 무효를 주장함이 신의칙에 위반되는 권리의 행사라는 이유로 그 주장을 배척한다면, 이는 오히려 강행법규에 의하여 배제하려는 결과를 실현시키는 셈이 되어 입법취지를 완전히 몰각하게 되므로, 달리 특별한 사정이 없는 한 위와 같은 주장이 신의성실의 원칙에 반하는 것이라고 할 수 없다(대판 1999. 3. 23, 99다4405).

10. 미성년자의 법률행위에 법정대리인의 동의를 요하도록 하는 것은 강행규정인데, 위 규정에 반하여 이루어진 신용구매계약을 미성년자 스스로 취소하는 것을 신의칙 위반을 이유로 배척한다면, 이는 오히려 위 규정에 의해 배제하려는 결과를 실현시키는 셈이 되어 미성년자 제도의 입법 취지를 몰각시킬 우려가 있으므로, 법정대리인의 동의 없이 신용구매계약을 체결한 미성년자가 사후에 법정대리인의 동의 없음을 사유로 들어 이를 취소하는 것이 신의칙에 위배된 것이라고 할 수 없다(대판 2007. 11. 16, 2005다71659).

11. [1] 민법 제2조 제1항은 신의성실의 원칙(이하 '신의칙'이라 한다)에 관하여 "권리의 행사와 의무의 이행은 신의에 좇아 성실히 하여야 한다"라고 정하고 있다. 신의칙은 법률관계의 당사자가 상대방의 이익을 배려하여 형평에 어긋나거나 신의를 저버리는 내용 또는 방법으로 권리를 행사하거나 의무를 이행해서는 안 된다는 추상적 규범으로서 법질서 전체를 관통하는 일반 원칙으로 작용하고 있다. 신의칙에 반한다는 이유로 권리의 행사를 부정하기 위해서는 상대방에게 신뢰를 제공하였다거나 객관적으로 보아 상대방이 신뢰를 하는 데 정당한 상태에 있어야 하고, 이러한 상대방의 신뢰에 반하여 권리를 행사하는 것이 정의관념에 비추어 용인될 수 없는 정도의 상태에 이르러야 한다.

[2] 강행규정을 위반한 법률행위를 한 사람이 스스로 그 무효를 주장하는 것이 신의칙에 위배되는 권리의 행사라는 이유로 이를 배척한다면 강행규정의 입법 취지를 몰각시키는 결과가 되므로 그러한 주장은 신의칙에 위배된다고 볼 수 없음이 원칙이다. 다만 신의칙을 적용하기 위한 일반적인 요건을 갖추고 강행규정성에도 불구하고 신의칙을 우선하여 적용할 만한 특별한 사정이 있는 예외적인 경우에는 강행규정을 위반한 법률행위의 무효를 주장하는 것이 신의칙에 위배될 수 있다(대판 2021. 11. 25, 2019다277157).

12. 취득시효완성 후에 그 사실을 모르고 당해 토지에 관하여 어떠한 권리도 주장하지 않기로 하였다 하더라도 이에 반하여 시효주장을 하는 것은 특별한 사정이 없는 한 신의칙에 위반되어 허용되지 않는다(대판 1998. 5. 22, 96다24101).

⑷ 권리남용금지의 원칙

1. 의의

권리남용금지의 원칙이란 권리의 행사가 외관상 적법한 것으로 보여도, 실질적으로 권리가 인정되는 본래의 목적이나 권리의 공공성·사회성에 반하여, 그 권리의 사회적 허용한계를 일탈한 것이라면 이에 대한 법률효과를 부여할 수 없다는 원칙을 말한다.

2. 권리남용의 요건

(1) 권리의 행사 또는 불행사가 있을 것

권리남용이 되려면 권리의 행사 또는 불행사가 있어야 한다.

(2) 권리의 행사가 권리 본래의 사회적 목적에 부합하지 않을 것

판례는 권리행사가 사회질서에 위반된다고 볼 수 있는 경우, 권리의 행사가 사회생활상 도저히 인용될 수 없을 때, 권리의 행사가 사회적 한계를 초월하였다고 인정되는 때 등으로 표현하고 있다.

(3) 주관적 요건이 필요한지 여부

통설은 권리남용 여부는 객관적으로 판단되며, 권리자의 가해의사 또는 가해목적은 권리남용의 요건이 아니라고 본다. 이에 반해 판례의 일반적인 경향은 권리남용의 요건으로 객관적 요건 외에 주관적 요건을 요구한다. 다만, 경우에 따라서 완화하기도 한다.

> **판례**
>
> 1. 권리행사가 권리의 남용에 해당한다고 할 수 있으려면, 주관적으로 그 권리행사의 목적이 오직 상대방에게 고통을 주고 손해를 입히려는 데 있을 뿐 행사하는 사람에게 아무런 이익이 없는 경우이어야 하고, 객관적으로는 그 권리행사가 사회질서에 위반된다고 볼 수 있어야 하는 것이며, 이와 같은 경우에 해당하지 않는 한 비록 그 권리의 행사에 의하여 권리행사자가 얻는 이익보다 상대방이 잃을 손해가 현저히 크다 하여도 그러한 사정만으로는 이를 권리남용이라 할 수 없고, 다만 이러한 주관적 요건은 권리자의 정당한 이익을 결여한 권리행사로 보여지는 객관적인 사정에 의하여 추인할 수 있다(대판 1998. 6. 26, 97다42823).
>
> 2. 당사자가 상계의 대상이 되는 채권이나 채무를 취득하게 된 목적과 경위, 상계권을 행사함에 이른 구체적·개별적 사정에 비추어, 그것이 위와 같은 상계제도의 목적이나 기능을 일탈하고, 법적으로 보호받을 만한 가치가 없는 경우에는, 그 상계권의 행사는 신의칙에 반하거나 상계에 관한 권리를 남용하는 것으로서 허용되지 않는다고 함이 상당하고, 상계권 행사를 제한하는 위와 같은 근거에 비추어 볼 때 일반적인 권리남용의 경우에 요구되는 주관적 요건을 필요로 하는 것은 아니라고 할 것이다(대판 2003. 4. 11, 2002다59481).

3. 상표권자가 당해 상표를 출원·등록하게 된 목적과 경위, 상표권을 행사하기에 이른 구체적·개별적 사정 등에 비추어, 상대방에 대한 상표권의 행사가 상표사용자의 업무상의 신용유지와 수요자의 이익보호를 목적으로 하는 상표제도의 목적이나 기능을 일탈하여 공정한 경쟁질서와 상거래 질서를 어지럽히고 수요자 사이에 혼동을 초래하거나 상대방에 대한 관계에서 신의성실의 원칙에 위배되는 등 법적으로 보호받을 만한 가치가 없다고 인정되는 경우에는, 그 상표권의 행사는 비록 권리행사의 외형을 갖추었다 하더라도 등록상표에 관한 권리를 남용하는 것으로서 허용될 수 없고, <u>상표권의 행사를 제한하는 위와 같은 근거에 비추어 볼 때 상표권 행사의 목적이 오직 상대방에게 고통을 주고 손해를 입히려는 데 있을 뿐 이를 행사하는 사람에게는 아무런 이익이 없어야 한다는 주관적 요건을 반드시 필요로 하는 것은 아니다</u>(대판 2007. 1. 25, 2005다67223).

3. 권리남용의 효과

권리의 행사가 권리남용에 해당한다면, 권리 본래의 효과가 발생하지 않는다. 그러나 원칙적으로 권리 자체가 박탈되는 것은 아니다. 권리의 박탈은 명문의 규정이 있는 경우에 한한다(⑩ 친권의 상실선고(제924조)). 또한, 권리행사가 남용으로 되면 위법성을 띠게 되므로, 상대방에게 손해가 발생하였다면 불법행위책임을 질 수 있다.

> **판례**
>
> 1. <u>한국전력공사가 정당한 권원에 의하여 토지를 수용하고 그 지상에 변전소를 건설하였으나 토지소유자에게 그 수용에 따른 손실보상금을 공탁함에 있어서 착오로 부적법한 공탁이 되어 수용재결이 실효됨으로써 결과적으로 그 토지에 대한 점유권원을 상실하게 된 경우</u>, 그 변전소가 철거되면 61,750가구에 대하여 전력공급이 불가능하고, 그 변전소 인근은 이미 개발이 완료되어 더 이상 변전소 부지를 확보하기가 어려울 뿐만 아니라 설령 그 부지를 확보한다고 하더라도 변전소를 신축하는 데는 상당한 기간이 소요되며, 그 토지의 시가는 약 6억 원인데 비하여 위 변전소를 철거하고 같은 규모의 변전소를 신축하는 데에는 약 164억 원이 소요될 것으로 추산되며, 그 토지소유자는 그 토지가 자연녹지지역에 속하고 개발제한구역 내에 위치하고 있어서 토지를 인도받더라도 도시계획법상 이를 더 이상 개발·이용하기가 어려운데도 그 토지 또는 그 토지를 포함한 그들 소유의 임야 전부를 시가의 120%에 상당하는 금액으로 매수하겠다는 한국전력공사의 제의를 거절하고 그 변전소의 철거와 토지의 인도만을 요구하고 있는 점에 비추어, <u>토지소유자가 그 변전소의 철거와 토지의 인도를 청구하는 것</u>은 토지소유자에게는 별다른 이익이 없는 반면 한국전력공사에게는 그 피해가 극심하여 이러한 권리행사는 주관적으로는 그 목적이 오직 상대방에게 고통을 주고 손해를 입히려는 데 있고, 객관적으로는 사회질서에 위반된 것이어서 <u>권리남용에 해당한다</u>(대판 1999. 9. 7, 99다27613).
>
> 2. <u>토지소유자가 토지 상공에 송전선이 설치되어 있는 사정을 알면서 그 토지를 취득한 후 13년이 경과하여 그 송전선의 철거를 구한 사안</u>에서, 한국전력공사가 그 토지 상공에 당초에 그 송전선을 설치함에 있어서 적법하게 그 상공의 공간사용권을 취득하거나 그에 따른 손실을 보상하지 아니하여 그 송전선의 설치는 설치 당시부터 불법점유라고 볼 수 있으며, 그 설치 후에도 적법한 사용권을 취득하려고 노력하였다거나 그 사용에 대한 손실을 보상한 사실이 전혀 없고, 그 토지가 현재의 지목은 전이나 도시계획상 일반주거지역에 속하고 주변 토지들의 토지이용 상황이 아파트나 빌라 등이 들어서 있는 사실에 비추어 그 토지도 아파트, 빌라 등의 공동주택의 부지로 이용될 가능성이 농후한 점 및 한국전력공사로서는 지금이라도 전기사업법 등의 규정에 따른 적법한 수용이나 사용절차에 의하여 그 토지 상공의 사용권을 취득할 수 있는 점 등에 비추어, <u>토지소유자의 송전선철거청구가 권리남용에 해당하지 않는다</u>(대판 1996. 5. 14, 94다54283).

3. 외국에 이민을 가 있어 주택에 입주하지 않으면 안 될 급박한 사정이 없는 딸이 고령과 지병으로 고통을 겪고 있는 상태에서 달리 마땅한 거처도 없는 아버지와 그를 부양하면서 동거하고 있는 남동생을 상대로 자기 소유 주택의 명도 및 퇴거를 청구하는 행위가 인륜에 반하는 행위로서 권리남용에 해당한다(대판 1998. 6. 12, 96다52670).

4. ① 채무자가 시효완성 전에 채권자의 권리행사나 시효중단을 불가능 또는 현저히 곤란하게 하거나 그러한 조치가 불필요하다고 믿게 하는 행동을 하였거나, ② 객관적으로 채권자가 권리를 행사할 수 없는 장애사유가 있었거나, ③ 또는 일단 시효완성 후에 채무자가 시효를 원용하지 아니할 것 같은 태도를 보여 권리자로 하여금 그와 같이 신뢰하게 하였거나, ④ 채권자 보호의 필요성이 크고 같은 조건의 다른 채권자가 채무의 변제를 수령하는 등의 사정이 있어 채무이행의 거절을 인정함이 현저히 부당하거나 불공평하게 되는 등의 <특별한 사정이 있는 경우에 한하여> 채무자가 소멸시효의 완성을 주장하는 것이 신의성실의 원칙에 반하여 <u>권리남용으로서 허용될 수 없다</u>(대판 1999.12.7, 98다42929).

5. <u>국가에 국민을 보호할 의무가 있다는 사유만으로 국가가 소멸시효의 완성을 주장하는 것 자체가 신의성실의 원칙에 반하여 권리남용에 해당한다고 할 수는 없으므로</u>, 국가의 소멸시효완성 주장이 신의칙에 반하고 권리남용에 해당한다고 하려면 일반 채무자의 소멸시효완성 주장에서와 같은 특별한 사정이 인정되어야 할 것이다(대판 2005. 5. 13, 2004다71881).

6. <u>토지취득 당시 그 위에 초등학교가 있고 현재 학교교사로 사용하고 있다는 사실을 알면서도 이를 취득한 후 이에 대한 권리행사로서 학교교사철거청구를 함은</u> 공공복리를 위한 사회적 기능을 무시한 것이 되고 신의성실의 원칙과 국민의 건전한 권리의식에 반하는 행위로서 <u>권리남용에 해당한다</u>(대판 1978. 2. 14, 77다2324, 2325).

7. <u>대지소유자가 그 소유권에 기하여 그 대지의 불법점유자인 시에 대하여 권원 없이 그 대지의 지하에 매설한 상수도관의 철거를 구하는 경우에</u> 공익사업으로서 공중의 편의를 위하여 매설한 상수도관을 철거할 수 없다거나 이를 이설할 만한 마땅한 다른 장소가 없다는 이유만으로는 대지소유자의 위 철거청구가 오로지 타인을 해하기 위한 것으로서 <u>권리남용에 해당한다고 할 수는 없다</u>(대판 1987. 7. 7, 85다카1383).

8. 일반적으로 동시이행의 관계가 인정되는 경우에는 그러한 항변권을 행사하는 자의 상대방이 그 동시이행의 의무를 이행하기 위하여 과다한 비용이 소요되거나 또는 그 의무의 이행이 실제적으로 어려운 반면 그 의무의 이행으로 인하여 항변권자가 얻는 이득은 별달리 크지 아니하여 <u>동시이행의 항변권의 행사가 주로 자기 채무의 이행만을 회피하기 위한 수단이라고 보여지는 경우에는 그 항변권의 행사는 권리남용으로서 배척되어야 한다</u>(대판 1992. 4. 28, 91다29972).

9. <u>확정판결의 내용이 실체적 권리관계에 배치되어 판결에 의한 집행이 권리남용에 해당된다고 하기 위해서는</u> 판결에 의하여 집행할 수 있는 것으로 확정된 권리의 성질과 내용, 판결의 성립 경위 및 판결 성립 후 집행에 이르기까지의 사정, 집행이 당사자에게 미치는 영향 등 제반 사정을 종합하여 볼 때, 확정판결에 기한 집행이 현저히 부당하고 상대방으로 하여금 집행을 수인하도록 하는 것이 정의에 반함이 명백하여 사회생활상 용인할 수 없다고 인정되는 경우이어야 한다(대판 2014. 2. 21, 2013다75717).

02 문제로 실력다지기

01 재판상으로만 행사할 수 있는 형성권은? (다툼이 있으면 판례에 의함)

① 계약해제권
② 채권자취소권
③ 공유물분할청구권
④ 지상물매수청구권
⑤ 동시이행의 항변권

02 권리의 분류와 그 예시로서 옳지 않은 것은? (다툼이 있으면 판례에 의함)

① 청구권 − 부양청구권, 지상권자의 지상물매수청구권
② 항변권 − 동시이행의 항변권, 한정승인의 항변권
③ 형성권 − 동의권, 상계권
④ 지배권 − 저당권, 특허권
⑤ 사원권 − 결의권, 소수사원권

03 다음 중 형성권이 아닌 것은? 2021 기출

① 물권적 청구권   ② 취소권
③ 추인권   ④ 동의권
⑤ 계약해지권

04 형성권에 관한 설명으로 옳지 않은 것은? (다툼이 있으면 판례에 의함)

① 채권자취소권은 반드시 재판상으로만 행사해야 하는 형성권이다.
② 계약의 해제권은 형성권이 아니다.
③ 형성권의 행사로 법률관계를 변경시킬 수 있다.
④ 민법전에 청구권으로 표기된 권리 중에는 그 본질이 형성권인 것도 있다.
⑤ 건물소유목적의 토지임대차기간이 만료된 경우, 임차인이 행사하는 임대차계약의 갱신청구권은 형성권이 아니다.

---

01 ② 형성권은 권리자의 의사표시만으로 효과가 발생하는 경우와 반드시 재판상 행사하여야 하는 경우가 있다. 채권자취소권(제406조)은 후자에 속한다.

02 ① 지상권자의 지상물매수청구권은 형성권이다.

03 ① 물권적 청구권은 청구권에 속한다.
②, ③, ④, ⑤ 모두 권리자의 의사표시만으로 효과가 발생하는 형성권에 속한다.

04 ② 계약의 해제권은 해제권자의 일방적 의사표시만으로 효과가 발생하는 형성권이다.

`Answer` **01** ②   **02** ①   **03** ①   **04** ②

05 권리자의 일방적 의사표시로 법률관계의 변동을 일으키는 권리가 아닌 것은? (다툼이 있으면 판례에 의함)

① 공유자의 공유물분할청구권
② 지상권자의 지료증감청구권
③ 지상권설정자의 지상물매수청구권
④ 건물임차인의 부속물매수청구권
⑤ 부동산공사수급인의 저당권설정청구권

06 권리의 충돌과 경합에 관한 설명으로 옳지 않은 것은? (다툼이 있으면 판례에 의함)

① 전세목적물이 전세권자의 고의로 멸실된 경우에 소유자인 전세권설정자는 전세권자에게 채무불이행에 기한 손해배상청구권과 불법행위에 기한 손해배상청구권을 가지며, 양자는 청구권 경합의 관계에 있다.
② 하나의 생활사실이 여러 개의 법규의 요건을 충족하여 동일한 목적을 가지는 여러 개의 권리가 발생하는 경우는 권리의 경합이다.
③ 공무원의 직무상 불법행위책임에 대하여 국가배상법과 민법의 규정이 경합하는 경우 전자만이 적용된다.
④ 임대차가 종료하면 임대인인 소유자는 임차인에게 소유권에 기하여 목적물의 반환을 청구할 수 있을 뿐이다.
⑤ 토지에 대하여 지상권과 사용대차권이 충돌하는 경우 권리 성립의 선후에 관계없이 지상권이 우선한다.

07 권리의 내용 및 효력에 관한 설명으로 옳은 것은?

① 채권 상호간에는 먼저 성립한 채권이 항상 우선한다.
② 채권과 물권 상호간에는 항상 채권이 우선한다.
③ 물권 상호간에는 권리자 평등의 원칙이 적용된다.
④ 조건부 법률행위에서 발생하는 권리는 기대권의 성질을 갖는다.
⑤ 소유권과 제한물권 사이에서는 소유권의 성질상 소유권이 우선한다.

08 신의성실의 원칙에 관한 다음 설명 중 가장 옳지 않은 것은? (다수설에 의함)

① 신의성실의 원칙은 권리의 발생·변경·소멸의 기능을 갖는다.
② 민법상 신의성실의 원칙은 법률관계의 당사자가 상대방의 이익을 배려하여 형평에 어긋나거나 신뢰를 저버리는 내용 또는 방법으로 권리를 행사하거나 의무를 이행하여서는 아니 된다는 추상적인 규범이다.
③ 신의성실의 원칙은 민법뿐 아니라 상법 등 사법(私法)의 전 영역에서 적용된다.
④ 신의성실의 원칙은 오직 권리행사와 의무이행에만 적용되는 것으로서 이에 기해 어떠한 의무가 도출되는 것은 아니다.
⑤ 신의성실원칙의 위반 또는 권리남용은 당사자의 주장이 없더라도 직권으로 판단할 수 있다.

09 사정변경의 원칙에 관한 설명으로 옳은 것은? (다툼이 있으면 판례에 의함)

① 민법에는 사정변경의 원칙에 입각한 일반 규정과 개별규정이 없다.
② 계약당사자 일방의 책임 있는 사유로 인해 현저한 사정변경이 초래된 경우, 그 당사자는 사정변경을 이유로 계약을 해제할 수 있다.
③ 사정변경으로 인한 계약해제에 있어서 사정이라 함은 계약의 기초가 되었던 객관적인 사정 및 당사자의 주관적 또는 개인적인 사정을 포함하는 것이다.
④ 이사로 재직 중 채무액과 변제기가 특정되어 있는 회사의 확정채무에 대하여 보증을 한 후 이사직을 사임한 자는 사정변경을 이유로 그 보증계약을 해지할 수 있다.
⑤ 현저하게 변경된 사정이 계약 성립 당시에 당사자가 예견할 수 있었던 것이라면 그 당사자는 계약을 해제할 수 없다.

---

05 ⑤ 부동산공사수급인의 저당권설정청구권은 청구권이며, 나머지는 형성권에 속한다.

06 ④ 임대차계약 종료 후 임대목적물의 소유자인 임대인에게는 임대차에 기한 반환청구권(제618조)과 소유권에 기한 반환청구권(제213조)이 발생한다.

07 ① 동일한 채무자에 대하여 수 개의 채권이 충돌하는 경우에는, 채권자 평등주의에 따라 어느 채권자도 우선적으로 변제받을 수 없는 것이 원칙이다. 즉, 채권 성립의 선후는 문제되지 않는다. 다만, 이 원칙이 그대로 지켜지는 것은 채무자가 파산한 경우나 경매에서 배당에 참가한 채권자 상호간이다. 그 밖의 경우에는 채무자로부터 먼저 변제받은 자가 만족을 얻게 된다(선행주의).
② 물권과 채권이 충돌하는 경우에는 원칙적으로 권리 성립의 선후에 관계없이 물권이 우선한다.
③, ⑤ 소유권과 제한물권이 충돌하는 경우에는 그 성질상 제한물권이 우선하고, 동일물 위에 성립하는 제한물권 상호간에는 먼저 성립한 권리가 후에 성립한 권리에 우선한다.

08 ④ 신의성실의 원칙이란 법률관계에 있는 자는 서로 상대방의 신뢰에 어긋나지 않도록 성실히 행동해야 한다는 원칙으로, 권리행사와 의무이행에만 적용되는 것은 아니며, 신의칙은 급부의무 또는 명시적으로 규정되어 있는 종된 의무를 확장하여 부수의무를 발생시킨다.

09 ① 일반규정은 없으나 개별규정은 다수 존재한다.
② 사정변경으로 인한 계약해제는 그러한 사정의 변경이 해제권을 취득하는 당사자에게 책임 없는 사유로 생긴 것이어야 한다.
③ 여기에서 말하는 사정이라 함은 계약의 기초가 되었던 객관적인 사정으로서, 일방당사자의 주관적 또는 개인적인 사정을 의미하는 것은 아니다.
④ 회사의 확정채무에 대하여 보증을 한 후 이사직을 사임하였다 하더라도, 사정변경을 이유로 보증계약을 해지할 수 없다.

Answer **05** ⑤ **06** ④ **07** ④ **08** ④ **09** ⑤

10 신의성실의 원칙에 관한 설명으로 옳지 않은 것은? (다툼이 있으면 판례에 의함)

① 권리행사와 의무이행이 신의칙에 반하는 것은 당사자의 주장이 없더라도 법원이 직권으로 판단할 수 있다.

② 본인을 상속한 무권대리인이 본인의 지위에서 무권대리의 추인을 거절하는 것은 신의칙상 허용되지 않는다.

③ 아파트 분양자는 아파트단지 인근에 공동묘지가 조성되어 있는 사실을 수분양자에게 고지할 신의칙상의 의무를 부담한다.

④ 법정대리인의 동의 없이 신용구매계약을 체결한 미성년자가 나중에 법정대리인의 동의 없음을 이유로 이를 취소하는 것은 신의칙에 반한다.

⑤ 강행규정에 위반하는 계약임을 알면서도 이를 체결한 자가 나중에 그 강행규정 위반을 이유로 당해 계약의 무효를 주장하는 것은 원칙적으로 신의칙 위반이 아니다.

11 신의성실의 원칙에 관한 설명으로 옳지 않은 것은? (다툼이 있으면 판례에 의함)

① 사정변경의 원칙은 신의성실의 원칙의 적용례로서 계약준수 원칙의 예외이다.

② 신의성실의 원칙은 권리와 의무의 내용을 보다 구체화하는 기능을 한다.

③ 신의성실의 원칙에 반하는 것은 당사자의 주장이 없더라도 법원이 직권으로 판단할 수 있다.

④ 강행법규에 위반되어 무효임을 알면서 그 법률행위를 한 자가 강행법규 위반을 이유로 무효를 주장하는 것은 특별한 사정이 없는 한 신의칙 위반에 해당한다.

⑤ 아파트단지 인근에 쓰레기매립장이 건설될 예정이라는 사실을 수분양자들이 알았더라면 분양계약을 체결하지 않았을 사정이 있을 경우, 분양자는 그 사실을 고지할 신의칙상의 의무가 있다.

12 신의성실의 원칙에 관한 판례의 설명으로 옳지 않은 것은?

① 민법상 신의성실의 원칙은 법률관계의 당사자는 상대방의 이익을 배려하여 형평에 어긋나거나 신뢰를 저버리는 내용 또는 방법으로 권리를 행사하거나 의무를 이행하여서는 아니 된다는 추상적 규범이다.

② 신의성실의 원칙에 반한다거나 또는 권리남용에 해당된다는 사실은 당사자가 주장하여야 하므로, 법원에서 직권으로 판단해서는 안 된다.

③ 자기 소유의 대지상에 자신의 친딸에게 건물을 신축하도록 승낙한 자가 그 건물이 친딸의 채권자에 의한 경매신청에 따라 경락되자 경락인에 대하여 그 철거를 구하는 것은 신의성실의 원칙에 반한다.

④ 자신이 연대보증하여야 할 것을 타인에게 부탁하여 그 타인이 대신 연대보증인이 된 경우, 자기가 그 연대보증채무를 변제하고서 그 타인에 대하여 구상권을 행사하는 것은 신의칙에 반한다.

⑤ 토지소유자가 그 점유자에 대하여 부당이득반환청구권을 장기간 적극적으로 행사하지 아니하였다는 사정만으로는 부당이득반환청구권이 이른바 실효원칙에 따라 소멸했다고 볼 수 없다.

13 신의칙에 관한 설명으로 옳지 않은 것은? (다툼이 있으면 판례에 따름) _{2022 기출}

① 신의칙에 반하는 것은 강행규정에 위반하는 것이므로 당사자의 주장이 없더라도 법원이 직권으로 판단할 수 있다.

② 법정대리인의 동의 없이 신용구매계약을 체결한 미성년자가 나중에 법정대리인의 동의 없음을 이유로 그 계약을 취소하는 것은 신의칙에 반한다.

③ 무권대리인이 본인을 단독상속한 경우, 본인의 지위에서 자신이 한 무권대리행위의 추인을 거절하는 것은 신의칙에 반한다.

④ 병원은 입원환자의 휴대품 등의 도난을 방지하기 위하여 필요한 적절한 조치를 강구하여 줄 신의칙상 보호의무가 있다.

⑤ 채권자가 유효하게 성립한 계약에 따른 급부의 이행을 청구하는 경우, 법원이 신의칙에 의하여 그 급부의 일부를 감축하는 것은 원칙적으로 허용되지 않는다.

---

10 ④ 이 경우는 신의칙에 반하지 않는다.

11 ④ 강행법규에 위반하여 무효인 수익보장약정이 투자신탁회사가 먼저 고객에게 제의를 함으로써 체결된 것이라고 하더라도, 이러한 경우에 강행법규를 위반한 투자신탁회사 스스로가 그 약정의 무효를 주장함이 신의칙에 위반되는 권리의 행사라는 이유로 그 주장을 배척한다면, 이는 오히려 강행법규에 의하여 배제하려는 결과를 실현시키는 셈이 되어 입법취지를 완전히 몰각하게 되므로, 달리 특별한 사정이 없는 한 위와 같은 주장이 신의성실의 원칙에 반하는 것이라고 할 수 없다(대판 1999. 3. 23, 99다4405).

12 ② 신의성실의 원칙에 반하는 것 또는 권리남용은 강행규정에 위배되는 것이므로 당사자의 주장이 없더라도 법원은 직권으로 판단할 수 있다(대판 1989. 9. 29, 88다카17181).

13 ② 법정대리인의 동의 없이 신용구매계약을 체결한 미성년자가 나중에 법정대리인의 동의 없음을 이유로 그 계약을 취소하는 것은 신의칙에 반하지 않는다.
⑤ 유효하게 성립한 계약상의 책임을 공평의 이념 또는 신의칙과 같은 일반원칙에 의하여 제한하는 것은 사적 자치의 원칙이나 법적 안정성에 대한 중대한 위협이 될 수 있으므로, 채권자가 유효하게 성립한 계약에 따른 급부의 이행을 청구하는 때에 법원이 급부의 일부를 감축하는 것은 원칙적으로 허용되지 않는다(대판 2016. 12. 1, 2016다240543).

Answer **10** ④ **11** ④ **12** ② **13** ②

14 신의성실의 원칙(이하 '신의칙')에 관한 설명으로 옳지 않은 것은? (다툼이 있으면 판례에 따름) 2023 기출

① 사적 자치의 영역을 넘어 공공질서를 위하여 공익적 요구를 선행시켜야 할 경우에도 특별한 사정이 없는 한 신의칙이 합법성의 원칙보다 우월하다.

② 신의칙이란 "법률관계의 당사자는 상대방의 이익을 고려하여 형평에 어긋나거나 신의를 저버리는 내용 또는 방법으로 권리를 행사하거나 의무를 이행하여서는 안 된다"는 추상적 규범을 말한다.

③ 숙박업자는 신의칙상 부수적 의무로서 고객의 안전을 배려할 보호의무를 부담한다.

④ 인지청구권에는 실효의 법리가 적용되지 않는다.

⑤ 이사가 회사 재직 중에 채무액과 변제기가 특정되어 있는 회사채무를 보증한 후 사임한 경우, 그 이사는 사정변경을 이유로 그 보증계약을 일방적으로 해지할 수 없다.

15 권리남용에 관한 설명으로 옳은 것은? (다툼이 있으면 판례에 의함)

① 권리자가 법령에 위반되어 무효임을 알면서도 법률행위를 한 후 강행법규 위반을 이유로 그 법률행위의 무효를 주장한다면 원칙적으로 권리남용에 해당한다.

② 권리자의 권리행사에 대하여 상대방이 권리남용을 주장하지 않는다면 법원은 이를 직권으로 판단할 수 없다.

③ 당사자 간의 합의로 권리남용금지 원칙의 적용을 배제하기로 하는 특약은 허용되지 않는다.

④ 채무자가 소멸시효에 기한 항변권을 행사하는 경우에는 권리남용금지 원칙의 지배를 받지 않는다.

⑤ 권리남용을 이유로 권리 그 자체가 박탈되는 경우는 없다.

16 신의성실의 원칙에 관한 설명으로 옳은 것은? (다툼이 있으면 판례에 의함)

① 법원은 당사자의 주장이 있을 경우에만 신의칙의 위반 여부를 판단할 수 있다.

② 분양회사는 아파트단지 인근에 쓰레기매립장이 건설될 예정이라는 사실을 알았더라도 이를 수분양자에게 고지할 신의칙상의 의무를 부담하지 않는다.

③ 지방자치단체로부터 매수한 토지가 공공공지에 편입되어 매수인이 주관적으로 의도한 건축이 불가능하게 되었다면 매매계약을 해제할 만한 사정변경에 해당한다.

④ 소멸시효완성 전에 채무자가 채권자에게 시효중단조치가 불필요하다고 믿게 하는 행동을 하였고 채권자도 이를 신뢰하였다면 채무자는 소멸시효의 완성을 주장할 수 없다.

⑤ 근로자가 장기간 무단결근을 이유로 해고된 후 공탁된 퇴직금을 조건 없이 수령하였다고 하더라도 8개월이 지나서 해고무효의 확인을 구하는 것은 신의칙에 반하지 않는다.

17 신의성실의 원칙에 관한 설명으로 옳지 않은 것은? (다툼이 있으면 판례에 따름)

2017 기출

① 제한능력자의 행위라는 이유로 법률행위를 취소하는 것은 신의성실의 원칙에 위배되지 않는다.

② 강행법규에 위반하여 약정을 체결한 당사자가 그 약정의 무효를 주장하는 것은 신의성실의 원칙에 반하지 아니한다.

③ 무권대리인이 본인을 단독 상속한 경우 본인의 지위에서 추인을 거절하는 것은 신의성실의 원칙에 위배된다.

④ 이사가 회사재직 중 회사의 확정채무를 보증한 후 사임한 경우에 사정변경을 이유로 보증계약을 해지할 수 있다.

⑤ 법원은 당사자의 주장이 없더라도 직권으로 신의성실의 원칙에 위반되는지 여부를 판단할 수 있다.

★

14 ①② 민법상 신의성실의 원칙은, 법률관계의 당사자가 상대방의 이익을 배려하여 형평에 어긋나거나 신뢰를 저버리는 내용 또는 방법으로 권리를 행사하거나 의무를 이행하여서는 안 된다는 추상적 규범을 말하는 것인바, <u>사적자치의 영역을 넘어 공공질서를 위하여 공익적 요구를 선행시켜야 할 사안에서는 원칙적으로 합법성의 원칙은 신의성실의 원칙보다 우월한 것이므로 신의성실의 원칙은 합법성의 원칙을 희생하여서라도 구체적 신뢰보호의 필요성이 인정되는 경우에 비로소 적용된다고 봄이 상당하다</u>(대판 2021. 6. 10, 2021다207489·207496).
③ 대판 2000. 11. 24, 2000다38718 · 38725
④ 대판 2001. 11. 27, 2001므1353
⑤ 대판 1996. 2. 9, 95다27431

15 ③ 신의성실의 원칙과 권리남용금지의 원칙은 강행규정이다.
① 권리남용에 해당하지 않는다.
② 직권으로 판단할 수 있다.
④ 소멸시효 주장에도 권리남용금지의 원칙은 적용된다.
⑤ 친권을 남용하면 친권의 상실선고(제924조)로 친권을 박탈시킬 수 있다.

16 ① 판례는 신의성실의 원칙에 반하는 것 또는 권리남용은 강행규정에 위배되는 것이므로 당사자의 주장이 없더라도 법원이 직권으로 판단할 수 있다고 한다.
② 판례는 분양회사가 아파트단지로부터 1km 남짓 떨어진 곳에 쓰레기매립장이 건설예정인 사실을 알면서도 이를 고지하지 아니하고 아파트를 분양한 사안에서, 위 쓰레기매립장 건설예정사실은 신의칙상 고지의무의 대상이 된다고 보았다(대판 2006. 10. 12, 2004다48515).
③ 사정변경으로 인한 계약해제는 계약 성립 당시 당사자가 예견할 수 없었던 현저한 사정의 변경이 발생하였고 그러한 사정의 변경이 해제권을 취득하는 당사자에게 책임 없는 사유로 생긴 것으로서, 계약내용대로의 구속력을 인정한다면 신의칙에 현저히 반하는 결과가 생기는 경우에 계약준수원칙의 예외로서 인정되는 것이고, 여기에서 말하는 사정이라 함은 계약의 기초가 되었던 객관적인 사정으로서, 일방당사자의 주관적 또는 개인적인 사정을 의미하는 것은 아니라 할 것이다(대판 2007. 3. 29, 2004다31302).

17 ④ 사정변경을 이유로 보증계약을 해지할 수 있는 것은 포괄근보증이나 한정근보증과 같이 채무액이 불확정적이고 계속적인 거래로 인한 채무에 대하여 한 보증에 한하는바, 회사의 이사로 재직하면서 보증 당시 그 채무액과 변제기가 특정되어 있는 회사의 확정채무에 대하여 보증을 한 후 이사직을 사임하였다 하더라도, 사정변경을 이유로 보증계약을 해지할 수 없다(대판 1996. 2. 9, 95다27431).

Answer 14 ① 15 ③ 16 ④ 17 ④

18 신의성실의 원칙 등에 관한 설명으로 옳은 것을 모두 고른 것은? (다툼이 있으면 판례에 따름) _{2016 기출}

> ㉠ 병원은 병실에의 출입자를 통제·감독하든가 그것이 불가능하다면 입원환자의 휴대품 등의 도난을 방지함에 필요한 적절한 조치를 강구하여 줄 신의칙상의 보호의무가 있다.
> ㉡ 인지청구권에는 실효의 법리가 적용된다.
> ㉢ 매매계약체결 후 9년이 지났고 시가가 올랐다는 사정만으로 계약을 해제할 만한 사정변경이 있다고 볼 수 없다.
> ㉣ 실효의 원칙은 항소권과 같은 소송법상의 권리에도 적용될 수 있다.

① ㉠, ㉢
② ㉡, ㉣
③ ㉠, ㉡, ㉣
④ ㉠, ㉢, ㉣
⑤ ㉠, ㉡, ㉢, ㉣

19 신의성실의 원칙에 관한 설명으로 옳은 것은? (다툼이 있으면 판례에 따름) _{2015 기출}

① 병원은 입원환자의 휴대품 등의 도난을 방지하는 데 필요한 적절한 조치를 강구할 신의성실의 원칙상의 보호의무가 없다.
② 채무자의 소멸시효에 기한 항변권의 행사에는 신의성실의 원칙이 적용되지 않는다.
③ 강행법규를 위반한 자가 스스로 그 약정의 무효를 주장하는 것은 특별한 사정이 없는 한 신의성실의 원칙에 반한다.
④ 송전선이 토지 위를 통과하고 있다는 점을 알면서 그 토지를 시가대로 취득한 자의 송전선 철거 청구는 신의성실의 원칙에 반하거나 권리남용으로서 허용될 수 없다.
⑤ 미성년자가 법정대리인의 동의 없이 신용구매계약을 체결한 후에 법정대리인의 동의 없음을 사유로 이를 취소하는 것은 신의성실의 원칙에 반하지 않는다.

20 신의성실의 원칙(이하 "신의칙"이라 함)에 관한 설명으로 옳지 않은 것은? (다툼이 있는 경우에는 판례에 의함) 2014 기출

① 신의칙이란 법률관계의 당사자로서 형평에 어긋나거나 신뢰를 버리는 내용 또는 방법으로 권리를 행사하거나 의무를 이행하여서는 아니된다는 추상적 규범을 말한다.

② 신의칙에 관한 제2조는 강행규정이므로 법원은 그 위반 여부를 직권으로 판단할 수 있다.

③ 강행규정을 위반한 행위를 한 사람이 그 무효를 주장하는 것은 특별한 사정이 없으면, 신의칙에 반하지 아니한다.

④ 권리의 행사로 권리자가 얻는 이익보다 상대방이 잃은 이익이 현저하게 크다는 사정만으로 권리남용이 인정된다.

⑤ 본인을 상속한 무권대리인이 무권대리행위의 무효를 주장하는 것은 신의칙에 반한다.

★

18 ㉡ 인지청구권은 본인의 일신전속적인 신분관계상의 권리로서 포기할 수도 없으며 포기하였더라도 그 효력이 발생할 수 없는 것이고, 이와 같이 인지청구권의 포기가 허용되지 않는 이상 거기에 실효의 법리가 적용될 여지도 없다(대판 2001. 11. 27, 2001므1353).

19 ① 환자가 병원에 입원하여 치료를 받는 경우에 있어서, 병원은 진료뿐만 아니라 환자에 대한 숙식의 제공을 비롯하여 간호, 보호 등 입원에 따른 포괄적 채무를 지는 것인 만큼, 병원은 병실에의 출입자를 통제·감독하든가 그것이 불가능하다면 최소한 입원환자에게 휴대품을 안전하게 보관할 수 있는 시정장치가 있는 사물함을 제공하는 등으로 입원환자의 휴대품 등의 도난을 방지함에 필요한 적절한 조치를 강구하여 줄 신의칙상의 보호의무가 있다고 할 것이고, 이를 소홀히 하여 입원환자와는 아무런 관련이 없는 자가 입원환자의 병실에 무단출입하여 입원환자의 휴대품 등을 절취하였다면 병원은 그로 인한 손해배상책임을 면하지 못한다(대판 2003. 04. 11, 2002다63275).
② 채무자의 소멸시효에 기한 항변권의 행사도 우리 민법의 대원칙인 신의성실의 원칙과 권리남용금지의 원칙의 지배를 받는 것이어서, 채무자가 시효완성 전에 채권자의 권리행사나 시효중단을 불가능 또는 현저히 곤란하게 하였거나, 그러한 조치가 불필요하다고 믿게 하는 행동을 하였거나, 객관적으로 채권자가 권리를 행사할 수 없는 장애사유가 있었거나, 또는 일단 시효완성 후에 채무자가 시효를 원용하지 아니할 것 같은 태도를 보여 권리자로 하여금 그와 같이 신뢰하게 하였거나, 채권자보호의 필요성이 크고, 같은 조건의 다른 채권자가 채무의 변제를 수령하는 등의 사정이 있어 채무이행의 거절을 인정함이 현저히 부당하거나 불공평하게 되는 등의 특별한 사정이 있는 경우에는 채무자가 소멸시효의 완성을 주장하는 것이 신의성실의 원칙에 반하여 권리남용으로서 허용될 수 없다(대판 2014. 5. 29, 2011다95847).
③ 강행법규에 위반한 자가 스스로 그 약정의 무효를 주장하는 것이 신의칙에 위반되는 권리의 행사라는 이유로 그 주장을 배척한다면, 이는 오히려 강행법규에 의하여 배제하려는 결과를 실현시키는 셈이 되어 입법취지를 완전히 몰각하게 되므로 달리 특별한 사정이 없는 한 위와 같은 주장은 신의칙에 반하는 것이라고 할 수 없다(대판 2004. 6. 11, 2003다1601).
④ 송전선이 토지 위를 통과하고 있다는 점을 알고서 토지를 취득하였다고 하여 그 취득자가 그 소유 토지에 대한 소유권의 행사가 제한된 상태를 용인하였다고 할 수 없으므로, 그 취득자의 송전선 철거 청구 등 권리행사가 신의성실의 원칙에 반하지 않는다(대판 1995. 08. 25, 94다27069).

20 ④ 권리행사가 권리의 남용에 해당한다고 할 수 있으려면, 주관적으로 그 권리행사의 목적이 오직 상대방에게 고통을 주고 손해를 입히려는 데 있을 뿐 행사하는 사람에게 아무런 이익이 없는 경우이어야 하고, 객관적으로는 그 권리행사가 사회질서에 위반된다고 볼 수 있어야 하는 것이며, 이와 같은 경우에 해당하지 않는 한 비록 그 권리의 행사에 의하여 권리행사자가 얻는 이익보다 상대방이 잃을 손해가 현저히 크다 하여도 그러한 사정만으로는 이를 권리남용이라 할 수 없고, 다만 이러한 주관적 요건은 권리자의 정당한 이익을 결여한 권리행사로 보여지는 객관적인 사정에 의하여 추인할 수 있다(대판 1998. 6. 26, 97다42823).

Answer 18 ④   19 ⑤   20 ④

21 신의성실의 원칙에 관한 설명으로 옳은 것은? (다툼이 있으면 판례에 따름) 2019 기출

① 신의성실의 원칙에 반하는지 여부는 당사자의 주장이 없더라도 법원이 직권으로 판단할 수 있다.

② 특정채무를 보증하는 일반보증의 경우에는 채권자의 권리행사가 신의성실의 원칙에 비추어 용납할 수 없는 성질의 것인 때에도 보증인의 책임은 제한될 수 없다.

③ 강행규정에 위반하여 계약을 체결한 자가 스스로 그 계약의 성립을 부정하는 것은 특별한 사정이 없는 한 신의성실의 원칙에 반한다.

④ 종전 토지 소유자가 자신의 권리를 행사하지 않았다는 사정은 그 토지의 소유권을 적법하게 취득한 새로운 권리자에게 실효의 원칙을 적용함에 있어서 고려되어야 한다.

⑤ 계약의 성립에 기초가 되지 아니한 사정이 현저히 변경되어 일방당사자가 계약목적을 달성할 수 없게 된 경우에는 특별한 사정이 없는 한 신의성실의 원칙상 계약을 해제할 수 있다.

22 신의성실의 원칙(이하 '신의칙'이라 함)에 관한 설명으로 옳은 것은? 2013 기출

① 신의칙 위반에 대해서도 변론주의 원칙이 적용되므로 당사자의 주장이 없으면 법원이 직권으로 이를 판단할 수 없다.

② 회사의 이사로 재직하면서 보증 당시 그 채무액과 변제기가 특정되어 있는 회사의 확정채무에 대하여 보증을 한 후 이사직을 사임하였다면, 사정변경을 이유로 그 보증계약을 해지할 수 있다.

③ 법정대리인의 동의 없이 신용구매계약을 체결한 미성년자가 사후에 법정대리인의 동의 없음을 사유로 들어 이를 취소하는 것은 신의칙에 반하지 않는다.

④ 국가는 국민을 보호할 의무가 있기 때문에 소멸시효가 완성되었더라도 국가가 이를 주장하는 것은 신의칙에 반한다.

⑤ 사정변경이 해제권을 취득하는 당사자의 책임 있는 사유로 생긴 경우에도 그 당사자는 사정변경을 이유로 계약을 해제할 수 있다.

21 ① 신의성실의 원칙에 반하는 것 또는 권리남용은 강행규정에 위배되는 것이므로 당사자의 주장이 없더라도 법원은 직권으로 판단할 수 있다(대판 1998. 8. 21, 97다37821).

② 채권자와 채무자 사이에 계속적인 거래관계에서 발생하는 불확정한 채무를 보증하는 이른바 계속적 보증의 경우뿐만 아니라 특정채무를 보증하는 일반보증의 경우에 있어서도, 채권자의 권리행사가 신의칙에 비추어 용납할 수 없는 성질의 것인 때에는 보증인의 책임을 제한하는 것이 예외적으로 허용될 수 있을 것이다(대판 2004. 1. 27, 2003다45410).

③ 법령에 위반되어 무효임을 알고서도 그 법률행위를 한 자가 강행법규 위반을 이유로 무효를 주장한다 하여 신의칙 또는 금반언의 원칙에 반하거나 권리남용에 해당한다고 볼 수는 없다(대판 2001. 5. 15, 99다53490).

④ 종전 토지 소유자가 자신의 권리를 행사하지 않았다는 사정은 그 토지의 소유권을 적법하게 취득한 새로운 권리자에게 실효의 원칙을 적용함에 있어서 고려하여야 할 것은 아니다(대판 1995. 8. 25, 94다27069).

⑤ '사정변경으로 인한 계약해제'는 계약성립 당시 당사자가 예견할 수 없었던 현저한 사정의 변경이 발생하였고 그러한 사정의 변경이 해제권을 취득하는 당사자에게 책임 없는 사유로 생긴 것으로서, 계약내용대로의 구속력을 인정한다면 신의칙에 현저히 반하는 결과가 생기는 경우에 계약준수 원칙의 예외로서 인정되는 것이고, 여기에서 말하는 사정이라 함은 계약의 기초가 되었던 객관적인 사정으로서, 일방당사자의 주관적 또는 개인적인 사정을 의미하는 것은 아니라 할 것이다. 또한, 계약의 성립에 기초가 되지 아니한 사정이 그 후 변경되어 일방당사자가 계약 당시 의도한 계약목적을 달성할 수 없게 됨으로써 손해를 입게 되었다 하더라도 특별한 사정이 없는 한 그 계약내용의 효력을 그대로 유지하는 것이 신의칙에 반한다고 볼 수도 없다 할 것이다(대판 2007. 3. 29, 2004다31302).

22 ③ 신용카드 가맹점이 미성년자와 신용구매계약을 체결할 당시 향후 그 미성년자가 법정대리인의 동의가 없었음을 들어 스스로 위 계약을 취소하지는 않으리라고 신뢰하였다 하더라도 그 신뢰가 객관적으로 정당한 것이라고 할 수 있을지 의문일 뿐만 아니라, 그 미성년자가 가맹점의 이러한 신뢰에 반하여 취소권을 행사하는 것이 정의관념에 비추어 용인될 수 없는 정도의 상태라고 보기도 어려우며, 미성년자의 법률행위에 법정대리인의 동의를 요하도록 하는 것은 강행규정인데, 위 규정에 반하여 이루어진 신용구매계약을 미성년자 스스로 취소하는 것을 신의칙 위반을 이유로 배척한다면, 이는 오히려 위 규정에 의해 배제하려는 결과를 실현시키는 셈이 되어 미성년자 제도의 입법 취지를 몰각시킬 우려가 있으므로, 법정대리인의 동의 없이 신용구매계약을 체결한 미성년자가 사후에 법정대리인의 동의 없음을 사유로 들어 이를 취소하는 것이 신의칙에 위배된 것이라고 할 수 없다(대판 2007. 11. 16, 2005다71659).

① 신의성실의 원칙에 반하는 것 또는 권리남용은 강행규정에 위배되는 것이므로 당사자의 주장이 없더라도 법원은 직권으로 판단할 수 있다(대판 1995. 12. 22, 94다42129).

② 회사의 이사가 채무액과 변제기가 특정되어 있는 회사 채무에 대하여 보증계약을 체결한 경우에는 계속적 보증이나 포괄근보증의 경우와는 달리 이사직 사임이라는 사정변경을 이유로 보증인인 이사가 일방적으로 보증계약을 해지할 수 없다(대판 2006. 7. 4, 2004다30675).

④ 국가에게 국민을 보호할 의무가 있다는 사유만으로 국가가 소멸시효의 완성을 주장하는 것 자체가 신의성실의 원칙에 반하여 권리남용에 해당한다고 할 수는 없다(대판 2010. 9. 9, 2008다15865).

⑤ 사정변경으로 인한 계약해제는, 계약 성립 당시 당사자가 예견할 수 없었던 현저한 사정의 변경이 발생하였고 그러한 사정의 변경이 해제권을 취득하는 당사자에게 책임 없는 사유로 생긴 것으로서, 계약내용대로의 구속력을 인정한다면 신의칙에 현저히 반하는 결과가 생기는 경우에 계약준수 원칙의 예외로서 인정되는 것이다(대판 2007. 3. 29, 2004다31302).

Answer 21 ① 22 ③

23 신의성실의 원칙(이하 "신의칙"이라 한다)에 관한 설명으로 옳지 않은 것은? (다툼이 있으면 판례에 따름) 2020 기출

① 신의칙은 당사자의 주장이 없어도 법원이 직권으로 판단할 수 있다.

② 일반 행정법률관계에 관한 관청의 행위에 대하여 신의칙은 특별한 사정이 있는 경우 예외적으로 적용될 수 있다.

③ 사용자는 특별한 사정이 없는 한 근로계약에 수반되는 신의칙상의 부수적 의무로서 피용자의 안전에 대한 보호의무를 부담한다.

④ 숙박업자는 신의칙상 부수적 의무로서 투숙객의 안전을 배려할 보호의무를 부담한다.

⑤ 항소권과 같은 소송법상의 권리에는 신의칙 내지 실효의 원칙이 적용될 수 없다.

24 권리남용에 관한 설명으로 옳지 않은 것은? (다툼이 있으면 판례에 따름) 2021 기출

① 확정판결에 따른 강제집행도 특별한 사정이 있으면 권리남용이 될 수 있다.

② 주로 자기의 채무 이행만을 회피할 목적으로 동시이행항변권을 행사하는 경우에 그 항변권의 행사는 권리남용이 될 수 있다.

③ 권리남용이 인정되기 위해서는 권리행사로 인한 권리자의 이익과 상대방의 불이익 사이에 현저한 불균형이 있어야 한다.

④ 권리남용이 불법행위가 되어 발생한 손해배상청구권은 1년의 단기소멸시효가 적용된다.

⑤ 토지소유자의 건물 철거 청구가 권리남용으로 인정된 경우라도 토지소유자는 그 건물의 소유자에 대해 그 토지의 사용대가를 부당이득으로 반환청구할 수 있다.

★

23 ⑤ 항소권과 같은 소송법상의 권리에도 신의칙 내지 실효의 원칙이 적용될 수 있다(대판 1996. 7. 30, 94다51840).
① 신의칙에 반하는 것 또는 권리남용은 강행규정에 위반하는 것이므로, 당사자의 주장이 없더라도 법원은 직권으로 이를 판단할 수 있다(대판 1989. 9. 29, 88다카17181).
② 신의칙은 사법관계뿐만 아니라 공법관계에도 적용된다.
③ 사용자는 신의칙상 부수적 의무로서 보호의무를 부담한다.
④ 숙박업자는 신의칙상 부수적 의무로서 보호의무를 부담한다.

24 ④ 불법행위로 인한 손해배상의 청구권은 피해자나 그 법정대리인이 그 손해 및 가해자를 안 날로부터 3년간 이를 행사하지 아니하면 시효로 인하여 소멸한다. 불법행위를 한 날로부터 10년을 경과한 때에도 전항과 같다(제766조 제1항, 제2항).
① 확정판결의 내용이 실체적 권리관계에 배치되어 판결에 의한 집행이 권리남용에 해당된다고 하기 위해서는 판결에 의하여 집행할 수 있는 것으로 확정된 권리의 성질과 내용, 판결의 성립 경위 및 판결 성립 후 집행에 이르기까지의 사정, 집행이 당사자에게 미치는 영향 등 제반 사정을 종합하여 볼 때, 확정판결에 기한 집행이 현저히 부당하고 상대방으로 하여금 집행을 수인하도록 하는 것이 정의에 반함이 명백하여 사회생활상 용인할 수 없다고 인정되는 경우이어야 한다(대판 2014. 2. 21, 2013다75717).
② 일반적으로 동시이행의 관계가 인정되는 경우에는 그러한 항변권을 행사하는 자의 상대방이 그 동시이행의 의무를 이행하기 위하여 과다한 비용이 소요되거나 또는 그 의무의 이행이 실제적으로 어려운 반면 그 의무의 이행으로 인하여 항변권자가 얻는 이득은 별달리 크지 아니하여 동시이행의 항변권의 행사가 주로 자기 채무의 이행만을 회피하기 위한 수단이라고 보여지는 경우에는 그 항변권의 행사는 권리남용으로서 배척되어야 한다(대판 1992. 4. 28, 91다29972).

Answer 23 ⑤   24 ④

PART

02

권리의 주체

Chapter 01 서설
Chapter 02 자연인
Chapter 03 법인

Chapter 01 서설

1. 의의

(1) 권리능력자

법률관계는 권리와 의무로 구성되므로, 법률관계는 권리의무관계라고도 한다. 여기서 권리의 주체가 되기 위해서는 권리능력이 있어야 한다. 민법상 권리능력이 인정되는 것은 자연인과 법인이다.

(2) 자연인

자연인은 살아 있는 사람이면 누구든지 성별, 연령, 신분 등에 관계없이 권리능력을 가진다. 이러한 권리능력은 다른 사람에게 양도하거나 포기할 수 없으며, 제한·박탈당하지도 않는다.

(3) 법인

법인은 사람의 집단인 사단법인과 일정한 목적을 위한 재산의 집단인 재단법인으로 구별된다. 법인에 대해서는 일정한 범위 내에서 권리능력을 인정한다.

2. 민법상 능력

(1) 권리능력

권리의 주체가 될 수 있는 법적 지위 또는 자격을 권리능력 또는 인격(人格)이라고 한다. 권리능력은 권리를 취득할 수 있는 일반적·추상적 자격으로, 현실적으로 어떠한 권리를 갖고 있는 권리자와는 다른 개념이다. 권리능력이 있어야 의무의 주체가 될 수 있으므로, 권리능력은 동시에 의무능력이기도 하다.

(2) 의사능력

의사능력이란 자신의 행위의 의미나 결과를 정상적인 인식력과 예기력을 바탕으로 합리적으로 판단할 수 있는 정신적 능력 내지는 지능을 말한다. 민법에는 의사능력의 유무를 판단하는 획일적 기준이 없으므로 법관이 구체적 사안에서 개별적으로 판단(보통 7~8세 정도의 정신능력을 기준)하여야 한다. 민법에는 명문규정이 없으나 사적자치의 원칙상 의사무능력자의 법률행위는 무효로 보는 것이 통설·판례이다.

(3) 행위능력

행위능력은 단독으로 유효한 법률행위를 할 수 있는 능력을 말하며, 민법에서 단순히 능력이라고 할 때는 행위능력을 의미한다. 이러한 행위능력은 의사능력을 기초로 하여 이를 객관화·정형화시킨 제도이다. 제한능력자의 행위는 취소할 수 있는 것으로 규정하고 있다(제5조, 제10조, 제13조).

(4) 책임능력(불법행위능력)

책임능력은 자기행위의 법률상의 책임을 변식할 수 있는 정신적 능력 내지 지능을 의미하며, 의사능력의 불법행위 측면에서의 표현이다. 책임능력은 개별적·구체적으로 판단(보통 초등학교 졸업연령 정도를 기준)하여야 하며, 행위능력처럼 획일적으로 객관화시킬 수는 없다. 책임무능력자는 불법행위책임을 지지 않고 그 감독자가 책임을 진다(제755조).

(5) 강행규정

민법의 능력에 관한 규정은 모두 강행규정이므로 당사자가 특약으로 달리 정할 수 없다.

자연인

01 자연인의 권리능력 2016 · 2018 기출

> **제3조【권리능력의 존속기간】** 사람은 생존한 동안 권리와 의무의 주체가 된다.

1. 권리능력의 시기

(1) 출생

① 모든 자연인은 출생한 때로부터 권리능력을 취득한다. 권리능력의 시기인 출생의 의미에 대해서는 진통설, 일부노출설, 전부노출설, 독립호흡설 등의 견해가 대립하고 있다. 민법에서는 출생의 완료, 즉 태아가 모체로부터 완전히 분리되어 독립된 개체로 되는 때에 출생한 것으로 보는 전부노출설이 통설이다. 살아서 태어나는 한 그 순간(전부노출)부터 기형아든 쌍생아이든 인공수정자이든 간에 권리능력을 취득한다.

② 출생은 가족관계의 등록 등에 관한 법률이 정하는 바에 따라서 1개월 이내에 신고하여야 한다. 그런데 출생신고는 보고적 신고로서 그 신고에 의하여 비로소 권리능력을 취득하는 것이 아니다. 출생과 관련된 가족관계등록부의 기재사실은 추정을 받으나, 그에 반하는 증거에 의하여 번복할 수 있다.

(2) 태아의 권리능력

① **태아의 의의 및 태아보호의 필요성**: 태아란 임신 후 자연적인 출생에 의하여 모체로부터 전부 노출되기 전까지의 생명체를 말한다. 사람은 출생시에 권리능력을 취득하게 되므로, 태아는 원칙적으로 권리능력을 갖지 못하는바, 이러한 원칙을 관철한다면 태아에 대한 불이익·불공평한 결과가 발생할 수도 있다. 예컨대, 태아로 있는 동안에 부(父)가 사망하더라도 상속을 받을 수 없기 때문이다. 따라서 일정한 경우에는 태아에게도 예외적으로 권리능력을 인정함으로써 그의 이익을 보호할 필요가 있다.

② **태아의 보호에 관한 입법주의**

㉠ **일반적 보호주의**: 태아의 이익을 보호하기 위하여 모든 법률관계에 있어서 이미 출생한 것으로 보는 주의이다. 로마법, 스위스 민법 등이 이에 속한다.

ⓛ **개별적 보호주의**: 태아를 모든 법률관계에 있어서 이미 출생한 것으로 보지 않고, 태아의 보호에 특히 중요하다고 생각되는 법률관계만을 개별적으로 열거하여 이에 한하여만 이미 출생한 것으로 보아 권리능력을 부여하는 입법주의이다. 우리 민법, 일본 민법, 독일 민법, 프랑스 민법 등이 이에 속한다.

③ **태아의 권리능력을 인정하는 민법의 규정**

㉠ **불법행위에 기한 손해배상청구권**: 고의 또는 과실로 인한 위법행위로 타인에게 손해를 가한 자는 그 손해를 배상할 책임이 있는데(제750조), 태아는 이 손해배상의 청구권에 관하여 이미 출생한 것으로 본다(제762조). 제762조는 태아 자신이 불법행위에 의한 피해자가 되는 경우에 관한 것이다. 예컨대, ⓐ 임산부에 대한 물리적 공격 또는 잘못된 약물투여 등으로 태아가 기형으로 된 경우처럼 태아 자신이 입은 불법행위에 대한 손해배상청구권(제750조) ⓑ 직계존속의 생명침해로 인한 태아의 정신적 손해에 대한 위자료청구권(제752조)의 경우에 적용된다. 직계존속의 생명침해로 인한 직계존속의 재산적·정신적 손해배상청구권은 사망인 직계존속에게 발생하고 그것이 태아에게 상속되는 것이지(제1000조 제3항), 제762조가 적용되는 것이 아니다.

ⓛ **상속**: 태아는 상속순위에 관하여는 이미 출생한 것으로 본다(제1000조 제3항). 태아에게 대습상속(제1001조)과 유류분권(제1112조)도 인정된다는 것이 통설이다.

ⓒ **유증**: 유증에 관하여도 태아는 출생한 것으로 본다(제1064조, 제1000조 제3항). 따라서 유언자가 사망할 때 태아였던 자에 대한 유증도 유효하다.

ⓔ **인지청구권**: 민법상 父는 태아를 인지할 수 있으나(제858조), 태아의 父에 대한 인지청구권에 대해서는 명문의 규정이 없으므로 개별적 보호주의의 취지상 부정하여야 한다(다수설).

ⓜ **사인증여**: 태아가 사인증여에 있어서 출생한 것으로 볼 것인지에 대하여 ⓐ 사인증여에 유증의 규정이 준용(제562조)됨을 근거로 하는 긍정설과 ⓑ 유증은 단독행위인데 반하여 사인증여는 계약이므로 양자의 성질이 다름을 근거로 하는 부정설의 대립이 있다. 사인증여에 대해 직접 다룬 판례는 없으나, 증여가 계약임을 근거로 태아에 대해 증여를 받을 수 있는 능력을 부정하고 있으므로 그 논리에 따른다면, 판례는 사인증여의 수증능력에 대해서도 부정설의 입장이라고 볼 수 있다.

판례

증여는 구법하에서도 증여자와 수증자 간의 계약으로서 수증자의 승낙을 요건으로 하는 것이므로 <u>태아에 대한 증여에 있어서도</u> 태아의 수증행위가 필요한 것인바, 구법하에서 개별적으로 태아의 권리능력이 인정되는 경우에도 그 권리능력은 태아인 동안에는 없고 살아서 출생하면 문제된 사건의 시기까지 소급하여 그때에 출생한 것과 같이 법률상 간주되었던 것이므로, 태아인 동안에는 법정대리인이 있을 수 없고, 따라서 법정대리인에 의한 수증행위도 불가능한 것이어서, 증여와 같은 쌍방행위가 아닌 손해배상청구권의 취득이나 상속 또는 유증의 경우를 유추하여 <u>태아의 수증능력을 인정할 수 없는 것이다</u>(대판 1982. 2. 9, 81다534).

④ **태아의 법률상 지위**: 민법상 태아에게 권리능력을 인정하는 법률관계에 있어서 '이미 출생(出生)한 것으로 본다'고 규정하고 있는데 이것이 구체적으로 무엇을 의미하는가에 관하여 견해의 대립이 있다. 주의할 점은 이 같은 견해대립은 태아가 출생한 경우에만 의미가 있고, 사산된 경우에는 그 이론상의 차이는 있을지라도 태아의 권리능력이 인정되지 아니한다는 결론에는 차이가 없다는 것이다.

　㉠ **정지조건설(인격소급설)**: 태아인 동안에는 아직 권리능력을 취득하지 못하나, 살아서 출생한 때에는 그의 권리능력취득의 효과가 문제의 사건발생시까지 소급해서 생긴다는 견해이다(판례). 정지조건설은 태아의 법정대리인을 인정할 수 없으므로 태아가 취득 또는 상속할 재산을 태아인 동안에 보존·관리할 수 없다는 단점이 있으나, 태아가 사산하더라도 타인에게 불측의 손해를 줄 염려가 없다는 장점이 있다.

　㉡ **해제조건설(제한적 인격설)**: 이미 출생한 것으로 간주되는 각 경우에 태아는 그 개별적 사항의 범위 안에서 제한된 권리능력을 가지며, 다만 사산인 때에는 그 권리능력취득의 효과가 문제의 사건발생시까지 소급하여 소멸한다고 보는 견해이다(다수설). 해제조건설은 태아로 있는 동안에도 법정대리인에 의하여 재산의 관리 기타의 권리보전방법을 취할 수 있기 때문에 태아를 보다 두텁게 보호할 수 있다는 장점이 있으나, 태아가 사산한 경우 또는 쌍생아인 경우·부(夫)의 자가 아닌 경우·모(母)가 포태를 모르고 상속에서 제외시킨 경우 등에는 법정대리인의 행위가 소급하여 무효로 되기 때문에 그 상대방 또는 제3자에게 불측의 손해를 줄 염려가 있다는 단점이 있다.

판례

1. 설사 태아가 권리를 취득한다 하더라도 현행법상 이를 대행할 기관이 없으니 태아로 있는 동안은 권리능력을 취득할 수 없으니 살아서 출생한 때에 출생시기가 문제의 사건의 시기까지 소급하여 그때에 태아가 출생한 것과 같이 법률상 보아준다고 해석하여야 상당하므로 이와 같은 취지에서 원고의 처가 사고로 사망할 당시 임신 8개월 된 태아가 있었음과 그가 모체와 같이 사망하여 출생의 기회를 못 가진 사실을 인정하고 살아서 태어나지 않은 이상 배상청구권을 논할 여지 없다는 취의로 판단하여 이 청구를 배척한 조치는 정당하다(대판 1976. 9. 14, 76다1365).
2. 태아도 손해배상청구권에 관하여는 이미 출생한 것으로 보는바, 부가 교통사고로 상해를 입을 당시 태아가 출생하지 아니하였다고 하더라도 그 뒤에 출생한 이상 부의 부상으로 인하여 입게 될 정신적 고통에 대한 위자료를 청구할 수 있다(대판 1993. 4. 27, 93다4663).

2. 외국인의 권리능력

(1) 내·외국인 평등의 원칙

우리 민법은 외국인의 권리능력에 관하여 규정하고 있지 않다. 그러나 헌법 제6조 제2항이 외국인은 국제법과 조약이 정하는 바에 의하여 그 지위가 보장된다고 규정함에 따라, 원칙적으로 외국인도 내국인과 동등한 권리능력을 가진다고 본다. 이러한 원칙에도 불구하고 각종의 특별법에 의하여 외국인의 권리능력이 제한되는 경우가 많다.

(2) 외국인의 권리능력에 대한 제한

① **권리능력의 부정**: 한국 선박 및 한국 항공기의 소유권(선박법 제2조, 항공안전법 제10조), 도선사가 되는 권리(도선법 제6조) 등이다.

② **상호주의에 의한 제한**: 외국인의 권리능력을 부정하지는 않지만, 그의 본국법이 우리 국민에게 인정하는 것과 같은 정도로만 권리능력을 인정하는 것이다. 외국인의 토지취득(부동산 거래신고 등에 관한 법률 제7조), 지적재산권, 품종보호권, 국가배상청구권 등이다.

(3) 국적상실자의 지위

① 대한민국 국적을 상실한 자는 국적을 상실한 때부터 대한민국의 국민만이 누릴 수 있는 권리를 누릴 수 없다. 이 권리 중 대한민국의 국민이었을 때 취득한 것으로서 양도할 수 있는 것은 그 권리와 관련된 법령에서 따로 정한 바가 없으면 3년 내에 대한민국의 국민에게 양도하여야 한다(국적법 제18조).

② 대한민국 안의 부동산 등을 가지고 있는 대한민국 국민이나 대한민국의 법령에 따라 설립된 법인 또는 단체가 외국인 등으로 변경된 경우 해당 부동산 등을 계속 보유하려는 경우에는 외국인 등으로 변경된 날부터 6개월 이내에 대통령령으로 정하는 바에 따라 신고관청에 신고하여야 한다(부동산 거래신고 등에 관한 법률 제8조 제3항).

3. 권리능력의 종기

(1) 사망

① 사람은 사망과 동시에 권리능력을 상실한다. 민법은 사람의 사망시기에 대하여 규정하고 있지 않은데, 심장사설과 뇌사설의 대립이 있으나 다수설은 호흡과 심장의 박동이 영구적으로 정지한 때(맥박종지설·심장사설)를 사망시기로 본다.

② 사람이 사망하면 가족관계의 등록 등에 관한 법률의 절차에 따라 사망신고를 하여야 한다. 그러나 권리능력은 사망에 의해 소멸하는 것이지, 가족관계등록부의 기재로 소멸하는 것은 아니다. 가족관계등록부의 사망기재는 일응 진실에 부합하는 것이라는 추정을 받을 뿐이므로 반증이 있으면 번복할 수 있다.

(2) 사망의 입증곤란을 구제하기 위한 제도

> **제30조 【동시사망】** 2인 이상이 동일한 위난으로 사망한 경우에는 동시에 사망한 것으로 추정한다.

① **동시사망의 추정**

　㉠ 의의 : 2인 이상의 사람이 동일한 위난에서 사망한 경우에 누가 먼저 사망했는가에 따라 법률관계(특히 상속문제 등)에 중대한 영향이 미친다. 이에 대하여 민법은 2인 이상의 사람이 동일한 위난에 의하여 사망한 경우에는 동시에 사망한 것으로 추정하여 동사자(同死者) 간에는 상속 등이 생기지 아니하도록 하고 있다.

　㉡ 민법 제30조는 추정규정이기 때문에 반증을 들어 그 추정을 뒤집을 수는 있다.

　㉢ 수인이 상이한 위난으로 사망한 경우에도 제30조를 유추적용한다(다수설).

② **인정사망** : 시체의 발견 등 사망의 확증은 없으나 수난·화재 기타 재난으로 인하여 사망이 확실시되는 경우에, 관공서의 보고에 의하여 가족관계등록부에 사망의 기재를 하여, 사망으로 추정하는 제도이다(가족관계의 등록 등에 관한 법률 제87조). 인정사망에 의한 가족관계등록부의 기재는 보통의 가족관계등록부 기재에서와 마찬가지로 가족관계등록부 기재의 사망일에 사망한 것으로 '추정'된다. 따라서 반대사실의 증명에 의하여 이를 번복할 수 있다.

③ **실종선고(후술)**

판례

실종선고에 의하지 아니하고 법원이 사망사실을 인정할 수 있는지 여부

[1] 갑판원이 시속 30노트 정도의 강풍이 불고 파도가 5~6미터 가량 높게 일고 있는 등 기상조건이 아주 험한 북태평양의 해상에서 어로작업 중 갑판 위로 덮친 파도에 휩쓸려 찬 바다에 추락하여 행방불명이 되었다면 비록 시신이 확인되지 않았다 하더라도 그 사람은 그 무렵 사망한 것으로 확정함이 우리의 경험칙과 논리칙에 비추어 당연하다.

[2] 수난, 전란, 화재 기타 사변에 편승하여 타인의 불법행위로 사망한 경우에 있어서는 확정적인 증거의 포착이 손쉽지 않음을 예상하여 법은 <u>인정사망, 위난실종선고 등의 제도와</u> 그 밖에도 <u>보통실종선고제도</u>도 마련해 놓고 있으나 그렇다고 하여 위와 같은 자료나 제도에 <u>의함이 없는 사망사실의 인정</u>을 수소법원이 <u>절대로 할 수 없다는 법리는 없다</u>(대판 1989. 1. 31, 87다카2954).

② 자연인의 행위능력

1. 행위능력제도 일반

(1) 행위능력의 의의

① 의사능력이 없는 자가 한 법률행위는 무효이다. 그렇지만 표의자가 행위 당시에 의사능력이 없다는 것을 입증해서 보호를 받는다는 것은 대단히 어렵다. 그리고 상대방의 처지에서 본다면, 행위 당시에 표의자의 의사능력의 유무를 확실하게 안다는 것이 곤란하므로, 불측의 손해를 받을 염려가 있다.

② 민법은 이에 대한 대책으로 객관적·획일적 기준에 의하여 제한능력자를 정하고, 그들이 단독으로 행한 일정 범위의 법률행위에 대해서는 의사능력이 있었는지 여부를 묻지 않고, 그 행위를 취소(取消)할 수 있도록 한다.

③ 행위능력이란, 단독으로 완전히 유효한 법률행위를 할 수 있는 지위 또는 능력을 말한다. 행위능력의 유무는 연령, 법원의 선고 등 객관적·획일적인 기준에 의하여 결정되며, 그 기준에 미달한 때에는 표의자의 의사능력 유무를 묻지 않고 법률행위를 취소할 수 있게 하여 표의자를 보호하고 있다.

④ 제한능력자에게 의사능력이 없다면, 제한능력을 이유로 하는 취소 외에 의사무능력을 입증하여 법률행위의 무효를 주장할 수도 있다(무효와 취소의 이중효).

⑤ 행위능력에 관한 민법의 규정은 강행규정이다. 따라서 제한능력자가 단독으로 법률행위를 하면서 스스로 제한능력을 이유로 한 취소를 하지 않기로 약정하였더라도 제한능력자 본인이나 법정대리인은 여전히 취소할 수 있다.

(2) 제한능력자

종전에는 행위무능력자로서 미성년자, 한정치산자, 금치산자를 두었으나 2013년 7월 1일부터 시행된 개정 민법에서는 이를 제한능력자로서 미성년자, 피한정후견인, 피성년후견인으로 바꾸었다.

(3) 적용범위

① **재산법상의 법률행위** : 제한능력자제도는 원래 통상의 재산거래에 관하여 존재이유를 가지는 것이므로, 재산법상의 법률행위에 적용된다.

② **가족법상의 법률행위(신분행위)** : 가족법상의 법률행위에 있어서는 본인의 의사를 존중하여야 하기 때문에 능력을 획일화하는 것은 타당하지 않다. 따라서 민법총칙편의 행위능력에 관한 규정은 원칙적으로 가족법상의 법률행위에는 그 적용이 없다고 할 것이다. 친족편·상속편에서는 가족법상의 각종의 법률행위의 능력에 관해 따로 특별규정을 두고 있다.

③ **의사의 통지·관념의 통지**: 의사의 통지나 관념의 통지는 표의자의 의사에 기하지 않은 별개의 법률효과를 발생케 한다는 점에서는 다르지만, 의사의 표백을 본질로 하는 점에서는 의사표시와 다르지 않다. 따라서 제한능력자에 관한 규정은 이에도 유추적용된다.

④ **사실행위**: 사실행위(무주물선점, 유실물 습득, 매장물 발견 등)에는 제한능력자제도가 적용되지 아니한다.

⑤ **불법행위**: 불법행위에 관하여는 제한능력자제도가 적용되지 않는다. 따라서 제한능력자도 책임능력이 있는 한 불법행위책임을 진다(제753조, 제754조).

2. 미성년자 2013 · 2017 · 2020 · 2023 기출

(1) 미성년자의 의의

> **제4조【성년】** 사람은 19세로 성년에 이르게 된다.

① **성년기**: 19세가 되면 민법상 성년이 되고, 성년에 달하지 않은 자를 미성년자라고 한다. 나이는 출생일을 산입하여 만 나이로 계산한다(제158조 본문).

② **성년의제**: 미성년자가 혼인을 한 때에는 성년자로 본다(제826조의2). 따라서 혼인을 한 미성년자는 친권에 복종하지 않을 뿐만 아니라, 성년자와 마찬가지로 행위능력을 취득한다. 여기서 혼인이란 법률혼만을 의미하며 사실혼은 제외한다. 성년의제는 사법상의 법률관계에 한하여 적용되며 선거법, 청소년보호법, 근로기준법 등 공법상의 법률관계에는 적용되지 않는다. 19세 미만 중에 혼인이 해소되더라도 성년의제의 효과는 존속한다(통설).

(2) 미성년자의 행위능력

> **제5조【미성년자의 능력】** ① 미성년자가 법률행위를 함에는 법정대리인의 동의를 얻어야 한다. 그러나 권리만을 얻거나 의무만을 면하는 행위는 그러하지 아니하다.
> ② 전항의 규정에 위반한 행위는 취소할 수 있다.

① **원칙**: 미성년자가 법률행위를 하려면 원칙적으로 법정대리인의 동의를 얻어야 한다(제5조 제1항). 이에 위반한 행위는 미성년자 본인이나 법정대리인이 취소할 수 있다(제5조 제2항, 제140조).

② **예외**: 다음의 경우에는 미성년자가 법정대리인의 동의 없이 단독으로 법률행위를 할 수 있다. 물론 이 경우에도 의사능력은 있어야 한다.

　㉠ 단순히 권리만을 얻거나 의무만을 면하는 행위(제5조 제1항 단서): 예컨대 부담 없는 증여의 승낙, 권리만을 얻게 하는 제3자를 위한 계약상의 수익의 의사표시, 친권자에 대한 부양청구권의 행사(판례), 채무면제의 청약에 대한 승낙, 자기가 주기로 한 증여

계약의 해제 등과 같이 미성년자에게 이익만을 주는 행위는 미성년자가 단독으로 할 수 있다. 다만, 부담부 증여를 받는 행위, 경제적으로 유리한 매매계약을 체결하는 행위, 상속을 승인하는 행위 등과 같이 이익을 얻을 뿐만 아니라 의무도 부담하는 행위는 단독으로 하지 못한다. 그리고 미성년자가 채무의 변제를 수령하는 것도 이익을 얻는 것이지만 한편으로는 채권을 상실하게 되기 때문에 단독으로 하지 못한다(통설).

ⓛ 범위를 정하여 처분이 허락된 재산의 처분행위(제6조)

> **제6조【처분을 허락한 재산】** 법정대리인이 범위를 정하여 처분을 허락한 재산은 미성년자가 임의로 처분할 수 있다.

ⓐ 제6조에서 말하는 '범위를 정하여'의 의미와 관련하여 통설은 비록 처분을 허락한 재산의 사용목적(등록금)이 정하여져 있을지라도 그 목적과는 상관없이 임의로 처분할 수 있다고 한다(사용목적불구속설). 즉, 제6조의 범위는 목적의 범위가 아니라 재산의 범위를 의미한다고 이해한다. 사용목적은 주관적이어서 미성년자와 거래하는 상대방이 알기 어려운데, 사용목적에 처분하지 않았다고 해서 후에 미성년자의 행위를 취소할 수 있다면 거래의 안전에 큰 위협이 되기 때문이다.

ⓑ 한편 제한능력자제도의 취지상 미성년자 소유의 전 재산의 처분을 허락하는 것과 같은 포괄적 허락은 허용되지 않는다.

ⓒ 또한 처분이 허락된 재산의 처분으로 인한 후속행위, 예컨대 처분이 허락된 용돈으로 구입한 물건에 하자가 있는 경우 담보책임을 묻는 것도 단독으로 가능하다고 본다.

ⓓ 그리고 미성년자가 처분을 하여 취득한 재산을 다시 처분하는 경우에 원칙적으로 다시 허락을 받을 필요는 없다. 다만, 용돈으로 산 복권이 거액에 당첨된 경우와 같이 취득한 재산의 가액이 허락된 재산의 가액을 현저히 초과하는 경우에는 그 처분에 다시 법정대리인의 허락을 요한다.

판례

[1] 미성년자가 법률행위를 함에 있어서 요구되는 법정대리인의 동의는 언제나 명시적이어야 하는 것은 아니고 묵시적으로도 가능한 것이며, 미성년자의 행위가 위와 같이 법정대리인의 묵시적 동의가 인정되거나 처분 허락이 있는 재산의 처분 등에 해당하는 경우라면, 미성년자로서는 더 이상 행위무능력을 이유로 그 법률행위를 취소할 수 없다.

[2] 미성년자의 법률행위에 있어서 법정대리인의 묵시적 동의나 처분 허락이 있다고 볼 수 있는지 여부를 판단함에 있어서는, 미성년자의 연령・지능・직업・경력, 법정대리인과의 동거 여부, 독자적인 소득의 유무와 그 금액, 경제활동의 여부, 계약의 성질・체결경위・내용, 기타 제반사정을 종합적으로 고려하여야 할 것이고, 위와 같은 법리는 묵시적 동의 또는 처분허락을 받은 재산의 범위 내라면 특별한 사정이 없는 한 신용카드를 이용하여 재화와 용역을 신용구매한 후 사후에 결제하려는 경우와 곧바로 현금 구매하는 경우를 달리 볼 필요는 없다.

[3] 미성년자가 월 소득범위 내에서 신용구매계약을 체결한 사안에서, 스스로 얻고 있던 소득에 대하여는 법정대리인의 묵시적 처분 허락이 있었다고 보아 위 신용구매계약은 처분 허락을 받은 재산범위 내의 처분행위에 해당한다(대판 2007. 11. 16, 2005다71659 · 71666 · 71673).

ⓒ 영업이 허락된 경우 그 영업에 관한 행위(제8조)

> **제8조【영업의 허락】**① 미성년자가 법정대리인으로부터 허락을 얻은 특정한 영업에 관하여는 성년자와 동일한 행위능력이 있다.

ⓐ 법정대리인이 영업을 허락함에는 반드시 영업의 종류를 특정하여야 한다. 다만, 하나의 영업단위에서 일부만에 대한 허락은 허용되지 않는다.

ⓑ '영업에 관하여'란, 영업을 하는데 직접 · 간접으로 필요한 행위를 포함한다(전자대리점의 영업을 허락하는 경우에 있어 물건의 구입 및 판매, 점원의 채용 등).

ⓒ 또한, 영업의 허락이 있으면 그 영업에 관하여는 '성년자와 동일한 행위능력이 있다'는 것은, 그 범위에서는 법정대리인의 동의를 필요로 하지 않을 뿐만 아니라 법정대리인의 대리권도 이 범위에서 소멸함을 의미한다(통설).

ⓔ 대리행위(제117조) : 대리인은 행위능력자임을 요하지 않으므로 미성년자라도 유효한 대리행위를 할 수 있다. 대리행위의 효과는 대리인이 아닌 본인에게 귀속한다는 점에서 제한능력자제도의 취지에 반하지 않기 때문이다.

ⓜ 유언 : 제5조는 유언에 관하여는 적용되지 않으며(제1062조), 17세에 달한 자는 유언능력이 있다(제1061조).

ⓗ 무한책임사원으로서의 행위 : 법정대리인의 허락을 얻어 회사의 무한책임사원이 된 미성년자가 그 사원 자격에 기하여 하는 행위는 미성년자가 단독으로 할 수 있다(상법 제7조).

ⓢ 근로계약의 체결(견해대립)과 임금청구 : 친권자 또는 후견인은 미성년자의 근로계약을 대리할 수 없다(근로기준법 제67조 제1항). 그럼 근로계약은 미성년자가 단독으로 체결할 수 있는가에 대해 ⓐ 단독으로 할 수 있다는 견해(동의불요설) ⓑ 법정대리인의 동의를 얻어 미성년자가 체결해야 한다는 견해(동의필요설, 다수설) ⓒ 18세 이상의 경우에 한해 법정대리인의 동의 없이 미성년자가 단독으로 체결할 수 있다는 견해(제한적 동의불요설)가 있다. 반면 미성년자는 독자적으로 임금을 청구할 수는 있다(근로기준법 제68조).

ⓞ 제한능력을 이유로 한 취소권의 행사 : 미성년자는 법정대리인의 동의를 받지 않고 한 법률행위를 취소할 수 있는데, 이러한 취소를 함에 있어서는 법정대리인의 동의 없이 단독으로 할 수 있다.

③ 동의와 허락의 취소 또는 제한

> **제7조【동의와 허락의 취소】** 법정대리인은 미성년자가 아직 법률행위를 하기 전에는 전2조의 동의와 허락을 취소할 수 있다.
> **제8조【영업의 허락】** ② 법정대리인은 전항의 허락을 취소 또는 제한할 수 있다. 그러나 선의의 제3자에게 대항하지 못한다.

- ㉠ **동의와 재산처분허락의 취소**: 법정대리인은 미성년자가 아직 법률행위를 하기 전에는 그가 행한 동의(제5조)나 일정 범위의 재산처분에 대한 허락(제6조)을 취소할 수 있다(제7조). 이때 제7조의 취소는 미성년자가 법률행위를 하기 전에만 허용되는 것이므로 본래적 의미의 취소와는 다른 것으로서 소급효가 없는 철회에 불과하다. 취소의 의사표시는 동의나 허락을 받은 미성년자 또는 그 상대방에게 하여야 하는데, 미성년자에게 한 경우에는 거래의 안전과 영업허락의 취소에 관한 규정(제8조 제2항 단서)과의 균형상 선의의 제3자에게는 철회를 가지고 대항하지 못한다(통설).

- ㉡ **영업허락의 취소 · 제한**: 법정대리인은 그가 행한 영업의 허락을 취소 또는 제한할 수 있다(제8조 제2항 본문). 이때 제8조 제2항의 영업의 취소도 장래에 향하여 허락이 없었던 것으로 한다는 뜻이므로 철회를 의미하고, 영업의 제한이란 2개 이상 단위의 영업을 특정해서 허락한 경우에 그중에 어느 것을 금하는 것으로 일부 철회를 의미한다. 이러한 영업허락의 취소 또는 제한은 선의의 제3자에게 대항하지 못한다(제8조 제2항 단서). 따라서 영업허락 취소 후에 미성년자가 이를 알지 못하는 제3자와 영업에 관한 행위를 한 경우, 그 행위는 취소할 수 없다.

(3) 미성년자의 법정대리인

- ① **법정대리인이 되는 자**: 미성년자의 법정대리인은 1차적으로 친권자이고(제911조), 미성년자에게 친권자가 없거나 친권자가 법률행위의 대리권과 재산관리권을 행사할 수 없는 경우에는 2차적으로 미성년후견인을 두어야 한다(제928조). 미성년후견인의 수(數)는 한 명으로 한다(제930조 제1항). 미성년자에게 친권을 행사하는 부모는 유언으로 미성년후견인을 지정할 수 있다(제931조 제1항 본문). 가정법원은 제931조에 따라 지정된 미성년후견인이 없는 경우에는 직권으로 또는 미성년자, 친족, 이해관계인, 검사, 지방자치단체의 장의 청구에 의하여 미성년후견인을 선임한다(제932조 제1항).

- ② **법정대리인의 권한**

  - ㉠ **동의권**: 미성년자는 원칙적으로 법정대리인의 동의 · 허락을 얻어서 유효한 법률행위를 할 수 있으므로 법정대리인은 동의권을 가진다(제5조 제1항 본문).

ⓛ **대리권**: 법정대리인은 미성년자를 대리하여 재산상의 법률행위를 할 수 있다(제920조, 제949조). 대리권은 동의권과 병존하므로 동의를 준 행위를 대리할 수 있다. 다만, 영업허락의 경우(제8조 제1항)에는 그 범위에서 대리권도 소멸한다.

ⓒ **취소권**: 법정대리인은 미성년자가 동의를 얻지 않고서 한 법률행위를 취소할 수 있다(제5조 제2항, 제140조 이하).

3. 피성년후견인 2014·2015·2016·2018·2019·2020·2022·2023 기출

(1) 피성년후견인의 의의

피성년후견인이란 질병, 장애, 노령, 그 밖의 사유로 인한 정신적 제약으로 사무를 처리할 능력이 지속적으로 결여된 사람으로서 가정법원으로부터 성년후견개시의 심판을 받은 자를 말한다.

(2) 성년후견의 개시

> **제9조【성년후견개시의 심판】** ① 가정법원은 질병, 장애, 노령, 그 밖의 사유로 인한 정신적 제약으로 사무를 처리할 능력이 지속적으로 결여된 사람에 대하여 본인, 배우자, 4촌 이내의 친족, 미성년후견인, 미성년후견감독인, 한정후견인, 한정후견감독인, 특정후견인, 특정후견감독인, 검사 또는 지방자치단체의 장의 청구에 의하여 성년후견개시의 심판을 한다.
> ② 가정법원은 성년후견개시의 심판을 할 때 본인의 의사를 고려하여야 한다.

① **실질적 요건**: 질병, 장애, 노령, 그 밖의 사유로 인한 정신적 제약으로 사무를 처리할 능력이 지속적으로 결여되어야 한다.

② **절차적 요건**: 본인, 배우자, 4촌 이내의 친족, 미성년후견인, 미성년후견감독인, 한정후견인, 한정후견감독인, 특정후견인, 특정후견감독인, 검사 또는 지방자치단체의 장의 청구가 있어야 한다.

③ 가정법원이 피한정후견인 또는 피특정후견인에 대하여 성년후견개시의 심판을 할 때에는 종전의 한정후견 또는 특정후견의 종료 심판을 한다(제14조의3 제1항).

(3) 피성년후견인의 행위능력

> **제10조【피성년후견인의 행위와 취소】** ① 피성년후견인의 법률행위는 취소할 수 있다.
> ② 제1항에도 불구하고 가정법원은 취소할 수 없는 피성년후견인의 법률행위의 범위를 정할 수 있다.
> ③ 가정법원은 본인, 배우자, 4촌 이내의 친족, 성년후견인, 성년후견감독인, 검사 또는 지방자치단체의 장의 청구에 의하여 제2항의 범위를 변경할 수 있다.
> ④ 제1항에도 불구하고 일용품의 구입 등 일상생활에 필요하고 그 대가가 과도하지 아니한 법률행위는 성년후견인이 취소할 수 없다.

① **원칙** : 피성년후견인의 법률행위는 취소할 수 있다(제10조 제1항). 다만, 일용품의 구입 등 일상생활에 필요하고 그 대가가 과도하지 아니한 법률행위는 성년후견인이 취소할 수 없다(제10조 제4항).

② **예외** : 가정법원은 취소할 수 없는 피성년후견인의 법률행위의 범위를 정할 수 있다(제10조 제2항). 가정법원은 본인, 배우자, 4촌 이내의 친족, 성년후견인, 성년후견감독인, 검사 또는 지방자치단체의 장의 청구에 의하여 그 범위를 변경할 수 있다(제10조 제3항).

(4) 성년후견인

① 가정법원의 성년후견개시의 심판이 있는 경우에는 그 심판을 받은 사람의 성년후견인을 두어야 한다(제929조). 성년후견인은 피후견인의 법정대리인이 된다(제938조 제1항). 성년후견인은 피후견인의 재산을 관리하고 그 재산에 관한 법률행위에 대하여 피후견인을 대리한다(제949조 제1항). 가정법원은 성년후견인이 가지는 법정대리권의 범위를 정할 수 있다(제938조 제2항).

② 성년후견인은 가정법원이 직권으로 선임한다(제936조 제1항). 성년후견인은 피성년후견인의 신상과 재산에 관한 모든 사정을 고려하여 여러 명을 둘 수 있다(제930조 제2항). 법인도 성년후견인이 될 수 있다(제930조 제3항).

③ 가정법원이 성년후견인을 선임할 때에는 피성년후견인의 의사를 존중하여야 하며, 그 밖에 피성년후견인의 건강, 생활관계, 재산상황, 성년후견인이 될 사람의 직업과 경험, 피성년후견인과의 이해관계의 유무(법인이 성년후견인이 될 때에는 사업의 종류와 내용, 법인이나 그 대표자와 피성년후견인 사이의 이해관계의 유무를 말한다) 등의 사정도 고려하여야 한다(제936조 제4항).

④ 가정법원은 필요하다고 인정하면 직권으로 또는 피성년후견인, 친족, 성년후견인, 검사, 지방자치단체의 장의 청구에 의하여 성년후견감독인을 선임할 수 있다(제940조의4 제1항).

(5) 성년후견의 종료

성년후견개시의 원인이 소멸된 경우에는 가정법원은 본인, 배우자, 4촌 이내의 친족, 성년후견인, 성년후견감독인, 검사 또는 지방자치단체의 장의 청구에 의하여 성년후견종료의 심판을 한다(제11조).

4. 피한정후견인 2014 · 2015 · 2016 · 2023 기출

(1) 피한정후견인의 의의

피한정후견인이란 질병, 장애, 노령, 그 밖의 사유로 인한 정신적 제약으로 사무를 처리할 능력이 부족한 사람으로서 가정법원으로부터 한정후견개시의 심판을 받은 자를 말한다.

(2) 한정후견의 개시

> **제12조【한정후견개시의 심판】** ① 가정법원은 질병, 장애, 노령, 그 밖의 사유로 인한 정신적 제약으로 사무를 처리할 능력이 부족한 사람에 대하여 본인, 배우자, 4촌 이내의 친족, 미성년후견인, 미성년후견감독인, 성년후견인, 성년후견감독인, 특정후견인, 특정후견감독인, 검사 또는 지방자치단체의 장의 청구에 의하여 한정후견개시의 심판을 한다.
> ② 한정후견개시의 경우에 제9조 제2항을 준용한다.

① **실질적 요건**: 질병, 장애, 노령, 그 밖의 사유로 인한 정신적 제약으로 사무를 처리할 능력이 부족하여야 한다.

② **절차적 요건**: 본인, 배우자, 4촌 이내의 친족, 미성년후견인, 미성년후견감독인, 성년후견인, 성년후견감독인, 특정후견인, 특정후견감독인, 검사 또는 지방자치단체의 장의 청구가 있어야 한다.

③ 가정법원이 피성년후견인 또는 피특정후견인에 대하여 한정후견개시의 심판을 할 때에는 종전의 성년후견 또는 특정후견의 종료 심판을 한다(제14조의3 제2항).

(3) 피한정후견인의 행위능력

> **제13조【피한정후견인의 행위와 동의】** ① 가정법원은 피한정후견인이 한정후견인의 동의를 받아야 하는 행위의 범위를 정할 수 있다.
> ② 가정법원은 본인, 배우자, 4촌 이내의 친족, 한정후견인, 한정후견감독인, 검사 또는 지방자치단체의 장의 청구에 의하여 제1항에 따른 한정후견인의 동의를 받아야만 할 수 있는 행위의 범위를 변경할 수 있다.
> ③ 한정후견인의 동의를 필요로 하는 행위에 대하여 한정후견인이 피한정후견인의 이익이 침해될 염려가 있음에도 그 동의를 하지 아니하는 때에는 가정법원은 피한정후견인의 청구에 의하여 한정후견인의 동의를 갈음하는 허가를 할 수 있다.
> ④ 한정후견인의 동의가 필요한 법률행위를 피한정후견인이 한정후견인의 동의 없이 하였을 때에는 그 법률행위를 취소할 수 있다. 다만, 일용품의 구입 등 일상생활에 필요하고 그 대가가 과도하지 아니한 법률행위에 대하여는 그러하지 아니하다.

① 가정법원은 피한정후견인이 한정후견인의 동의를 받아야 하는 행위의 범위를 정할 수 있다(제13조 제1항).

② 한정후견인의 동의를 필요로 하는 행위에 대하여 한정후견인이 피한정후견인의 이익이 침해될 염려가 있음에도 그 동의를 하지 아니하는 때에는 가정법원은 피한정후견인의 청구에 의하여 한정후견인의 동의를 갈음하는 허가를 할 수 있다(제13조 제3항).

③ 한정후견인의 동의가 필요한 법률행위를 피한정후견인이 한정후견인의 동의 없이 하였을 때에는 그 법률행위를 취소할 수 있다. 다만, 일용품의 구입 등 일상생활에 필요하고 그 대가가 과도하지 아니한 법률행위에 대하여는 그러하지 아니하다(제13조 제4항).

⑷ 한정후견인

① 가정법원의 한정후견개시의 심판이 있는 경우에는 그 심판을 받은 사람의 한정후견인을 두어야 한다(제959조의2). 가정법원은 한정후견인에게 대리권을 수여하는 심판을 할 수 있다(제959조의4).

② 가정법원은 필요하다고 인정하면 직권으로 또는 피한정후견인, 친족, 한정후견인, 검사, 지방자치단체의 장의 청구에 의하여 한정후견감독인을 선임할 수 있다(제959조의5).

⑸ 한정후견의 종료

한정후견개시의 원인이 소멸된 경우에는 가정법원은 본인, 배우자, 4촌 이내의 친족, 한정후견인, 한정후견감독인, 검사 또는 지방자치단체의 장의 청구에 의하여 한정후견종료의 심판을 한다(제14조).

5. 피특정후견인 2015 · 2016 기출

⑴ 피특정후견인의 의의

피특정후견인이란 질병, 장애, 노령, 그 밖의 사유로 인한 정신적 제약으로 일시적 후원 또는 특정한 사무에 관한 후원이 필요한 사람으로서 가정법원으로부터 특정후견의 심판을 받은 자를 말한다.

⑵ 특정후견의 심판

> **제14조의2【특정후견의 심판】** ① 가정법원은 질병, 장애, 노령, 그 밖의 사유로 인한 정신적 제약으로 일시적 후원 또는 특정한 사무에 관한 후원이 필요한 사람에 대하여 본인, 배우자, 4촌 이내의 친족, 미성년후견인, 미성년후견감독인, 검사 또는 지방자치단체의 장의 청구에 의하여 특정후견의 심판을 한다.
> ② 특정후견은 본인의 의사에 반하여 할 수 없다.
> ③ 특정후견의 심판을 하는 경우에는 특정후견의 기간 또는 사무의 범위를 정하여야 한다.

① **실질적 요건** : 질병, 장애, 노령, 그 밖의 사유로 인한 정신적 제약으로 일시적 후원 또는 특정한 사무에 관한 후원이 필요하여야 한다.

② **절차적 요건** : 본인, 본인, 배우자, 4촌 이내의 친족, 미성년후견인, 미성년후견감독인, 검사 또는 지방자치단체의 장의 청구가 있어야 한다. 특정후견은 본인의 의사에 반하여 할 수 없다. 특정후견의 심판을 하는 경우에는 특정후견의 기간 또는 사무의 범위를 정하여야 한다.

(3) 특정후견인

① 가정법원은 피특정후견인의 후원을 위하여 필요한 처분을 명할 수 있다(제959조의8). 가정법원은 이러한 처분으로 피특정후견인을 후원하거나 대리하기 위한 특정후견인을 선임할 수 있다(제959조의9). 피특정후견인의 후원을 위하여 필요하다고 인정하면 가정법원은 기간이나 범위를 정하여 특정후견인에게 대리권을 수여하는 심판을 할 수 있다(제959조의11 제1항).

② 가정법원은 필요하다고 인정하면 직권으로 또는 피특정후견인, 친족, 특정후견인, 검사, 지방자치단체의 장의 청구에 의하여 특정후견감독인을 선임할 수 있다(제959조의10 제1항).

6. 제한능력자의 상대방을 보호하는 제도 2014 · 2015 · 2019 · 2021 · 2023 기출

(1) 상대방 보호의 필요성

제한능력자의 법률행위는 제한능력자 측에서만 취소할 수 있으므로, 법률행위의 효력이 제한능력자 측의 의사에 좌우되어 거래상대방은 매우 불안한 지위에 놓이게 되므로 이를 보호할 필요가 있다. 민법은 취소할 수 있는 법률행위의 공통된 보호제도로서 취소권의 단기소멸기간(제146조), 법정추인(제145조)을 두고 있으며, 제한능력자의 상대방을 보호하는 특별제도로서 상대방의 확답을 촉구할 권리, 상대방의 철회권과 거절권, 제한능력자의 속임수에 의한 취소권의 박탈을 규정하고 있다.

(2) 상대방의 확답을 촉구할 권리

> 제15조【제한능력자의 상대방의 확답을 촉구할 권리】① 제한능력자의 상대방은 제한능력자가 능력자가 된 후에 그에게 1개월 이상의 기간을 정하여 그 취소할 수 있는 행위를 추인할 것인지 여부의 확답을 촉구할 수 있다. 능력자로 된 사람이 그 기간 내에 확답을 발송하지 아니하면 그 행위를 추인한 것으로 본다.
> ② 제한능력자가 아직 능력자가 되지 못한 경우에는 그의 법정대리인에게 제1항의 촉구를 할 수 있고, 법정대리인이 그 정하여진 기간 내에 확답을 발송하지 아니한 경우에는 그 행위를 추인한 것으로 본다.
> ③ 특별한 절차가 필요한 행위는 그 정하여진 기간 내에 그 절차를 밟은 확답을 발송하지 아니하면 취소한 것으로 본다.

① **의의** : 제한능력자의 상대방은 제한능력자가 능력자가 된 후에는 그에게, 아직 능력자가 되지 못한 경우에는 그의 법정대리인에게 1개월 이상의 기간을 정하여 그 취소할 수 있는 행위를 추인할 것인지 여부의 확답을 촉구할 수 있다. 이러한 권리는 의사의 통지로서 형성권이다.

② **요건**: 제한능력자의 상대방이 이러한 권리를 행사하려면 ㉠ 문제의 취소할 수 있는 행위를 적시하고 ㉡ 1개월 이상의 기간을 정하여 ㉢ 추인 여부의 확답을 촉구하여야 한다(제15조 제1항). 이때 상대방의 선의·악의는 불문한다. 제한능력자는 그가 능력자로 된 후에만 확답촉구의 상대방이 될 수 있고, 아직 능력자가 되지 못한 경우에는 그의 법정대리인이 확답촉구의 상대방이 된다. 따라서 제한능력자에 대한 확답촉구는 무효이다.

③ **효과**

　㉠ **확답이 있는 경우**: 확답촉구를 받은 자가 그 유예기간 내에 추인 또는 취소의 확답을 한 때에는 그 의사표시의 효과로서 추인 또는 취소의 효과가 생긴다.

　㉡ **확답을 발송하지 않은 경우**: 제한능력자 측이 확답을 발송하지 않은 경우에(발신주의) 비로소 확답촉구 자체의 효과가 발생한다. 원칙적으로 ⓐ 제한능력자가 능력자로 된 후에 확답촉구를 받고 유예기간 내에 확답을 발송하지 않으면 그 행위를 추인한 것으로 본다(제15조 제1항). ⓑ 제한능력자가 아직 능력자가 되지 못한 경우에는 그의 법정대리인에게 확답촉구를 할 수 있고, 법정대리인이 그 정하여진 기간 내에 확답을 발송하지 아니한 경우에는 그 행위를 추인한 것으로 본다(제15조 제2항). 다만, 예외적으로 특별한 절차가 필요한 행위는 그 정하여진 기간 내에 그 절차를 밟은 확답을 발송하지 아니하면 취소한 것으로 본다(제15조 제3항).

(3) 상대방의 철회권과 거절권

> **제16조【제한능력자의 상대방의 철회권과 거절권】** ① 제한능력자가 맺은 계약은 추인이 있을 때까지 상대방이 그 의사표시를 철회할 수 있다. 다만, 상대방이 계약 당시에 제한능력자임을 알았을 경우에는 그러하지 아니하다.
> ② 제한능력자의 단독행위는 추인이 있을 때까지 상대방이 거절할 수 있다.
> ③ 제1항의 철회나 제2항의 거절의 의사표시는 제한능력자에게도 할 수 있다.

① **철회권(계약의 경우)**: 제한능력자가 맺은 계약은 추인이 있을 때까지 상대방이 그 의사표시를 철회할 수 있다. 다만, 상대방이 계약 당시에 제한능력자임을 알았을 경우에는 그러하지 아니하다(제16조 제1항). 즉, 선의의 상대방만 철회할 수 있다. 철회의 의사표시는 법정대리인뿐만 아니라 제한능력자에게도 할 수 있다(제16조 제3항). 상대방이 적법하게 철회권을 행사하면 계약은 소급적으로 무효가 된다.

② **거절권(단독행위의 경우)**: 제한능력자의 단독행위는 추인이 있을 때까지 상대방이 거절할 수 있다(제16조 제2항). 철회와는 달리, 선의뿐만 아니라 악의의 상대방도 거절할 수 있다(통설). 거절의 의사표시는 법정대리인뿐만 아니라 제한능력자에게도 할 수 있다(제16조 제3항).

(4) 제한능력자의 속임수에 의한 취소권의 박탈

> **제17조【제한능력자의 속임수】** ① 제한능력자가 속임수로써 자기를 능력자로 믿게 한 경우에는 그 행위를 취소할 수 없다.
> ② 미성년자나 피한정후견인이 속임수로써 법정대리인의 동의가 있는 것으로 믿게 한 경우에도 제1항과 같다.

① **의의**: 제한능력자가 속임수로써 자기를 능력자로 믿게 한 경우나, 미성년자나 피한정후견인이 속임수로써 법정대리인의 동의가 있는 것으로 믿게 한 경우에는 제한능력자 측의 취소권은 박탈된다.

② **요건**

  ㉠ 제한능력자가 속임수로써 자기를 능력자로 믿게 한 경우나, 미성년자나 피한정후견인이 속임수로써 법정대리인의 동의가 있는 것으로 믿게 한 경우이어야 한다.

  ㉡ 제한능력자가 속임수를 써야 한다. 속임수의 의미에 대해서는 ⓐ 적극적 기망수단으로 좁게 해석하는 판례와 ⓑ 적극적인 기망수단은 물론 상당한 정도와 방법으로 오신을 유발하거나 강하게 하는 것도 포함되며, 경우에 따라서는 단순한 침묵도 사술이 될 수 있다고 넓게 해석하는 견해가 대립한다.

  ㉢ 제한능력자의 속임수에 의하여 상대방이 제한능력자를 능력자로 믿었거나 법정대리인의 동의가 있는 것으로 믿었고, 이에 의하여 상대방이 제한능력자와 법률행위를 했어야 한다. 즉, 제한능력자의 속임수·상대방의 오신·법률행위 사이에 인과관계가 있어야 한다.

③ **효과**: 제한능력자 본인은 물론이고, 법정대리인도 제한능력을 이유로 그 행위를 취소할 수 없다.

> **판례**
>
> 1. 민법 제17조의 사술을 쓴 것이라 함은 적극적으로 사기수단을 쓴 것을 말하는 것이고 단순히 자기가 능력자라 사언함은 사술을 쓴 것이라 할 수 없다 할 것이므로, 미성년자가 매매계약 당시 스스로 사장이라고 말하였다거나 또는 동석한 제3자가 상대방에 대하여 그 미성년자를 회사의 사장이라고 호칭한 사실이 있었다 하더라도, 이것만으로서는 이른바 사술을 쓴 경우에 해당되지 아니한다(대판 1971. 12. 14, 71다2045).
> 2. 매매 당시 미성년자가 상대방에게 성년자로 군대에 갔다 왔다고 언명한 사실이 있다 하더라도 이것만으로서는 소위 사술을 썼다고 할 수 없다(대판 1954. 3. 31, 54다77).

(03) 주소

1. 주소의 의의

> **제18조【주소】** ① 생활의 근거되는 곳을 주소로 한다.
> ② 주소는 동시에 두 곳 이상 있을 수 있다.

주소란 사람 생활의 근거가 되는 곳을 말한다. 사람의 사회생활에 있어서 계속적으로 일어나는 법률관계를 명확하고 안전하게 하기 위해서는 어느 정도 고정된 장소를 중심으로 하여 확정할 필요가 있다.

2. 주소에 관한 입법주의

(1) 입법주의

① **형식주의와 실질주의**: 형식주의는 주소를 가묘(家廟)의 소재지 등의 형식적 표준에 의해 획일적으로 결정하는 주의이고, 실질주의는 주소를 생활의 실질적 관계에 기하여 구체적으로 결정하는 주의이다.

② **의사주의와 객관주의**: 정주의 사실만으로 주소를 결정하는 것이 객관주의이고, 정주의 사실 이외에 정주의 의사도 필요로 하는 것이 의사주의이다.

③ **단일주의와 복수주의**: 주소의 개수에 대하여 하나만을 인정하는 것이 단일주의이고, 복수로 인정하는 것이 복수주의이다.

(2) 민법의 태도

우리 민법은 실질주의·객관주의·복수주의를 취하고 있다. 따라서 의사무능력자도 주소를 가질 수 있으며(객관주의), 동시에 두 곳 이상을 주소로 정할 수 있다(복수주의).

(3) 주소와 구별할 개념

① **주민등록지**: 주민등록지는 30일 이상 거주할 목적으로 일정한 장소에 주소 또는 거소를 가진 자가 주민등록법에 의하여 등록한 장소이다. 주민등록지는 공법상의 개념으로 민법상의 주소와 다르나, 반증이 없는 한 주소로 추정된다.

② **등록기준지**: 가족관계등록부상의 등록기준지는 주소와는 무관한 개념이다. 출생 또는 그 밖의 사유로 처음으로 등록을 하는 경우에는 등록기준지를 정하여 신고하여야 한다. 등록기준지는 대법원규칙이 정하는 절차에 따라 변경할 수 있다(가족관계등록 등에 관한 법률 제10조).

3. 주소의 법률상 효과

(1) 민법상의 효과

주소는 ① 부재 및 실종의 표준(제22조, 제27조) ② 변제의 장소(제467조) ③ 상속개시의 장소(제998조)로 된다. 법인의 주소는 그 주된 사무소의 소재지에 있는 것으로 한다(제36조).

(2) 민법 이외의 법률에 의한 효과

주소는 ① 어음·수표행위의 장소(어음법 제2조, 수표법 제8조) ② 재판관할의 표준(민사소송법 제2조) ③ 민사소송법상의 부가기간의 표준(민사소송법 제172조) ④ 귀화 및 국적회복의 요건(국적법 제5조 등) ⑤ 주민등록 대상의 기준(주민등록법 제6조) ⑥ 과세의 기준(국세기본법 제8조 등)이 된다.

4. 거소 · 현재지 · 가주소

(1) 거소

> 제19조【거소】주소를 알 수 없으면 거소를 주소로 본다.
> 제20조【거소】국내에 주소 없는 자에 대하여는 국내에 있는 거소를 주소로 본다.

사람이 상당한 기간 계속하여 거주하는 장소로서, 토지와의 밀접한 정도가 주소의 정도에 이르지 아니한 것을 말한다. 우리 민법은 ① 주소를 알 수 없는 경우와 ② 국내에 주소가 없는 자에 대하여는 국내에 있는 거소를 주소로 본다고 규정하고 있다(제19조, 제20조).

(2) 현재지

토지와의 밀접성이 거소(居所)보다도 더욱 희박한 장소(여행 중 투숙한 호텔)를 거소와 구별하여 현재지라고 한다. 민법은 현재지에 대하여는 따로 규정하고 있지 않지만, 경우에 따라 현재지가 거소에 포함될 수도 있을 것이다. 일반적으로 민법 제19조 및 제20조의 거소에 현재지가 포함되는 것으로 해석한다.

(3) 가주소

> 제21조【가주소】어느 행위에 있어서 가주소를 정한 때에는 그 행위에 관하여는 이를 주소로 본다.

특정한 거래에 관하여 당사자 간에 일정한 장소에 주소로서의 법률적 기능을 부여한 것을 말한다. 즉, 가주소를 정한 때에는 그 후의 모든 법률관계가 아니라 당해 거래관계에 한하여 주소로서의 효과를 가진다. 가주소는 생활의 실질과는 관계없이 거래의 편의를 위한 것이다. 가주소는 당사자의 의사에 의하여 설정되는 것이므로 제한능력자는 단독으로 가주소를 설정할 수 없는 것으로 해석한다(다수설).

(04) 부재와 실종 2013 · 2016 · 2017 · 2021 · 2022 · 2023 기출

1. 서설

종래의 주소나 거소를 떠나 돌아올 가망이 없는 상태가 오래 계속된다면, 그의 잔류재산을 관리하고 잔존배우자 등 이해관계인을 보호하기 위하여 적절한 조치를 취할 필요가 있다. 이에 민법은, 우선 부재자가 생존하고 있는 것으로 추정하여 부재자가 돌아오기를 기다리며 그의 잔류재산을 관리하는 '부재자의 재산관리제도'와, 부재자의 생사불명상태가 일정 기간 계속되어 생존 가능성이 적게 되면 일정한 절차에 따라 그가 사망한 것으로 보고 그를 중심으로 한 법률관계를 확정 · 종결케 하는 '실종선고제도'를 두고 있다.

2. 부재자의 재산관리

(1) 부재자의 의의

① 부재자(不在者)란 '종래의 주소나 거소를 떠나 당분간 돌아올 가망이 없어서 종래의 주소나 거소에 있는 그의 재산이 관리되지 못하고 방치된 상태에 있는 자'를 말한다. 부재자는 반드시 생사불명이어야 하는 것은 아니지만, 생사불명의 자도 실종선고를 받을 때까지는 역시 부재자이다. 그리고 부재자는 성질상 자연인에 한하며 법인에게는 부재자의 개념을 인정할 수 없다.

② 부재자제도는 근본적으로 부재자의 잔류재산을 관리하기 위한 것이다. 따라서 부재자가 제한능력자이어서 그 재산을 관리할 법정대리인이 법률상 당연히 존재하거나, 부재자가 스스로 관리인을 두었을 때에는 원칙적으로 국가가 간섭할 필요가 없다. 민법도 부재자 자신이 재산관리인을 둔 경우와 두지 않은 경우로 나누어, 전자의 경우에는 원칙적으로 관여하지 않고 예외적으로만 법원이 관여하도록 하고, 후자의 경우에는 법원이 전면적으로 관여하도록 하고 있다.

(2) 부재자가 재산관리인을 두지 않은 경우

① 재산관리에 필요한 처분의 명령

> **제22조【부재자의 재산의 관리】**① 종래의 주소나 거소를 떠난 자가 재산관리인을 정하지 아니한 때에는 법원은 이해관계인이나 검사의 청구에 의하여 재산관리에 관하여 필요한 처분을 명하여야 한다. 본인의 부재중 재산관리인의 권한이 소멸한 때에도 같다.
> ② 본인이 그 후에 재산관리인을 정한 때에는 법원은 본인, 재산관리인, 이해관계인 또는 검사의 청구에 의하여 전항의 명령을 취소하여야 한다.

　　⊙ **청구권자의 청구**: 이해관계인은 부재자의 재산의 보존에 법률상 이해관계를 가지는 자를 의미하며(추정상속인, 배우자, 부양청구권자, 채권자, 연대채무자, 보증인 등) 사실상의 이해관계인은 포함되지 않는다. 법정대리인이 있으면 재산관리인이 별도로 필요가 없으므로 제한능력자의 법정대리인은 청구권자에 포함되지 아니한다. 검사는 공익의 대표자로서 청구권자에 포함된다.

　　⊙ **처분의 내용**: 가정법원이 명하는 재산관리에 필요한 처분에는 재산관리인을 선임하는 것이 보통이며, 그 외에 부재자 재산의 매각 등이 있다.

② **법원이 선임한 재산관리인의 지위**

> **제25조【관리인의 권한】** 법원이 선임한 재산관리인이 제118조에 규정한 권한을 넘는 행위를 함에는 법원의 허가를 얻어야 한다. 부재자의 생사가 분명하지 아니한 경우에 부재자가 정한 재산관리인이 권한을 넘는 행위를 할 때에도 같다.

　　⊙ **성질**: 법원에 의해 선임된 재산관리인은 부재자 본인의 의사에 의하여 선임되는 것이 아니므로 일종의 법정대리인이며, 언제든지 사임할 수 있고 가정법원도 언제든지 개임할 수 있다.

　　⊙ **권한**

　　　　ⓐ 법원이 선임한 재산관리인은 제118조의 관리행위(보존행위 및 물건이나 권리의 성질을 변하지 아니하는 범위에서 그 이용 또는 개량하는 행위)를 자유롭게 할 수 있다.

판례

1. 부동산소유권이전등기 말소등기절차이행청구나 인도청구는 보전행위에 불과한 것이므로 법원에 의하여 선임된 부재자 재산관리인은 법원의 허가 없이 이를 할 수 있다(대판 1964. 7. 23, 64다108).

2. 부재자의 재산에 대한 임료청구 또는 불법행위로 인한 손해배상청구는 부재자 재산관리인으로서 당연히 그 권한이 있는 것이므로 권한 외의 초과행위의 허가를 요하지 아니한다(대결 1957. 10. 14, 4290민재항104).

3. 부재자 재산관리인이 부재자를 위한 소송비용 때문에 피고로부터 돈을 차용하고, 그 돈을 임대보증금으로 하여 임야를 골프장을 하는 피고에게 임대하였다면, 이는 민법 제118조 소정의 물건의 성질을 변하지 아니한 이용 또는 개량행위로서 법원의 허가를 요하지 아니한다(대판 1980. 11. 11, 79다2164).

4. 민법 제22조의 부재자 재산관리인이 제118조에 규정한 권한을 넘는 행위를 함에는 민법 제25조에 의하여 법원의 허가를 얻어야 할 것이고 따라서 원고의 재산관리인이 법원의 허가를 얻지 않고 한 본건 **재판상 화해**는 민사소송법상 재심사유에 해당한다(대판 1968. 4. 30, 67다2117). 그러나 부재자의 권리보존에 전적으로 이익이 되는 내용의 재판상 화해에는 법원의 허가가 필요 없다(대판 1962. 11. 1, 62다582).

5. [1] 부재자 재산관리인의 부재자 소유 부동산에 대한 매매계약에 관하여 부재자 재산관리인이 권한을 초과하여서 체결한 것으로 법원의 허가를 받지 아니하여 무효라는 이유로 소유권이전등기절차의 이행청구가 기각되어 확정되었다고 하더라도, 패소판결의 확정 후에 위 권한 초과행위에 대하여 법원의 허가를 받게 되면 다시 위 매매계약에 기한 소유권이전등기청구의 소를 제기할 수 있다.

[2] <u>법원의 선임에 의한 부재자 재산관리인이 권한을 초과하여서 체결한 부동산매매계약에 관하여 '허가신청절차를 이행할 것을 약정하는 것은 관리권한행위에 해당한다'</u>고 할 것이고, 이러한 약정을 이행하지 아니하는 경우 매수인으로서는 재산관리인을 상대로 하여 그 이행을 소구할 수 있다(대판 2002. 1. 11, 2001다41971).

ⓑ 제118조에 규정한 권한을 넘는 처분행위(부재자의 부동산을 매각하거나 저당권을 설정하는 행위)를 함에는 가정법원의 허가를 얻어야 한다(제25조). 그러한 허가 없이 한 처분행위는 무권대리로서 무효이다(판례).

ⓒ 법원이 처분을 허가함에 있어 매각방법에 관하여 하등 제한이 없는 경우에는 재산관리인이 임의로 정할 수 있다.

ⓓ 법원의 부재자 재산관리인의 초과행위결정의 효력은 그 허가받은 재산에 대한 장래의 처분행위뿐만 아니라 기왕의 처분행위를 추인하는 행위로도 할 수 있다(판례).

ⓔ 법원의 허가를 얻어 처분행위를 하는 경우에 있어서도 그 행위는 부재자를 위한 범위에 한정된다(판례).

ⓕ 부재자 재산관리인이 매각을 허가받은 재산을 매도담보 또는 대물변제로 공하거나 이에 저당권을 설정함에는 다시 법원의 허가를 받을 필요가 없다(판례).

ⓒ 의무 : 재산관리인은 법정대리인이지만, 그 직무의 성질상 위임의 규정이 준용된다(통설). 따라서 재산관리인은 선량한 관리자의 주의로 직무를 처리하여야 하며(제681조), 부재자가 사망한 경우에도 일정 기간까지는 그 직무를 수행해야 한다(제691조). 또한 관리할 재산의 목록작성(제24조 제1항), 가정법원에서 명하는 처분의 수행(제24조 제2항), 담보의 제공(제26조 제1항) 등의 의무가 있다.

제24조【관리인의 직무】 ① 법원이 선임한 재산관리인은 관리할 재산목록을 작성하여야 한다.
② 법원은 그 선임한 재산관리인에 대하여 부재자의 재산을 보존하기 위하여 필요한 처분을 명할 수 있다.
③ 부재자의 생사가 분명하지 아니한 경우에 이해관계인이나 검사의 청구가 있는 때에는 법원은 부재자가 정한 재산관리인에게 전2항의 처분을 명할 수 있다.
④ 전3항의 경우에 그 비용은 부재자의 재산으로써 지급한다.
제26조【관리인의 담보제공, 보수】 ① 법원은 그 선임한 재산관리인으로 하여금 재산의 관리 및 반환에 관하여 상당한 담보를 제공하게 할 수 있다.
② 법원은 그 선임한 재산관리인에 대하여 부재자의 재산으로 상당한 보수를 지급할 수 있다.
③ 전2항의 규정은 부재자의 생사가 분명하지 아니한 경우에 부재자가 정한 재산관리인에 준용한다.

ㄹ **권리** : 재산관리인은 보수청구권을 갖는다(제26조 제2항). 또한 재산관리인은 비용상
환청구권을 갖는다(제24조 제4항). 그 범위는 수임인의 비용상환청구권과 같다고 해석
한다. 즉, 재산관리를 위하여 지출한 필요비와 그 이자의 반환 및 과실 없이 받은 손해
의 배상 등을 청구할 수 있다(제688조).

③ **재산관리의 종료**

ㄱ ⓐ 부재자 본인이 그 후에 재산관리인을 정한 때에는 법원은 본인, 재산관리인, 이해관
계인 또는 검사의 청구에 의하여 재산관리에 관한 처분명령을 취소하여야 한다(제22
조 제2항). 또한 ⓑ 부재자 본인이 스스로 그 재산을 관리하게 된 때 또는 ⓒ 부재자의
사망이 분명하게 되거나 ⓓ 실종선고가 있는 때에는 본인 또는 이해관계인의 청구에
의해 그 명한 처분을 취소하여야 한다(가사소송규칙 제50조).

ㄴ 처분명령을 취소하면 재산관리는 종료한다. 이 경우의 취소는 소급효가 없다는 것이
통설·판례이다. 따라서 선임결정 후 그 취소 전에 행한 재산관리인의 권한 내의 행위
는 유효하다.

> **판례**
>
> 1. 법원에 의하여 부재자 재산관리인의 선임결정이 있는 이상, 가사 부재자가 그 이전에 이미 사망하였
> 음이 밝혀졌다 하여도 법에 의한 절차에 따라 그 선임결정이 취소되지 않는 한 선임된 관리인의 권
> 한은 당연히 소멸되지는 아니하고 그 선임결정이 취소된 경우에도 그 취소의 효력은 장래에 향하여
> 서만 생기는 것이고 그간의 그 부재자 재산관리인의 적법한 권한행사의 효과는 이미 사망한 부재자
> 의 재산상속인에게 미친다고 할 것이다(대판 1973. 3. 13, 72다1405).
> 2. 부재자 재산관리인으로서 권한초과행위의 허가를 받고 그 선임결정이 취소되기 전에 위 권한에 의
> 하여 이루어진 행위는 부재자에 대한 실종 선고기간이 만료된 뒤에 이루어졌다고 하더라도 유효하다
> (대판 1981. 7. 28, 80다2668).

(3) 부재자가 재산관리인을 둔 경우

① **원칙(법원의 불간섭)** : 부재자가 둔 재산관리인은 부재자의 수임인이며 또한 부재자의 임
의대리인이므로, 그 권한 및 관리방법은 당사자 간의 계약(제680조 이하)에 의하여 정해
진다. 따라서 원칙적으로 가정법원이 간섭할 필요는 없게 된다.

② **예외(법원의 간섭이 필요한 경우)**

> **제23조【관리인의 개임】** 부재자가 재산관리인을 정한 경우에 부재자의 생사가 분명하지 아니한 때에
> 는 법원은 재산관리인, 이해관계인 또는 검사의 청구에 의하여 재산관리인을 개임할 수 있다.

ㄱ '본인의 부재중 재산관리인의 권한이 소멸한 때'에는 부재자가 처음부터 재산관리인을
두지 않은 경우와 같은 조치를 취한다(제22조 제1항 후문).

ⓛ '부재자의 생사가 불명한 때'에는 재산관리인·이해관계인 또는 검사의 청구에 의하여 재산관리인을 개임할 수 있다(제23조). 따라서 개임하지 않고 감독만 할 수도 있다. 이 경우에 개임된 재산관리인의 권한과 관리방법 등은 부재자가 재산관리인을 두지 않은 경우에서와 같다.

판례

부재자가 6·25사변 전부터 가사 일체와 재산의 관리 및 처분의 권한을 그 母인 甲에 위임하였다 가정하더라도 甲이 부재자의 실종 후 법원에 신청하여 동 부재자의 재산관리인으로 선임된 경우에는 부재자의 생사가 분명하지 아니하여 민법 제23조의 규정에 의한 개임이라고 보지 못할 바 아니므로 이때부터 부재자의 위임에 의한 甲의 재산관리 처분권한은 종료되었다고 봄이 상당하고, 따라서 그 후 甲의 부재자 재산처분에 있어서는 민법 제25조에 따른 권한초과행위 허가를 받아야 하며 그 허가를 받지 아니하고 한 부재자의 재산매각은 무효이다(대판 1977. 3. 22, 76다1437).

3. 실종선고

(1) 실종선고의 의의

자연인의 권리능력은 사망에 의해서만 소멸한다. 그런데 종래의 주소나 거소를 떠나 장기간 그 생사조차 알 수 없는 사람을 사망의 증명이 없다고 하여 언제까지나 살아 있는 것으로 다룬다면, 남아 있는 배우자는 재혼도 하지 못하고 또한 상속도 이루어질 수 없다. 따라서 이러한 불이익을 제거하기 위하여 우리 민법은 부재자의 생사불명상태가 일정 기간 계속된 때에는, 가정법원의 선고에 의하여 부재자를 사망한 것으로 보고, 남은 배우자의 재혼과 상속인의 상속 등 종래의 주소나 거소를 중심으로 한 법률관계를 확정하는 실종선고제도를 두고 있다. 실종선고를 받은 부재자를 '실종자'라고 한다.

(2) 실종선고의 요건

제27조【실종의 선고】 ① 부재자의 생사가 5년간 분명하지 아니한 때에는 법원은 이해관계인이나 검사의 청구에 의하여 실종선고를 하여야 한다.
② 전지에 임한 자, 침몰한 선박 중에 있던 자, 추락한 항공기 중에 있던 자 기타 사망의 원인이 될 위난을 당한 자의 생사가 전쟁종지 후 또는 선박의 침몰, 항공기의 추락 기타 위난이 종료한 후 1년간 분명하지 아니한 때에도 제1항과 같다.

① 부재자의 생사가 일정 기간 동안 불분명하여야 한다.
　ⓙ **부재자의 생사 불분명**: 생사가 분명하지 않다는 것은 생존의 증명도 사망의 증명도 할 수 없는 상태를 말한다. 판례는 호적부(현 가족관계등록부)의 기재사항은 이를 번복할 만한 명백한 반증이 없는 한 진실에 부합하는 것으로 추정되므로, 호적상 이미 사망한 것으로 기재되어 있는 자는 그 호적상 사망기재의 추정력을 뒤집을 수 있는 자료가 없는 한, 생사가 불분명한 자라고 볼 수 없어 실종선고를 할 수 없다고 한다. 생사불분명은 실종선고청구자와 법원에 대해 불분명이면 된다.

ⓛ **실종기간의 경과** : 생사불명이 일정 기간 계속되어야 하는데, 이 기간을 실종기간이라고 한다. 실종기간은 보통실종과 특별실종에 따라 다르다.

ⓐ **보통실종** : 보통실종의 기간은 5년이며(제27조 제1항), 그 기간의 기산점은 민법에 정해져 있지 않으나, 부재자의 생존을 증명할 수 있는 최후의 시기(예컨대 최후의 소식이 있었던 때)로 해석한다(통설).

ⓑ **특별실종** : 특별실종의 기간은 1년이며(제27조 제2항), 그 기간의 기산점은 ⅰ) 전지에 임한 자(전쟁실종)는 전쟁이 종지한 때 ⅱ) 침몰한 선박 중에 있던 자(선박실종)는 선박이 침몰한 때 ⅲ) 추락한 항공기 중에 있던 자(항공기실종)는 항공기가 추락한 때 ⅳ) 기타 사망의 원인이 될 위난을 당한 자(위난실종)는 그 위난이 종료한 때이다.

② 이해관계인 또는 검사의 청구가 있어야 한다.

㉠ **이해관계인** : 이해관계인이란 배우자, 추정상속인, 유증의 수증자, 법정대리인, 부재자의 재산관리인, 생명보험금 수취인 등과 같이 실종선고를 청구하는 데 법률상 이해관계를 가지는 자, 즉 실종선고에 의하여 직접적으로 신분상 또는 경제상의 권리를 취득하거나 의무를 면하게 되는 자를 말하며, 단순히 사실상 이해관계를 가지는 자는 포함되지 않는다. 예컨대, 선순위의 재산상속인이 있는 경우에 후순위의 상속인은 실종선고를 청구할 수 있는 이해관계인에 들어가지 않는다(판례).

㉡ **검사** : 검사를 청구권자로 하고 있는 것은 공익의 대표자로서 공익상 필요한 때에 선고를 청구케 하려는 것이다.

③ 실종선고를 내리기 전에 공시최고의 절차를 거쳐야 한다. 실종선고의 청구를 받은 가정법원은 6개월 이상의 기간을 정하여 부재자 및 부재자의 생사를 아는 자에 대하여 신고하도록 공고하고, 이 공시최고기간이 경과할 때까지 신고가 없으면 반드시 실종선고를 하여야 한다.

(3) 실종선고의 효과

> **제28조 【실종선고의 효과】** 실종선고를 받은 자는 전조의 기간이 만료한 때에 사망한 것으로 본다.

① **사망의 간주(의제)** : 실종선고를 받은 자는 사망한 것으로 간주되므로, 사망한 것으로 추정되는 경우와 달리 선고가 취소되지 않는 한 생존 기타의 반증을 들어서 선고의 효과를 다투지 못하며, 이 효과를 뒤집으려면 실종선고를 취소하여야 한다. 그리고 실종선고의 효과는 실종선고절차에 참가한 자뿐만 아니라 제3자에게도 미친다.

② **사망간주의 시기**: 우리 민법은 실종기간만료시주의를 채택하고 있다(제28조). 예컨대, 1990년 1월 20일에 최후의 생존이 확인된 자에게 2008년에 보통실종선고가 내려지면, 초일불산입원칙에 따라 기산일은 1990년 1월 21일이 되고, 5년의 실종기간이 만료되는 1995년 1월 20일 24시에 사망한 것으로 간주된다.

③ **사망간주의 범위**: 실종선고는 실종자의 '종래의 주소 또는 거소를 중심으로 하는 사법적 법률관계'만을 종료케 하는 것이며, 권리능력을 박탈하는 제도는 아니다. 즉, ㉠ 종래의 주소로 '돌아온 후의 법률관계'나 실종자의 '다른 곳에서의 신주소를 중심으로 하는 법률관계'에 관하여는 사망의 효과가 미치지 않으며, ㉡ 사법적 법률관계에 관한 것이므로 '공법상의 선거권·피선거권의 유무'나 '실종자의 또는 실종자에 대한 범죄의 성부' 등은 실종선고와는 관계없이 결정된다.

④ **실종선고와 생존간주 내지 생존추정문제**

　㉠ **실종선고를 받은 경우**: 부재자가 실종선고를 받은 경우에 실종기간 만료시까지는 생존한 것으로 간주하여야 하는지 또는 추정하여야 하는지가 문제된다. 실종기간 만료시까지 생존한 것으로 추정하는 견해와 생존하는 것으로 간주하는 견해(판례)가 대립한다.

　㉡ **실종선고를 받지 않은 경우**: 실종기간이 경과했더라도 아직 실종선고를 받지 않은 경우에는 어떻게 할 것인가에 대해서, ⓐ 실종선고를 받는다면 사망한 것으로 보게 되는 시기(실종기간 만료시)까지는 생존한 것으로 추정하고, 그 이후에는 사망으로 추정하는 견해 ⓑ 아무리 오랜 기간이 경과하더라도 실종선고가 없는 한 생존한 것으로 추정하여야 한다는 견해(다수설) ⓒ 생존추정도 사망추정도 생기지 않으며 사실문제로 해결된다는 견해가 대립한다. 판례는 실종기간이 경과했더라도 실종선고를 받지 않고 있는 동안은 생존한 것으로 추정한다고 보고 있으므로 원칙적으로 다수설을 취한다. 다만, 법이 인정사망·실종신고제도를 마련해 놓고 있다고 하여 그에 의하지 않고 사망사실을 인정할 수 없는 것은 아니라고 하면서, '북태평양의 기상조건이 아주 험하고 찬 바다에 추락하여 행방불명이 된 자'는 그 무렵 사망한 것으로 인정한 판례도 있다.

⑷ **실종선고의 취소**

제29조【실종선고의 취소】 ① 실종자의 생존한 사실 또는 전조의 규정과 상이한 때에 사망한 사실의 증명이 있으면 법원은 본인, 이해관계인 또는 검사의 청구에 의하여 실종선고를 취소하여야 한다. 그러나 실종선고 후 그 취소 전에 선의로 한 행위의 효력에 영향을 미치지 아니한다.
② 실종선고의 취소가 있을 때에 실종의 선고를 직접원인으로 하여 재산을 취득한 자가 선의인 경우에는 그 받은 이익이 현존하는 한도에서 반환할 의무가 있고, 악의인 경우에는 그 받은 이익에 이자를 붙여서 반환하고 손해가 있으면 이를 배상하여야 한다.

① **실종선고취소의 의의**: 실종선고의 취소란 실종선고에 의하여 사망으로 의제되는 효과를 번복하기 위한 가정법원의 가사소송절차를 말한다. 실종선고에 의하여 실종자는 사망한 것으로 간주되므로 실종자의 생존 기타의 반증이 있어도 그것만으로 사망이라는 선고의 효과를 뒤집지 못하고, 그 선고의 효과를 뒤집기 위해서는 반드시 실종선고의 취소가 있어야 한다.

② **실종선고취소의 요건 및 절차**

  ㉠ **실질적 요건**: ⓐ 실종자가 생존하고 있는 사실(제29조 제1항 본문) ⓑ 실종기간이 만료된 때와 다른 시기에 사망한 사실(제29조 제1항 본문) ⓒ 실종기간의 기산점 이후의 어떤 시점에 생존하고 있었던 사실(명문의 규정은 없으나, 실종기간의 기산점이 달라져서 사망간주시기도 달라지므로 취소사유에 포함함이 통설) 중의 하나가 증명되어야 한다.

  ㉡ **형식적 요건**: 본인·이해관계인 또는 검사의 청구가 있어야 한다(실종선고의 청구권자와 다름에 주의).

  ㉢ **절차**: 실종선고의 경우와 달리 실종선고의 취소에는 공시최고를 요하지 않는다. 요건이 갖추어지면 법원은 반드시 실종선고를 취소하여야 한다.

③ **실종선고취소의 효과**

  ㉠ **원칙 ⇨ 소급무효**

    실종선고가 취소되면 실종선고로 생긴 법률관계는 소급적으로 무효가 된다. 따라서 ⓐ 실종자의 생존을 이유로 취소된 때에는 그의 가족관계와 재산관계는 선고 전의 상태로 회복하게 되고, ⓑ 선고에 의한 사망시기와 다른 시기에 사망하였음을 이유로 취소하는 경우에는 그 시기를 표준으로 하여 다시 사망에 기한 법률관계가 확정되고, ⓒ 실종기간기산점 이후의 생존을 이유로 취소하는 경우에는 일단 선고 전의 상태로 회복하고, 만일에 이해관계인이 원하면 다시 새로운 실종선고를 청구할 수 있다.

  ㉡ **예외 ⇨ 실종선고 후 그 취소 전에 선의로 한 행위**

    ⓐ 실종선고의 취소에 의한 소급적 무효를 관철하면 실종선고를 신뢰한 배우자 등 이해관계인 또는 제3자가 예기치 못한 손해를 입게 될 수 있다. 여기서 민법은 실종선고를 신뢰한 자를 보호하기 위하여 소급효를 제한하는 일정한 예외를 인정하고 있다. 즉, 실종선고 후 그 취소 전에 '선의로 한 행위'는 실종선고의 취소에도 불구하고 여전히 유효하다고 보아 선의자를 보호하고 있다. 여기에 '실종기간만료 후 실종선고 전'에 한 행위는 포함되지 않는다.

ⓑ 선의로 한 행위의 의미

- 재산법상 단독행위(채무면제, 취소, 해제 등)의 경우에는 단독행위자의 선의로서 족하다(다수설).
- 재산법상 계약의 경우, i) 양 당사자가 모두 선의인 경우에만 계약이 유효하고 일방당사자라도 악의인 경우에는 무효로 된다는 쌍방선의설(다수설) ii) 선의자에 대하여는 유효라고 하고 악의자에 대하여는 무효라고 하여 상대적으로 효력을 결정하자는 상대적 효력설 iii) 일방의 선의로 족하다는 점에서는 상대적 효력설과 그 취지를 같이하지만, 일단 선의의 제3자에게 재산이 귀속된 이상 그 이후의 전득자가 악의이더라도 소유권을 취득하며, 다만 악의의 전득자가 책략을 써서 선의자를 도구로 사용하여 중간에 개입시킨 경우에는 보호받지 못한다는 절대적 효력설(전득자보호설)의 대립이 있다.
- 신분행위(잔존배우자가 재혼한 경우)는 재혼의 당사자 쌍방이 모두 선의여야 보호받는다는 쌍방선의설이 다수설이다. 쌍방선의설에 따를 경우, 쌍방이 선의이면 실종선고가 취소되어도 그 재혼이 유효하고 전혼은 부활하지 않는다. 만약 재혼 당사자의 일방 또는 쌍방이 악의이면, 실종선고의 취소로 전혼이 부활하므로 재혼은 중혼이 되어 혼인취소사유(제816조)가 된다. 부활한 전혼에는 재판상 이혼 원인이 존재한다(제840조 제1호, 제6호).

ⓒ 실종선고를 직접원인으로 재산을 취득한 자의 반환의무(제29조 제2항)

ⓐ 반환의무자 : 실종선고를 '직접원인'으로 하여 재산을 취득한 자(실종자의 상속인, 실종자로부터 유증 또는 사인증여를 받은 자, 생명보험수익자 등)이다. 따라서 실종선고를 간접원인으로 하여 재산을 취득한 자인 전득자(상속인으로부터 상속재산을 매수한 자)는 포함되지 않는다.

ⓑ 반환범위 : 반환의무의 법적 성질은 부당이득반환의무이다. 따라서 그 반환의 범위는 부당이득에 있어서의 수익자의 반환범위(제748조)와 같다. 선의인 경우에는 그 받은 이익이 현존하는 한도에서 반환할 의무를 지고 그가 악의인 경우에는 그 받은 이익에 이자를 붙여 반환하고 그 밖에 손해가 있으면 그 손해도 배상하여야 한다(제29조 제2항). 그리고 생활비, 학비 등으로 지출한 경우에는 그만큼 취득자의 다른 재산의 감소가 방지되었으므로 그 한도에서는 이익은 현존하는 것으로 된다.

ⓓ 재산취득자에게 다른 권리취득원인이 있는 경우 : 재산취득자에게 취득시효(제245조 이하), 선의취득(제249조), 매장물 발견(제254조), 첨부(제256조 이하) 등의 다른 권리취득원인이 있는 때에는, 그에 따른 보호를 받는 것은 가능하므로 실종선고의 취소가 있더라도 반환을 청구할 수 없다.

01 의사능력에 관한 설명으로 옳지 않은 것은? (다툼이 있으면 판례에 의함)

① 의사능력이란 자신의 행위의 의미나 결과를 정상적인 인식력과 예기력을 바탕으로 합리적으로 판단할 수 있는 정신적 능력 내지는 지능을 말한다.

② 민법에는 의사능력에 관한 명문규정이 없다.

③ 제한능력자의 반환범위를 현존이익으로 제한하는 민법의 규정은 의사무능력자의 법률행위에도 유추적용된다.

④ 의사능력의 유무는 구체적인 법률행위와 관련하여 개별적으로 판단되어야 한다.

⑤ 법률행위시에는 의사능력이 있었더라도 그 후 의사무능력자가 되었다면 이를 이유로 그 법률행위를 취소할 수 있다.

02 민법상 '능력'에 관한 설명으로 옳은 것은? (다툼이 있으면 판례에 의함)

① 자기 행위의 결과를 정상적으로 인식할 수 없는 심각한 정신질환자는 권리능력을 상실한다.

② 만 10세 미만의 어린이는 의사무능력자로서 그가 하는 법률행위는 언제나 무효이다.

③ 의사능력은 구체적인 법률행위와 관련하여 개별적으로 판단하여야 한다.

④ 피성년후견인은 의사능력을 회복하더라도 법정대리인의 동의가 없으면 유언할 수 없다.

⑤ 모(母)가 임신 중에 타인의 불법행위로 태아의 부(父)가 사망한 경우, 그 태아는 출생하더라도 자기의 정신적 고통에 따른 위자료청구권을 취득하지 못한다.

03 민법상 권리능력에 관한 설명으로 옳은 것은? (다툼이 있으면 판례에 의함)

① 사람만이 권리능력을 갖는다.

② 사람은 사망함으로써 권리능력을 상실하므로 사망자의 명예는 보호되지 않는다.

③ 의사의 과실로 태내에서 사망한 태아는 그 의사에 대하여 손해배상청구권을 취득하지 못한다.

④ 의사무능력자는 권리무능력자이다.

⑤ 실종선고는 실종자의 권리능력을 박탈하는 제도이다.

04 권리능력에 관한 설명으로 옳은 것은?

2016 기출

① 2인 이상이 동일한 위난으로 사망한 경우 동시에 사망한 것으로 본다.
② 태아는 모든 법률관계에서 권리의 주체가 될 수 있다.
③ 의사능력이 없는 자는 권리능력도 인정되지 않는다.
④ 외국인은 대한민국의 도선사(導船士)가 될 수 있다.
⑤ 우리 민법은 외국인의 권리능력에 관하여 명문규정을 두고 있지 않다.

05 민법상 권리능력에 관한 설명으로 옳지 않은 것은? (다툼이 있으면 판례에 의함)

① 자연인의 권리능력은 사망으로만 소멸한다.
② 자연인의 권리능력은 다른 사람에게 양도하거나 포기할 수 없다.
③ 자연인은 생존한 동안 성별, 연령, 직업을 묻지 않고 평등하게 권리능력을 갖는다.
④ 자연인은 출생으로 권리능력을 취득하지만, 예외적으로 태아가 살아서 출생하지 못한 경우에도 권리능력을 가지는 경우가 있다.
⑤ 법인의 권리능력은 법인의 성질, 법률의 규정, 정관으로 정한 목적의 범위에 의해 제한된다.

---

01 ⑤ 의사무능력자의 법률행위는 무효이며, 의사무능력의 판단시점은 법률행위시이다.

02 ① 자연인은 살아 있는 사람이면 누구든지 권리능력을 가지며, 이러한 권리능력은 제한·박탈당하지 않는다. 지문의 경우는 의사무능력자이다.
② 민법상 의사능력에 관한 규정은 없으나 해석상 대체로 유아, 고도의 정신병자, 만취자 등을 의사무능력자로 본다. 유아의 경우는 보통 7세 정도를 기준으로 구체적인 법률행위와 관련하여 개별적으로 판단한다.
④ 피성년후견인은 그 의사능력이 회복된 때에 한하여 단독으로 유언할 수 있다(제1063조 제1항).
⑤ 태아도 손해배상청구권에 관하여는 이미 출생한 것으로 보는바, 부가 교통사고로 상해를 입을 당시 태아가 출생하지 아니하였다고 하더라도 그 뒤에 출생한 이상 부의 부상으로 인하여 입게 될 정신적 고통에 대한 위자료를 청구할 수 있다(대판 1993. 4. 27, 93다4663).

03 ③ 예외적으로 태아에게 권리능력을 인정하는 규정도 태아가 늦게라도 출생한 경우에만 그러한 것이고, 만약 사산된 경우에는 태아의 권리능력은 인정되지 아니한다.
① 법인도 권리능력자이다.
② 사망자의 명예도 보호된다.
⑤ 실종선고가 권리능력 자체를 박탈하는 것은 아니다.

04 ① 2인 이상이 동일한 위난으로 사망한 경우에는 동시에 사망한 것으로 추정한다(제30조).
② 우리 민법은 태아를 모든 법률관계에 있어서 이미 출생한 것으로 보지 않고, 태아의 보호에 특히 중요하다고 생각되는 법률관계만을 개별적으로 열거하여 이에 한하여만 이미 출생한 것으로 보아 권리능력을 부여하는 개별적 보호주의를 채택하고 있다.
③ 의사능력이 없는 자도 권리능력은 인정된다.
④ 외국인은 대한민국의 도선사가 될 수 없다(도선법 제6조).

05 ④ 태아의 권리능력에 관한 정지조건설과 해제조건설의 견해 대립은 태아가 출생한 경우에만 의미가 있는 것이며, 만약 태아가 사산된 경우에는 어느 학설에 의하더라도 태아의 권리능력이 인정되지 아니한다.

Answer 01 ⑤　　02 ③　　03 ③　　04 ⑤　　05 ④

06 자연인의 권리능력에 관한 설명으로 옳은 것은?

2018 기출

① 권리능력은 가족관계등록부의 기재로 그 취득이 추정되므로, 그 기재가 진실에 반하는 사정이 있더라도 번복하지 못한다.

② 동시사망이 추정되는 경우에도 대습상속은 인정될 수 있다.

③ 태아인 동안에 부(父)가 교통사고로 사망한 경우, 태아는 살아서 출생하더라도 그 정신적 고통에 대한 위자료를 청구할 수 없다.

④ 태아가 사산된 경우에도 태아인 동안의 권리능력은 인정된다.

⑤ 실종선고를 받은 자는 실종기간이 만료한 때에 사망한 것으로 추정한다.

07 甲과 큰아들 乙은 계곡에서 물놀이하던 중 게릴라성 폭우로 갑자기 불어난 급류에 휩쓸려 익사하였다. 이튿날 甲과 乙의 사체는 모두 발견되었으나 누가 먼저 사망하였는지 알 수 없다. 甲의 유족으로는 피성년후견인인 부인 丙과 작은아들 丁이 있다. 이에 관한 설명으로 옳은 것은?

① 甲과 乙은 동시에 사망한 것으로 본다.

② 甲과 乙은 인정사망제도에 의하여 가족관계등록부에 사망으로 기재된다.

③ 甲과 乙은 서로 상속하지 않는다.

④ 가족관계등록부에 사망으로 기재되지 않는 한, 甲과 乙의 권리능력은 상실되지 않는다.

⑤ 丙은 제한능력자이므로 丁이 일단 甲과 乙의 재산을 단독으로 상속한다.

08 태아의 권리능력에 관한 설명 중 가장 옳은 것은?

① 우리 민법은 일반적 보호주의를 취하고 있다.

② 해제조건설은 태아가 살아서 출생한 때에 소급하여 권리능력을 인정한다.

③ 태아로 있는 동안에 법정대리인이 존재한다고 인정하는 것은 해제조건설이다.

④ 다수설은 정지조건설을, 판례는 해제조건설을 따른다.

⑤ 정지조건설에 의하면 태아는 이미 출생한 것으로 보지만 후일에 사산이 된 경우에는 소급하여 권리능력을 상실한 것으로 본다.

09 태아에 관한 설명 중 맞는 것을 모두 고른 것은? (다툼이 있는 경우 판례에 의함)

㉠ 태아는 증여를 받을 수 없다.
㉡ 모와 태아가 교통사고로 동시에 사망한 경우에는 생존한 부가 태아의 손해배상청구권을 상속한다.
㉢ 부가 교통사고로 상해를 입은 경우에 태아인 동안에는 태아 자신의 정신적 고통에 대한 위자료를 청구할 수 없다.
㉣ 태아의 법적 지위에 관한 정지조건설의 견해가 태아보호에 유리하다.

① ㉠, ㉡   ② ㉠, ㉢

③ ㉡, ㉢   ④ ㉠, ㉡, ㉣

⑤ ㉠, ㉢, ㉣

06 ② 판례는 피상속인과 피대습자가 동시사망한 것으로 추정되는 경우에도 대습상속을 인정한다(대판 2001. 3. 9, 99다13157).

① 가족관계등록부의 기재사실은 추정을 받으나, 그에 반하는 증거에 의하여 번복할 수 있다.

③ 태아도 손해배상청구권에 관하여는 이미 출생한 것으로 보는바, 부가 교통사고로 상해를 입을 당시 태아가 출생하지 아니하였다고 하더라도 그 뒤에 출생한 이상 부의 부상으로 인하여 입게 될 정신적 고통에 대한 위자료를 청구할 수 있다(대판 1993. 4. 27, 93다4663).

④ 설사 태아가 권리를 취득한다 하더라도 현행법상 이를 대행할 기관이 없으니 태로 있는 동안은 권리능력을 취득할 수 없으니 살아서 출생한 때에 출생시기가 문제의 사건의 시기까지 소급하여 그때에 태아가 출생한 것과 같이 법률상 보아준다고 해석하여야 상당하므로 이와 같은 취지에서 원고의 처가 사고로 사망할 당시 임신 8개월 된 태아가 있었음과 그가 모체와 같이 사망하여 출생의 기회를 못 가진 사실을 인정하고 살아서 태어나지 않은 이상 배상청구권을 논할 여지없다는 취의로 판단하여 이 청구를 배척한 조치는 정당하다(대판 1976. 9. 14, 76다1365).

⑤ 실종선고를 받은 자는 전조의 기간이 만료한 때에 사망한 것으로 본다(제28조).

07 ③ 동시사망의 추정(제30조)제도는 동시에 사망한 것으로 추정하여, 동사자 간에 상속 문제가 생기지 않도록 하고 있다.

① 동시에 사망한 것으로 추정한다(제30조).

② 甲과 乙의 사체는 모두 발견되어 사망의 확증이 있으므로 인정사망과는 관계없는 사안이다.

④ 권리능력은 사망에 의해 소멸하는 것이지, 가족관계등록부의 기재로 소멸하는 것은 아니다.

⑤ 권리능력이 있는 자연인은 모두 상속능력이 있다.

08 ① 우리 민법은 개별적 보호주의를 취하고 있다.

② 해제조건설은 이미 출생한 것으로 간주되는 각 경우에 있어서 태아는 태아인 상태에서 권리능력을 취득하고, 다만 후에 사산인 때에 그 권리능력의 취득의 효과가 과거의 문제의 사건시까지 소급하여 소멸한다는 견해이다.

④ 다수설은 해제조건설을, 판례는 정지조건설을 따른다.

⑤ 정지조건설은 태아로 있는 동안은 권리능력을 취득하지 못하고 후에 살아서 출생한 때에, 그 권리능력 취득의 효과가 문제의 사건이 발생한 시점으로 소급해서 생긴다는 견해이다.

09 ㉠ 태아인 동안에는 법정대리인이 있을 수 없고, 따라서 법정대리인에 의한 수증행위도 불가능한 것이어서 태아의 수증능력을 인정할 수 없다(대판 1982. 2. 9, 81다534).

㉢ 태아도 손해배상청구권에 관하여는 이미 출생한 것으로 보는바, 부(父)가 교통사고로 상해를 입을 당시 태아가 출생하지 아니하였다고 하더라도 '그 뒤에 출생한 이상' 부의 부상으로 인하여 입게 될 정신적 고통에 대한 위자료를 청구할 수 있다(대판 1993. 4. 27, 93다4663).

㉡ 태아가 사산되면 처음부터 그 개별적 권리능력은 인정되지 않는다.

㉣ 해제조건설은 태아보호에는 유리하나 거래의 안전을 해한다는 평가를 받는다.

Answer 06 ② 07 ③ 08 ③ 09 ②

10 태아의 권리능력에 관한 설명으로 틀린 것은? (다툼이 있으면 판례에 의함)

① 태아인 상태에서 위법한 약물투여로 인하여 기형으로 출생한 자는 가해자에 대하여 손해배상을 청구할 수 있다.

② 태아인 상태에서 부(父)가 교통사고로 상해를 입고 그 후 출생한 자는 자신의 정신적 고통에 대하여 위자료를 청구할 수 있다.

③ 태아는 상속순위뿐만 아니라 유증에 관해서도 이미 출생한 것으로 본다.

④ 부(父)는 태아를 인지할 수 있다.

⑤ 교통사고로 인해 유산(流産)된 태아는 가해자에 대하여 불법행위로 인한 손해배상을 청구할 수 있다.

11 부부 사이인 甲과 그의 아이 丙을 임신한 乙은 A의 과실로 교통사고를 당했다. 이에 관한 설명으로 옳은 것을 모두 고른 것은? (다툼이 있으면 판례에 따름)
2020 기출

┌─────────────────────────────────────┐
│ ㉠ 이 사고로 丙이 출생 전 乙과 함께 사망 │
│   하였더라도 丙은 A에 대하여 불법행위 │
│   로 인한 손해배상청구권을 가진다. │
│ ㉡ 사고 후 살아서 출생한 丙은 A에 대하여 │
│   甲의 부상으로 입게 될 자신의 정신적 │
│   고통에 대한 위자료를 청구할 수 있다. │
│ ㉢ 甲이 사고로 사망한 후 살아서 출생한 │
│   丙은 甲의 A에 대한 불법행위로 인한 │
│   손해배상청구권을 상속받지 못한다. │
└─────────────────────────────────────┘

① ㉠   ② ㉡
③ ㉢   ④ ㉠, ㉡
⑤ ㉡, ㉢

12 미성년자의 행위능력에 관한 설명 중 옳은 것은?

① 미성년자가 대리행위를 함에는 법정대리인의 동의가 있어야 한다.

② 미성년자는 법정대리인의 동의가 없어도 회사의 무한책임사원이 될 수 있다.

③ 미성년자는 독자적으로 근로계약을 체결할 수 있지만, 임금의 청구는 법정대리인의 동의를 얻어야 한다.

④ 법정대리인이 미성년자에게 특정 영업을 허락한 경우 그 영업의 범위 내에서 법정대리인의 동의권이나 대리권은 소멸한다.

⑤ 처분이 허락된 재산으로 매수한 물건의 하자에 대한 하자담보책임을 주장하기 위해서는 미성년자는 법정대리인의 동의를 얻어야 한다.

13 미성년자의 법률행위에 관한 설명으로 옳은 것은? (다툼이 있으면 판례에 따름)
2023 기출

① 법정대리인이 취소한 미성년자의 법률행위는 취소한 때로부터 그 효력을 상실한다.

② 법정대리인이 재산의 범위를 정하여 미성년자에게 처분을 허락한 경우, 법정대리인은 그 재산에 관하여 유효한 대리행위를 할 수 없다.

③ 법정대리인이 미성년자에게 특정한 영업을 허락한 경우, 법정대리인은 그 영업에 관하여 유효한 대리행위를 할 수 있다.

④ 미성년자가 자신의 주민등록증을 변조하여 자기를 능력자로 믿게 하여 법률행위를 한 경우, 미성년자는 그 법률행위를 취소할 수 없다.

⑤ 미성년자가 오직 권리만을 얻는 법률행위를 할 경우에도 특별한 사정이 없는 한 법정대리인의 동의가 필요하다.

14 만 18세 미혼인 자가 법정대리인의 동의 없이 단독으로 할 수 있는 것을 모두 고른 것은? (다툼이 있으면 판례에 의함)

① ㉠, ㉡, ㉢   ② ㉠, ㉡, ㉣
③ ㉠, ㉢, ㉤   ④ ㉡, ㉣, ㉤
⑤ ㉢, ㉣, ㉤

㉠ 유언
㉡ 대리행위
㉢ 경제적으로 유리한 매매
㉣ 근로기준법상 임금의 청구
㉤ 증여받기로 한 계약의 해제

★

10 ⑤ 태아가 손해배상청구권에 관하여는 이미 태어난 것으로 본다는 민법 제762조의 취지는 태아가 살아서 출생한 때에 출생시기가 문제의 사건의 시기까지 소급하여 그때에 태아가 출생한 것과 같이 법률상 보아준다고 해석함이 상당하므로, 그가 모체와 같이 사망하여 출생의 기회를 가지지 못했다면 배상청구권을 논할 여지가 없다(대판 1976. 9. 14, 76다1365).

11 ㉡ 태아도 손해배상청구권에 관하여는 이미 출생한 것으로 보는바, 부가 교통사고로 상해를 입을 당시 태아가 출생하지 아니하였다고 하더라도 그 뒤에 출생한 이상 부의 부상으로 인하여 입게 될 정신적 고통에 대한 위자료를 청구할 수 있다(대판 1993. 4. 27, 93다4663).
㉠ 태아가 손해배상청구권에 관하여는 이미 태어난 것으로 본다는 민법 제762조의 취지는 태아가 살아서 출생한 때에 출생시기가 문제의 사건의 시기까지 소급하여 그때에 태아가 출생한 것과 같이 법률상 보아준다고 해석함이 상당하므로, 그가 모체와 같이 사망하여 출생의 기회를 못 가졌다면 손해배상청구권을 논할 여지가 없다.
㉢ 태아는 상속순위에 관하여는 이미 출생한 것으로 본다(제1000조 제3항).

12 ① 대리인은 행위능력자임을 요하지 아니한다(제117조). 따라서 대리행위는 미성년자가 단독으로 할 수 있다.
② 법정대리인의 허락을 얻어 회사의 무한책임사원이 된 미성년자가 그 사원자격에 의하여 행하는 행위(상법 제7조)는 단독으로 할 수 있다.
③ 미성년자가 근로계약을 체결함에 있어서 법정대리인의 동의를 얻어야 하느냐에 대해서는 동의불요설과 동의필요설의 대립이 있다. 다만, 임금은 독자적으로 청구할 수 있다(근로기준법 제68조).
⑤ 처분이 허락된 재산의 처분으로 인한 후속행위, 예컨대 처분이 허락된 용돈으로 구입한 물건에 하자가 있는 경우 담보책임을 묻는 것 등도 단독으로 가능하다고 본다.

13 ④ 제한능력자가 속임수로써 자기를 능력자로 믿게 한 경우에는 그 행위를 취소할 수 없다(제17조 제1항).
① 취소된 법률행위는 처음부터 무효인 것으로 본다(제141조).
② 재산처분허락의 경우에 법정대리인의 동의권은 소멸하나 대리권은 여전히 존속하므로 법정대리인은 유효한 대리행위를 할 수 있다.
③ 영업허락의 경우(제8조 제1항)에 그 범위에서 대리권도 소멸한다.
⑤ 미성년자가 법률행위를 함에는 법정대리인의 동의를 얻어야 한다. 그러나 권리만을 얻거나 의무만을 면하는 행위는 그러하지 아니하다(제5조 제1항).

14 ② ㉢ 단순히 권리만을 얻거나 의무만을 면하는 행위(제5조 제1항 단서)는 미성년자 단독으로 할 수 있다. 그러나 경제적으로 유리한 매매계약을 체결하는 행위는 권리를 얻을 뿐만 아니라 의무도 부담하므로 단독으로 하지 못한다.
㉤ 증여받기로 한 계약의 해제는 권리를 상실하는 행위이므로 단독으로 하지 못한다.

Answer   10 ⑤   11 ②   12 ④   13 ④   14 ②

15 만 18세의 甲이 법정대리인의 동의 없이 단독으로 할 수 있는 행위가 아닌 것은? (다툼이 있는 경우에는 판례에 의함) 2013 기출

① 甲이 타인의 대리인으로 체결하는 부동산 매매계약
② 모(母)와 공동으로 받는 상속에 대한 甲의 승인
③ 甲이 법정대리인의 동의 없이 체결한 오토바이 매매계약에 대한 취소
④ 부양의무를 이행하지 않는 친권자 乙에 대한 甲의 부양료 청구
⑤ 甲이 자신의 재산에 대하여 행하는 유언

16 미성년자 乙은 친권자 甲의 처분동의가 필요한 자기 소유의 물건을 甲의 동의 없이 丙에게 매도하는 계약을 체결하였다. 이에 관한 설명으로 옳지 않은 것은? (다툼이 있으면 판례에 따름) 2023 기출

① 丙은 乙이 성년이 된 후에 그에게 1개월 이상의 기간을 정하여 계약의 추인 여부의 확답을 촉구할 수 있다.
② 성년이 된 乙이 ①에서 丙이 정한 기간 내에 확답을 발송하지 아니하면 계약을 추인한 것으로 본다.
③ 丙이 계약 당시에 乙이 미성년자임을 알았더라도 丙은 자신의 의사표시를 철회할 수 있다.
④ 丙이 계약 당시에 乙이 미성년자임을 알지 못한 경우, 丙은 乙에게도 철회의 의사표시를 할 수 있다.
⑤ 乙이 계약 당시에 甲의 동의서를 위조하여 甲의 동의가 있는 것으로 丙을 믿게 한 경우, 甲은 그 계약을 취소할 수 없다.

17 성년후견, 한정후견, 특정후견에 관한 설명으로 옳지 않은 것은? 2016 기출

① 가정법원은 한정후견개시의 심판을 직권으로 하지 못한다.
② 한정후견종료의 심판은 장래에 향하여 효력을 가진다.
③ 특정후견은 본인의 의사에 반하여 할 수 있다.
④ 가정법원은 취소할 수 없는 피성년후견인의 법률행위의 범위를 정할 수 있다.
⑤ 정신적 제약으로 사무를 처리할 능력이 지속적으로 결여된 사람에 대하여 지방자치단체의 장도 성년후견개시의 심판을 청구할 수 있다.

18 성년후견, 한정후견, 특정후견에 관한 설명으로 옳은 것은? 2015 기출

① 지방자치단체의 장은 성년후견개시의 원인이 소멸된 경우에는 성년후견종료의 심판을 청구할 수 없다.
② 성년후견인은 피성년후견인의 법률행위가 일용품의 구입 등 일상생활에 필요하고 그 대가가 과도하지 않더라도 그 행위를 취소할 수 있다.
③ 가정법원은 피한정후견인이 한정후견인의 동의를 받아야 하는 행위의 범위를 정할 수 없다.
④ 가정법원은 취소할 수 없는 피성년후견인의 법률행위의 범위를 정할 수 있다.
⑤ 가정법원은 성년후견개시의 심판을 할 때 본인의 의사를 고려할 필요가 없다.

19 성년후견, 한정후견, 특정후견에 관한 설명으로 옳지 않은 것은? 2014 기출

① 피성년후견인의 법률행위는 취소할 수 있다.
② 가정법원은 한정후견개시의 심판을 할 때 본인의 의사를 고려하여야 한다.
③ 가정법원이 피한정후견인에 대하여 성년후견개시의 심판을 할 때에는 종전의 한정후견의 종료 심판을 한다.
④ 특정후견은 본인의 의사에 반하여 할 수 있다.
⑤ 특정후견의 심판을 하는 경우에는 특정후견의 기간 또는 사무의 범위를 정하여야 한다.

15 ② 상속을 승인하는 행위는 이익을 얻을 뿐만 아니라 의무도 부담하기 때문에 단독으로 할 수 없다.
① 대리인은 행위능력자임을 요하지 않는다(제117조).
③ 미성년자는 취소권자이기 때문에 법정대리인의 동의를 받지 않더라도 취소권을 행사할 수 있다.
④ 미성년자라 하더라도 권리만을 얻는 행위는 법정대리인의 동의가 필요 없으며 친권자와 자 사이에 이해상반되는 행위를 함에는 그 자의 특별대리인을 선임하도록 하는 규정이 있는 점에 비추어 볼 때, 청구인(미성년인 혼인 외의 자)은 피청구인(생부)이 인지를 함으로써 청구인의 친권자가 되어 법정대리인이 된다 하더라도 피청구인이 청구인을 부양하고 있지 않은 이상 그 부양료를 피청구인에게 직접 청구할 수 있다 할 것이다(대판 1972. 7. 11, 72므5).
⑤ 17세에 달한 자는 유언능력이 있다(제1061조).

16 ③ 제한능력자가 맺은 계약은 추인이 있을 때까지 상대방이 그 의사표시를 철회할 수 있다. 다만, 상대방이 계약 당시에 제한능력자임을 알았을 경우에는 그러하지 아니하다(제16조 제1항). 즉, 선의의 상대방만 철회할 수 있다.
①② 제한능력자의 상대방은 제한능력자가 능력자가 된 후에 그에게 1개월 이상의 기간을 정하여 그 취소할 수 있는 행위를 추인할 것인지 여부의 확답을 촉구할 수 있다. 능력자로 된 사람이 그 기간 내에 확답을 발송하지 아니하면 그 행위를 추인한 것으로 본다(제15조 제1항).
④ 철회의 의사표시는 법정대리인뿐만 아니라 제한능력자에게도 할 수 있다(제16조 제3항).
⑤ 미성년자나 피한정후견인이 속임수로써 법정대리인의 동의가 있는 것으로 믿게 한 경우에는 그 행위를 취소할 수 없다(제17조 제2항).

17 ③ 특정후견은 본인의 의사에 반하여 할 수 없다(제14조의2 제2항).

18 ④ 제10조 제2항
① 성년후견개시의 원인이 소멸된 경우에는 가정법원은 본인, 배우자, 4촌 이내의 친족, 성년후견인, 성년후견감독인, 검사 또는 지방자치단체의 장의 청구에 의하여 성년후견종료의 심판을 한다(제11조).
② 일용품의 구입 등 일상생활에 필요하고 그 대가가 과도하지 아니한 법률행위는 성년후견인이 취소할 수 없다(제10조 제4항).
③ 가정법원은 피한정후견인이 한정후견인의 동의를 받아야 하는 행위의 범위를 정할 수 있다(제13조 제1항).
⑤ 가정법원은 성년후견개시의 심판을 할 때 본인의 의사를 고려하여야 한다(제9조 제2항).

19 ④ 특정후견은 본인의 의사에 반하여 할 수 없다(제14조의2 제2항).

Answer 15 ② 16 ③ 17 ③ 18 ④ 19 ④

20 피성년후견인에 관한 설명으로 옳은 것은?

2018 기출

① 가정법원은 청구권자의 청구가 없더라도 직권으로 성년후견개시의 심판을 한다.

② 정신적 제약으로 사무처리능력이 일시적으로 결여된 경우, 성년후견개시의 심판을 해야 한다.

③ 법인은 성년후견인이 될 수 없다.

④ 일상생활에 필요하고 그 대가가 과도하지 아니한 피성년후견인의 법률행위는 성년후견인이 취소할 수 없다.

⑤ 가정법원은 청구권자의 청구가 없더라도 피성년후견인의 취소할 수 없는 법률행위의 범위를 임의로 변경할 수 있다.

21 민법상 성년후견종료의 심판을 청구할 수 있는 자로 명시되지 않은 자는?

2019 기출

① 성년후견인
② 성년후견감독인
③ 지방의회 의장
④ 4촌 이내의 친족
⑤ 검사

22 후견에 관한 설명으로 옳지 않은 것은?

2022 기출

① 가정법원은 성년후견개시의 심판을 할 때 본인의 의사를 고려하여야 한다.

② 가정법원이 피성년후견인에 대하여 한정후견개시의 심판을 할 때에는 종전의 성년후견의 종료 심판을 하여야 한다.

③ 피성년후견인의 법률행위는 원칙적으로 취소할 수 있지만, 가정법원은 취소할 수 없는 법률행위의 범위를 정할 수 있다.

④ 가정법원은 피한정후견인이 한정후견인의 동의를 받아야 하는 행위의 범위를 정할 수 있다.

⑤ 가정법원은 정신적 제약으로 특정한 사무에 관하여 후원이 필요한 자에 대하여는 본인의 의사에 반하더라도 특정후견의 심판을 할 수 있다.

23 피성년후견인과 피한정후견인에 관한 설명으로 옳지 않은 것은?

2023 기출

① 가정법원은 성년후견개시의 심판을 할 때 본인의 의사를 고려하여야 한다.

② 성년후견개시의 심판은 일정한 사유로 인한 정신적 제약으로 사무처리능력이 일시적으로 부족한 사람에게 허용된다.

③ 가정법원은 피한정후견인이 한정후견인의 동의를 받아야 하는 행위의 범위를 정할 수 있다.

④ 일상생활에 필요하고 그 대가가 과도하지 아니한 피성년후견인의 법률행위는 성년후견인이 취소할 수 없다.

⑤ 가정법원이 피성년후견인에 대하여 한정후견개시의 심판을 할 때에는 종전의 성년후견의 종료 심판을 한다.

24 제한능력자에 관한 설명으로 옳지 않은 것은? (다툼이 있으면 판례에 따름) ^{2020 기출}

① 미성년자가 법정대리인의 동의를 얻은 법률행위를 하기 전에는 법정대리인은 그가 한 동의를 취소할 수 있다.

② 미성년자는 자신의 노무제공에 따른 임금청구를 단독으로 할 수 있다.

③ 미성년자는 타인의 대리인으로서 단독으로 유효한 대리행위를 할 수 있다.

④ 피한정후견인은 적극적인 속임수로써 법정대리인의 동의가 있는 것으로 믿게 한 경우, 그 법률행위를 취소할 수 없다.

⑤ 가정법원은 성년후견개시의 심판을 할 때 본인의 의사를 고려할 필요는 없다.

Part 02

---

20 ④ 제10조 제4항
① 본인, 배우자, 4촌 이내의 친족, 미성년후견인, 미성년후견감독인, 한정후견인, 한정후견감독인, 특정후견인, 특정후견감독인, 검사 또는 지방자치단체의 장의 청구에 의하여 성년후견개시의 심판을 한다.
② 질병, 장애, 노령, 그 밖의 사유로 인한 정신적 제약으로 사무를 처리할 능력이 지속적으로 결여되어야 한다.
③ 법인도 성년후견인이 될 수 있다(제930조 제3항).
⑤ 가정법원은 본인, 배우자, 4촌 이내의 친족, 성년후견인, 성년후견감독인, 검사 또는 지방자치단체의 장의 청구에 의하여 취소할 수 없는 피성년후견인의 법률행위의 범위를 변경할 수 있다.

21 ③ 제11조(성년후견종료의 심판) : 성년후견개시의 원인이 소멸된 경우에는 가정법원은 본인, 배우자, 4촌 이내의 친족, 성년후견인, 성년후견감독인, 검사 또는 지방자치단체의 장의 청구에 의하여 성년후견종료의 심판을 한다.

22 ⑤ 특정후견은 본인의 의사에 반하여 할 수 없다(제14조의2 제2항).

23 ② 가정법원은 질병, 장애, 노령, 그 밖의 사유로 인한 정신적 제약으로 사무를 처리할 능력이 지속적으로 결여된 사람에 대하여 성년후견개시의 심판을 한다(제9조 제1항).
① 가정법원은 성년후견개시의 심판을 할 때 본인의 의사를 고려하여야 한다(제9조 제2항).
③ 가정법원은 피한정후견인이 한정후견인의 동의를 받아야 하는 행위의 범위를 정할 수 있다(제13조 제1항).
④ 일용품의 구입 등 일상생활에 필요하고 그 대가가 과도하지 아니한 법률행위는 성년후견인이 취소할 수 없다(제10조 제4항).
⑤ 가정법원이 피성년후견인 또는 피특정후견인에 대하여 한정후견개시의 심판을 할 때에는 종전의 성년후견 또는 특정후견의 종료 심판을 한다(제14조의3 제2항).

24 ⑤ 가정법원은 성년후견개시의 심판을 할 때 본인의 의사를 고려하여야 한다(제9조 제2항).
① 법정대리인은 미성년자가 아직 법률행위를 하기 전에는 그가 행한 동의(제5조)나 일정 범위의 재산처분에 대한 허락(제6조)을 취소할 수 있다(제7조).
② 미성년자는 독자적으로 임금을 청구할 수 있다(근로기준법 제68조).
③ 대리인은 행위능력자임을 요하지 않으므로 미성년자라도 유효한 대리행위를 할 수 있다(제117조).
④ 제한능력자가 속임수로써 자기를 능력자로 믿게 한 경우나, 미성년자나 피한정후견인이 속임수로써 법정대리인의 동의가 있는 것으로 믿게 한 경우에는 제한능력자 측의 취소권은 박탈된다(제17조).

Answer 20 ④ 21 ③ 22 ⑤ 23 ② 24 ⑤

25 제한능력자에 관한 설명으로 옳은 것을 모두 고른 것은? (다툼이 있으면 판례에 따름)

2017 기출

> ㉠ 미성년자의 법률행위에 법정대리인의 묵시적 동의가 인정되는 경우에는 미성년자는 제한능력을 이유로 그 법률행위를 취소할 수 없다.
> ㉡ 법정대리인이 취소한 미성년자의 법률행위는 취소시부터 효력을 상실한다.
> ㉢ 피성년후견인의 법률행위 중 일상생활에 필요하고, 대가가 과도하지 아니한 법률행위는 성년후견인이 취소할 수 없다.
> ㉣ 제한능력자가 맺은 계약은 제한능력자 측에서 추인하기 전까지 상대방이 이를 거절할 수 있다.
> ㉤ 제한능력자와 계약을 맺은 선의의 상대방은 제한능력자 측에서 추인하기 전까지 제한능력자를 상대로 그 의사표시를 철회할 수 있다.

① ㉠, ㉡, ㉢ ② ㉠, ㉢, ㉤
③ ㉠, ㉣, ㉤ ④ ㉡, ㉢, ㉣
⑤ ㉡, ㉣, ㉤

26 제한능력자와 거래한 선의의 상대방이 제한능력자 측에 대하여 행사할 수 없는 것은?

① 법정대리인에 대한 최고권
② 제한능력자에 대한 거절권
③ 제한능력자에 대한 취소권
④ 법정대리인에 대한 철회권
⑤ 제한능력자에 대한 철회권

27 제한능력자의 상대방 보호에 관한 설명 중 옳은 것은?

① 상대방은 제한능력자 측의 추인이 있기 전까지 제한능력자의 단독행위에 대하여 제한능력자에게 거절권을 행사할 수 있다.
② 제한능력자와 계약을 체결한 상대방은 계약체결 당시에 제한능력자임을 알았더라도 철회권을 행사할 수 있다.
③ 제한능력자의 상대방은 제한능력자가 능력자로 된 경우에는 추인 여부의 확답을 최고할 수 없다.
④ 추인을 위해 특별한 절차를 요하는 행위에 관하여 상당한 기간 내에 법정대리인이 확답을 발하지 아니하면 추인한 것으로 본다.
⑤ 피성년후견인이 사술로써 법정대리인의 동의를 얻은 것으로 믿게 한 때에는 그 행위를 취소할 수 없다.

28 제한능력자의 상대방 보호에 관한 설명으로 옳은 것을 모두 고른 것은?

2015 기출

> ㉠ 상대방은 제한능력자가 능력자로 된 후에 그에게 유예기간을 정하여 취소할 수 있는 행위에 대한 추인여부의 확답을 원칙적으로 촉구할 수 없다.
> ㉡ 상대방은 제한능력자가 능력자로 된 후에 그 법정대리인이었던 자에게 취소할 수 있는 행위에 대한 추인여부의 확답을 촉구한 경우 그 촉구는 유효하다.
> ㉢ 계약 당시에 제한능력자임을 상대방이 알지 못한 경우, 제한능력자가 맺은 계약은 추인이 있을 때까지 상대방이 그 의사표시를 철회할 수 있다.
> ㉣ 제한능력자가 속임수로써 자기를 능력자로 믿게 한 경우에는 그 행위를 취소할 수 없다.

① ㉠, ㉡ ② ㉡, ㉣
③ ㉢, ㉣ ④ ㉠, ㉡, ㉢
⑤ ㉠, ㉢, ㉣

29 제한능력자에 관한 설명으로 옳지 않은 것은?

2021 기출

① 권리만을 얻는 법률행위는 미성년자가 단독으로 할 수 있다.

② 미성년자가 법정대리인으로부터 허락을 얻은 특정한 영업에 관하여는 성년자와 동일한 행위능력이 있다.

③ 법정대리인이 미성년자에게 한 특정한 영업의 허락을 취소하는 경우 그 취소로 선의의 제3자에게 대항할 수 있다.

④ 제한능력자의 상대방은 계약 당시 제한능력자임을 알았을 경우에는 그 의사표시를 철회할 수 없다.

⑤ 상대방이 거절의 의사표시를 할 수 있는 경우 제한능력자를 상대로 그 의사표시를 할 수 있다.

★

25 ㉢ 취소된 법률행위는 처음부터 무효인 것으로 본다(제141조 본문).
㉣ 제한능력자가 맺은 계약은 추인이 있을 때까지 상대방이 그 의사표시를 철회할 수 있다. 다만, 상대방이 계약 당시에 제한능력자임을 알았을 경우에는 그러하지 아니하다(제16조 제1항).

26 ③ 취소권은 제한능력자 측에서 가지며, 상대방은 취소할 수 없다. 상대방은 최고권·철회권·거절권을 가지며, 제한능력자가 사술을 쓴 경우에는 제한능력자 측의 취소권이 배제된다.

27 ② 선의의 상대방만이 철회권을 행사할 수 있다(제16조 제1항 단서).
③ 제한능력자는 그가 능력자로 된 후에만 최고의 상대방이 될 수 있고(제15조 제1항), 아직 능력자가 되지 못한 때에는 그의 법정대리인이 최고의 상대방이 된다(제15조 제2항).
④ 취소한 것으로 본다(제15조 제3항).
⑤ 제한능력자가 자기를 능력자로 믿게 하려고 하였거나, 법정대리인의 동의가 있는 것으로 믿게 하도록 하였어야 한다(제17조 제1항, 제2항). 그런데 전자의 요건은 피성년후견인도 포함되나, 후자의 요건은 미성년자와 피한정후견인에게만 적용된다. 피성년후견인의 법률행위는 법정대리인의 동의가 있더라도 단독으로 유효한 법률행위를 할 수는 없고, 따라서 이 경우에 취소권이 배제되지 않는다.

28 ㉠ 제한능력자의 상대방은 제한능력자가 능력자가 된 후에 그에게 1개월 이상의 기간을 정하여 그 취소할 수 있는 행위를 추인할 것인지 여부의 확답을 촉구할 수 있다(제15조 제1항).
㉡ 제한능력자의 상대방은 제한능력자가 능력자가 된 후에는 그에게, 아직 능력자가 되지 못한 경우에는 그의 법정대리인에게 추인할 것인지 여부의 확답을 촉구할 수 있다. 따라서 제한능력자가 능력자로 된 후에 그 법정대리인이었던 자에게 추인여부의 확답을 촉구한 경우 그 촉구는 무효이다.
㉢ 제16조 제1항
㉣ 제17조 제1항

29 ③ 법정대리인은 영업의 허락을 취소 또는 제한할 수 있다. 그러나 선의의 제3자에게 대항하지 못한다(제8조 제2항).
④ 제한능력자가 맺은 계약은 추인이 있을 때까지 상대방이 그 의사표시를 철회할 수 있다. 다만, 상대방이 계약 당시에 제한능력자임을 알았을 경우에는 그러하지 아니하다(제16조 제1항).
⑤ 철회나 거절의 의사표시는 제한능력자에게도 할 수 있다(제16조 제3항).

Answer 25 ② 26 ③ 27 ① 28 ③ 29 ③

30 미성년자 甲이 법정대리인 乙의 동의 없이 자신의 노트북 컴퓨터를 丙에게 매각하였다. 다음 설명 중 옳은 것은? 2014 기출

① 丙은 乙이 추인하기 전에 거절권을 행사할 수 있다.

② 丙이 그 물건을 다시 丁에게 증여한 경우, 甲은 丁을 상대로 매매계약을 취소할 수 있다.

③ 계약체결시에 甲이 미성년자임을 안 丙은 그의 의사표시를 철회할 수 있다.

④ 甲이 속임수로써 乙의 동의가 있는 것으로 믿게 한 경우, 甲은 계약을 원인으로 얻은 모든 이득을 반환하고 계약을 취소할 수 있다.

⑤ 丙은 19세가 된 甲에게 1개월 이상의 기간을 정하여 매매계약을 추인할 것인지 여부의 확답을 촉구할 수 있다.

31 미성년자 甲은 친권자 乙의 동의 없이 丙으로부터 고가(高價)의 컴퓨터를 구입하는 계약을 체결한 후 대금을 지급하지 않고 있다. 이에 관한 설명으로 옳은 것은? (다툼이 있으면 판례에 의함)

① 甲은 乙의 동의 없이 단독으로 매매계약을 취소할 수 없다.

② 丙은 甲이 어려 보여 "미성년자 아니냐?"라고 묻자 甲은 "아닙니다"라고 단순히 말한 경우, 甲은 사술을 썼으므로 취소권이 배제된다.

③ 丙이 성년이 되지 않은 甲에게 1월 이상의 기간을 정하여 추인 여부의 확답을 최고하였으나 甲이 그 기간 내에 확답을 발하지 않았다면 매매계약을 추인한 것으로 본다.

④ 甲이 매매계약을 취소하는 데 대하여 乙은 동의권을 가지지만 스스로 계약을 취소할 수 없다.

⑤ 丙이 1월 이상의 기간을 정하여 乙에게 추인 여부의 확답을 최고하였으나, 乙이 그 기간 내에 확답을 발하지 않았다면 그 매매계약을 추인한 것으로 본다.

32 미성년자 甲은 법정대리인 乙의 동의 없이 자신의 디지털 카메라를 丙에게 매도하는 내용의 계약(이하 '계약')을 丙과 체결하였다. 이에 관한 설명으로 옳은 것은? 2019 기출

① 甲이 위 계약을 취소하려는 경우, 乙의 동의의 유무에 대한 증명책임은 甲에게 있다.

② 계약 당시 甲이 미성년자임을 알고 있었던 丙은 乙에 대하여 자신의 의사표시를 철회할 수 있다.

③ 丙이 성년자가 된 甲에게 1개월의 기간을 정하여 계약의 추인 여부의 확답을 촉구한 경우, 甲이 그 기간 내에 확답을 발송하지 않으면 계약을 취소한 것으로 본다.

④ 丙이 미성년자인 甲에게 1개월의 기간을 정하여 계약의 추인 여부의 확답을 촉구한 경우, 甲이 그 기간 내에 확답을 발송하지 않으면 계약을 추인한 것으로 본다.

⑤ 甲이 위조하여 제시한 乙의 동의서를 丙이 신뢰하여 계약을 체결하였다면 乙은 미성년자의 법률행위임을 이유로 계약을 취소할 수 없다.

33 미성년자의 법정대리인에 관한 설명으로
옳지 않은 것은? (다툼이 있으면 판례에 의함)

① 영업허락의 취소나 제한은 선의의 제3자
에게 대항할 수 있다.

② 미성년자의 법률행위에 대한 법정대리인
의 동의는 묵시적으로도 할 수 있다.

③ 법정대리인은 자신의 동의 없이 한 미성년
자의 법률행위를 원칙적으로 취소할 수
있다.

④ 법정대리인이 범위를 정하여 처분을 허락
한 재산은 미성년자가 임의로 처분할 수
있다.

⑤ 법정대리인은 특별한 사정이 없는 한 미성
년자를 대리하여 재산상의 법률행위를 할
수 있다.

---

30 ⑤ 제한능력자의 상대방은 제한능력자가 능력자가 된 후에 그에게 1개월 이상의 기간을 정하여 그 취소할 수 있는
행위를 추인할 것인지 여부의 확답을 촉구할 수 있다. 능력자로 된 사람이 그 기간 내에 확답을 발송하지 아니하면
그 행위를 추인한 것으로 본다(제15조 제1항).
① 상대방의 거절권은 단독행위의 경우에 인정된다. 본 사안은 매매계약이 문제된 사안이므로 거절권을 행사할
수는 없다.
② 취소할 수 있는 법률행위의 상대방이 확정한 경우에는 그 취소는 그 상대방에 대한 의사표시로 하여야 한다(제
142조). 즉, 취소의 상대방은 丙이다.
③ 선의의 상대방만 철회할 수 있다(제16조 제1항 단서 참조).
④ 제한능력자가 속임수로써 자기를 능력자로 믿게 한 경우에는 그 행위를 취소할 수 없다(제17조 제1항).

31 ① 제한능력자는 법정대리인의 동의 없이 한 법률행위를 단독으로 취소할 수 있다(제140조).
② 민법 제17조에 이른바 '제한능력자가 사술로써 능력자로 믿게 한 때'에 있어서의 사술을 쓴 것이라 함은 적극적
으로 사기수단을 쓴 것을 말하는 것이고 단순히 자기가 능력자라 사언함은 사술을 쓴 것이라 할 수 없다(대판 1971.
12. 14, 71다2045).
③ 최고의 상대방은 최고를 수령할 능력이 있고 추인을 할 수 있는 자에 한하므로, 제한능력자는 그가 능력자로
된 후에만 최고의 상대방이 될 수 있다(제15조 제1항). 따라서 제한능력자에 대한 최고는 무효이다.
④ 제한능력자의 법정대리인은 제한능력자가 갖는 취소권을 대리행사하는 것이 아니라 고유의 취소권을 가진다.

32 ⑤ 미성년자가 속임수로써 법정대리인의 동의가 있는 것으로 믿게 한 경우에는 그 행위를 취소할 수 없다(제17조
제2항).
① 법정대리인 乙의 동의의 유무에 대한 증명책임은 상대방 丙에게 있다.
② 악의의 상대방은 철회할 수 없다(제16조 제1항).
③ 제한능력자의 상대방은 제한능력자가 능력자가 된 후에 그에게 1개월 이상의 기간을 정하여 그 취소할 수 있는
행위를 추인할 것인지 여부의 확답을 촉구할 수 있다. 능력자로 된 사람이 그 기간 내에 확답을 발송하지 아니하면
그 행위를 추인한 것으로 본다(제15조 제1항).
④ 미성년자는 확답촉구의 상대방이 될 수 없다. 즉, 제한능력자는 능력자가 된 후에 확답촉구의 상대방이 될 수
있다(제15조 제1항 참조).

33 ① 영업허락의 취소 또는 제한은 선의의 제3자에게 대항하지 못한다(제8조 제2항 단서).

Answer 30 ⑤   31 ⑤   32 ⑤   33 ①

34 다음 설명 중 틀린 것은?

① 주소는 두 곳 이상 있을 수 있다.
② 주소는 변제의 장소 및 상속개시지의 기준이 된다.
③ 사람은 주소 이외의 거소도 가질 수 있지만 거소만 가질 수는 없다.
④ 주소는 사람과 장소의 관계를 전제로 하는 것이고 물건이 있던 장소는 주소가 아니다.
⑤ 당사자가 거래와 관련된 장소를 가주소로 선정한 경우에는 그 거래에 한하여 주소로서의 효과가 발생한다.

35 주소에 관한 설명으로 옳지 않은 것은? (다툼이 있으면 판례에 의함)

① 주민등록지는 반증이 없는 한 주소로 추정된다.
② 주소를 정하거나 변경함에 있어 정주의 의사가 필요한 것은 아니다.
③ 주소는 동시에 두 곳 이상 둘 수 있다.
④ 가주소는 특정 거래관계에 관하여 주소로서의 기능을 갖는다.
⑤ 주소는 변제 장소를 정하는 표준이 될 수 없다.

36 주소에 관한 설명으로 옳지 않은 것은?

① 주소는 동시에 두 곳 이상 있을 수 있다.
② 주소를 알 수 없는 경우에는 거소를 주소로 본다.
③ 주소란 사람의 생활의 근거가 되는 곳을 말한다.
④ 주소는 부재와 실종이나 변제장소를 정하는 표준이 된다.
⑤ 어느 법률행위에 있어서 가주소를 정한 때에는 그 행위에 관하여서는 이를 주소로 추정한다.

37 부재자 甲을 위하여 법원에 의하여 선임된 재산관리인 乙에 관한 설명 중 틀린 것은?

① 乙이 법원의 허가를 받아 재산을 처분한 후 그 허가결정이 취소되었더라도 이미 한 乙의 처분행위는 유효하다.
② 乙이 甲의 재산매각에 관하여 법원의 허가를 받았다면 그 재산을 담보로 제공할 때 다시 법원의 허가를 받아야 하는 것은 아니다.
③ 乙이 甲의 재산처분에 대한 법원의 허가를 받았다면 처분방법은 乙이 임의로 정할 수 있으며, 甲의 이익을 위하여 처분할 필요는 없다.
④ 乙의 처분행위에 대한 법원의 허가는 장래의 처분행위뿐만 아니라 과거의 처분행위에 대해서도 가능하다.
⑤ 乙이 甲의 사망을 확인하였더라도 법원에 의하여 재산관리인 선임결정이 취소되지 않는 한 乙은 계속하여 권한을 행사할 수 있다.

38 법원이 부재자 甲의 재산관리인으로 乙을 선임하였다. 이에 관한 설명으로 옳지 않은 것은? (다툼이 있으면 판례에 의함)

① 甲의 재산을 乙이 임의로 처분한 후 법원이 이를 허가하였다면, 乙의 처분행위는 유효한 것으로 된다.
② 甲이 사망한 것으로 확인되면 乙의 권한은 즉시 소멸한다.
③ 법원은 甲의 재산으로 乙에게 상당한 보수를 지급할 수 있다.
④ 甲의 재산을 乙이 법원의 허가를 받아 처분한 후 그 허가결정이 취소되더라도 乙의 처분행위에는 영향이 없다.
⑤ 乙은 법원의 허가가 없더라도 甲의 재산을 그 용도에 따라 제3자에게 임대하고 임대료를 청구할 수 있다.

39 법원이 부재자의 재산관리인을 선임한 경우에 관한 설명으로 옳지 않은 것은? (다툼이 있으면 판례에 의함)

① 재산관리인은 관리할 재산목록을 작성하여야 한다.
② 재산관리인은 부재자를 위하여 법원의 허가 없이 소유권이전등기의 말소등기절차 이행청구를 할 수 있다.
③ 재산관리인의 처분행위에 대한 법원의 허가는 과거의 처분행위에 대한 추인을 위해서도 할 수 있다.
④ 재산관리인은 부재자가 사망했더라도 선임결정이 취소되지 않는 한 계속하여 그 권한을 행사할 수 있다.
⑤ 재산관리인이 법원의 허가를 얻어 부재자의 재산을 매도한 후 법원이 관리인 선임결정을 취소하면, 관리인의 그 처분행위는 무효로 된다.

---

34 ③ 거소란 사람이 상당기간 계속하여 거주하는 장소로서 주소보다는 장소와의 밀접도가 낮은 곳을 말한다. 주소를 알 수 없을 때 또는 국내에 주소가 없을 때에는 거소를 주소로 본다(제19조, 제20조).
35 ⑤ 특정물인도 이외의 채무변제는 채권자의 현주소에서 하여야 한다(제467조 제2항 본문).
36 ⑤ 어느 행위에 있어서 가주소를 정한 때에는 그 행위에 관하여는 이를 주소로 본다(제21조).
37 ③ 부재자 재산관리인이 부재자의 재산을 매각하려면 법원의 허가를 요하는 것이고 법원이 허가를 함에 있어서는 매각의 방법에 관하여는 경매법에 의한 매각을 명할 수도 있고 경매의 방법에 의하지 않고 임의매각하는 권한을 부여할 수도 있는 것이므로 법원이 허가함에 있어 매각방법에 관하여 하등제한이 없는 경우에는 재산관리인은 임의매각도 할 수 있다고 해석함이 타당할 것이다(대판 1956. 2. 25, 4288민상455).
또한, 법원의 선임한 부재자 재산관리인은 부재자 본인의 의사에 의하는 것이 아니라 법률에 규정된 자의 청구로 법원에 의하여 선임되는 일종의 법정대리인으로서 법정위임관계가 있다 할 것이니 모름지기 위 취지에 따른 선량한 관리자의 주의의무로서 그 직무수행을 하여야 할 것이므로 그 관리행위는 부재자를 위하여 그 재산을 보존·이용·개량하는 범위로 한정된다 할 것이고 위 범위를 넘는 법원의 허가를 얻어야 하는 처분행위에 있어서도 그 행위는 부재자를 위한 범위에 한정된다(대판 1976. 12. 21, 75마551).
38 ② 법원에 의하여 부재자 재산관리인의 선임결정이 있는 이상, 가사 부재자가 그 이전에 이미 사망하였음이 밝혀졌다 하여도 법에 의한 절차에 따라 그 선임결정이 취소되지 않는 한 선임된 관리인의 권한은 당연히 소멸되지는 아니한다(대판 1973. 3. 13, 72다1405).
39 ⑤ 선임결정이 취소된 경우에 그 취소의 효력은 장래에 향하여서만 생기는 것이므로, 선임결정 후 그 취소 전에 행한 재산관리인의 권한 내의 행위는 유효하다(통설·판례).

Answer 34 ③ 35 ⑤ 36 ⑤ 37 ③ 38 ② 39 ⑤

40 부재에 관한 설명으로 옳지 않은 것은?

2021 기출

① 부재자가 정한 재산관리인의 권한이 부재자의 부재 중에 소멸한 때에는 법원은 이해관계인이나 검사의 청구에 의하여 재산관리에 관하여 필요한 처분을 명하여야 한다.
② 부재자가 재산관리인을 정한 경우 부재자의 생사가 분명하지 아니하게 되어 이해관계인이 청구를 하더라도 법원은 그 재산관리인을 개임할 수 없다.
③ 부재자의 생사가 분명하지 아니한 경우 부재자가 정한 재산관리인이 권한을 넘는 행위를 할 때에는 법원의 허가를 얻어야 한다.
④ 법원이 선임한 재산관리인은 관리할 재산목록을 작성하여야 한다.
⑤ 법원이 선임한 재산관리인에 대하여 법원은 부재자의 재산으로 상당한 보수를 지급할 수 있다.

41 부재자의 재산관리에 관한 설명으로 옳지 않은 것은? (다툼이 있으면 판례에 따름)

2023 기출

① 법원이 선임한 재산관리인은 법원의 허가 없이 재산의 보존행위를 할 수 없다.
② 법원은 그 선임한 재산관리인으로 하여금 재산의 관리 및 반환에 관하여 상당한 담보를 제공하게 할 수 있다.
③ 법원이 선임한 재산관리인은 관리할 재산목록을 작성하여야 한다.

④ 법원은 그 선임한 재산관리인에 대하여 부재자의 재산으로 상당한 보수를 지급할 수 있다.
⑤ 법원이 선임한 부재자의 재산관리인은 그 부재자의 사망이 확인된 후라도 그에 대한 선임결정이 취소되지 않는 한 그 관리인으로서의 권한이 소멸되지 않는다.

42 X부동산을 소유한 甲은 재산관리인을 선임하지 않고 장기간 해외출장을 떠났다. 다음 설명 중 옳은 것은? (다툼이 있는 경우에는 판례에 의함)

2013 기출

① 법원은 직권으로 X부동산의 관리에 필요한 처분을 명하여야 한다.
② 甲의 채권자의 청구에 의하여 법원이 선임한 재산관리인은 甲의 임의대리인이다.
③ 법원이 선임한 재산관리인은 원칙적으로 법원의 허가 없이 X부동산을 처분할 수 있다.
④ 甲의 재산관리인이 甲을 위해 법원의 허가 없이 X부동산을 처분하였다면, 그 후 법원의 허가를 얻더라도 그 처분은 효력이 없다.
⑤ 甲이 사망한 경우, 재산관리인이 그 사실을 확인하였더라도 법원에 의하여 재산관리인 선임 결정이 취소되지 않는 한, 재산관리인은 계속하여 X부동산을 관리할 수 있다.

43 甲은 2004년 7월 4일에 위난이 아닌 사유로 행방불명이 되고 2009년 7월 9일에 실종선고가 신청되어 2009년 9월 25일에 실종선고가 되었다. 甲은 어느 시기에 사망한 것으로 보는가?

① 2009년 7월 4일 24시
② 2005년 7월 4일 24시
③ 2009년 7월 5일 24시
④ 2005년 7월 5일 24시
⑤ 2009년 9월 25일 24시

44 실종선고에 관한 설명 중 가장 옳지 않은 것은? (다수설에 의함)

① 실종선고를 받은 사람은 실종기간이 만료한 때에 사망한 것으로 간주한다.
② 실종선고의 취소는 실종선고 후 취소 전에 선의로 한 행위의 효력에 영향을 미치지 아니한다.
③ 실종선고가 있은 후 실종자의 생존이 확인되면 선고의 효과가 번복된다.
④ 부재자의 생사불명의 상태가 일정 기간 계속되면 법원은 이해관계인 또는 검사의 청구에 의하여 실종선고를 하여야 한다.
⑤ 서울에 주소를 둔 甲이 실종선고를 받았으나 대전에 주소를 두고 컴퓨터매매계약을 체결했다면 그 계약은 유효하다.

★

40 ② 부재자가 재산관리인을 정한 경우에 부재자의 생사가 분명하지 아니한 때에는 법원은 재산관리인, 이해관계인 또는 검사의 청구에 의하여 재산관리인을 개임할 수 있다(제23조).
③ 법원이 선임한 재산관리인이 제118조에 규정한 권한을 넘는 행위를 함에는 법원의 허가를 얻어야 한다. 부재자의 생사가 분명하지 아니한 경우에 부재자가 정한 재산관리인이 권한을 넘는 행위를 할 때에도 같다(제25조).
④ 제24조 제1항
⑤ 제26조 제2항

41 ① 법원이 선임한 재산관리인은 제118조의 관리행위(보존행위 및 물건이나 권리의 성질을 변하지 아니하는 범위에서 그 이용 또는 개량하는 행위)를 자유롭게 할 수 있다.
② 제26조 제1항
③ 제24조 제1항
④ 제26조 제2항
⑤ 선임결정이 취소되어야 그 재산관리인으로서의 권한이 소멸한다.

42 ① 법원은 이해관계인이나 검사의 청구에 의하여 재산관리에 필요한 처분을 명하여야 한다.
② 임의대리인이 아니라 일종의 법정대리인이다.
③ 법원이 선임한 재산관리인이 제118조에 규정한 권한을 넘는 행위를 함에는 법원의 허가를 받아야 한다(제25조). 따라서 처분행위를 하려면 법원의 허가를 받아야 한다.
④ 법원의 재산관리인의 초과행위허가의 결정은 그 허가받은 재산에 대한 장래의 처분행위를 위한 경우뿐만 아니라 기왕의 처분행위를 추인하는 행위를 행위로도 할 수 있다고 봄이 상당하므로 부재자의 재산관리인 법원의 초과행위허가결정을 받아 그 허가결정등본을 매수인에게 교부한 때에는 그 이전에 한 부재자소유의 주식매매계약을 추인한 것으로 볼 수 있다(대판 1982. 9. 14, 80다3063).

43 ① 사망으로 간주되는 시기는 실종기간이 만료한 때(2009년 7월 4일 24시)이다.

44 ③ 실종선고를 받은 자는 사망한 것으로 간주되므로 실종선고가 취소되지 않는 한 생존 등의 반증을 들어도 선고의 효력을 부정할 수 없다.

Answer 40 ② 41 ① 42 ⑤ 43 ① 44 ③

45 실종선고에 관한 설명으로 옳지 않은 것은? (다툼이 있으면 판례에 의함)

① 추락한 항공기 중에 있던 자의 실종기간은 항공기가 추락한 때부터 기산한다.

② 생사가 불명한 자의 제1순위 상속인이 있더라도 특별한 사정이 없는 한 제2순위 상속인은 실종선고를 청구할 수 있다.

③ 실종선고로 인한 사망의 효과를 바로잡기 위해서는 반드시 실종선고를 취소하여야 한다.

④ 실종선고가 취소되더라도 '선고 후 그 취소 전'에 선의로 한 법률행위에는 영향을 미치지 않는다.

⑤ 실종선고를 직접 원인으로 하여 재산을 취득한 자가 선의라면 그 받은 이익이 현존하는 한도에서 반환하면 된다.

46 甲이 탄 비행기가 2006년 6월 7일 추락하여, 2010년 4월 12일 법원에 甲의 실종선고가 청구되었고, 2011년 2월 13일 실종선고가 내려졌다. 다음 설명 중 옳은 것은? (다툼이 있는 경우에는 판례에 의함) 2013 기출

① 甲은 2011년 2월 13일에 사망한 것으로 본다.

② 甲에게 선순위의 상속인이 있는 경우 특별한 사정이 없는 한 후순위의 상속인은 甲의 실종선고를 청구할 수 없다.

③ 실종선고는 甲의 사법상의 법률관계뿐만 아니라 공법상의 법률관계에도 효과를 미친다.

④ 甲이 살아 돌아온 사실만으로 甲에 대한 실종선고는 그 효력을 상실한다.

⑤ 甲의 실종선고가 취소되면 실종선고를 직접원인으로 하여 재산을 취득한 자가 악의인 경우에는 그 받은 이익이 현존하는 한도에서 반환할 의무가 있다.

47 부재와 실종에 관한 설명으로 옳지 않은 것은?

① 법원에 의해 부재자의 재산관리인이 선임되면 그때부터 부재자는 사망한 것으로 본다.
② 법인에 대하여는 부재자의 개념이 인정되지 않는다.
③ 추락한 항공기에 있었던 자의 생사가 항공기의 추락 후 1년간 분명하지 않은 경우 실종선고를 청구할 수 있다.
④ 원칙적으로 실종선고의 취소에는 소급효가 있다.
⑤ 실종선고 후 그 취소 전에 선의로 한 행위의 효력은 실종선고의 취소에 의해 영향을 받지 않는다.

48 부재와 실종에 관한 설명으로 옳지 않은 것은? (다툼이 있으면 판례에 따름) 2016 기출

① 법원이 선임한 재산관리인은 관리할 재산목록을 작성하여야 한다.
② 특별실종의 경우 실종선고를 받은 자는 실종선고일부터 1년의 기간이 만료한 때에 사망한 것으로 본다.
③ 실종자의 범죄 또는 실종자에 대한 범죄의 성부 등은 실종선고와 관계없이 결정된다.
④ 실종선고가 확정되면 선고 자체가 취소되지 않는 한 실종자의 생존 기타 반증을 들어 선고의 효과를 다툴 수 없다.
⑤ 부재자가 스스로 재산관리인을 둔 경우 그 재산관리인은 부재자의 임의대리인이다.

45 ② 제1순위의 재산상속인이 있는 경우에 제2순위의 상속인은 실종선고를 청구할 수 있는 이해관계인에 들어가지 않는다.
46 ② 부재자의 종손자로서, 부재자가 사망할 경우 제1순위의 상속인이 따로 있어 제2순위의 상속인에 불과한 청구인은 특별한 사정이 없는 한 위 부재자에 대하여 실종선고를 청구할 수 있는 신분상 또는 경제상의 이해관계를 가진 자라고 할 수 없다(대판 1992. 4. 14, 자 92스4 결정).
① 실종기간 만료 시에 사망한 것으로 보기 때문에(제28조), 초일불산입의 원칙에 따라 기산일은 2006년 6월 8일이 되고, 특별 실종이므로 1년이 경과한 2007년 6월 7일 24시에 사망한 것으로 간주된다.
③ 실종선고는 실종자의 종래 주소 또는 거소를 중심으로 하는 사법적 법률관계만을 종료케 하는 것이므로 공법상의 법률관계에는 효과를 미치지 않는다.
④ 실종선고를 받는 자는 사망한 것으로 간주되므로, 선고가 취소되지 않는 한 살아 돌아온 사실만으로 선고의 효과를 다투지 못한다.
⑤ 악의인 경우에는 그 받은 이익에 이자를 붙여서 반환하고 손해가 있으면 이를 배상하여야 한다(제29조 제2항).
47 ① 재산관리인이 선임되면 부재자의 재산관리가 시작될 뿐이며, 부재자를 사망한 것으로 보기 위해서는 별도로 실종선고가 필요하다.
48 ② 실종선고를 받은 자는 실종기간이 만료한 때에 사망한 것으로 본다(제28조).

Answer 45 ② 46 ② 47 ① 48 ②

49 부재와 실종에 관한 설명으로 옳은 것은? (다툼이 있으면 판례에 따름) 2017 기출

① 실종선고를 받은 사람은 사망한 것으로 추정되므로 반증을 들어 실종선고의 효과를 다툴 수 있다.

② 부재자 재산관리인의 권한초과행위에 대한 법원의 허가 결정은 기왕의 법률행위를 추인하는 방법으로는 할 수 없다.

③ 법원이 선임한 재산관리인은 재산의 보존행위를 하는 경우에 법원의 허가를 얻어야 한다.

④ 부재자 재산관리인으로서 권한초과행위의 허가를 받고 그 선임결정이 취소되기 전에 그 권한에 의하여 이루어진 행위는 부재자에 대한 실종기간이 만료된 뒤에 이루어졌다고 하더라도 유효하다.

⑤ 실종선고 확정 전 실종자를 당사자로 하여 선고된 판결은 효력이 없다.

50 부재와 실종에 관한 설명으로 옳지 않은 것은? (다툼이 있으면 판례에 따름) 2022 기출

① 부재자로부터 재산처분권을 위임받은 재산관리인은 그 재산을 처분함에 있어 법원의 허가를 받지 않아도 된다.

② 법원이 선임한 부재자 재산관리인의 권한초과행위에 대한 법원의 허가 결정은 기왕의 법률행위를 추인하는 방법으로는 할 수 없다.

③ 법원은 법원이 선임한 부재자 재산관리인으로 하여금 부재자의 재산관리 및 반환에 관하여 상당한 담보를 제공하게 할 수 있다.

④ 실종선고를 받은 자는 실종기간이 만료된 때에 사망한 것으로 본다.

⑤ 부재자의 제1순위 상속인이 있는 경우, 제2순위 상속인은 특별한 사정이 없는 한 부재자에 관한 실종선고를 청구할 수 있는 이해관계인이 아니다.

51 실종선고에 관한 설명으로 옳지 않은 것은? (다툼이 있으면 판례에 따름) 2023 기출

① 부재자의 제1순위 상속인이 따로 있는 경우, 제2순위 상속인은 특별한 사정이 없는 한 부재자에 대하여 실종선고를 청구할 수 있는 이해관계인이 아니다.

② 실종선고가 취소되지 않았더라도 반증을 들어 실종선고의 효과를 다툴 수 있다.

③ 실종선고의 요건이 충족되면 법원은 이해관계인이나 검사의 청구에 의하여 실종선고를 하여야 한다.

④ 실종선고를 받은 자는 특별한 사정이 없는 한 실종기간이 만료한 때에 사망한 것으로 본다.

⑤ 실종선고가 취소된 때 실종선고를 직접원인으로 재산을 취득한 자가 선의인 경우에는 그 받은 이익이 현존하는 한도에서 반환할 의무가 있다.

---

49 ④ 부재자 재산관리인으로서 권한초과행위의 허가를 받고 그 선임결정이 취소되기 전에 위 권한에 의하여 이루어진 행위는 부재자에 대한 실종 선고기간이 만료된 뒤에 이루어졌다고 하더라도 유효하다(대판 1981. 7. 28, 80다2668).
① 실종선고를 받은 자는 사망한 것으로 간주되므로, 선고가 취소되지 않는 한 생존 기타의 반증을 들어서 실종선고의 효과를 다툴 수 없다.
② 법원의 부재자 재산관리인의 초과행위결정의 효력은 그 허가받은 재산에 대한 장래의 처분행위뿐만 아니라 기왕의 처분행위를 추인하는 행위로도 할 수 있다.
③ 법원이 선임한 재산관리인은 제118조에서 규정한 행위(1. 보존행위 2. 물건이나 권리의 성질을 변하지 아니하는 범위에서 그 이용 또는 개량하는 행위)를 자유롭게 할 수 있다.
⑤ 실종선고의 효력이 발생하기 전에는 실종기간이 만료된 실종자라 하여도 소송상 당사자능력을 상실하는 것은 아니므로 실종선고 확정 전에는 실종기간이 만료된 실종자를 상대로 하여 제기된 소도 적법하고 실종자를 당사자로 하여 선고된 판결도 유효하다(대판 1992. 7. 14, 92다2455).

50 ② 법원의 부재자 재산관리인의 초과행위결정의 효력은 그 허가받은 재산에 대한 장래의 처분행위뿐만 아니라 기왕의 처분행위를 추인하는 행위로도 할 수 있다.

51 ② 실종선고를 받은 자는 사망한 것으로 간주되므로, 선고가 취소되지 않는 한 생존 기타의 반증을 들어서 선고의 효과를 다투지 못하며, 이 효과를 뒤집으려면 실종선고를 취소하여야 한다.
① 선순위의 재산상속인이 있는 경우에 후순위의 상속인은 실종선고를 청구할 수 있는 이해관계인에 들어가지 않는다.
③ 제27조 제1항
④ 제28조
⑤ 실종선고의 취소가 있을 때에 실종의 선고를 직접원인으로 하여 재산을 취득한 자가 선의인 경우에는 그 받은 이익이 현존하는 한도에서 반환할 의무가 있고, 악의인 경우에는 그 받은 이익에 이자를 붙여서 반환하고 손해가 있으면 이를 배상하여야 한다(제29조 제2항).

Answer 49 ④ 50 ② 51 ②

Chapter 03 법인

01 법인 서설

1. 법인의 의의

법인이란 자연인 이외의 것으로서 법률에 의하여 권리능력(법인격)이 인정된 사단 또는 재단을 말한다. 법인에는 일정한 목적하에 결합된 사람의 조직체로서 권리능력이 부여된 단체인 사단법인과 일정한 목적에 바쳐진 재산으로서 권리능력이 부여된 재단법인이 있다.

2. 법인의 본질

(1) 법인의 본질에 관한 학설

① **법인의제설**: 권리 · 의무의 주체가 될 수 있는 것은 '자연인에 한한다'는 전제하에 법인은 법률이 그것을 자연인에 의제한 것이라고 한다.

② **법인부인설**: 법인의 실체는 법인의 이익을 종국적으로 향수하는 개인이거나 또는 일정한 목적에 바쳐진 재산뿐이라는 것으로서, 법인의 실체성을 부인한다. 무주재산설(無主財産說), 수익자주체설, 관리자주체설로 나뉜다.

③ **법인실재설**: 법인은 법률의 의제에 의한 것이 아니고, 자연인과 마찬가지로 현실사회에 사회적 실체로 실재하는 것이다. 그 사회적 실체가 무엇이냐에 관하여 유기체설, 조직체설, 사회적 가치설(다수설)로 나뉜다.

(2) 법인의제설과 법인실재설의 차이

구분	법인의제설	법인실재설
권리능력의 범위	권리능력의 범위를 엄격하게 제한하여 법률이 인정하는 범위에 대해서만 권리능력 인정	법인의 사회적 작용을 중시하여 목적 수행에 상당한 범위까지 확장하여 권리능력 인정
법인의 행위능력	이사의 행위는 법인의 대리행위 (대리설)	이사의 행위는 법인 자신의 행위 (대표설)

법인의 불법행위능력 (제35조 제1항 본문)	원칙적으로 불법행위 능력이 없음(제35조 제1항 본문은 정책적 규정)	대표기관의 불법행위는 법인 자신의 불법행위(제35조 제1항 본문은 당연한 규정)
대표자 개인의 불법행위책임 (제35조 제1항 단서)	대표자 개인의 행위이므로 당연히 책임이 인정됨(설명 용이)	대표자의 행위는 법인의 행위로 되어 버리므로 당연히 인정되지는 아니함(설명 곤란)

3. 법인격부인론

법인격부인론이란 세금의 포탈, 재산은닉 등의 부정한 목적으로 법인격이 남용되는 경우에, 법인의 독립성 그 자체는 인정하되 부당한 목적에 관계된 특정한 사안에 한하여 그 독립된 법인격을 부인하는 이론이다. 우리 판례도 법인격부인론을 인정한다.

> **판례**
>
> 원고(A) 및 B와 C는 외형상 별개의 회사로 되어 있으나, A 및 B는 이건 선박의 실제상 소유자인 C가 편의치적을 위하여 설립한 회사로서 실제로는 사무실과 경영진 등이 동일하므로, 이러한 지위에 있는 원고가 법률의 적용을 회피하기 위하여 별개의 법인격을 가지는 회사라는 주장을 내세우는 것은 신의성실의 원칙에 위반하거나 법인격을 남용하는 것으로서 허용될 수 없다(대판 1988. 11. 22, 87다카1671).

4. 법인의 종류

(1) 공법인과 사법인

공법인은 특정한 공공목적을 수행하기 위하여 공법에 의하여 인정된 법인이고, 사법인은 사적 목적을 위하여 사법에 의하여 설립된 법인이다. 공법인에 관한 쟁송은 행정소송이고, 공법인의 구성원으로부터 부담을 징수하는 절차에 관하여는 민사소송법이 적용되지 않고, 공법인의 불법행위에 관하여는 국가배상법이 적용된다.

(2) 영리법인과 비영리법인

① 영리법인은 구성원의 이익을 목적으로 하며 이익이 구성원에게 분배되는 법인을 말한다. 비영리법인은 영리 아닌 사업을 목적으로 하는 법인을 말한다. 다만, 비영리사업의 목적을 달성하는 데 필요하고 그 본질에 반하지 않을 정도의 부수적인 영리행위를 하는 것은 가능하다. 영리 아닌 사업을 목적으로 한다는 것은 사업에 따른 이익을 구성원에게 분배하지 않는다는 의미이다.

② 재단법인은 이익을 분배해 줄 사원이 없기 때문에 항상 비영리법인이며, 사단법인은 영리법인일 수도 있고 비영리법인일 수도 있다. 즉, 현행법상 영리법인은 사단법인으로서만 인정되고 영리재단법인은 인정되지 않는다. 영리법인 중에서도 상행위를 목적으로 하는 사단법인을 상사회사라고 하고, 상행위 이외의 영리행위를 목적으로 하는 것을 민사회사(제39조)라고 한다. 그러나 민사회사에도 상법이 적용되므로(상법 제169조 참조) 현행법상 상사회사와 민사회사를 구별할 실익은 없다. 결국, 민법의 적용을 받는 것은 재단법인과 비영리사단법인이다. 비영리법인 중에서 공익적 사업을 목적으로 하는 법인을 위하여 특별법인 공익법인의 설립·운영에 관한 법률이 있다.

(3) 사단법인과 재단법인

사단법인은 일정한 목적을 위한 인적 결합(사단)에 권리능력이 부여된 것이고, 재단법인은 일정한 목적에 바쳐진 재산(재단)에 권리능력이 부여된 것이다. 사단법인은 그 구성원인 사원들의 의사에 의해 자율적으로 활동하는 데 비하여, 재단법인은 설립자의 의사에 의하여 타율적으로 활동한다.

(4) 사단과 조합(단체의 두 유형)

① 사단은 단체성이 강하여 그 구성원은 법률상 주체성 내지 개성을 상실하고 단체가 표면에 강하게 나타난다. 따라서 사단은 민사소송법상 당사자능력이 인정된다. 이러한 사단은 법인등기를 함으로써 사단법인이 된 경우에는 자연인과 마찬가지로 그 소유물건을 단독으로 소유하게 된다. 한편, 사단의 실질을 모두 갖추었으나, 법인등기를 하지 않은 경우에는 권리능력 없는 사단으로 남는다. 권리능력 없는 사단에 있어서도 사단법인과 기본적으로 동일한 규율을 받게 되지만, 사단 자체가 권리능력이 없으므로 그 소유형태는 총유로 된다. 사단의 구성원의 내부적인 관계는 정관으로 규율하게 된다.

② 조합(제703조)이란 2인 이상이 서로 출자하여 공동사업을 경영할 목적으로 결합한 단체로서, 단체성이 약하여 구성원이 전면에 나타난다. 따라서 조합은 민사소송법상의 당사자능력이 인정되지 않는다. 조합의 재산은 조합원이 합유하며, 조합원 사이의 법률관계는 계약에 의하여 규율된다. 사단과 조합의 구별은 명칭만에 의하여 정하여지지 않는다.

판례

민법상의 조합과 법인격은 없으나 사단성이 인정되는 비법인사단을 구별함에 있어서는 일반적으로 그 단체성의 강약을 기준으로 판단하여야 하는바, 조합은 2인 이상이 상호간에 금전 기타 재산 또는 노무를 출자하여 공동사업을 경영할 것을 약정하는 계약관계에 의하여 성립하므로 어느 정도 단체성에서 오는 제약을 받게 되는 것이지만 구성원의 개인성이 강하게 드러나는 인적 결합체인데 비하여, 비법인사단은 구성원의 개인성과는 별개로 권리의무의 주체가 될 수 있는 독자적 존재로서의 단체적 조직을 가지는 특성이 있다 하겠는데, 민법상 조합의 명칭을 가지고 있는 단체라 하더라도 고유의 목적을 가지고 사단적 성격을 가지는 규약을 만들어 이에 근거하여 의사결정기관 및 집행기관인 대표자를 두는 등의 조직을 갖추고 있고, 기관의 의결이나 업무집행방법이 다수결의 원칙에 의하여 행해지며, 구성원의 가입·탈퇴 등으로 인한 변경에 관계없이 단체 그 자체가 존속되고, 그 조직에 의하여 대표의 방법·총회나 이사회 등의 운영·자본의 구성·재산의 관리 기타 단체로서의 주요 사항이 확정되어 있는 경우에는 비법인사단으로서의 실체를 가진다고 할 것이다(대판 1999. 4. 23, 99다4504).

02 법인의 설립 2016·2017·2018 기출

1. 법인의 설립에 관한 입법주의

법인설립에 대한 국가의 태도는 역사적으로 볼 때 금지에서 특허 → 허가 → 준칙주의 → 자유설립주의로 점차 완화되어 왔다. 우리나라는 자유설립주의를 채택하고 있지 않으나 그 외 여러 주의를 채택하고 있고, 민법에서는 비영리법인에 관하여 허가주의를 채용하고 있다.

(1) 자유설립주의

법인설립에 있어서 아무런 제한을 두지 않고, 법인으로서의 실체를 가지면 당연히 법인격을 인정해 주는 주의를 말한다. 스위스 민법이 채택하고 있으나, 그 외의 국가에서 이를 채택하고 있는 경우는 거의 없다.

(2) 준칙주의

법인설립에 관한 요건을 미리 법률에 정해 놓고, 그 요건이 충족되는 때에 당연히 법인이 성립하는 것으로 하는 주의이다(영리법인, 노동조합 등).

(3) 인가주의

법률이 정한 요건을 갖추고, 주무관청 기타의 관할 행정관청의 인가를 얻음으로써 법인으로서 성립할 수 있게 하는 주의이다(변호사회, 법무법인, 농업협동조합 등). 인가주의에 있어서는 허가주의에 있어서와 달리 법률이 정하고 있는 요건을 갖추고 있으면 인가권자는 반드시 인가해 주어야만 한다.

(4) 허가주의

법인의 설립에 관하여 행정관청의 자유재량에 의한 허가를 필요로 하는 주의이다(비영리법인, 사립학교법인, 의료법인 등).

(5) 특허주의

법인을 설립할 때마다 특별한 법률의 제정을 필요로 하는 주의이다(한국은행, 한국전력공사 등).

(6) 설립강제주의

법인의 설립을 국가가 강제하는 주의이다(의사회, 약사회 등).

2. 비영리사단법인의 설립

(1) 설립요건

> **제32조【비영리법인의 설립과 허가】** 학술, 종교, 자선, 기예, 사교 기타 영리 아닌 사업을 목적으로 하는 사단 또는 재단은 주무관청의 허가를 얻어 이를 법인으로 할 수 있다.

① **목적의 비영리성**: 영리 아닌 사업(사업에 따른 이익을 구성원에게 분배하지 못한다는 의미)이면 되고, 반드시 공익을 목적으로 할 필요는 없고 또 목적의 달성을 위하여 부수적으로 영리행위를 하는 것은 허용된다.

② **설립행위 ⇨ 정관작성**

　㉠ **의의**: 2인 이상의 설립자가 법인의 근본규칙을 정하여 이를 서면에 기재하고 기명날인하여야 한다(제40조). 이러한 서면을 정관이라 하며, 정관을 작성하는 행위가 사단법인의 설립행위이다.

　㉡ **법적 성질**: 사단법인의 설립행위는 서면에 의하는 요식행위이다. 이러한 정관작성이라는 사단법인 설립행위의 성질에 관하여는 합동행위로 보는 견해와 특수한 계약으로 보는 견해가 있다. 다수설인 합동행위설에 따르면 사단법인의 설립행위는 2인 이상의 설립자의 의사의 합치를 요한다는 점에서 계약과 유사하지만, 당사자들이 서로 대립하여 상대방에 대한 채권·채무를 발생시키는 것이 아니라 법인설립이라는 공동목적에 협력하는 관계라는 점에서 계약과 구별되는 합동행위라고 한다. 여기에는 제124조(자기계약·쌍방대리 금지)와 제108조(통정허위표시)가 적용되지 않으며, 설립자 중 일부에게 제한능력이나 의사의 흠결과 같은 사유가 있더라도 나머지 설립자들의 행위만에 의하여 사단법인이 성립할 수 있다고 한다.

> **판례**
>
> 사단법인의 정관은 이를 작성한 사원뿐만 아니라 그 후에 가입한 사원이나 사단법인의 기관 등도 구속하는 점에 비추어 보면 그 법적 성질은 계약이 아니라 자치법규로 보는 것이 타당하므로, 이는 어디까지나 객관적인 기준에 따라 그 규범적인 의미 내용을 확정하는 법규해석의 방법으로 해석되어야 하는 것이지, 작성자의 주관이나 해석 당시의 사원의 다수결에 의한 방법으로 자의적으로 해석될 수는 없다 할 것이어서, 어느 시점의 사단법인의 사원들이 정관의 규범적인 의미 내용과 다른 해석을 사원총회의 결의라는 방법으로 표명하였다 하더라도 그 결의에 의한 해석은 그 사단법인의 구성원인 사원들이나 법원을 구속하는 효력이 없다(대판 2000. 11. 24, 99다12437).

　㉢ **정관의 기재사항**

　　ⓐ **필요적 기재사항**: 정관에 반드시 기재하여야 하고, 그중 어느 하나라도 누락되면 정관 전체가 무효로 되는 사항을 말한다(제40조).

> **제40조 【사단법인의 정관】** 사단법인의 설립자는 다음 각 호의 사항을 기재한 정관을 작성하여 기명날인하여야 한다.
> 1. 목적
> 2. 명칭
> 3. 사무소의 소재지
> 4. 자산에 관한 규정
> 5. 이사의 임면에 관한 규정
> 6. 사원자격의 득실에 관한 규정
> 7. 존립시기나 해산사유를 정하는 때에는 그 시기 또는 사유

    ⓑ **임의적 기재사항**: 그 밖의 사항도 정관에 기재할 수 있는데, 이것을 정관의 임의적 기재사항이라고 한다. 임의적 기재사항도 일단 정관에 기재되면 필요적 기재사항과 마찬가지의 효과를 가지며, 따라서 그 변경에 있어서는 정관변경의 절차를 거쳐야 한다.

③ **주무관청의 허가**: 주무관청의 허가가 있어야 한다(제32조). 만약 주무관청이 2개 이상인 경우에는 각각의 허가를 모두 받아야 한다(다수설).

④ **설립등기**: 법인의 그 밖의 등기는 제3자에 대한 대항요건이지만, 설립등기는 법인격을 취득하기 위한 성립요건이다.

> **제33조 【법인설립의 등기】** 법인은 그 주된 사무소의 소재지에서 설립등기를 함으로써 성립한다.

(2) 설립 중의 사단법인

① **의의**: 사단법인의 설립과정을 보면, ⓐ 설립자들이 법인설립을 목적으로 하는 합의를 하고, ⓑ 정관을 작성하여 법인으로서의 실체를 갖추게 되며, ⓒ 설립등기를 함으로써 법인격을 취득하게 된다. 위 ⓐ의 단계에 있는 것을 발기인조합, ⓑ의 단계에 있는 것을 설립 중의 사단법인이라고 한다. 발기인조합은 민법상 조합(제703조)이지만, 설립 중의 사단법인은 권리능력 없는 사단이다(통설).

② **발기인 조합 단계에서 취득한 권리·의무**: 발기인이 취득한 권리·의무는 구체적 사정에 따라 발기인 개인 또는 발기인조합에 귀속되는 것으로서, 이들에게 귀속된 권리·의무를 설립 후의 사단법인에 귀속시키기 위하여는 양수나 채무인수 등의 특별한 이전행위가 있어야 한다.

③ **설립 중의 사단법인이 취득한 권리·의무**: 설립 중의 법인의 행위는 후에 성립한 법인과 실질적으로 동일하므로, 설립 중의 법인이 설립을 위하여 취득한 권리와 의무는 별도의 이전행위 없이도 법인성립과 동시에 그 법인에 당연히 귀속하게 된다(통설·판례).

3. 비영리재단법인의 설립

(1) 설립요건

① **목적의 비영리성**: 비영리사단법인의 경우와 마찬가지로, 영리가 아닌 사업을 목적으로 하여야 한다.

② **설립행위 ⇨ 재산의 출연 + 정관의 작성**

㉠ 의의: 재단법인의 설립행위는 정관의 작성과 재산의 출연으로 이루어진다. 즉, 재단법인을 설립하고자 하는 경우에는 일정한 재산을 출연(出捐)하고 일정한 사항이 기재된 정관을 작성하여 기명날인하여야 한다(제43조).

㉡ 법적 성질: 재단법인의 설립행위는 요식행위이며, 상대방 없는 단독행위이다. 즉, 설립자가 1인인 경우에는 상대방 없는 단독행위이고, 2인 이상의 설립자가 공동으로 하나의 재단법인을 설립하는 경우에는 단독행위의 경합으로 본다(다수설).

㉢ 증여 및 유증에 관한 규정의 준용: 재단법인의 설립은 생전처분과 유언으로 할 수 있는데, 모두 재산의 출연이 있어야 하고, 그 재산출연행위는 무상인 점에서 증여 및 유증에 관한 규정을 준용한다.

> **제47조 【증여, 유증에 관한 규정의 준용】** ① 생전처분으로 재단법인을 설립하는 때에는 증여에 관한 규정을 준용한다.
> ② 유언으로 재단법인을 설립하는 때에는 유증에 관한 규정을 준용한다.

㉣ 재산의 출연 ⇨ 출연재산의 귀속시기

> **제48조 【출연재산의 귀속시기】** ① 생전처분으로 재단법인을 설립하는 때에는 출연재산은 법인이 성립된 때로부터 법인의 재산이 된다.
> ② 유언으로 재단법인을 설립하는 때에는 출연재산은 유언의 효력이 발생한 때로부터 법인에 귀속한 것으로 본다.

ⓐ 쟁점: 재단법인을 설립하려면 설립자가 일정한 재산을 출연해야 한다. 그렇다면 출연재산은 언제 법인에게 귀속하는가? 제48조에 따를 경우, 생전처분에 의한 설립의 경우에는 재단법인이 성립한 때(즉 설립등기시), 유언에 의한 설립의 경우에는 유언의 효력이 발생한 때(즉 유언자의 사망시)에 법인에 귀속한다. 그런데 우리 민법은 제186조와 제188조에서 물권변동에 있어서 형식주의를 채용함으로써 부동산에 있어서는 등기(동산에 있어서는 인도)가 있어야 물권변동의 효력이 발생하고, 지시채권의 양도에는 증서의 배서 · 교부를 요구하며(제508조), 무기명채권의 양도에는 증서의 교부를 요구(제523조)하고 있다. 그러므로 출연재산의 법인에 대한 귀속시기를 직접 법인성립시(생전처분의 경우) · 유언 효력발생시(유언의 경우)로 규정하는 제48조와는 조화될 수 없다. 여기서 해석과 관련하여 여러 학설이 대립된다.

ⓑ **출연재산이 물권인 경우**: 출연재산은 제48조가 정한 시기에 당연히 재단법인에 귀속되는가, 아니면 출연재산이 부동산일 경우 등기(제186조), 동산이면 인도(제188조)라는 공시방법을 갖춘 때 귀속하는가가 문제된다.

- **법인성립시설(다수설)**: 이전등기가 없더라도 제48조에서 정한 시기에 재단법인에 귀속된다고 한다. 제186조를 적용한다면 이전등기를 할 때까지 재산이 없는 재단법인이 생길 우려가 있어 재단법인의 본질에 반하며, 제48조는 재단법인의 재산적 기초를 충실하게 하기 위한 특칙으로서 제187조의 '기타 법률의 규정'에 해당한다는 것을 논거로 한다.

- **이전등기시설(소수설)**: 재단법인의 설립행위로 인한 부동산물권의 이전은 법률행위에 의한 물권변동이므로, 제186조에 따라 등기되어야 출연부동산이 재단법인에 귀속된다고 한다.

- **판례**: 출연재산이 부동산인 경우에도 출연자와 법인 사이에서는 등기 없이 부동산소유권이 법인설립시 법인에 귀속하지만, 법인이 그 취득한 부동산을 갖고 제3자에게 대항하기 위해서는 제186조의 원칙에 따라 등기를 필요로 한다.

> **판례**
>
> 재단법인을 설립함에 있어서 출연재산은 그 법인이 성립한 때로부터 법인에 귀속된다는 민법 제48조의 규정은 출연자와 법인과의 관계를 상대적으로 결정하는 기준에 불과하며, 출연재산이 부동산인 경우 출연자와 법인 사이에서는 법인의 성립 외에 등기를 필요로 하는 것은 아니나, 제3자에 대한 관계에서는 출연행위는 법률행위이므로 등기가 필요하다(대판 전합 1979. 12. 11, 78다481, 482).

ⓒ **출연재산이 채권인 경우**: 지명채권의 경우에는 제48조가 정한 시기에 법인에 귀속된다고 하는 점에 학설이 일치한다. 지시채권과 무기명채권에 관하여는 부동산에 관한 학설의 대립이 그대로 유지된다. 즉, 다수설은 지시채권의 배서 및 교부(제508조)나 무기명채권의 교부(제523조)가 없더라도, 제48조가 정하는 시기에 채권이 재단법인에 귀속된다고 하는 반면, 소수설은 제48조에도 불구하고 제508조, 제523조의 요건이 충족되어야 비로소 채권이 재단법인에 귀속된다고 한다.

ⓓ **정관작성**

제43조【재단법인의 정관】 재단법인의 설립자는 일정한 재산을 출연하고 제40조 제1호 내지 제5호의 사항을 기재한 정관을 작성하여 기명날인하여야 한다.
제44조【재단법인의 정관의 보충】 재단법인의 설립자가 그 명칭, 사무소 소재지 또는 이사 임면의 방법을 정하지 아니하고 사망한 때에는 이해관계인 또는 검사의 청구에 의하여 법원이 이를 정한다.

ⓐ 정관의 기재사항 : 제40조 제6호(사원자격의 득실에 관한 규정)와 제7호(법인의 존립시기나 해산시기)는 필요적 기재사항이 아니다. 사원에 관한 규정은 재단법인에서는 사원이 없기 때문에 당연한 것이고, 존립시기·해산사유에 관한 규정은 재단법인의 영속성을 고려하고 설립자의 의사를 존중하기 위하여 임의적 기재사항으로 하였다.

ⓑ 정관의 보충 : 원칙적으로 필요적 기재사항 중 하나라도 빠지면 그 정관은 효력이 없다. 그런데 재단법인의 설립자가 필요적 기재사항 중 가장 중요한 목적과 자산만을 정하고, 그 밖의 비교적 경미한 사항을 정하지 않고서 사망한 경우에, 민법은 정관의 보충을 인정하여 법인을 성립시키는 길을 열어주고 있다(제44조). 그러나 필요적 기재사항 중 가장 중요한 목적과 자산은 보충할 수 없다.

③ **주무관청의 허가** : 사단법인의 경우와 같이, 법인의 목적과 관련이 있는 주무관청의 허가를 얻어야 한다(제32조).

④ **설립등기** : 사단법인의 경우와 마찬가지로, 재단법인은 그 주된 사무소의 소재지에서 설립등기를 함으로써 성립한다(제33조).

⑵ **설립 중의 재단법인**

설립 중의 사단법인에 대응한 설립 중의 재단법인도 인정된다. 설립자가 재산을 출연하여 정관을 작성하면 설립 중의 재단법인이 되며, 이는 권리능력 없는 재단이다. 설립 중의 재단법인과 그 후에 성립하는 재단법인은 동일성을 가지는 것으로 볼 수 있으므로, 설립 중의 재단법인의 행위의 효과는 설립 후의 재단법인에 미친다고 할 것이다.

03 법인의 능력

1. 법인의 권리능력 ^{2016 기출}

> **제34조 【법인의 권리능력】** 법인은 법률의 규정에 좇아 정관으로 정한 목적의 범위 내에서 권리와 의무의 주체가 된다.

⑴ **법인의 권리능력의 의의**

법인도 권리주체이며 따라서 권리능력을 가진다. 제34조는 법인의 권리능력의 범위가 법률의 규정에 의한 제한·목적에 의한 제한이 있음을 인정하고 있다. 성질에 의한 제한에 대하여는 명문의 규정이 없으나 당연히 인정된다.

(2) 법인의 권리능력의 제한

① **성질에 의한 제한** : 법인은 자연인의 속성을 전제로 하는 권리(생명권, 친권 등)의 주체가 될 수 없다. 그러나 자연인의 천연적 성질을 전제로 하지 않는 권리(재산권, 명예권, 신용권, 성명권 등)는 누릴 수 있다. 한편 법인에는 상속권은 인정되지 아니하나, 유증은 받을 수 있으므로 포괄적 유증에 의해 상속을 받는 것과 같은 효과를 얻을 수 있다(제1078조).

② **법률에 의한 제한** : 법인의 권리능력은 법률에 의해 제한될 수 있다. 현행법상 일반적으로 법인의 권리능력을 제한하는 법률은 없으며, 개별적인 제한이 있을 뿐이다. 즉, 민법 제81조(해산한 법인은 청산의 목적범위 내에서만 권리·의무를 부담한다)와 상법 제173조(회사는 다른 회사의 무한책임사원이 되지 못한다) 등이 있다.

③ **목적에 의한 제한** : 법인은 정관으로 정한 목적의 범위 내에서 권리능력을 가진다(제34조). 목적의 범위 내의 의미에 대해 ⊙ 목적에 반하지 않는 범위 내에서 권리능력을 누릴 수 있다고 하여 이를 넓게 새기는 견해(다수설)와 ⓒ 법인이 목적을 수행하는 데 직접 또는 간접으로 필요한 범위 내라고 보아 상대적으로 좁게 새기는 견해가 있다.

> **판례**
>
> 목적범위 내의 행위라 함은 정관에 명시된 목적 자체에 국한되는 것이 아니라 그 <u>목적을 수행하는 데 있어 직접 또는 간접으로 필요한 행위는 모두 포함</u>되고 목적수행에 필요한지의 여부도 행위의 객관적 성질에 따라 추상적으로 판단할 것이지 행위자의 주관적·구체적 의사에 따라 판단할 것이 아니다(대판 1987. 12. 8, 86다카1230).

2. 법인의 행위능력

법인이 그의 권리능력의 범위 안에서 권리·의무를 현실적으로 취득·부담하는 주된 원인이 되는 것이 법률행위이다. 그러나 관념적 존재인 법인에 있어 누가 어떠한 행위를 하였을 때에 이를 법인의 행위로 인정할 것이냐가 문제된다. 이것이 법인의 행위능력의 문제이다. 결론적으로 법인의 권리능력의 범위에 속하는 행위를 법인의 대표기관이 하였을 때에, 그것은 법인의 행위로 된다. 법인의 행위능력의 범위는 그의 권리능력의 범위와 일치한다.

3. 법인의 불법행위능력 2013·2014·2015·2016·2017·2019·2020·2021·2022·2023 기출

> **제35조【법인의 불법행위능력】** ① 법인은 이사 기타 대표자가 그 직무에 관하여 타인에게 가한 손해를 배상할 책임이 있다. 이사 기타 대표자는 이로 인하여 자기의 손해배상책임을 면하지 못한다.
> ② 법인의 목적범위 외의 행위로 인하여 타인에게 손해를 가한 때에는 그 사항의 의결에 찬성하거나 그 의결을 집행한 사원, 이사 및 기타 대표자가 연대하여 배상하여야 한다.

(1) 법인의 불법행위의 성립요건

① **대표기관의 행위일 것**: 법인의 불법행위가 성립하려면 법인의 대표기관의 행위이어야 한다. 대표기관에는 이사(제59조), 직무대행자(제52조의2·제60조의2), 임시이사(제63조), 특별대리인(제64조), 청산인(제82조·제83조)이 있다. 그러나 감사·사원총회와 같이 법인의 대표기관이 아닌 기관이나 이사가 선임한 특정행위의 대리인(제62조)이나 지배인 등의 불법행위에 관하여 제35조의 법인의 불법행위는 성립하지 않는다.

판례

1. 민법 제35조에서 말하는 '이사 기타 대표자'는 법인의 대표기관을 의미하는 것이고 대표권이 없는 이사는 법인의 기관이기는 하지만 대표기관은 아니기 때문에 그들의 행위로 인하여 법인의 불법행위가 성립하지 않는다(대판 2005. 12. 23, 2003다30159).

2. 민법 제35조 제1항은 "법인은 이사 기타 대표자가 그 직무에 관하여 타인에게 가한 손해를 배상할 책임이 있다"라고 정한다. 여기서 '법인의 대표자'에는 그 명칭이나 직위 여하, 또는 대표자로 등기되었는지 여부를 불문하고 당해 법인을 실질적으로 운영하면서 법인을 사실상 대표하여 법인의 사무를 집행하는 사람을 포함한다고 해석함이 상당하다. 이러한 법리는 주택조합과 같은 비법인사단에도 마찬가지로 적용된다(대판 2011. 4. 28, 2008다15438).

② **대표기관이 직무에 관하여 타인에게 손해를 가하였을 것**: 대표기관의 행위가 직무에 관한 행위에 해당하는지 여부는 이른바 외형이론에 의해 판단된다. 즉, 행위의 외형상 기관의 직무수행행위라고 볼 수 있는 행위 및 직무행위와 사회관념상 견련성을 가지는 행위를 포함한다. 대표기관의 행위라도 직무에 관한 행위가 아니면 법인의 불법행위로 되지 아니하고 대표기관 개인의 불법행위가 될 뿐이다.

판례

1. 법인이 그 대표자의 불법행위로 인하여 손해배상의무를 지는 것은 그 대표자의 직무에 관한 행위로 인하여 손해가 발생한 것임을 요한다 할 것이나, 그 직무에 관한 것이라는 의미는 행위의 외형상 법인의 대표자의 직무행위라고 인정할 수 있는 것이라면 설사 그것이 대표자 개인의 사리를 도모하기 위한 것이었거나 혹은 법령의 규정에 위배된 것이었다 하더라도 위의 직무에 관한 행위에 해당한다고 보아야 한다(대판 2004. 2. 27, 2003다15280).

2. 법인의 대표자의 행위가 직무에 관한 행위에 해당하지 아니함을 피해자 자신이 알았거나 또는 중대한 과실로 인하여 알지 못한 경우에는 법인에 손해배상책임을 물을 수 없다(대판 2004. 3. 26, 2003다34045).

③ **대표기관의 행위가 일반불법행위의 요건을 갖출 것**: 법인의 불법행위가 성립하려면 대표기관의 행위가 민법 제750조가 요구하는 일반불법행위의 성립요건을 갖추어야 한다. 즉, 대표기관의 고의 또는 과실이 있을 것, 가해행위가 위법할 것, 피해자가 손해를 입을 것, 가해와 손해 사이에 인과관계가 있을 것, 대표기관의 책임능력이 있을 것(다수설) 등의 요건이 구비되어야 한다.

(2) 법인의 불법행위의 효과

① **법인의 불법행위가 성립하는 경우(제35조 제1항)** : 법인의 불법행위가 성립하면, 법인은 피해자에 대하여 손해배상책임을 진다. 법인의 배상책임이 인정된다고 하더라도 대표기관이 자기의 손해배상책임을 면하지 못한다. 피해자는 법인 또는 대표기관 개인에 대해 손해배상을 청구할 수 있고, 이 양자는 '부진정연대채무'로 해석된다. 법인이 피해자에게 손해를 배상한 경우에는 법인은 대표기관 개인에게 구상권을 행사할 수 있다(제65조, 제61조).

② **법인의 불법행위가 성립하지 않는 경우(제35조 제2항)** : 민법은 피해자를 두텁게 보호하기 위하여, 그 사항의 의결에 찬성하거나 그 의결을 집행한 사원, 이사 및 기타 대표자가 공동불법행위(제760조)의 성립 여부를 불문하고 연대하여 배상책임을 지도록 규정하고 있다.

> **판례**
>
> 법인의 대표자가 그 직무에 관하여 타인에게 손해를 가함으로써 법인에 손해배상책임이 인정되는 경우에, 대표자의 행위가 제3자에 대한 불법행위를 구성한다면 그 대표자도 제3자에 대하여 손해배상책임을 면하지 못하며(민법 제35조 제1항), 또한 사원도 위 대표자와 공동으로 불법행위를 저질렀거나 이에 가담하였다고 볼 만한 사정이 있으면 제3자에 대하여 위 대표자와 연대하여 손해배상책임을 진다. 그러나 사원총회, 대의원 총회, 이사회의 의결은 원칙적으로 법인의 내부행위에 불과하므로 특별한 사정이 없는 한 그 사항의 의결에 찬성하였다는 이유만으로 제3자의 채권을 침해한다거나 대표자의 행위에 가공 또는 방조한 자로서 제3자에 대하여 불법행위책임을 부담한다고 할 수는 없다. 이때 의결에 참여한 사원 등이 대표자와 공동으로 불법행위를 저질렀거나 이에 가담하였다고 볼 수 있는지 여부는, 그 의결에 참여한 법인의 기관이 당해 사항에 관하여 의사결정권한이 있는지 여부 및 대표자의 집행을 견제할 위치에 있는지 여부, 그 사원이 의결과정에서 대표자의 불법적인 집행행위를 적극적으로 요구하거나 유도하였는지 여부 및 그 의결이 대표자의 업무 집행에 구체적으로 미친 영향력의 정도, 침해되는 권리의 내용, 의결 내용, 의결행위의 태양을 비롯한 위법성의 정도를 종합적으로 평가하여 법인 내부행위를 벗어나 제3자에 대한 관계에서 사회상규에 반하는 위법한 행위라고 인정될 수 있는 정도에 이르러야 한다(대판 2009. 1. 30, 2006다37465).

(3) 관련문제 ➡ 대표기관의 부정한 대표행위에 대한 법인의 책임

① **대표권 남용**

　㉠ 의의 : 법인의 대표기관이 형식적으로는 대표권의 범위 내에서 대표행위를 하면서, 실질적으로는 자기나 제3자의 사리를 도모할 목적으로 권한을 남용해서 부정한 대표행위를 하는 경우이다.

　㉡ 대표권 남용에 있어 법인의 계약책임 : 이는 기본적으로 대리권남용이론과 유사하다. 즉, 원칙적으로는 형식상 대표권의 범위 내의 행위이므로 유효한 법인의 행위로 되어 법인에 법률효과가 귀속된다. 다만, 예외적으로 법인의 대표기관과 거래한 상대방을 보호할 필요가 없는 경우, 즉 상대방에게 악의나 과실이 있는 경우에는 제107조 제1항 단서 유추적용설(다수설)에 따라 법인은 계약책임을 지지 않는다. 판례의 다수도 제107조 제1항 단서 유추적용설을 따르나, 신의칙설을 취한 경우도 있다.

판례

1. 대표권 남용의 경우 제107조 제1항 단서 유추적용설을 취한 때

   대표이사가 대표권의 범위 내에서 한 행위는 설사 대표이사가 회사의 영리목적과 관계없이 자기 또는 제3자의 이익을 도모할 목적으로 그 권한을 남용한 것이라 할지라도 일단 회사의 행위로서 유효하고, 다만 그 행위의 <u>상대방이 대표이사의 진의를 알았거나 알 수 있었을 때에는 회사에 대하여 무효가</u> 되는 것이며, 이는 민법상 법인의 대표자가 대표권한을 남용한 경우에도 마찬가지이다(대판 2004. 3. 26, 2003다34045).

2. 대표권 남용의 경우 신의칙설(권리남용설)을 취한 때

   주식회사의 대표이사가 그 대표권의 범위 내에서 한 행위는 설사 대표이사가 회사의 영리목적과 관계없이 자기 또는 제3자의 이익을 도모할 목적으로 그 권한을 남용한 것이라 할지라도 일응 회사의 행위로서 유효하고, 다만 그 행위의 상대방이 그와 같은 정을 알았던 경우에는 그로 인하여 취득한 권리를 회사에 대하여 주장하는 것이 신의칙에 반하므로 회사는 상대방의 악의를 입증하여 그 행위의 효과를 부인할 수 있을 뿐이다(대판 1987. 10. 13, 86다카1522).

   ㉢ 대표권 남용에 있어 법인의 불법행위책임 : 대표권남용행위에 대해 통설과 판례는 외형이론에 따라, 외형상 직무관련성이 있고 기타 요건을 갖춘 경우에 법인에게 불법행위책임을 인정한다.

② **대표권 유월(강행규정 위반의 대표행위)** : ㉠ 대표기관이 강행규정을 위반하여 대표행위를 함으로써 무효가 되는 경우에 법인의 책임이 문제된다. ㉡ 이 경우 그 법률행위는 무효이므로 상대방이 법인에 대하여 계약책임을 물을 수 없으나, ㉢ 외형상 직무관련성이 있고 기타 요건을 갖춘 경우에 법인에게 불법행위책임을 물을 수 있다.

⑭ 법인의 기관

1. 기관의 의의 및 종류

(1) 기관의 의의

법인은 권리주체이지만 자연인처럼 행동할 수 없으므로, 법인이 활동하기 위해서는 법인의 의사를 결정하고 그 의사에 기하여 외부에 대하여 행동하고 내부의 사무를 처리하는 조직이 필요하다. 이 조직을 이루는 것이 법인의 기관이다.

(2) 기관의 종류

법인의 기관으로 사원총회(의사결정기관)·이사(집행기관 및 대표기관)·감사(감독기관)의 세 가지를 인정하는데, 법인의 종류에 따라 다르다. 즉, 모든 법인에서 이사는 필수기관(필요기관)이나, 감사는 임의기관이다. 사원총회는 사단법인에는 필수기관이나, 사원이 없는 재단법인에는 성질상 있을 수 없다.

2. 이사 2013 · 2014 · 2015 · 2016 · 2018 · 2019 · 2020 · 2021 · 2022 기출

(1) 이사의 의의

> **제57조 【이사】** 법인은 이사를 두어야 한다.

이사는 대외적으로 법인을 대표하고 대내적으로 법인의 사무를 집행하는 상설의 필수기관이다. 이사의 수에는 제한이 없으므로 정관에서 임의로 정할 수 있다. 자연인만이 이사가 될 수 있으며 법인은 이사가 될 수 없다. 또한 자격상실이나 자격정지의 형을 받은 자는 이사가 될 수 없다(형법 제43조).

(2) 이사의 임면

이사의 임면(任免)에 관한 규정은 정관의 필요적 기재사항이다(제40조 제5호). 이사의 선임행위는 법인과 이사 간의 위임과 유사한 계약이라 할 것이므로, 정관에 특별한 정함이 없으면 위임의 일반법리가 적용된다. 이사의 해임 및 퇴임도 마찬가지이다. 이사의 성명 · 주소는 등기사항이며(제49조 제2항), 이를 등기하지 않으면 이사의 선임 · 해임 · 퇴임을 가지고 제3자에게 대항할 수 없다(제54조 제1항).

판례

1. 법인과 이사의 법률관계는 신뢰를 기초로 한 위임 유사의 관계이므로, 이사는 민법 제689조 제1항이 규정한 바에 따라 언제든지 사임할 수 있고, 법인의 이사를 사임하는 행위는 상대방 있는 단독행위이므로 그 의사표시가 상대방에게 도달함과 동시에 그 효력을 발생하고, 그 의사표시가 효력을 발생한 후에는 마음대로 이를 철회할 수 없음이 원칙이다. 그러나 법인이 정관에서 이사의 사임절차나 사임의 의사표시의 효력발생시기 등에 관하여 특별한 규정을 둔 경우에는 그에 따라야 하는바, 위와 같은 경우에는 이사의 사임의 의사표시가 법인의 대표자에게 도달하였다고 하더라도 그와 같은 사정만으로 곧바로 사임의 효력이 발생하는 것은 아니고 정관에서 정한 바에 따라 사임의 효력이 발생하는 것이므로, 이사가 사임의 의사표시를 하였더라도 정관에 따라 사임의 효력이 발생하기 전에는 그 사임의사를 자유롭게 철회할 수 있다(대판 2008. 9. 25, 2007다17109).

2. 법인의 정관에 이사의 해임사유에 관한 규정이 있는 경우 법인으로서는 이사의 중대한 의무위반 또는 정상적인 사무집행 불능 등의 특별한 사정이 없는 이상, 정관에서 정하지 아니한 사유로 이사를 해임할 수 없다(대판 2013. 11. 28, 2011다41741).

(3) 이사의 직무권한

① 법인의 대표권(대외적 권한)

> **제59조 【이사의 대표권】** ① 이사는 법인의 사무에 관하여 각자 법인을 대표한다. 그러나 정관에 규정한 취지에 위반할 수 없고, 특히 사단법인은 총회의 의결에 의하여야 한다.
> **제62조 【이사의 대리인 선임】** 이사는 정관 또는 총회의 결의로 금지하지 아니한 사항에 한하여 타인으로 하여금 특정한 행위를 대리하게 할 수 있다.

ⓐ 단독대표의 원칙 : 이사가 수인이 있어도 이사 각자가 법인을 대표하는 것, 즉 각자대표가 원칙이고, 법인의 대표에는 대리에 관한 규정이 준용된다. 따라서 이사가 법인을 대표함에 있어서는 법인을 위한 것임을 표시하여야 하며(제114조), 무권대리·표현대리의 규정도 법인의 대표에 준용된다.

ⓑ 대표권의 제한

ⓐ 정관에 의한 제한 : 이사의 대표권은 제한할 수 있으나(일정한 행위에 관하여 총회의 동의를 요하게 하거나 이사 전원을 공동대표로 하는 것), 그 제한은 반드시 정관에 기재하여야 하며, 정관에 기재하지 않은 대표권의 제한은 무효이다(제41조). 이사의 대표권의 제한을 정관에 기재하여 유효한 경우에도 나아가 이를 등기하지 아니하면 제3자에게 대항할 수 없다(제60조). 이때 제3자의 범위와 관련하여 악의의 제3자는 보호할 이유가 없으므로 대표권의 제한이 등기되어 있지 않더라도 악의의 제3자에게는 대항할 수 있다는 견해(제한설)와, 입법자의 의도나 제60조의 문언상 악의의 제3자에게도 대항할 수 없다는 견해(무제한설)가 대립한다. 판례는 무제한설을 따른다.

> **판례**
>
> 재단법인의 대표자가 법인의 채무를 부담하는 계약을 함에 있어서 이사회의 결의를 거쳐 노회와 설립자의 승인을 얻고 주무관청의 인가를 받도록 정관에 규정되어 있다면 그와 같은 규정은 법인 대표권의 제한에 관한 규정으로서 이러한 제한은 등기하지 아니하면 제3자에게 대항할 수 없다. <u>법인의 정관에 법인 대표권의 제한에 관한 규정이 있으나 그와 같은 취지가 등기되어 있지 않다면 법인은 그와 같은 정관의 규정에 대하여 선의냐 악의냐에 관계없이 제3자인 원고에 대하여 대항할 수 없다</u>(대판 1992. 2. 14, 91다24564).

ⓑ 총회의 의결에 의한 제한 : 이사가 사단법인을 대표하는 데에는 총회의 의결에 의하여야 하므로(제59조 제1항 단서), 사단법인의 이사의 대표권은 사원총회의 의결로써 제한할 수도 있다. 이 경우도 대표권 제한에 해당하므로 정관에 기재해야 효력이 발생한다는 견해가 유력설이다.

ⓒ 법인과 이사 간의 이익상반의 경우 : 법인과 이사의 이익이 상반하는 사항에 관하여는 이사는 대표권이 없으며, 이 경우에는 이해관계인 또는 검사의 청구에 의하여 법원이 선임하는 특별대리인이 법인을 대표한다(제64조).

ⓓ 복임권의 제한 : 이사는 원칙적으로 자신이 대표권을 행사하여야 한다. 다만, 이사는 정관 또는 총회의 결의로 금지하지 아니한 사항에 한하여 타인으로 하여금 특정한 행위를 대리하게 할 수 있다(제62조). 그러나 포괄적 대리권의 수여는 인정되지 않는다. 이때 이사가 선임한 대리인은 법인의 기관은 아니고, 법인의 대리인일 뿐이다. 그리고 이사는 이러한 대리인의 선임·감독에 책임을 진다(제121조 제1항 참조).

② 법인의 사무집행권(대내적 권한)

> **제58조【이사의 사무집행】** ① 이사는 법인의 사무를 집행한다.
> ② 이사가 수인인 경우에는 정관에 다른 규정이 없으면 법인의 사무집행은 이사의 과반수로써 결정한다.
> **제55조【재산목록과 사원명부】** ① 법인은 성립한 때 및 매년 3월 내에 재산목록을 작성하여 사무소에 비치하여야 한다. 사업연도를 정한 법인은 성립한 때 및 그 연도 말에 이를 작성하여야 한다.
> ② 사단법인은 사원명부를 비치하고 사원의 변경이 있는 때에는 이를 기재하여야 한다.
> **제79조【파산신청】** 법인이 채무를 완제하지 못하게 된 때에는 이사는 지체 없이 파산신청을 하여야 한다.

ㄱ 이사는 법인의 모든 내부적인 사무를 집행한다. 이사가 수인인 경우에는 정관에 다른 규정이 없으면 법인의 사무집행은 이사의 과반수로써 결정한다. 주식회사(상법 제390조)와 달리, 민법상 법인의 이사회는 필수기관이 아니다.

ㄴ 이사의 주요사무는 ⓐ 재산목록의 작성 및 비치(제55조 제1항) ⓑ 사원명부의 작성 및 비치(제55조 제2항) ⓒ 사원총회의 소집(제69조, 제70조) ⓓ 사원총회 의사록의 작성(제76조) ⓔ 파산신청(제79조) ⓕ 청산인이 되는 것(제82조) ⓖ 각종의 법인등기신청 등이다.

⑷ **이사의 주의의무와 임무해태에 대한 연대책임**

> **제61조【이사의 주의의무】** 이사는 선량한 관리자의 주의로 그 직무를 행하여야 한다.
> **제65조【이사의 임무해태】** 이사가 그 임무를 해태한 때에는 그 이사는 법인에 대하여 연대하여 손해배상의 책임이 있다.

⑸ **임시이사**

> **제63조【임시이사의 선임】** 이사가 없거나 결원이 있는 경우에 이로 인하여 손해가 생길 염려가 있는 때에는 법원은 이해관계인이나 검사의 청구에 의하여 임시이사를 선임하여야 한다.

임시이사는 이사가 임명될 때까지 이사와 동일한 권한을 가지는 법인의 기관이다. 임시이사의 권한은 정식이사가 임명되면 당연히 소멸한다.

⑹ **특별대리인**

> **제64조【특별대리인의 선임】** 법인과 이사의 이익이 상반하는 사항에 관하여는 이사는 대표권이 없다. 이 경우에는 전조의 규정에 의하여 특별대리인을 선임하여야 한다

(7) 직무대행자

> **제52조의2【직무집행정지 등 가처분의 등기】** 이사의 직무집행을 정지하거나 직무대행자를 선임하는 가처분을 하거나 그 가처분을 변경·취소하는 경우에는 주사무소와 분사무소가 있는 곳의 등기소에서 이를 등기하여야 한다.
>
> **제60조의2【직무대행자의 권한】** ① 제52조의2의 직무대행자는 가처분명령에 다른 정함이 있는 경우 외에는 법인의 통상사무에 속하지 아니한 행위를 하지 못한다. 다만, 법원의 허가를 얻은 경우에는 그러하지 아니하다.
> ② 직무대행자가 제1항의 규정에 위반한 행위를 한 경우에도 법인은 선의의 제3자에 대하여 책임을 진다.

3. 감사 2014 · 2016 기출

(1) 감사의 의의

> **제66조【감사】** 법인은 정관 또는 총회의 결의로 감사를 둘 수 있다.

법인은 정관 또는 총회의 결의로 감사를 둘 수 있다. 감사는 사단법인이든 재단법인이든 임의기관으로 되어 있다. 또한 법인의 대표기관이 아니므로 감사의 성명 및 주소는 등기사항이 아니다. 감사의 선임방법, 자격, 임기 등은 정관 또는 총회의 결의로 정해진다.

(2) 감사의 직무권한

> **제67조【감사의 직무】** 감사의 직무는 다음과 같다.
> 1. 법인의 재산상황을 감사하는 일
> 2. 이사의 업무집행의 상황을 감사하는 일
> 3. 재산상황 또는 업무집행에 관하여 부정, 불비한 것이 있음을 발견한 때에는 이를 총회 또는 주무관청에 보고하는 일
> 4. 전 호의 보고를 하기 위하여 필요 있는 때에는 총회를 소집하는 일

감사도 이사와 마찬가지로 선관주의의무를 부담한다(제681조 참조). 따라서 이를 위반하면 채무불이행에 따른 손해배상책임을 진다.

판례

학교법인의 이사나 감사 전원 또는 그 일부의 임기가 만료되었다고 하더라도, 그 후임이사나 후임감사를 선임하지 않았거나 또는 그 후임이사나 후임감사를 선임하였다고 하더라도 그 선임결의가 무효이고 임기가 만료되지 아니한 다른 이사나 감사만으로는 정상적인 학교법인의 활동을 할 수 없는 경우, 임기가 만료된 구 이사나 감사로 하여금 학교법인의 업무를 수행케 함이 부적당하다고 인정할 만한 특별한 사정이 없는 한, 민법 제691조를 유추하여 구 이사나 감사에게는 후임이사나 후임감사가 선임될 때까지 종전의 직무를 계속하여 수행할 긴급처리권이 인정된다(대판 전합 2007. 7. 19, 2006두19297).

4. 사원총회 2014·2019 기출

(1) 사원총회의 의의

사원총회는 사단법인에만 있는 기관으로서, 사단법인의 전 사원으로 구성되는 최고의 의사결정기관이며, 반드시 두어야 하는 필수기관이다. 따라서 사원총회는 정관의 규정에 의해서도 폐지할 수 없다.

(2) 사원총회의 종류

① **통상총회**: 매년 1회 이상 일정한 시기에 소집되는 사원총회이다. 소집시기는 정관에 규정이 없으면 총회의 결의로 정할 수 있고, 총회의 결의도 없는 경우에는 이사가 임의로 결정할 수 있다(통설).

> **제69조【통상총회】** 사단법인의 이사는 매년 1회 이상 통상총회를 소집하여야 한다.

② **임시총회**: 임시총회는 이사가 필요하다고 인정하는 때(제70조 제1항), 감사가 필요하다고 인정하는 때(제67조 제4호) 또는 총사원의 5분의 1 이상으로부터 회의의 목적사항을 제시하여 청구하는 때(제70조 제2항)에 소집되는 사원총회이다. 5분의 1이라는 정수는 정관으로써 증감할 수는 있으나(제70조 제2항 후문), 이를 완전히 박탈하지는 못한다(소수사원권).

> **제70조【임시총회】** ① 사단법인의 이사는 필요하다고 인정한 때에는 임시총회를 소집할 수 있다.
> ② 총사원의 5분의 1 이상으로부터 회의의 목적사항을 제시하여 청구한 때에는 이사는 임시총회를 소집하여야 한다. 이 정수는 정관으로 증감할 수 있다.
> ③ 전항의 청구 있는 후 2주간 내에 이사가 총회소집의 절차를 밟지 아니한 때에는 청구한 사원은 법원의 허가를 얻어 이를 소집할 수 있다.

(3) 사원총회 소집절차

> **제71조【총회의 소집】** 총회의 소집은 1주간 전에 그 회의의 목적사항을 기재한 통지를 발하고 기타 정관에 정한 방법에 의하여야 한다.

1주의 기간은 정관으로 단축할 수 없지만 연장하는 것은 가능하다. 소집절차가 법률 또는 정관에 위반하여 하자가 있는 경우에, 그 사원총회의 결의는 무효라고 할 것이다.

판례

소집권한 없는 자에 의한 총회소집이라 하더라도 소집권자가 소집에 동의하여 그로 하여금 소집하게 한 것이라면 그와 같은 총회소집을 권한 없는 자의 소집이라고 볼 수 없으나, 단지 소집권한 없는 자에 의한 총회에 소집권자가 참석하여 총회소집이나 대표자선임에 관하여 이의를 하지 아니하였다고 하여 이것만 가지고 총회가 소집권자의 동의에 의하여 소집된 것이라거나 그 총회의 소집절차상의 하자가 치유되어 적법하게 된다고 할 수 없다(대판 2003. 9. 5, 2002다17036).

(4) 사원총회의 권한

> **제68조【총회의 권한】** 사단법인의 사무는 정관으로 이사 또는 기타 임원에게 위임한 사항 외에는 총회의 결의에 의하여야 한다.

① 사원총회는 정관으로 이사 또는 기타 임원에게 위임한 사항 외에는 법인의 사무의 전부에 관하여 결의권을 가진다(제68조). 한편, 정관의 변경(제42조) 및 임의해산(제77조 제2항)은 총회의 전권사항이므로 정관에 의해서도 총회의 이 권한을 박탈하지 못한다.

② 사원총회의 결의로 사원의 권리를 제한 또는 박탈할 수 있는가가 문제되는데, 소수사원권(제70조 제2항)과 사원의 결의권(제73조)과 같은 사원의 고유권은 그 사원의 동의가 없으면 사원총회의 결의에 의하여도 박탈할 수 없다.

(5) 사원총회의 결의

① **총회의 성립**: 총회의 결의가 성립하려면 먼저 총회 자체가 성립하고 있어야 한다. 총회가 성립하기 위해서는 소정의 절차에 따라 적법하게 소집되고, 정관이 정한 정족수의 사원이 출석하여야 한다. 총회를 성립시키는 데 필요한 의사정족수에 관하여 정관에 규정이 없으면 2인 이상의 사원이 출석하면 족하다고 본다(다수설).

② **결의사항**

> **제72조【총회의 결의사항】** 총회는 전조의 규정에 의하여 통지한 사항에 관하여서만 결의할 수 있다. 그러나 정관에 다른 규정이 있는 때에는 그 규정에 의한다.

③ **결의권**: 각 사원은 원칙적으로 평등한 결의권을 가지지만, 이 결의권평등의 원칙은 정관으로 달리 정할 수 있다. 사원의 결의권은 사원의 고유권이어서 정관에 의해서도 박탈할 수 없지만, 사단법인과 어느 사원과의 관계사항(양자 간의 매매계약)을 의결하는 경우 그 사원은 결의권이 없다. 사원은 정관에 다른 규정이 없는 한 결의권을 서면에 의하여 행사하거나 대리인을 통해 행사할 수 있다.

> **제73조【사원의 결의권】** ① 각 사원의 결의권은 평등으로 한다.
> ② 사원은 서면이나 대리인으로 결의권을 행사할 수 있다.
> ③ 전2항의 규정은 정관에 다른 규정이 있는 때에는 적용하지 아니한다.
> **제74조【사원이 결의권 없는 경우】** 사단법인과 어느 사원과의 관계사항을 의결하는 경우에는 그 사원은 결의권이 없다.

판례

민법 제74조는 사단법인과 어느 사원과의 관계사항을 의결하는 경우 그 사원은 의결권이 없다고 규정하고 있으므로, 민법 제74조의 유추해석상 민법상 법인의 이사회에서 법인과 어느 이사와의 관계사항을 의결하는 경우에는 그 이사는 의결권이 없다(대판 2009. 4. 9, 2008다1521).

④ 결의의 성립(의결정족수)

> **제75조【총회의 결의방법】** ① 총회의 결의는 본법 또는 정관에 다른 규정이 없으면 사원 과반수의 출석과 출석사원의 결의권의 과반수로써 한다.
> ② 제73조 제2항의 경우에는 당해 사원은 출석한 것으로 한다.

⑤ 의사록의 작성 · 비치

> **제76조【총회의 의사록】** ① 총회의 의사에 관하여는 의사록을 작성하여야 한다.
> ② 의사록에는 의사의 경과, 요령 및 결과를 기재하고 의장 및 출석한 이사가 기명날인하여야 한다.
> ③ 이사는 의사록을 주된 사무소에 비치하여야 한다.

⑹ 사원권

① **사원권의 의의**: 사단법인에 있어서 사원의 지위에 기하여 가지는 여러 권리와 의무를 통일적으로 파악하여 사원권이라 한다.

② **사원권의 종류**: 사원권은 사단법인의 관리 · 운영에 참여하는 것을 내용으로 하는 공익권(共益權)(◉ 결의권 · 소수사원권)과, 법인으로부터 사원 자신의 이익을 향수하는 것을 내용으로 하는 자익권(自益權)(◉ 영리법인의 이익배당청구권 · 잔여재산분배청구권, 비영리법인의 시설이용권)의 둘로 나뉜다.

③ **사원권의 양도 · 상속 여부**: 영리법인은 자익권이 강하므로 사원권의 양도 · 상속이 허용되지만(상법 제335조), 비영리법인은 공익권이 강하므로 그 양도 · 상속이 허용되지 않는다(제56조). 그러나 이러한 민법 제56조는 강행규정은 아니라 할 것이므로 정관에 의하여 이를 인정하고 있을 때에는 양도 · 상속이 허용된다(판례).

> **제56조【사원권의 양도, 상속금지】** 사단법인의 사원의 지위는 양도 또는 상속할 수 없다.

④ **사원권의 소멸**: 사원권은 사원의 사망 · 탈퇴, 총회의 결의, 정관에 정하는 사유에 의하여 소멸한다.

05 법인의 정관변경 2016 · 2019 기출

1. 의의

정관의 변경이라 함은 법인이 그의 동일성을 유지하면서 그 조직을 변경하는 것을 말한다. 다만, 정관변경의 허용 여부는 사단법인과 재단법인에 따라 다르다. 사원의 자주적인 의사결정에 따라 자율적으로 운영되는 사단법인에 있어서는 그 변경이 원칙으로 허용되지만, 설립자의 의사에 따라 타율적으로 운영되는 재단법인에 있어서는 그 변경에 제약이 따른다.

2. 사단법인의 정관변경

> **제42조 【사단법인의 정관의 변경】** ① 사단법인의 정관은 총사원 3분의 2 이상의 동의가 있는 때에 한하여 이를 변경할 수 있다. 그러나 정수에 관하여 정관에 다른 규정이 있는 때에는 그 규정에 의한다.
> ② 정관의 변경은 주무관청의 허가를 얻지 아니하면 그 효력이 없다.

(1) 정관변경의 요건

① **사원총회의 특별결의**: 정관의 변경에는 그 정관에 다른 규정이 없는 한 총사원 3분의 2 이상의 동의가 있어야 한다(제42조 제1항). 정관변경은 사원총회의 전권사항이므로, 정관에서 이와 달리 규정(이사회의 결의로 변경할 수 있다고 정하고 있는 경우)하더라도 그것은 무효이다.

② **주무관청의 허가**: 정관의 변경은 주무관청의 허가를 얻지 않으면 그 효력이 없다(제42조 제2항).

③ **제3자에 대한 대항요건**: 정관의 변경사항이 등기사항인 경우에는, 그 변경을 등기하지 않으면 정관의 변경을 가지고 제3자에게 대항하지 못한다(제54조).

(2) 정관변경의 한계

① **정관에 의해 정관변경이 금지된 경우**: 정관에서 그 정관을 변경할 수 없다고 규정하더라도 사단법인의 본질상 정관의 변경은 가능하며, 다만 총사원의 동의를 요한다(통설).

② **목적의 변경**: 정관에서 정하고 있는 목적도 보통의 정관변경의 절차에 따라 변경할 수 있다(통설). 다만, 비영리의 목적을 영리의 목적으로 변경하지는 못한다.

3. 재단법인의 정관변경

(1) 원칙

재단법인은 그 목적과 조직이 설립시에 확정되어 있는 타율적 법인이므로, 그 정관을 변경하지 못하는 것이 원칙이다.

(2) 예외

> **제45조 【재단법인의 정관변경】** ① 재단법인의 정관은 그 변경방법을 정관에 정한 때에 한하여 변경할 수 있다.
> ② 재단법인의 목적달성 또는 그 재산의 보전을 위하여 적당한 때에는 전항의 규정에 불구하고 명칭 또는 사무소의 소재지를 변경할 수 있다.
> ③ 제42조 제2항의 규정은 전2항의 경우에 준용한다.
> **제46조 【재단법인의 목적 기타의 변경】** 재단법인의 목적을 달성할 수 없는 때에는 설립자나 이사는 주무관청의 허가를 얻어 설립의 취지를 참작하여 그 목적 기타 정관의 규정을 변경할 수 있다.

재단법인의 정관은 예외적으로 ① 변경방법을 정관에 정한 때의 변경(제45조 제1항) ② 재단법인의 목적달성 또는 그 재산의 보전을 위한 명칭 또는 사무소 소재지의 변경(제45조 제2항) ③ 재단법인의 목적을 달성할 수 없는 때 목적 기타 정관규정의 변경(제46조)이 가능하다. 재단법인의 정관의 변경은 주무관청의 허가를 얻지 않으면 그 효력이 없고, 변경사항이 등기사항인 경우에는 등기하지 않으면 제3자에게 대항할 수 없다.

(3) 기본재산의 처분·편입과 정관변경

재단법인의 기본재산에 관한 사항은 정관의 기재사항으로서 기본재산의 변경은 정관의 변경을 초래하기 때문에 주무관청의 허가를 받아야 하고, 따라서 기존의 기본재산을 처분하는 행위는 물론 새로이 기본재산으로 편입하는 행위도 주무관청의 허가가 있어야만 유효하다(판례).

> **판례**
>
> 민법상 재단법인의 기본재산에 관한 저당권 설정행위는 특별한 사정이 없는 한 정관의 기재사항을 변경하여야 하는 경우에 해당하지 않으므로, 그에 관하여는 주무관청의 허가를 얻을 필요가 없다(대결 2018. 7. 20, 2017마1565).

06 법인의 소멸 2015 · 2019 · 2022 기출

1. 의의

법인의 소멸이란 법인이 권리능력을 상실하는 것을 말하며, 자연인의 사망에 해당한다. 법인의 소멸은 일정한 절차를 거쳐 단계적으로 이루어진다. 즉, 일정한 사유가 있으면 해산(解散)에 의해 법인의 본래의 활동을 정지하고 재산을 정리하는 청산(淸算)의 단계로 들어간다. 해산 후 청산종결시까지 법인은 제한된 범위 내에서 권리능력을 가지는데, 이를 청산법인이라고 한다. 청산의 종결로 법인은 완전히 소멸한다.

2. 법인의 해산

(1) 법인의 해산의 의의

법인의 해산이란 법인이 본래의 목적을 달성하기 위한 적극적인 활동을 정지하고 청산절차에 들어가는 것을 말한다.

(2) 해산사유

제77조【해산사유】 ① 법인은 존립기간의 만료, 법인의 목적의 달성 또는 달성의 불능 기타 정관에 정한 해산사유의 발생, 파산 또는 설립허가의 취소로 해산한다.
② 사단법인은 사원이 없게 되거나 총회의 결의로도 해산한다.

> **제78조 【사단법인의 해산결의】** 사단법인은 총사원 4분의 3 이상의 동의가 없으면 해산을 결의하지 못한다. 그러나 정관에 다른 규정이 있는 때에는 그 규정에 의한다.
>
> **제79조 【파산신청】** 법인이 채무를 완제하지 못하게 된 때에는 이사는 지체 없이 파산신청을 하여야 한다.
>
> **제38조 【법인의 설립허가의 취소】** 법인이 목적 이외의 사업을 하거나 설립허가의 조건에 위반하거나 기타 공익을 해하는 행위를 한 때에는 주무관청은 그 허가를 취소할 수 있다.

① **사단법인과 재단법인에 공통된 해산사유(제77조 제1항)**

  ㉠ 존립기간의 만료 기타 정관에 정한 해산사유의 발생

  ㉡ 법인의 목적의 달성 또는 달성불능: 다만 목적달성이 불가능하더라도 정관의 목적을 변경하면 해산할 필요가 없다(제42조, 제46조).

  ㉢ 파산: 법인이 채무를 완제하지 못하게 된 때, 즉 채무초과가 된 때에는 이사는 지체 없이 파산을 신청하여야 한다(제79조). 법인의 파산원인은 단순한 채무초과로 충분하고 자연인에서와 같은 지급불능을 요하지 않는다(채무자 회생 및 파산에 관한 법률 제305조, 제306조 참조). 법원의 파산선고가 있으면 법인은 해산하게 되고, 파산의 목적범위 내에서만 권리능력을 갖는다(동법 제328조).

  ㉣ 설립허가의 취소: 법인이 목적 이외의 사업을 하거나 설립허가의 조건에 위반하거나 기타 공익을 해하는 행위를 한 때에는 주무관청은 그 허가를 취소할 수 있다(제38조).

② **사단법인에 특유한 해산사유(제77조 제2항)**

  ㉠ 사원이 없게 된 때: 사원이 1인만 있는 경우에도 해산사유가 되지 않는다.

  ㉡ 사원총회의 결의: 총회의 결의에 의한 해산을 임의해산이라고 하는데, 사원총회의 전권사항이다. 해산결의는 총사원 4분의 3 이상의 동의가 있어야 하지만, 그 수를 정관에서 달리 정할 수 있다.

3. 법인의 청산

(1) 법인의 청산의 의의

청산이란 해산한 법인이 잔무를 처리하고, 재산을 정리하여 완전히 소멸할 때까지의 절차를 말한다. 청산은 파산으로 해산한 경우에는 채무자 회생 및 파산에 관한 법률이 정하는 절차에 의하고, 기타 원인으로 해산한 경우에는 민법이 규정하는 절차에 의한다. 청산절차에 관한 규정은 제3자의 이해관계에 중대한 영향을 미치기 때문에 강행규정이다.

(2) 청산법인의 능력

> **제81조 【청산법인】** 해산한 법인은 청산의 목적범위 내에서만 권리가 있고 의무를 부담한다.

청산법인은 청산의 목적범위 내에서만 권리를 가지고 의무를 부담하므로(제81조), 청산법인의 목적범위 외의 행위는 무효이다(판례). 따라서 해산 전의 본래의 적극적인 사업을 행하는 것은 청산법인의 권리능력의 범위를 벗어나는 것이 된다.

(3) 청산법인의 기관 : 청산인

> **제82조 【청산인】** 법인이 해산한 때에는 파산의 경우를 제하고는 이사가 청산인이 된다. 그러나 정관 또는 총회의 결의로 달리 정한 바가 있으면 그에 의한다.
> **제83조 【법원에 의한 청산인의 선임】** 전조의 규정에 의하여 청산인이 될 자가 없거나 청산인의 결원으로 인하여 손해가 생길 염려 있는 때에는 법원은 직권 또는 이해관계인이나 검사의 청구에 의하여 청산인을 선임할 수 있다.
> **제84조 【법원에 의한 청산인의 해임】** 중요한 사유가 있는 때에는 법원은 직권 또는 이해관계인이나 검사의 청구에 의하여 청산인을 해임할 수 있다.

① **청산인의 지위** : 법인이 해산하면 이사는 당연히 그의 지위를 잃고, 이사에 갈음하여 청산인이 청산법인의 대표기관과 집행기관이 된다. 청산인은 청산법인의 능력의 범위 내에서 대내적으로 사무를 집행하고, 대외적으로 청산법인을 대표한다. 따라서 이사의 사무집행 방법(제58조 제2항), 임시총회의 소집(제70조) 등에 관한 규정은 모두 청산인에게 준용된다(제96조). 다만, 청산법인은 해산 진의 법인과 그 동일성이 유지되므로, 감사와 사원총회는 청산법인의 기관으로서 계속하여 권한을 행사한다.

② **청산인의 선임 및 해임** : 파산의 경우를 제외하고, 원칙적으로 해산 당시의 이사가 그대로 청산인이 되지만, 정관 또는 총회의 결의로 달리 정할 수 있다. 즉 청산인이 될 수 있는 자는 파산의 경우를 제외하고는 ㉠ 정관 또는 총회의 결의로 정한 자 ㉡ 해산 당시의 이사 ㉢ 법원에 의해 선임된 자의 순이다.

③ **청산사무**

  ㉠ 해산의 등기와 신고

> **제85조 【해산등기】** ① 청산인은 파산의 경우를 제하고는 그 취임 후 3주간 내에 해산의 사유 및 연월일, 청산인의 성명 및 주소와 청산인의 대표권을 제한한 때에는 그 제한을 주된 사무소 및 분사무소의 소재지에서 등기하여야 한다.
> ② 제52조의 규정은 전항의 등기에 준용한다.
> **제86조 【해산신고】** ① 청산인은 파산의 경우를 제하고는 그 취임 후 3주간 내에 전조 제1항의 사항을 주무관청에 신고하여야 한다.
> ② 청산 중에 새로 취임한 청산인은 그 성명 및 주소를 신고하면 된다.

  ㉡ 현존사무의 종결
  ㉢ 채권의 추심 : 상당한 대가를 받고 하는 채권양도나 화해계약의 체결을 포함하며, 아직 변제기가 도래하지 않은 채권 또는 조건부 채권은 양도 기타 현금화 처분을 할 수 있다.
  ㉣ 채무의 변제

    ◎ 잔여재산의 인도 : 청산절차를 밟은 후에 잔여재산이 있는 경우에는 이를 귀속권리자에게 인도한다. 잔여재산의 귀속권자는 정관에서 지정한 자⇨ 법인의 목적에 유사한 목적을 위한 처분⇨ 국고귀속의 순이다(제80조).

제80조【잔여재산의 귀속】 ① 해산한 법인의 재산은 정관으로 지정한 자에게 귀속한다.
② 정관으로 귀속권리자를 지정하지 아니하거나 이를 지정하는 방법을 정하지 아니한 때에는 이사 또는 청산인은 주무관청의 허가를 얻어 그 법인의 목적에 유사한 목적을 위하여 그 재산을 처분할 수 있다. 그러나 사단법인에 있어서는 총회의 결의가 있어야 한다.
③ 전2항의 규정에 의하여 처분되지 아니한 재산은 국고에 귀속한다.
제87조【청산인의 직무】 ① 청산인의 직무는 다음과 같다.
  1. 현존사무의 종결
  2. 채권의 추심 및 채무의 변제
  3. 잔여재산의 인도
② 청산인은 전항의 직무를 행하기 위하여 필요한 모든 행위를 할 수 있다.
제88조【채권신고의 공고】 ① 청산인은 취임한 날로부터 2월 내에 3회 이상의 공고로 채권자에 대하여 일정한 기간 내에 그 채권을 신고할 것을 최고하여야 한다. 그 기간은 2월 이상이어야 한다.
② 전항의 공고에는 채권자가 기간 내에 신고하지 아니하면 청산으로부터 제외될 것을 표시하여야 한다.
③ 제1항의 공고는 법원의 등기사항의 공고와 동일한 방법으로 하여야 한다.
제89조【채권신고의 최고】 청산인이 알고 있는 채권자에 대하여는 각각 그 채권신고를 최고하여야 한다. 알고 있는 채권자는 청산으로부터 제외하지 못한다.
제90조【채권신고기간 내의 변제금지】 청산인은 제88조 제1항의 채권신고기간 내에는 채권자에 대하여 변제하지 못한다. 그러나 법인은 채권자에 대한 지연손해배상의 의무를 면하지 못한다.
제91조【채권변제의 특례】 ① 청산 중의 법인은 변제기에 이르지 아니한 채권에 대하여도 변제할 수 있다.
② 전항의 경우에는 조건 있는 채권, 존속기간의 불확정한 채권 기타 가액의 불확정한 채권에 관하여는 법원이 선임한 감정인의 평가에 의하여 변제하여야 한다.
제92조【청산으로부터 제외된 채권】 청산으로부터 제외된 채권자는 법인의 채무를 완제한 후 귀속권리자에게 인도하지 아니한 재산에 대하여서만 변제를 청구할 수 있다.

판례

1. 민법 제80조 제1항과 제2항의 각 규정 내용을 대비하여 보면, 법인 해산시 <u>잔여재산의 귀속권리자를 직접 지정하지 아니하고 사원총회나 이사회의 결의에 따라 이를 정하도록 하는 등 간접적으로 그 귀속권리자의 지정방법을 정해 놓은 정관 규정도 유효하다</u>(대판 1995. 2. 10, 94다13473).

2. 민법 제80조 제1항, 제81조 및 제87조 등 청산절차에 관한 규정은 모두 제3자의 이해관계에 중대한 영향을 미치는 것으로서 강행규정이므로, <u>해산한 법인이 잔여재산의 귀속자에 관한 정관규정에 반하여 잔여재산을 달리 처분할 경우 그 처분행위는 청산법인의 목적범위 외의 행위로서 특단의 사정이 없는 한 무효이다</u>(대판 2000. 12. 8, 98두5279).

ⓑ 파산신청

> **제93조【청산 중의 파산】** ① 청산 중 법인의 재산이 그 채무를 완제하기에 부족한 것이 분명하게 된 때에는 청산인은 지체 없이 파산선고를 신청하고 이를 공고하여야 한다.
> ② 청산인은 파산관재인에게 그 사무를 인계함으로써 그 임무가 종료한다.
> ③ 제88조 제3항의 규정은 제1항의 공고에 준용한다.

ⓢ 청산종결의 등기와 신고 : 청산종결등기가 된 경우에도 청산사무가 종료되었다 할 수 없는 경우에는 청산법인으로 존속한다(판례).

> **제94조【청산종결의 등기와 신고】** 청산이 종결한 때에는 청산인은 3주간 내에 이를 등기하고 주무관청에 신고하여야 한다.

⑦ 법인의 주소 · 등기 및 감독 2014 · 2016 기출

1. 법인의 주소

> **제36조【법인의 주소】** 법인의 주소는 그 주된 사무소의 소재지에 있는 것으로 한다.

2. 법인의 등기

(1) 법인등기의 의의

법인등기란 거래의 안전을 위하여 법인의 조직이나 내용을 일반 제3자가 용이하게 알 수 있도록 공부에 기재하여 공시하는 제도를 말한다.

(2) 법인등기의 종류

① 설립등기

> **제49조【법인의 등기사항】** ① 법인설립의 허가가 있는 때에는 3주간 내에 주된 사무소 소재지에서 설립등기를 하여야 한다.
> ② 전항의 등기사항은 다음과 같다.
> 1. 목적
> 2. 명칭
> 3. 사무소
> 4. 설립허가의 연월일
> 5. 존립시기나 해산사유를 정한 때에는 그 시기 또는 사유
> 6. 자산의 총액
> 7. 출자의 방법을 정한 때에는 그 방법
> 8. 이사의 성명, 주소
> 9. 이사의 대표권을 제한한 때에는 그 제한

② 분사무소설치 및 사무소이전의 등기

> **제50조【분사무소설치의 등기】** ① 법인이 분사무소를 설치한 때에는 주사무소 소재지에서는 3주간 내에 분사무소를 설치한 것을 등기하고, 그 분사무소 소재지에서는 동기간 내에 전조 제2항의 사항을 등기하고 다른 분사무소 소재지에서는 동기간 내에 그 분사무소를 설치한 것을 등기하여야 한다.
> ② 주사무소 또는 분사무소의 소재지를 관할하는 등기소의 관할구역 내에 분사무소를 설치한 때에는 전항의 기간 내에 그 사무소를 설치한 것을 등기하면 된다.
> **제51조【사무소이전의 등기】** ① 법인이 그 사무소를 이전하는 때에는 구 소재지에서는 3주간 내에 이전등기를 하고 신소재지에서는 동기간 내에 제49조 제2항에 게기한 사항을 등기하여야 한다.
> ② 동일한 등기소의 관할구역 내에서 사무소를 이전한 때에는 그 이전한 것을 등기하면 된다.

③ 변경등기

> **제52조【변경등기】** 제49조 제2항의 사항 중에 변경이 있는 때에는 3주간 내에 변경등기를 하여야 한다.
> **제53조【등기기간의 기산】** 전3조의 규정에 의하여 등기할 사항으로 관청의 허가를 요하는 것은 그 허가서가 도착한 날로부터 등기의 기간을 기산한다.

④ 해산등기

> **제85조【해산등기】** ① 청산인은 파산의 경우를 제하고는 그 취임 후 3주간 내에 해산의 사유 및 연월일, 청산인의 성명 및 주소와 청산인의 대표권을 제한한 때에는 그 제한을 주된 사무소 및 분사무소의 소재지에서 등기하여야 한다.
> ② 제52조의 규정은 전항의 등기에 준용한다.

(3) 법인등기의 효력

> **제33조【법인설립의 등기】** 법인은 그 주된 사무소의 소재지에서 설립등기를 함으로써 성립한다.
> **제54조【설립등기 이외의 등기의 효력과 등기사항의 공고】** ① 설립등기 이외의 본절의 등기사항은 그 등기 후가 아니면 제3자에게 대항하지 못한다.
> ② 등기한 사항은 법원이 지체 없이 공고하여야 한다.

민법은 설립등기만을 법인의 성립요건으로 하고(제33조), 그 밖의 등기는 모두 대항요건으로 하고 있다(제54조 제1항).

3. 법인의 감독

> **제37조【법인의 사무의 검사, 감독】** 법인의 사무는 주무관청이 검사, 감독한다.
> **제95조【해산, 청산의 검사, 감독】** 법인의 해산 및 청산은 법원이 검사, 감독한다.

4. 법인의 벌칙

> **제97조【벌칙】** 법인의 이사, 감사 또는 청산인은 다음 각 호의 경우에는 500만원 이하의 과태료에 처한다.
> 1. 본장에 규정한 등기를 해태한 때
> 2. 제55조의 규정에 위반하거나 재산목록 또는 사원명부에 부정기재를 한 때
> 3. 제37조, 제95조에 규정한 검사, 감독을 방해한 때
> 4. 주무관청 또는 총회에 대하여 사실 아닌 신고를 하거나 사실을 은폐한 때
> 5. 제76조와 제90조의 규정에 위반한 때
> 6. 제79조, 제93조의 규정에 위반하여 파산선고의 신청을 해태한 때
> 7. 제88조, 제93조에 정한 공고를 해태하거나 부정한 공고를 한 때

08 권리능력 없는 사단과 재단

1. 권리능력 없는 사단 2013 · 2017 · 2018 · 2020 · 2023 기출

(1) 의의

단체의 실질이 사단임에도 불구하고 법인격, 즉 권리능력을 가지지 않는 것을 권리능력 없는 사단(법인격 없는 사단, 비법인사단)이라고 한다. 즉, 법인이 되는 실체는 갖추고 있으나 법인설립의 등기를 밟고 있지 않은 사단이다. 민법이 사단법인의 설립에 관하여 허가주의를 취하고 있기 때문에, 그러한 허가를 받지 못하거나 허가를 얻지 않고 있는 동안은 권리능력 없는 사단으로 존재할 뿐이다. 이러한 권리능력 없는 사단에 대하여는 조합에 관한 규정을 준용할 것이 아니라, 사단법인에 관한 규정 중에서 법인격을 전제로 하는 것을 제외하고는 이를 유추적용하여야 한다.

(2) 법률관계

① **내부관계** : 권리능력 없는 사단의 내부관계는 1차적으로 그 사단의 정관이 적용되고, 정관의 규정이 없는 경우에는 민법의 비영리사단법인의 규정을 유추적용한다.

② **외부관계** : 법인격을 전제로 하는 것(이사의 대표권 제한에 관한 제60조는 비법인사단에 적용될 수 없다)을 제외한 사단법인에 관한 민법규정(권리능력, 행위능력, 대표기관의 권한, 대표기관의 불법행위에 대한 사단의 배상책임 등)을 유추적용하여야 한다. 또한 권리능력 없는 사단도 그 대표자가 정하여져 있으면 소송상 당사자능력을 가지고(민사소송법 제52조), 대표자나 관리인이 있는 법인 아닌 사단에 속하는 부동산에 대한 등기능력도 인정된다(부동산등기법 제26조).

③ **재산귀속관계** : 권리능력 없는 사단의 재산은 사원의 총유에 속하고(제275조 제1항), 소유권 이외의 재산권은 사원의 준총유로 된다(제278조). 따라서 권리능력 없는 사단의 사원은 지분권이나 분할청구권을 갖지 않는다. 총유물의 관리·처분은 사원총회의 결의에 의하며, 각 사원은 정관 기타 규약에 따라 총유물을 사용·수익할 수 있다(제276조). 대표자가 사단의 이름으로 체결한 법률행위로 부담한 권리능력 없는 사단의 채무도 구성원인 사원에게 준총유로 부담된다.

판례

1. 비법인사단에 대하여는 사단법인에 관한 민법 규정 가운데서 법인격을 전제로 하는 것을 제외하고는 이를 유추적용하여야 할 것인바, 민법 제62조의 규정에 비추어 보면 비법인사단의 대표자는 정관 또는 총회의 결의로 금지하지 아니한 사항에 한하여 타인으로 하여금 특정한 행위를 대리하게 할 수 있을 뿐 비법인사단의 제반 업무처리를 포괄적으로 위임할 수는 없다 할 것이므로, 비법인사단 대표자가 행한 타인에 대한 업무의 포괄적 위임과 그에 따른 포괄적 수임인의 대행행위는 민법 제62조의 규정에 위반된 것이어서 비법인사단에 대하여는 그 효력이 미치지 아니한다(대판 1996. 9. 6, 94다18522).

2. 민법 제63조는 법인의 조직과 활동에 관한 것으로서 법인격을 전제로 하는 조항이 아니고, 법인 아닌 사단이나 재단의 경우에도 이사가 없거나 결원이 생길 수 있으며, 통상의 절차에 따른 새로운 이사의 선임이 극히 곤란하고 종전 이사의 긴급처리권도 인정되지 아니하는 경우에는 사단이나 재단 또는 타인에게 손해가 생길 염려가 있을 수 있으므로, 민법 제63조는 법인 아닌 사단이나 재단에도 유추 적용할 수 있다(대결 2009. 11. 19, 자 2008마699).

3. 주택조합과 같은 비법인사단의 대표자가 직무에 관하여 타인에게 손해를 가한 경우 그 사단은 민법 제35조 제1항의 유추적용에 의하여 그 손해를 배상할 책임이 있으며, 비법인사단의 대표자의 행위가 대표자 개인의 사리를 도모하기 위한 것이었거나 혹은 법령의 규정에 위배된 것이었다 하더라도 외관상, 객관적으로 직무에 관한 행위라고 인정할 수 있는 것이라면 민법 제35조 제1항의 직무에 관한 행위에 해당한다. 다만 대표자의 행위가 직무에 관한 행위에 해당하지 아니함을 피해자 자신이 알았거나 또는 중대한 과실로 인하여 알지 못한 경우에는 비법인사단에게 손해배상책임을 물을 수 없다(대판 2003. 7. 25, 2002다27088).

4. 비법인사단의 경우에는 대표자의 대표권 제한에 관하여 등기할 방법이 없어 민법 제60조의 규정을 준용할 수 없고, 비법인사단의 대표자가 정관에서 사원총회의 결의를 거쳐야 하도록 규정한 대외적 거래행위에 관하여 이를 거치지 아니한 경우라도, 이와 같은 사원총회 결의사항은 비법인사단의 내부적 의사결정에 불과하다 할 것이므로, 그 거래 상대방이 그와 같은 대표권 제한 사실을 알았거나 알 수 있었을 경우가 아니라면 그 거래행위는 유효하다고 봄이 상당하고, 이 경우 거래의 상대방이 대표권 제한 사실을 알았거나 알 수 있었음은 이를 주장하는 비법인사단 측이 주장·입증하여야 한다(대판 2003. 7. 22, 2002다64780).

5. [1] 비법인사단이 타인 간의 금전채무를 보증하는 행위는 총유물 그 자체의 관리·처분이 따르지 아니하는 단순한 채무부담행위에 불과하여 이를 총유물의 관리·처분행위라고 볼 수는 없다.

   [2] 따라서 '비법인사단인 재건축조합의 조합장이 채무보증계약을 체결하면서 조합규약에서 정한 조합임원회의 결의를 거치지 아니하였다거나 조합원총회 결의를 거치지 않았다'고 하더라도 그것만으로 바로 그 보증계약이 무효라고 할 수는 없다. 다만, 이와 같은 경우에 조합 임원회의 결의 등을 거치도록 한 조합규약은 조합장의 대표권을 제한하는 규정에 해당하는 것이므로, '거래 상대방이 그와 같은 대표권 제한 및 그 위반 사실을 알았거나 과실로 인하여 이를 알지 못한 때에는' 그 거래행위가 무효로 된다고 봄이 상당하며, 이 경우 그 거래 상대방이 대표권 제한 및 그 위반 사실을 알았거나 알지 못한 데에 과실이 있다는 사정은 그 거래의 무효를 주장하는 측이 이를 주장·입증하여야 한다(대판 전합 2007. 4. 19, 2004다60072·60089).

6. 법인 아닌 사단의 구성원 개인이 총유재산의 보존을 위한 소를 제기할 수 있는지 여부

[1] 민법 제276조 제1항은 "총유물의 관리 및 처분은 사원총회의 결의에 의한다" 같은 조 제2항은 "각 사원은 정관 기타의 규약에 좇아 총유물을 사용·수익할 수 있다"라고 규정하고 있을 뿐 공유나 합유의 경우처럼 보존행위는 그 구성원 각자가 할 수 있다는 민법 제265조 단서 또는 민법 제272조 단서와 같은 규정을 두고 있지 아니한바, 이는 법인 아닌 사단의 소유형태인 총유가 공유나 합유에 비하여 단체성이 강하고 구성원 개인들의 총유재산에 대한 지분권이 인정되지 아니하는 데에서 나온 당연한 귀결이라고 할 것이다.

[2] 따라서 <u>총유재산에 관한 소송은 법인 아닌 사단이 그 명의로 사원총회의 결의를 거쳐 하거나 또는 그 구성원 전원이 당사자가 되어 필수적 공동소송의 형태로 할 수 있을 뿐 그 사단의 구성원은 설령 그가 사단의 대표자라거나 사원총회의 결의를 거쳤다 하더라도 그 소송의 당사자가 될 수 없고</u>, 이러한 법리는 총유재산의 보존행위로서 소를 제기하는 경우에도 마찬가지라 할 것이다(대판 전합 2005. 9. 15, 2004다44971).

(3) 구체적인 예

① 종중

㉠ 의의 및 성립 : 종중은 공동선조의 분묘수호와 제사 및 후손 상호간의 친목 등을 목적으로 하여 구성되는 자연발생적인 종족집단이다. 따라서 그 성립을 위하여 특별한 조직행위(설립행위)를 필요로 하는 것이 아니고, 다만 그 목적인 공동선조의 분묘수호, 제사봉행, 종원 상호간의 친목을 규율하기 위하여 규약을 정하는 경우가 있고, 또 대외적인 행위를 할 때에는 대표자를 정할 필요가 있는 것에 지나지 아니하며, 반드시 특별한 명칭의 사용 및 서면화된 종중규약이 있어야 하거나 종중의 대표자가 선임되어 있는 등 조직을 갖추어야 성립하는 것은 아니다. 종중의 목적과 본질에 비추어 볼 때 공동선조와 성과 본을 같이 하는 후손은 성별의 구별 없이 성년이 되면 당연히 그 구성원이 된다.

㉡ 종원 : 종중이 성립된 후에 정관 등 종중규약을 작성하면서 일부종원의 자격을 임의로 제한하거나 확장한 종중규약은 종중의 본질에 반하는 것으로서 무효이다. 또한 특정지역 내에 거주하는 일부 종중원에 한하여 의결권을 주고 그 밖의 지역에 거주하는 종중원의 의결권을 박탈할 개연성이 많은 종중규약은 종중의 본질에 반하여 무효이다.

㉢ 종중재산 : 종중 소유의 재산은 종중원의 총유에 속하는 것이므로 그 관리 및 처분에 관하여 먼저 종중규약에 정하는 바가 있으면 이에 따라야 하고, 그 점에 관한 종중규약이 없으면 종중총회의 결의에 의하여야 하므로 비록 종중 대표자에 의한 종중 재산의 처분이라고 하더라도 그러한 절차를 거치지 아니한 채 한 행위는 무효이다.

> **판례**
>
> 비법인사단인 종중의 토지에 대한 수용보상금은 종원의 총유에 속하고, 위 수용보상금의 분배는 총유물의 처분에 해당하므로 정관 기타 규약에 달리 정함이 없는 한 종중총회의 분배결의가 없으면 종원이 종중에 대하여 직접 분배청구를 할 수 없으나, 종중 토지에 대한 수용보상금을 종원에게 분배하기로 결의하였다면, 그 분배대상자라고 주장하는 종원은 종중에 대하여 직접 분배금의 청구를 할 수 있다(대판 1994. 4. 26, 93다32446).

② **교회**

    ㉠ **의의**: 교회는 기독교의 교도들이 신교의 목적으로 구성한 단체로서, 역시 권리능력 없는 사단이다.

    ㉡ **교회재산**: 교회에 있어서 교인들의 헌금 기타 교회의 수입으로 이루어진 재산은 특별한 사유가 없는 한 그 교회 소속교인들의 총유에 속한다(판례).

> **판례**
>
> 1. 우리 민법이 사단법인에 있어서 구성원의 탈퇴나 해산은 인정하지만 사단법인의 구성원들이 2개의 법인으로 나뉘어 각각 독립한 법인으로 존속하면서 종전 사단법인에 귀속되었던 재산을 소유하는 방식의 사단법인의 분열은 인정하지 아니한다. 그 법리는 법인 아닌 사단에 대하여도 동일하게 적용되며, 법인 아닌 사단의 구성원들의 집단적 탈퇴로써 사단이 2개로 분열되고 분열되기 전 사단의 재산이 분열된 각 사단들의 구성원들에게 각각 총유적으로 귀속되는 결과를 초래하는 형태의 법인 아닌 사단의 분열은 허용되지 않는다. 따라서 교인들은 교회 재산을 총유의 형태로 소유하면서 사용·수익할 것인데, 일부 교인들이 교회를 탈퇴하여 그 교회 교인으로서의 지위를 상실하게 되면 탈퇴가 개별적인 것이든 집단적인 것이든 이와 더불어 종전 교회의 총유 재산의 관리처분에 관한 의결에 참가할 수 있는 지위나 그 재산에 대한 사용·수익권을 상실하고, 종전 교회는 잔존 교인들을 구성원으로 하여 실체의 동일성을 유지하면서 존속하며 종전 교회의 재산은 그 교회에 소속된 잔존 교인들의 총유로 귀속됨이 원칙이다(대판 전합 2006. 4. 20, 2004다37775).
> 2. 소속 교단에서의 탈퇴 내지 소속 교단의 변경은 사단법인 정관변경에 준하여 의결권을 가진 교인 3분의 2 이상의 찬성에 의한 결의를 필요로 하고, 그 결의요건을 갖추어 소속 교단을 탈퇴하거나 다른 교단으로 변경한 경우에 종전 교회의 실체는 이와 같이 교단을 탈퇴한 교회로서 존속하고 종전 교회 재산은 위 탈퇴한 교회 소속 교인들의 총유로 귀속된다(대판 전합 2006. 4. 20, 2004다37775).

③ **기타 권리능력 없는 사단의 예**

    ㉠ 비법인사단으로 인정한 경우는 어촌계, 동(洞)·리(里)나 자연부락, 아파트부녀회, 아파트입주자대표회의, 구 주택건설촉진법에 의한 주택조합 또는 재건축조합, 회사의 채권자들이 그 채권을 확보할 목적으로 구성한 청산위원회, 재단법인 성균관이 설립되기 전부터 독자적으로 존재하였던 성균관 등이 있다.

    ㉡ 비법인사단성을 부정한 예로는 학교, 천주교회, 농지위원회, 외국법인의 국내지점, 대한불교 조계종 총무원, 부도난 회사의 채권자들이 조직한 채권단 등이 있다.

2. 권리능력 없는 재단

(1) 의의

권리능력 없는 재단이란 재단법인의 실질, 즉 목적재산은 존재하되 아직 등기를 하지 아니하여 법인격을 취득하지 못한 재단을 말한다.

(2) 법률관계

① **내부관계·외부관계**: 재단법인의 규정 중 법인격을 전제로 하는 것을 제외한 나머지 규정을 유추적용한다. 또한 권리능력 없는 재단에 관하여도 등기능력(부동산등기법 제30조)과 당사자능력(민사소송법 제52조)이 인정된다.

② **재산귀속관계**

ㄱ 부동산에 관한 권리는 부동산등기법 제30조에 비추어 권리능력 없는 재단의 단독소유에 속한다고 본다.

ㄴ 부동산 이외의 그 밖의 재산권의 귀속관계에 관해서는, 신탁의 법리를 통해 관리자 개인의 명의로 보유하는 수밖에 없다는 견해와 부동산과 마찬가지로 권리능력 없는 재단의 단독소유로 보는 견해가 대립한다.

판례

종래부터 존재하여 오던 사찰의 재산을 기초로 (구) 불교재산관리법(1987.11.28. 법률 제3974호 전통사찰보존법 시행으로 폐지)에 따라 불교단체등록을 한 사찰은 권리능력 없는 재단으로서의 성격을 가지고 있다고 볼 것이므로, 비록 그 신도들이 그 사찰의 재산을 조성하는 데 공헌을 하였다 할지라도 그 사찰의 재산은 신도와 승려의 총유에 속하는 것이 아니라 권리능력 없는 사찰 자체에 속한다(대판 1994. 12. 13, 93다43545).

Chapter 03 문제로 실력다지기

01 민법상 법인에 관한 설명으로 옳지 않은 것은?

① 법인의 설립등기는 법인의 성립요건이다.
② 상사회사 설립의 조건에 따라 영리를 목적으로 하는 재단법인을 설립할 수 있다.
③ 법인의 권리능력은 법률의 규정에 따라 정관으로 정한 목적범위 내로 제한된다.
④ 이사의 결원으로 법인에게 손해가 발생될 염려가 있는 때에는 이해관계인이나 검사의 청구에 의해 법원은 특별대리인이 아니라 임시이사를 선임해야 한다.
⑤ 청산법인은 청산의 목적범위 내에서만 권리가 있고 의무를 부담한다.

02 민법상 법인에 관한 설명으로 옳지 않은 것은? (다툼이 있으면 판례에 의함)

① 법인의 해산 및 청산은 주무관청이 아니라 법원이 검사·감독한다.
② 사단법인을 설립하기 위해서는 설립자가 일정한 사항을 기재한 정관을 작성하여 기명날인해야 한다.
③ 사단법인 정관의 법적 성질은 자치법규가 아니라 사원 간의 계약으로 보아야 한다.
④ 법인설립에는 목적의 비영리성, 설립행위, 주무관청의 허가, 설립등기의 요건을 갖추어야 한다.
⑤ 법인은 그 주된 사무소의 소재지에서 설립등기를 함으로써 성립한다.

03 민법상 사단법인 설립시 정관의 필요적 기재사항이 아닌 것은? _{2017 기출}

① 목적
② 명칭
③ 사무소의 소재지
④ 자산에 관한 규정
⑤ 이사자격의 득실에 관한 규정

04 법인에 관한 설명으로 옳지 않은 것은? (다툼이 있는 경우에는 판례에 의함) _{2014 기출}

① 영리법인은 모두 사단법인이다.
② 감사는 법인의 임의기관이다.
③ 특별한 사정이 없으면, 사단법인의 사원의 지위는 양도 또는 상속할 수 없다.
④ 특별한 사정이 없으면, 사단법인의 해산결의는 총사원 4분의 3 이상의 동의로 한다.
⑤ 법인의 해산과 청산은 청산인이 감독한다.

05 민법상 법인에 관한 설명으로 옳은 것은?

2016 기출

① 사교 등 비영리를 목적으로 하는 사단은 주무관청의 허가 없이 신고만으로 법인을 설립할 수 있다.

② 이사가 없는 경우에 이로 인하여 손해가 생길 염려 있는 경우, 법원은 이해관계인의 청구에 의하여 특별대리인을 선임하여야 한다.

③ 법인이 주사무소 소재지를 관할하는 등기소의 관할구역 외로 주사무소를 이전하는 경우, 구소재지에서는 3주간 내에 이전등기를 하고 신소재지에서는 3주간 내에 설립등기사항에 게기한 사항을 등기하여야 한다.

④ 이사의 대표권에 대한 제한은 이를 정관에 기재하지 아니하여도 그 효력이 있다.

⑤ 법인은 정관 또는 총회의 결의로 감사를 두어야 한다.

06 법인에 관한 설명으로 옳지 않은 것은?

2021 기출

① 영리 아닌 사업을 목적으로 하는 사단은 주무관청의 허가를 얻어 이를 법인으로 할 수 있다.

② 법인은 그 주된 사무소의 소재지에서 설립등기를 함으로써 성립한다.

③ 법인은 법률의 규정에 좇아 정관으로 정한 목적의 범위 내에서 권리와 의무의 주체가 된다.

④ 재단법인의 존립시기는 정관의 필요적 기재사항이다.

⑤ 재단법인의 설립자가 그 명칭만 정하지 아니하고 사망한 때에는 이해관계인 또는 검사의 청구에 의하여 법원이 이를 정한다.

---

01 ② 재단법인은 항상 비영리법인이다.

02 ③ 사단법인 정관의 법적 성질은 자치법규로 본다.

03 ⑤ 이사의 임면에 관한 규정이 사단법인 설립시 정관의 필요적 기재사항에 해당한다(제40조 제5호).

04 ⑤ 법인의 해산 및 청산은 법원이 검사, 감독한다(제95조).

05 ③ 제51조 제1항

① 학술, 종교, 자선, 기예, 사교 기타 영리 아닌 사업을 목적으로 하는 사단 또는 재단은 주무관청의 허가를 얻어 이를 법인으로 할 수 있다(제32조).

② 이사가 없거나 결원이 있는 경우에 이로 인하여 손해가 생길 염려가 있는 때에는 법원은 이해관계인이나 검사의 청구에 의하여 임시이사를 선임하여야 한다(제63조).

④ 이사의 대표권에 대한 제한은 이를 정관에 기재하지 아니하면 그 효력이 없다(제41조).

⑤ 법인은 정관 또는 총회의 결의로 감사를 둘 수 있다(제66조).

06 ④ 재단법인의 설립자는 일정한 재산을 출연하고 제40조 제1호 내지 제5호의 사항을 기재한 정관을 작성하여 기명날인하여야 한다(제43조). 재단법인에는 사원이 없으므로 '사원자격의 득실에 관한 규정'은 필요적 기재사항이 아니다. 또한 '존립시기·해산사유에 관한 규정'은 법인의 영구성을 고려하고 설립자의 의사를 존중하기 위하여 임의적 기재사항으로 하였다.

① 제32조

② 제33조

③ 제34조

⑤ 재단법인의 설립자가 그 명칭, 사무소 소재지 또는 이사임면의 방법을 정하지 아니하고 사망한 때에는 이해관계인 또는 검사의 청구에 의하여 법원이 이를 정한다(제44조).

Answer 01 ② 02 ③ 03 ⑤ 04 ⑤ 05 ③ 06 ④

07 법인의 정관에 관한 설명으로 옳지 않은 것은? (다툼이 있으면 판례에 따름) 2016 기출

① 법인의 존립시기나 해산사유는 재단법인 정관의 필요적 기재사항이다.

② 사단법인의 정관의 변경은 주무관청의 허가를 얻지 아니하면 그 효력이 없다.

③ 재단법인의 설립자가 그 명칭, 사무소 소재지 또는 이사임면의 방법을 정하지 아니하고 사망한 때에는 이해관계인 또는 검사의 청구에 의하여 법원이 이를 정한다.

④ 사단법인의 정관은 정수에 관하여 정관에 다른 규정이 없는 한 총사원 3분의 2 이상의 동의가 있는 때에 한하여 이를 변경할 수 있다.

⑤ 재단법인의 목적을 달성할 수 없는 때에는 설립자나 이사는 주무관청의 허가를 얻어 설립의 취지를 참작하여 그 목적 기타 정관의 규정을 변경할 수 있다.

08 민법상 법인의 정관에 관한 설명으로 옳은 것을 모두 고른 것은? (다툼이 있으면 판례에 따름) 2019 기출

> ㉠ 정관의 변경사항이 등기사항인 경우에는 등기하여야 정관변경의 효력이 생긴다.
> ㉡ 재단법인의 기본재산에 관한 저당권 설정행위는 특별한 사정이 없는 한 정관의 기재사항을 변경하여야 하는 경우에 해당하지 않는다.
> ㉢ 사단법인의 정관을 변경하기 위해서는 정관에 다른 규정이 없는 한 사원총회에서 총사원 3분의 2 이상의 동의가 있어야 한다.

① ㉢
② ㉠, ㉡
③ ㉠, ㉢
④ ㉡, ㉢
⑤ ㉠, ㉡, ㉢

09 甲법인의 대표이사 乙은 대표자로서의 모든 권한을 丙에게 포괄적으로 위임하여 丙이 실질적으로 甲법인의 사실상 대표자로서 그 사무를 집행하고 있다. 이에 관한 설명으로 옳은 것을 모두 고른 것은? (다툼이 있으면 판례에 따름) 2022 기출

> ㉠ 甲의 사무에 관한 丙의 대행행위는 원칙적으로 甲에게 효력이 미치지 않는다.
> ㉡ 丙이 외관상 직무행위로 인하여 丁에게 손해를 입힌 경우, 甲은 특별한 사정이 없는 한 丁에 대하여 법인의 불법행위책임에 관한 민법 제35조의 손해배상책임을 진다.
> ㉢ 만약 甲이 비법인사단이라면 乙은 甲의 사무 중 정관에서 대리를 금지한 사항의 처리에 대해서도 丙에게 포괄적으로 위임할 수 있다.

① ㉠
② ㉡
③ ㉠, ㉡
④ ㉠, ㉢
⑤ ㉡, ㉢

10 민법상 법인의 해산과 청산에 관한 설명으로 옳지 않은 것은? (다툼이 있으면 판례에 따름) 2022 기출

① 해산한 법인은 청산의 목적범위 내에서만 권리가 있고 의무를 부담한다.

② 사단법인 총회의 해산결의는 정관에 다른 규정이 없는 한 총사원의 4분의 3 이상의 동의가 필요하다.

③ 민법상 청산절차에 관한 규정에 반하는 잔여재산의 처분행위는 특별한 사정이 없는 한 무효이다.

④ 청산 중의 법인은 변제기에 이르지 아니한 채권에 대해서도 변제할 수 있다.

⑤ 법인의 청산인은 채권신고기간 내에는 채권자에 대하여 변제하지 못하므로 법인은 그 기간 동안의 지연손해배상의무를 면한다.

★

07 ① 재단법인의 설립자는 일정한 재산을 출연하고 제40조 제1호 내지 제5호의 사항을 기재한 정관을 작성하여 기명날인하여야 한다(제43조). 따라서 제40조 제6호(사원자격의 득실에 관한 규정)와 제7호(법인의 존립시기나 해산시기)는 필요적 기재사항이 아니다. 사원에 관한 규정은 재단법인에서는 사원이 없기 때문에 당연한 것이고, 존립시기·해산사유에 관한 규정은 재단법인의 영속성을 고려하고 설립자의 의사를 존중하기 위하여 임의적 기재사항으로 하였다.

08 ㉡ 민법상 재단법인의 기본재산에 관한 저당권 설정행위는 특별한 사정이 없는 한 정관의 기재사항을 변경하여야 하는 경우에 해당하지 않으므로, 그에 관하여는 주무관청의 허가를 얻을 필요가 없다(대결 2018. 7. 20, 자 2017마1565).
㉢ 사단법인의 정관은 총사원 3분의 2 이상의 동의가 있는 때에 한하여 이를 변경할 수 있다. 그러나 정수에 관하여 정관에 다른 규정이 있는 때에는 그 규정에 의한다(제42조 제1항).
㉠ 주무관청의 허가가 효력요건이고(제42조 제2항), 변경내용이 등기사항이면 등기가 대항요건이다.

09 ㉠ 민법 제62조에 의하면 특정한 행위를 대리하게 할 수 있으나 포괄적으로 위임할 수는 없다. 따라서 포괄적 수임인 丙의 대행행위는 甲법인에게 그 효력이 미치지 않는다.
㉡ 민법 제35조 제1항은 "법인은 이사 기타 대표자가 그 직무에 관하여 타인에게 가한 손해를 배상할 책임이 있다"라고 정한다. 여기서 '법인의 대표자'에는 그 명칭이나 직위 여하, 또는 대표자로 등기되었는지 여부를 불문하고 당해 법인을 실질적으로 운영하면서 법인을 사실상 대표하여 법인의 사무를 집행하는 사람을 포함한다고 해석함이 상당하다(대판 2011. 4. 28, 2008다15438).
㉢ 비법인사단에 대하여는 사단법인에 관한 민법 규정 가운데 법인격을 전제로 하는 것을 제외하고는 이를 유추적용하여야 하는데, 민법 제62조에 비추어 보면 비법인사단의 대표자는 정관 또는 총회의 결의로 금지하지 아니한 사항에 한하여 타인으로 하여금 특정한 행위를 대리하게 할 수 있을 뿐 비법인사단의 제반 업무처리를 포괄적으로 위임할 수는 없다(대판 2011. 4. 28, 2008다15438).

10 ⑤ 청산인은 제88조 제1항의 채권신고기간 내에는 채권자에 대하여 변제하지 못한다. 그러나 법인은 채권자에 대한 지연손해배상의 의무를 면하지 못한다(제90조).

Answer 07 ①   08 ④   09 ③   10 ⑤

11 민법상 법인의 권리능력과 불법행위능력에 관한 설명으로 옳지 않은 것은? (다툼이 있으면 판례에 따름) 2016 기출

① 법인은 법률의 규정에 좇아 정관으로 정한 목적의 범위 내에서 권리와 의무의 주체가 된다.

② 법인의 피용자가 사무집행에 관하여 불법행위를 한 경우, 법인은 민법 제756조의 책임을 부담한다.

③ 법인의 목적범위 외의 행위로 인하여 타인에게 손해를 가한 때에는 그 사항의 의결에 찬성하거나 그 의결을 집행한 사원, 이사 및 기타 대표자가 연대하여 배상하여야 한다.

④ 법인의 대표자의 행위가 직무에 관한 행위에 해당하지 아니함을 피해자가 중대한 과실로 인하여 알지 못한 경우에도 법인에게 불법행위책임을 물을 수 있다.

⑤ 민법 제35조 제1항의 법인의 대표자에는 그 명칭이나 직위 여하 또는 대표자로 등기되었는지 여부를 불문하고 당해 법인을 실질적으로 운영하면서 법인을 사실상 대표하여 법인의 사무를 집행하는 사람을 포함한다고 해석함이 상당하다.

12 법인의 불법행위능력(민법 제35조)에 관한 설명으로 옳지 않은 것은? (다툼이 있으면 판례에 따름) 2015 기출

① 법인을 실질적으로 운영하면서 법인을 사실상 대표하여 법인의 사무를 집행하는 자가 대표자로 등기되어 있지 않은 경우, 그가 그 직무에 관하여 타인에게 손해를 가하더라도 법인의 불법행위가 성립하지 않는다.

② 대표권이 없는 이사는 법인의 기관이기는 하지만 대표기관은 아니기 때문에 그 이사의 행위로 인하여 법인의 불법행위가 성립하지 않는다.

③ 대표자의 행위가 대표자 개인의 사리를 도모하기 위한 것이었다 하더라도 외관상, 객관적으로 직무에 관한 행위라고 인정할 수 있는 것이라면, 특별한 사정이 없는 한 그 직무에 관한 행위에 해당한다.

④ 대표자의 행위가 직무에 관한 행위에 해당하지 아니함을 피해자 자신이 알았거나 또는 중대한 과실로 인하여 알지 못한 경우에는 법인에게 손해배상책임을 물을 수 없다.

⑤ 법인의 목적범위 외의 행위로 타인에게 손해를 가한 경우, 그 사항의 의결에 찬성하거나 그 의결을 집행한 사원, 이사 및 기타 대표자가 연대하여 배상책임을 진다.

13 민법 제35조(법인의 불법행위능력)에 관한 설명으로 옳지 않은 것은? (다툼이 있는 경우에는 판례에 의함) 2013 기출

① 법인을 실질적으로 운영하면서 법인을 사실상 대표하여 법인 사무를 집행하는 사람도 법인의 대표자에 포함된다.

② 대표권 없는 이사의 행위에 대해서는 법인의 불법행위가 성립하지 않는다.

③ 대표기관의 행위가 외형상 법인의 직무에 관한 행위로 인정될 수 있더라도, 그것이 개인의 사리를 도모하기 위한 것이라면 직무에 관한 행위에 해당하지 않는다.

④ 대표기관이 강행규정을 위반한 계약을 체결하여 그 상대방이 손해를 입은 경우에도 직무관련성이 인정되면 법인의 불법행위 책임이 인정된다.

⑤ 법인이 대표자의 선임·감독에 주의를 다하였음을 증명하더라도 법인의 불법행위 책임으로부터 면책되지 않는다.

14 법인의 불법행위에 관한 다음 설명 중 가장 옳지 않은 것은?

① 법인의 불법행위가 성립하는 경우 가해행위를 한 대표기관 개인은 책임을 지지 않는다.

② 법인실재설에 의하면 법인은 당연히 불법행위능력을 가지므로 불법행위책임을 진다.

③ 법인의 불법행위가 성립하려면 대표기관의 행위가 불법행위의 일반적 요건을 갖추어야 한다.

④ 법인의 불법행위가 성립하지 않는 경우에도 그 사항의 의결에 찬성하거나 그 의결을 집행한 사원, 이사 기타 대표자는 연대하여 배상하여야 한다.

⑤ 직무행위에 해당하는지 여부는 행위의 외형을 기준으로 판단한다.

---

11 ④ 법인의 대표자의 행위가 직무에 관한 행위에 해당하지 아니함을 피해자 자신이 알았거나 또는 중대한 과실로 인하여 알지 못한 경우에는 법인에 손해배상책임을 물을 수 없다(대판 2004. 3. 26, 2003다34045).

12 ① 법인의 대표자에는 그 명칭이나 직위 여하, 또는 대표자로 등기되었는지 여부를 불문하고 당해 법인을 실질적으로 운영하면서 법인을 사실상 대표하여 법인의 사무를 집행하는 사람을 포함한다고 해석함이 상당하다(대판 2011. 4. 28, 2008다15438).

13 ③ 법인이 그 대표자의 불법행위로 인하여 손해배상의무를 지는 것은 그 대표자의 직무에 관한 행위로 인하여 손해가 발생한 것임을 요한다 할 것이나, 그 직무에 관한 것이라는 의미는 행위의 외형상 법인의 대표자의 직무행위라고 인정할 수 있는 것이라면 설사 그것이 대표자 개인의 사리를 도모하기 위한 것이었거나 혹은 법령의 규정에 위배된 것이었다 하더라도 위의 직무에 관한 행위에 해당한다고 보아야 한다(대판 2004. 2. 27, 2003다15280).

14 ① 법인의 불법행위가 성립하는 경우에 대표기관 개인도 법인과 경합하여 피해자에게 손해배상책임을 진다(제35조 제1항 후단). 따라서 피해자는 법인 또는 대표기관 개인에 대하여 선택적으로 손해배상청구를 할 수 있으며, 양 채무는 부진정연대채무이다.

Answer 11 ④ 12 ① 13 ③ 14 ①

15 법인의 불법행위능력에 관한 설명으로 옳은 것은? (다툼이 있으면 판례에 의함)

① 법인의 불법행위능력에 관한 규정은 법인 아닌 사단에 유추적용되지 않는다.
② 법인이 대표자의 선임과 감독에 과실 없음을 증명한 때에는 법인의 불법행위(민법 제35조)가 성립하지 않는다.
③ 대표기관이 법인의 목적 범위 외의 행위로 타인에게 손해를 가한 경우, 사원이 단순히 그 사항의 의결에 찬성하였다고 하여 책임을 지는 것은 아니다.
④ 법인 아닌 사단의 대표자의 행위가 직무에 해당하지 아니함을 피해자가 중대한 과실로 알지 못한 경우에는 법인 아닌 사단에 대하여 손해배상책임을 물을 수 없다.
⑤ 법인의 불법행위가 성립하는 경우, 피해자는 법인에 대하여 불법행위책임을 물을 수 있을 뿐 가해자인 이사에 대하여 그 책임을 물을 수는 없다.

16 민법 제35조(법인의 불법행위능력)에 관한 설명으로 옳지 않은 것은? (다툼이 있는 경우에는 판례에 의함)
2014 기출

① "법인의 대표자"에는 법인을 실질적으로 운영하면서 법인을 사실상 대표하여 법인의 사무를 집행하는 사람을 포함한다.
② "직무에 관하여"는 행위의 외형상 대표자의 직무행위로 인정할 수 있는 행위이면 된다.
③ 법인의 불법행위가 성립하게 되면 가해행위를 한 대표자는 손해배상책임을 면한다.

④ 비법인사단의 대표자의 행위가 직무에 관한 행위에 해당하지 아니함을 피해자가 알았거나 중대한 과실로 인하여 알지 못한 때에는 비법인사단에 손해배상책임을 물을 수 없다.
⑤ 법인의 목적범위 외의 행위로 인하여 타인에게 손해를 가한 때에는 그 사항의 의결에 찬성하거나 그 의결을 집행한 사원, 이사 및 기타 대표자가 연대하여 배상하여야 한다.

17 법인의 불법행위책임에 관한 설명으로 옳지 않은 것은? (다툼이 있으면 판례에 따름)
2017 기출

① 대표권이 없는 이사의 행위로 인하여는 법인의 불법행위가 성립하지 않는다.
② 외형상 법인의 대표자의 직무행위라고 인정할 수 있는 것이라면 그것이 법령규정에 위반한 행위라도 직무에 관한 행위에 해당한다.
③ 법인의 대표자의 행위가 직무에 관한 행위에 해당하지 아니함을 피해자가 중대한 과실로 인하여 알지 못한 경우에 법인은 손해배상책임을 부담하지 않는다.
④ 이사의 대표권에 대한 제한은 정관에 기재하여야 효력이 발생하고, 등기하면 제3자에게 대항할 수 있다.
⑤ 법인의 권리능력을 벗어나는 행위의 효과는 법인에게 귀속되지 않기 때문에 이로 인하여 상대방이 손해를 입었더라도 그 행위를 집행한 대표기관은 책임을 부담하지 않는다.

18 민법 제35조(법인의 불법행위능력)에 관한 설명으로 옳은 것은? 2019 기출

① 민법 제35조 소정의 '이사 기타 대표자'에는 대표권 없는 이사가 포함된다.

② 법인의 불법행위가 성립하는 경우, 대표자의 행위가 피해자에 대한 불법행위를 구성한다면 그 대표자도 피해자에 대하여 손해배상책임을 면하지 못한다.

③ 법인의 불법행위가 성립하여 법인이 피해자에게 배상한 경우, 법인은 대표자 개인에 대하여 구상권을 행사할 수 없다.

④ 법인의 대표자의 행위가 직무에 관한 행위에 해당하지 아니함을 피해자가 경과실로 알지 못한 경우 법인의 불법행위책임은 성립하지 않는다.

⑤ 법인의 대표자의 행위가 법령의 규정에 위배된 것이라면 외관상, 객관적으로 직무에 관한 행위라고 인정되더라도 민법 제35조 제1항의 직무에 관한 행위에 해당하지 않는다.

---

15 ① 유추적용된다.
② 법인의 불법행위가 성립하면, 법인은 피해자에 대하여 손해배상책임을 진다. 법인의 불법행위책임은 사용자책임과 달리 선임·감독에 주의를 다하였음을 이유로 면책되지 않는다.
③ 법인의 목적범위 외의 행위로 인하여 타인에게 손해를 가한 때에는 그 사항의 의결에 찬성하거나 그 의결을 집행한 사원, 이사 및 기타 대표자가 연대하여 배상하여야 한다(제35조 제2항).
⑤ 법인의 배상책임이 인정된다고 하여 대표기관이 자기의 손해배상책임을 면하지 못한다(제35조 제1항 후문). 따라서 피해자는 법인 또는 대표기관의 어느 쪽에 대하여서도 배상을 청구할 수 있고, 대표기관은 법인과 경합하여 피해자에게 배상책임을 진다(부진정연대채무관계). 만약 법인이 피해자에게 배상하면 법인은 대표기관에 대하여 구상권을 행사할 수 있다(제65조).

16 ③ 법인은 이사 기타 대표자가 그 직무에 관하여 타인에게 가한 손해를 배상할 책임이 있다. 이사 기타 대표자는 이로 인하여 자기의 손해배상책임을 면하지 못한다(제35조 제1항).

17 ⑤ 법인의 목적범위 외의 행위로 인하여 타인에게 손해를 가한 때에는 그 사항의 의결에 찬성하거나 그 의결을 집행한 사원, 이사 및 기타 대표자가 연대하여 배상하여야 한다(제35조 제2항).

18 ② 법인은 이사 기타 대표자가 그 직무에 관하여 타인에게 가한 손해를 배상할 책임이 있다. 이사 기타 대표자는 이로 인하여 자기의 손해배상책임을 면하지 못한다(제35조 제1항).
① 민법 제35조에서 말하는 '이사 기타 대표자'는 법인의 대표기관을 의미하는 것이고 대표권이 없는 이사는 법인의 기관이기는 하지만 대표기관은 아니기 때문에 그들의 행위로 인하여 법인의 불법행위가 성립하지 않는다(대판 2005. 12. 23. 2003다30159).
③ 이 경우 법인은 대표자 개인에 대하여 구상권을 행사할 수 있다.
④ 법인의 대표자의 행위가 직무에 관한 행위에 해당하지 아니함을 피해자 자신이 알았거나 또는 중대한 과실로 인하여 알지 못한 경우에는 법인에게 손해배상책임을 물을 수 없다(대판 2004. 3. 26. 2003다34045).
⑤ 법인이 그 대표자의 불법행위로 인하여 손해배상의무를 지는 것은 그 대표자의 직무에 관한 행위로 인하여 손해가 발생한 것임을 요한다 할 것이나, 그 직무에 관한 것이라는 의미는 행위의 외형상 법인의 대표자의 직무행위라고 인정할 수 있는 것이라면 설사 그것이 대표자 개인의 사리를 도모하기 위한 것이었거나 혹은 법령의 규정에 위배된 것이었다 하더라도 위의 직무에 관한 행위에 해당한다고 보아야 한다(대판 2004. 2. 27. 2003다15280).

Answer 15 ④ 16 ③ 17 ⑤ 18 ②

19 민법 제35조(법인의 불법행위능력)에 관한 설명으로 옳은 것은? (다툼이 있으면 판례에 따름) 2020 기출

① 대표권이 없는 이사가 직무행위로 타인에게 손해를 가한 경우 법인은 불법행위책임을 진다.

② 법인의 불법행위책임이 성립하는 경우 가해행위를 한 대표기관은 손해배상책임을 면한다.

③ 외형상 대표자의 직무행위로 인정되더라도 법령에 위반한 행위는 직무에 관한 행위가 아니다.

④ 대표자의 행위가 직무행위에 해당하지 않음을 피해자가 중대한 과실로 알지 못한 경우에는 법인에게 손해배상책임을 물을 수 없다.

⑤ 법인의 불법행위책임에는 과실상계의 법리가 적용되지 않는다.

20 민법상 법인의 불법행위능력에 관한 설명으로 옳은 것은? (다툼이 있으면 판례에 따름) 2023 기출

① 법인의 대표자는 법인을 사실상 대표하는지 여부와 관계없이 대표자로 등기되었는지 여부만을 기준으로 판단하여야 한다.

② 법인의 대표자가 부정한 대표행위를 한 경우에 그 행위가 직무범위 내에 있더라도 법인의 불법행위가 성립될 여지가 없다.

③ 행위의 외형상 법인의 대표자의 직무행위라고 인정되더라도 법령의 규정에 위배된 것이라면 직무에 관한 행위에 해당하지 않는다.

④ 법인의 대표자의 행위로 법인의 불법행위책임이 성립하는 경우, 특별한 사정이 없는 한 법인만이 피해자에게 불법행위책임을 진다.

⑤ 법인의 대표자의 행위가 직무행위에 해당하지 아니함을 피해자 자신이 경과실로 알지 못한 경우에는 법인에게 손해배상책임을 물을 수 있다.

21 사단법인 甲의 대표자 乙이 직무에 관한 불법행위로 丙에게 손해를 가하였다. 甲의 불법행위능력(민법 제35조)에 관한 설명으로 옳지 않은 것은? 2021 기출

① 甲의 불법행위가 성립하여 甲이 丙에게 손해를 배상하면 甲은 乙에게 구상할 수 있다.

② 乙이 법인을 실질적으로 운영하면서 사실상 대표하여 사무를 집행하였더라도 대표자로 등기되지 않았다면 민법 제35조에서 정한 '대표자'에 해당하지 않는다.

③ 甲의 불법행위책임은 그가 乙의 선임·감독에 주의를 다하였음을 이유로 면책되지 않는다.

④ 乙의 행위가 외형상 대표자의 직무행위로 인정되는 경우라면 그것이 乙개인의 이익만을 도모하기 위한 것이라도 직무에 관한 행위에 해당한다.

⑤ 乙이 청산인인 경우에도 甲의 불법행위책임이 성립할 수 있다.

19 ④ 대표자의 행위가 직무에 관한 행위에 해당하지 아니함을 피해자 자신이 알았거나 또는 중대한 과실로 인하여 알지 못한 경우에는 비법인사단에 손해배상책임을 물을 수 없다(대판 2003. 7. 25, 2002다27088).

① 민법 제35조에서 말하는 '이사 기타 대표자'는 법인의 대표기관을 의미하는 것이고 대표권이 없는 이사는 법인의 기관이기는 하지만 대표기관은 아니기 때문에 그들의 행위로 인하여 법인의 불법행위가 성립하지 않는다(대판 2005. 12. 23, 2003다30159).

② 법인은 이사 기타 대표자가 그 직무에 관하여 타인에게 가한 손해를 배상할 책임이 있다. 이사 기타 대표자는 이로 인하여 자기의 손해배상책임을 면하지 못한다(제35조 제1항).

③ 법인이 그 대표자의 불법행위로 인하여 손해배상의무를 지는 것은 그 대표자의 직무에 관한 행위로 인하여 손해가 발생한 것임을 요한다 할 것이나, 그 직무에 관한 것이라는 의미는 행위의 외형상 법인의 대표자의 직무행위라고 인정할 수 있는 것이라면 설사 그것이 대표자 개인의 사리를 도모하기 위한 것이었거나 혹은 법령의 규정에 위배된 것이었다 하더라도 위의 직무에 관한 행위에 해당한다고 보아야 한다(대판 2004. 2. 27, 2003다15280).

⑤ 법인의 불법행위책임에도 과실상계의 법리가 적용된다.

20 ⑤ 법인의 대표자의 행위가 직무에 관한 행위에 해당하지 아니함을 피해자 자신이 알았거나 또는 중대한 과실로 인하여 알지 못한 경우에는 법인에 손해배상책임을 물을 수 없다(대판 2004. 3. 26, 2003다34045).

① 여기서 '법인의 대표자'에는 그 명칭이나 직위 여하, 또는 대표자로 등기되었는지 여부를 불문하고 당해 법인을 실질적으로 운영하면서 법인을 사실상 대표하여 법인의 사무를 집행하는 사람을 포함한다(대판 2011. 4. 28, 2008다15438).

② 법인의 대표자가 부정한 대표행위를 한 경우라도 직무관련성이 있고 기타 요건을 갖춘 경우에는 법인에게 불법행위책임을 인정한다.

③ 행위의 외형상 법인의 대표자의 직무행위라고 인정할 수 있는 것이라면 설사 그것이 대표자 개인의 사리를 도모하기 위한 것이었거나 혹은 법령의 규정에 위배된 것이었다 하더라도 위의 직무에 관한 행위에 해당한다고 보아야 한다(대판 2004. 2. 27, 2003다15280).

④ 법인의 불법행위가 성립하면, 법인은 피해자에 대하여 손해배상책임을 진다. 법인의 배상책임이 인정된다고 하더라도 대표기관이 자기의 손해배상책임을 면하지 못한다. 피해자는 법인 또는 대표기관 개인에 대해 손해배상을 청구할 수 있고, 이 양자는 '부진정연대채무'로 해석된다.

21 ② '법인의 대표자'에는 그 명칭이나 직위 여하, 또는 대표자로 등기되었는지 여부를 불문하고 당해 법인을 실질적으로 운영하면서 법인을 사실상 대표하여 법인의 사무를 집행하는 사람을 포함한다고 해석함이 상당하다(대판 2011. 4. 28, 2008다15438).

① 법인이 피해자에게 손해를 배상한 때에는, 법인은 선관주의의무위반(제61조)을 이유로 대표기관 개인에게 구상권을 행사할 수 있다.

③ 제35조의 법인의 불법행위책임은 제756조의 사용자책임과 달리 면책규정이 없다. 따라서 대표기관의 선임·감독에 주의를 다하였음을 이유로 면책되지 않는다.

Answer 19 ④ 20 ⑤ 21 ②

22 법인의 이사에 관한 설명으로 옳지 않은 것은? (다툼이 있으면 판례에 의함)

① 임시이사는 법인의 대표기관으로서 사원총회를 소집할 권한이 있다.

② 이사가 여러 명인 경우, 정관에 달리 정한 바가 없으면 이사는 법인사무에 관하여 각자 법인을 대표한다.

③ 이사가 없거나 결원이 있어 손해가 생길 염려가 있는 때에는 법원은 이해관계인이나 검사의 청구에 의하여 임시이사를 선임하여야 한다.

④ 이사는 법인에 대한 일방적인 의사표시로 사임할 수 없고, 이사회의 결의나 관할관청의 승인이 있어야 한다.

⑤ 이사는 정관 또는 총회의 결의로 금지하지 아니한 사항에 한하여 타인으로 하여금 특정한 행위를 대리하게 할 수 있는데, 이때 대리인은 법인의 대리인이다.

23 민법상 법인의 이사에 관한 설명 중 틀린 것은? (다툼이 있는 경우 판례에 의함)

① 이사는 대외적으로 법인을 대표하고 대내적으로 법인의 업무를 집행하는 상설 필수기관이다.

② 이사의 임면방법은 정관에 기재하여야 하며 이사의 성명과 주소는 등기사항이다.

③ 이사의 대표권에 대한 제한은 등기하여야 제3자에게 대항할 수 있다.

④ 이사가 없거나 결원이 있는 경우에는 이해관계인의 청구에 의하여 주무관청은 임시이사를 선임하여야 한다.

⑤ 이사는 선량한 관리자의 주의로써 그 직무를 수행하여야 한다.

24 법인에 관한 설명으로 옳은 것을 모두 고른 것은? 2021 기출

> ㉠ 임시이사는 법인과 이사의 이익이 상반하는 사항에 관하여 선임되는 법인의 기관이다.
> ㉡ 법인의 이사가 여러 명인 경우에는 정관에 다른 규정이 없으면 법인의 사무집행은 이사의 과반수로써 결정한다.
> ㉢ 법인의 대표에 관하여는 대리에 관한 규정을 준용한다.
> ㉣ 이사는 정관 또는 총회의 결의로 금지하지 아니한 사항에 한하여 타인으로 하여금 특정한 행위를 대리하게 할 수 있다.

① ㉠, ㉡

② ㉢, ㉣

③ ㉠, ㉡, ㉢

④ ㉡, ㉢, ㉣

⑤ ㉠, ㉡, ㉢, ㉣

25 민법상 법인의 대표권에 관한 설명으로 옳지 않은 것은? 2018 기출

① 이사의 대표권 제한에 관한 정관의 규정이 등기되어 있지 않으면, 법인은 그 규정으로 악의의 제3자에게도 대항할 수 없다.

② 법인과 이사의 이익상반행위로 특별대리인을 선임하는 경우, 법원은 이해관계인이나 검사의 청구에 의하여 선임하여야 한다.

③ 민법 규정에 의하여 선임된 직무대행자가 그 권한을 정한 규정에 위반하여 법인의 통상 사무 범위를 벗어난 행위를 한 경우, 법인은 선의의 제3자에 대하여 책임을 진다.

④ 대표자의 행위가 직무에 관한 행위에 해당하지 아니함을 피해자가 중과실로 알지 못한 경우에도, 피해자는 법인에게 손해배상책임을 물을 수 있다.

⑤ 법인의 대표에 관하여는 대리에 관한 규정을 준용한다.

26 법인의 이사에 관한 설명으로 옳지 않은 것은? (다툼이 있는 경우에는 판례에 의함) 2014 기출

① 이사의 임면에 관한 사항은 정관의 필요적 기재사항이다.

② 이사의 대표권의 제한은 이를 등기하지 않으면 악의의 제3자에게도 대항할 수 없다.

③ 이사가 그의 권한으로 선임한 대리인은 법인의 기관이다.

④ 특별한 사정이 없으면, 법인과 이사의 이익이 상반하는 사항에 관하여는 그 이사는 대표권이 없다.

⑤ 이사의 직무대행자는 원칙적으로 법인의 통상사무에 속하는 행위만을 할 수 있다.

★

22 ④ 학교법인의 이사는 법인에 대한 일방적인 사임의 의사표시에 의하여 법률관계를 종료시킬 수 있고, 그 의사표시는 수령권한 있는 기관에 도달됨으로써 바로 효력을 발생하는 것이며, 그 효력발생을 위하여 이사회의 결의나 관할관청의 승인이 있어야 하는 것은 아니다(대판 2003. 1. 10, 2001다1171).

23 ④ 이사가 없거나 결원이 있는 경우에 이로 인하여 손해가 생길 염려가 있는 때에는 법원은 이해관계인이나 검사의 청구에 의하여 임시이사를 선임하여야 한다. 즉, 임시이사는 법원이 선임한다.

24 ⓛ 제58조 제2항
ⓒ 제59조 제2항
ⓡ 제62조
⑤ 이사가 없거나 결원이 있는 경우에 이로 인하여 손해가 생길 염려가 있는 때에는 법원은 이해관계인이나 검사의 청구에 의하여 임시이사를 선임하여야 한다(제63조).

25 ④ 법인의 대표자의 행위가 직무에 관한 행위에 해당하지 아니함을 피해자 자신이 알았거나 또는 중대한 과실로 인하여 알지 못한 경우에는 법인에 손해배상책임을 물을 수 없다(대판 2004. 3. 26, 2003다34045).
① 법인의 정관에 법인 대표권의 제한에 관한 규정이 있으나 그와 같은 취지가 등기되어 있지 않다면 법인은 그와 같은 정관의 규정에 대하여 선의냐 악의냐에 관계없이 제3자인 원고에 대하여 대항할 수 없다(대판 1992. 2. 14, 91다24564).

26 ③ 이사는 원칙적으로 자신이 대표권을 행사하여야 한다. 다만, 정관 또는 총회의 결의로 금지하지 아니한 사항에 한하여 타인으로 하여금 특정한 행위를 대리하게 할 수 있다(제62조). 이때 이사가 선임한 대리인은 법인의 기관은 아니고, 법인의 대리인일 뿐이다.

Answer 22 ④ 23 ④ 24 ④ 25 ④ 26 ③

27 법인의 이사에 관한 설명으로 옳은 것은?

2013 기출

① 법인이 설립허가의 취소로 해산하는 경우 원칙적으로 이사는 청산인이 될 수 없다.
② 이사가 여러 명인 경우, 법인의 사무에 관하여 공동으로 법인을 대표하는 것이 원칙이다.
③ 이사는 정관 또는 총회의 결의로 금지하지 아니한 사항에 한하여 타인으로 하여금 특정한 행위를 대리하게 할 수 있다.
④ 이사의 대표권에 대한 제한은 정관의 기재만으로도 선의의 제3자에게 대항할 수 있다.
⑤ 법인과 이사의 이익이 상반하는 사항에 대해서는 법원이 이해관계인이나 검사의 청구에 의하여 임시이사를 선임하여야 한다.

28 민법상 법인에 관한 설명 중 틀린 것은?

① 사단법인의 정관은 정관에 달리 정한 바가 없으면 총사원의 3분의 2 이상이 동의한 경우에 한하여 이를 변경할 수 있다.
② 이사가 수인인 경우에 정관에 다른 규정이 없으면 법인의 사무집행은 이사의 과반수로써 결정한다.
③ 정관에 달리 정한 바가 없으면 총사원의 5분의 1 이상으로부터 회의의 목적사항을 제시하여 청구한 때에는 이사는 임시총회를 소집하여야 한다.
④ 사단법인은 정관에 달리 정한 바가 없으면, 총사원의 3분의 2 이상의 동의가 없으면 해산을 결의하지 못한다.
⑤ 사원총회의 결의는 민법 또는 정관에 다른 규정이 없으면 사원 과반수의 출석과 출석사원의 결의권의 과반수로써 한다.

29 법인의 기관에 관한 설명 중 틀린 것은?

① 비영리사단법인의 사원총회는 정관의 규정에 의하더라도 이를 두지 않거나 폐지할 수 없다.
② 주식회사의 이사회는 상설의 필요기관이나 민법상 법인의 이사회는 그렇지 않다.
③ 직무대행자는 이사의 선임행위가 흠이 있는 것이어서 이해관계인의 신청으로 법원이 가처분으로 선임하는 임시적 기관이다.
④ 임시이사는 법인과 이사의 이익이 상반되는 사항에 대하여 이해관계인 또는 검사의 청구로 법원이 선임하는 임시적 기관이다.
⑤ 민법상 법인의 감사는 임의기관이다.

30 민법상 법인의 기관에 관한 설명으로 옳지 않은 것은? (다툼이 있으면 판례에 따름)

2019 기출

① 민법상 이사의 임기를 제한하는 규정은 없다.
② 사원총회의 결의는 민법 또는 정관에 다른 규정이 없으면 사원 과반수의 출석과 출석사원의 결의권의 과반수로써 한다.
③ 이사는 정관 또는 총회의 결의로 금지하지 아니한 사항에 한하여 타인으로 하여금 특정한 행위를 대리하게 할 수 있다.
④ 임시이사 선임의 요건인 '이사가 없거나 결원이 있는 경우'란 이사가 전혀 없거나 정관에서 정한 인원수에 부족이 있는 경우를 말한다.
⑤ 정관에 이사의 해임사유에 관한 규정이 있는 경우에는 이사의 중대한 의무위반이 있어도 법인은 정관에서 정하지 아니한 사유로 이사를 해임할 수 없다.

31 비영리사단법인의 기관에 관한 설명으로 옳지 않은 것은? (다툼이 있으면 판례에 의함)

① 정관에 이사의 대표권 제한에 관한 규정이 있으면 등기되어 있지 않더라도 법인은 악의의 제3자에 대하여는 대항할 수 있다.

② 이사는 선량한 관리자의 주의로 그 직무를 행하여야 한다.

③ 법인이 해산한 경우, 정관 또는 총회의 결의로 달리 정한 바가 없으면 파산의 경우를 제외하고는 이사가 청산인이 된다.

④ 감사는 법인의 재산상황에 관하여 부정이 있음을 발견한 때에는 이를 총회 또는 주무관청에 보고히여야 한다.

⑤ 정관에 다른 규정이 없는 경우, 임의해산은 총사원의 4분의 3 이상, 정관변경은 3분의 2 이상의 동의를 요한다.

---

27 ① 법인이 해산한 때에는 파산의 경우를 제하고는 이사가 청산인이 된다(제82조).
② 법인의 대표에는 대리에 관한 규정이 준용되므로 이사가 수인인 경우 이사 각자가 법인을 대표한다.
④ 이사의 대표권의 제한을 정관에 기재하여 유효한 경우에도 이를 등기하지 않으면 제3자에게 대항할 수 없다(제60조).
⑤ 법인과 이사의 이익에 상반하는 사항에 관하여는 이사는 대표권이 없다. 이 경우에는 특별대리인을 선임하여야 한다(제64조).

28 ④ 사단법인은 총사원 4분의 3 이상의 동의가 없으면 해산을 결의하지 못한다. 그러나 정관에 다른 규정이 있는 때에는 그 규정에 의한다(제78조).

29 ④ 법인과 이사의 이익이 상반하는 사항에 관하여는 이사는 대표권이 없다. 이 경우 특별대리인을 선임하여야 한다(제64조).

30 ⑤ 법인의 정관에 이사의 해임사유에 관한 규정이 있는 경우 법인으로서는 이사의 중대한 의무위반 또는 정상적인 사무집행 불능 등의 특별한 사정이 없는 이상, 정관에서 정하지 아니한 사유로 이사를 해임할 수 없다(대판 2013. 11. 28, 2011다41741).
② 제75조 제1항
③ 제62조
④ 대판 1975. 3. 31, 74마562

31 ① 법인의 정관에 법인 대표권의 제한에 관한 규정이 있으나 그와 같은 취지가 등기되어 있지 않다면 법인은 그와 같은 정관의 규정에 대하여 선의냐 악의냐에 관계없이 제3자에 대하여 대항할 수 없다(대판 1992. 2. 14, 91다24564).

Answer 27 ③ 28 ④ 29 ④ 30 ⑤ 31 ①

32 민법상 법인의 기관에 관한 설명으로 옳은 것은? (다툼이 있으면 판례에 따름)

2015 기출

① 사단법인의 이사와 감사는 필수기관이다.
② 이사가 없거나 결원이 있는 경우에 이로 인하여 손해가 생길 염려가 있는 때에는 법원은 이해관계인이나 검사의 청구에 의하여 직무대행자를 선임하여야 한다.
③ 사단법인의 사원의 지위는 양도 또는 상속할 수 없다는 민법의 규정은 강행규정이므로, 정관으로 이에 반하는 규정을 둘 수 없다.
④ 법인과 이사의 이익이 상반하는 사항에 관하여는 임시이사를 선임하여야 한다.
⑤ 사원총회에서 결의할 수 있는 것은 정관에 다른 규정이 없는 한 총회를 소집할 때 미리 통지한 사항에 한정된다.

33 민법상 사단법인의 기관에 관한 설명으로 옳지 않은 것은?

2018 기출

① 이사의 임면에 관한 사항은 정관의 임의적 기재사항이다.
② 사단법인의 이사는 매년 1회 이상 통상총회를 소집하여야 한다.
③ 이사가 수인인 경우, 정관에 다른 규정이 없으면 법인의 사무집행은 이사의 과반수로써 결정한다.
④ 감사는 필요기관이 아니다.
⑤ 사원총회의 의결사항은 정관에 다른 규정이 없으면, 총회를 소집할 때 미리 통지된 사항에 한한다.

34 민법상 사단법인의 정관에 관한 설명으로 옳지 않은 것은? (다툼이 있으면 판례에 의함)

① 사원총회의 결의에 의한 정관해석은 사원들이나 법원을 구속하는 효력이 없다.
② 정관의 변경은 주무관청의 허가를 얻지 않으면 그 효력이 없다.
③ 사원의 지위를 상속할 수 있도록 한 정관의 규정은 유효하다.
④ 사단법인의 정관은 총사원 3분의 2 이상의 동의가 있는 때에 한하여 이를 변경할 수 있는 것이 원칙이다.
⑤ 결의권평등의 원칙을 변경하는 정관의 규정은 효력이 없다.

35 민법상 법인에 관한 설명으로 옳은 것은? (다툼이 있으면 판례에 따름)

2022 기출

① 재단법인의 기본재산을 새롭게 편입하는 행위는 주무관청의 허가를 받지 않아도 유효하다.
② 재단법인의 감사는 민법상 필수기관이다.
③ 사단법인의 사원권은 정관에 정함이 있는 경우 상속될 수 있다.
④ 사단법인이 정관에 이사의 대표권에 관한 제한을 규정한 경우에는 이를 등기하지 않더라도 악의의 제3자에게 대항할 수 있다.
⑤ 이사 전원의 의결에 의하여 잔여재산을 처분하도록 한 사단법인의 정관 규정은 성질상 등기하여야만 제3자에게 대항할 수 있는 청산인의 대표권에 관한 제한으로 보아야 한다.

36 재단법인의 정관의 변경과 보충에 관한 다음의 설명 중 잘못된 것은?

① 재단법인의 정관은 그 변경방법을 정관에 정한 때에 한하여 변경할 수 있다.

② 재단법인의 설립자가 이사임면의 방법을 정하지 아니하고 사망한 때에는 이해관계인 또는 검사의 청구에 의하여 법원이 이를 정한다.

③ 정관에 변경방법이 정하여진 바 없더라도, 목적달성 또는 그 재산의 보전을 위하여 적당한 때에는 명칭 또는 사무소소재지를 변경할 수 있다.

④ 재단법인의 목적은 본질적인 것이므로, 목적에 관한 정관의 규정은 변경할 수 없고, 목적을 딜성힐 수 없는 때에는 해산하여야 한다.

⑤ 정관의 변경은 주무관청의 허가를 얻지 아니하면 그 효력이 없다.

Part 02

---

32 ① 모든 법인에서 이사는 필수기관이지만, 감사는 임의기관이다.

② 이사가 없거나 결원이 있는 경우에 이로 인하여 손해가 생길 염려가 있는 때에는 법원은 이해관계인이나 검사의 청구에 의하여 임시이사를 선임하여야 한다(제63조).

③ 사단법인의 사원의 지위는 양도 또는 상속할 수 없다는 민법의 규정(제56조)은 강행규정이 아니므로 정관에 의하여 이를 인정하고 있을 때에는 양도·상속이 허용된다.

④ 법인과 이사의 이익이 상반하는 사항에 관하여는 특별대리인을 선임하여야 한다(제64조).

33 ① 이사의 임면에 관한 사항은 정관의 필요적 기재사항이다.

④ 법인은 정관 또는 총회의 결의로 감사를 둘 수 있다. 즉, 감사는 임의기관이다.

34 ⑤ 결의권평등의 원칙은 정관으로 달리 정할 수 있다(제73조 제3항).

35 ③ 사단법인의 사원의 지위는 양도 또는 상속할 수 없다(제56조). 그러나 이러한 민법 제56조의 규정은 강행규정이라고 할 수 없으므로, 비법인사단에서도 사원의 지위는 규약이나 관행에 의하여 양도 또는 상속될 수 있다(대판 1997. 9. 26, 95다6205).

④ 법인의 정관에 법인 대표권의 제한에 관한 규정이 있으나 그와 같은 취지가 등기되어 있지 않다면 법인은 그와 같은 정관의 규정에 대하여 선의냐 악의냐에 관계없이 제3자에게 대항할 수 없다(대판 1992. 2. 14, 91다24564).

⑤ [1] 민법상의 청산절차에 관한 규정은 모두 제3자의 이해관계에 중대한 영향을 미치기 때문에 이른바 강행규정이라고 해석되므로 이에 반하는 잔여재산의 처분행위는 특단의 사정이 없는 한 무효라고 보아야 한다. [2] 이사 전원의 의결에 의하여 잔여재산을 처분하도록 한 정관 규정은 성질상 등기하여야만 제3자에게 대항할 수 있는 청산인의 대표권에 관한 제한이라고 볼 수 없다(대판 1995. 2. 10, 94다13473).

36 ④ 재단법인의 목적을 달성할 수 없는 때에는 설립자나 이사는 주무관청의 허가를 얻어 설립의 취지를 참작하여 그 목적 기타 정관의 규정을 변경할 수 있다(제46조).

①, ③ 재단법인의 정관은 그 변경방법을 정관에 정한 때에 한하여 변경할 수 있다(제45조 제1항). 재단법인의 목적달성 또는 그 재산의 보전을 위하여 적당한 때에는 이 규정에 불구하고 명칭 또는 사무소의 주소지를 변경할 수 있다(제45조 제2항).

② 재단법인의 설립자가 그 명칭, 사무소소재지 또는 이사임면의 방법을 정하지 아니하고 사망한 때에는 이해관계인 또는 검사의 청구에 의하여 법원이 이를 정한다(제44조).

⑤ 제42조 제2항, 제45조 제3항

Answer 32 ⑤ 33 ① 34 ⑤ 35 ③ 36 ④

37 법인의 정관변경에 관한 설명으로 옳은 것은? (다툼이 있으면 판례에 의함)

① 재단법인의 기본재산을 처분하려면 주무관청의 허가가 필요하나, 새로이 기본재산으로 편입하는 경우에는 주무관청의 허가를 요하지 않는다.

② 사단법인의 정관은 정관에 다른 규정이 있더라도 출석사원 3분의 2 이상의 동의가 있으면 주무관청의 허가를 받아 변경할 수 있다.

③ 사원자격의 득실변경에 관한 정관의 기재사항이 적법한 절차를 거쳐서 변경된 경우에는 구성원이 다르더라도 그 변경 전후의 사단법인은 동일성을 유지하면서 존속한다.

④ 재단법인의 명칭은 정관의 기재사항이므로 주무관청의 허가를 받더라도 변경할 수 없다.

⑤ 사단법인의 정관은 사단법인의 동일성을 해하거나 그 본질에 반하는 경우에도 총사원의 동의가 있으면 변경할 수 있다.

38 비영리법인의 청산에 관한 설명으로 옳지 않은 것은? (다툼이 있으면 판례에 의함)

① 청산인의 직무에 관한 규정은 강행규정이다.

② 법인 해산시 청산인의 결원으로 인하여 손해가 생길 염려가 있는 때에는 법원은 직권으로 청산인을 선임할 수 있다.

③ 청산인은 채권신고기간 내에는 변제기가 도래한 채무도 변제하지 못한다.

④ 비영리법인의 해산사유가 발생하면 청산절차가 개시됨과 동시에 권리능력이 소멸한다.

⑤ 청산인은 그가 알고 있는 채권자가 채권신고를 하지 않았더라도 청산으로부터 제외하지 못한다.

39 민법상 법인의 소멸에 관한 설명으로 옳지 않은 것은? (다툼이 있으면 판례에 따름)
2015 기출

① 법인이 목적 이외의 사업을 하거나 설립허가의 조건에 위반하거나 기타 공익을 해하는 행위를 한 경우, 주무관청은 법인의 설립허가를 취소할 수 있다.

② 청산이 종결한 때에는 청산인은 3주간 내에 이를 등기하고 주무관청에 신고하여야 한다.

③ 청산 중의 법인은 채권신고기간이 경과하더라도 변제기에 이르지 않은 채권에 대해서는 변제할 수 없다.

④ 청산절차에 관한 규정은 모두 제3자의 이해관계에 중대한 영향을 미치는 것으로서 강행규정이다.

⑤ 법인에 대한 청산종결등기가 마쳐졌더라도 청산사무가 종결되지 않는 한 그 범위 내에서 청산법인으로 존속한다.

40 민법상 법인의 소멸에 관한 설명으로 옳지 않은 것은? (다툼이 있으면 판례에 따름)

2019 기출

① 사단법인은 사원총회의 결의로도 해산할 수 있다.
② 법원은 법인의 해산 및 청산을 검사, 감독한다.
③ 법인에 대한 청산종결등기가 경료되었다면 청산사무가 종결되지 않았더라도 그 법인은 소멸한다.
④ 법인이 채무를 완제하지 못하게 된 때에는 이사는 지체 없이 파산신청을 하여야 한다.
⑤ 청산인은 청산법인의 능력 범위 내에서 대내적으로 청산사무를 집행하고 대외적으로 청산법인을 대표한다.

41 사단법인에 관한 설명으로 옳지 않은 것은? (다툼이 있으면 판례에 의함)

① 정관의 변경과 임의해산은 사원총회의 권한에 속한다.
② 사원총회의 소집절차가 법률 또는 정관에 위반된 경우에도 특별한 사정이 없는 한 총회의 결의는 유효하다.
③ 이사의 임면에 관한 사항은 정관의 필요적 기재사항이다.
④ 감사가 이사의 업무진행에 관하여 부정한 것이 있음을 발견한 경우, 이를 보고하기 위하여 필요한 때에는 사원총회를 소집할 권한이 있다.
⑤ 사단법인과 어느 사원 간의 이해관계가 있는 사항을 결의하는 경우, 특별한 사정이 없는 한 그 사원은 결의권이 없다.

---

37 ① 재단법인의 기본재산에 관한 사항은 정관의 기재사항으로서 기본재산의 변경은 정관의 변경을 초래하기 때문에 주무부장관의 허가를 받아야 하고 따라서 기존의 기본재산을 처분하는 행위는 물론 새로이 기본재산으로 편입하는 행위도 주무부장관의 허가가 있어야만 유효하다(대판 1982. 9. 28, 82다카499).
② 사단법인의 정관은 총사원 3분의 2 이상의 동의가 있는 때에 한하여 이를 변경할 수 있다. 그러나 정수에 관하여 정관에 다른 규정이 있는 때에는 그 규정에 의한다(제42조 제1항).
④ 일정한 경우에는 재단법인의 명칭도 변경할 수 있다(제45조, 제46조).
⑤ 사단법인의 본질에 반하는 정관변경은 허용되지 않는다.

38 ④ 해산한 법인은 청산의 목적범위 내에서만 권리가 있고 의무를 부담한다(제81조). 즉, 권리능력이 제한될 뿐이다.

39 ③ 청산 중의 법인은 변제기에 이르지 아니한 채권에 대하여도 변제할 수 있다(제91조 제1항).

40 ③ 청산종결등기가 경료된 경우에도 청산사무가 종료되었다 할 수 없는 경우에는 청산법인으로 존속한다(대판 1980. 4. 8, 79다2036).
① 사단법인은 사원이 없게 되거나 총회의 결의로도 해산한다(제77조 제2항).
② 법인의 해산 및 청산은 법원이 검사, 감독한다(제95조).
④ 제79조
⑤ 청산인은 청산법인의 대표기관 및 사무집행기관이다.

41 ② 소집절차가 법률 또는 정관에 위반하여 하자가 있는 경우에, 그 사원총회의 결의는 무효이다.

Answer 37 ③ 38 ④ 39 ③ 40 ③ 41 ②

42 민법상 사단법인에 관한 설명으로 옳지 않은 것은? (다툼이 있으면 판례에 따름)

2020 기출

① 이사는 원칙적으로 법인의 제반 업무처리를 대리인에게 포괄적으로 위임할 수 없다.
② 정관의 규범적 의미와 다른 해석이 사원총회의 결의에 의해 표명되었더라도 이는 법원을 구속하는 효력이 없다.
③ 이사의 임면에 관한 사항은 정관의 임의적 기재사항이다.
④ 이사회의 결의사항에 이해관계가 있는 이사는 의결권이 없다.
⑤ 민법상 청산절차에 관한 규정에 반하는 잔여재산 처분행위는 특단의 사정이 없는 한 무효이다.

43 재단법인에 관한 설명으로 옳은 것은? (다툼이 있으면 판례에 의함)

① 재단법인은 유언으로 설립할 수 없다.
② 재단법인이 기본재산을 처분할 경우 주무관청의 허가를 얻어야 한다.
③ 재단법인의 출연자는 착오를 이유로 출연의 의사표시를 취소할 수 없다.
④ 재단법인의 출연자가 출연재산과 그 목적을 정하지 않고 사망한 때에는 주무관청이 이를 정한다.
⑤ 재단법인의 목적을 달성할 수 없는 경우, 이사는 설립자의 동의가 있으면 주무관청의 허가 없이 그 목적을 변경할 수 있다.

44 권리능력 없는 사단에 관한 설명으로 옳지 않은 것은? (다툼이 있는 경우에는 판례에 의함)

2013 기출

① 권리능력 없는 사단도 그 명의로 등기할 수 있다.
② 권리능력 없는 사단의 사원은 총유물에 대한 지분권을 갖지 못한다.
③ 권리능력 없는 사단의 사원의 지위는 달리 정함이 없는 한 양도할 수 없다.
④ 달리 정함이 없는 한 권리능력 없는 사단의 대표자가 총회의 결의없이 행한 총유물의 처분에 대해서는 권한을 넘은 표현대리에 관한 제126조의 규정이 준용된다.
⑤ 권리능력 없는 사단에 대하여는 사단법인에 관한 민법규정 가운데서 법인격을 전제로 하는 것을 제외하고는 이를 유추적용한다.

45 법인 아닌 사단에 관한 설명으로 옳지 않은 것은? (다툼이 있으면 판례에 의함)

① 법인 아닌 사단도 부동산에 관하여 등기권리자가 될 수 있다.

② 법인 아닌 사단도 그 대표자가 있는 경우에는 사단명의로 소송을 제기할 수 있다.

③ 주택법상의 아파트 입주자 대표회의는 동별 세대수에 비례하여 선출되는 동별 대표자를 구성원으로 하는 법인 아닌 사단이다.

④ 법인 아닌 사단인 재건축조합의 대표자는 조합원 전원의 동의를 얻어 자기 명의로 조합재산 보존을 위한 소를 제기할 수 있다.

⑤ 법인 아닌 사단인 아파트 부녀회의 수익금이 부녀회장 명의의 예금계좌에 입금되어 있는 때에, 위 수익금의 관리권을 승계한 입주자 대표회의가 수익금의 지급을 청구할 경우 그 상대방은 부녀회이다.

---

42 ③ 이사의 임면에 관한 사항은 정관의 필요적 기재사항이다(제40조 제5호).

① 이사는 원칙적으로 자신이 대표권을 행사하여야 한다. 다만, 정관 또는 총회의 결의로 금지하지 아니한 사항에 한하여 타인으로 하여금 특정의 행위를 대리하게 할 수 있다(제62조). 그러나 포괄적 대리권의 수여는 인정되지 않는다.

② 사단법인의 정관은 이를 작성한 사원뿐만 아니라 그 후에 가입한 사원이나 사단법인의 기관 등도 구속하는 점에 비추어 보면 그 법적 성질은 계약이 아니라 자치법규로 보는 것이 타당하므로, 이는 어디까지나 객관적인 기준에 따라 그 규범적인 의미 내용을 확정하는 법규해석의 방법으로 해석되어야 하는 것이지, 작성자의 주관이나 해석 당시의 사원의 다수결에 의한 방법으로 자의적으로 해석될 수는 없다 할 것이어서, 어느 시점의 사단법인의 사원들이 정관의 규범적인 의미 내용과 다른 해석을 사원총회의 결의라는 방법으로 표명하였다 하더라도 그 결의에 의한 해석은 그 사단법인의 구성원인 사원들이나 법원을 구속하는 효력이 없다(대판 2000. 11. 24. 99다12437).

④ 민법 제74조는 사단법인과 어느 사원과의 관계사항을 의결하는 경우 그 사원은 의결권이 없다고 규정하고 있으므로, 민법 제74조의 유추해석상 민법상 법인의 이사회에서 법인과 어느 이사와의 관계사항을 의결하는 경우에는 그 이사는 의결권이 없다(대판 2009. 4. 9. 2008다1521).

⑤ 청산절차에 관한 규정은 제3자의 이해관계에 중대한 영향을 미치기 때문에 강행규정이다.

43 ① 재단법인의 설립은 생전처분이나 유언으로 할 수 있다.

③ 재단법인의 출연자는 착오를 이유로 출연의 의사표시를 취소할 수 있다.

④ 재단법인의 설립자가 그 명칭, 사무소 소재지 또는 이사 임면의 방법을 정하지 아니하고 사망한 때에는 이해관계인 또는 검사의 청구에 의하여 법원이 이를 정한다(제44조). 그러나 목적과 자산은 보충할 수 없다.

⑤ 재단법인의 목적을 달성할 수 없는 때에는 설립자나 이사는 주무관청의 허가를 얻어 설립의 취지를 참작하여 그 목적 기타 정관의 규정을 변경할 수 있다(제46조).

44 ④ 비법인사단인 교회의 대표자는 총유물인 교회 재산의 처분에 관하여 교인총회의 결의를 거치지 아니하고는 이를 대표하여 행할 권한이 없다. 그리고 교회의 대표자가 권한 없이 행한 교회 재산의 처분행위에 대하여는 민법 제126조의 표현대리에 관한 규정이 준용되지 아니한다(대판 2009. 2. 12. 2006다23312).

45 ④ 총유재산에 관한 소송은 법인 아닌 사단이 그 명의로 사원총회의 결의를 거쳐 하거나 또는 그 구성원 전원이 당사자가 되어 필수적 공동소송의 형태로 할 수 있을 뿐 그 사단의 구성원은 설령 그가 사단의 대표자라거나 사원총회의 결의를 거쳤다 하더라도 그 소송의 당사자가 될 수 없고, 이러한 법리는 총유재산의 보존행위로서 소를 제기하는 경우에도 마찬가지라 할 것이다(대판 전합 2005. 9. 15. 2004다44971).

Answer 42 ③ 43 ② 44 ④ 45 ④

46 비법인사단에 관한 설명으로 옳지 않은 것을 모두 고른 것은? (다툼이 있으면 판례에 따름)

2017 기출

> ㉠ 비법인사단의 대표자가 직무에 관하여 타인에게 손해를 가한 경우에 비법인사단은 불법행위책임을 부담한다.
> ㉡ 비법인사단에 이사의 결원이 생긴 경우에는 임시이사 선임에 관한 민법규정이 유추적용되지 않는다.
> ㉢ 비법인사단에는 대표권제한 등기에 관한 규정이 적용되지 않는다.
> ㉣ 비법인사단이 타인 간의 금전채무를 보증하는 행위는 총유물의 관리, 처분행위라고 볼 수 있다.
> ㉤ 비법인사단이 성립되기 이전에 설립 주체인 개인이 취득한 권리의무는 설립 후의 비법인사단에 귀속될 수 있다.

① ㉠, ㉡, ㉣   ② ㉠, ㉢, ㉤
③ ㉡, ㉢, ㉣   ④ ㉡, ㉢, ㉤
⑤ ㉡, ㉣, ㉤

47 민법상 비법인사단에 관한 설명으로 옳지 않은 것은? (다툼이 있으면 판례에 따름)

2018 기출

① 비법인사단의 사원이 집합체로서 물건을 소유할 때에는 총유로 한다.
② 대표자는 비법인사단의 제반 업무처리를 대리인에게 포괄적으로 위임할 수 없다.
③ 대표자 또는 관리인이 있는 비법인사단은 그 사단에 속하는 부동산에 관하여 등기능력을 가진다.
④ 비법인사단 소유의 재산에 대한 대표자의 처분행위가 사원총회의 결의를 거치지 않아 무효가 되더라도, 상대방이 선의인 경우에는 그 처분행위에 대하여 민법 제126조의 표현대리 법리가 준용된다.
⑤ 비법인사단의 대표자가 직무에 관하여 타인에게 손해를 가한 경우, 그 사단은 민법 제35조 제1항의 유추적용에 의하여 그 손해를 배상할 책임이 있다.

48 민법상 비법인사단에 관한 설명으로 옳지 않은 것은? (다툼이 있으면 판례에 따름)

2020 기출

① 이사가 없거나 결원이 있는 경우 임시이사의 선임에 관한 민법 제63조 규정은 비법인사단에도 유추적용될 수 있다.

② 비법인사단의 사원이 집합체로서 물건을 소유할 때에는 총유로 한다.

③ 비법인사단이 타인 간의 금전채무를 보증하는 행위는 총유물의 관리·처분행위로 볼 수 없다.

④ 비법인사단에서 사원의 지위는 규약이나 관행에 의하여 양도 또는 상속될 수 없다.

⑤ 비법인사단의 대표자가 직무에 관하여 타인에게 손해를 가한 경우, 민법 제35조 제1항의 유추적용에 의해 비법인사단은 그 손해를 배상할 책임이 있다.

⭐

46 ㉡ 민법 제63조는 법인의 조직과 활동에 관한 것으로서 법인격을 전제로 하는 조항이 아니고, 법인 아닌 사단이나 재단의 경우에도 이사가 없거나 결원이 생길 수 있으며, 통상의 절차에 따른 새로운 이사의 선임이 극히 곤란하고 종전 이사의 긴급처리권도 인정되지 아니하는 경우에는 사단이나 재단 또는 타인에게 손해가 생길 염려가 있을 수 있으므로, 민법 제63조는 법인 아닌 사단이나 재단에도 유추 적용할 수 있다(대결 2009. 11. 19. 자 2008마699).
㉣ 비법인사단이 타인 간의 금전채무를 보증하는 행위는 총유물 그 자체의 관리·처분이 따르지 아니하는 단순한 채무부담행위에 불과하여 이를 총유물의 관리·처분행위라고 볼 수는 없다(대판 2007. 4. 19. 2004다60072·60089).
㉤ 발기인이 취득한 권리·의무는 구체적 사정에 따라 발기인 개인 또는 발기인조합에 귀속되는 것으로서, 이들에게 귀속된 권리·의무를 설립 후의 사단법인에 귀속시키기 위하여는 양수나 채무인수 등의 특별한 이전행위가 있어야 한다.

47 ④ 비법인사단인 교회의 대표자는 총유물인 교회 재산의 처분에 관하여 교인총회의 결의를 거치지 아니하고는 이를 대표하여 행할 권한이 없다. 그리고 교회의 대표자가 권한 없이 행한 교회 재산의 처분행위에 대하여는 민법 제126조의 표현대리에 관한 규정이 준용되지 아니한다(대판 2009. 2. 12. 2006다23312).
② 비법인사단에게도 포괄적 위임 금지 규정(제62조)이 유추적용된다.

48 ④ 비법인사단에서 사원의 지위는 규약이나 관행에 의하여 양도 또는 상속될 수 있다(대판 1997. 9. 26. 95다6205).
① 민법 제63조는 법인의 조직과 활동에 관한 것으로서 법인격을 전제로 하는 조항이 아니고, 법인 아닌 사단이나 재단의 경우에도 이사가 없거나 결원이 생길 수 있으며, 통상의 절차에 따른 새로운 이사의 선임이 극히 곤란하고 종전 이사의 긴급처리권도 인정되지 아니하는 경우에는 사단이나 재단 또는 타인에게 손해가 생길 염려가 있을 수 있으므로, 민법 제63조는 법인 아닌 사단이나 재단에도 유추 적용할 수 있다(대결 2009. 11. 19. 자 2008마699).
③ 비법인사단이 타인 간의 금전채무를 보증하는 행위는 총유물 그 자체의 관리·처분이 따르지 아니하는 단순한 채무부담행위에 불과하여 이를 총유물의 관리·처분행위라고 볼 수는 없다(대판 전합 2007. 4. 19. 2004다60072·60089).
⑤ 비법인사단의 대표자가 직무에 관하여 타인에게 손해를 가한 경우 그 사단은 민법 제35조 제1항의 유추적용에 의하여 그 손해를 배상할 책임이 있다(대판 2003. 7. 25. 2002다27088).

Answer 46 ⑤ 47 ④ 48 ④

49 민법상 비법인사단에 관한 설명으로 옳은 것은? (다툼이 있으면 판례에 따름)

2023 기출

① 비법인사단에는 대표권제한의 등기에 관한 규정이 적용되지 않는다.

② 비법인사단이 총유물에 관한 매매계약을 체결하는 행위는 총유물의 처분행위가 아니다.

③ 교회가 의결권을 가진 교인 2/3 이상의 찬성으로 소속 교단을 탈퇴한 경우, 종전 교회의 재산은 탈퇴한 교회 소속 교인들의 총유로 귀속되지 않는다.

④ 비법인사단의 구성원은 지분권에 기하여 총유물의 보존행위를 할 수 있다.

⑤ 비법인사단이 타인 간의 금전채무를 보증하는 행위는 총유물의 관리·처분행위로 볼 수 있다.

---

49 ① 비법인사단의 경우에는 대표자의 대표권 제한에 관하여 등기할 방법이 없어 민법 제60조의 규정을 준용할 수 없고, 비법인사단의 대표자가 정관에서 사원총회의 결의를 거쳐야 하도록 규정한 대외적 거래행위에 관하여 이를 거치지 아니한 경우라도, 이와 같은 사원총회 결의사항은 비법인사단의 내부적 의사결정에 불과하다 할 것이므로, 그 거래 상대방이 그와 같은 대표권 제한 사실을 알았거나 알 수 있었을 경우가 아니라면 그 거래행위는 유효하다(대판 2003. 7. 22, 2002다64780).

② 비법인사단이 총유물에 관한 매매계약을 체결하는 행위는 총유물 그 자체의 처분이 따르는 채무부담행위로서 총유물의 처분행위에 해당하나, 그 매매계약에 의하여 부담하고 있는 채무의 존재를 인식하고 있다는 뜻을 표시하는 데 불과한 소멸시효 중단사유로서의 승인은 총유물 그 자체의 관리·처분이 따르는 행위가 아니어서 총유물의 관리·처분행위라고 볼 수 없다(대판 2009. 11. 26, 2009다64383).

③ 소속 교단에서의 탈퇴 내지 소속 교단의 변경은 사단법인 정관변경에 준하여 의결권을 가진 교인 3분의 2 이상의 찬성에 의한 결의를 필요로 하고, 그 결의요건을 갖추어 소속 교단을 탈퇴하거나 다른 교단으로 변경한 경우에 종전 교회의 실체는 이와 같이 교단을 탈퇴한 교회로서 존속하고 종전 교회 재산은 위 탈퇴한 교회 소속 교인들의 총유로 귀속된다(대판 전합 2006. 4. 20, 2004다37775).

④ 민법 제276조 제1항은 "총유물의 관리 및 처분은 사원총회의 결의에 의한다", 같은 조 제2항은 "각 사원은 정관 기타의 규약에 좇아 총유물을 사용·수익할 수 있다"라고 규정하고 있을 뿐 공유나 합유의 경우처럼 보존행위는 그 구성원 각자가 할 수 있다는 민법 제265조 단서 또는 민법 제272조 단서와 같은 규정을 두고 있지 아니한바, 이는 법인 아닌 사단의 소유형태인 총유가 공유나 합유에 비하여 단체성이 강하고 구성원 개인들의 총유재산에 대한 지분권이 인정되지 아니하는 데에서 나온 당연한 귀결이라고 할 것이다(대판 전합 2005. 9. 15, 2004다44971).

⑤ 비법인사단이 타인 간의 금전채무를 보증하는 행위는 총유물 그 자체의 관리·처분이 따르지 아니하는 단순한 채무부담행위에 불과하여 이를 총유물의 관리·처분행위라고 볼 수는 없다(대판 전합 2007. 4. 19, 2004다60072·60089).

Answer ▶ 49 ①

PART

03

권리의 객체

제1절 물건
제2절 부동산과 동산
제3절 주물과 종물
제4절 원물과 과실

권리의 객체

제1절 ▶ 물건 2015 · 2017 · 2018 기출

01 권리의 객체의 의의

권리는 일정한 이익을 향수케 하기 위하여 법률에 의하여 권리주체에 주어진 법률상의 힘이므로, 이 힘의 대상이 권리의 객체이다. 즉, ① 물권에 있어서는 물건 ② 채권에 있어서는 채무자의 행위(급부) ③ 친족권에 있어서는 친족법상의 지위 ④ 상속권에 있어서는 상속재산 ⑤ 지적재산권에 있어서는 저작 · 발명 등의 정신적 산물 ⑥ 인격권에 있어서는 권리주체 자신(의 인격적 법익) ⑦ 형성권에 있어서는 형성의 대상이 되는 법률관계 ⑧ 항변권에 있어서는 항변의 대상이 되는 상대방의 청구권 ⑨ 권리 위의 권리(권리질권, 지상권이나 전세권을 목적으로 하는 저당권)에 있어서는 권리 등이 각각 권리의 객체이다. 민법은 각종의 권리의 객체 중에서 물건에 대해서만 일반적인 규정을 두고 있다.

02 물건의 요건

> **제98조 【물건의 정의】** 본법에서 물건이라 함은 유체물 및 전기 기타 관리할 수 있는 자연력을 말한다.

1. 유체물 또는 자연력일 것

유체물은 형체를 가지는 물건을 말하고, 무체물은 형체가 없는 것을 말한다. 민법은 유체물뿐만 아니라 무체물 중 '관리할 수 있는 자연력'도 물건으로 하고 있다. 전기는 그 대표적 예이다.

2. 관리가 가능할 것

유체물이든 무체물이든 물건이 되기 위해서는 관리가능성이 있어야 한다. 관리가 가능하다는 것은 그 물건에 대한 '배타적 지배가 가능'하다는 의미이다. 따라서 해, 달, 별, 공기, 바다 등은 관리가능성이 없으므로 유체물이라 하더라도 민법상 물건이 되지 못한다.

3. 외계의 일부일 것(비인격성)

인격절대주의 원칙상 사람은 물건이 아니다. 사람의 신체 또는 인체의 일부분은 물건이 아니다. 자기의 신체도 물건이 아니므로 소유권의 객체가 되지 못하며 인격권이 성립할 뿐이다. 또한, 신체에 부착한 의치·의족·의수 등도 물건이 아니다. 그러나 인체로부터 분리된 모발, 치아, 혈액, 장기 등 신체의 일부는 물건이 되며 분리당한 사람의 소유에 속한다. 시체도 물건으로서 소유권의 객체가 되지만, 보통의 소유권처럼 사용·수익·처분할 수 없고 오로지 매장·제사·공양 등을 할 수 있는 권능과 의무가 따르는 특수한 소유권이다(특수소유권설, 다수설).

> **판례**
>
> 피상속인이 생전행위 또는 유언으로 자신의 유체·유골을 처분하거나 매장장소를 지정한 경우에 선량한 풍속 기타 사회질서에 반하지 않는 이상 그 의사는 존중되어야 하고 이는 제사주재자로서도 마찬가지이지만, 피상속인의 의사를 존중해야 하는 의무는 도의적인 것에 그치고 제사주재자가 무조건 이에 구속되어야 하는 법률적 의무까지 부담한다고 볼 수는 없다(대판 2008. 11. 20, 2007다27670).

4. 독립한 물건일 것

민법상 물건은 하나의 독립물이어야 한다. 즉, 물건은 배타적 지배의 객체가 되기 때문에 공간적으로 현존하는 독립한 존재가 되어야 한다. 이때 독립성의 유무는 물리적으로 결정되는 것이 아니라, '사회통념 또는 거래관념'에 따라 결정된다.

(03) 물건의 분류

1. 단일물·합성물·집합물

(1) 단일물

형체상 단일한 일체를 이루고, 각 구성부분이 개성을 잃고 있는 물건(⑩ 책 1권, 도자기 1점)을 단일물이라고 한다. 단일물은 하나의 물건으로서 당연히 권리의 객체가 된다.

(2) 합성물

여러 개의 물건이 각각 개성을 잃지 않고 결합하여 단일한 형체를 이루고 있는 물건(⑩ 건물, 선박, 차량, 보석반지, 컴퓨터)을 합성물이라고 한다. 합성물도 법률상 하나의 물건으로 다루어진다. 소유자를 달리하는 여러 개의 물건이 결합하여 합성물이 되면, 첨부(부합·혼화·가공)의 법리에 따라 소유권의 변동이 있게 된다.

(3) 집합물

단일물 또는 합성물인 다수의 물건이 집합하여 경제적으로 단일한 가치를 가지며, 거래상으로도 일체로서 다루어지는 것(예 도서관의 장서, 공장의 시설이나 기계의 전부, 한 상점에 있는 상품 전체)을 집합물이라고 한다. 일물일권주의의 원칙상 집합물 위에 하나의 물권이 성립할 수 없음이 원칙이나, 예외적으로 일정한 집합물은 특별법(공장 및 광업재단 저당법)에 의하여 특별한 공시방법이 인정되고 법률상 하나의 물건으로 다루어진다. 나아가 특별법이 없는 경우에도 거래상의 필요에 따라 예외를 인정하기도 한다. 예컨대, 판례는 일단의 증감 변동하는 동산을 하나의 물건으로 보아 이를 채권담보의 목적으로 삼으려는 이른바 유동집합물에 대한 양도담보설정계약도 가능하다고 한다.

> **판례**
>
> **'유동집합물에 대한 양도담보계약'이 체결된 경우**
> 돈사에서 대량으로 사육되는 돼지를 집합물에 대한 양도담보의 목적물로 삼은 경우, 그 돼지는 번식, 사망, 판매, 구입 등의 요인에 의하여 증감 변동하기 마련이므로 양도담보권자가 그때마다 별도의 양도담보권설정계약을 맺거나 점유개정의 표시를 하지 않더라도 하나의 집합물로서 동일성을 잃지 아니한 채 양도담보권의 효력은 항상 현재의 집합물 위에 미치게 된다(대판 2004. 11. 12, 2004다22858).

2. 융통물 · 불융통물

사법상 거래의 객체가 될 수 있는 물건을 융통물이라고 하고, 그렇지 못한 물건을 불융통물이라고 한다. 불융통물로는 ① 공용물(예 관공서의 건물) ② 공공용물(예 도로, 공원, 하천) ③ 금제물(예 아편, 음란문서, 위조통화, 국보, 지정문화재)이 있다.

3. 가분물 · 불가분물

물건의 성질 또는 가격을 현저하게 손상하지 않고도 분할할 수 있는 물건(예 곡물, 토지)이 가분물이고, 그렇지 못한 물건(예 소(牛), 건물)이 불가분물이다. 공유물의 분할(제269조), 다수당사자의 채권관계(제408조 이하) 등에서 가분물과 불가분물의 법적 취급을 달리하고 있다.

4. 대체물 · 부대체물

일반 거래관념상 물건의 개성이 중요시되느냐에 의한 일반적 · 객관적 구별이다. 물건의 개성이 중요시되지 않고 동종 · 동질 · 동량의 물건으로 바꾸어도 당사자에게 영향을 주지 않는 물건이 대체물이며(예 금전, 곡물), 그러한 대체성이 없는 물건이 부대체물이다(예 그림, 골동품). 대체물에 한하여 소비대차(제598조), 소비임치(제702조)를 할 수 있다.

5. 특정물 · 불특정물

구체적 거래에서 당사자의 의사에 의하여 급부의 목적물을 그 물건으로 특정하여 다른 물건으로 바꾸지 못하게 하였는가에 의한 구체적 · 주관적 구별이다. 특정물 · 불특정물은 물건의 구별이라기보다는 거래방법의 구별이라고 할 수 있다. 이러한 구별은 특정물의 보관의무(제374조), 변제의 장소(제467조), 매도인의 하자담보책임(제580조 · 제581조) 등에서 차이가 있다. 특정물과 부대체물, 불특정물과 대체물은 대체로 일치하는 것이 보통이나, 반드시 일치하지는 않는다. 대체물 · 부대체물의 구분은 객관적인 데 비하여, 특정물 · 불특정물은 당사자의 주관적 의사에 기한 구분이기 때문이다. 예컨대 금전과 같은 대체물도 일정한 표시를 하여 특정물로 거래할 수 있다.

제2절 | 부동산과 동산 2023 기출

> **제99조【부동산, 동산】** ① 토지 및 그 정착물은 부동산이다.
> ② 부동산 이외의 물건은 동산이다.

01 부동산

1. 토지

① 토지란 일정범위의 지면과 정당한 이익이 있는 범위 내에서 그 지면의 상하를 포함한다(제212조).

② 토지의 구성부분(암석, 토사, 지하수)은 토지의 일부분이다. 따라서 온천수도 토지의 소유권이 미치며, 독립한 물권의 대상이 될 수 없다. 다만, 미채굴 광물은 토지소유권이 미치지 않으며 광업권의 대상이 된다.

③ 바다는 어업권, 공유수면매립권 등이 성립될 수 있으나 사적 소유권의 객체는 되지 않는다. 바다와 육지의 경계는 만조 수위선이다. 하천을 구성하는 토지와 그 밖의 하천시설에 대하여는 원칙적으로 사권을 행사할 수 없고, 다만 소유권이전 · 저당권설정 등 일부 사권 행사만을 허용한다(하천법 제4조 제2항). 또한, 도로에 대하여도 원칙적으로 사권을 행사할 수 없다. 다만, 소유권을 이전하거나 저당권을 설정하는 것은 그러하지 아니하다(도로법 제4조).

④ 1필의 토지의 일부는 분필의 절차를 완료하기 전에는 양도나 담보물권의 설정을 할 수 없다. 그러나 용익물권의 설정은 가능하다.

2. 토지의 정착물

(1) 토지의 정착물의 의의

토지의 정착물이란 토지에 고정적으로 부착되어 용이하게 이동할 수 없는 물건으로서, 그러한 상태로 사용되는 것이 그 물건의 거래상의 성질로 인정되는 것(예 건물, 수목, 교량, 돌담, 도로의 포장)을 말한다.

(2) 건물

① 우리나라 민법은 건물을 토지로부터 완전히 독립한 별개의 부동산으로 취급하고, 토지등기부와는 따로 건물등기부를 두고 있다. 건물의 개수는 건물의 물리적 구조뿐만 아니라 거래관념을 고려하여 결정하여야 한다.

② 건축 중의 건물은 언제부터 독립한 부동산이 되느냐에 대해서는 일정한 기준이 없으므로 사회통념에 따라서 결정할 수밖에 없다. 판례는 법률상 독립된 부동산으로서의 건물이라고 하기 위하여는 최소한의 기둥과 지붕, 그리고 주벽이 이루어지면 된다고 한다.

> **판례**
>
> 건물은 일정한 면적, 공간의 이용을 위하여 지상, 지하에 건설된 구조물을 말하는 것으로서, 건물의 개수는 토지와 달리 공부상의 등록에 의하여 결정되는 것이 아니라 사회통념 또는 거래관념에 따라 물리적 구조, 거래 또는 이용의 목적물로서 관찰한 건물의 상태 등 객관적 사정과 건축한 자 또는 소유자의 의사 등 주관적 사정을 참작하여 결정되는 것이다(대판 1997. 7. 8, 96다36517).

③ 1동의 건물의 일부가 독립하여 소유권의 객체가 될 수 있으며, 이를 '구분소유'라고 한다(제215조). 그러한 건물의 구분소유관계를 합리적으로 규율할 목적으로 집합건물의 소유 및 관리에 관한 법률이 제정되어 있다. 한편 1동의 건물로 등기되어 있는 것의 일부는 구분 또는 분할의 등기를 하지 않은 한 처분하지 못한다. 다만, 전세권은 건물의 일부에 대하여도 설정할 수 있다(부동산등기법 제139조 제2항).

(3) 수목

① 수목은 토지와 분리되면 동산으로 되지만, 토지로부터 분리되지 않은 상태에서는 원칙적으로 토지의 일부일 뿐이다. 그러나 두 가지 예외가 인정된다.

② 입목에 관한 법률에 의하여 입목등기를 한 수목의 집단, 즉 '입목'은 토지로부터 독립한 부동산으로 다루어진다. 따라서 입목의 소유자는 입목을 토지와 분리하여 양도할 수 있고(양도담보설정도 가능), 이를 저당권의 목적으로 할 수 있다.

③ 입목에 관한 법률의 적용을 받지 않는 수목의 경우에는 관습법상의 명인방법이라는 공시방법을 갖춤으로써 토지와는 분리된 독립한 부동산으로 취급된다. 그러나 소유권의 객체가 될 뿐이고(양도담보는 허용됨), 다른 권리의 목적으로 하지는 못한다. 여기서 '명인방

법'이란 수목의 집단이나 개개의 수목 또는 미분리의 과실 등의 소유권이 누구에게 귀속하고 있다는 것을 제3자가 명백하게 인식할 수 있도록 공시하는 방법을 말한다. 예컨대, 수목의 껍질을 깎아서 거기에 소유자의 성명을 새긴다든가, 미분리과실의 경우 논·밭 주위에 새끼를 둘러치고 소유자의 성명을 표시한 표찰을 세우는 등의 방법이 있다.

> **판례**
>
> 1. 경매의 대상이 된 토지 위에 생립하고 있는 채무자 소유의 미등기 수목은 토지의 구성 부분으로서 토지의 일부로 간주되어 특별한 사정이 없는 한 토지와 함께 경매되는 것이므로 그 수목의 가액을 포함하여 경매 대상 토지를 평가하여 이를 최저경매가격으로 공고하여야 하고, 다만 입목에 관한 법률에 따라 등기된 입목이나 명인방법을 갖춘 수목의 경우에는 독립하여 거래의 객체가 되므로 토지 평가에 포함되지 아니한다(대결 1998. 10. 28, 98마1817).
>
> 2. 임야에 있는 자연석을 조각하여 제작한 석불이라도 그 임야의 일부분을 구성하는 것이라고는 할 수 없고 임야와 독립된 소유권의 대상이 된다(대판 1970. 9. 22, 70다1494).
>
> 3. 공장 울 안에 공장건물과 인접하여 설치된 저유조가 그 설치된 장소에서 손쉽게 이동시킬 수 있는 구조물이 아니고 그 토지에 견고하게 부착시켜 그 상태로 계속 사용할 목적으로 축조된 것이며 거기에 저장하려고 하는 원유, 혼합유 등을 풍우 등 자연력으로부터 보호하기 위하여 둥그런 철근콘크리트 및 철판 벽면과 삿갓모양의 지붕을 갖추고 있는 경우, 그 저유조는 유류창고로서의 기능을 가진 독립된 건물로 보아야 한다(대판 1990. 7. 27, 90다카6160).

(4) 미분리의 과실

미분리의 과실(예 과수의 열매, 뽕나무 잎, 엽연초)은 수목의 일부에 불과하나, 명인방법을 갖춘 때에는 독립한 물건으로서 거래의 목적으로 할 수 있다.

(5) 농작물

토지에서 경작·재배되는 각종의 농작물(예 입도, 고추, 마늘, 양파)은 원래 토지의 일부이나, 정당한 권원에 의거하여 타인의 토지에서 경작·재배하면 그 농작물은 토지에 부합하지 않고 토지로부터 독립한 별개의 부동산으로 취급된다(제256조 단서). 그런데 판례는 아무런 권원 없이 타인의 토지에서 농작물을 경작·재배한 경우라도 그 농작물이 성숙하여 독립한 물건으로서의 존재를 갖추었으면, 명인방법을 갖추지 않아도 그 농작물의 소유권은 언제나 경작자에게 속한다고 한다.

> **판례**
>
> 적법한 경작권 없이 타인의 토지를 경작하였더라도 그 경작한 입도가 성숙하여 독립한 물건으로서의 존재를 갖추었으면 입도의 소유권은 경작자에게 귀속한다(대판 1979. 8. 28, 79다784).

02 동산

1. 동산의 의의

부동산 이외의 물건은 모두 동산이다. 토지에 부착하고 있는 물건이라도 정착물이 아니면 동산에 속한다(가식의 수목). 그리고 전기 기타 관리할 수 있는 자연력도 동산이다. 선박, 자동차, 항공기, 일정한 건설기계는 동산이기는 하나, 법률상 부동산처럼 다루어진다. 상품권, 승차권 같은 무기명채권은 동산이 아니며 채권이다.

2. 특수한 동산으로서의 금전

금전은 동산이기는 하나, 보통 물건이 가지는 개성을 갖고 있지 않으며 일정액의 가치 그 자체이므로 동산에 관한 규정 중 금전에 적용되지 않는 것이 많다. 예컨대, 금전을 도난당한 경우에, 도난당한 특정 금전에 대한 물권적 청구권은 인정되지 아니하고 다만 부당이득반환청구권 또는 불법행위에 기한 손해배상청구권을 행사해야 한다.

3. 부동산과 동산의 법률상 취급

구분	부동산	동산
공시방법	등기	인도(점유)
공신의 원칙(선의취득)	×	○(제249조)
취득시효의 기간	10년 또는 20년(제245조)	5년 또는 10년(제246조)
무주물선점	×(제252조 제2항, 국유)	○(제252조 제1항)
부합	부동산에의 부합(제256조)	동산 간의 부합(제257조)
혼화·가공	×	○(제258조, 제259조)
용익물권	○	×
담보물권	유치권, 저당권	유치권, 질권
환매기간	5년	3년
특별재판적	○	×
강제집행의 방법	민사집행법 제78조 이하	민사집행법 제188조 이하

제3절 주물과 종물 2014 · 2016 · 2019 · 2020 · 2022 기출

> **제100조【주물, 종물】** ① 물건의 소유자가 그 물건의 상용에 공하기 위하여 자기 소유인 다른 물건을 이에 부속하게 한 때에는 그 부속물은 종물이다.
> ② 종물은 주물의 처분에 따른다.

01 의의

물건의 소유자가 그 물건의 상용에 공하기 위하여 자기 소유인 다른 물건을 이에 부속하게 한 경우(⑩ 배와 노, 자물쇠와 열쇠, 시계와 시곗줄)에, 그 물건을 주물(主物)이라고 하고 주물에 부속된 다른 물건을 종물(從物)이라고 한다. 종물은 주물의 경제적 효용을 높이는 관계에 있으므로, 종물이 주물과 법률적 운명을 같이 한다는 점에 의미가 있다.

02 종물의 요건

1. 주물의 상용(常用)에 공할 것

'상용에 공한다'는 것은 사회관념상 계속해서 주물의 경제적 효용을 다하게 하는 것을 말한다. 따라서 일시적으로 어떤 물건의 효용을 돕고 있는 것은 종물이 아니다. 그리고 주물의 소유자나 이용자의 상용에 공여되고 있더라도 주물 그 자체의 효용과 직접 관계가 없는 물건은 종물이 아니다(⑩ 식기, 침구, 책상, TV, 난로 등은 가옥의 종물이 아님).

> **판례**
>
> 1. 어느 건물이 주된 건물의 종물이기 위하여는 주된 건물의 경제적 효용을 보조하기 위하여 계속적으로 이바지되어야 하는 관계가 있어야 한다(대판 1988. 2. 23, 87다카600).
> 2. 횟집으로 사용할 점포건물에 거의 붙여서 횟감용 생선을 보관하기 위하여, 즉 위 점포건물의 상용에 공하기 위하여 신축한 수족관건물은 위 점포건물의 종물이라고 해석할 것이다(대판 1993. 2. 12, 92도3234).
> 3. 주유소의 주유기가 비록 독립된 물건이기는 하나 유류저장탱크에 연결되어 유류를 수요자에게 공급하는 기구로서 주유소영업을 위한 건물이 있는 토지의 지상에 설치되었고 그 주유기가 설치된 건물은 당초부터 주유소영업을 위한 건물로 건축되었다는 점 등을 종합하여 볼 때, 그 주유기는 계속해서 주유소건물 자체의 경제적 효용을 다하게 하는 작용을 하고 있으므로 주유소건물의 상용에 공하기 위하여 부속시킨 종물이다(대판 1995. 6. 29, 94다6345).

4. 백화점건물의 지하 2층 기계실에 설치되어 있는 전화교환설비가 건물의 원소유자가 설치한 부속시설이며, 위 건물은 당초부터 그러한 시설을 수용하는 구조로 건축되었고, 위 시설들은 볼트와 전선 등으로 위 건물에 고정되어 각 층, 각 방실까지 이어지는 전선 등에 연결되어 있을 뿐이어서 과다한 비용을 들이지 않고도 분리할 수 있고, 분리하더라도 독립한 동산으로서의 가치를 지니며, 그 자리에 다른 것으로 대체할 수 있는 것이라면, 위 전화교환설비는 독립한 물건이기는 하나 그 용도, 설치된 위치와 그 위치에 해당하는 건물의 용도, 건물의 형태ㆍ목적ㆍ용도에 대한 관계를 종합하여 볼 때, 위 건물에 연결되거나 부착하는 방법으로 설치되어 위 건물인 10층 백화점의 효용과 기능을 다하기에 필요불가결한 시설물로서 위 건물의 상용에 제공된 종물이라 할 것이다(대판 1993. 8. 13, 92다43142).

5. 농지에 부속한 양수장 시설이 귀속재산처리법에 의하여 처분된 경우에는 그 처분은 당연무효이고, 그 시설은 주물인 몽리농지의 수분배자의 소유가 된다(대판 1967. 3. 7, 66누176).

6. 호텔의 각 방실에 시설된 텔레비전ㆍ전화기, 호텔세탁실에 시설된 세탁기ㆍ탈수기ㆍ드라이크리닝기, 호텔주방에 시설된 냉장고ㆍ제빙기, 호텔방송실에 시설된 VTRㆍ앰프 등은 적어도 호텔의 경영자나 이용자의 상용에 공여됨은 별론으로 하고, 주물인 부동산 자체의 경제적 효용에 직접 이바지하지 아니함은 경험칙상 명백하므로 위 부동산에 대한 종물이라고 할 수는 없다(대판 1985. 3. 26, 84다카269).

7. 종물은 주물의 상용에 이바지하는 관계에 있어야 하고, 주물의 상용에 이바지한다 함은 주물 그 자체의 경제적 효용을 다하게 하는 것을 말하는 것으로서 주물의 소유자나 이용자의 상용에 공여되고 있더라도 주물 그 자체의 효용과 직접 관계가 없는 물건은 종물이 아니라고 할 것인바, 신 폐수처리시설과 구 폐수처리시설이 그 기능면에 있어서는 전체적으로 결합하여 유기적으로 작용함으로써 하나의 폐수처리장을 형성하고 그 기능을 수행한다 할 것이나, 신 폐수처리시설이 구 폐수처리시설 그 자체의 경제적 효용을 다하게 하는 시설이라고 할 수는 없을 것이므로 신 폐수처리시설이 구 폐수처리시설의 종물이라고 할 수 없다(대판 1997. 10. 10, 97다3750).

2. 주물과의 장소적 밀접성이 있을 것

주물과 종물은 장소적으로 밀접한 관계에 있어야 한다. 다만, 일시적으로 분리되어도 종물성을 잃지는 않는다. 민법의 '부속하게 한 때'라는 것은 이런 의미라고 볼 수 있다(제100조 제1항).

3. 독립한 물건일 것

종물은 주물의 구성부분을 이루는 것이 아니라, 주물과는 독립한 물건이어야 한다. 법률상 독립한 물건인 이상 동산이건 부동산이건 상관없다.

판례

1. 낡은 가재도구 등의 보관장소로 사용되고 있는 방과 연탄창고 및 공동변소는 본채에서 떨어져 축조되어 있기는 하나 본채의 종물이다(대판 1991. 5. 14, 91다2779).

2. 정화조는 건물의 대지가 아닌 인접한 다른 필지의 지하에 설치되어 있다 하더라도 독립된 물건으로서 종물이라기보다는 건물의 구성부분으로 보아야 할 것이다(대판 1993. 12. 10, 93다42399).

4. 주물과 종물의 소유자가 동일할 것

주물·종물 모두 동일한 소유자에게 속하여야 한다. 만약 다른 소유자에게 속하는 물건 사이에서 주물·종물의 관계를 인정하면 종물이 주물과 운명을 같이하게 되는 결과 주물의 처분으로 제3자의 권리가 침해될 염려가 있기 때문이다. 다만, 종물이 타인의 소유라고 하더라도 그 타인의 권리를 해하지 아니하는 범위에서 민법 제100조가 적용된다(2000다38527).

> **판례**
>
> 1. 주물의 소유자가 아닌 사람 소유인 물건이 종물이 될 수 있는지 여부(소극): 종물은 물건의 소유자가 그 물건의 상용에 공하기 위하여 자기 소유인 다른 물건을 이에 부속하게 한 것을 말하므로(민법 제100조 제1항) 주물과 다른 사람의 소유에 속하는 물건은 종물이 될 수 없다(대판 2008. 5. 8, 2007다36933·36940).
>
> 2. 민법 제100조는 종물에 관하여 '자기 소유인 다른 물건'이라고 규정하고 있어 종물이 주물소유자의 소유물인 것을 전제로 하고 있지만, 종물이 타인의 소유라고 하더라도 그 타인의 권리를 해하지 아니하는 범위에서 민법 제100조가 적용된다고 할 것이고, 따라서 주물이 처분된 경우에 종물의 소유자가 동의 또는 추인하거나, 종물이 동산인 경우에 상대방이 선의취득의 요건을 갖추면 종물의 소유권을 취득하게 되는 것이며, 또한 동산의 선의취득을 주장하는 자는 점유취득시에 무과실이었다는 점을 주장·입증하여야 한다(대판 2002. 2. 5, 2000다38527).

03 종물의 효과

1. 종물은 주물의 처분에 따른다(제100조 제2항).

① 종물은 주물과 법률적 운명을 함께한다는 의미이다. 다만, 제100조 제2항은 임의규정이므로 당사자의 특약으로 종물만을 따로 처분할 수 있다(판례).

② 제100조 제2항의 처분에는 소유권의 양도나 제한물권의 설정과 같은 물권적 처분뿐만 아니라 매매·임대차와 같은 채권적 처분도 포함한다.

2. 저당권의 효력은 저당부동산의 종물에 미친다(제358조).

주물 위에 저당권이 설정된 경우에 그 저당권의 효력은 저당권설정 당시의 종물은 물론 설정 후의 종물에 대해서도 미친다고 본다.

3. 종물이론의 한계

점유를 요건으로 하는 권리인 취득시효(제245조), 유치권(제320조), 질권(제329조)의 경우에는 그러한 권리의 성질상 주물 이외에 종물에 대해서도 점유가 요구되며, 만약 주물만을 점유하였다면 종물에 대해서는 위와 같은 권리가 인정되지 않는 것으로 해석한다. 예컨대, 취득시효의 경우 주물 외에 종물도 점유하여야 종물도 시효취득할 수 있으며, 주물만 유치한 경우 그 유치권의 효력은 종물에 미치지 않으며, 주물을 인도하는 것 외에 종물인 동산도 인도하여야 질권의 효력이 종물에도 미친다.

4. 종물이론의 유추적용

주물·종물의 이론은 원래 물건 상호간의 관계에 관한 것이지만, 권리 상호간에도 유추적용된다. 예컨대 건물이 양도되면 그 건물을 위한 지상권이나 대지의 임차권도 건물양수인에게 이전되고, 원본채권이 양도되면 이자채권도 이에 따른다.

> **판례**
>
> 저당권의 효력이 저당부동산에 부합된 물건과 종물에 미친다는 민법 제358조 본문을 유추하여 보면 건물에 대한 저당권의 효력은 그 건물에 종된 권리인 건물의 소유를 목적으로 하는 지상권에도 미치게 되므로, 건물에 대한 저당권이 실행되어 경락인이 그 건물의 소유권을 취득하였다면 경락 후 건물을 철거한다는 등의 매각조건에서 경매되었다는 등 특별한 사정이 없는 한, 경락인은 건물 소유를 위한 지상권도 민법 제187조의 규정에 따라 등기 없이 당연히 취득하게 되고, 한편 이 경우에 경락인이 건물을 제3자에게 양도한 때에는, 특별한 사정이 없는 한 민법 제100조 제2항의 유추적용에 의하여 건물과 함께 종된 권리인 지상권도 양도하기로 한 것으로 봄이 상당하다(대판 1996. 4. 26, 95다52864).

제4절 원물과 과실 2013 · 2016 · 2020 · 2021 기출

제101조【천연과실, 법정과실】① 물건의 용법에 의하여 수취하는 산출물은 천연과실이다.
② 물건의 사용대가로 받는 금전 기타의 물건은 법정과실로 한다.
제102조【과실의 취득】① 천연과실은 그 원물로부터 분리하는 때에 이를 수취할 권리자에게 속한다.
② 법정과실은 수취할 권리의 존속기간일수의 비율로 취득한다.

01 의의

물건으로부터 생기는 경제적 수익을 과실이라고 하고, 과실을 생기게 하는 물건을 원물이라고 한다. 민법은 과실을 천연과실과 법정과실로 구별하고, 과실의 수취권자에 관하여 원칙규정을 두고 있다(제101조, 제102조).

02 천연과실

1. 천연과실의 의의

물건의 용법에 의하여 수취하는 산출물이 천연과실이다(제101조 제1항). 이때 '물건의 용법에 의하여'란 원물의 경제적 용도에 따라 수취되는 물건을 의미한다. 그리고 '산출물'이란 자연적·유기적으로 생산되는 물건(⑩ 과수의 열매, 가축의 새끼)에 한하지 않으며, 인공적·무기적으로 수취되는 물건(⑩ 석재, 토사)도 포함한다. 이러한 천연과실은 원물로부터 분리하기 전에는 원물의 구성부분이며, 분리와 더불어 독립한 물건이 된다.

2. 천연과실의 귀속

(1) 입법주의

천연과실이 원물로부터 분리하여 독립한 물건이 된 때에 그것이 누구에게 속하느냐에 대해, 게르만법의 생산주의와 로마법의 분리주의(원물주의)의 대립이 있다. 우리 민법은 분리주의를 채택하여 천연과실은 그 원물로부터 분리할 때 이를 수취할 권리자에게 속한다고 규정하고 있다(제102조 제1항). 그러나 이는 임의규정으로, 당사자의 특약으로 달리 정할 수 있다.

(2) 과실수취권자

과실수취권자는 원칙적으로 원물의 소유자(제211조)이지만, 예외적으로 선의의 점유자(제201조 제1항), 지상권자(제279조), 전세권자(제303조), 유치권자(제323조), 질권자(제343조), 저당부동산을 압류한 저당권자(제359조), 목적물 인도 전의 매도인(제587조), 사용차주(제609조), 임차인(제618조), 친권자(제923조), 수유자(제1079조), 양도담보설정자 등도 과실수취권을 갖는다. 다만, 유치권자·질권자·저당권자도 과실수취권자라고 하지만, 유치권자(제323조)와 질권자(제343조)는 원물의 소유자에게 귀속되는 과실을 임의로 자기 채권의 변제에 충당할 권리를 갖는 것이고, 또한 저당권자가 저당부동산을 압류하면 저당권의 효력이 압류가 있은 후에 저당권설정자가 수취한 과실 또는 수취할 수 있는 과실에 미치는 것에 불과하므로(제359조), 다른 과실수취권자와는 구별된다.

> **판례**
>
> 돼지를 양도담보의 목적물로 하여 소유권을 양도하되 점유개정의 방법으로 양도담보설정자가 계속하여 점유·관리하면서 무상으로 사용·수익하기로 약정한 경우, 양도담보 목적물로서 원물인 돼지가 출산한 새끼 돼지는 천연과실에 해당하고 그 천연과실의 수취권은 원물인 돼지의 사용·수익권을 가지는 양도담보설정자에게 귀속되므로, 다른 특별한 약정이 없는 한 천연과실인 새끼 돼지에 대하여는 양도담보의 효력이 미치지 않는다(대판 1996. 9. 10, 96다25463).

03 법정과실

1. 법정과실의 의의

물건의 사용대가로 받는 금전 기타의 물건(집세, 지료)이 법정과실이다(제101조 제2항). 금전도 물건이므로 그 이용대가인 이자도 법정과실에 해당한다(통설). 그러나 노동의 대가(임금)나 권리사용의 대가(에 주식의 배당금, 특허권의 사용료)는 법정과실이 아니고, 지연이자도 손해배상의 일종이기 때문에 법정과실이 아니다.

> **판례**
>
> 자연공원법 제26조 및 제33조의 규정 내용과 입법목적을 종합하여 보면, 국립공원의 입장료는 토지의 사용대가라는 민법상 과실이 아니라 수익자 부담의 원칙에 따라 국립공원의 유지·관리비용의 일부를 국립공원 입장객에게 부담시키고자 하는 것이어서 토지의 소유권이나 그에 기한 과실수취권과는 아무런 관련이 없다(대판 2001. 12. 28, 2000다27749).

2. 법정과실의 귀속

법정과실은 수취할 권리의 존속기간일수의 비율로 취득한다(제102조 제2항). 그러나 이 규정은 임의규정이므로 당사자가 다르게 약정할 수 있다.

3. 사용이익

원물의 사용대가가 아니라 원물을 직접 사용함으로써 얻는 이익을 사용이익이라 한다. 이러한 사용이익은 실질은 과실과 다르지 않으므로, 과실에 관한 규정이 유추적용된다(판례).

판례

민법 제201조 제1항에 의하면 선의의 점유자는 점유물의 과실을 취득한다고 규정하고 있는바, <u>건물을 사용함으로써 얻은 이득은</u> 그 <u>건물의 과실에 준하는 것</u>이므로, 선의의 점유자는 비록 법률상 원인 없이 타인의 건물을 점유·사용하고 이로 말미암아 그에게 손해를 입혔다 하더라도 그 점유·사용으로 인한 이득을 반환할 의무는 없다(대판 1996. 1. 26, 95다44290).

문제로 실력다지기

01 다음 중 물건에 관한 설명으로 옳지 않은 것은?

① 지하수는 부동산의 일부이다.
② 과수원의 과수는 천연과실이다.
③ 헌혈자에게서 채취한 혈액은 물건이다.
④ 타인에게서 이식받은 심장은 물건이다.
⑤ 합성물은 법률상 하나의 물건으로 다루어진다.

02 다음 중 독립한 물건이 아닌 것으로서 가장 타당한 것은?

① 논의 논둑
② 명인방법을 갖춘 수목
③ 자연석을 조각하여 제작한 임야 내의 석불
④ 채취한 혈액
⑤ 공장저당법에 의해 공시방법이 인정된 공장

03 물건에 관한 설명으로 가장 옳지 않은 것은? (다수설과 판례에 의함)

① 민법은 물건을 유체물로 제한하지 않고 관리 가능한 자연력도 물건으로 정의한다.
② 권리의 객체와 물건은 동일한 법률개념이라고 할 수 없다.
③ 판례에 의하면, 적법한 권원이 없이 타인 소유의 토지에 농작물을 재배한 경우 이에 대한 소유권은 경작자에게 속한다.
④ 수목의 집단은 원칙적으로 토지의 구성부분이나, 독립된 공시방법을 갖춘 경우에는 독립된 부동산이 된다.
⑤ 집합물은 특별한 사정이 없으면 법률상 일체(一體)의 물건으로 취급된다.

04 물건에 관한 설명 중 틀린 것은? (다툼이 있는 경우 판례에 의함)

① 특정물과 불특정물의 구별은 당사자의 의사에 의한 주관적인 구별이다.
② 정당한 이익이 있는 범위 내의 온천수는 토지의 구성부분으로 토지소유권의 범위에 속한다.
③ 독립된 건물로 인정되기 위해서는 최소한 기둥과 지붕 그리고 주벽이 갖추어지면 된다.
④ 입목에 관한 법률에 의하여 등기된 입목은 소유권의 객체가 될 수 있을 뿐이다.
⑤ 바다와 토지의 경계는 만조수위선을 기준으로 한다.

05 부동산과 동산의 구별실익에 대한 설명 중 틀린 것은?

① 전세권이나 유치권은 부동산에는 성립하지만, 동산에는 성립하지 않는다.

② 부동산의 등기에 공신력이 인정되지 않지만, 동산의 점유에는 공신력이 인정된다.

③ 상린관계의 규정은 부동산에는 적용되지만, 동산에는 적용되지 않는다.

④ 무주(無主)의 동산은 소유의 의사로 선점함으로써 소유권을 취득하지만, 부동산은 그렇지 않다.

⑤ 부동산의 환매기간은 5년을 넘을 수 없고, 동산의 환매기간은 3년을 넘을 수 없다.

06 물건에 관한 설명으로 옳은 것을 모두 고른 것은?

> ㉠ 저당권의 효력은 저당목적물의 종물에도 미친다.
> ㉡ 집합물에 대해서도 양도담보권을 설정할 수 있다.
> ㉢ 무주(無主)의 부동산에도 선점이 인정된다.
> ㉣ 하천·공원은 공용물이다.
> ㉤ 1필의 토지의 일부에 대하여는 저당권을 설정할 수 없다.

① ㉠, ㉢ 　　　　② ㉢, ㉣
③ ㉣, ㉤ 　　　　④ ㉠, ㉡, ㉤
⑤ ㉡, ㉣, ㉤

---

01 ④ 사람의 신체 또는 인체의 일부분은 물건이 아니다. 또 신체에 부착한 의치, 의족, 의수, 가발 등도 물건이 아니다. 그러나 인체로부터 분리된 모발·치아·혈액·장기 등 신체의 일부는 물건이 되며, 분리당한 사람의 소유에 속한다. 그리고 분리된 혈액, 장기 등이 타인의 체내에 이식되면 다시 물건성을 상실한다.

02 ① 논의 논둑은 토지의 구성부분이다.

03 ⑤ 일물일권주의의 원칙상 집합물은 원칙적으로 하나의 물건으로 취급되지 않는다. 그러나 집합물을 법률상 하나의 물건으로 다루어야 할 사회적 요청이 강하고, 또 등기·등록 등 적당한 공시방법을 갖출 수 있는 경우에는 예외적으로 하나의 물건으로 취급된다.

04 ④ 입목에 관한 법률에 의하여 등기된 입목은 토지와 분리된 독립한 부동산으로 다루어지며, 소유권 및 저당권의 객체로 될 수 있다.

05 ① 유치권은 동산, 부동산에 모두 성립할 수 있다.

06 ㉢ 무주의 부동산은 국유로 한다.
㉣ 하천·공원은 공공용물이다.

Answer　01 ④　02 ①　03 ⑤　04 ④　05 ①　06 ④

07 물건에 관한 설명으로 옳지 않은 것은?
(다툼이 있으면 판례에 의함)

① 토지의 개수는 지적공부상 토지의 필수에 의한다.
② 사람은 유언으로 본인의 시신을 병원에 연구용으로 기증할 수 있으나, 제사를 주재하는 자가 이에 법적 구속을 받는 것은 아니다.
③ 집합물은 이를 하나의 물건으로 인정하는 법률의 특별규정이 있는 경우에 한하여 하나의 물건으로 취급한다.
④ 법정과실은 수취할 권리의 존속기간 일수의 비율로 취득함이 원칙이다.
⑤ 유체물이어도 배타적 관리가능성이 없으면 물건으로 보지 않는다.

08 주물·종물에 관한 설명으로 옳은 것은?

① 종물은 주물의 구성부분이 되어 독립성을 상실한다.
② 종물은 주물의 처분에 따라야 하고 당사자 간의 반대특약은 무효이다.
③ 일시적으로 어떤 물건의 효용을 돕는 물건도 종물이다.
④ 종물은 동산이어야 하고, 부동산은 될 수 없다.
⑤ 주유소의 주유기는 주유소 건물의 종물이라는 것이 판례이다.

09 주물과 종물에 관한 설명 중 틀린 것은?

① 주물의 소유자나 이용자의 상용에 공여되고 있다면 주물 자체의 효용과 직접 관계되지 않는 물건도 종물이 된다.
② 주물과 종물 사이에는 밀접한 장소적 관련성이 있어야 한다.
③ 종물은 독립한 물건이어야 하며 동산이든 부동산이든 관계없다.
④ 횟집으로 사용할 점포건물에 붙여서 횟감용 생선을 보관하기 위하여 신축한 수족관 건물은 점포건물의 종물이다.
⑤ 건물에 인접한 대지의 지하에 매설된 정화조는 건물의 구성부분이지 종물은 아니다.

10 주물과 종물에 관한 설명으로 옳지 않은 것을 모두 고른 것은?

ⓐ 명인방법을 갖추지 못하고 입목등기를 하지 않은 수목은 토지의 종물이다.
ⓑ 주물·종물에 관한 민법규정은 권리 상호간에도 유추적용될 수 있다.
ⓒ 종물은 주물의 처분에 따르는 것이 원칙이므로 종물을 따로 처분하기로 하는 약정은 무효이다.
ⓓ 주물에 저당권이 설정된 경우, 그 저당권의 효력은 저당권설정 후의 종물에도 미친다.
ⓔ 종물은 주물의 구성부분이므로 독립성이 없다.

① ㉠, ㉡, ㉣
② ㉠, ㉢, ㉣
③ ㉠, ㉢, ㉤
④ ㉡, ㉢, ㉤
⑤ ㉡, ㉣, ㉤

11 주물과 종물에 관한 설명으로 옳지 않은 것은?

① 건물의 구성부분인 창문은 종물이 아니다.
② 주물의 소유자와 다른 사람의 소유에 속하는 물건은 종물이 될 수 없는 것이 원칙이다.
③ 주물만 처분하기로 하고 종물은 처분하지 않기로 하는 특약은 유효하다.
④ '종물은 주물의 처분에 따른다'는 규정은 사법관계에만 적용될 뿐 공법상의 처분에는 적용되지 않는다.
⑤ 주물 자체의 상용에 이바지하는 것이 아니라 주물의 소유자의 상용에 이바지하는 물건은 종물이 아니다.

12 원물과 과실에 관한 설명으로 틀린 것은? (다툼이 있으면 판례에 의함)

① 임금은 법정과실이 아니다.
② 임야에서 채취한 석재(石材)는 천연과실이다.
③ 선의의 점유자가 건물을 사용함으로써 얻은 이익은 그 건물의 과실에 준한다.
④ 천연과실은 원물로부터 분리되는 때 수취권자에게 귀속되지만, 당사자 사이에 특약이 있으면 그에 따른다.
⑤ 미분리의 과실은 독립한 물건이 아니므로, 명인방법을 갖추더라도 독립한 소유권의 객체가 될 수 없다.

Part 03

★

07 ③ 판례는 특별규정이 없더라도 거래상의 필요가 있는 경우에는 집합물을 하나의 물건으로 취급하는 예외를 인정한 바 있다.

08 ① 종물은 주물로부터 독립된 별개의 물건이어야 하며, 주물의 구성부분이어서는 안 된다.
② 종물은 주물의 처분에 따른다(제100조 제2항). 그러나 제100조 제2항은 임의규정이므로 당사자의 특약으로 종물만을 따로 처분할 수 있다.
③ 종물은 사회관념상 계속해서 주물의 경제적 효용을 높이는 작용을 하여야 한다.
④ 종물은 동산·부동산을 가리지 않는다.

09 ① 종물은 주물의 경제적 효용을 계속적으로 높이는 기능을 하여야 한다. 따라서 주물 그 자체의 효용을 돕는 것이 아닌 것은 종물이 아니다.

10 ㉠ 토지의 일부이다.
㉢ 종물은 주물의 처분에 따른다는 제100조 제2항은 임의규정이므로 당사자의 특약으로 종물만을 따로 처분할 수도 있다(판례).
㉣ 종물은 주물의 구성부분을 이루는 것이 아니라, 주물과는 독립한 물건이어야 한다.

11 ④ 종물이론은 압류와 같은 공법상의 처분에도 적용된다(대판 2006. 10. 26, 2006다29020).

12 ⑤ 미분리의 과실은 수목의 일부에 불과하나, 명인방법을 갖춘 때에는 독립한 물건으로서 거래의 목적으로 할 수 있다.

Answer 07 ③   08 ⑤   09 ①   10 ③   11 ④   12 ⑤

13 과실(果實)에 관한 설명으로 옳지 않은 것은?

① 명인방법을 갖춘 미분리 과실은 독립된 별개의 소유권 객체가 될 수 있다.
② 특약이 없는 한, 지료는 수취할 권리의 존속기간 일수의 비율로 취득한다.
③ 유치권자는 유치물의 과실을 수취할 수 있다.
④ 특별한 사정이 없는 한, 매매목적물의 인도 전이라도 매수인은 매매대금을 완납한 때에는 그 이후의 과실수취권은 매도인에게 있다.
⑤ 타인의 토지 위에 지상권을 가진 자는 그 토지로부터 발생하는 과실을 수취할 수 있다.

14 물건에 관한 설명으로 옳은 것은? (다툼이 있으면 판례에 의함)

① 쌀과 같이 개성이 중요시되지 않는 물건은 특정물로 거래할 수 없다.
② 국립공원의 입장료는 민법상 과실에 해당한다.
③ 부동산의 일부가 용익물권의 객체가 되는 경우는 없다.
④ 종물은 주물로부터 독립한 물건이어야 한다.
⑤ 법정과실은 그것이 원물로부터 분리될 때에 이를 수취할 권리자에게 속한다.

15 물건에 관한 설명으로 옳지 않은 것은? (다툼이 있는 경우에는 판례에 의함) ^{2013 기출}

① 최소한의 기둥과 지붕 및 주벽이 있는 건물은 토지와는 별개의 독립한 물건으로 인정될 수 있다.
② 입목에 관한 법률에 따라 등기된 입목에는 저당권이 설정될 수 있다.
③ '종물은 주물의 처분에 따른다'는 민법의 규정은 임의규정이다.
④ 전기 기타 관리할 수 있는 자연력은 물건이다.
⑤ 물건의 사용대가로 받는 금전 기타 물건은 천연과실이다.

16 다음 설명 중 옳지 않은 것은? (다툼이 있는 경우에는 판례에 의함) ^{2014 기출}

① 주물과 종물은 모두 동일한 소유자에 속하여야 하므로 법률상 하나의 물건으로 취급된다.
② 권원 없이 타인의 토지에 한 그루의 수목을 식재한 사람은 그 소유권을 잃는다.
③ 물건의 소유자만이 아니라 그 물건의 수익권자도 과실을 수취할 수 있는 권리자이다.
④ 주물 소유자의 상용에 공여되는 물건이라도 주물 그 자체의 효용과 직접 관계없는 물건은 종물이 아니다.
⑤ 물건의 사용대가로 받는 금전 기타의 물건은 수취할 권리의 존속기간 일수의 비율로 취득한다.

17 민법상 물건에 관한 설명으로 옳은 것은? (다툼이 있으면 판례에 따름) 2015 기출

① 전기 기타 관리할 수 있는 자연력은 물건이 아니다.
② 주물의 소유자나 이용자의 사용에 공여되고 있으면 주물 그 자체의 효용과 직접 관계가 없는 물건이라도 종물에 해당한다.
③ 입목에 관한 법률에 따른 입목등기를 하지 않은 수목이더라도 명인방법을 갖추면 토지와 독립된 부동산으로서 거래의 객체가 된다.
④ 천연과실은 수취할 권리의 존속기간일수의 비율로 취득한다.
⑤ 당사자는 주물을 처분할 때에 특약으로 종물만을 별도로 처분할 수 없다.

18 물건에 관한 설명으로 옳지 않은 것은? (다툼이 있으면 판례에 따름) 2016 기출

① 민법상 전기(電氣)는 물건이다.
② 주물이 압류된 경우 압류의 효력은 종물에도 미친다.
③ 종물은 주물의 처분에 따른다는 민법 제100조 제2항의 규정은 권리 상호간에 적용될 수 없다.
④ 주물을 처분할 때 특약으로 종물을 제외할 수 있고 종물만을 별도로 처분할 수도 있다.
⑤ 법정과실은 수취할 권리의 존속기간일수의 비율로 취득하고, 천연과실은 그 원물로부터 분리하는 때에 이를 수취할 권리자에 속한다.

★
13 ④ 특별한 사정이 없는 한 매매계약이 있은 후에도 인도하지 아니한 목적물로부터 생긴 과실은 매도인에게 속하나, 매매목적물의 인도 전이라도 매수인이 매매대금을 완납한 때에는 그 이후의 과실수취권은 매수인에게 귀속된다 (대판 1993. 11. 9. 93다28928).

14 ① 쌀과 같은 대체물도 당사자의 주관적 의사에 의해 특정물로 거래할 수 있다.
② 법정과실이 아니다.
③ 1필의 토지의 일부에 용익물권의 설정은 가능하며, 1동의 건물의 일부에도 전세권은 설정할 수 있다.
⑤ 천연과실에 관한 설명이다.

15 ⑤ 물건의 사용대가로 받는 금전 기타 물건은 천연과실이 아니라 법정과실이다.

16 ① 종물은 주물의 구성부분을 이루는 것이 아니라, 주물과는 독립한 물건이어야 한다.

17 ① 물건은 유체물 및 전기 기타 관리할 수 있는 자연력을 말한다(제98조).
② 주물의 소유자나 이용자의 사용에 공여되고 있더라도 주물 그 자체의 효용과 직접 관계가 없는 물건은 종물이 아니다(예 책상, TV, 난로 등은 가옥의 종물이 아니다).
④ 천연과실은 그 원물로부터 분리하는 때에 이를 수취할 권리자에게 속한다(제102조 제1항). 법정과실은 수취할 권리의 존속기간일수의 비율로 취득한다(제102조 제2항).
⑤ 제100조 제2항은 임의규정이므로 당사자의 특약으로 종물만을 따로 처분할 수 있다.

18 ③ 주물·종물의 이론은 원래 물건 상호간의 관계에 관한 것이지만, 권리 상호간에도 유추적용된다.

Answer **13** ④ **14** ④ **15** ⑤ **16** ① **17** ③ **18** ③

19 물건에 관한 설명으로 옳지 않은 것은? (다툼이 있으면 판례에 따름) 2017 기출

① 독립된 부동산으로서의 건물이라고 하기 위하여는 최소한의 기둥과 지붕 그리고 주벽이 이루어지면 된다.

② 주물과 종물을 별도로 처분하는 약정은 효력이 없다.

③ 주물과 다른 사람의 소유에 속하는 물건은 종물이 될 수 없다.

④ 법정과실은 수취할 권리의 존속기간일수의 비율로 취득한다.

⑤ 주물과 종물의 관계에 관한 법리는 주된 권리와 종된 권리 상호간에도 적용된다.

20 민법상 물건에 관한 설명으로 옳지 않은 것은? (다툼이 있으면 판례에 따름) 2018 기출

① 국립공원의 입장료는 법정과실이 아니다.

② 「입목에 관한 법률」에 따라 등기된 입목은 그 토지와 독립하여 거래의 객체가 될 수 없다.

③ 장소, 종류, 수량 등이 특정되어 있는 집합물은 양도담보의 대상이 될 수 있다.

④ 주물의 소유자의 사용에 공여되고 있더라도 주물 그 자체의 효용과 직접 관계가 없는 물건은 종물이 아니다.

⑤ 지하에서 용출되는 온천수는 토지의 구성부분일 뿐 그 토지와 독립된 권리의 객체가 아니다.

21 물건에 관한 설명으로 옳은 것은? (다툼이 있으면 판례에 따름) 2019 기출

① 주물의 구성부분도 종물이 될 수 있다.

② 천연과실은 수취할 권리의 존속기간일수의 비율로 취득한다.

③ 종물은 주물의 처분에 따른다는 민법 제100조 제2항은 강행규정이다.

④ 주물 그 자체의 효용과 직접 관계가 없는 물건은 주물 소유자의 사용에 공여되고 있더라도 종물이 아니다.

⑤ 건물의 개수는 공부상의 등록에 의하여만 결정된다.

22 민법상 물건에 관한 설명으로 옳지 않은 것은? (다툼이 있으면 판례에 따름) 2020 기출

① 건물의 개수(個數)를 결정함에 있어서 건축자나 소유자의 의사 등 주관적 사정은 고려되지 않는다.

② 주물 소유자의 상용에 공여되고 있더라도 주물 그 자체의 효용과 직접 관계없는 물건은 종물이 아니다.

③ 당사자는 특약으로 주물과 종물을 별도로 처분할 수 있다.

④ 국립공원의 입장료는 민법상 과실(果實)이 아니다.

⑤ 주물의 소유자가 아닌 다른 사람의 소유에 속하는 물건은 종물이 될 수 없다.

23 물건에 관한 설명으로 옳지 않은 것은?
(다툼이 있으면 판례에 따름) 2021 기출

① 관리할 수 있는 자연력은 동산이다.
② 분묘에 안치되어 있는 선조의 유골은 그 제사주재자에게 승계된다.
③ 금전은 동산이다.
④ 주물을 점유에 의하여 시효취득하여도 종물을 점유하지 않았다면 그 효력은 종물에 미치지 않는다.
⑤ 권리의 과실(果實)은 민법상 과실(果實)이다.

19 ② 종물은 주물의 처분에 따른다(제100조 제2항). 다만, 제100조 제2항은 임의규정이므로 주물과 종물을 별도로 처분하는 약정도 유효하다.

20 ② 입목에 관한 법률에 의하여 입목등기를 한 수목의 집단, 즉 '입목'은 토지로부터 독립한 부동산으로 다루어진다.
③ 판례는 일단의 증감 변동하는 동산을 하나의 물건으로 보아 이를 채권담보의 목적으로 삼으려는 이른바 유동집합물에 대한 양도담보설정계약도 가능하다고 한다.

21 ④ 종물은 주물의 상용에 이바지하는 관계에 있어야 하고, 주물의 상용에 이바지한다 함은 주물 그 자체의 경제적 효용을 다하게 하는 것을 말하는 것으로서 주물의 소유자나 이용자의 상용에 공여되고 있더라도 주물 그 자체의 효용과 직접 관계가 없는 물건은 종물이 아니다(대판 1997. 10. 10, 97다3750).
① 종물은 주물과 독립한 물건이어야 한다.
② 천연과실은 그 원물로부터 분리하는 때에 이를 수취할 권리자에게 속한다.
③ 종물은 주물의 처분에 따른다는 민법 제100조 제2항은 임의규정이다.
⑤ 건물은 일정한 면적, 공간의 이용을 위하여 지상, 지하에 건설된 구조물을 말하는 것으로서, 건물의 개수는 토지와 달리 공부상의 등록에 의하여 결정되는 것이 아니라 사회통념 또는 거래관념에 따라 물리적 구조, 거래 또는 이용의 목적물로서 관찰한 건물의 상태 등 객관적 사정과 건축한 자 또는 소유자의 의사 등 주관적 사정을 참작하여 결정되는 것이다(대판 1997. 7. 8, 96다36517).

22 ① 건물은 일정한 면적, 공간의 이용을 위하여 지상, 지하에 건설된 구조물을 말하는 것으로서, 건물의 개수는 토지와 달리 공부상의 등록에 의하여 결정되는 것이 아니라 사회통념 또는 거래관념에 따라 물리적 구조, 거래 또는 이용의 목적물로서 관찰한 건물의 상태 등 객관적 사정과 건축한 자 또는 소유자의 의사 등 주관적 사정을 참작하여 결정되는 것이다(대판 1997. 7. 8, 96다36517).
② 주물의 소유자나 이용자의 상용에 공여되고 있더라도 주물 그 자체의 효용과 직접 관계가 없는 물건은 종물이 아니다.
③ 종물은 주물의 처분에 따른다(제100조 제2항). 다만, 이 규정은 임의규정이므로 당사자의 특약으로 종물만을 따로 처분할 수 있다
④ 국립공원의 입장료는 토지의 사용대가라는 민법상 과실이 아니라 수익자 부담의 원칙에 따라 국립공원의 유지·관리비용의 일부를 국립공원 입장객에게 부담시키고자 하는 것이어서 토지의 소유권이나 그에 기한 과실수취권과는 아무런 관련이 없다(대판 2001. 12. 28, 2000다27749).
⑤ 종물은 물건의 소유자가 그 물건의 상용에 공하기 위하여 자기 소유인 다른 물건을 이에 부속하게 한 것을 말하므로(민법 제100조 제1항) 주물과 다른 사람의 소유에 속하는 물건은 종물이 될 수 없다(대판 2008. 5. 8, 2007다36933,36940).

23 ⑤ '물건'의 사용대가로 받은 금전 기타의 물건은 법정과실이다(제101조 제2항). 즉, 우리 민법은 권리의 과실을 인정하지 않는다.
② 망인의 유체·유골은 제사 주재자에게 승계되는 것이다(대판 2008. 11. 20, 2007다27670).
④ 점유를 요건으로 하는 권리, 예컨대 취득시효에 의한 소유권 취득·유치권·질권의 경우에는, 그 권리의 성질상 주물 이외에 종물에 대해서도 점유가 필요하며, 주물만을 점유한 경우에는 종물에 대해서는 위와 같은 권리가 인정되지 않는 것으로 해석된다.

Answer 19 ② 20 ② 21 ④ 22 ① 23 ⑤

24 물건에 관한 설명으로 옳은 것은? (다툼이 있으면 판례에 따름) 2022 기출

① 주물의 소유자의 상용에 공여되고 있더라도 주물 자체의 효용과 관계가 없는 물건은 종물이 아니다.

② 원본채권이 양도되면 특별한 사정이 없는 한 이미 변제기에 도달한 이자채권도 당연히 함께 양도된다.

③ 주물을 처분할 때 종물을 제외하거나 종물만을 별도로 처분하는 특약은 무효이다.

④ 피상속인이 유언으로 자신의 유골의 매장 장소를 지정한 경우, 제사주재자는 피상속인의 의사에 따를 법률적 의무를 부담한다.

⑤ '종물은 주물의 처분에 따른다'고 규정한 민법 제100조 제2항의 '처분'에는 공법상 처분은 포함되지 않는다.

25 물건에 관한 설명으로 옳지 않은 것은? (다툼이 있으면 판례에 따름) 2023 기출

① 물건이라 함은 유체물 및 전기 기타 관리할 수 있는 자연력을 말한다.

② 주유소의 주유기는 특별한 사정이 없는 한 주유소 건물의 종물이다.

③ 타인의 토지 위에 권원 없이 식재한 수목의 소유권은 특별한 사정이 없는 한 식재한 자에게 속한다.

④ 물건의 용법에 의하여 수취하는 산출물은 천연과실이다.

⑤ 최소한의 기둥과 지붕 및 주벽이 있는 건물은 토지와는 별개의 독립한 물건으로 인정될 수 있다.

★

24 ① 어느 건물이 주된 건물의 종물이기 위하여는 주물의 상용에 이바지하는 관계에 있어야 하고 이는 주물 자체의 경제적 효용을 다하게 하는 것을 말하는 것이므로, 주물의 소유자나 이용자의 사용에 공여되고 있더라도 주물 자체의 효용과 관계없는 물건은 종물이 아니다(대판 2007. 12. 13, 2007도7247).

② 원본채권이 양도된 경우 이미 변제기에 도달한 이자채권은 원본채권의 양도 당시 그 이자채권도 양도한다는 의사표시가 없는 한 당연히 양도되지는 않는다(대판 1989. 3. 28, 88다카12803).

③ 종물은 주물의 처분에 따른다(제100조 제2항). 그러나 제100조 제2항은 임의규정이므로 당사자의 특약으로 종물만을 따로 처분할 수 있다.

④ 피상속인이 생전행위 또는 유언으로 자신의 유체·유골을 처분하거나 매장장소를 지정한 경우에, 선량한 풍속 기타 사회질서에 반하지 않는 이상 그 의사는 존중되어야 하고 이는 제사주재자로서도 마찬가지이지만, 피상속인의 의사를 존중해야 하는 의무는 도의적인 것에 그치고, 제사주재자가 무조건 이에 구속되어야 하는 법률적 의무까지 부담한다고 볼 수는 없다(대판 2008. 11. 20, 2007다27670).

⑤ 민법 제100조 제2항의 '처분'에는 공법상 처분(⑩ 압류)도 포함된다.

25 ③ 부동산의 소유자는 그 부동산에 부합한 물건의 소유권을 취득한다. 그러나 타인의 권원에 의하여 부속된 것은 그러하지 아니하다(제256조). 따라서 타인의 토지 위에 권원 없이 식재한 수목의 소유권은 이러한 부합의 법리에 의해 토지 소유자에게 속한다.

① 제98조

② 주유소의 주유기가 비록 독립된 물건이기는 하나 유류저장탱크에 연결되어 유류를 수요자에게 공급하는 기구로서 주유소영업을 위한 건물이 있는 토지의 지상에 설치되었고 그 주유기가 설치된 건물은 당초부터 주유소영업을 위한 건물로 건축되었다는 점 등을 종합하여 볼 때, 그 주유기는 계속해서 주유소건물 자체의 경제적 효용을 다하게 하는 작용을 하고 있으므로 주유소건물의 상용에 공하기 위하여 부속시킨 종물이다(대판 1995. 6. 29, 94다6345).

④ 제101조 제1항

⑤ 판례는 법률상 독립된 부동산으로서의 건물이라고 하기 위하여는 최소한의 기둥과 지붕 그리고 주벽이 이루어지면 된다고 본다.

Answer ▶ 24 ① 25 ③

PART

04

권리의 변동

Chapter 01 권리변동 서론
Chapter 02 법률행위
Chapter 03 의사표시
Chapter 04 법률행위의 대리
Chapter 05 법률행위의 무효와 취소
Chapter 06 법률행위의 조건과 기한
Chapter 07 기간
Chapter 08 소멸시효

권리변동 서론

01 권리변동의 모습 ^{2023 기출}

1. 권리변동의 의의

사람의 생활관계 중에서 법률에 의하여 규율되는 관계를 법률관계라 하며, 이러한 법률관계는 당사자 간의 권리와 의무로 구성되어 있다. 따라서 법률관계의 변동은 권리·의무의 변동으로 나타나며, 일반적으로 권리변동이라고 한다. 이러한 권리변동은 권리의 발생·변경·소멸의 모습으로 나타난다.

2. 권리의 발생

(1) 절대적 발생(원시취득)

어떤 권리가 타인의 권리에 기함이 없이 특정인에게 새로 발생하는 것을 말한다. 예컨대 시효취득(제245조), 선의취득(제249조), 무주물선점(제252조), 유실물 습득(제253조), 건물의 신축 등이다.

(2) 상대적 발생(승계취득)

어떤 권리가 타인의 권리에 기하여 특정인에게 승계적으로 발생하는 것을 말한다.

① **이전적 승계** : 구 권리자에 속하고 있었던 권리가 그 동일성을 유지하면서 그대로 신 권리자에게 이전되는 경우로서, 권리의 주체만이 바뀌는 것을 말한다. 이는 다시 ㉠ 개개의 권리가 개개의 취득원인에 의해 취득되는 특정승계(예 매매, 교환)와 ㉡ 하나의 취득원인에 의해 다수의 권리가 일괄적으로 취득되는 포괄승계(예 상속, 포괄유증, 회사의 합병)로 나누어진다.

② **설정적 승계** : 구 권리자의 권리는 그대로 존속하면서 신 권리자가 그 권리의 내용 일부에 어떤 권리를 취득하는 경우(예 소유권자로부터 지상권·저당권을 설정받는 경우)이다. 따라서 설정적 승계가 있으면 구 권리자는 신 권리자가 취득한 권리에 의해 제한을 받게 된다.

3. 권리의 변경

권리가 동일성을 잃지 않고, 주체·내용·작용이 변경되는 것을 말한다.

(1) 주체의 변경

권리의 이전적 승계를 의미하며, 공유물분할에 의한 권리주체의 수적 변경도 포함한다.

(2) 내용의 변경

① **질적 변경**: 본래의 채권의 손해배상채권으로의 변경, 선택채권의 단순채권으로의 변경, 질권이나 저당권에서의 물상대위, 대물변제 등이 이에 해당한다.
② **양적 변경**: 첨부에 의한 소유권의 양적 확대, 제한물권의 설정이나 소멸 등이다.

(3) 작용의 변경

선순위저당권의 소멸에 의해 후순위저당권의 순위가 변경되는 것, 임차권이 대항요건을 갖춘 경우, 채권양도에서 대항요건을 갖춘 경우 등을 말한다.

4. 권리의 소멸

(1) 절대적 소멸(객관적 소멸)

권리 자체가 이 사회에서 없어져 소멸하는 것으로 예컨대 목적물의 멸실에 의한 권리의 소멸, 권리의 포기, 변제에 의한 채권소멸 등이다.

(2) 상대적 소멸(주관적 소멸)

권리의 이전을 구 권리자의 입장에서 본 것으로, 권리 자체는 소멸하지 않고 권리의 주체만이 변경되는 것(⑩ 매매로 인한 매도인의 권리상실)이다.

(02) 법률요건과 법률사실

1. 법률요건의 의의

법률요건이란 법률효과(권리변동)를 발생하게 하는 원인을 말한다. 민법상 법률요건은 크게 둘로 나눌 수 있다. 하나는 증여·매매·임대차 등과 같이 당사자가 의욕한 의사에 따라 그 효과를 발생시키는 것으로 '법률행위'이고, 다른 하나는 소멸시효·취득시효·사무관리·부당이득·불법행위 등 법률행위 이외의 그 밖의 모든 경우인데, 이를 총칭하여 보통 '법률의 규정'이라고 부른다.

2. 법률사실의 의의

법률요건을 구성하는 개개의 사실이 법률사실이다. 법률요건은 단 하나의 법률사실로 성립하는 수도 있고 다수의 법률사실이 합쳐져 있는 경우도 있다. 예컨대, 계약이라는 법률요건은 청약과 승낙이라고 하는 두 개의 의사표시의 합치에 의해 성립하는데, 여기서 청약과 승낙을 법률사실이라고 한다.

03 법률사실의 분류 2015 · 2023 기출

1. 용태

사람의 정신작용에 기한 법률사실이며, 외부적 용태와 내부적 용태로 나뉜다.

(1) 외부적 용태

의사가 외부에 표현되는 용태로서 작위 · 부작위의 행위를 말하며, 적법행위와 위법행위로 나뉜다.

① **적법행위** : 법률이 가치 있는 것으로 허용하는 행위로, 이는 의사표시와 준법률행위로 나누어지고, 준법률행위는 다시 표현행위와 비표현행위(사실행위)로 나누어진다.

　㉠ **의사표시** : 일정한 법률효과의 발생을 의욕하는 의사의 표시행위(예 청약 · 승낙 · 해제 · 동의 · 추인 · 철회 등)로, 법률행위의 불가결의 구성요소이다.

　㉡ **준법률행위**

　　ⓐ 표현행위

　　　• **의사의 통지** : 의사를 외부에 표시하는 점에서는 의사표시와 같으나, 그 의사가 효과의사가 아닌 점에서 의사표시와 다르다. 의사의 통지에 대하여는 행위자가 어떤 법률효과의 발생을 원하였느냐를 묻지 않고서, 법률은 직접 일정한 법률효과를 주고 있다. 각종의 최고(제15조 · 제131조 등), 각종의 거절(제16조 · 제132조 등)이 이에 해당한다.

　　　• **관념의 통지** : 관념의 통지는 표시된 의사내용이 어떤 법률효과의 발생을 의욕하는 것이 아니라, 어떤 객관적 사실에 대한 관념을 타인에게 표시하는 행위로 '사실의 통지'라고도 한다. 사원총회소집의 통지(제71조), 대리권을 수여한 뜻의 통지(제125조), 채무의 승인(제168조), 채권양도의 통지나 승낙(제450조), 승낙연착의 통지(제528조) 등이 그 예이다.

　　　• **감정의 표시** : 내적 감정을 외부로 표현하는 행위로서 수증자의 망은행위에 대한 증여자의 용서(제556조 제2항), 배우자의 부정에 대한 용서(제841조)의 경우이다.

ⓑ 비표현행위(사실행위) : 사람의 정신작용의 표현을 필요로 하지 않고 단지 일정한 외형적 행위가 있다는 것 또는 그 행위에 의한 결과만으로 법률효과를 발생시키는 행위이다.

- 순수사실행위 : 외부적 행위 내지 결과만 있으면 곧 법률효과가 인정되는 경우로서, 예컨대 매장물 발견(제254조), 주소의 설정, 가공(제259조) 등이다.
- 혼합사실행위 : 외부적 결과의 발생 외에 일정한 의식과정이 필요한 경우로서, 예컨대 부부의 동거, 사무관리(제734조), 무주물선점(제252조), 물건의 인도 등이다.

② **위법행위** : 법률이 허용할 수 없다고 평가하여 행위자에게 불이익한 효과를 발생시키는 행위로서 불법행위(제750조)와 채무불이행(제390조)이 있다.

(2) 내부적 용태

외부에 나타나지 않는 내심적 의식을 말한다.

① **관념적 용태** : 일정한 사실에 관한 관념 또는 인식이 있느냐 없느냐의 내심적 의식을 말한다. 예컨대 선의, 악의, 정당한 대리인이라는 신뢰(제126조) 등이다.

② **의사적 용태** : 어떤 사람이 일정한 의사를 가지고 있느냐 없느냐의 내심적 과정을 말한다. 예컨대 소유의 의사(제197조), 제3자의 변제에 있어서의 채무자의 의사(제469조), 사무관리의 경우의 본인의 의사(제734조) 등이다.

2. 사건

사람의 출생·사망, 시간의 경과, 물건의 자연적 발생·소멸과 같이 사람의 정신작용과는 관계없는 사실로서, 법률에 의하여 법률상의 의미가 인정되는 법률사실이다. 부합, 혼화, 혼동, 부당이득 등도 사건에 포함시킨다.

문제로 실력다지기

01 권리의 원시취득 사유에 해당하지 않는 것을 모두 고른 것은?

> ㉠ 무주물인 동산의 선점
> ㉡ 피상속인의 사망에 의한 상속
> ㉢ 회사의 합병
> ㉣ 시효취득
> ㉤ 건물의 신축

① ㉠, ㉡
② ㉡, ㉢
③ ㉢, ㉣
④ ㉡, ㉢, ㉣
⑤ ㉢, ㉣, ㉤

02 권리의 원시취득에 해당하지 않는 것은?

① 저당권설정
② 시효취득
③ 무주물선점
④ 가공에 의한 소유권 취득
⑤ 신축에 의한 건물의 소유권 취득

03 권리의 승계취득에 해당하는 것을 모두 고른 것은? (다툼이 있으면 판례에 따름)

2023 기출

> ㄱ. 타인 소유의 부동산에 저당권을 취득한 경우
> ㄴ. 신축건물의 소유권 보존등기를 마친 자로부터 그 건물에 대하여 전세권을 취득한 경우
> ㄷ. 유실물에 대하여 적법하게 소유권을 취득한 경우
> ㄹ. 점유취득시효의 완성에 의해 완전한 부동산 소유권을 취득한 경우

① ㄱ, ㄴ
② ㄴ, ㄷ
③ ㄴ, ㄹ
④ ㄷ, ㄹ
⑤ ㄱ, ㄴ, ㄹ

04 甲은 X부동산을 乙에게 매도하고 소유권이전등기를 해 주었다. 乙은 丙으로부터 금전을 차용하면서 X부동산에 丙을 위한 저당권을 설정하였다. 이에 관한 설명으로 옳은 것은? (다툼이 있으면 판례에 의함)

① 甲과 乙 사이의 매매계약은 법률요건이고, 그로 인한 乙의 소유권이전등기청구권은 법률효과에 해당한다.
② 乙의 소유권 취득은 포괄승계에 해당한다.
③ 丙의 저당권 취득은 이전적 승계에 해당한다.
④ 乙의 저당권설정은 준법률행위에 해당한다.
⑤ 乙의 저당권설정은 소유권의 질적 변경에 해당한다.

05 준법률행위가 아닌 것은?

① 취소할 수 있는 법률행위의 추인
② 사원총회의 소집통지
③ 시효중단사유인 채무의 승인
④ 승낙연착의 통지
⑤ 이혼청구권을 소멸시키는 사후용서

06 준법률행위에 해당하는 것을 모두 고른 것은?

2023 기출

> ㄱ. 채무의 승인
> ㄴ. 채권양도의 통지
> ㄷ. 매매계약의 해제
> ㄹ. 무권대리인의 상대방이 본인에게 하는 무권대리행위의 추인 여부에 대한 확답의 최고

① ㄱ, ㄴ   ② ㄴ, ㄷ
③ ㄷ, ㄹ   ④ ㄱ, ㄴ, ㄹ
⑤ ㄴ, ㄷ, ㄹ

07 다음 중 행위 그 자체로 법률행위가 아닌 것을 모두 고른 것은?

2015 기출

> ㉠ 점유의 취득
> ㉡ 유실물의 습득
> ㉢ 매장물의 발견
> ㉣ 소유권의 포기
> ㉤ 무주물의 선점

① ㉠, ㉡   ② ㉠, ㉣, ㉤
③ ㉡, ㉢, ㉣   ④ ㉢, ㉣, ㉤
⑤ ㉠, ㉡, ㉢, ㉤

---

01 ㉡, ㉢ 승계취득에 속한다.

02 ① 저당권설정은 승계취득 중 설정적 승계에 속한다.

03 ㄱ, ㄴ. 저당권설정이나 전세권설정은 승계취득 중 설정적 승계에 속한다
     ㄷ. 유실물습득은 원시취득이다.
     ㄹ. 취득시효는 원시취득이다.

04 ② 특정승계에 속한다.
     ③ 설정적 승계에 해당한다.
     ④ 법률행위이다.
     ⑤ 소유권의 양적 변경이다.

05 ① 취소할 수 있는 법률행위의 추인은 취소할 수 있는 법률행위를 취소하지 않겠다고 하는 취소권자의 의사표시이다.

06 ㄱ, ㄴ. 관념의 통지로서 준법률행위에 속한다.
     ㄷ. 의사표시이다.
     ㄹ. 의사의 통지로서 준법률행위에 속한다.

07 ㉣ 소유권 포기는 상대방 없는 단독행위로 법률행위이다.

Answer 01 ② 02 ① 03 ① 04 ① 05 ① 06 ④ 07 ⑤

01 법률행위 일반론

1. 법률행위의 의의

법률행위란 일정한 법률효과의 발생을 원하는 하나 또는 수 개의 의사표시를 불가결의 요소로 하는 법률요건이다. 법률행위는 매매, 채권양도, 소유권양도, 혼인, 유언 등 구체적인 행위유형 모두를 총괄하기 위한 목적으로 창안된 추상적 매개개념이다. 법률행위는 행위자가 원한 바의 법률효과를 발생시키므로, 사적자치(私的自治)의 중요한 법적 실현수단이다. 사적자치의 원칙은 사인 간의 법률관계는 각 개인의 의사에 따라 자유로이 형성할 수 있다는 원칙이다. 그런데 개인의 의사에 따라서 법률관계를 형성하는 법률요건이 법률행위이므로, 결국 사적자치는 법률행위 그중에서도 계약에 의하여 달성된다(법률행위자유의 원칙).

2. 법률행위와 의사표시의 관계

법률행위는 의사표시를 불가결의 요소로 한다. 그렇다고 의사표시가 법률행위의 유일한 요건은 아니며, 의사표시 이외의 법률사실을 필요로 하는 것도 있다. 물건의 인도와 같은 법률사실이 요구되는 법률행위도 있고, 법인의 설립에 있어서의 주무관청의 허가와 같이 관청의 협력을 요하는 법률행위도 있다. 또한 의사표시 없는 법률행위가 있을 수 없다고 하여 의사표시가 곧 법률행위인 것은 아니다. 예컨대, 매매계약에 있어 매도인의 청약은 의사표시이기는 하지만, 이것만으로는 매매의 법률효과는 발생하지 않고 매수인의 승낙의 의사표시까지 있어야만 비로소 법률요건으로서의 법률행위인 매매계약이 성립하는 것이다.

3. 법률행위의 요건

(1) 의의

법률행위가 법률요건으로서 완전한 법률효과를 발생하려면, 법률행위로서 성립하기 위한 성립요건과 법률행위로서 효력을 발생하기 위한 요건인 효력요건을 갖추어야 한다. 성립요건을 갖추지 못한 경우에는 법률행위로서 성립이 되지 않으며, 효력요건을 갖추지 못한 경우에는 무효이거나 취소할 수 있게 된다. 법률행위의 효력을 주장하는 자가 성립요건의 입증책임을 부담하며, 법률행위의 효력 발생을 저지하려는 자가 효력요건의 부존재를 입증하여야 한다.

(2) 성립요건

① **일반적 성립요건**: 모든 법률행위에 일반적으로 요구되는 성립요건으로서 ⊙ 법률행위를 하는 당사자 ⓒ 법률행위의 목적 ⓒ 법률행위의 발생을 원하는 의사표시를 말한다.

② **특별 성립요건**: 개별적인 법률행위에 있어서 법률의 규정에 의하여 부가적으로 요구되는 성립요건을 말한다(예 유언의 방식, 혼인의 신고).

(3) 효력요건

① **일반적 효력요건**: 모든 법률행위에 일반적으로 요구되는 효력요건을 말한다.
   ⊙ 당사자가 권리능력·행위능력·의사능력을 가질 것
   ⓒ 법률행위 내용이 확정성·가능성·적법성·사회적 타당성을 가질 것
   ⓒ 의사표시에 있어서 의사와 표시가 일치하고, 하자가 없을 것

② **특별 효력요건**: 개개의 법률행위에 관하여만 요구되는 효력요건을 말한다. 예컨대 미성년자·피한정후견인의 법률행위에서의 법정대리인의 동의, 대리행위에 있어서의 대리권의 존재, 조건부·기한부 법률행위의 조건의 성취·기한의 도래, 유언에서 유언자의 사망 등이다.

02 법률행위의 분류

1. 단독행위·계약·합동행위

(1) 단독행위

한 사람의 한 개의 의사표시로 성립하는 법률행위이다. 단독행위는 하나의 의사표시만으로 법률효과가 생기고 그에 따라 상대방을 일방적으로 구속하게 되므로 법률의 규정이 있는 경우에 한하여 할 수 있다.

① **상대방 있는 단독행위**: 상대방이 있는 경우(예 동의, 채무면제, 상계, 추인, 취소, 해제, 해지 등)로 단독행위의 법률효과가 발생하려면 의사표시가 상대방에게 도달하여야 한다.

② **상대방 없는 단독행위**: 의사표시가 어떤 특정한 상대방에게 행하여질 필요가 없고 의사표시가 있으면 곧 효력을 발생하는 단독행위(예 유언, 유증, 재단법인의 설립행위, 소유권과 점유권의 포기, 상속의 포기 등)이다.

(2) 계약

청약과 승낙이라는 두 개의 대립되는 의사표시의 합치에 의하여 성립하는 법률행위를 말한다. 계약에는 채권계약, 물권계약, 준물권계약, 가족법상 계약이 있으나 좁은 의미의 계약은 채권계약만을 말한다.

(3) 합동행위

평행적·구심적으로 방향을 같이하는 2개 이상의 의사표시가 합치하여 성립하는 법률행위 (사단법인설립행위)를 말한다.

2. 요식행위 · 불요식행위

법률행위의 요소인 의사표시에 일정한 방식(⑩ 서면·신고 등)을 요하는 행위가 요식행위이며, 아무런 방식이 필요 없는 행위가 불요식행위이다. 계약자유의 원칙상 방식의 자유가 인정되어 있으므로 불요식이 원칙이다. 그러나 당사자로 하여금 신중하게 법률행위를 하게 하기 위하여(⑩ 혼인), 법률행위의 존재와 범위를 명료하게 하기 위하여(⑩ 법인설립행위·유언 등), 또는 외관을 신뢰하고 신속하며 안전하게 거래를 할 수 있도록 하기 위하여(⑩ 어음행위·수표행위) 일정한 방식을 요구하기도 한다.

3. 채권행위 · 물권행위 · 준물권행위

(1) 채권행위

채권을 발생시키는 법률행위로 '이행'이라는 문제를 남기는 점에서 물권행위나 준물권행위와 다르다(⑩ 채권편의 15종의 전형계약). 따라서 채권행위는 의무부담행위이고 물권행위와 준물권행위는 처분행위에 속한다.

(2) 물권행위

물권의 발생·변경·소멸, 즉 물권의 변동을 일어나게 하는 의사표시(물권적 의사표시)를 요소로 하여 성립하는 법률행위로서, 즉각 물권변동이 일어나고 이행이라는 문제를 남기지 않는다(⑩ 소유권이전, 제한물권의 설정).

(3) 준물권행위

물권 이외의 권리(⑩ 채권, 지적재산권)를 종국적으로 변동시키고, '이행'이라는 문제를 남기지 않는 법률행위를 말한다(⑩ 채권양도, 채무면제, 지적재산권의 양도).

4. 출연행위 · 비출연행위

(1) 의의

자신의 재산을 감소시키고 타인의 재산을 증가하게 하는 효과를 발생시키는 행위를 출연행위라 하고, 타인의 재산을 증가하게 함이 없이 행위자만이 재산이 감소하거나 또는 직접 재산의 증감이 일어나게 하지 않는 행위(⑩ 소유권의 포기, 대리권의 수여)를 비출연행위라고 한다.

(2) 유상행위 · 무상행위

출연행위에는 자기의 출연에 대하여 상대방으로부터도 그것에 대응하는 출연을 받을 것을 목적으로 하는 유상행위(⑩ 매매, 임대차)와 그렇지 않은 무상행위(⑩ 증여, 사용대차)가 있다. 유상행위에 대해서는 매매에 관한 규정이 준용된다(제567조).

(3) 유인행위 · 무인행위

원인된 법률행위가 무효 · 취소 등으로 실효되었을 때에 그 이행행위로서 행하여진 법률행위도 실효되느냐에 따른 구별로서, 원인된 법률행위의 실효에 따라 실효된다면 유인행위이고, 원인된 법률행위가 실효되더라도 영향을 받지 않는다면 무인행위이다. 어음행위는 전형적인 무인행위이다. 민법에서 유인인가 무인인가가 날카롭게 대립하는 부분은 채권행위와 물권행위의 관계이다. 예컨대, 매매계약이 무효 · 취소 · 해제 등으로 인하여 효력을 잃은 경우에, 그 이행으로 행하여진 처분행위인 물권행위가 효력을 유지할 수 있는가의 문제이다. 물권행위가 유인이라면 그로 인해 물권행위가 무효가 되는 것이고, 무인이라면 물권행위는 그대로 유효하다. 판례는 물권행위를 유인행위로 보고 있다.

5. 기타의 분류

(1) 생전행위 · 사후행위

행위자의 사망으로 그 효력이 생기는 법률행위를 사후행위 또는 사인행위라고 하고, 기타의 보통의 행위를 생전행위라고 한다. 우리 민법상 유언(제1073조)과 사인증여(제562조)가 사후행위이다.

(2) 독립행위 · 보조행위

법률행위가 직접 실질적인 권리관계의 변동을 발생케 하는 경우를 독립행위라 하고, 다른 법률행위의 효과를 단순히 보충하거나 확정하는 역할을 하는 경우를 보조행위(동의 · 추인 · 허가 · 대리권의 수여)라고 한다.

(3) 주된 행위 · 종된 행위

어떤 법률행위가 유효하게 성립하기 위하여 다른 법률행위의 존재를 필요로 하는 경우에 이 행위를 종된 행위라 하고, 그 전제가 되는 행위를 주된 행위라 한다. 예컨대 담보권설정계약은 주된 행위인 금전소비대차계약을 전제로 하는 종된 행위이다. 종된 행위는 주된 행위와 법률상 효력을 같이 하는 것이 원칙이다.

(4) 신탁행위 · 비신탁행위

신탁행위에는 신탁법상의 신탁행위와 민법상의 신탁행위가 있으며, 신탁행위 이외의 모든 출연행위를 비신탁행위라고 한다.

① **신탁법상의 신탁행위**: 위탁자가 재산권을 수탁자에게 이전하거나 기타의 처분을 하고, 수탁자로 하여금 일정한 자의 이익 또는 특정의 목적을 위하여 그 재산권을 관리 · 처분하게 하는 법률관계를 말한다(신탁법 제2조).

② **민법상의 신탁행위**: 어떤 경제적 목적(⑩ 채권담보, 채권추심 등)을 달성하기 위하여 신탁자가 수탁자에게 그 목적달성에 필요한 정도를 넘는 권리를 이전하면서, 한편으로는 수탁자에게 그 이전받은 권리를 당사자가 달성하려고 하는 경제적 목적의 범위를 넘어서 행사하여서는 안 될 의무를 부담하게 하는 법률행위를 말한다. 민법상의 신탁행위의 예로는 양도담보, 추심을 위한 채권양도 등을 들 수 있다.

03 법률행위의 목적

1. 법률행위의 목적의 의의

법률행위의 목적이란 법률행위를 하는 자가 그 법률행위에 의하여 발생시키려고 하는 법률효과를 말하며, 법률행위의 내용이라고 한다. 예컨대, 매매에 있어서는 재산권의 이전과 대금의 지급이 매매라는 법률행위의 목적이 된다. 법률행위에 의하여 표의자가 의욕한 법률효과를 발생시키기 위해서는 법률행위의 목적이 확정될 수 있을 것, 가능할 것, 적법할 것, 사회적 타당성이 있을 것의 요건이 갖추어져야 한다. 법률행위의 목적은 법률행위의 목적물(객체)과는 다른 개념이다.

2. 목적의 확정성

법률행위의 목적은 확정되어 있거나 또는 확정할 수 있는 것이어야 한다. 목적이 불확정한 법률행위는 외형적으로는 법률행위의 모습을 갖추고 있더라도 무효이다. 그러나 법률행위의 성립 당시에 확정될 필요는 없고, 장차 확정할 수 있는 표준이 정하여져 있으면 된다. 즉, 목적이 실현될 시점(이행기)까지 확정될 수 있으면 된다.

> **판례**
>
> 매매 목적물과 대금은 반드시 그 계약 체결 당시에 구체적으로 확정하여야 하는 것은 아니고 이를 사후에라도 구체적으로 확정할 수 있는 방법과 기준이 정하여져 있으면 족한 것이고, 이 경우 그 약정된 기준에 따른 대금액의 산정에 관하여 당사자 간에 다툼이 있는 경우에는 법원이 이를 정할 수밖에 없다(대판 1996. 4. 26, 94다34432).

3. 목적의 가능성

(1) 가능·불능의 표준

법률행위의 성립 당시에 법률행위의 목적이 실현 불능한 것이면 그 법률행위는 무효이다. 법률행위의 목적이 실현 가능한 것이냐의 여부는 사회관념에 의하여 결정된다. 따라서 물리적으로 불가능한 경우는 물론이고, 물리적으로 가능하다 하더라도 사회관념상 불가능한 경우도 불능이 된다. 또한, 불능은 확정적이어야 한다. 따라서 일시적으로 불능이더라도 장차 가능하게 될 개연성이 큰 경우에는 불능이 아니다.

(2) 불능의 종류

① 원시적 불능·후발적 불능

ㄱ) 의의 : 법률행위의 성립 당시에 이미 그 법률행위의 목적이 실현 불가능한 경우를 원시적 불능이라 하고, 법률행위의 성립 당시에는 가능하였지만 그 이행 전에 불능으로 된 것을 후발적 불능이라 한다.

ㄴ) 효과

ⓐ 원시적 불능 : 원시적(객관적·전부) 불능이 있으면 그 법률행위는 무효로 되나, 채무자가 불능을 알았거나 또는 알 수 있었을 때에는 그 상대방이 계약의 유효를 믿었기 때문에 받은 손해(신뢰이익)를 배상하여야 한다(제535조의 계약체결상과실책임). 다만, 원시적 객관적 일부불능의 경우에는 원칙으로 일부무효의 법리(제137조)에 따라 해결하고 특칙으로 유상계약의 경우에는 매도인의 담보책임(제574조)의 문제로 된다.

> **제535조【계약체결상의 과실】**① 목적이 불능한 계약을 체결할 때에 그 불능을 알았거나 알 수 있었을 자는 상대방이 그 계약의 유효를 믿었음으로 인하여 받은 손해를 배상하여야 한다. 그러나 그 배상액은 계약이 유효함으로 인하여 생길 이익액을 넘지 못한다.
> ② 전항의 규정은 상대방이 그 불능을 알았거나 알 수 있었을 경우에는 적용하지 아니한다.
> **제574조【수량부족, 일부멸실의 경우와 매도인의 담보책임】**전2조의 규정은 수량을 지정한 매매의 목적물이 부족되는 경우와 매매목적물의 일부가 계약당시에 이미 멸실된 경우에 매수인이 그 부족 또는 멸실을 알지 못한 때에 준용한다.

ⓑ 후발적 불능 : 후발적 불능의 경우는 채무자의 고의·과실이 있으면 채무불이행(이행불능)으로 인한 손해배상(제390조)이 문제되고, 채무자의 고의·과실이 없으면 위험부담(제537조·제538조)의 문제로 된다.

> **제390조【채무불이행과 손해배상】** 채무자가 채무의 내용에 좇은 이행을 하지 아니한 때에는 채권자는 손해배상을 청구할 수 있다. 그러나 채무자의 고의나 과실없이 이행할 수 없게 된 때에는 그러하지 아니하다.
> **제537조【채무자위험부담주의】** 쌍무계약의 당사자 일방의 채무가 당사자쌍방의 책임없는 사유로 이행할 수 없게 된 때에는 채무자는 상대방의 이행을 청구하지 못한다.
> **제538조【채권자귀책사유로 인한 이행불능】** ① 쌍무계약의 당사자 일방의 채무가 채권자의 책임있는 사유로 이행할 수 없게 된 때에는 채무자는 상대방의 이행을 청구할 수 있다. 채권자의 수령지체 중에 당사자쌍방의 책임없는 사유로 이행할 수 없게 된 때에도 같다.
> ② 전항의 경우에 채무자는 자기의 채무를 면함으로써 이익을 얻은 때에는 이를 채권자에게 상환하여야 한다.

② **객관적 불능 · 주관적 불능**: 어느 누구도 법률행위의 목적을 실현할 수 없는 것을 객관적 불능이라 하고, 당해 채무자만이 실현할 수 없는 것을 주관적 불능이라고 한다. 법률행위가 무효로 되는 불능은 주관적 불능이 아니고 객관적 불능이다.

③ **전부불능 · 일부불능**: 법률행위의 내용의 전부가 불능인 경우가 전부불능이고 그 일부만이 불가능한 경우가 일부불능이다. 전부불능인 경우에는 법률행위 전부가 무효가 되지만 일부불능인 경우에는 결국 일부무효의 법리(제137조)에 따라 처리되어야 한다.

4. 목적의 적법성 2020 · 2023 기출

> **제105조【임의규정】** 법률행위의 당사자가 법령 중의 선량한 풍속 기타 사회질서에 관계없는 규정과 다른 의사를 표시한 때에는 그 의사에 의한다.

(1) 강행규정과 임의규정

① **의의**: 법률행위가 유효하기 위해서는 그 목적이 적법한 것이어야 한다. 즉, 강행규정에 위반하는 내용의 법률행위는 부적법한 것으로서 무효이다. 강행규정이란 법령 중의 선량한 풍속 기타 사회질서에 관계있는 규정으로서 당사자의 의사에 의해 그 적용을 배제할 수 없는 규정이다. 반면에, 임의규정이란 법령 중의 선량한 풍속 기타 사회질서에 관계없는 규정으로서 당사자의 의사에 의해 그 적용을 배제할 수 있는 규정이다(제105조). 민법은 어떤 규정이 강행규정인가에 관하여 명문규정을 둔 경우도 있으나, 그렇지 않은 경우가 더 많다. 강행규정 · 임의규정의 구별의 표준에 관한 일반원칙은 없으며 그 성질, 입법목적 등을 고려하여 개별적으로 결정하여야 한다. 물권법과 가족법의 규정은 대부분 강행규정인 반면 채권법의 규정은 대체로 임의규정이다.

② **강행규정의 예**

　㉠ 법률질서의 기본구조에 관한 규정(권리능력, 행위능력, 법인제도)

　㉡ 물건을 중심으로 한 거래질서에 관한 규정(물권편의 규정)

　㉢ 거래안전을 위한 규정(유가증권제도)

　㉣ 경제적 약자의 보호를 위한 사회정책적 규정(소비대차·임대차 등에 그 예가 많으며
　　(제608조·제652조), 주택 및 상가건물의 임대차보호법 등의 특별법도 이에 해당)

　㉤ 가족관계의 질서에 관한 규정(친족·상속편의 규정) 등이 대체로 강행규정에 속한다.

(2) 효력규정과 단속규정

① **의의** : 강행규정에는 효력규정과 단속규정이 있다. 효력규정은 그에 위반하는 행위의 사법적 효과가 부정되는 것이고, 단속규정은 국가가 일정한 행위를 단속할 목적으로 그것을 금지하거나 제한하는 데 지나지 않기 때문에 그에 위반하여도 벌칙의 적용이 있을 뿐이고 행위 자체의 사법적 효과에는 영향이 없다. 예컨대, 무허가음식점의 음식물판매행위(식품위생법)는 단속규정이므로 이에 위반하는 행위라도 사법상으로는 유효하다. 그러나 광업(광업법 제7조·제13조), 어업(수산업법 제28조), 증권업(증권거래법 제63조) 등과 같이 법률이 특히 엄격한 표준을 정하여 일정한 자격을 갖춘 자만이 할 수 있는 경우는 효력규정이므로, 허가나 면허를 받은 자가 그 명의를 대여하는 계약은 무효이다. 그러나 명의를 빌린 자가 채취한 물건 또는 취득한 권리를 제3자에게 매각하거나 이전하는 법률행위는 거래안전을 위하여 유효로 볼 것이다(통설).

② **판례상의 효력규정**

　㉠ 의료인이나 의료법인 등 비영리법인 아닌 자의 의료기관 개설을 금지하는 의료법 제33조
　　제2항

　㉡ 부동산중개수수료의 상한을 정한 공인중개사법 제32조

　㉢ 증권회사의 부당한 권유행위를 금지하는 증권거래법 제52조

　㉣ 상호신용금고의 채무부담제한에 관한 상호신용금고법 제17조

③ **판례상의 단속규정**

　㉠ 중간생략등기를 금지하는 부동산등기특별조치법 제2조 제2항

　㉡ 비실명금융거래를 금지하는 금융실명거래 및 비밀보장에 관한 법률 제3조 제1항

　㉢ 투자일임매매약정을 제한하는 증권거래법 제107조

판례

1. 증권회사 또는 그 임직원의 부당권유행위를 금지하는 증권거래법 제52조 제1호(유가증권의 매매거래에 있어 고객에 대하여 당해 거래에서 발생하는 손실의 전부 또는 일부를 부담할 것을 약정하고 권유하는 행위금지)는 공정한 증권거래질서의 확보를 위하여 제정된 강행법규로서 이에 위배되는 주식거래에 관한 투자수익보장약정은 무효이고, 투자수익보장이 강행법규에 위반되어 무효인 이상 증권회사의 지점장에게 그와 같은 약정을 체결할 권한이 수여되었는지 여부에 불구하고 그 약정은 여전히 무효이므로 표현대리의 법리가 준용될 여지가 없다. 그러나 <u>일임매매의 제한에 관한 증권거래법 제107조</u>는 고객을 보호하기 위한 규정으로서 증권거래에 관한 절차를 규정하여 거래질서를 확립하려는 데 그 목적이 있는 것이므로, 고객에 의하여 매매를 위임하는 의사표시가 된 것임이 분명한 이상 그 사법상 효력을 부인할 이유가 없고, 그 효력을 부인할 경우 거래 상대방과의 사이에서 법적 안정성을 심히 해하게 되는 부당한 결과가 초래되므로, 일임매매에 관한 증권거래법 제107조 위반의 약정도 사법상으로는 유효하다(대판 1996. 8. 23, 94다38199).

2. 구 임대주택건설촉진법 제10조에 위반하여 임대의무기간 경과 전에 임대주택을 매각하는 행위의 사법상 효력(=무효): 구 임대주택건설촉진법 제10조 또는 임대주택법 제12조에 위반하여 임대의무기간 경과 전에 임대주택을 매각하는 것은 국민주거생활의 안정을 도모하기 위하여 임대주택건설에 대한 각종 지원을 규정한 구 임대주택건설촉진법과 임대주택법의 입법취지를 근본적으로 훼손하는 행위로서 사법상으로도 무효라고 보아야 한다(대판 2005. 6. 9, 2005다11046).

3. 주택건설촉진법상 전매금지규정 및 국민주택사업주체와의 전매금지약정에 위반하여 체결한 매매계약의 효력 유무(적극): 주택건설촉진법 제38조의3 제1항에 의하면 국민주택에 관하여는 최초로 공급한 날로부터 일정 기간 동안 전매행위가 금지되어 있고 이에 위반하여 그 전매행위를 한 매도인을 처벌하는 규정은 있어도 위 규정에 위반한 전매의 효력에 관하여는 아무런 정함이 없고, 같은 조 제3항에서는 위 규정에 위반한 전매가 있는 경우 그 매수인에게 국민주택사업주체가 일정한 금액을 지급한 때에는 그 지급한 날에 국민주택사업주체가 당해 국민주택을 취득한 것으로 본다고 규정하고 있는 점 등에 비추어 볼 때 위 전매금지규정은 단속규정에 불과하고 효력규정은 아니라고 할 것이므로, 위 전매금지규정을 위반한 매매계약이 무효라고 할 수 없고, 또한 국민주택사업주체에 대하여 전매가 금지되는 시기까지 국민주택을 전매하지 않기로 약정하고 그 약정이 등기까지 되었는데 그 전매금지약정을 위반하여 매매계약을 체결하였다고 하더라도, 국민주택사업주체에 대하여 채무불이행의 책임을 지는 것은 별론으로 하고, 그 매매계약이 무효가 된다고도 할 수 없다(대판 1992. 2. 25, 91다44544).

4. 개업공인중개사 등이 중개의뢰인과 직접 거래를 하는 행위를 금지하는 「공인중개사법」 제33조 제6호의 규정 취지는 개업공인중개사 등이 거래상 알게 된 정보를 자신의 이익을 꾀하는 데 이용하여 중개의뢰인의 이익을 해하는 경우가 있으므로 이를 방지하여 중개의뢰인을 보호하고자 함에 있는바, 위 규정에 위반하여 한 거래행위가 사법상의 효력까지도 부인하지 않으면 안 될 정도로 현저히 반사회성, 반도덕성을 지닌 것이라고 할 수 없을 뿐만 아니라 행위의 사법상의 효력을 부인하여야만 비로소 입법 목적을 달성할 수 있다고 볼 수 없고, 위 규정을 효력규정으로 보아 이에 위반한 거래행위를 일률적으로 무효라고 할 경우 중개의뢰인이 직접 거래임을 알면서도 자신의 이익을 위해 한 거래도 단지 직접 거래라는 이유로 효력이 부인되어 거래의 안전을 해칠 우려가 있으므로, 위 규정은 강행규정이 아니라 <u>단속규정이다</u>(대판 2017. 2. 3, 2016다259677).

(3) 탈법행위

① **의의** : 탈법행위란 강행법규에 직접적으로 위반하지는 않지만 강행법규가 금지하고 있는 실질적인 내용을 다른 회피수단으로 달성하려는 행위(간접적 위반)를 말한다. 예컨대, 공무원의 연금수급권은 대통령령으로 정하는 금융기관에 담보로 제공할 수 있으나 그 밖의 경우에는 이를 담보로 제공하지 못한다(공무원연금법 제39조 제1항). 이러한 금지규정을 회피하기 위해 채권자에게 연금증서를 교부하면서 연금추심의 대리권을 수여하고 원금과 이자의 완제가 있을 때까지 추심위임을 해제하지 않는다는 특약을 하는 경우가 있다. 이 경우 연금수급권을 담보로 제공하는 것과 동일한 결과를 거둘 수 있다.

② **효과** : 탈법행위는 정면으로 강행규정에 위반하는 것은 아니지만, 그것은 법규의 정신에 반하고 법률이 인정하지 않는 결과의 발생을 목적으로 하기 때문에 원칙적으로 무효이다. 그러나 강행법규의 취지가 특정의 수단·형식에 의하여 어떤 결과를 생기지 않게 하려는 것일 때, 즉 그 결과를 발생케 하는 특정의 행위 자체를 금지하는 데에 있는 경우에는 금지된 것과는 다른 수단으로 동일한 결과를 일어나게 하더라도 탈법행위로서 무효라고 할 것은 아니며, 그 회피수단은 유효하게 된다(예 동산양도담보).

> **판례**
>
> (구) 국유재산법 제7조는 같은 법 제1조의 입법취지에 따라 국유재산처분사무의 공정성을 도모하기 위하여 관련 사무에 종사하는 직원에 대하여 부정한 행위로 의심받을 수 있는 가장 현저한 행위를 적시하여 이를 엄격히 금지하는 한편, 그 금지에 위반한 행위의 사법상 효력에 관하여 이를 무효로 한다고 명문으로 규정하고 있으므로, <u>국유재산에 관한 사무에 종사하는 직원이 타인의 명의로 국유재산을 취득하는 행위는 강행법규인 같은 법 규정들의 적용을 잠탈하기 위한 탈법행위로서 무효</u>이고, 나아가 같은 법이 거래안전의 보호 등을 위하여 그 무효로 주장할 수 있는 상대방을 제한하는 규정을 따로 두고 있지 아니한 이상, 그 무효는 원칙적으로 누구에 대하여서나 주장할 수 있으므로, 그 규정들에 위반하여 취득한 국유재산을 제3자가 전득하는 행위 또한 당연무효이다(대판 1997. 6. 27, 97다9529).

5. 목적의 사회적 타당성 2013 · 2016 · 2017 · 2018 · 2019 · 2020 · 2021 · 2022 · 2023 기출

> **제103조 【반사회질서의 법률행위】** 선량한 풍속 기타 사회질서에 위반한 사항을 내용으로 하는 법률행위는 무효로 한다.

(1) 제103조의 의의

법률행위의 목적이 개개의 강행법규에 위반하지 않더라도 선량한 풍속 기타 사회질서에 위반하는 때, 즉 사회적 타당성을 잃고 있는 경우에는 무효이다. 제103조는 극히 추상적이므로 그 개념을 구체적으로 정의할 수는 없으며, 법정책적·윤리적 판단에 기하여 법률행위를 무효로 돌릴 수 있는 권한을 법관에 부여하기 위한 일반조항이다.

(2) 반사회질서 법률행위의 유형

① **정의관념에 반하는 행위**: 범죄 기타의 부정행위를 권하거나 이에 가담하기로 하는 계약은 무효이다. 또한, 범죄를 하지 않을 것을 조건으로 하여 일정한 대가적 급부를 하기로 하는 계약도 무효이다.

판례

1. 수사기관에서 참고인으로 진술하면서 자신이 잘 알지 못하는 내용에 대하여 허위의 진술을 하는 경우에 그 허위진술행위가 범죄행위를 구성하지 않는다고 하여도, 이러한 행위 자체는 국가사회의 일반적인 도덕관념이나 국가사회의 공공질서이익에 반하는 행위라고 볼 것이니, 그 급부의 상당성 여부를 판단할 필요 없이 허위진술의 대가로 작성된 각서에 기한 급부의 약정은 민법 제103조의 반사회적 질서행위로 무효이다(대판 2001. 4. 24, 2000다71999).

2. 어느 당사자가 그 증언이 필요함을 기화로 증언하여 주는 대가로 용인될 수 있는 정도(예컨대 증인에게 일당 및 여비가 지급되기는 하지만 증인이 증언을 위하여 법원에 출석함으로써 입게 되는 손해에는 미치지 못하는 경우 그러한 손해를 전보하여 주는 경우)를 초과하는 급부를 제공받기로 한 약정은 반사회질서적인 금전적 대가가 결부된 경우로 그러한 약정은 제103조 소정의 반사회질서행위에 해당하여 무효로 된다(대판 1994. 3. 11, 93다40522).

3. 형사사건에 관하여 체결된 성공보수약정이 가져오는 여러 가지 사회적 폐단과 부작용 등을 고려하면, 구속영장청구 기각, 보석 석방, 집행유예나 무죄 판결 등과 같이 의뢰인에게 유리한 결과를 얻어내기 위한 변호사의 변론활동이나 직무수행 그 자체는 정당하다 하더라도, 형사사건에서의 성공보수약정은 수사·재판의 결과를 금전적인 대가와 결부시킴으로써, 기본적 인권의 옹호와 사회정의의 실현을 사명으로 하는 변호사 직무의 공공성을 저해하고, 의뢰인과 일반 국민의 사법제도에 대한 신뢰를 현저히 떨어뜨릴 위험이 있으므로, 선량한 풍속 기타 사회질서에 위배되는 것으로 평가할 수 있다(대판 2015. 7. 23, 2015다200111).

4. 행정기관에 진정서를 제출하여 상대방을 궁지에 빠뜨린 다음 이를 취하하는 조건으로 거액의 급부를 제공받기로 약정한 경우, 민법 제103조 소정의 반사회질서의 법률행위에 해당한다고 볼 것이다(대판 2000. 2. 11, 99다56833).

5. 반사회적 행위에 의하여 조성된 재산인 이른바 비자금을 소극적으로 은닉하기 위하여 임치한 것이 사회질서에 반하는 법률행위로 볼 수 없으므로, 불법원인급여가 아니라고 할 것이다(대판 2001. 4. 10, 2000다49343).

6. 강제집행을 면할 목적으로 부동산에 허위의 근저당권설정등기를 경료하는 행위는 민법 제103조의 선량한 풍속 기타 사회질서에 위반한 사항을 내용으로 하는 법률행위로 볼 수 없다(대판 2004. 5. 28, 2003다70041).

7. 주택개량사업구역 내의 주택에 거주하는 세입자가 주택개량재개발조합으로부터 장차 신축될 아파트의 방 1칸을 분양받을 수 있는 피분양권(이른바 세입자입주권)을 15매나 매수하였고 또 그것이 투기의 목적으로 행하여진 것이라 하여 그것만으로 그 피분양권매매계약이 사회질서에 반하는 법률행위로서 무효로 된다고 할 수 없다(대판 1991. 5. 28, 90다19770).

8. [1] 양도소득세의 회피 및 투기의 목적으로 자신 앞으로 소유권이전등기를 하지 아니하고 미등기인 채로 매매계약을 체결하였다 하여 그것만으로 그 매매계약이 사회질서에 반하는 법률행위로서 무효로 된다고 할 수 없다.

[2] 매매계약에서 매도인에게 부과될 공과금을 매수인이 책임진다는 취지의 특약을 하였다 하더라도 이는 공과금이 부과되는 경우 그 부담을 누가 할 것인가에 관한 약정으로서 그 자체가 불법조건이라고 할 수 없고 이것만 가지고 사회질서에 반한다고 단정하기도 어렵다(대판 1993. 5. 25, 93다296).

9. 매매계약체결 당시에 정당한 대가를 지급하고 목적물을 매수하는 계약을 체결하였다면, 비록 그 후 목적물이 범죄행위로 취득된 것을 알게 되었다고 하더라도, 계약의 이행을 구하는 것 자체가 선량한 풍속 기타 사회질서에 위반하는 것으로 볼 만한 특별한 사정이 없는 한, 그러한 사유만으로 당초의 매매계약에 기하여 목적물에 대한 소유권이전등기를 구하는 것이 공서양속에 반하는 행위라고 단정할 수 없다(대판 2001. 11. 9, 2001다44987).

10. [1] <u>위약벌의 약정</u>은 채무의 이행을 확보하기 위하여 정해지는 것으로서 손해배상의 예정과는 그 내용이 다르므로 손해배상의 예정에 관한 민법 제398조 제2항을 유추적용하여 그 액을 감액할 수는 없고, 다만 <u>그 의무의 강제에 의하여 얻어지는 채권자의 이익에 비하여 약정된 벌이 과도하게 무거울 때에는 그 일부 또는 전부가 공서양속에 반하여 무효로 된다.</u>

　　[2] 백화점 수수료위탁판매매장계약에서 임차인이 매출신고를 누락하는 경우 판매수수료의 100배에 해당하고 매출신고누락분의 10배에 해당하는 벌칙금을 임대인에게 배상하기로 한 위약벌의 약정은 공서양속에 반하지 않는다(대판 1993. 3. 23, 92다46905).

11. 주택매매계약에 있어서 매도인으로 하여금 주택의 보유기간이 3년 이상으로 되게 함으로써 <u>양도소득세를 부과받지 않게 할 목적</u>으로 매매를 원인으로 한 소유권이전등기는 3년 후에 넘겨받기로 특약을 하였다고 하더라도, 그와 같은 목적은 위 특약의 연유나 동기에 불과한 것이어서 위 특약자체가 사회질서나 신의칙에 위반한 것이라고는 볼 수 없다(대판 1991. 5. 14, 91다6627).

12. 부정행위를 용서받는 대가로 손해를 배상함과 아울러 가정에 충실하겠다는 서약의 취지에서 처에게 부동산을 양도하되, 부부관계가 유지되는 동안에는 처가 임의로 처분할 수 없다는 제한을 붙인 약정은 선량한 풍속 기타 사회질서에 위반되는 것이라고 볼 수 없다(대판 1992. 10. 27, 92므204·211).

13. <u>전통사찰의 주지직을 거액의 금품을 대가로 양도·양수하기로 하는 약정이 있음을 알고도 이를 묵인 혹은 방조한 상태에서 한 종교법인의 주지임명행위는</u> 민법 제103조 소정의 <u>반사회질서의 법률행위에 해당하지 않는다</u>(대판 2001. 2. 9, 99다38613).

14. <u>해외파견된 근로자가 귀국일로부터 일정 기간 소속회사에 근무하여야 한다는 사규나 약정은 민법 제103조 또는 제104조에 위반된다고 할 수 없고</u>, 일정 기간 근무하지 않으면 해외 파견 소요경비를 배상한다는 사규나 약정은 근로계약기간이 아니라 경비반환채무의 면제기간을 정한 것이므로 「근로기준법」 제21조에 위배되는 것도 아니다(대판 1982. 6. 22, 82다카90).

② **윤리적 질서에 반하는 행위**: 첩계약은 처의 동의 유무를 묻지 않고 언제나 무효이다. 그러나 불륜관계를 단절하면서 그 첩의 생활비를 지급하거나 자녀의 양육비를 지급하는 계약은 유효하다(판례).

③ **개인의 자유를 심하게 제한하는 행위**: 일생동안 혼인을 하지 않는다는 계약, 과도하게 장기간 영업하지 않기로 하는 경업금지(競業禁止)의 약정, 혼인하면 퇴사하기로 한 독신계약 등이 이에 속한다.

④ **생존의 기초가 되는 재산의 처분행위**: 장차 취득하게 될 전 재산을 양도하는 계약, 사찰(寺刹)이 그 존립에 필요 불가결한 재산인 임야를 증여하는 계약 등이다.

⑤ **지나치게 사행적인 행위** : 도박자금의 대여계약, 도박으로 부담한 채무의 변제로서 토지를 양도하는 계약 등은 무효이다.

> **판례**
>
> 1. 도박채무의 변제를 위하여 채무자로부터 부동산의 처분을 위임받은 채권자가 그 부동산을 제3자에게 매도한 경우, 도박채무 부담행위 및 그 변제약정이 민법 제103조의 선량한 풍속 기타 사회질서에 위반되어 무효라 하더라도, 그 무효는 변제약정의 이행행위에 해당하는 위 부동산을 제3자에게 처분한 대금으로 도박채무의 변제에 충당한 부분에 한정되고, 위 변제약정의 이행행위에 직접 해당하지 아니하는 부동산처분에 관한 대리권을 도박채권자에게 수여한 행위부분까지 무효라고 볼 수는 없으므로, 위와 같은 사정을 알지 못하는 거래 상대방인 제3자가 도박채무자부터 그 대리인인 도박채권자를 통하여 위 부동산을 매수한 행위까지 무효가 된다고 할 수는 없다(대판 1995. 7. 14, 94다40147).
> 2. 당초부터 오로지 보험사고를 가장하여 보험금을 취득할 목적으로 생명보험계약을 체결한 경우에는 사람의 생명을 수단으로 이득을 취하고자 하는 불법적인 행위를 유발할 위험성이 크고, 이러한 목적으로 체결된 생명보험계약에 의하여 보험금을 지급하게 하는 것은 보험계약을 악용하여 부정한 이득을 얻고자 하는 사행심을 조장함으로써 사회적 상당성을 일탈하게 되므로, 이와 같은 생명보험계약은 사회질서에 위배되는 법률행위로서 무효이다(대판 2000. 2. 11, 99다49064).

(3) 동기의 불법

① **의의**

법률행위 자체는 사회질서에 위배되지 않으나, 그 법률행위를 하게 된 동기에 반사회성이 있는 경우(에 살인을 위해 흉기를 매수하거나 도박자금을 마련하기 위해 돈을 빌린 경우)를 동기의 불법이라고 한다. 이처럼 법률행위 자체는 사회질서에 반하지 않으나 그 동기가 선량한 풍속 기타 사회질서에 위반하는 경우에도 그 법률행위를 무효로 할 것인가의 문제가 있다.

② **동기의 불법과 법률행위의 효력**

　　㉠ 동기가 표시된 때에 한하여 그 표시된 동기는 법률행위의 내용을 이루고, 따라서 표시된 동기가 사회질서에 반하면 무효라는 견해(동기표시설)

　　㉡ 동기를 표시한 경우뿐만 아니라 표시하지 않았더라도 동기가 상대방에게 알려져 상대방이 그 불법동기의 실현에 가담한 경우에는 법률행위가 반사회성을 띠게 되어 무효로 된다는 견해(동기인식설)

　　㉢ 동기가 표시된 경우는 물론이고 표시되지 않았더라도 상대방이 그 동기를 알았거나 알 수 있었을 때에는 무효가 된다는 견해(동기인식가능성설) 등이 대립한다.

　　㉣ 판례는 동기가 표시되거나 상대방에게 알려진 경우에 제103조를 적용한다.

판례

1. 법률행위가 선량한 풍속 기타 사회질서에 위반한 사항을 그 내용으로 한 것이 아니고 단지 법률행위의 연유, 동기 혹은 수단으로 한 것에 불과한 것은 이로써 법률행위를 무효로 할 수 없다(대판 1972. 10. 31, 72다1271·1272).

2. 민법 제103조에 의하여 무효로 되는 반사회질서 행위는 법률행위의 목적인 권리·의무의 내용이 선량한 풍속 기타 사회질서에 위반되는 경우뿐 아니라 그 내용 자체는 반사회질서적인 것이 아니라고 하여도 법률적으로 이를 강제하거나 법률행위에 반사회질서적인 조건 또는 금전적 대가가 결부됨으로써 반사회질서적 성질을 띠게 되는 경우 및 <u>표시되거나 상대방에게 알려진 법률행위의 동기가 반사회질서적인 경우를 포함</u>하나, 이상의 각 요건에 해당하지 아니하고 단지 법률행위의 성립과정에 강박이라는 불법적 방법이 사용된 데에 불과한 때에는 강박에 의한 의사표시의 하자나 의사의 흠결을 이유로 효력을 논의할 수는 있을지언정 반사회질서의 법률행위로서 무효라고 할 수는 없다(대판 2002. 12. 27, 2000다47361).

(4) 제103조 위반의 효과

① **절대적 무효**: 선량한 풍속 기타 사회질서에 반하는 법률행위는 절대적 무효이다. 따라서 그에 기한 이행이 있기 전이라면 이행할 필요가 없다. 또한, 당사자가 그 무효임을 알고 추인하여도, 이는 새로운 법률행위를 한 것으로서 효력이 발생하지 않는다.

② **반사회질서 법률행위와 불법원인급여의 관계**: 법률행위가 제103조에 반하여 무효이면, 그 급부가 이미 이행된 경우에는 제746조의 불법원인급여가 되어 부당이득반환청구권이 배제된다. 또한 소유권에 기한 반환청구도 할 수 없다(판례).

> **제746조【불법원인급여】** 불법의 원인으로 인하여 재산을 급여하거나 노무를 제공한 때에는 그 이익의 반환을 청구하지 못한다. 그러나 그 불법원인이 수익자에게만 있는 때에는 그러하지 아니하다.

판례

1. [1] 구 담배사업법 제12조 제1항은, 한국담배인삼공사가 제조한 담배는 공사가 위 법 소정의 도매업자 또는 소매인에게 이를 판매하여야 한다고 규정하고 있는바, … 그 입법취지에 비추어 볼 때 위 제12조 제1항은 강행규정으로 보아야 할 것이고 이에 위반한 행위는 그 효력이 없다고 보아야 할 것이다.
[2] <u>부당이득의 반환청구가 금지되는 사유로 민법 제746조가 규정하는 불법원인이라 함은 그 원인되는 행위가 선량한 풍속 기타 사회질서에 위반하는 경우를 말하는 것으로서 법률의 금지에 위반하는 경우라 할지라도 그것이 선량한 풍속 기타 사회질서에 위반하지 않는 경우에는 이에 해당하지 않는다</u>고 할 것인바, … 원래 담배사업이 반드시 국가의 독점사업이 되어야 한다거나 담배의 판매를 특정한 자에게만 하여야 하는 것은 아니어서 그 자체에 반윤리적 요소가 있는 것은 아니고, 또한 담배 사재기가 물가안정에 관한 법률에 의하여 금지되고 그 위반행위는 처벌되는 것이라고 하여도 이는 국민경제의 정책적 차원에서 일정한 제한을 가하고 위반행위를 처벌하는 것에 불과하므로, 이에 위반하는 행위가 무효라고 하더라도 이것을 선량한 풍속 기타 사회질서에 반하는 행위라고는 할 수 없다. 따라서 구 담배사업법 소정의 등록도매업자 또는 지정소매인이 아닌 자가 담배 사재기를 위하여 한국담배인삼공사로부터 담배를 구입키로 하고 지급한 담배구입대금은 불법원인급여에 해당하지 않아 그 반환을 청구할 수 있다고 보아야 한다(대판 2001. 5. 29, 2001다1782).

2. 부동산 실권리자명의 등기에 관한 법률이 규정하는 명의신탁약정은 부동산에 관한 물권의 실권리자가 타인과의 사이에서 대내적으로는 실권리자가 부동산에 관한 물권을 보유하거나 보유하기로 하고 그에 관한 등기는 그 타인의 명의로 하기로 하는 약정을 말하는 것일 뿐이므로, 그 자체로 선량한 풍속 기타 사회질서에 위반하는 경우에 해당한다고 단정할 수 없을 뿐만 아니라, … 위 법률이 비록 부동산등기제도를 악용한 투기·탈세·탈법행위 등 반사회적 행위를 방지하는 것 등을 목적으로 제정되었다고 하더라도, 무효인 명의신탁약정에 기하여 타인 명의의 등기가 마쳐졌다는 이유만으로 그것이 당연히 불법원인급여에 해당한다고 볼 수 없다(대판 2003. 11. 27, 2003다41722).

3. 불법원인급여와 물권적 청구권의 행사 : 민법 제746조는 민법 제103조와 함께 사법의 기저를 이루는 하나의 큰 이상의 표현으로서 이것이 비록 민법 채권편 부당이득의 장에 규정되어 있기는 하나, 이는 일반적으로 사회적 타당성이 없는 행위의 복구가 부당이득의 반환청구라는 형식으로 주장되는 일이 많기 때문이고, 그 근본에 있어서는 단지 부당이득제도만을 제한하는 이론으로 그치는 것이 아니라, 보다 큰 사법의 기본 이념으로 군림하여, 결국 사회적 타당성이 없는 행위를 한 사람은 그 스스로 불법한 행위를 주장하여, 복구를 그 형식 여하에 불구하고 소구할 수 없다는 이상을 표현하고 있는 것이라고 할 것이다. 따라서 급여를 한 사람은 그 원인행위가 법률상 무효라 하여 상대방에게 부당이득을 원인으로 한 반환청구를 할 수 없음은 물론, 그 원인행위가 무효이기 때문에 급여한 물건의 소유권은 여전히 자기에게 있다고 하여, 소유권에 기한 반환청구도 할 수 없는 것이고, 그리하여 그 반사적 효과로서 급여한 물건의 소유권은 급여를 받은 상대방에게 귀속하게 되는 것이라고 해석함이 타당하다고 할 것이다(대판 전합 1979. 11. 13, 79다483).

⑸ **부동산의 이중매매**

① **의의** : 부동산의 이중매매란 매도인이 특정부동산에 관하여 어느 자(제1매수인)에게 매도하고 아직 소유권이전등기를 경료하지 않은 상태에서, 다른 자(제2매수인)에게 다시 매도한 후 그 앞으로 소유권이전등기를 경료한 경우를 말한다.

② **부동산의 이중매매가 유효인 경우** : 우리 민법은 법률행위로 인한 부동산물권변동은 등기하지 않으면 효력이 생기지 않는다(제186조)고 규정하므로, 등기이전을 하지 않는 한 제1매수인은 단순한 채권자적 지위를 가질 뿐이고, 제2매수인이 양도인의 배임행위에 적극 가담한 사실이 없는 한 먼저 이전등기를 경료하면 소유권을 취득한다. 이중매매가 유효하여 제2매수인이 소유권을 취득하면, 매도인의 제1매수인에 대한 부동산의 소유권이전의무는 이행불능의 상태에 빠지게 된다. 따라서 제1매수인은 매도인에 대하여 이행불능으로 인한 손해배상을 청구할 수 있다(제390조).

③ **부동산의 이중매매가 무효인 경우**

㉠ **무효로 되기 위한 요건** : 부동산이중매매가 사회적 타당성이 없는 법률행위로서 무효가 되기 위해서는 매도인의 배임행위와, 제2매수인이 매도인의 배임행위에 적극 가담한 행위로 이루어진 매매로서, 그 적극 가담하는 행위는 제2의 매수인이 다른 사람에게 매매목적물이 매도된 것을 안다는 것만으로는 부족하고, 적어도 그 매도사실을 알고도 매도를 요청하여 매매계약에 이르는 정도가 되어야 한다(판례).

ⓛ 매도인의 제2매수인에 대한 반환청구권 인정 여부 : 부동산의 이중매매가 제103조에 반하여 무효인 경우, 동조와 표리관계에 있는 제746조 본문이 적용되어 매도인은 제2 매수인에게 부당이득반환을 청구할 수가 없다. 나아가 매도인은 소유권에 기한 반환청구권을 행사할 수도 없다(판례).

ⓒ 제1매수인의 등기말소청구권의 대위(代位)행사 : 부동산의 이중매매가 사회질서에 위반하는 경우에 제1매수인은 매도인을 대위하여 제2매수인에 대해 등기말소를 청구할 수 있다(판례).

ⓔ 제2매수인으로부터 선의로 전득한 자의 법적 지위 : 부동산의 이중매매가 반사회적 법률행위에 해당하는 경우에는 이중매매계약은 절대적으로 무효이므로, 당해 부동산을 제2매수인으로부터 다시 취득한 전득자도 선의·악의를 불문하고 소유권을 취득할 수 없다(판례).

④ **부동산의 이중매매 법리의 확장** : 예컨대 ⓐ 이미 매도된 부동산에 관하여 매도인의 채권자가 매도인의 배임행위에 적극 가담하여 저당권설정계약을 체결한 경우 ⓑ 부동산의 소유자가 취득시효의 완성 사실을 알고서도 그 부동산을 제3자에게 처분하였고, 부동산을 취득한 제3자가 부동산 소유자의 이와 같은 불법행위에 적극 가담한 경우 ⓒ 이미 부동산이 매도되었음을 알면서 매도인의 배임행위에 적극 가담하여 증여받은 경우에, 위 저당권설정계약, 매매계약, 증여계약은 모두 사회질서에 반하여 무효이다.

> **판례**
>
> 매도인이 매수인에게 목적부동산을 매도한 사실을 알고서 수증자가 매도인으로부터 증여를 원인으로 하여 소유권이전등기를 함으로써 매도인의 매수인에 대한 배임행위에 가담한 결과에 이르렀다면, 이는 실체관계에 부합하는 유효한 등기가 될 리가 없고 반사회질서의 행위로서 무효이다(대판 1983. 4. 26, 83다카57).

(6) 불공정한 법률행위(폭리행위) 2014 · 2015 · 2018 · 2019 · 2022 기출

> **제104조 【불공정한 법률행위】** 당사자의 궁박, 경솔 또는 무경험으로 인하여 현저하게 공정을 잃은 법률행위는 무효로 한다.

① **의의** : 불공정한 법률행위란 당사자의 궁박, 경솔 또는 무경험으로 인하여 현저하게 공정을 잃은 법률행위를 말한다. 제104조의 불공정한 법률행위를 제103조의 반사회질서의 법률행위의 하나의 예시로 보는 견해가 통설·판례이다. 따라서 민법 제104조의 요건을 완전히 갖추지 못한 법률행위라도 제103조에 의해 무효로 될 수 있다.

② **요건**

ⓐ 객관적 요건 : 급부와 반대급부 간의 현저한 불균형은 객관적으로 존재하여야 한다. 현저한 불균형인지의 여부를 판단하는 시점은 법률행위를 한 때를 기준으로 한다.

ⓛ 주관적 요건

   ⓐ **당사자의 궁박·경솔·무경험의 존재**: 궁박·경솔·무경험 중 하나만 갖추면 되고 3가지를 동시에 충족시킬 필요는 없다.

   ⓑ **폭리행위의 악의**: 불공정한 법률행위가 되기 위해서는 폭리자가 상대방의 궁박·경솔 또는 무경험을 단순히 인식하고 있는 것만으로는 불충분하고, 그러한 사정을 알면서 이를 이용하려는 의사, 즉 폭리행위의 악의가 있어야 한다.

판례

1. 민법 제104조에 규정된 불공정한 법률행위는 객관적으로 급부와 반대급부 사이에 현저한 불균형이 존재하고, 주관적으로 그와 같이 균형을 잃은 거래가 피해 당사자의 궁박, 경솔 또는 무경험을 이용하여 이루어진 경우에 성립하는 것으로서, 약자적 지위에 있는 자의 궁박, 경솔 또는 무경험을 이용한 폭리행위를 규제하려는 데에 그 목적이 있고, 불공정한 법률행위가 성립하기 위한 요건인 궁박, 경솔, 무경험은 모두 구비되어야 하는 요건이 아니라 그중 일부만 갖추어져도 충분한데, 여기에서 '궁박'이라 함은 '급박한 곤궁'을 의미하는 것으로서 경제적 원인에 기인할 수도 있고 정신적 또는 심리적 원인에 기인할 수도 있으며, '무경험'이라 함은 일반적인 생활체험의 부족을 의미하는 것으로서 어느 특정영역에 있어서의 경험부족이 아니라 거래일반에 대한 경험부족을 뜻하고, 당사자가 궁박 또는 무경험의 상태에 있었는지 여부는 그의 나이와 직업, 교육 및 사회경험의 정도, 재산상태 및 그가 처한 상황의 절박성의 정도 등 제반 사정을 종합하여 구체적으로 판단하여야 하며, 한편 피해 당사자가 궁박, 경솔 또는 무경험의 상태에 있었다고 하더라도 그 상대방 당사자에게 그와 같은 피해 당사자 측의 사정을 알면서 이를 이용하려는 의사, 즉 폭리행위의 악의가 없었다거나 또는 객관적으로 급부와 반대급부 사이에 현저한 불균형이 존재하지 아니한다면 불공정 법률행위는 성립하지 않는다. 대리인에 의하여 법률행위가 이루어진 경우 그 법률행위가 민법 제104조의 불공정한 법률행위에 해당하는지 여부를 판단함에 있어서 경솔과 무경험은 대리인을 기준으로 하여 판단하고, 궁박은 본인의 입장에서 판단하여야 한다(대판 2002. 10. 22, 2002다38927).

2. 급부와 반대급부 사이의 '현저한 불균형'은 단순히 시가와의 차액 또는 시가와의 배율로 판단할 수 있는 것은 아니고 구체적·개별적 사안에 있어서 일반인의 사회통념에 따라 결정하여야 한다. 그 판단에 있어서는 피해 당사자의 궁박·경솔·무경험의 정도가 아울러 고려되어야 하고, 당사자의 주관적 가치가 아닌 거래상의 객관적 가치에 의하여야 한다(대판 2010. 7. 15, 2009다50308).

ⓒ 입증책임

   ⓐ 제104조에 의한 무효를 주장하려는 자는 ⅰ) 급부와 반대급부 사이의 현저한 불균형사실 ⅱ) 자기가 궁박·경솔·무경험의 상태에 있었다는 사실 및 폭리행위자가 이러한 사실을 알면서 이를 이용하려는 의사가 있었다는 사실을 입증하여야 한다(판례).

   ⓑ 법률행위가 현저하게 공정을 잃었다고 하여 곧 그것이 궁박·경솔하게 이루어진 것으로 추정되지 아니하므로 본조의 불공정한 법률행위의 법리가 적용되려면 그 주장하는 측에서 궁박·경솔 또는 무경험으로 인하였음을 증명하여야 한다(판례).

③ **효과**: 불공정한 법률행위는 무효이다(제104조). 따라서 아직 급부가 이행되지 않은 경우에는 폭리자는 물론이고 피해자도 급부의 이행을 청구할 수 없다. 급부가 이행된 경우에는 불법원인이 폭리자에게만 있으므로, 폭리자가 피해자에게 한 급부는 반환을 청구할 수 없으나(제746조 본문), 피해자는 폭리자에 대하여 이미 급부한 것의 반환을 청구할 수 있다(제746조 단서).

판례

매매계약과 같은 쌍무계약이 '불공정한 법률행위'에 해당하여 무효라고 한다면, 그 계약으로 인하여 불이익을 입는 당사자로 하여금 위와 같은 불공정성을 소송 등 사법적 구제수단을 통하여 주장하지 못하도록 하는 부제소합의 역시 다른 특별한 사정이 없는 한 무효이다(대판 2010. 7. 15, 2009다50308).

④ **적용범위**

  ㉠ **무상행위**: 제104조가 규정하는 현저히 공정을 잃은 법률행위라 함은 자기의 급부에 비하여 현저하게 균형을 잃은 반대급부를 하게 하여 부당한 재산적 이익을 얻는 행위를 의미하는 것이므로, 증여나 기부행위와 같이 아무런 대가관계 없이 당사자일방이 상대방에게 일방적인 급부를 하는 법률행위는 그 공정성 여부를 논의할 수 있는 성질의 법률행위가 아니다(판례).

  ㉡ **경매**: 경매는 집행법원에 의하여 법적 절차에 따라 집행되는 매각행위로, 법률행위인 일반매매와는 달라서 사법적 자치를 규제하는 제104조는 적용의 여지가 없다(판례).

판례

채무자인 회사가 남편의 징역을 면하기 위하여 부정수표를 회수하려면 물품 외상대금 중 금 100만원을 초과하는 채권에 대한 포기서를 써야 된다는 강압적인 요구를 하므로 사회적 경험이 부족한 가정부인이 경제적 정신적 궁박상태하에서 구속된 자기 남편을 석방 구제하는 데에는 위 수표의 회수가 필요할 것이라는 일념에서 회사에 대한 물품잔대금채권이 얼마인지조차 확실히 모르면서 보관 중이던 남편의 인감을 이용하여 남편을 대리하여 위임장과 포기서를 작성하여 준 채권포기행위는 거래관계에 있어서 현저하게 균형을 잃은 행위로서 사회적 정의에 반하는 불공정한 법률행위로 보는 것이 상당하다(대판 1975. 5. 13, 75다92).

04 법률행위의 해석 2014 · 2020 · 2023 기출

1. 법률행위 해석의 의의

법률행위의 해석이란 법률행위의 내용(목적)을 명확히 하는 것을 말한다. 법률행위는 의사표시로 구성되어 있으므로 법률행위의 해석은 결국 의사표시의 해석이라고 할 수 있다. 다수설은, 법률행위의 해석이란 당사자의 숨은 진의 내지 내심적 효과의사를 탐구하는 것이 아니라, 표시행위가 가지는 객관적 의미, 즉 표시상의 효과의사를 밝히는 것이라고 한다. 이러한 법률행위 해석은 법률문제인가 사실문제인가에 대해, 학설은 일반적으로 법률행위의 해석은 법률적 가치판단이며, 따라서 상고이유가 된다고 한다.

판례

1. 법률행위의 해석은 당사자가 그 표시행위에 부여한 객관적인 의미를 명백하게 확정하는 것으로서, 서면에 사용된 문구에 구애받는 것은 아니지만 어디까지나 당사자의 내심적 의사의 여하에 관계없이 <u>그 서면의 기재내용에 의하여 당사자가 그 표시행위에 부여한 객관적 의미를 합리적으로 해석하여야 하는 것</u>이고, 당사자가 표시한 문언에 의하여 그 객관적인 의미가 명확하게 드러나지 않는 경우에는 그 문언의 내용과 그 법률행위가 이루어진 동기 및 경위, 당사자가 그 법률행위에 의하여 달성하려는 목적과 진정한 의사, 거래의 관행 등을 종합적으로 고려하여 사회정의와 형평의 이념에 맞도록 논리와 경험의 법칙, 그리고 사회일반의 상식과 거래의 통념에 따라 합리적으로 해석하여야 한다(대판 1996. 10. 25, 96다16049).

2. 법원이 진정성립이 인정되는 <u>처분문서를 해석함에 있어서는 특별한 사정이 없는 한 그 처분문서에 기재되어 있는 문언에 따라</u> 당사자의 의사표시가 있었던 것으로 해석하여야 하는 것이다(대판 2003. 4. 8, 2001다38593).

3. 매매계약서에 계약사항에 대한 이의가 생겼을 때에는 매도인의 해석에 따른다는 조항은 법원의 법률행위 해석권을 구속하는 조항이라고 볼 수 없다(대판 1974. 9. 24, 74다1057).

2. 법률행위 해석의 방법

(1) 자연적 해석

① **자연적 해석의 의의**: 자연적 해석이란 표의자의 시각에서 표현의 문자적·언어적 의미에 구속되지 아니하고 표의자의 실제의 의사, 즉 내심적 효과의사를 추구하는 해석을 말한다.

② **자연적 해석의 적용범위**

   ㉠ 상대방 없는 단독행위: 유언과 같은 상대방 없는 의사표시에 있어서는 보호하여야 할 상대방이 없기 때문에, 그 해석에 있어서는 표의자의 진정한 의사를 확정하여야 한다.

   ㉡ 오표시(誤表示)무해(無害)의 원칙: 표의자 및 그 상대방이 표시행위를 본래의 의미대로 이해하지 아니하고, 일치하여 이와 다른 의미로 이해한 때에는 그 법률행위는 표의자와 상대방이 실제 이해한 의미대로 성립한다고 하는 원칙이다.

판례

부동산의 매매계약에 있어 <u>쌍방당사자가 모두 특정의 X토지를 계약의 목적물로 삼았으나</u> 그 목적물의 지번 등에 관하여 착오를 일으켜 계약을 체결함에 있어서는 계약서상 그 목적물을 X토지와는 별개인 Y토지로 표시하였다 하여도 X토지에 관하여 이를 매매의 목적물로 한다는 쌍방당사자의 의사합치가 있은 이상 <u>위 매매계약은 X토지에 관하여 성립한 것으로 보아야 할 것</u>이고 Y토지에 관하여 매매계약이 체결된 것으로 보아서는 안 될 것이며, 만일 Y토지에 관하여 위 매매계약을 원인으로 하여 매수인 명의로 소유권이전등기가 경료되었다면 이는 원인이 없이 경료된 것으로서 무효이다(대판 1993. 10. 26, 93다2629·2636).

(2) 규범적 해석

① **규범적 해석의 의의**: 규범적 해석은 내심의 효과의사와 표시행위가 일치하지 아니한 경우에, 상대방의 시각에서 표시행위에 따라 법률행위의 성립을 인정하는 해석이다. 즉, 표시행위로부터 추단되는 표시상의 효과의사를 탐구하는 것이다.

② **규범적 해석의 근거**: 규범적 해석은 상대방 있는 의사표시에 있어서 상대방의 신뢰의 보호와, 표의자가 내심적 효과의사와 다른 것으로 이해될 수 있는 표시행위를 한 경우에 그 불이익은 표의자 스스로 부담하여야 한다는 자기책임의 원칙에 그 근거가 있다.

③ **규범적 해석의 적용범위**: 상대방 있는 법률행위는 규범적 해석을 한다. 다만, 오표시무해의 원칙, 상대방이 표의자의 내심의 효과의사를 안 경우 등에 있어서는 자연적 해석을 한다.

판례

1. 총완결이라는 문언이 부기된 영수증에 있어서 동 영수증작성경위가 그렇게 쓰지 아니하면 돈을 주지 않겠다고 하기에 당시 궁박한 사정에 비추어 우선 돈받기 위하여 거짓 기재한 것이라는 이유만으로는 총완결이란 의사표시가 당연무효라고 할 수 없고, 영수한 돈으로 모두 결재가 끝났다는 것을 표시한 원고의 의사표시라고 해석된다(대판 1969. 7. 8, 69다563).

2. 모든 경우의 화재에 대하여도 임차인이 그 손해를 부담하기로 특약을 하였다면 위의 모든 경우라 함은 이른바 불가항력의 경우까지도 포함하는 뜻이라고 해석함이 상당하다(대판 1979. 5. 22, 79다508).

3. 상호신용금고의 임직원이 자신이 소개한 대출에 관하여 그 관계서류에 "회수책임"이라고 기재한 것은, 대출을 소개한 자로서 채무가 연체되지 않도록 사후관리를 하고 연체되거나 끝내 대출금이 변제되지 않는 경우에는 상호신용금고가 손해를 입지 않도록 대출금채무의 변제에 최선의 노력을 다하겠다는 취지를 기재한 것에 지나지 않고, 그 대출금채무에 관하여 민법상 보증채무를 부담하기로 의사표시를 한 것으로 해석할 수는 없다(대판 1992. 5. 26, 91다35571).

4. 어떠한 의무를 부담하는 내용의 기재가 있는 문면에 "최대 노력하겠습니다"라고 기재되어 있는 경우, 특별한 사정이 없는 한 당사자가 위와 같은 문구를 기재한 객관적인 의미는 문면 그 자체로 볼 때 그러한 의무를 법적으로는 부담할 수 없지만 사정이 허락하는 한 그 이행을 사실상 하겠다는 취지로 해석함이 상당하다(대판 1994. 3. 25, 93다32668).

5. 통상 권리금은 새로운 임차인으로부터만 지급받을 수 있을 뿐이고 임대인에 대하여는 지급을 구할 수 없는 것이므로 임대인이 임대차계약서의 단서 조항에 권리금액의 기재 없이 단지 "모든 권리금을 인정함"이라는 기재를 하였다고 하여 임대차 종료시 임차인에게 권리금을 반환하겠다고 약정하였다고 볼 수는 없고, 단지 임차인이 나중에 임차권을 승계한 자로부터 권리금을 수수하는 것을 임대인이 용인하고, 나아가 임대인이 정당한 사유 없이 명도를 요구하거나 점포에 대한 임대차계약의 갱신을 거절하고 타에 처분하면서 권리금을 지급받지 못하도록 하는 등으로 임차인의 권리금 회수 기회를 박탈하거나 권리금 회수를 방해하는 경우에 임대인이 임차인에게 직접 권리금 지급을 책임지겠다는 취지로 해석해야 할 것이다(대판 2000. 4. 11, 2000다4517·4524).

(3) 보충적 해석

① **보충적 해석의 의의**: 보충적 해석이란 법률행위의 내용에 공백(틈·간극)이 있는 경우 이를 해석에 의하여 보충하는 것을 말한다.

② **보충적 해석의 적용범위**: 보충적 해석은 모든 법률행위에서 행하여질 수 있으나, 주로 계약에서 문제된다. 자연적 해석과 규범적 해석에 의하여 일단 법률행위의 성립이 긍정된 후에 비로소 보충적 해석이 개시된다.

> **판례**
>
> 계약당사자 쌍방이 계약의 전제나 기초가 되는 사항에 관하여 같은 내용으로 착오가 있고 이로 인하여 그에 관한 구체적 약정을 하지 아니하였다면, 당사자가 그러한 착오가 없을 때에 약정하였을 것으로 보이는 내용으로 당사자의 의사를 보충하여 계약을 해석할 수 있는바, 여기서 보충되는 당사자의 의사는 당사자의 실제 의사 또는 주관적 의사가 아니라 계약의 목적, 거래관행, 적용법규, 신의칙 등에 비추어 객관적으로 추인되는 정당한 이익조정의사를 말한다(대판 2006. 11. 23, 2005다13288).

3. 법률행위해석의 표준

> **제105조【임의규정】** 법률행위의 당사자가 법령 중의 선량한 풍속 기타 사회질서에 관계없는 규정과 다른 의사를 표시한 때에는 그 의사에 의한다.
> **제106조【사실인 관습】** 법령 중의 선량한 풍속 기타 사회질서에 관계없는 규정과 다른 관습이 있는 경우에 당사자의 의사가 명확하지 아니한 때에는 그 관습에 의한다.

(1) 당사자가 기도하는 목적

법률행위는 당사자가 그 행위에 의해 달성하고자 하는 목적에 적합하도록 해석하여야 한다.

(2) 사실인 관습

① **의의**: 사실인 관습은 관습법에 대응하는 개념으로 아직 법적 확신을 얻지 못한 관행을 말한다. 그런데 법률행위는 일반적으로 그것이 행하여지는 장소와 시기의 관습에 따라 행하여지므로, 당사자의 진의가 명확하지 않은 경우에는 이러한 관습이 법률행위해석의 표준이 된다.

② **제106조의 적용요건**

  ㉠ **사실인 관습이 존재할 것**: 법률행위를 착수할 당시에 존재하는 사실인 관습만이 해석의 표준으로 될 수 있다. 그러나 당사자가 관습의 존재를 알고 있을 필요는 없다.

  ㉡ **관습이 선량한 풍속 기타 사회질서에 위반하지 아니할 것**: 강행법규에 위반하는 관습은 효력을 인정할 수 없다.

      ⓒ 당사자의 의사(意思)가 명확하지 않을 것 : 당사자의 의사가 분명한 경우에는 이 의사
에 따라서 해석하여야 하며 사실인 관습에 따라서 해석하여서는 안 된다.

      ⓔ 서로 다른 관습이 수 개 있는 경우의 표준이 되는 관습 : 당사자 모두에게 공통적인
관습만이 법률행위의 표준이 된다.

⑶ 임의규정

당사자가 특별한 의사표시를 하지 않거나 또는 의사표시가 불완전·불명료한 경우에는 임의
규정이 적용되는데, 이때의 임의규정은 법률행위 해석의 표준으로 된다.

⑷ 신의성실의 원칙

다른 기준에 의하여 법률행위의 내용을 확정할 수 없는 경우에는 최종적으로 신의성실의 원
칙에 따라서 확정하여야 한다.

문제로 실력다지기

01 법률행위의 분류와 그에 해당하는 예가 올바르게 연결된 것은?

① 상대방 없는 단독행위 – 유언
② 상대방 있는 단독행위 – 증여
③ 불요식행위 – 법인설립
④ 준물권행위 – 저당권설정
⑤ 물권행위 – 매매

03 법률행위의 목적에 관한 설명 중 틀린 것은?

① 법률행위의 목적은 있어도 법률행위의 목적물은 존재하지 않는 경우가 있다.
② 법률행위의 목적은 법률행위시에 확정되거나 확정할 수 있어야 한다.
③ 법률행위 목적의 가능·불능의 판단은 그 시대의 사회관념에 의하여 결정된다.
④ 법률행위의 목적의 일부가 불능인 때에는 원칙적으로 그 부분만 불능으로 한다.
⑤ 법률행위의 목적이 임의법규에 위반되더라도 그 법률행위는 유효하다.

02 법률행위의 종류 또는 그 효과에 관한 설명으로 옳은 것은?

① 채권자는 단독행위로 채무를 면제할 수 없다.
② 처분권 없는 자의 물권행위는 무효이다.
③ 준물권행위는 이행의 문제를 남기므로 물권행위와 구별된다.
④ 방식을 갖추지 않은 요식행위는 원시적 불능으로 무효이다.
⑤ 출연행위는 모두 유상행위이다.

04 법률행위가 유효한 것은? (다툼이 있으면 판례에 의함)

① 특정되어 있지 않고 특정할 수도 없는 물건을 매도한 경우
② 건물이 매도되었는데 계약체결 전에 전부 소실된 경우
③ 토지가 포락(浦落)되어 원상복구를 할 수 없는데도 그 사실을 모르고 그것을 매도한 경우
④ 매매계약체결 후에 매매목적물인 토지 전부가 수용되어 소유권이전이 불가능하게 된 경우
⑤ 甲이 자신의 토지를 乙에게 매도한 후 丙의 대리인 丁이 甲의 배임행위에 적극 가담하여 그 토지를 이중으로 매수하였으나 丙이 그 사정을 알지 못한 경우 甲과 丙 사이의 매매계약

05 당사자의 합의에 의한 특약 중 무효인 것은?

① 기간계산시 초일을 산입하기로 하는 특약
② 종물은 주물의 처분에 따르지 않는다는 특약
③ 권리능력의 종기를 사망신고 시점으로 하는 특약
④ 의사표시의 효력발생시기를 발송시점으로 하는 특약
⑤ 법률행위의 일부가 무효인 경우에 나머지 부분은 유효로 하는 특약

06 법률행위의 목적에 관한 설명으로 옳지 않은 것은? (다툼이 있으면 판례에 의함)

① 효력규정인 강행법규에 위반하는 법률행위는 무효이다.
② 법률행위의 일부가 무효인 경우에는 원칙적으로 그 전부를 무효로 한다.
③ 법률행위의 목적은 법률행위시에 반드시 확정되어 있을 필요는 없다.
④ 법률행위의 목적이 물리적으로 가능하더라도 사회통념상 실현할 수 없으면 무효이다.
⑤ 법률행위의 목적이 성립 당시에는 가능하였지만 그 이행 전에 불가능하게 된 경우, 그 법률행위는 무효가 된다.

★

01 ② 계약
③ 요식행위
④ 물권행위
⑤ 채권행위

02 ② 처분행위에는 처분권이 필요하므로, 처분권 없는 자의 물권행위는 무효이다.
① 채무면제는 단독행위이다.
③ 준물권행위와 물권행위 모두 처분행위로서 이행의 문제를 남기지 않는다.
④ 방식을 갖추지 않은 요식행위는 법률행위의 불성립에 해당한다.
⑤ 출연행위는 다시 유상행위와 무상행위로 분류된다.

03 ④ 일부불능에는 원칙적으로 일부무효의 법리(제137조)가 적용되어 원칙적으로 그 전부를 무효로 한다.

04 ④ 법률행위의 성립 당시에는 가능하였지만 그 이행 전에 불능으로 된 것을 후발적 불능이라고 한다. 후발적 불능의 경우는 무효로 되는 것이 아니다.
① 목적이 불확정한 법률행위는 무효이다.
②, ③ 법률행위 성립 당시에 이미 그 목적이 실현 불가능한 경우를 원시적 불능이라 한다. 원시적 불능인 법률행위는 무효이다.
⑤ 대리인이 부동산이중매매에 적극 가담한 경우에 그러한 매매계약은 제103조의 반사회질서 법률행위로서 무효이다.

05 ③ 권리능력에 관한 규정은 강행규정으로 당사자의 특약으로 이를 배제할 수 없다.
①, ②, ④, ⑤ 임의규정에 반하는 계약으로 유효하다.

06 ⑤ 법률행위를 무효로 만드는 불능은 원시적 불능에 한한다. 후발적 불능의 경우는 채무자에게 귀책사유가 있으면 채무자는 채무불이행책임(제390조)을 지는 반면, 채무자의 귀책사유가 없으면 위험부담(제537조, 제538조)의 문제로 된다.

Answer 01 ① 02 ② 03 ④ 04 ④ 05 ③ 06 ⑤

07 강행규정에 관한 설명으로 옳은 것은? (다툼이 있으면 판례에 의함)

① 신의칙에 반하는 것은 강행규정에 위배되는 것이지만, 법원은 당사자의 주장이 있는 경우에 한하여 이를 판단할 수 있다.

② 강행규정에 위반한 자가 스스로 그 약정의 무효를 주장하는 것은 특별한 사정이 없는 한 신의칙에 반하는 행위로 허용될 수 없다.

③ 강행규정의 위반으로 인한 무효는 선의의 제3자에게 대항할 수 없다.

④ 강행규정의 위반으로 인한 무효는 추인에 의하여 유효로 될 수 없다.

⑤ 강행규정 위반으로 무효인 경우, 급부자는 언제나 그 급부한 것의 반환을 청구할 수 있다.

08 강행법규에 위반한 법률행위에 관한 설명으로 옳은 것은? (다툼이 있으면 판례에 따름)
2020 기출

① 강행법규에 위반한 자가 스스로 그 약정의 무효를 주장하는 것은 특별한 사정이 없는 한 신의칙에 반한다.

② 형사사건에 대한 의뢰인과 변호사의 성공보수약정은 강행법규위반으로서 무효일 뿐 반사회적 법률행위는 아니다.

③ 부동산을 등기하지 않고 순차적으로 매도하는 중간생략등기합의는 강행법규에 위반하여 무효이다.

④ 개업공인중개사가 중개의뢰인과 직접 거래하는 행위를 금지하는 공인중개사법 규정은 강행규정이 아니라 단속규정이다.

⑤ 강행법규를 위반하여 무효인 계약에 대해서는 그 상대방의 선의, 무과실에 따라 표현대리 법리가 적용된다.

09 민법상 강행규정을 위반한 법률행위의 효과에 관한 설명으로 옳지 않은 것은? (다툼이 있으면 판례에 따름)
2023 기출

① 강행규정을 위반한 법률행위는 당사자의 주장이 없더라도 법원이 직권으로 판단할 수 있다.

② 강행규정을 위반하여 확정적 무효가 된 법률행위는 특별한 사정이 없는 한 당사자의 추인에 의해 유효로 할 수 없다.

③ 강행규정에 위반하여 무효인 계약의 상대방이 그 위반사실에 대하여 선의·무과실이더라도 표현대리의 법리가 적용될 여지는 없다.

④ 강행규정에 위반한 약정을 한 자가 스스로 그 약정의 무효를 주장하는 것은 특별한 사정이 없는 한 신의성실 원칙에 반하여 허용될 수 없다.

⑤ 법률의 금지에 위반되는 행위라도 그것이 선량한 풍속 기타 사회질서에 위반하지 않는 경우에는 민법 제746조가 규정하는 불법원인에 해당하지 않는다.

07 ① 법원은 직권으로 판단할 수 있다.
② 그러한 주장은 신의칙에 반하지 않는다.
③ 강행규정의 위반으로 인한 무효는 선의의 제3자에게도 대항할 수 있는 절대적 무효이다.
⑤ 강행규정 위반이면서 제103조의 반사회질서행위에 해당하는 경우에는 제746조의 불법원인급여에 해당하므로 이미 급부한 것의 반환을 청구할 수 없다.

08 ④ 개업공인중개사 등이 중개의뢰인과 직접 거래를 하는 행위를 금지하는 공인중개사법 제33조 제6호의 규정 취지는 개업공인중개사 등이 거래상 알게 된 정보를 자신의 이익을 꾀하는 데 이용하여 중개의뢰인의 이익을 해하는 경우가 있으므로 이를 방지하여 중개의뢰인을 보호하고자 함에 있는바, 위 규정에 위반하여 한 거래행위가 사법상의 효력까지도 부인하지 않으면 안 될 정도로 현저히 반사회성, 반도덕성을 지닌 것이라고 할 수 없을 뿐만 아니라 행위의 사법상의 효력을 부인하여야만 비로소 입법 목적을 달성할 수 있다고 볼 수 없고, 위 규정을 효력규정으로 보아 이에 위반한 거래행위를 일률적으로 무효라고 할 경우 중개의뢰인이 직접 거래임을 알면서도 자신의 이익을 위해 한 거래도 단지 직접 거래라는 이유로 효력이 부인되어 거래의 안전을 해칠 우려가 있으므로, 위 규정은 강행규정이 아니라 단속규정이다(대판 2017. 2. 3, 2016다259677).
① 강행법규에 위반한 자가 스스로 그 약정의 무효를 주장하는 것은 특별한 사정이 없는 한 신의칙에 반하지 않는다.
② 형사사건에서의 성공보수약정은 수사ㆍ재판의 결과를 금전적인 대가와 결부시킴으로써, 기본적 인권의 옹호와 사회정의의 실현을 사명으로 하는 변호사 직무의 공공성을 저해하고, 의뢰인과 일반 국민의 사법제도에 대한 신뢰를 현저히 떨어뜨릴 위험이 있으므로, 선량한 풍속 기타 사회질서에 위배되는 것으로 평가할 수 있다(대판 2015. 7. 23, 2015다200111).
③ 부동산등기특별조치법상 조세포탈과 부동산투기 등을 방지하기 위하여 위 법률 제2조 제2항 및 제8조 제1호에서 등기하지 아니하고 제3자에게 전매하는 행위를 일정 목적범위 내에서 형사처벌하도록 되어 있으나 이로써 순차매도한 당사자 사이의 중간생략등기합의에 관한 사법상 효력까지 무효로 한다는 취지는 아니다(대판 1993. 1. 26, 92다39112).
⑤ 강행법규를 위반하여 무효인 계약에 대해서는 표현대리 법리가 적용되지 않는다.

09 ④ 강행법규에 위반하여 무효인 수익보장약정이 투자신탁회사가 먼저 고객에게 제의를 함으로써 체결된 것이라고 하더라도, 이러한 경우에 강행법규를 위반한 투자신탁회사 스스로가 그 약정의 무효를 주장함이 신의칙에 위반되는 권리의 행사라는 이유로 그 주장을 배척한다면, 이는 오히려 강행법규에 의하여 배제하려는 결과를 실현시키는 셈이 되어 입법취지를 완전히 몰각하게 되므로, 달리 특별한 사정이 없는 한 위와 같은 주장이 신의성실의 원칙에 반하는 것이라고 할 수 없다(대판 1999. 3. 23, 99다4405).
① 신의성실의 원칙에 반하는 것 또는 권리남용은 강행규정에 위배되는 것이므로 당사자의 주장이 없더라도 법원은 직권으로 판단할 수 있다(판례).
② 법률행위가 강행규정 위반이거나 사회질서에 반하거나, 불공정한 법률행위여서 무효인 경우처럼, 무효원인이 해소되고 있지 않은 때에는 추인에 의해 유효하게 될 수 없다.
③ 대리인의 대리행위가 강행규정 위반으로 무효인 경우에 표현대리를 적용하여 상대방이 본인에게 책임을 물을 수 있느냐가 문제된다. 판례는 이를 부정한다.
⑤ 부당이득의 반환청구가 금지되는 사유로 민법 제746조가 규정하는 불법원인이라 함은 그 원인되는 행위가 선량한 풍속 기타 사회질서에 위반하는 경우를 말하는 것으로서 법률의 금지에 위반하는 경우라 할지라도 그것이 선량한 풍속 기타 사회질서에 위반하지 않는 경우에는 이에 해당하지 않는다(대판 2001. 5. 29, 2001다1782).

Answer 07 ④ 08 ④ 09 ④

10 반사회적 법률행위에 관한 설명으로 옳지 않은 것은? (다툼이 있으면 판례에 따름)
2020 기출

① 해외파견 근로자의 귀국 후 일정기간 소속 회사에 근무토록 한 약정은 특별한 사정이 없는 한 반사회적 법률행위라고 할 수 없다.

② 반사회적 법률행위로서 무효인 계약은 당사자가 무효임을 알고 추인하여도 원칙적으로는 새로운 법률행위로 볼 수 없다.

③ 매매계약의 동기가 반사회적이고 그 동기가 외부에 표시된 경우 그 매매계약은 무효이다.

④ 어느 법률행위가 선량한 풍속 기타 사회질서에 위반하는지는 특별한 사정이 없는 한 그 법률행위 당시를 기준으로 판단한다.

⑤ 수사기관에서 허위진술의 대가를 지급하기로 한 약정은 그 대가가 적정하다면 반사회적 법률행위에 해당하지 않는다.

11 반사회적 법률행위에 관한 설명으로 옳지 않은 것은? (다툼이 있으면 판례에 따름)
2021 기출

① 형사사건의 변호사 성공보수약정은 반사회적 법률행위이다.

② 아버지 소유의 부동산이 이미 제3자에게 매도되어 제3자로부터 등기독촉을 받고 있는 사정을 잘 알고 있는 아들이 그 아버지로부터 그 부동산을 증여받은 경우, 그 증여는 반사회적 법률행위이다.

③ 살인을 포기할 것을 조건으로 한 증여는 반사회적 법률행위가 아니다.

④ 부부간에 어떠한 일이 있어도 이혼하지 않겠다는 합의는 반사회적 법률행위이다.

⑤ 수사기관에서 참고인으로 허위진술하는 대가로 돈을 받기로 한 약정은 반사회적 법률행위이다.

12 선량한 풍속 기타 사회질서에 반하는 법률행위에 해당하지 않는 것은? (다툼이 있으면 판례에 따름)
2023 기출

① 살인할 것을 조건으로 증여한 경우

② 형사사건에 관하여 보수약정과 별개로 성공보수를 약정한 경우

③ 강제집행을 면할 목적으로 부동산에 허위의 근저당권등기를 마친 경우

④ 수증자가 매도인의 매수인에 대한 배임행위에 적극 가담하여 매매목적 부동산을 증여받은 경우

⑤ 당초부터 오로지 보험사고를 가장하여 보험금을 취득할 목적으로 생명보험계약을 체결한 경우

10 ⑤ 수사기관에서 참고인으로 진술하면서 자신이 잘 알지 못하는 내용에 대하여 허위의 진술을 하는 경우에 그 허위 진술행위가 범죄행위를 구성하지 않는다고 하여도, 이러한 행위 자체는 국가사회의 일반적인 도덕관념이나 국가사회의 공공질서이익에 반하는 행위라고 볼 것이니, 그 급부의 상당성 여부를 판단할 필요 없이 허위진술의 대가로 작성된 각서에 기한 급부의 약정은 민법 제103조의 반사회적 질서행위로 무효이다(대판 2001. 4. 24, 2000다71999).

② 선량한 풍속 기타 사회질서에 반하는 법률행위는 당사자가 그 무효임을 알고 추인하여도, 새로운 법률행위를 한 것으로서 효력이 발생하지 않는다(제139조 참조).

③ 민법 제103조에 의하여 무효로 되는 반사회질서 행위는 법률행위의 목적인 권리 · 의무의 내용이 선량한 풍속 기타 사회질서에 위반되는 경우뿐 아니라 그 내용 자체는 반사회질서적인 것이 아니라고 하여도 법률적으로 이를 강제하거나 법률행위에 반사회질서적인 조건 또는 금전적 대가가 결부됨으로써 반사회질서적 성질을 띠게 되는 경우 및 표시되거나 상대방에게 알려진 법률행위의 동기가 반사회질서적인 경우를 포함한다(대판 2002. 12. 27, 2000다47361).

④ 법률행위가 사회질서에 반하는지 여부는 원칙적으로 법률행위 당시를 기준으로 판단한다.

11 ③ 법률행위에 반사회질서적인 조건이 결부됨으로써 반사회성을 띠게 되는 경우에 해당한다.

① 형사사건에 관하여 체결된 성공보수약정이 가져오는 여러 가지 사회적 폐단과 부작용 등을 고려하면, 구속영장 청구 기각, 보석 석방, 집행유예나 무죄 판결 등과 같이 의뢰인에게 유리한 결과를 얻어내기 위한 변호사의 변론활동이나 직무수행 그 자체는 정당하다 하더라도, 형사사건에서의 성공보수약정은 수사 · 재판의 결과를 금전적인 대가와 결부시킴으로써, 기본적 인권의 옹호와 사회정의의 실현을 사명으로 하는 변호사 직무의 공공성을 저해하고, 의뢰인과 일반 국민의 사법제도에 대한 신뢰를 현저히 떨어뜨릴 위험이 있으므로, 선량한 풍속 기타 사회질서에 위배되는 것으로 평가할 수 있다(대판 2015. 7. 23, 2015다200111).

② 매도인이 매수인에게 목적부동산을 매도한 사실을 알고서 수증자가 매도인으로부터 증여를 원인으로 하여 소유권이전등기를 함으로써 매도인의 매수인에 대한 배임행위에 가담한 결과에 이르렀다면, 이는 실체관계에 부합하는 유효한 등기가 될 리가 없고 반사회질서의 행위로서 무효이다(대판 1983. 4. 26, 83다카57).

12 ③ 강제집행을 면할 목적으로 부동산에 허위의 근저당권설정등기를 경료하는 행위는 민법 제103조의 선량한 풍속 기타 사회질서에 위반한 사항을 내용으로 하는 법률행위로 볼 수 없다(대판 2004. 5. 28, 2003다70041).

① 민법 제103조에 의하여 무효로 되는 반사회질서 행위는 법률행위의 목적인 권리 · 의무의 내용이 선량한 풍속 기타 사회질서에 위반되는 경우뿐 아니라 그 내용 자체는 반사회질서적인 것이 아니라고 하여도 법률적으로 이를 강제하거나 법률행위에 반사회질서적인 조건 또는 금전적 대가가 결부됨으로써 반사회질서적 성질을 띠게 되는 경우 및 표시되거나 상대방에게 알려진 법률행위의 동기가 반사회질서적인 경우를 포함하나, 이상의 각 요건에 해당하지 아니하고 단지 법률행위의 성립과정에 강박이라는 불법적 방법이 사용된 데에 불과한 때에는 강박에 의한 의사표시의 하자나 의사의 흠결을 이유로 효력을 논의할 수는 있을지언정 반사회질서의 법률행위로서 무효라고 할 수는 없다(대판 2002. 12. 27, 2000다47361).

② 형사사건에 관하여 체결된 성공보수약정이 가져오는 여러 가지 사회적 폐단과 부작용 등을 고려하면, 구속영장 청구 기각, 보석 석방, 집행유예나 무죄 판결 등과 같이 의뢰인에게 유리한 결과를 얻어내기 위한 변호사의 변론활동이나 직무수행 그 자체는 정당하다 하더라도, 형사사건에서의 성공보수약정은 수사 · 재판의 결과를 금전적인 대가와 결부시킴으로써, 기본적 인권의 옹호와 사회정의의 실현을 사명으로 하는 변호사 직무의 공공성을 저해하고, 의뢰인과 일반 국민의 사법제도에 대한 신뢰를 현저히 떨어뜨릴 위험이 있으므로, 선량한 풍속 기타 사회질서에 위배되는 것으로 평가할 수 있다(대판 2015. 7. 23, 2015다200111).

④ 이미 부동산이 매도되었음을 알면서 매도인의 배임행위에 적극 가담하여 증여받은 경우에, 위 증여계약은 사회질서에 반하여 무효이다.

⑤ 당초부터 오로지 보험사고를 가장하여 보험금을 취득할 목적으로 생명보험계약을 체결한 경우에는 사람의 생명을 수단으로 이득을 취하고자 하는 불법적인 행위를 유발할 위험성이 크고, 이러한 목적으로 체결된 생명보험계약에 의하여 보험금을 지급하게 하는 것은 보험계약을 악용하여 부정한 이득을 얻고자 하는 사행심을 조장함으로써 사회적 상당성을 일탈하게 되므로, 이와 같은 생명보험계약은 사회질서에 위배되는 법률행위로서 무효이다(대판 2000. 2. 11, 99다49064).

Answer 10 ⑤   11 ③   12 ③

13 선량한 풍속 기타 사회질서에 위반하여 무효인 약정에 해당하는 것을 모두 고른 것은? (다툼이 있는 경우 판례에 의함)

> ㉠ 영리를 목적으로 윤락행위를 하도록 권유·유인·알선 또는 강요하는 자가 영업상 관계있는 윤락행위를 한 자에 대하여 선불금을 지급하기로 하는 약정
> ㉡ 부정행위를 용서받는 대가로 처에게 부동산을 양도하되 부부관계가 유지되는 동안에는 처가 임의로 처분할 수 없다는 제한을 붙인 약정
> ㉢ 불륜관계를 단절하면서 그동안의 희생을 배상하고 장래 생활대책을 마련해 준다는 뜻에서 금원을 지급하기로 하는 약정
> ㉣ 해외파견된 근로자가 귀국일로부터 일정 기간 소속회사에 근무하여야 한다는 사규나 약정
> ㉤ 공무원의 직무에 관하여 청탁하고 그 보수로 돈을 지급할 것을 내용으로 한 약정

① ㉠, ㉡
② ㉠, ㉤
③ ㉡, ㉢
④ ㉢, ㉣
⑤ ㉣, ㉤

14 사회질서에 반하는 법률행위에 관한 설명으로 옳은 것은?

① 반사회적 행위로 조성된 비자금을 은닉하기 위하여 임치한 행위는 사회질서에 반하는 법률행위이므로 임치인이 그 반환을 청구할 수 없다.

② 전통사찰의 주지직을 거액의 금품을 대가로 양도하기로 하는 약정이 있음을 알고도 이를 묵인 혹은 방조한 상태에서 한 종교법인의 주지임명행위는 사회질서에 반하는 법률행위로 무효이다.

③ 대리인이 사회질서에 반하여 이중매수를 한 경우, 본인이 그러한 사정을 몰랐거나 반사회성을 야기한 것이 아니라면 그 대리행위는 유효하다.

④ 처의 동의를 얻어 다른 여성과 성관계를 포함하는 원조교제계약을 한 경우, 그 계약에 따른 대가(代價)가 적당하다면 그 계약은 유효하다.

⑤ 정당한 대가를 지급하고 목적물을 매수하였다면, 특별한 사정이 없는 한, 비록 그 후 목적물이 범죄행위로 취득된 것을 알게 되었더라도 소유권이전등기를 구하는 것이 사회질서에 반하는 법률행위라고 단정할 수 없다.

15 반사회적 법률행위에 관한 설명으로 틀린 것은? (다툼이 있으면 판례에 의함)

① 첩(妾)계약은 본처의 사전승인이 있더라도 무효이다.

② 이미 매도된 부동산에 관하여 매도인의 채권자가 매도인의 배임행위에 적극 가담하여 체결한 저당권설정계약은 무효이다.

③ 법률행위의 성립과정에서 강박이라는 불법적 방법이 사용된 데에 불과한 경우, 그 법률행위는 반사회적 법률행위로서 무효가 될 수 없다.

④ 법률행위가 사회질서에 반하여 무효가 된 경우에도 이를 추인하면 새로운 법률행위로 본다.

⑤ 법률행위의 내용 자체는 반사회적인 것이 아니더라도 표시되거나 상대방에게 알려진 법률행위의 동기가 반사회적인 경우에는 그 법률행위는 무효가 된다.

16 甲은 乙과 도박으로 자기 돈 200만원과 도박을 구경하던 丙으로부터 빌린 돈 100만원을 모두 잃었다. 그 후 乙과 외상도박으로 乙에게 300만원의 빚을 졌다. 이에 관한 설명으로 옳은 것은? (다툼이 있으면 판례에 의함)

① 甲과 乙의 도박계약은 유효하므로 甲은 乙에게 도박 빚 300만원을 변제하여야 한다.

② 甲과 乙의 도박계약은 무효이므로 甲은 乙에게 도박으로 잃은 돈 200만원의 반환을 청구할 수 있다.

③ 甲과 丙의 금전대여계약은 유효하므로 甲은 丙에게 100만원을 변제하여야 한다.

④ 甲과 丙의 금전대여계약은 무효이므로 甲이 丙에게 100만원을 변제하였다면 반환을 청구할 수 있다.

⑤ 甲과 乙의 도박계약 및 甲과 丙의 금전대여계약은 모두 무효이다.

13 ㉠ 영리를 목적으로 윤락행위를 하도록 권유·유인·알선 또는 강요하거나 이에 협력하는 것은 선량한 풍속 기타 사회질서에 위반되므로 그러한 행위를 하는 자가 영업상 관계있는 윤락행위를 하는 자에 대하여 가지는 채권은 계약의 형식에 관계없이 무효라고 보아야 한다. 또한, 윤락행위를 할 자를 고용·모집하거나 그 직업을 소개·알선한 자가 윤락행위를 할 자를 고용·모집함에 있어 성매매의 유인·강요의 수단으로 이용되는 선불금 등 명목으로 제공한 금품이나 그 밖의 재산상 이익 등은 불법원인급여에 해당하여 그 반환을 청구할 수 없다(대판 2004. 9. 3, 2004다27488·27495).
㉤ 당사자 일방이 상대방에게 공무원의 직무에 관한 사항에 관하여 특별한 청탁을 하게 하고 그에 대한 보수로 돈을 지급할 것을 내용으로 한 약정은 사회질서에 반하는 무효의 계약이다(대판 1971. 10. 11, 71다1645).

14 ① 비자금을 소극적으로 은닉하기 위하여 임치한 것이 사회질서에 반하는 법률행위로 볼 수 없으므로, 불법원인급여가 아니라고 할 것이다(대판 2001. 4. 10, 2000다49343).
② 민법 제103조 소정의 반사회질서의 법률행위에 해당하지 않는다(대판 2001. 2. 9, 99다38613).
③ 대리인이 본인을 대리하여 매매계약을 체결함에 있어서 매매대상 토지에 관한 저간의 사정을 잘 알고 그 배임행위에 가담하였다면, 대리행위의 하자 유무는 대리인을 표준으로 판단하여야 하므로, 설사 본인이 미리 그러한 사정을 몰랐거나 반사회성을 야기한 것이 아니라고 할지라도 그로 인하여 매매계약이 가지는 사회질서에 반한다는 장애사유가 부정되는 것은 아니다(대판 1998. 2. 27, 97다45532).
④ 처의 동의 유무를 불문하고 무효이다.

15 ④ 무효행위를 추인하려면 추인시에 무효원인이 소멸하여야 한다. 법률행위가 사회질서에 반하거나, 불공정한 법률행위로서 무효인 경우처럼, 무효원인이 해소되지 않은 때에는 추인에 의해 유효하게 될 수 없다.

16 ⑤ 甲과 乙의 도박계약 및 甲과 丙의 금전대여계약은 반사회질서의 법률행위로서 모두 무효이다. 법률행위가 제103조에 반하여 무효이면, 그 급부가 이미 이행된 경우에는 제746조의 불법원인급여가 되어 부당이득반환청구권이 배제된다.

Answer 13 ② 14 ⑤ 15 ④ 16 ⑤

17 甲은 자신의 X건물을 乙에게 5천만원에 매도하는 계약을 체결한 후, X건물을 丙에게 8천만원에 매도·인도하고 소유권이전등기도 해 주었다. 다음 설명 중 옳지 않은 것은? (다툼이 있으면 판례에 의함)

① 甲과 丙 사이의 매매계약이 유효한 경우, 乙은 채권자 취소권을 행사할 수 있다.

② 甲과 丙 사이의 매매계약이 유효한 경우, 乙은 甲에게 채무불이행을 이유로 손해배상을 청구할 수 있다.

③ 甲과 丙 사이의 매매계약이 반사회적 법률행위로 무효인 경우, 乙은 甲을 대위하여 丙에게 X건물에 대한 소유권이전등기의 말소를 청구할 수 있다.

④ 甲과 丙 사이의 매매계약이 반사회적 법률행위로 무효인 경우, 甲은 소유권에 기하여 丙에게 X건물의 반환을 청구할 수 없다.

⑤ 丙이 甲과 乙 사이의 매매사실을 알면서 甲의 배임행위에 적극 가담하여 甲과 계약을 체결한 경우, 甲과 丙 사이의 매매계약은 무효이다.

18 반사회질서 행위에 관한 설명으로 옳지 않은 것은? (다툼이 있으면 판례에 의함)

① 법률행위의 성립과정에서 불법적 방법이 사용되었다면 그 법률행위는 반사회질서 행위로 언제나 무효이다.

② 법률행위가 사회질서에 반하여 무효인 경우에는 선의의 제3자에게도 대항할 수 있음이 원칙이다.

③ 당초부터 오직 보험사고를 가장하여 보험금을 취득할 목적으로 생명보험계약을 체결한 경우 그 생명보험계약은 사회질서에 반하여 무효이다.

④ 법률행위가 사회질서에 반하여 무효인 경우 이행이 있기 전이라면 이행할 필요가 없다.

⑤ 도박채무의 부담행위 및 변제 약속은 반사회질서 행위로서 무효이다.

19 반사회적 법률행위로 무효가 아닌 것은? (다툼이 있으면 판례에 의함)

① 취득시효가 완성된 부동산의 소유자가 취득시효완성 사실을 알고 소유권이전등기의무를 회피할 목적으로 아들과 공모하여 그 부동산을 아들에게 증여하는 행위

② 도박채무의 변제를 위하여 부동산의 처분을 위임받은 채권자가 그 부동산을 이러한 사정을 모르는 제3자에게 매도하는 행위

③ 증인이 증언을 조건으로 소송의 일방당사자로부터 통상적으로 용인될 수 있는 수준을 넘어서는 대가를 받기로 약정하는 행위

④ 종중재산이 적법하게 명의신탁된 경우, 제3자가 명의수탁자의 명의신탁자에 대한 배임행위에 적극 가담하여 명의수탁자로부터 부동산을 매수하는 행위

⑤ 보험계약자가 다수의 보험계약을 통하여 보험금을 부정취득할 목적으로 보험계약을 체결하는 행위

20 반사회질서의 법률행위에 관한 설명으로 옳은 것은? (다툼이 있으면 판례에 따름)

2017 기출

① 대물변제계약이 불공정한 법률행위로서 무효인 경우에도 목적부동산의 소유권을 이전받은 선의의 제3자에 대하여는 무효를 주장할 수 없다.

② 반사회질서의 법률행위라도 당사자가 그 무효임을 알고 추인하면 새로운 법률행위로서 유효하다.

③ 형사사건에 관하여 체결된 성공보수약정은 약정액이 통상적으로 용인될 수 있는 수준을 초과하여도 선량한 풍속 기타 사회질서에 위배되지 않는다.

④ 관련 법령에서 정한 한도를 초과하는 부동산 중개수수료 약정은 모두 무효이다.

⑤ 소송에서 증인이 증언을 조건으로 소송의 일방당사자로부터 통상적으로 용인될 수 있는 수준을 넘어서는 대가를 제공받기로 하는 약정은 무효이다.

---

17 ① 乙의 채권자 취소권 행사 가능성에 대해 통설·판례는 부정한다.

18 ① 단지 법률행위의 성립과정에 강박이라는 불법적 방법이 사용된 데에 불과한 때에는 강박에 의한 의사표시의 하자나 의사의 흠결을 이유로 효력을 논의할 수는 있을지언정 반사회질서의 법률행위로서 무효라고 할 수는 없다(대판 2002. 12. 27, 2000다47361).

19 ② 부동산처분에 관한 대리권을 도박채권자에게 수여한 행위까지 무효라고 볼 수는 없으므로, 위와 같은 사정을 알지 못하는 제3자가 도박채무자부터 그 대리인인 도박채권자를 통하여 위 부동산을 매수한 행위까지 무효가 된다고 할 수는 없다(대판 1995. 7. 14, 94다40147).

20 ⑤ 어느 당사자가 그 증언이 필요함을 기화로 증언하여 주는 대가로 용인될 수 있는 정도(예컨대 증인에게 일당 및 여비가 지급되기는 하지만 증인이 증언을 위하여 법원에 출석함으로써 입게 되는 손해에는 미치지 못하는 경우 그러한 손해를 전보하여 주는 경우)를 초과하는 급부를 제공받기로 한 약정은 반사회질서적인 금전적 대가가 결부된 경우로 그러한 약정은 제103조 소정의 반사회질서행위에 해당하여 무효로 된다(대판 1994. 3. 11, 93다40522).
① 대물변제계약이 불공정한 법률행위로서 무효인 경우는 절대적 무효이므로 목적부동산의 소유권을 이전받은 선의의 제3자에 대하여도 무효를 주장할 수 있다.
② 무효행위의 추인을 위해서는 추인시에 무효원인이 소멸하여야 한다. 따라서 강행법규 위반이나 사회질서에 반하거나 불공정한 법률행위여서 무효인 경우처럼, 무효원인이 해소되고 있지 않은 때에는 무효행위의 추인이 인정되지 않는다.
③ 형사사건에 관하여 체결된 성공보수약정이 가져오는 여러 가지 사회적 폐단과 부작용 등을 고려하면, 구속영장 청구 기각, 보석 석방, 집행유예나 무죄 판결 등과 같이 의뢰인에게 유리한 결과를 얻어내기 위한 변호사의 변론활동이나 직무수행 그 자체는 정당하다 하더라도, 형사사건에서의 성공보수약정은 수사·재판의 결과를 금전적인 대가와 결부시킴으로써, 기본적 인권의 옹호와 사회정의의 실현을 사명으로 하는 변호사 직무의 공공성을 저해하고, 의뢰인과 일반 국민의 사법제도에 대한 신뢰를 현저히 떨어뜨릴 위험이 있으므로, 선량한 풍속 기타 사회질서에 위배되는 것으로 평가할 수 있다(대판 2015. 7. 23, 2015다200111).
④ 부동산중개의 수수료 약정 중 소정의 한도액을 초과하는 부분에 대한 사법상의 효력을 제한함으로써 국민생활의 편의를 증진하고자 함에 그 목적이 있는 것이므로 이른바, 강행법규에 속하는 것으로서 그 한도액을 초과하는 부분은 무효라고 보아야 한다(대판 2002. 9. 4, 2000다54406).

Answer 17 ① 18 ① 19 ② 20 ⑤

21 반사회질서의 법률행위에 관한 설명으로 옳지 않은 것은? (다툼이 있으면 판례에 따름)

2016 기출

① 어느 법률행위가 선량한 풍속 기타 사회질서에 위반되어 무효인지의 여부는 법률행위시를 기준으로 판단해야 한다.

② 금전소비대차시 당사자 사이의 경제력 차이로 인하여 사회통념상 허용되는 한도를 초과하여 현저하게 고율의 이자약정이 체결되었다면, 그 허용할 수 있는 한도를 초과하는 부분의 이자약정은 반사회질서의 법률행위로서 무효이다.

③ 부첩관계를 해소하면서 첩의 희생을 위자하고 첩의 장래 생활대책을 마련해 준다는 뜻에서 금원을 지급하기로 한 약정은 공서양속에 반하지 않는다.

④ 의무의 강제에 의하여 얻어지는 채권자의 이익에 비하여 약정된 위약벌이 과도하게 무거운 경우, 그 일부 또는 전부가 공서양속에 반하여 무효로 된다.

⑤ 강제집행을 면할 목적으로 부동산에 허위의 근저당권설정등기를 경료하는 행위는 반사회질서의 법률행위로서 무효이다.

22 반사회적 법률행위에 관한 설명으로 옳지 않은 것은? (다툼이 있는 경우에는 판례에 의함)

2013 기출

① 부동산의 제2매수인이 다른 사람에게 매매목적물이 이미 매도된 것을 알고 매수하였다면, 그것만으로 그 이중매매는 반사회적 법률행위로서 무효가 된다.

② 소송에서 증언을 하여 줄 것을 주된 조건으로 통상적으로 용인될 수 있는 범위를 넘어선 급부를 제공할 것을 약정한 것은 반사회적 법률행위에 해당한다.

③ 표시되거나 상대방에게 알려진 법률행위의 동기가 반사회적인 경우 그 법률행위는 무효이다.

④ 부첩관계인 부부생활의 종료를 해제조건으로 하는 증여계약은 사회질서에 반하므로 무효이다.

⑤ 당사자의 일방이 상대방에게 공무원의 직무에 관한 사항에 관하여 특별한 청탁을 하게 하고 그에 대한 보수로 돈을 지급할 것을 내용으로 한 약정은 사회질서에 반하여 무효이다.

23 반사회질서의 법률행위에 관한 설명으로 옳은 것은? (다툼이 있으면 판례에 따름)

① 강제집행을 면할 목적으로 부동산에 허위의 근저당권설정등기를 경료하는 행위는 반사회질서의 법률행위에 해당한다.

② 증인이 증언을 조건으로 소송당사자로부터 통상 용인될 수 있는 수준을 넘는 대가를 받기로 약정하더라도, 증인에게 증언거부권이 있다면 그 약정은 유효하다.

③ 상대방에게 표시되거나 알려진 법률행위의 동기가 사회질서에 반하더라도 반사회질서의 법률행위에 해당될 수 없다.

④ 어떠한 일이 있어도 이혼하지 아니하겠다는 각서를 써 준 경우, 그와 같은 의사표시는 반사회질서의 법률행위가 아니다.

⑤ 법률행위가 사회질서에 반하여 무효인 경우, 그 법률행위를 기초로 하여 권리를 취득한 선의의 제3자에게도 그 무효를 주장할 수 있다.

21 ⑤ 강제집행을 면할 목적으로 부동산에 허위의 근저당권설정등기를 경료하는 행위는 민법 제103조의 선량한 풍속 기타 사회질서에 위반한 사항을 내용으로 하는 법률행위로 볼 수 없다(대판 2004. 5. 28, 2003다70041).

22 ① 부동산의 이중매매가 반사회적 법률행위로서 무효가 되기 위하여는 매도인의 배임행위와 매수인이 매도인의 배임행위에 적극 가담한 행위로 이루어진 매매로서, 그 적극 가담하는 행위는 매수인이 다른 사람에게 매매목적물이 매도된 것을 안다는 것만으로는 부족하고, 적어도 그 매도사실을 알고도 매도를 요청하여 매매계약에 이르는 정도가 되어야 한다(대판 1994. 3. 11, 93다55289).

23 ⑤ 선량한 풍속 기타 사회질서에 반하는 법률행위는 절대적 무효이다. 따라서 선의의 제3자에게도 그 무효를 주장할 수 있다.
① 강제집행을 면할 목적으로 부동산에 허위의 근저당권설정등기를 경료하는 행위는 민법 제103조의 선량한 풍속 기타 사회질서에 위반한 사항을 내용으로 하는 법률행위로 볼 수 없다(대판 2004. 5. 28, 2003다70041).
② 어느 당사자가 그 증언이 필요함을 기화로 증언하여 주는 대가로 용인될 수 있는 정도를 초과하는 급부를 제공받기로 한 약정은 반사회질서적인 금전적 대가가 결부된 경우로 그러한 약정은 제103조 소정의 반사회질서행위에 해당하여 무효로 된다(대판 1994. 3. 11, 93다40522).
③ 민법 제103조에 의하여 무효로 되는 반사회질서 행위는 법률행위의 목적인 권리·의무의 내용이 선량한 풍속 기타 사회질서에 위반되는 경우뿐 아니라 그 내용 자체는 반사회질서적인 것이 아니라고 하여도 법률적으로 이를 강제하거나 법률행위에 반사회질서적인 조건 또는 금전적 대가가 결부됨으로써 반사회질서적 성질을 띠게 되는 경우 및 표시되거나 상대방에게 알려진 법률행위의 동기가 반사회질서적인 경우를 포함한다(대판 2002. 12. 27, 2000다47361).
④ 개인의 자유를 심하게 제한하는 행위로서 반사회질서의 법률행위이다.

Answer 21 ⑤ 22 ① 23 ⑤

24 반사회질서의 법률행위에 관한 설명으로 옳지 않은 것은? (다툼이 있으면 판례에 따름)

2019 기출

① 선량한 풍속 기타 사회질서에 위반한 사항을 내용으로 하는 법률행위는 무효이다.
② 법률행위가 선량한 풍속 기타 사회질서에 위반되는지 여부는 법률행위가 이루어진 때를 기준으로 판단해야 한다.
③ 법률행위의 성립과정에 강박이라는 불법적인 방법이 사용된 경우, 그것만으로는 반사회질서의 법률행위라고 할 수 없다.
④ 다수의 보험계약을 통하여 보험금을 부정취득할 목적으로 체결된 보험계약은 그것만으로는 선량한 풍속 기타 사회질서에 반하지 않는다.
⑤ 양도소득세의 일부를 회피할 목적으로 매매계약서에 실제로 거래한 것보다 낮은 금액을 매매대금으로 기재한 경우, 그것만으로는 그 매매계약이 사회질서에 반하지 않는다.

25 반사회질서의 법률행위에 해당하는 것을 모두 고른 것은? (다툼이 있으면 판례에 따름)

2022 기출

┌─────────────────────────────────┐
│ ㉠ 수사기관에서 참고인으로 자신이 잘 알 │
│   지 못하는 내용에 대한 허위 진술의 대 │
│   가로 작성된 각서에 기한 급부의 약정 │
│ ㉡ 강제집행을 면하기 위해 부동산에 허위 │
│   의 근저당권설정등기를 경료하는 행위 │
│ ㉢ 전통사찰의 주지직을 거액의 금품을 대 │
│   가로 양도 · 양수하기로 하는 약정이 있 │
│   음을 알고도 이를 묵인한 상태에서 한 │
│   종교법인의 주지 임명행위 │
└─────────────────────────────────┘

① ㉠   ② ㉢
③ ㉠, ㉡   ④ ㉡, ㉢
⑤ ㉠, ㉡, ㉢

26 불공정한 법률행위에 관한 설명으로 옳은 것은? (다툼이 있으면 판례에 따름)

2022 기출

① 불공정한 법률행위는 원칙적으로 추인에 의해서 유효로 될 수 없다.
② 궁박은 경제적 원인에 기인하는 것을 말하며, 심리적 원인에 기인할 수 없다.
③ 특별한 사정이 없는 한 경솔 · 궁박은 본인을 기준으로 판단하고, 무경험은 대리인을 기준으로 판단한다.
④ 법률행위가 현저하게 공정성을 잃은 경우, 그 법률행위 당사자의 궁박 · 경솔 · 무경험은 추정된다.
⑤ 불공정한 법률행위에는 무효행위의 전환에 관한 민법 제138조는 적용되지 않는다.

27 불공정한 법률행위에 관한 설명으로 옳은 것은? (다툼이 있으면 판례에 따름)

2019 기출

① 증여계약도 불공정한 법률행위가 될 수 있다.
② 급부와 반대급부 사이의 현저한 불균형을 판단함에 있어서 피해 당사자의 궁박, 경솔 또는 무경험의 정도는 고려대상이 아니다.
③ 대리행위의 경우, 경솔과 무경험은 대리인을 기준으로 하여 판단하고 궁박은 본인의 입장에서 판단해야 한다.
④ 피해 당사자가 궁박, 경솔 또는 무경험의 상태에 있었다면 상대방 당사자에게 그와 같은 사정을 알면서 이를 이용하려는 의사가 없어도 불공정한 법률행위가 성립한다.
⑤ 법률행위가 현저하게 공정을 잃은 경우 그것은 당사자의 궁박, 경솔 또는 무경험으로 인한 것으로 추정된다.

24 ④ 보험계약자가 다수의 보험계약을 통하여 보험금을 부정취득할 목적으로 보험계약을 체결한 경우, 이와 같은 보험계약은 민법 제103조 소정의 선량한 풍속 기타 사회질서에 반하여 무효이다(대판 2005. 7. 28, 2005다23858).
① 제103조
② 반사회질서인지 여부에 대한 판단기준 시기는 법률행위당시이다.
③ 단지 법률행위의 성립과정에 강박이라는 불법적 방법이 사용된 데에 불과한 때에는 강박에 의한 의사표시의 하자나 의사의 흠결을 이유로 효력을 논의할 수는 있을지언정 반사회질서의 법률행위로서 무효라고 할 수는 없다(대판 2002. 12. 27, 2000다47361).
⑤ 양도소득세의 일부를 회피할 목적으로 매매계약서에 실제로 거래한 가액을 매매대금으로 기재하지 아니하고 그보다 낮은 금액을 매매대금으로 기재하였다 하여, 그것만으로 그 매매계약이 사회질서에 반하는 법률행위로서 무효로 된다고 할 수는 없다(대판 2007. 6. 14, 2007다3285).

25 ㉠ 수사기관에서 참고인으로 진술하면서 자신이 잘 알지 못하는 내용에 대하여 허위의 진술을 하는 경우에 그 허위진술행위가 범죄행위를 구성하지 않는다고 하여도, 이러한 행위 자체는 국가사회의 일반적인 도덕관념이나 국가사회의 공공질서이익에 반하는 행위라고 볼 것이니, 그 급부의 상당성 여부를 판단할 필요 없이 허위진술의 대가로 작성된 각서에 기한 급부의 약정은 민법 제103조의 반사회적 질서행위로 무효이다(대판 2001. 4. 24, 2000다71999).
㉡ 강제집행을 면할 목적으로 부동산에 허위의 근저당권설정등기를 경료하는 행위는 제103조의 선량한 풍속 기타 사회질서에 위반한 사항을 내용으로 하는 법률행위로 볼 수 없다(대판 2004. 5. 28, 2003다70041).
㉢ 전통사찰의 주지직을 거액의 금품을 대가로 양도·양수하기로 하는 약정이 있음을 알고도 이를 묵인 혹은 방조한 상태에서 한 종교법인의 주지임명행위는 민법 제103조 소정의 반사회질서의 법률행위에 해당하지 않는다(대판 2001. 2. 9, 99다38613).

26 ① 불공정한 법률행위여서 무효인 경우처럼, 무효원인이 해소되고 있지 않은 때에는 추인에 의해 유효하게 될 수 없다.
② 궁박이라 함은 '급박한 곤궁'을 의미하는 것으로서, 경제적 원인에 기인할 수도 있고 정신적 또는 심리적 원인에 기인할 수도 있다.
③ 대리인에 의하여 법률행위가 이루어진 경우 그 법률행위가 민법 제104조의 불공정한 법률행위에 해당하는지 여부를 판단함에 있어서 경솔과 무경험은 대리인을 기준으로 하여 판단하고, 궁박은 본인의 입장에서 판단하여야 한다(대판 2002. 10. 22, 2002다38927).
④ 법률행위가 현저하게 공정을 잃었다고 하여 곧 그것이 궁박·경솔하게 이루어진 것으로 추정되지 아니하므로 제104조의 불공정한 법률행위의 법리가 적용되려면 그 주장하는 측에서 궁박·경솔 또는 무경험으로 인하였음을 증명하여야 한다.
⑤ 불공정한 법률행위에도 무효행위의 전환에 관한 민법 제138조는 적용된다.

27 ③ 대판 2002. 10. 22, 2002다38927
① 증여계약과 같이 아무런 대가관계 없이 당사자 일방이 상대방에게 일방적인 급부를 하는 법률행위는 그 공정성 여부를 논의할 수 있는 성질의 법률행위가 아니다(대판 2000. 2. 11, 99다56833).
② 급부와 반대급부 사이의 '현저한 불균형'은 단순히 시가와의 차액 또는 시가와의 배율로 판단할 수 있는 것은 아니고 구체적·개별적 사안에 있어서 일반인의 사회통념에 따라 결정하여야 한다. 그 판단에 있어서는 피해 당사자의 궁박·경솔·무경험의 정도가 아울러 고려되어야 하고, 당사자의 주관적 가치가 아닌 거래상의 객관적 가치에 의하여야 한다(대판 2010. 7. 15, 2009다50308).
④ 피해 당사자가 궁박, 경솔 또는 무경험의 상태에 있었고 상대방 당사자에게 그와 같은 사정을 알면서 이를 이용하려는 의사가 있어야 불공정한 법률행위가 성립한다.
⑤ 법률행위가 현저하게 공정을 잃은 경우라도 그것이 당사자의 궁박, 경솔 또는 무경험으로 인한 것으로 추정되지 않는다.

Answer 24 ④ 25 ① 26 ① 27 ③

28 불공정한 법률행위에 관한 설명으로 옳지 않은 것은? (다툼이 있으면 판례에 따름)

2018 기출

① 당사자의 궁박, 경솔 또는 무경험으로 인하여 현저하게 공정을 잃은 법률행위는 무효이다.
② 불공정한 법률행위에 해당하는지 여부는 법률행위 당시를 기준으로 판단하여야 한다.
③ 불공정한 법률행위가 성립하기 위한 요건인 궁박, 경솔, 무경험은 그 중 일부만 갖추어져도 충분하다.
④ 법률행위가 현저하게 공정을 잃었다고 하여 곧바로 그것이 궁박한 사정으로 인정되는 것은 아니다.
⑤ 급부와 반대급부 사이의 현저한 불균형은 시가와의 차액 또는 시가와의 배율에 따라 일률적으로 판단해야 한다.

29 불공정한 법률행위(민법 제104조)에 관한 설명으로 옳지 않은 것은? (다툼이 있으면 판례에 따름)

2015 기출

① 법률행위가 현저하게 공정을 잃은 경우, 그것은 경솔하게 이루어졌거나 궁박한 사정이 있었던 것으로 추정된다.
② 강제경매에서 시가보다 현저하게 낮게 매각된 경우에 불공정한 법률행위가 성립될 수 없다.
③ 불공정한 법률행위가 성립하기 위한 요건인 궁박, 경솔, 무경험은 그중 일부만 갖추어도 된다.
④ 불공정한 법률행위에서 궁박이란 급박한 곤궁을 의미하는 것으로서 정신적 원인에 기인할 수도 있다.
⑤ 대리행위의 경우에 경솔·무경험은 대리인을 기준으로 판단하고, 궁박 상태에 있었는지 여부는 본인을 기준으로 판단하여야 한다.

30 불공정한 법률행위에 관한 설명으로 옳지 않은 것은? (다툼이 있는 경우에는 판례에 의함)

2014 기출

① "궁박"은 "급박한 곤궁"을 의미하지만 이는 반드시 경제적 궁박으로 제한되지 않는다.
② 급부와 반대급부 간에 현저한 불균형이 있으면 궁박·경솔 또는 무경험으로 인한 법률행위로 추정된다.
③ 불공정한 법률행위에 해당하는지 여부는 법률행위시를 기준으로 판단하여야 한다.
④ 증여와 같이 아무런 대가 없이 의무자가 일방적으로 급부하는 법률행위는 그 공정성 여부를 논의할 수 있는 성질의 법률행위가 되지 아니한다.
⑤ 불공정한 법률행위에 해당하여 무효가 된 때에도 무효행위의 전환이 인정될 수 있다.

31 법률행위의 목적에 관한 설명으로 옳지 않은 것은? (다툼이 있으면 판례에 따름)

2017 기출

① 불공정한 법률행위가 성립하기 위하여는 궁박, 경솔, 무경험의 요건이 모두 충족되어야 한다.
② 무상증여는 불공정한 법률행위가 될 수 없다.
③ 해외파견된 근로자가 귀국일로부터 3년간 회사에 근무하여야 하고, 이를 위반한 경우에는 해외파견에 소요된 경비를 배상하여야 한다는 회사의 사규는 반사회질서의 법률행위에 해당하지 않는다.
④ 공익법인이 주무관청의 허가 없이 기본재산을 처분하는 것은 무효이다.
⑤ 도박자금에 제공할 목적으로 금전의 대차를 한 때에는 그 대차계약은 반사회질서의 법률행위로 무효이다.

32 甲은 궁박(窮迫)하여 소유하던 건물(시가 2억원 상당)을 乙에게 5천만원에 매도하였다. 그 후 乙은 그 건물을 선의의 丙에게 양도하고 소유권이전등기를 경료하였다. 이에 관한 설명으로 옳은 것은? (다툼이 있으면 판례에 의함)

① 불공정한 법률행위가 성립하려면 乙이 甲의 궁박을 이용하였어야 한다.

② 甲에게 궁박은 있었으나 경솔하지 않았다면, 甲과 乙의 계약은 불공정한 법률행위가 될 수 없다.

③ 불공정한 법률행위의 주관적·객관적 요건을 모두 乙이 증명하여야 한다.

④ 甲과 乙의 계약이 불공정한 법률행위로 무효이더라도 丙이 선의이면 甲은 丙에 대하여 건물의 반환을 청구할 수 없다.

⑤ 甲과 乙의 매매계약이 불공정한 법률행위이더라도 甲이 추인하면 매매계약이 유효하게 된다.

---

28 ⑤ 급부와 반대급부 사이의 '현저한 불균형'은 단순히 시가와의 차액 또는 시가와의 배율로 판단할 수 있는 것은 아니고 구체적·개별적 사안에 있어서 일반인의 사회통념에 따라 결정하여야 한다(대판 2010. 7. 15, 2009다50308).

29 ① 법률행위가 현저하게 공정을 잃었다고 하여 곧 그것이 궁박·경솔하게 이루어진 것으로 추정되지 아니하므로 불공정한 법률행위의 법리가 적용되려면 그 주장하는 측에서 궁박·경솔 또는 무경험으로 인하였음을 증명하여야 한다(판례).

30 ② 법률행위가 현저하게 공정을 잃었다고 하여 곧 그것이 궁박·경솔하게 이루어진 것으로 추정되지 아니하므로, 불공정한 법률행위의 법리가 적용되려면 그 주장하는 측에서 궁박·경솔 또는 무경험으로 인하였음을 증명하여야 한다.

31 ① 궁박, 경솔, 무경험 중 하나만 갖추면 되고 3가지를 동시에 충족시킬 필요는 없다.
② 제104조가 규정하는 현저히 공정을 잃은 법률행위라 함은 자기의 급부에 비하여 현저하게 균형을 잃은 반대급부를 하게 하여 부당한 재산적 이익을 얻는 행위를 의미하는 것이므로, 증여나 기부행위와 같이 아무런 대가관계 없이 당사자 일방이 상대방에게 일방적인 급부를 하는 무상행위는 그 공정성 여부를 논의할 수 있는 성질의 법률행위가 아니다.
③ 해외파견된 근로자가 귀국일로부터 일정기간 소속회사에 근무하여야 한다는 사규나 약정은 민법 제103조 또는 제104조에 위반된다고 할 수 없고, 일정기간 근무하지 않으면 해외 파견 소요경비를 배상한다는 사규나 약정은 근로계약기간이 아니라 경비반환채무의 면제기간을 정한 것이므로 근로기준법 제21조에 위배하는 것도 아니다(대판 1982. 6. 22, 82다카90).
④ 기본재산의 처분은 정관의 변경을 초래하므로 주무관청의 허가가 필요하다. 따라서 허가 없이 한 처분행위는 무효이다.
⑤ 도박자금에 제공할 목적으로 금전의 대차를 한 때에는 그 대차계약은 민법 제103조의 반사회질서의 법률행위로 무효이다(대판 1973. 5. 22, 72다2249).

32 ② 궁박·경솔·무경험 중 하나만 갖추면 되고 3가지를 동시에 충족시킬 필요는 없다.
③ 폭리자 乙이 아니라 제104조에 의한 무효를 주장하려는 자, 즉 甲이 입증하여야 한다.
④ 불공정한 법률행위는 무효이다(제104조). 제104조의 무효는 절대적 무효이므로 그 무효인 당사자로부터 목적물을 전득한 제3자 丙은 선의이더라도 보호받지 못한다.
⑤ 법률행위가 사회질서에 반하거나 불공정한 법률행위여서 무효인 경우처럼, 무효원인이 해소되고 있지 않은 때에는 무효행위의 추인이 허용되지 않는다.

Answer 28 ⑤ 29 ① 30 ② 31 ① 32 ①

33 불공정한 법률행위에 관한 설명으로 틀린 것은? (다툼이 있으면 판례에 의함)

① 부담 없는 증여계약에는 불공정한 법률행위가 성립할 여지가 없다.

② 피해자의 궁박은 경제적인 궁박상태만을 의미하는 것은 아니다.

③ 경매부동산의 매각대금이 그 시가에 비하여 현저히 저렴한 경우, 경매가 적법한 절차에 의해 이루어졌어도 경매는 무효이다.

④ 불공정한 법률행위에 의해 급부가 이행된 경우, 피해자는 폭리자에게 급부를 부당이득으로 반환할 의무가 없다.

⑤ 불공정한 법률행위가 성립하기 위해서는 폭리자가 피해자에게 궁박·경솔 또는 무경험의 사정이 있음을 알고서 이를 이용하려는 의사가 필요하다.

34 불공정한 법률행위에 관한 설명 중 틀린 것은?

① 기부행위와 같이 대가 없는 행위에 대해서는 적용되지 않는다.

② 무경험이란 어느 특정 영역에서의 경험부족이 아니라 거래일반에 대한 경험부족을 의미한다.

③ 폭리자에게 폭리행위의 악의가 없었다면 불공정한 법률행위는 성립하지 않는다.

④ 채권포기행위와 같은 단독행위에는 적용되지 않는다.

⑤ 법률행위의 무효를 주장하는 자가 필요한 요건사실을 주장·입증하여야 한다.

35 甲은 대리인 乙을 통해 자신의 X부동산을 丙에게 매도하였고, 丙은 이를 다시 丁에게 전매하였다. 그런데 甲은 丙과의 매매계약이 불공정한 법률행위로서 무효임을 주장하고 있다. 다음 설명 중 옳지 않은 것은? (다툼이 있으면 판례에 의함)

① 불공정한 법률행위인지의 여부를 판단하는 기준 시기는 乙이 丙과 매매계약을 체결한 당시이다.

② 丙에게 궁박·경솔 또는 무경험을 이용하고자 하는 의사가 없다면 불공정한 법률행위는 성립하지 않는다.

③ 경솔·무경험은 乙을 기준으로, 궁박상태에 있었는지 여부는 甲을 기준으로 판단한다.

④ 甲과 丙 사이의 매매계약이 불공정한 법률행위로서 무효가 되더라도 甲은 선의의 丁에게 대항할 수 없다.

⑤ 불공정한 법률행위로서 무효인 경우에는 그 후 甲이 추인하더라도 매매계약이 유효로 될 수 없다.

36 甲과 乙은 X토지를 매매목적물로 하기로 약정하였으나 X토지의 지번에 관하여 착오를 일으켜서 계약서상 목적물로 Y토지의 지번을 표시하고 Y토지에 대해서 乙 명의로 소유권이전등기가 경료되었다. 다음 설명 중 옳은 것은? (다툼이 있으면 판례에 의함)

① 甲과 乙 간에는 Y토지에 대하여 매매계약이 존재한다.
② 乙은 甲에 대하여 X토지에 대한 소유권이전등기를 청구할 수 있다.
③ 甲은 착오를 이유로 X토지에 대한 매매계약을 취소할 수 있다.
④ 甲은 乙에 대하여 Y토지에 대한 소유권이전등기의 말소를 청구할 수 없다.
⑤ 만일 丙이 선의로 乙로부터 Y토지에 대하여 소유권이전등기를 경료받았다면 丙은 Y토지의 소유권을 취득한다.

37 60번지와 90번지에 각각 토지를 소유하고 있는 甲은 乙에게 90번지 토지를 매도하기로 약정하였다. 그러나 甲과 乙은 지번에 착오를 일으켜 계약서에 매매목적물을 60번지로 표시하였고, 이를 기초로 60번지 토지의 소유권이 乙 명의로 이전등기되었다. 다음 설명 중 옳은 것은? (다툼이 있으면 판례에 의함)

① 乙은 60번지 토지의 소유권을 취득한다.
② 乙은 지번의 착오를 이유로 매매계약을 취소할 수 있다.
③ 乙은 甲에게 90번지 토지에 대한 소유권이전등기를 청구할 수 없다.
④ 甲은 乙에게 60번지 토지에 대한 소유권이전등기의 말소를 청구할 수 있다.
⑤ 甲과 乙 사이의 90번지 토지에 대한 매매계약은 무효로 된다.

---

33 ③ 경매에는 불공정한 법률행위(제104조)가 적용되지 않는다.

34 ④ 채권포기에도 적용된다(대판 1975. 5. 13, 75다92).

35 ④ 불공정한 법률행위는 선의의 제3자 보호규정이 없는 절대적 무효이므로, 제3자의 선의·악의에 관계없이 그 자에게 무효를 주장할 수 있다(제104조 참조).

36 ② X토지에 관하여 매매의 목적물로 한다는 쌍방당사자의 의사합치가 있은 이상, 그 매매계약은 X토지에 관하여 성립한 것으로 보아야 한다.

37 ④ 부동산매매에 있어 쌍방당사자가 모두 특정의 90번지 토지를 계약의 목적물로 삼았으나, 그 목적물의 지번 등에 관하여 착오를 일으켜 계약을 체결함에 있어서는 계약서상 그 목적물을 90번지 토지와는 별개인 60번지 토지로 표시하였다 하여도, 90번지 토지에 관하여 이를 매매의 목적물로 한다는 쌍방당사자의 의사합치가 있은 이상 위 매매계약은 90번지 토지에 관하여 성립한 것으로 보아야 할 것이고 60번지 토지에 관하여 매매계약이 체결된 것으로 보아서는 안 될 것이며, 만일 60번지 토지에 관하여 위 매매계약을 원인으로 하여 매수인명의로 소유권이전등기가 경료되었다면 이는 원인이 없이 경료된 것으로서 무효이다.
① 乙은 60번지 토지의 소유권을 취득하지 못한다.
② 오표시(誤表示)무해(無害)의 원칙이 적용되는 경우에 착오취소는 인정되지 않는다.
③ 이 경우에 매매계약은 90번지 토지에 관하여 성립한 것이므로, 乙은 甲에게 90번지 토지에 대한 소유권이전등기를 청구할 수 있다.
⑤ 甲과 乙 사이의 90번지 토지에 대한 매매계약은 유효이다.

Answer 33 ③ 34 ④ 35 ④ 36 ② 37 ④

38 법률행위의 해석에 관한 설명으로 옳은
것은? (다툼이 있으면 판례에 의함)

① 법률행위의 해석은 문구에 구애받지 않고
   어디까지나 당사자가 그 표시행위에 부여
   한 내심적 의사에 따라야 한다.

② 당사자가 모두 X토지를 매매하기로 합의
   하였으나 그 지번을 착각하여 계약서에 Y
   토지로 표시한 경우 Y토지에 대한 매매계
   약이 성립한다.

③ 매매계약서상의 "계약사항에 대한 이의가
   생겼을 때에는 매도인의 해석에 따른다"
   는 조항은 법원의 법률행위 해석권을 구속
   하지 않는다.

④ 당사자의 의사가 명확한 경우에도 사실인
   관습이 우선하여 법률행위 내용을 확정하
   는 기준이 된다.

⑤ 관습법은 법령으로서의 효력이 없는 단순
   한 관행으로서 법률행위 당사자의 의사를
   보충함에 그친다.

39 법률행위의 해석에 관한 설명으로 옳은
것은? (다툼이 있는 경우에는 판례에 의함)
2014 기출

① 매매계약서에 "계약사항에 대한 이의가
   생겼을 때에는 매도인의 해석에 따른다"
   는 조항을 둔 경우, 법원은 매도인의 해석
   에 따라 판결하여야 한다.

② 분양약정에서 당사자들이 분양가격의 결
   정기준으로 합의하였던 기준들에 따른 분
   양가격의 결정이 불가능하게 된 경우, 새
   로운 분양가격에 관한 합의가 없으면 매수
   인은 위 분양약정에 기하여 바로 소유권이
   전등기절차의 이행을 청구할 수 없다.

③ 당사자가 합의로 지명한 감정인의 감정의
   견에 따라 보상금을 지급하기로 약정한 경
   우에는 당사자의 약정 취지에 반하는 감정
   이 이루어진 때에도 법원은 감정결과에 따
   라 판결하여야 한다.

④ 어떠한 의무를 부담하는 내용의 기재가 있
   는 서면에 "최대 노력하겠습니다"라고 기
   입한 경우 특별한 사정이 없으면 이는 그
   러한 의무를 법적으로 부담하는 채무자의
   의사표시이다.

⑤ 부동산 매매계약에서 당사자가 모두 甲토
   지를 계약의 목적물로 삼았으나 그 지번 등
   에 관하여 착오를 일으켜 계약서에 그 목적
   물을 乙토지로 표시하였다면 乙토지에 관
   한 매매계약이 성립한 것으로 보아야 한다.

40 "부동산 매매계약에서 당사자 쌍방이 모두 X토지를 그 목적물로 삼았으나 X토지의 지번에 착오를 일으켜 계약체결 시에 계약서상으로는 그 목적물을 Y토지로 표시한 경우라도, X토지를 매매 목적물로 한다는 당사자 쌍방의 의사합치가 있는 이상 그 매매계약은 X토지에 관하여 성립한 것으로 보아야 한다"고 하는 법률행위의 해석방법은? 2023 기출

① 문언해석　　② 통일적 해석
③ 자연적 해석　　④ 규범적 해석
⑤ 보충적 해석

---

38 ③ 대판 1974. 9. 24, 74다1057
① 법률행위의 해석은 당사자가 그 표시행위에 부여한 객관적인 의미를 명백하게 확정하는 것으로서, 서면에 사용된 문구에 구애받는 것은 아니지만 어디까지나 당사자의 내심적 의사의 여하에 관계없이 그 서면의 기재내용에 의하여 당사자가 그 표시행위에 부여한 객관적 의미를 합리적으로 해석하여야 하는 것이다(대판 1996. 10. 25, 96다16049).
② 오표시(誤表示)무해(無害)의 원칙이 적용되는 경우로서 X토지에 대한 매매계약이 성립한다.
④ 법령 중의 선량한 풍속 기타 사회질서에 관계없는 규정과 다른 관습이 있는 경우에 당사자의 의사가 명확하지 아니한 때에는 그 관습에 의한다(제106조).
⑤ 사실인 관습에 관한 설명이다.

39 ② 아파트 분양약정의 해석상 당사자 사이에 분양가격의 결정기준으로 합의하였던 기준들에 의하여 분양가격 결정이 불가능하게 되었다면, 당사자 사이에 새로운 분양가격에 관한 합의가 이루어지지 않는 한 그 분양약정에 기하여 당사자 일방이 바로 소유권이전등기절차의 이행을 청구할 수는 없고, 여기에 법원이 개입하여 당사자 사이에 체결된 계약의 해석의 범위를 넘어 판결로써 분양가격을 결정할 수 없다(대판 1995. 09. 26, 95다18222).
① 매매계약서에 계약사항에 대한 이의가 생겼을 때에는 매도인의 해석에 따른다는 조항은 법원의 법률행위해석권을 구속하는 조항이라고 볼 수 없다(대판 1974. 9. 24, 74다1057).
③ 당사자의 약정 취지에 반하는 감정이 이루어진 때에는 법원은 감정결과에 따를 필요가 없다.
④ 어떠한 의무를 부담하는 내용의 기재가 있는 문면에 "최대 노력하겠습니다"라고 기재되어 있는 경우, 특별한 사정이 없는 한 당사자가 위와 같은 문구를 기재한 객관적인 의미는 문면 그 자체로 볼 때 그러한 의무를 법적으로는 부담할 수 없지만 사정이 허락하는 한 그 이행을 사실상 하겠다는 취지로 해석함이 상당하다(대판 1994. 3. 25, 93다32668).
⑤ 부동산의 매매계약에 있어 쌍방당사자가 모두 특정의 甲토지를 계약의 목적물로 삼았으나 그 목적물의 지번 등에 관하여 착오를 일으켜 계약을 체결함에 있어서는 계약서상 그 목적물을 甲토지와는 별개인 乙토지로 표시하였다 하여도 甲토지에 관하여 이를 매매의 목적물로 한다는 쌍방당사자의 의사합치가 있은 이상 위 매매계약은 甲토지에 관하여 성립한 것으로 보아야 할 것이고 乙토지에 관하여 매매계약이 체결된 것으로 보아서는 안 될 것이며, 만일 乙토지에 관하여 위 매매계약을 원인으로 하여 매수인명의로 소유권이전등기가 경료되었다면 이는 원인이 없이 경료된 것으로서 무효이다(대판 1993. 10. 26, 93다2629·2636).

40 ③ 사안은 오표시(誤表示)무해(無害)의 원칙이 적용되는 경우이다. 이는 표의자 및 그 상대방이 표시행위를 본래의 의미대로 이해하지 아니하고, 일치하여 이와 다른 의미로 이해한 때에 그 법률행위는 표의자와 상대방이 실제 이해한 의미대로 성립한다는 원칙으로, 자연적 해석에 속한다.

Answer　38 ③　39 ②　40 ③

① 의사표시 일반론

1. 의사표시의 의의

의사표시란 일정한 법률효과의 발생을 원하는 내심의 의사를 외부에 표시하는 행위로서, 법률행위를 구성하는 필수불가결의 요소인 법률사실이다. 즉, 하나 또는 수 개의 의사표시가 합하여 법률행위를 구성하게 되며, 이러한 법률행위에 따라 법률효과가 발생하게 된다.

2. 의사표시의 구성요소

(1) 의의

의사표시가 성립하는 심리적 과정을 분석하면, ① 먼저 어떤 동기에 의해 일정한 법률효과의 발생을 목적으로 하는 의사(효과의사)를 결정하고, ② 이 의사를 외부에 알리기 위하여 발표하려는 의사(표시의사)를 가지고, ③ 행위를 한다는 인식(행위의사)하에 위 의사를 외부에 표시하는 행위(표시행위)를 함으로써 의사표시가 완성된다. 여기서 효과의사, 표시의사, 표시행위가 의사표시의 구성요소로서 문제된다.

(2) 의사적 요소

① **효과의사**: 효과의사란 사법상의 일정한 법률효과의 발생을 의욕하는 의사를 말한다. 효과의사의 본체가 '표시상의 효과의사'인가, '내심의 효과의사'인가에 대하여 견해가 대립하나, 다수설은 의사표시의 요소가 되는 효과의사는 표시행위로부터 추단되는 '표시상의 효과의사'로 파악한다.

② **표시의사**: 표시의사란 효과의사를 외부에 발표하려는 의사를 말한다. 즉, 표시의사는 효과의사와 표시행위를 심리적으로 매개하는 의사이다. 이러한 표시의사를 의사표시의 요소로 볼 것인가에 대하여 학설이 대립하고 있다. 표시의사를 의사표시의 요소로 보면 표시의사를 결여한 경우에는 의사표시 그 자체가 성립하지 않고, 법률행위도 성립할 수 없다. 그러나 표시의사를 의사표시의 구성요소로 보지 않는 경우에는 표시의사가 존재하지 않더라도 의사표시는 성립되며, 다만 의사와 표시 간의 불일치의 문제가 발생될 수 있을 뿐이다. 다수설은 표시의사를 의사표시의 요소에 포함시키지 않고 있다.

③ **행위의사** : 행위의사는 행위자가 의식적인 거동으로서 일정한 행위를 하려고 하는 의사이다. 이러한 행위의사를 결여한 표시행위는 표시행위가 아니다. 예컨대 의식불명상태, 최면상태, 항거불능상태에서 하는 행위는 행위의사를 결여하고 있으므로 행위자의 표시행위라고 할 수 없다. 행위의사에 관하여 다수설은 독립한 요소로 보지 않고 표시행위의 문제로 이해한다.

(3) 행위적 요소(표시행위)

표시행위는 효과의사를 외부에 표명하는 행위이다. 언어·문자뿐만 아니라 머리의 끄덕임과 같은 거동은 물론 침묵도 때로는 표시행위가 될 수 있다.

3. 의사표시의 본질

(1) 의의

의사표시는 내심의 의사와 외부적인 표시로 구성되어 있다. 이 중에서 의사표시의 본질이 무엇인가에 따라 의사와 표시가 불일치할 때에 결과가 달라진다. 즉, 의사와 표시가 불일치한 경우에 의사주의는 의사를 우선시키고 표시주의는 표시를 우선시킨다.

(2) 학설

① **의사주의** : 의사주의는 의사표시의 본체를 표의자의 내심의 효과의사로 보는 입장이다. 이러한 의사주의는 의사와 표시가 불일치한 경우에 표의자 보호에 충실한 이론이다.

② **표시주의** : 표시주의는 내심의 의사보다는 표시행위를 중시하여, 의사표시의 본체를 표시행위로 본다. 표시주의는 의사와 표시가 불일치한 경우에 표의자 본인보다는 상대방 보호에 충실한 이론이다.

③ **절충주의** : 절충주의는 내심의 의사와 표시의 어느 하나를 주로 하고 다른 하나를 적당히 고려하여 가미하는 입장이다. 각국의 입법례는 정도의 차이는 있지만, 대개 절충주의를 취하고 있다.

④ **효력주의** : 효력주의는 의사표시를 일정한 법률효과를 형성하고자 하는 의사를 실현하는 통일적인 과정으로 파악하여 의사와 표시를 통일적인 단일체로 파악하려고 한다.

(3) 우리 민법의 태도

우리 민법은 표시주의에 기운 절충주의를 취하고 있다. 다만, 당사자의 진의가 절대적으로 존중되는 가족법관계에 있어서는 의사주의가 적용된다.

4. 의사표시의 모습

(1) 명시적 의사표시·묵시적 의사표시

표의자의 효과의사가 언어나 문자 등에 의하여 분명히 표현된 의사표시를 명시적 의사표시라고 한다. 그 외의 경우는 묵시적 의사표시이다. 거동에 의한 의사표시(자기의 의사를 고개를 끄덕이는 등으로 표시하는 경우), 포함적 의사표시(추단적 의사표시) 등이 있다.

(2) 추단적 의사표시

표의자의 일정한 행위에 의해 추단되는 의사표시를 말하며, 포함적 의사표시라고도 한다. 추단적 의사표시는 유상으로 제공된 급부를 이용하는 경우에 자주 행하여진다. 예컨대, 식당의 식탁 위에 놓여 있는 빵을 손님이 먹은 경우, 어떤 자가 버스에 승차하거나 전기·수도·가스 등을 이용하거나 자신의 차를 유료주차장에 주차시키는 경우에는 추단적 행위에 의한 승낙의 의사표시가 존재하며, 그 결과 계약이 성립하게 된다.

(3) 침묵에 의한 의사표시

침묵은 원칙적으로 표시행위가 될 수 없다. 그러나 침묵도 당사자의 약정이나 거래관행 등에 의하여 침묵을 의사표시로 평가하게 되는 특별한 사정이 있으면 의사표시로 인정될 수 있다.

5. 비정상적 의사표시

① 법률행위가 유효하려면 의사표시에서 의사와 표시가 일치하여야 하고, 의사형성과정에 하자가 있어서는 안 된다. 만약 의사표시에 흠이 있는 때에는 법률행위가 무효로 되거나 취소될 수 있다. 민법은 의사표시에 흠이 있는 경우 4가지를 제107조 내지 제110조에서 규정하고 있다.

② 의사표시에 있어서 표의자의 내심의 의사와 표시행위의 의미가 일치하지 않는 경우를 '의사와 표시의 불일치' 또는 '의사의 흠결'이라고 한다. 진의 아닌 의사표시(제107조)와 허위표시(제108조)는 표의자가 그 불일치를 알고 있는 경우이고, 착오(제109조)는 표의자가 그 불일치를 알지 못하는 경우이다.

③ 사기·강박에 의한 의사표시에 있어서는 의사와 표시의 불일치는 존재하지 않으며, 단지 의사의 형성과정에 하자가 존재할 뿐이다. 그 때문에 이를 '하자 있는 의사표시'라고도 한다.

② 진의 아닌 의사표시 2013 · 2020 기출

> **제107조【진의 아닌 의사표시】** ① 의사표시는 표의자가 진의 아님을 알고 한 것이라도 그 효력이 있다. 그러나 상대방이 표의자의 진의 아님을 알았거나 이를 알 수 있었을 경우에는 무효로 한다.
> ② 전항의 의사표시의 무효는 선의의 제3자에게 대항하지 못한다.

1. 의의

진의 아닌 의사표시(비진의표시)란 표시행위가 표의자의 내심의 의사와 다르다는 것을 표의자 스스로 알면서 하는 의사표시를 말한다. 예컨대, 물건을 매수할 의사가 없으면서도 고가에 매수하겠다고 하는 경우이다. 이를 심리유보 또는 상대방과 통정하는 일이 없으므로 단독허위표시라고도 한다.

2. 요건

(1) 의사표시의 존재

비진의표시가 인정되기 위하여서는 우선 의사표시가 존재하여야 한다. 즉, 일정한 효과의사를 추단할 만한 행위가 있어야 한다. 따라서 사교상의 명백한 농담, 배우가 무대에서 행한 대사 등의 경우에는 의사표시가 있다고 할 수 없으므로 비진의표시는 문제될 여지가 없다.

(2) 진의와 표시의 불일치

비진의표시로 되려면 진의와 표시가 일치하지 않아야 한다. 즉, 내심의 효과의사가 표시상의 효과의사와 객관적으로 일치하지 않아야 한다. 단, 의사와 다른 표시를 하게 된 동기나 목적은 고려되지 아니한다. 따라서 죽어 가는 사람을 진정시키기 위하여 한 경우에도 그 비진의표시는 원칙적으로 유효하다.

> **판례**
>
> 1. 진의 아닌 의사표시에 있어서의 진의란 특정한 내용의 의사표시를 하고자 하는 표의자의 생각을 말하는 것이지 표의자가 진정으로 마음속에서 바라는 사항을 뜻하는 것은 아니므로, 표의자가 의사표시의 내용을 진정으로 마음속에서 바라지는 아니하였다고 하더라도 당시의 상황에서 그것을 최선이라고 판단하여 의사표시를 하였을 경우에는 이를 내심의 효과의사가 결여된 진의 아닌 의사표시라고 할 수 없다(대판 2000. 4. 25, 99다34475).
> 2. 비록 재산을 강제로 뺏긴다는 것이 표의자의 본심으로 잠재되어 있었다 하여도 표의자가 강박에 의하여 서나마 이 사건 증여를 하기로 하고 그에 따른 증여의 의사표시를 한 이상 증여의 내심의 효과의사가 결여된 것이라고 할 수는 없을 것이다(대판 1993. 7. 16, 92다41528, 92다41535).

3. 비진의의사표시에 해당하여 그 표시행위에 나타난 대로의 법률효과가 발생하지 않기 위하여는 적어도 그 표시행위에 대응하는 내심의 효과의사, 즉 주채무자로서 채무를 부담한다는 의사가 존재하지 않았어 야만 할 것인데, <u>법률상 또는 사실상의 장애로 자기 명의로 대출받을 수 없는 자를 위하여 대출금채무자 로서의 명의를 빌려준 자에게 그와 같은 채무부담의 의사가 없는 것이라고는 할 수 없으므로 그 의사표 시를 비진의표시에 해당한다고 볼 수 없고,</u> 설령 명의대여자의 의사표시가 비진의표시에 해당한다고 하 더라도 그 의사표시의 상대방인 상호신용금고로서는 명의대여자가 전혀 채무를 부담할 의사 없이 진의 에 반한 의사표시를 하였다는 것까지 알았다거나 알 수 있었다고 볼 수도 없으므로 그 명의대여자는 표시행위에 나타난 대로 대출금채무를 부담한다(대판 1996. 9. 10, 96다18182).

(3) 표의자가 진의와 표시의 불일치를 알고 있을 것

표의자가 스스로 그 불일치를 알고 있어야 한다. 그 불일치를 모른 경우에는 착오에 의한 의 사표시로 된다.

3. 효과

(1) 원칙

비진의표시는 원칙적으로 표시된 대로 효력을 발생한다(제107조 제1항 본문). 거짓의 표의자 를 보호할 필요가 없기 때문이다.

(2) 예외

상대방이 표의자의 진의 아님을 알았거나 이를 알 수 있었을 경우에는 비진의표시는 무효이 다(제107조 제1항 단서). 여기서 '알 수 있었을 경우'라 함은 과실로 인하여 알지 못한 경우를 말한다. 상대방이 진의 아님을 알았다거나(악의) 또는 알 수 있었다는 것(과실)은 비진의표시 의 무효를 주장하는 자가 주장·입증하여야 한다.

> **판례**
>
> 1. 물의를 일으킨 사립대학교 조교수가 사직원이 수리되지 않을 것이라고 믿고 사태수습을 위하여 형식상 이사장 앞으로 사직원을 제출하였던바, 의외로 이사회에서 "본인의 의사이니 하는 수 없다"고 하여 사직 원이 수리된 경우, 위 조교수의 사직원이 설사 진의에 이르지 아니한 비진의의사표시라 하더라도 학교 법인이나 그 이사회에서 그러한 사실을 알았거나 알 수 있었을 경우가 아니라면 그 의사표시에 따라 효력을 발생하는 것이다(대판 1980. 10. 14, 79다2168).
> 2. <u>회사의 경영방침에 따라 중간퇴직 후 즉시 재입사하는 형식을 취한 경우</u> 사직원제출은 근로자가 퇴직을 할 의사 없이 퇴직의사를 표시한 것으로서 비진의의사표시에 해당하고 재입사를 전제로 사직원을 제출 케 한 회사 또한 그와 같은 진의 아님을 알고 있었다고 봄이 상당하다 할 것이므로 위 사직원 제출과 퇴직처리에 따른 퇴직의 효과는 생기지 아니한다(대판 2005. 4. 29, 2004두14090).
> 3. <u>증권회사 직원이 증권투자로 인한 고객의 손해에 대하여 책임을 지겠다는 내용의 각서를 작성해 준 사 안에서,</u> 그 각서를 단지 그동안의 손실에 대하여 사과하고 그 회복을 위해 최선을 다하겠다는 의미로 해석하는 것은 경험칙과 논리칙에 반하지만, 그 각서가 남편을 안심시키려는 고객의 요청에 따라 작성 된 경위 등에 비추어 비진의 의사표시로서 무효이다(대판 1999. 2. 12, 98다45744).

(3) 제3자에 대한 효과

비진의표시가 예외적으로 무효가 되는 경우에 그 무효는 선의의 제3자에게 대항하지 못한다(제107조 제2항).

4. 적용범위

(1) 계약·단독행위에 적용

제107조는 계약은 물론 상대방 있는 단독행위에도 적용된다. 통설은 상대방 없는 단독행위에도 제107조 제1항 본문은 적용된다고 한다. 그런데 상대방 없는 단독행위에 제107조 제1항 단서가 적용되는가에 대해서는, 제107조 제1항 단서가 적용될 여지가 없으며 따라서 언제나 유효하다는 견해(적용부정설)와 형식적인 구별에 구애됨이 없이 제107조 제1항 단서의 적용을 인정하는 것이 타당하다는 견해(적용긍정설)가 대립한다.

(2) 가족법상의 행위(신분행위)에는 부적용

혼인·입양 등 신분행위는 당사자의 진의를 절대적으로 중시하므로 제107조가 적용되지 않는다. 따라서 혼인·입양에 관한 비진의표시는 당사자 간에 있어서는 물론이고 제3자에 대한 관계에 있어서도 언제나 무효이다(제815조 제1호, 제883조 제1호).

(3) 주식인수의 청약에 부적용

제107조 제1항 단서가 배제되어 언제나 유효하다(상법 제302조 제3항).

(4) 공법행위·소송행위에 부적용

제107조가 적용되지 않고, 표시된 대로 효과가 발생한다.

> **판례**
>
> 1. 공무원이 사직의 의사표시를 하여 의원면직처분을 하는 경우, 그 사직의 의사표시는 그 법률관계의 특수성에 비추어 외부적·객관적으로 표시된 바를 존중하여야 할 것이므로, 비록 사직원제출자의 내심의 의사가 사직할 뜻이 아니었다고 하더라도 진의 아닌 의사표시에 관한 민법 제107조는 그 성질상 사직의 의사표시와 같은 사인의 공법행위에는 준용되지 아니하므로 그 의사가 외부에 표시된 이상 그 의사는 표시된 대로 효력을 발한다(대판 1997. 12. 12, 97누13962).
> 2. 민법의 법률행위에 관한 규정은 행위의 격식화를 특색으로 하는 공법행위에 당연히 타당하다고 말할 수 없으므로 공법행위인 영업재개업신고에 민법 제107조는 적용될 수 없다(대판 1978. 7. 25, 76누276).
> 3. 당사자의 소송행위는 일반 사법상의 행위와는 달리 내심의 의사보다 그 표시를 기준으로 하여 그 효력 유무를 판정할 수밖에 없는 것이므로, '소의 취하'가 내심의 의사에 반한 것이라고 하더라도 이를 무효라고 볼 수는 없다(대판 1983. 4. 12, 80다3251).

03 허위표시 2013 · 2014 · 2015 · 2016 · 2017 · 2018 · 2020 · 2022 · 2023 기출

> **제108조【통정한 허위의 의사표시】** ① 상대방과 통정한 허위의 의사표시는 무효로 한다.
> ② 전항의 의사표시의 무효는 선의의 제3자에게 대항하지 못한다.

1. 의의 및 구별개념

(1) 의의

(통정)허위표시란 표의자가 상대방과 통정하여 허위로 하는 의사표시를 말한다. 즉, 표의자가 진의 아닌 의사표시를 하는 데 있어서 상대방과 통정한 경우이다. 이러한 통정허위표시에 의한 법률행위를 가장행위라 한다. 예컨대, 압류를 면하기 위하여 부동산의 등기명의를 타인에게 이전하는 것과 같은 가장매매를 들 수 있다.

(2) 구별개념

① **은닉행위** : 은닉행위란 가장행위에 의하여 은폐되는 행위를 말한다. 예컨대, 자기 소유의 부동산을 증여하면서 증여세를 포탈하기 위하여 매매를 원인으로 하여 소유권이전등기를 하는 경우에 가장행위인 매매에 의하여 은폐되는 증여가 은닉행위이다. 가장행위는 허위표시로서 무효이지만, 은닉행위는 그 성립요건과 유효요건을 갖추고 있는 한 유효하다.

② **신탁행위** : 당사자가 어떤 경제적 목적을 달성하기 위해 일방(신탁자)이 타방(수탁자)에게 그 목적달성에 필요한 정도를 넘는 권리를 부여하고 상대방으로 하여금 그 목적의 범위 내에서만 그 권리를 행사케 하려는 행위(양도담보 · 추심을 위한 채권양도)를 신탁행위라고 한다. 신탁행위는 당사자 사이에 일정한 경제적 목적에 의한 제한이 있으나, 실제로 소유권이전 또는 채권양도라는 법률효과를 의욕하고 있으므로 허위표시가 되지 않는다.

2. 요건

(1) 의사표시의 존재

유효한 의사표시가 존재하는 것과 같은 외관이 있어야 한다. 실제로는 증서의 작성 · 등기 또는 등록과 같은 외형을 취하는 것이 보통이다.

(2) 진의와 표시의 불일치

표시상의 효과의사에 대응하는 내심적 효과의사가 존재하지 않아야 한다.

⑶ 표의자가 진의와 표시의 불일치를 알고 있을 것

진의와 표시의 불일치를 표의자가 스스로 알고 있어야 한다. 이 점에서 비진의표시와 같고 착오와 다르다.

⑷ 상대방과의 통정이 있을 것

진의와 다른 의사표시를 하는 데 있어 상대방과 통정하여야 한다. 통정이란 상대방과의 합의를 의미하고 상대방이 단순히 이를 인식하고 있다는 것만으로는 부족하다. 허위표시는 제3자를 기망하려는 목적으로 행하여지는 것이 일반적이지만, 반드시 그러한 목적이나 동기를 필요로 하는 것은 아니다.

> **판례**
>
> 동일인에 대한 대출액 한도를 제한한 구 상호신용금고법 제12조의 적용을 회피하기 위하여 <u>실질적인 주채무자가 실제 대출받고자 하는 채무액 중 일부에 대하여 제3자를 형식상의 주채무자로 내세웠고 상호신용금고도 이를 양해하면서 제3자에 대하여는 채무자로서의 책임을 지우지 않을 의도하에 제3자 명의로 대출관계서류 및 약속어음을 작성받았음을 충분히 추단할 수 있는 경우</u>, 제3자는 형식상의 명의만을 빌려 준 자에 불과하고 그 대출계약의 실질적인 당사자는 상호신용금고와 실질적 주채무자이므로, 제3자 명의로 되어 있는 대출약정 및 약속어음 발행은 상호신용금고의 양해하에 그에 따른 채무부담 의사 없이 형식적으로 이루어진 것에 불과하여 통정허위표시에 해당하는 무효의 법률행위이다(대판 1996. 8. 23, 96다18076).

3. 효과

⑴ 당사자 간의 효과

① **무효**: 허위표시는 당사자 사이에서는 언제나 무효이다(제108조 제1항). 따라서 이행을 하고 있지 않으면 이행할 필요가 없고, 이행한 후이면 허위표시로 이익을 얻은 자는 부당이득반환의무를 부담한다(제741조). 주의할 것은 허위표시는 그 자체가 반사회질서의 법률행위는 아니므로 허위표시를 이유로 하는 부당이득반환청구권에 관하여는 불법원인에 의한 반환청구권배제의 문제(제746조)가 생기지 않는다는 점이다.

② **채권자취소권의 문제**: 채무자가 상대방과 통정하여 가장행위를 한 경우에, 채권자는 허위표시로서 무효인 그 법률행위에 대해 채권자취소권을 행사할 수 있다(통설·판례).

③ **허위표시의 철회**: 허위표시의 당사자 간의 합의에 의한 허위표시의 철회를 인정하되, 다만 철회 전에 생긴 선의의 제3자에 대해서는 허위표시의 철회로 대항할 수 없고, 철회 후에 생긴 선의의 제3자에 대해서도 외관이 제거되기 전이었다면 여전히 대항할 수 없다고 해석한다(통설).

(2) 제3자에 대한 효과

① 허위표시의 무효는 선의의 제3자에게 대항하지 못한다(제108조 제2항). 이는 허위표시의 외관을 신뢰한 제3자의 이익을 보호하기 위한 특별규정으로서, 부동산거래에 관하여 등기의 공신력을 인정하지 않고 있는 우리 민법에서 등기를 믿고 거래한 제3자를 보호함으로써 사실상 등기에 공신력을 부여하는 것과 유사한 기능을 한다. 다만, 선의의 제3자가 무효를 주장하는 것은 상관없다(통설).

② **제3자의 의미**: 제3자란 허위표시의 당사자 및 포괄승계인 이외의 자로서, 허위표시에 의하여 외형상 형성된 법률관계를 토대로 실질적으로 새로운 법률상 이해관계를 맺은 자를 말한다. 제108조 제2항의 제3자에 해당한다는 사실은 제3자가 주장·입증하여야 한다.

제3자에 해당하는 예	제3자에 해당하지 않는 예
• 가장양수인으로부터 목적부동산을 양수한 자 • 가장양수인으로부터 저당권을 설정받은 자 • 가장양수인으로부터 가등기를 취득한 자 • 가장매매에 기한 대금채권의 양수인 • 가장금전소비대차에 기한 채권의 양수인 • 가장저당권설정 행위에 기한 저당권의 실행에 의하여 부동산을 경락받은 자 • 허위의 주채무를 내용으로 하는 보증채무를 이행한 보증인 • 가장소비대차의 대주가 파산한 경우에 있어 파산관재인	• 가장양수인의 일반채권자 • 가장양수인으로부터 추심을 위하여 채권을 양수한 자 • 채권의 가장양도에서의 채무자 • 주식의 가장양도에서의 회사

③ 선의의 의미

㉠ 선의란 의사표시가 허위표시임을 모르는 것을 말한다.

㉡ 제108조 제2항에서 선의의 제3자의 무과실을 요구하고 있지 않으므로 선의이면 되고 무과실은 요건이 아니다.

㉢ 제3자는 선의로 추정되므로, 무효를 주장하는 자가 제3자의 악의를 입증하여야 한다.

㉣ 선의의 제3자로부터 다시 전득한 자가 전득시에 악의이더라도, 선의의 제3자의 권리를 승계하고 있으므로 허위표시의 무효를 이유로 대항할 수 없다.

> **판례**
>
> 1. 파산자가 파산선고시에 가진 모든 재산은 파산재단을 구성하고, 그 파산재단을 관리 및 처분할 권리는 파산관재인에게 속하므로, 파산관재인은 파산자의 포괄승계인과 같은 지위를 가지게 되지만, 파산이 선고되면 파산채권자는 파산절차에 의하지 아니하고는 파산채권을 행사할 수 없고, 파산관재인이 파산채권자 전체의 공동의 이익을 위하여 선량한 관리자의 주의로써 그 직무를 행하므로, <u>파산관재인은 파산선고에 따라 파산자와 독립하여 그 재산에 관하여 이해관계를 가지게 된 제3자로서의 지위도 가지게 되며,</u>

따라서 파산자가 상대방과 통정한 허위의 의사표시를 통하여 가장채권을 보유하고 있다가 파산이 선고된 경우 그 가장채권도 일단 파산재단에 속하게 되고, 파산선고에 따라 파산자와는 독립한 지위에서 파산채권자 전체의 공동의 이익을 위하여 직무를 행하게 된 파산관재인은 그 허위표시에 따라 외형상 형성된 법률관계를 토대로 실질적으로 새로운 법률상 이해관계를 가지게 된 민법 제108조 제2항의 제3자에 해당한다(대판 2003. 6. 24, 2002다48214).

2. [1] 파산관재인이 민법 제108조 제2항의 경우 등에 있어 제3자에 해당하는 것은 파산관재인은 파산채권자 전체의 공동의 이익을 위하여 선량한 관리자의 주의로써 그 직무를 행하여야 하는 지위에 있기 때문이므로, 그 <u>선의·악의도 파산관재인 개인의 선의·악의를 기준으로 할 수는 없고 총파산채권자를 기준으로</u> 하여 파산채권자 모두가 악의로 되지 않는 한 파산관재인은 선의의 제3자라고 할 수밖에 없다.

   [2] 파산관재인이 파산선고 전에 개인적인 사유로 파산자가 체결한 대출계약이 통정허위표시에 의한 것임을 알게 되었다고 하더라도 그러한 사정만을 가지고 파산선고시 파산관재인이 악의자에 해당한다고 할 수 없다(대판 2006. 11. 10, 2004다10299).

3. <u>보증인이 주채무자의 기망행위에 의하여 주채무가 있는 것으로 믿고 주채무자와 보증계약을 체결한 다음 그에 따라 보증채무자로서 그 채무까지 이행한 경우, 그 보증인은 주채무자에 대한 구상권 취득에</u> 관하여 법률상의 이해관계를 가지게 되었고 그 구상권 취득에는 보증의 부종성으로 인하여 주채무가 유효하게 존재할 것을 필요로 한다는 이유로 결국 그 보증인은 주채무자의 채권자에 대한 채무 부담행위라는 허위표시에 기초하여 구상권 취득에 관한 법률상 이해관계를 가지게 되었다고 보아 <u>민법 제108조 제2항의 '제3자'에 해당한다</u>(대판 2000. 7. 6, 99다51258).

4. <u>구 「상호신용금고법」 소정의 계약이전</u>은 금융거래에서 발생한 계약상의 지위가 이전되는 사법상의 법률효과를 가져오는 것이므로, <u>계약이전을 받은 금융기관은</u> 계약이전을 요구받은 금융기관과 대출채무자 사이의 통정허위표시에 따라 형성된 법률관계를 기초로 하여 새로운 법률상 이해관계를 가지게 된 <u>민법 제108조 제2항의 제3자에 해당하지 않는다</u>(대판 2004. 1. 15, 2002다31537).

5. <u>乙이 甲으로부터 부동산에 관한 담보권설정의 대리권만 수여받고도 그 부동산에 관하여 자기 앞으로 소유권이전등기를 하고 이어서 丙에게 그 소유권이전등기를 경료한 경우, 丙은 乙을 甲의 대리인으로 믿고서 위 등기의 원인행위를 한 것도 아니고, 甲도 乙 명의의 소유권이전등기가 경료된 데 대하여 이를 통정·용인하였거나 이를 알면서 방치하였다고 볼 수 없다면 이에 제126조나 제108조 제2항을 유추할 수는 없다</u>(대판 1991. 12. 27, 91다3208).

4. 적용범위

(1) 상대방 없는 단독행위에 적용되는지 여부

제108조는 계약은 물론 상대방 있는 단독행위(예 채무면제)에도 적용된다. 상대방 없는 단독행위에도 적용되는가에 대해서는 학설이 대립한다. 부정설에 의하면 상대방 없는 단독행위는 통정이라는 요건이 갖추어질 수 없어 제108조가 적용될 여지가 없다고 본다.

(2) 가족법상의 행위(신분행위)에는 부적용

본인의 진의가 절대적으로 존중되는 혼인·입양 같은 순수한 가족법상의 행위에 있어서 허위표시는 제108조가 적용될 여지가 없고 언제나 무효이다. 다만, 재산법적 요소가 강한 상속재산분할의 협의(제1013조), 상속재산의 포기(제1041조) 등에 있어서는 적용된다고 보는 견해가 있다.

(3) 어음행위에는 적용

어음행위에도 제108조가 적용된다. 따라서 실제로 어음상의 권리를 취득하게 할 의사는 없이 단지 채권자들에 의한 채권의 추심이나 강제집행을 피하기 위한 약속어음의 발행행위는 통정허위표시로서 무효라고 할 것이다(판례).

(4) 공법행위와 소송행위에는 부적용

공법행위와 소송행위에 제108조는 적용되지 않는다.

⑷ 착오로 인한 의사표시 2013·2014·2015·2017·2019·2020·2021·2022·2023 기출

> **제109조【착오로 인한 의사표시】** ① 의사표시는 법률행위의 내용의 중요부분에 착오가 있는 때에는 취소할 수 있다. 그러나 그 착오가 표의자의 중대한 과실로 인한 때에는 취소하지 못한다.
> ② 전항의 의사표시의 취소는 선의의 제3자에게 대항하지 못한다.

1. 의의 및 구별개념

(1) 의의

착오에 의한 의사표시란 표시로부터 추단되는 의사(표시상의 효과의사)와 진의(내심의 효과의사)가 일치하지 않는 의사표시로서 그 불일치를 표의자 자신이 알지 못하는 것이다.

(2) 불합의와 착오

불합의란 계약에 있어서 서로 대립하는 의사표시가 불일치하는 것이다. 이에는 의사표시의 불일치를 당사자가 인식한 경우(의식적 불합의)와 인식하지 못한 경우(무의식적 불합의, 숨은 불합의)가 있다. 여기서 착오와의 구별이 문제되는 것은 무의식적 불합의이다. 무의식적 불합의는 서로 대립하는 의사표시에 불일치가 있는 것으로, 어느 하나의 의사표시의 성립과정에서 의사와 표시가 불일치인 착오와 구별된다. 착오는 법률행위의 중요부분에 관한 것일 때에 한하여 취소할 수 있으나, 무의식적 불합의가 있으면 계약 자체가 성립하지 않는다.

2. 착오의 유형

(1) 표시상의 착오

표시행위 자체를 잘못(誤記)하여 내심적 효과의사와 표시상의 의사에 불일치가 생기는 경우를 말한다. 예컨대, 매매계약서에 60만원이라고 기재하려 하였으나 실수로 90만원으로 기재한 경우를 말한다.

(2) 내용의 착오(의미의 착오)

표시행위 자체에는 착오가 없으나, 표의자가 표시행위가 가지는 의미를 잘못 이해하는 것을 말한다. 예컨대, 평과 m²를 같은 단위로 생각하고 500평이라고 기재할 것을 500m²로 기재하였거나 dollar와 pound를 동일가치로 생각하고 200dollar라고 기재할 것을 200pound로 기재한 경우를 말한다.

(3) 동기의 착오

① **의의** : 동기의 착오란 표시에 대응하는 내심의 의사는 존재하지만, 그 내심의 의사를 결정할 때의 동기에 착오가 있는 경우이다.

② **학설** : 다수설(동기표시설)은 원칙적으로 동기의 착오를 이유로 의사표시를 취소할 수 없으나, 동기가 표시되어 상대방이 알고 있는 경우에는 그 동기도 의사표시의 내용이 되므로 착오를 이유로 의사표시를 취소할 수 있다고 한다. 반면, 소수설(동기포함설)은 동기의 표시 여부를 불문하고 중요부분에 관한 동기의 착오는 제109조에 의하여 취소할 수 있다고 한다.

③ **판례**

　㉠ 원칙적으로 다수설의 입장이다. 즉, 동기의 착오가 법률행위의 내용의 중요부분의 착오에 해당함을 이유로 표의자가 법률행위를 취소하려면 그 동기를 당해 의사표시의 내용으로 삼을 것을 상대방에게 표시하고 의사표시의 해석상 법률행위의 내용으로 되어 있다고 인정되면 충분하고, 당사자들 사이에 별도로 그 동기를 의사표시의 내용으로 삼기로 하는 합의까지 이루어질 필요는 없다.

　㉡ 다만, 예외적으로 동기가 상대방의 부정한 방법에 의하여 유발되었거나 상대방으로부터 제공된 경우에는 그 동기가 표시되지 않더라도 취소할 수 있다.

> **판례**
>
> 1. 회사 소속 차량에 사람이 치여 부상당하였으나 사실은 회사차량 운전수에게는 아무런 과실이 없어 회사에 손해배상책임이 돌아올 수 없는 것임에도 불구하고 회사 사고담당직원이 회사 운전수에게 잘못이 있는 것으로 착각하고 회사를 대리하여 병원경영자와 간에 환자의 입원치료비의 지급을 연대보증하기로 계약한 경우는, 의사표시의 동기에 착오가 있는 것에 불과하므로, 특히 그 동기를 계약내용으로 하는 의사를 표시하지 아니한 이상 착오를 이유로 계약을 취소할 수 없다(대판 1979. 3. 27, 78다2493).

2. 반환소송을 당하게 되면 아무런 보상도 받지 못한 채 부동산을 반환하여야 할 것으로 착각하여 이를 매도하는 매매계약을 체결하였다 하더라도 이는 동기의 착오에 불과하므로 그와 같은 동기를 매매계약의 내용으로 삼았다는 특별한 사정이 없는 한 이를 이유로 매매계약을 취소할 수 없다(대판 1991. 11. 12, 91다10732).

3. 귀속해제된 토지인데도 귀속재산인 줄로 잘못 알고 국가에 증여를 한 경우 이러한 착오는 일종의 동기의 착오라 할 것이나 그 동기를 제공한 것이 관계 공무원이었고 그러한 동기의 제공이 없었더라면 위 토지를 선뜻 국가에 증여하지는 않았을 것이라면 그 동기는 증여행위의 중요부분을 이룬다고 할 것이므로 뒤늦게 그 착오를 알아차리고 증여계약을 취소했다면 그 취소는 적법하다(대판 1978. 7. 11, 78다719).

4. 시로부터 공원휴게소 설치시행허가를 받음에 있어 담당공무원이 법규오해로 인하여 잘못 회시한 공문에 따라 동기의 착오를 일으켜 법률상 기부채납의무가 없는 휴게소부지의 16배나 되는 토지 전부와 휴게소건물을 시에 증여한 경우 휴게소부지와 그 지상시설물에 관한 부분을 제외한 나머지 토지에 관해서만 법률행위의 중요부분에 관한 착오에 해당한다(대판 1990. 7. 10, 90다카7460).

5. 경계선을 침범하였다는 상대방의 강력한 주장에 의하여 착오로 그간의 경계 침범에 대한 보상금 내지 위로금 명목으로 금원을 지급한 경우, 진정한 경계선에 관한 착오는 위의 금원지급약정을 하게 된 동기의 착오이지만 그와 같은 동기의 착오는 상대방의 강력한 주장에 의하여 생긴 것으로서 표의자가 그 동기를 의사표시의 내용으로 표시하였다고 보아야 한다(대판 1997. 8. 26, 97다6063).

(4) 법률의 착오

법률의 착오란 법률규정의 유무 또는 그 규정의 의미에 관한 착오를 말한다. 제109조는 법률의 착오를 제외하고 있지 아니하므로 착오의 일반이론에 따라 해결한다. 판례도 법률의 착오에 제109조를 적용한다.

판례

법률에 관한 착오라도 그것이 법률행위의 내용의 중요부분에 관한 것인 때에는 표의자는 그 의사표시를 취소할 수 있고, 또 매도인에 대한 양도소득세의 부과를 회피할 목적으로 매수인이 주택건설을 목적으로 하는 주식회사를 설립하여 여기에 출자하는 형식을 취하면 양도소득세가 부과되지 않을 것이라고 말하면서 그러한 형식에 의한 매매를 제의하여 매도인이 이를 믿고 매매계약을 체결한 것이라 하더라도 그것이 곧 사회질서에 반하는 것이라고 단정할 수 없으므로 이러한 경우에 역시 의사표시의 착오의 이론을 적용할 수 있다(대판 1981. 11. 10, 80다2475).

(5) 표시기관의 착오

표시기관이라는 매개자가 잘못 표시한 경우로, 매개자에 의하여 전달된 내용이 표시행위가 되므로 본인의 착오와 동일하게 다룬다. 표시기관의 착오는 표시상의 착오에 준하여 취급하여야 한다. 다만, 이미 완성하여 있는 의사표시를 전달기관이 잘못 전달한 경우(예 서신을 다른 주소에 잘못 전달한 경우)에는 의사표시부도달의 문제(제111조 제1항)이며 착오의 문제는 아니다.

3. 요건

(1) 의사표시에 있어서 착오가 존재할 것

의사표시가 존재하고 그 의사표시를 함에 있어서 표의자의 착오가 있어야 한다. 착오의 대상에는 현재의 사실뿐만 아니라 장래의 불확실한 사실도 포함된다. 예컨대, 부동산의 양도가 있은 경우에 그에 대하여 부과될 양도소득세 등의 세액에 관한 착오가 미필적인 장래의 불확실한 사실에 관한 것이라도 제109조의 착오에서 제외되는 것은 아니다(판례).

> **판례**
>
> 1. [1] 매도인의 대리인이, 매도인이 납부하여야 할 양도소득세 등의 세액이 매수인이 부담하기로 한 금액뿐이므로 매도인의 부담은 없을 것이라는 착오를 일으키지 않았더라면 매수인과 매매계약을 체결하지 않았거나 아니면 적어도 동일한 내용으로 계약을 체결하지는 않았을 것임이 명백하고, 나아가 매도인이 그와 같이 착오를 일으키게 된 계기를 제공한 원인이 매수인 측에 있을 뿐만 아니라 매수인도 매도인이 납부하여야 할 세액에 관하여 매도인과 동일한 착오에 빠져 있었다면, 매도인의 위와 같은 착오는 매매계약의 내용의 중요부분에 관한 것에 해당한다.
>   [2] 부동산의 양도가 있은 경우에 그에 대하여 부과될 양도소득세 등의 세액에 관한 착오가 미필적인 장래의 불확실한 사실에 관한 것이라도 민법 제109조 소정의 착오에서 제외되는 것은 아니다.
>   [3] 위 1항의 경우에, 매도인이 부담하여야 할 세금의 액수가 예상액을 초과한다는 사실을 알았더라면 매수인이 초과세액까지도 부담하기로 약정하였으리라는 특별한 사정이 인정될 수 있을 때에는 매도인으로서는 매수인에게 초과세액 상당의 청구를 할 수 있다고 해석함이 당사자의 진정한 의사에 합치할 것이므로 매도인에게 위와 같은 세액에 관한 착오가 있었다는 이유만으로 매매계약을 취소하는 것은 허용되지 않는다(대판 1994. 6. 10, 93다24810).
>
> 2. 민법 제109조에 따라 의사표시에 착오가 있다고 하려면 법률행위를 할 당시에 실제로 없는 사실을 있는 사실로 잘못 깨닫거나 아니면 실제로 있는 사실을 없는 것으로 잘못 생각하듯이 의사표시자의 인식과 그러한 사실이 어긋나는 경우라야 한다. 의사표시자가 행위를 할 당시 장래에 있을 어떤 사항의 발생을 예측한 데 지나지 않는 경우는 의사표시자의 심리상태에 인식과 대조사실의 불일치가 있다고 할 수 없어 이를 착오로 다룰 수 없다. 장래에 발생할 막연한 사정을 예측하거나 기대하고 법률행위를 한 경우 그러한 예측이나 기대와 다른 사정이 발생하였다고 하더라도 그로 인한 위험은 원칙적으로 법률행위를 한 사람이 스스로 감수하여야 하고 상대방에게 전가해서는 안 되므로 착오를 이유로 취소를 구할 수 없다(대판 2020. 5. 14, 2016다12175).
>
> 3. 의사표시에 착오가 있다고 하려면 법률행위를 할 당시에 실제로 없는 사실을 있는 사실 또는 실제로 있는 사실을 없는 것으로 잘못 생각하듯이 표의자의 인식과 대조사실과가 어긋나는 경우라야 할 터이므로 판결 선고 전에 이미 그 선고결과를 예상하고 법률행위를 하였으나 실제로 선고된 판결이 그 예상과 다르다 하더라도 이 표의자의 심리상태에 인식과 대조사실에 불일치가 있다고는 할 수 없어 착오로 다룰 수는 없다(대판 1972. 3. 28, 71다2193).

---

(2) 법률행위 내용의 중요부분에 착오가 존재할 것

① 법률행위 내용의 중요부분의 착오란 의사표시에 의하여 달성하려고 한 법률효과의 중요부분에 착오가 있어야 한다는 것이다. 즉, 법률행위의 중요부분의 착오라 함은 표의자가 그러한 착오가 없었더라면 그 의사표시를 하지 않으리라고 생각될 정도로 중요한 것이어야 하고, 보통 일반인도 표의자의 처지에 섰더라면 그러한 의사표시를 하지 않았으리라고 생각될 정도로 중요한 것이어야 한다. 착오의 존재 및 착오가 법률행위 내용의 중요부분에 관한 것이라는 입증책임은 취소를 하려는 표의자가 진다.

판례

1. 주채무자의 차용금반환채무를 보증할 의사로 공정증서에 연대보증인으로 서명·날인하였으나 그 공정증서가 주채무자의 기존의 구상금채무 등에 관한 준소비대차계약의 공정증서이었던 경우, 소비대차계약과 준소비대차계약의 법률효과는 동일하므로 공정증서가 연대보증인의 의사와 다른 법률효과를 발생시키는 내용의 서면이라고 할 수 없어 표시와 의사의 불일치가 객관적으로 현저한 경우에 해당하지 않을 뿐만 아니라, 연대보증인은 주채무자가 채권자에게 부담하는 차용금반환채무를 연대보증할 의사가 있었던 이상 착오로 인하여 경제적인 불이익을 입었거나 장차 불이익을 당할 염려도 없으므로 위와 같은 착오는 연대보증계약의 중요부분의 착오가 아니다(대판 2006. 12. 7, 2006다41457).

2. 등기명의자 甲과 종전 소유자의 상속인으로서 소유권이전등기의 원인무효를 주장하는 乙 사이에 토지소유권 환원의 방법으로 乙 앞으로 소유권이전등기를 경료하여 주기로 하는 합의가 이루어진 경우, 乙이 공동상속인들 중 1인이라면 공유물에 대한 보존행위로서 단독으로 공유물에 관한 원인무효의 등기의 말소를 구하거나 소유권이전등기에 관한 합의를 할 수 있다고 보아야 하므로, 甲이 乙을 단독상속인으로 믿고서 그와 같은 소유권 환원의 합의에 이르렀더라도 그와 같은 착오는 합의 내용의 중요 부분에 해당한다고 볼 수 없다(대판 1996. 12. 23, 95다35371).

② **중요부분에 대한 구체적 판단**

　㉠ 사람에 관한 착오

　　ⓐ 사람의 동일성에 관한 착오 : 증여, 신용매매, 위임, 고용 등과 그 사람이 누구이냐를 중요시하는 법률행위에서는 중요부분의 착오가 된다. 반면에, 현실의 매매 등과 같이 상대방을 중요시하지 않는 계약에 있어서는 중요한 부분의 착오에 해당하지 않는다.

　　ⓑ 사람의 직업, 신분, 경력, 자산상태 등에 관한 착오 : 그러한 것이 거래상 중요한 의미를 가지는 행위에 있어서는 중요부분의 착오가 될 수 있다. 보통의 경우에는 동기에 착오에 해당하는 경우가 많을 것이다.

판례

1. 甲이 채무자란이 백지로 된 근저당권설정계약서를 제시받고 그 채무자가 乙인 것으로 알고 근저당권설정자로 서명·날인을 하였는데 그 후 채무자가 丙으로 되어 근저당권설정등기가 경료된 경우, 甲은 그 소유의 부동산에 관하여 근저당권설정계약상의 채무자를 丙이 아닌 乙로 오인한 나머지

근저당설정의 의사표시를 한 것이고, 이와 같은 채무자의 동일성에 관한 착오는 법률행위 내용의 중요부분에 관한 착오에 해당한다(대판 1995. 12. 22, 95다37087).

2. 신용보증기금의 신용보증에 있어서 기업의 신용 유무는 그 절대적 전제사유가 되며 신용보증기금의 보증의사표시의 중요부분을 구성한다고 할 것이므로, <u>농협중앙회가 甲에게 금원을 대출해 주고서 연체이자를 받은 사실이 있음에도 불구하고 아무런 연체가 없는 것처럼 신용보증기금 제출용으로 작성된 거래상황확인서를 甲에게 교부하고 甲은 이를 위 신용보증기금에 제출하여 이를 믿은 신용보증기금이 甲이 신용 있는 중소기업인 것으로 착각하여 甲의 위 농협중앙회로부터의 새로운 대출에 대하여 신용보증을 하게 되었다면</u> 그 법률행위의 중요부분에 착오가 있는 경우에 해당한다 할 것이다(대판 1987. 7. 21, 85다카2339).

3. 재건축아파트 설계용역에서 건축사자격이 가지는 중요성에 비추어 볼 때, 재건축조합이 건축사자격이 없이 건축연구소를 개설한 건축학교수에게 건축사자격이 없다는 것을 알았더라면 재건축조합만이 아니라 객관적으로 볼 때 일반인으로서도 이와 같은 설계용역계약을 체결하지 않았을 것으로 보이므로, 재건축조합 측의 착오는 중요부분의 착오에 해당한다(대판 2003. 4. 11, 2002다70884).

ⓛ 목적물의 착오

ⓐ 목적물의 동일성에 관한 착오 : 일반적으로 중요부분의 착오가 된다.

판례

원고가 매매목적물인 점포를 이 사건 점포와 다른 점포인 창신상회로 오인한 것은 동기의 착오가 아니라 내용의 착오 중 목적물의 동일성에 대한 착오로서 중요부분의 착오에 해당한다고 할 것이다(대판 1997. 11. 28, 97다32772 · 32789).

ⓑ 물건의 성상 · 내력 등에 관한 착오 : 일반적으로 동기의 착오이나, 그것이 거래상 중요한 의미를 가지는 경우에는 중요부분의 착오가 된다. 예컨대, 가축매매에 있어서의 연령 · 수태능력, 기계의 성능, 광구의 품질 등이다.

판례

1. 토지 답 1389평을 전부 경작할 수 있는 농지인 줄 알고 매수하여 그 소유권이전등기를 마쳤으나 타인이 경작하는 부분은 인도되지 않고 있을 뿐 아니라 측량결과 약 600평이 하천을 이루고 있어 사전에 이를 알았다면 매매의 목적을 달할 수 없음이 명백하여 매매계약을 체결하지 않았을 것이므로 위 '<u>토지의 현황 · 경계에 관한 착오</u>'는 매매계약의 중요부분에 대한 착오라 할 것이다(대판 1968. 3. 26, 67다2160).

2. 타인 소유의 부동산을 임대한 것이 임대차계약을 해지할 사유는 될 수 없고 '목적물이 반드시 임대인의 소유일 것을 특히 계약의 내용으로 삼은 경우'라야 착오를 이유로 임차인이 임대차계약을 취소할 수 있다(대판 1975. 1. 28, 74다2069).

ⓒ 물건의 수량 · 가격에 관한 착오 : 일반적으로 중요부분의 착오가 되지 않는다. 그러나 그 물건의 객관적인 가격이나 예기된 수량과 상당히 큰 차가 있는 경우에는 중요부분의 착오가 될 수 있다.

(3) 표의자에게 중대한 과실이 없을 것

중대한 과실이란 표의자의 직업, 행위의 종류, 목적 등에 비추어 보통 요구되는 주의를 현저하게 결여한 것을 말한다. 중대한 과실이 있다는 입증책임은 표의자로 하여금 그 의사표시를 취소케 하지 않으려는 상대방이 부담한다. 다만, 표의자에게 중대한 과실이 있더라도 그 상대방이 악의로서 표의자의 착오를 알면서 이를 이용한 경우에는 표의자는 그 의사표시를 취소할 수 있다(판례).

판례

1. 원고는 부천시 소재 100평 정도의 건물을 임차하여 분말야금, 세라믹, 플라스틱 금형 및 각종 치공구를 제작하는 공장을 경영하고 있었는데 매출액 및 종업원의 수가 증가함에 따라 그 공장이 협소하게 되어 새로운 공장을 설립할 목적으로 이 사건 토지를 매수하게 된 것이므로, 원고로서는 먼저 위 토지상에 원고가 설립하고자 하는 공장을 건축할 수 있는지의 여부를 관할관청에 알아보아야 할 주의의무가 있고, 또 이와 같이 알아보았다면 위 토지상에 원고가 의도한 공장의 건축이 불가능함을 쉽게 알 수 있었다고 보이므로, 원고가 이러한 주의의무를 다하지 아니한 채 이 사건 매매계약을 체결한 것에는 중대한 과실이 있다고 보아야 할 것이다(대판 1993. 6. 29, 92다38881).

2. 신용보증기금의 신용보증서를 담보로 금융채권자금을 대출해 준 금융기관이 위 대출자금이 모두 상환되지 않았음에도 착오로 신용보증기금에 신용보증서담보설정 해지를 통지한 경우, 그 해지의 의사표시는 민법 제109조 제1항 단서 소정의 중대한 과실에 기한 것이다(대판 2000. 5. 12, 99다64995).

3. 고려청자로 알고 매수한 도자기가 진품이 아닌 것으로 밝혀진 경우, 매수인이 도자기를 매수하면서 자신의 골동품 식별능력과 매매를 소개한 자를 과신한 나머지 고려청자가 진품이라고 믿고 소장자를 만나 그 출처를 물어보지 아니하고 전문적 감정인의 감정을 거치지 아니한 채 그 도자기를 고가로 매수하고 만일 고려청자가 아닐 경우를 대비하여 필요한 조치를 강구하지 아니한 잘못이 있다고 하더라도, 그와 같은 사정만으로는 매수인이 매매계약체결시 요구되는 통상의 주의의무를 현저하게 결여하였다고 보기는 어렵다(대판 1997. 8. 22, 96다26657).

4. 효과

(1) 당사자 간의 효과

① **취소권의 발생**: 법률행위 내용의 중요부분에 착오가 있는 때에는 그 법률행위를 취소할 수 있다. 그러나 그 착오가 표의자의 중대한 과실로 인한 때에는 취소하지 못한다.

② **취소의 효과**

　㉠ 착오를 이유로 법률행위가 취소되면 그 법률행위는 처음부터 무효인 것으로 된다.

　㉡ 경과실로 착오에 빠져 의사표시를 한 표의자가 착오를 이유로 그 의사표시를 취소한 경우에 상대방의 신뢰이익을 배상하여야 하는가가 문제된다. 독일 민법과 달리 우리 민법은 이에 관한 규정이 없다. 명문근거가 없으므로 이를 인정할 수 없다는 부정설과, 상대방은 아무 잘못 없이 법률행위가 취소되어 불이익을 입게 되는데 최소한 상대방의

신뢰이익은 배상되어야 이익형평을 이루게 되므로 제535조의 계약체결상의 과실책임을 유추적용하자는 긍정설(다수설)이 대립한다. 판례는 과실 있는 착오자의 불법행위 책임을 부정한 바 있다.

판례

불법행위로 인한 손해배상책임이 성립하기 위하여는 가해자의 고의 또는 과실 이외에 행위의 위법성이 요구되므로, 전문건설공제조합이 계약보증서를 발급하면서 조합원이 수급할 공사의 실제 도급금액을 확인하지 아니한 과실이 있다고 하더라도 민법 제109조에서 중과실이 없는 착오자의 착오를 이유로 한 의사표시의 취소를 허용하고 있는 이상, 전문건설공제조합이 과실로 인하여 착오에 빠져 계약보증서를 발급한 것이나 그 착오를 이유로 보증계약을 취소한 것이 위법하다고 할 수는 없다(대판 1997. 8. 22, 97다13023).

(2) 제3자에 대한 효과

착오로 인한 의사표시의 취소는 선의의 제3자에게 대항하지 못한다(제109조 제2항). 여기의 '제3자', '선의', '대항하지 못한다' 등은 허위표시에서와 같다. 즉, '제3자'는 당사자와 그의 포괄승계인 이외의 자로서, 착오에 의한 의사표시를 기초로 하여 새로운 법률상의 이해관계를 가지게 된 자를 말하며, '선의'란 착오에 의한 의사표시임을 알지 못하는 것이며, '대항하지 못한다'는 것은 취소권자가 선의의 제3자에 대한 관계에서는 취소를 주장할 수 없다는 것을 의미한다.

5. 적용범위

(1) 재산법상의 행위에는 적용

제109조는 원칙적으로 모든 재산상의 법률행위에 적용된다. 재단법인 설립행위와 같은 상대방 없는 단독행위에도 적용된다.

(2) 가족법상의 행위(신분행위)에는 부적용

가족법상의 행위는 당사자의 의사가 절대적으로 존중되어야 하기 때문에 제109조가 적용되지 않는다(통설). 특히 착오에 의한 혼인과 입양이 무효임에 관하여는 명문의 규정이 있다(제815조 제1호, 제883조 제1호).

(3) 주식의 인수에는 부적용

회사성립 후에는 주식을 인수한 자는 착오를 이유로 그 인수를 취소하지 못한다(상법 제320조 제1항).

(4) 공법행위와 소송행위에는 부적용

공법행위와 소송행위에 제109조는 적용되지 않는다.

(5) 화해계약의 문제

화해계약은 원칙적으로 착오를 이유로 하여 취소하지 못하나, 화해당사자의 자격 또는 화해의 목적인 분쟁 이외의 사항에 착오가 있는 때에는 제109조를 적용한다(제733조).

판례

1. 민법상 화해에 있어서는 착오를 이유로 취소하지 못하는 것이지만 화해의 목적인 분쟁 이외의 사항, 즉 분쟁의 대상이 아니고 분쟁의 전제 또는 기초되는 사항으로 양 당사자가 예정한 것이어서 상호 양보의 내용으로 되지 않고 다툼이 없는 사실로서 양해된 사항에 착오가 있는 때에는 화해계약을 취소할 수 있다. 환자가 의료과실로 사망한 것으로 전제하고 의사가 유족에게 손해배상금을 지급하기로 하는 합의가 이루어졌으나 그 사인이 진료와는 관련이 없는 것으로 판명되었다면 위 합의는 그 목적이 아닌 망인의 사인에 관한 착오로 이루어진 화해이므로 착오를 이유로 취소할 수 있다(대판 1991. 1. 25, 90다12526).

2. 교통사고에 가해자의 과실이 경합되어 있는데도 오로지 피해자의 과실로 인하여 발생한 것으로 착각하고 치료비를 포함한 합의금으로 실제 입은 손해액보다 훨씬 적은 금원인 금 7,000,000원만을 받고 일체의 손해배상청구권을 포기하기로 합의한 경우, 그 사고가 피해자의 전적인 과실로 인하여 발생하였다는 사실은 쌍방당사자 사이에 다툼이 없어 양보의 대상이 되지 않았던 사실로서 화해의 목적인 분쟁의 대상이 아니라 그 분쟁의 전제가 되는 사항에 해당하는 것이므로 피해자 측은 착오를 이유로 화해계약을 취소할 수 있다(대판 1997. 4. 11, 95다48414).

3. 화해계약이 사기로 인하여 이루어진 경우에는 화해의 목적인 분쟁에 관한 사항에 착오가 있는 때에도 제110조에 따라 이를 취소할 수 있다(대판 2008. 9. 11, 2008다15278).

6. 착오와 다른 제도와의 관계

(1) 착오와 사기의 경합

착오가 타인의 기망행위에 의하여 발생한 때에는 착오와 사기의 경합 여부가 문제된다. 판례에 따르면 타인의 기망행위에 의하여 동기의 착오가 발생한 때에는 착오와 사기의 경합이 인정된다. 이 경우에는 어느 쪽이든 그 요건을 입증하여 취소할 수 있다. 그런데 타인의 기망행위에 의하여 표시상의 착오가 발생한 때에는 사기취소의 법리가 적용되는 것이 아니라 착오취소의 법리만 적용된다고 본다.

판례

[1] 사기에 의한 의사표시란 타인의 기망행위로 말미암아 착오에 빠지게 된 결과 어떠한 의사표시를 하게 되는 경우이므로 거기에는 의사와 표시의 불일치가 있을 수 없고, 단지 의사의 형성과정 즉 의사표시의 동기에 착오가 있는 것에 불과하며, 이 점에서 고유한 의미의 착오에 의한 의사표시와 구분되는데, 신원보증서류에 서명날인한다는 착각에 빠진 상태로 연대보증의 서면에 서명날인한 경우, 결국 위와 같은 행위는 강학상 기명날인의 착오(또는 서명의 착오), 즉 어떤 사람이 자신의 의사와 다른 법률효과를 발생시키는 내용의 서면에, 그것을 읽지 않거나 올바르게 이해하지 못한 채 기명날인을 하는 이른바 표시상의 착오에 해당하므로, 비록 위와 같은 착오가 제3자의 기망행위에 의하여 일어난 것이라 하더라도 그에 관하여는 사기에 의한 의사표시에 관한 법리, 특히 상대방이 그러한

제3자의 기망행위 사실을 알았거나 알 수 있었을 경우가 아닌 한 의사표시자가 취소권을 행사할 수 없다는 민법 제110조 제2항의 규정을 적용할 것이 아니라, <u>착오에 의한 의사표시에 관한 법리만을 적용하여 취소권 행사의 가부를 가려야 한다.</u>

[2] 취소의 의사표시란 반드시 명시적이어야 하는 것은 아니고, 취소자가 그 착오를 이유로 자신의 법률행위의 효력을 처음부터 배제하려고 한다는 의사가 드러나면 족한 것이며, 취소원인의 진술 없이도 취소의 의사표시는 유효한 것이므로, 신원보증서류에 서명날인하는 것으로 잘못 알고 이행보증보험약정서를 읽어보지 않은 채 서명날인한 것일 뿐 연대보증약정을 한 사실이 없다는 주장은 위 연대보증약정을 착오를 이유로 취소한다는 취지로 볼 수 있다(대판 2005. 5. 27, 2004다43824).

(2) 착오와 담보책임의 경합

판례는 매매계약 내용의 중요 부분에 착오가 있는 경우 매수인은 매도인의 하자담보책임이 성립하는지와 상관없이 착오를 이유로 매매계약을 취소할 수 있다고 하여 경합을 인정한다.

판례

민법 제109조 제1항에 의하면 법률행위 내용의 중요 부분에 착오가 있는 경우 착오에 중대한 과실이 없는 표의자는 법률행위를 취소할 수 있고, 민법 제580조 제1항, 제575조 제1항에 의하면 매매의 목적물에 하자가 있는 경우 하자가 있는 사실을 과실 없이 알지 못한 매수인은 매도인에 대하여 하자담보책임을 물어 계약을 해제하거나 손해배상을 청구할 수 있다. 착오로 인한 취소 제도와 매도인의 하자담보책임 제도는 취지가 서로 다르고, 요건과 효과도 구별된다. 따라서 매매계약 내용의 중요 부분에 착오가 있는 경우 매수인은 매도인의 하자담보책임이 성립하는지와 상관없이 착오를 이유로 매매계약을 취소할 수 있다(대판 2018. 9. 13, 2015다78703).

(3) 해제와 착오취소의 경합

판례는 매도인의 계약해제 후에 매수인이 착오취소하는 것을 인정한다.

판례

<u>매도인이 매수인의 중도금지급채무불이행을 이유로 매매계약을 적법하게 해제한 후라도 매수인으로서는</u> 상대방이 한 계약해제의 효과로서 발생하는 손해배상책임을 지거나 매매계약에 따른 계약금의 반환을 받을 수 없는 불이익을 면하기 위하여 <u>착오를 이유로 한 취소권을 행사하여 매매계약 전체를 무효로 돌리게 할 수 있다</u>(대판 1996. 12. 6, 95다24982 · 24999).

⑤ 사기·강박에 의한 의사표시 2017·2019·2021·2022·2023 기출

> **제110조【사기, 강박에 의한 의사표시】** ① 사기나 강박에 의한 의사표시는 취소할 수 있다.
> ② 상대방 있는 의사표시에 관하여 제3자가 사기나 강박을 행한 경우에는 상대방이 그 사실을 알았거나 알 수 있었을 경우에 한하여 그 의사표시를 취소할 수 있다.
> ③ 전2항의 의사표시의 취소는 선의의 제3자에게 대항하지 못한다.

1. 의의

사기·강박에 의한 의사표시를 하자 있는 의사표시라고 한다. 하자 있는 의사표시는 외형상으로는 의사와 표시가 일치하고 있으나, 표의자의 의사결정의 자유가 침해된 상태에서 행하여진 것이므로 그 의사표시를 취소할 수 있도록 하였다.

2. 요건

(1) 사기에 의한 의사표시의 요건

① **사기자의 2단계의 고의**: 표의자를 기망하여 착오에 빠지게 하려는 고의와 착오에 기하여 의사표시를 하게 하려는 고의, 즉 2단계의 고의가 있어야 한다.

② **기망행위**: 기망행위란 표의자에게 사실과 다른 그릇된 관념을 가지게 하거나, 이를 유지 또는 강화하게 하는 일체의 행위를 말한다. 작위에 의한 적극적 기망행위뿐만 아니라, 부작위 특히 침묵도 '고지의무 또는 설명의무'가 전제되는 경우에는 기망행위가 될 수 있다.

③ **위법성**: 기망행위가 위법하여야 한다. 위법성의 유무는 신의칙 및 거래관념에 의하여 판단하여야 한다.

④ **인과관계**: 기망행위·착오·의사표시 간에 인과관계가 있어야 한다. 여기의 인과관계는 표의자의 주관적인 것으로 족하다.

> **판례**
>
> 1. 상품의 선전광고에 있어서 거래의 중요한 사항에 관하여 구체적 사실을 신의성실의 의무에 비추어 비난받을 정도의 방법으로 허위로 고지한 경우에는 기망행위에 해당한다고 할 것이나, 그 선전광고에 다소의 과장 허위가 수반되는 것은 그것이 일반 상거래의 관행과 신의칙에 비추어 시인될 수 있는 한 기망성이 결여된다고 할 것이고, 또한 용도가 특정된 특수시설을 분양받을 경우 그 운영을 어떻게 하고, 그 수익은 얼마나 될 것인지와 같은 사항은 투자자들의 책임과 판단하에 결정될 성질의 것이므로, 상가를 분양하면서 그곳에 첨단 오락타운을 조성하고 전문경영인에 의한 위탁경영을 통하여 일정 수익을 보장한다는 취지의 광고를 하였다고 하여 이로써 상대방을 기망하여 분양계약을 체결하게 하였다거나 상대방이 계약의 중요부분에 관하여 착오를 일으켜 분양계약을 체결하게 된 것이라 볼 수 없다(대판 2001. 5. 29, 99다55601·55618).

2. 일반적으로 교환계약을 체결하려는 당사자는 서로 자기가 소유하는 교환목적물은 고가로 평가하고 상대방이 소유하는 목적물은 염가로 평가하여 보다 유리한 조건으로 교환계약을 체결하기를 희망하는 이해 상반의 지위에 있고 각자가 자신의 지식과 경험을 이용하여 최대한으로 자신의 이익을 도모할 것이 예상되기 때문에, 당사자일방이 알고 있는 정보를 상대방에게 사실대로 고지하여야 할 신의칙상의 주의의무가 인정된다고 볼 만한 특별한 사정이 없는 한, 어느 일방이 교환목적물의 시가나 그 가액 결정의 기초가 되는 사항에 관하여 상대방에게 설명 내지 고지를 할 주의의무를 부담한다고 할 수 없고, <u>일방당사자가 자기가 소유하는 목적물의 시가를 묵비하여 상대방에게 고지하지 아니하거나 혹은 허위로 시가보다 높은 가액을 시가라고 고지하였다 하더라도 이는 상대방의 의사결정에 불법적인 간섭을 한 것이라고 볼 수 없다</u>(대판 2002. 9. 4, 2000다54406 · 54413).

3. <u>기망행위로 인하여 법률행위의 중요부분에 관하여 착오를 일으킨 경우뿐만 아니라 법률행위의 내용으로 표시되지 아니한 의사결정의 동기에 관하여 착오를 일으킨 경우에도 표의자는 그 법률행위를 '사기에 의한 의사표시'로서 취소할 수 있다</u>(대판 1969. 6. 24, 68다1749).

(2) 강박에 의한 의사표시의 요건

① **강박자의 2단계의 고의** : 표의자를 강박하여 공포심에 빠뜨리려는 고의와 그 공포심에 기하여 의사표시를 하게 하려는 고의의 2단계의 고의가 있어야 한다.

② **강박행위** : 강박행위란 해악을 고지하여 상대방을 두려움에 빠지게 하는 행위를 말한다. 해악의 종류나 강박행위의 방법은 공포심을 일으키게 할 수 있는 한 제한이 없다. 강박의 정도가 너무 극심하여 표의자의 의사결정의 자유가 완전히 박탈되는 정도라면, 효과의사를 인정할 수 없으므로 그 의사표시는 무효이다.

판례

상대방 또는 제3자의 강박에 의하여 <u>의사결정의 자유가 완전히 박탈된 상태에서 이루어진 의사표시</u>는 효과의사에 대응하는 내심의 의사가 결여된 것이므로 무효라고 볼 수밖에 없으나, 강박이 <u>의사결정의 자유를 완전히 박탈하는 정도에 이르지 아니하고 이를 제한하는 정도에 그친 경우</u>에는 그 의사표시는 <u>취소</u>할 수 있음에 그치고 무효라고까지 볼 수 없다(대판 1984. 12. 11, 84다카1402).

③ **위법성** : 어떤 해악을 고지하는 강박행위가 위법하다고 하기 위하여는, 강박행위 당시의 거래관념과 제반 사정에 비추어 해악의 고지로써 추구하는 이익이 정당하지 아니하거나 강박의 수단으로 상대방에게 고지하는 해악의 내용이 법질서에 위배된 경우, 또는 어떤 해악의 고지가 거래관념상 그 해악의 고지로써 추구하는 이익의 달성을 위한 수단으로 부적당한 경우 등에 해당하여야 한다. 일반적으로 부정행위에 대한 고소 · 고발은 그것이 부정한 이익을 목적으로 하는 것이 아닌 때에는 정당한 권리행사가 되어 위법하다고 할 수 없으나, 부정한 이익의 취득을 목적으로 하는 경우에는 위법한 강박행위가 되는 경우가 있고 목적이 정당하다 하더라도 행위나 수단 등이 부당한 때에는 위법성이 있는 경우가 있을 수 있다.

④ **인과관계**: 강박행위·공포심·의사표시 간에 인과관계가 있어야 한다. 여기의 인과관계 는 표의자의 주관적인 것으로 족하다.

3. 효과

(1) 당사자 간의 효과

① **상대방의 사기·강박의 경우**: 표의자가 상대방의 사기나 강박으로 의사표시를 한 때에 는, 표의자는 그 의사표시를 취소할 수 있다(제110조 제1항).

② **제3자의 사기·강박의 경우**

㉠ **상대방 없는 의사표시**: 상대방 없는 의사표시에 있어서 제3자가 사기 또는 강박을 한 경우에, 표의자는 언제든지 그 의사표시를 취소할 수 있다.

㉡ **상대방 있는 의사표시**: 상대방 있는 의사표시에 있어서 제3자가 사기 또는 강박을 한 경우에, 표의자는 상대방이 제3자에 의한 사기나 강박의 사실을 알았거나 또는 알 수 있었을 경우에 한하여 그 의사표시를 취소할 수 있다(제110조 제2항).

> **판례**
>
> 1. 상대방 있는 의사표시에 관하여 제3자가 사기나 강박을 한 경우에는 상대방이 그 사실을 알았거나 알 수 있었을 경우에 한하여 그 의사표시를 취소할 수 있으나, <u>상대방의 대리인 등 상대방과 동일시할 수 있는 자의 사기나 강박은 제3자의 사기·강박에 해당하지 아니한다</u>(대판 1999. 2. 23, 98다60828).
>
> 2. 의사표시의 상대방이 아닌 자로서 기망행위를 하였으나 민법 제110조 제2항에서 정한 제3자에 해당되 지 아니한다고 볼 수 있는 자란 그 의사표시에 관한 상대방의 대리인 등 상대방과 동일시할 수 있는 자만을 의미하고, 단순히 <u>상대방의 피용자이거나 상대방이 사용자책임을 져야 할 관계에 있는 피용자에 지나지 않는 자는 상대방과 동일시할 수는 없어 이 규정에서 말하는 제3자에 해당한다</u>고 보아야 할 것이 다(대판 1998. 1. 23, 96다41496).

(2) 제3자에 대한 효과

사기·강박을 이유로 한 의사표시의 취소는 선의의 제3자에게 대항하지 못한다(제110조 제3항). 여기의 '제3자', '선의', '대항하지 못 한다' 등은 착오로 인한 의사표시에서와 같다.

> **판례**
>
> 사기에 의한 법률행위의 의사표시를 취소하면 취소의 소급효로 인하여 그 행위의 시초부터 무효인 것으로 되는 것이지 취소한 때에 비로소 무효로 되는 것이 아니므로 <u>취소를 주장하는 자와 양립되지 아니하는 법 률관계를 가졌던 것이 취소 이전에 있었던가 이후에 있었던가는 가릴 필요 없이</u> 사기에 의한 의사표시 및 그 취소사실을 몰랐던 모든 제3자에 대하여는 그 의사표시의 취소를 대항하지 못한다고 보아야 할 것이고 이는 거래안전의 보호를 목적으로 하는 민법 제110조 제3항의 취지에도 합당한 해석이 된다(대판 1975. 12. 23, 75다533).

4. 적용범위

① **가족법상의 행위에는 부적용** : 가족법상의 법률행위에는 적용되지 않고, 오히려 가족법에 특칙이 규정되어 있다(제816조·제823조·제884조). 예컨대 사기혼인은 취소할 수 있으나, 이는 제110조의 취소가 아니라 제816조에 의한 취소이다.
② 주식의 인수(상법 제320조 제1항), 공법행위, 소송행위에 제110조는 적용되지 않는다.

5. 제110조와 다른 제도와의 관계

(1) 사기와 담보책임과의 관계

기망에 의해 권리의 흠결 또는 물건의 하자가 있는 목적물에 관한 매매가 성립한 경우 매수인은 담보책임(제570조 이하)과 사기에 의한 취소권(제110조)을 선택적으로 행사할 수 있다(판례).

> **판례**
>
> 민법 제569조가 타인의 권리의 매매를 유효로 규정한 것은 선의의 매수인의 신뢰이익을 보호하기 위한 것이므로, 매수인이 매도인의 기망에 의하여 타인의 물건을 매도인의 것으로 잘못 알고 매수한다는 의사표시를 한 것이고 만일 타인의 물건인 줄 알았더라면 매수하지 아니하였을 사정이 있는 경우에는 매수인은 민법 제110조에 의하여 매수의 의사표시를 취소할 수 있다(대판 1973. 10. 23, 73다268).

(2) 불법행위와의 관계

사기나 강박에 의한 의사표시가 불법행위의 성립요건을 충족하게 되면, 의사표시자의 취소권(제110조)과 불법행위로 인한 손해배상청구권(제750조)은 경합한다.

> **판례**
>
> 1. 어떤 법률행위가 사기에 의한 것으로서 취소되는 경우에, 그 법률행위가 동시에 불법행위를 구성하는 때에는, 취소의 효과로 생기는 부당이득반환청구권과 불법행위로 인한 손해배상청구권은 경합하여 병존하는 것이므로, 채권자는 어느 것이라도 선택하여 행사할 수 있지만 중첩적으로 행사할 수는 없다(대판 1993. 4. 27, 92다56087).
> 2. 제3자의 사기행위로 인하여 피해자가 주택건설사와 사이에 주택에 관한 분양계약을 체결하였다고 하더라도 제3자의 사기행위 자체가 불법행위를 구성하는 이상, 제3자로서는 그 불법행위로 인하여 피해자가 입은 손해를 배상할 책임을 부담하는 것이므로, 피해자가 제3자를 상대로 손해배상청구를 하기 위하여 반드시 그 분양계약을 취소할 필요는 없다(대판 1998. 3. 10, 97다55829).

06 의사표시의 효력발생 2014 · 2016 · 2018 · 2019 · 2022 기출

1. 의사표시의 효력발생시기

> **제111조【의사표시의 효력발생시기】** ① 상대방이 있는 의사표시는 상대방에게 도달한 때에 그 효력이 생긴다.
> ② 의사표시자가 그 통지를 발송한 후 사망하거나 제한능력자가 되어도 의사표시의 효력에 영향을 미치지 아니한다.

(1) 의의

상대방 없는 의사표시에 있어서는 특정의 상대방이 없으므로, 표의자가 의사를 표명한 때에 효력이 발생한다(표백주의). 상대방 있는 의사표시에는 표백주의(表白主義), 발신주의(發信主義), 도달주의(到達主義), 요지주의(了知主義)의 입법주의가 있으나, 우리 민법은 도달주의를 원칙으로 채택하고 있으며, 예외적으로 발신주의를 취하고 있다.

(2) 원칙 ⇨ 도달주의

① **의의**: 상대방 있는 의사표시에 있어서는 원칙적으로 의사표시의 통지가 상대방에 도달한 때로부터 효력이 발생한다. 도달이란 사회통념상 상대방이 그 통지내용을 알 수 있는 객관적 상태에 놓여 있는 것을 말한다(요지가능상태설). 의사표시의 도달에 대한 입증책임은 도달을 주장하는 자에게 있다.

② **도달의 인정 여부**
   ㉠ 통상우편의 방법으로 발송된 사실만으로는 발송일로부터 상당한 기간 내에 수취인에게 송달된 것으로 추정할 수 없다(판례).
   ㉡ 내용증명우편으로 발송한 때에는 반송되지 아니하는 한 원칙적으로 도달된 것으로 본다(판례). 또한, 우편물이 등기취급의 방법으로 발송된 경우, 반송되는 등의 특별한 사정이 없는 한 그 무렵 수취인에게 배달되었다고 보아야 한다(판례).

> **판례**
>
> 1. [1] 채권양도의 통지와 같은 준법률행위의 도달은 의사표시와 마찬가지로 사회관념상 채무자가 통지의 내용을 알 수 있는 객관적 상태에 놓일 때를 지칭하고, 그 통지를 채무자가 현실적으로 수령하였거나 그 통지의 내용을 알았을 것까지는 필요하지 않다.
>   [2] 채권양도의 통지서가 들어 있는 우편물을 채무자의 가정부가 수령한 직후 한 집에 거주하고 있는 통지인인 채권자가 그 우편물을 바로 회수해 버렸다면 그 우편물의 내용이 무엇인지를 그 가정부가 알고 있었다는 등의 특별한 사정이 없었던 이상 그 채권양도의 통지는 사회관념상 채무자가 그 통지 내용을 알 수 있는 객관적 상태에 놓여 있는 것이라고 볼 수 없으므로 그 통지는 피고에게 도달되었다고 볼 수 없을 것이다(대판 1983. 8. 23, 82다카439).

2. [1] 우편법 소정의 규정에 따라 우편물이 배달되었다고 하여 언제나 상대방 있는 의사표시의 통지가 상대방에게 도달하였다고 볼 수는 없으며, 등기우편물에 기재된 사무소에서 본인의 사무원임을 확인한 후 우편물을 교부하였다는 우편집배원의 진술이나 우편법 등의 규정을 들어 그 등기우편물의 수령인을 본인의 사무원 또는 고용인으로 추정할 수는 없다.

   [2] 채권양도통지서가 채무자의 주소나 사무소가 아닌 동업자의 사무소에서 그 신원이 분명치 않은 자에게 송달된 경우에는 사회관념상 채무자가 통지의 내용을 알 수 있는 객관적 상태에 놓여졌다고 인정할 수 없다(대판 1997. 11. 25, 97다31281).

3. 우편물이 수취인 가구의 우편함에 투입되었다는 사실만으로 수취인이 그 우편물을 실제로 수취하였다고 추단할 수는 없다. : 우편물이 수취인 가구의 우편함에 투입되었다고 하더라도 분실 등을 이유로 그 우편물이 수취인의 수중에 들어가지 않을 가능성이 적지 않게 존재하는 현실에 비추어, 우편함의 구조를 비롯하여 수취인이 우편물을 수취하였음을 추인할 만한 특별한 사정에 대하여 심리를 다하지 아니한 채 아파트 경비원이 집배원으로부터 우편물을 수령한 후 이를 우편함에 넣어 둔 사실만으로 수취인이 그 우편물을 수취하였다고 추단한 원심판결을 파기한 사례(대판 2006. 3. 24, 2005다66411).

4. 상대방 있는 의사표시에서 상대방이 정당한 사유 없이 통지의 수령을 거절한 경우에는 상대방이 그 통지의 내용을 알 수 있는 객관적 상태에 놓여 있는 때에 의사표시의 효력이 생기는 것으로 보아야 한다(대판 2008. 6. 12, 2008다19973).

③ **도달의 효과**

　㉠ **의사표시의 불착·연착** : 도달주의의 원칙상 그 불이익은 표의자가 부담한다.

　㉡ **의사표시의 철회** : 의사표시자는 발송 후 도달 전에는 철회할 수 있다. 다만, 철회는 늦어도 먼저 발송한 의사표시와 동시에 도달하여야 한다.

　㉢ **발송 후의 사정변경** : 의사표시를 발송한 후에 의사표시자가 사망하거나 또는 제한능력자가 되어도 그 의사표시의 효력에는 아무런 영향을 미치지 않으므로(제111조 제2항), 후에 의사표시가 도달하는 한 효력이 발생한다.

(3) 예외 ⇨ 발신주의

① 제한능력자의 상대방의 최고에 대한 확답(제15조)

② 사원총회 소집의 통지(제71조)

③ 무권대리인의 상대방의 최고에 대한 확답(제131조)

④ 제3자와 채무자 간의 채무인수에 대한 채권자의 승낙의 확답(제455조 제2항)

⑤ 격지자 간의 계약에 있어서 승낙의 통지(제531조)

2. 의사표시의 공시송달

제113조【의사표시의 공시송달】 표의자가 과실 없이 상대방을 알지 못하거나 상대방의 소재를 알지 못하는 경우에는 의사표시는 민사소송법 공시송달의 규정에 의하여 송달할 수 있다.

3. 의사표시의 수령능력

> **제112조【제한능력자에 대한 의사표시의 효력】** 의사표시의 상대방이 의사표시를 받은 때에 제한능력자인 경우에는 의사표시자는 그 의사표시로써 대항할 수 없다. 다만, 그 상대방의 법정대리인이 의사표시가 도달한 사실을 안 후에는 그러하지 아니하다.

(1) 의의

의사표시의 수령능력이란 타인의 의사표시의 내용을 이해할 수 있는 능력을 말한다. 도달이란 상대방이 요지할 수 있는 상태가 되면 성립하는 것이므로 만약 의사표시의 수령자에게 요지할 만한 능력이 없다면 도달이 되지 않는다. 민법은 모든 제한능력자를 의사표시의 수령무능력자로 하고 있다(제112조).

(2) 수령무능력자에 대한 의사표시의 효력

① 의사표시의 상대방이 이를 수령할 때에 제한능력자이면, 의사표시자는 제한능력자에 대하여 그 의사표시의 도달을 주장하지 못한다(제112조 본문).

② 제한능력자의 법정대리인이 의사표시의 도달을 안 때에는 그 안 때로부터 표의자는 그 의사표시의 도달을 주장할 수 있다(제112조 단서).

③ 제한능력자가 예외적으로 행위능력을 가지는 경우에는(⑩ 제5조 제1항 단서, 제6조, 제8조 등) 그 한도에서 수령능력도 인정된다(통설).

(3) 수령무능력자제도의 적용범위

수령무능력자제도는 상대방 없는 의사표시, 발신주의에 의한 의사표시, 공시송달에 의한 의사표시 등에는 그 적용이 없다.

문제로 실력다지기

01 진의 아닌 의사표시에 관한 설명으로 옳지 않은 것은? (다툼이 있으면 판례에 의함)

① 남편을 안심시키려는 고객의 요청에 따라 증권회사 직원이 증권투자로 인한 고객의 손해에 대하여 책임을 지겠다는 내용의 각서를 고객에게 작성하여 주었다면, 이는 진의 아닌 의사표시로서 무효이다.

② 공무원이 사직의 의사표시를 하여 의원면직처분이 된 경우, 내심의 의사가 사직할 뜻이 아니었더라도 그 면직처분은 유효하다.

③ 진의 아닌 의사표시에서 진의란 특정한 내용의 의사표시를 하고자 하는 표의자의 생각을 뜻하는 것이 아니고, 표의자가 진정으로 마음속에서 바라는 사항을 뜻하는 것이다.

④ 진의 아닌 의사표시 규정은 대리인이 배임적 대리행위를 한 경우에 유추적용할 수 있다.

⑤ 진의 아닌 의사표시라는 이유로 무효를 주장하는 경우, 증명책임은 무효를 주장하는 자에게 있다.

02 진의 아닌 의사표시에 관한 설명으로 옳지 않은 것은? (다툼이 있으면 판례에 의함)

① 사용자의 퇴직 권유에 의해 의원면직의 형식으로 근로계약관계를 종료시킨 경우, 근로자가 최선이라고 판단하고 제출한 사직서는 진의 아닌 의사표시이다.

② 상대방이 표의자의 진의 아님을 알았거나 알 수 있었을 경우에는 진의 아닌 의사표시는 무효이다.

③ 상대방이 표의자의 진의 아님을 알았거나 알 수 있었다는 것은 의사표시의 무효를 주장하는 자가 증명하여야 한다.

④ 진의 아닌 의사표시의 무효는 선의의 제3자에게 대항하지 못한다.

⑤ 가족법상의 신분행위에는 진의 아닌 의사표시에 관한 민법 규정이 적용되지 않는다.

★

01 ③ 진의 아닌 의사표시에 있어서의 진의란 특정한 내용의 의사표시를 하고자 하는 표의자의 생각을 말하는 것이지 표의자가 진정으로 마음속에서 바라는 사항을 뜻하는 것은 아니다(대판 2000. 4. 25, 99다34475).

02 ① 표의자가 의사표시의 내용을 진정으로 마음속에서 바라지는 아니하였다고 하더라도 당시의 상황에서는 그것을 최선이라고 판단하여 그 의사표시를 하였을 경우에는 이를 진의 아닌 의사표시라고 할 수 없다. 이는 사직의 의사 없는 근로자로 하여금 어쩔 수 없이 사직서를 제출하게 하는 경우와는 다르다.

Answer **01** ③ **02** ①

03 민법 제107조(진의 아닌 의사표시)에 관한 설명으로 옳지 않은 것은? (다툼이 있는 경우에는 판례에 의함) 2013 기출

① 대리권남용의 경우에도 유추 적용될 수 있다.

② 근로자가 사직서가 수리되지 않으리라고 믿고 제출한 사실을 상대방이 알고 있으면 그 사직서제출행위는 무효로 된다.

③ 진의 아닌 의사표시는 원칙적으로 표시된 대로 법적 효과가 발생한다.

④ 표시가 진의와 다름을 표의자가 알고 있다는 점에서 착오와 구별된다.

⑤ 진의란 표의자가 진정으로 마음속에서 바라는 사항을 말하는 것이지 특정한 내용의 의사표시를 하고자 하는 표의자의 생각을 뜻하는 것은 아니다.

04 비진의표시에 관한 설명으로 옳은 것은? (다툼이 있으면 판례에 따름) 2020 기출

① 비진의표시에서 '진의'는 표의자가 진정으로 마음 속에서 바라는 사항을 뜻한다.

② 비진의표시에서 '진의'는 특정한 내용의 의사표시를 하고자 하는 표의자의 생각을 의미하는 것은 아니다.

③ 표의자가 진정 마음에서 바라지는 아니하였더라도 당시의 상황에서는 최선이라고 판단하여 의사표시를 하였다면 비진의표시는 아니다.

④ 표의자가 강박에 의하여 증여를 하기로 하고 그에 따른 증여의 의사표시를 하였더라도, 재산을 강제로 뺏긴다는 본심이 잠재되어 있다면 그 증여는 비진의표시에 해당한다.

⑤ 공무원의 사직의 의사표시와 같은 공법행위에도 비진의표시에 관한 민법의 규정이 적용된다.

05 甲은 그 소유 부동산을 乙에게 증여하면서, 다만 증여세를 회피하기 위해 마치 乙에게 매도한 것처럼 꾸며 이전등기를 해 주었다. 그 후 乙은 그 부동산을 丙에게 매도하고 이전등기를 해 주었다. 다음 설명으로 옳은 것은? (다툼이 있으면 판례에 의함)

① 甲과 乙 사이의 증여는 무효이다.

② 甲과 乙 사이, 乙과 丙 사이의 매매는 모두 무효이다.

③ 매매당사자인 甲이 乙과의 매매가 무효라고 주장하는 것은 신의칙에 반한다.

④ 甲의 채권자 丁은 乙과 丙 사이의 매매가 무효라고 주장할 수 있다.

⑤ 丙이 악의인 경우에도 甲은 丙 명의의 등기의 말소를 청구할 수 없다.

06 통정허위표시의 무효는 선의의 제3자에 대항할 수 없다. 여기의 제3자에 해당하지 않는 자는? (다툼이 있으면 판례에 의함)

① 부동산 가장매수인을 상속한 자
② 통정허위표시에 의해 설정된 전세권에 관하여 저당권을 취득한 자
③ 부동산의 가장매매의 매수인으로부터 그 부동산을 다시 매수하여 이전등기를 갖춘 자
④ 통정허위표시에 의한 저당권부 채권을 담보로 금원을 대여하고 그 저당권부 채권을 가압류한 자
⑤ 가장매매에 의해 매수인 앞으로 이전등기된 부동산에 소유권이전청구권을 보전하기 위해 가등기를 갖춘 자

---

03 ⑤ '진의'란 특정한 내용의 의사표시를 하고자 하는 표의자의 생각을 말하는 것이지 표의자가 진정으로 마음속에서 바라는 사항을 뜻하는 것은 아니므로 표의자가 의사표시의 내용을 진정으로 마음속에서 바라지는 아니하였다고 하더라도 당시의 상황에서는 그것이 최선이라고 판단하여 그 의사표시를 하였을 경우에는 이를 내심의 효과의사가 결여된 진의 아닌 의사표시라고 할 수 없다(대판 2003. 4. 25, 2002다11458).

04 ③ 표의자가 의사표시의 내용을 진정으로 마음속에서 바라지는 아니하였다고 하더라도 당시의 상황에서 그것을 최선이라고 판단하여 의사표시를 하였을 경우에는 이를 내심의 효과의사가 결여된 진의 아닌 의사표시라고 할 수 없다(대판 2000. 4. 25, 99다34475).
①, ② 진의 아닌 의사표시에 있어서의 진의란 특정한 내용의 의사표시를 하고자 하는 표의자의 생각을 말하는 것이지 표의자가 진정으로 마음속에서 바라는 사항을 뜻하는 것은 아니다(대판 2000. 4. 25, 99다34475).
④ 비록 재산을 강제로 빼앗긴다는 것이 표의자의 본심으로 잠재되어 있었다 하여도 표의자가 강박에 의하여서나마 이 사건 증여를 하기로 하고 그에 따른 증여의 의사표시를 한 이상 증여의 내심의 효과의사가 결여된 것이라고 할 수는 없을 것이다(대판 1993. 7. 16, 92다41528·92다41535).
⑤ 공무원이 사직의 의사표시를 하여 의원면직처분을 하는 경우, 그 사직의 의사표시는 그 법률관계의 특수성에 비추어 외부적·객관적으로 표시된 바를 존중하여야 할 것이므로, 비록 사직원제출자의 내심의 의사가 사직할 뜻이 아니었다고 하더라도 진의 아닌 의사표시에 관한 민법 제107조는 그 성질상 사직의 의사표시와 같은 사인의 공법행위에는 준용되지 아니하므로 그 의사가 외부에 표시된 이상 그 의사는 표시된 대로 효력을 발한다(대판 1997. 12. 12, 97누13962).

05 ⑤ 甲과 乙 사이의 매매는 무효이지만 증여는 유효하므로 乙은 유효하게 소유권을 취득하며, 정당한 소유권자인 乙로부터 매매로 인해 이전등기를 받은 丙은 선악을 불문하고 소유권을 승계취득한다.
① 매매는 가장행위이나, 그 감추어진 행위인 증여는 은닉행위이다. 은닉행위는 진실로 다른 행위를 할 의사가 있으므로 보통의 허위표시로 다룰 것이 아니라, 그 감추어진 행위로서의 요건을 갖추었느냐의 여부에 따라 그 효력을 결정해야 한다. 증여는 별다른 요건을 요하지 않으므로 유효이다.
②, ④ 甲과 乙 사이의 매매는 허위표시로서 무효이나, 乙과 丙 사이의 매매는 허위표시가 아니다.
③ 통정한 허위의 의사표시는 선의의 제3자를 제외한 누구에 대하여서나 무효이고, 또한 누구든지 그 무효를 주장할 수 있다.

06 ① 여기서 제3자란 허위표시의 당사자 및 포괄승계인 이외의 자로서 허위표시에 의하여 외형상 형성된 법률관계를 토대로 허위양수인과 새로운 법률원인으로 이해관계를 갖게 된 자를 의미한다. 상속인은 포괄승계인이므로 제3자에 해당하지 않는다.

Answer 03 ⑤ 04 ③ 05 ⑤ 06 ①

07 통정허위표시에 기하여 새롭게 이해관계를 맺은 제3자에 해당하지 않는 사람은? (다툼이 있으면 판례에 따름) 2020 기출

① 통정허위표시인 매매계약에 기하여 부동산 소유권을 취득한 양수인으로부터 그 부동산을 양수한 사람

② 통정허위표시인 채권양도계약의 양도인에 대하여 채무를 부담하고 있던 사람

③ 통정허위표시인 저당권 설정행위로 취득된 저당권의 실행으로 그 목적인 부동산을 경매에서 매수한 사람

④ 통정허위표시인 금전소비대차계약에서 대주가 파산한 경우 파산관재인으로 선임된 사람

⑤ 통정허위표시에 의하여 부동산 소유권을 취득한 양수인과 매매계약을 체결하고 소유권 이전등기청구권 보전을 위한 가등기를 마친 사람

08 甲은 강제집행을 면할 목적으로 乙과 통정하여 자신의 부동산에 대한 가장매매계약을 체결하고 소유권이전등기를 해주었다. 그 후 乙은 丙으로부터 금원을 대출받으면서 그 부동산에 저당권을 설정해 주었다. 이에 관한 설명으로 옳지 않은 것은?

① 甲・乙 간의 매매계약은 당사자 사이에서는 무효이다.

② 甲뿐만 아니라 乙도 매매계약의 무효를 주장할 수 있다.

③ 甲은 乙과의 매매계약을 추인할 수 있으나 그 추인의 효력은 소급하지 않는다.

④ 甲이 丙의 악의를 이유로 丙에게 저당권등기의 말소를 청구하려면 甲이 丙의 악의를 증명하여야 한다.

⑤ 甲・乙 간의 통정사실을 알지 못한 데에 丙에게 과실이 있다면 甲은 丙에게 저당권등기의 말소를 청구할 수 있다.

09 허위표시의 무효로 대항할 수 없는 제3자에 속하지 않는 자는? (다툼이 있으면 판례에 의함)

① 가장소비대차의 대주가 파산선고를 받았을 때의 파산관재인

② 가장저당권의 실행에 의해 부동산을 매수한 자

③ 채권의 가장양도에서 가장양수인에게 채무를 변제하지 않고 있던 채무자

④ 허위의 근저당권설정계약이 유효하다고 믿고 그 피담보채권에 압류결정을 받은 자

⑤ 가장채무가 존재한다고 믿고 보증계약을 체결한 뒤 그 보증채무를 이행하여 구상권을 취득한 보증인

10 통정허위표시에 관한 설명으로 옳지 않은 것은? (다툼이 있으면 판례에 따름) ^{2016 기출}

① 통정허위표시는 무효이나, 그 무효로써 선의의 제3자에게 대항하지 못한다.

② 선의의 제3자가 되기 위해서는 선의임에 과실이 없어야 한다.

③ 제3자는 특별한 사정이 없는 한 선의로 추정할 것이므로, 제3자가 악의라는 사실에 관한 주장·입증책임은 그 허위표시의 무효를 주장하는 자에게 있다.

④ 통정허위표시에 의한 매매의 매수인으로부터 매수목적물에 대하여 선의로 저당권을 설정받은 자는 선의의 제3자에 해당된다.

⑤ 통정허위표시로 설정된 전세권에 대하여 선의로 저당권을 취득한 자는 선의의 제3자에 해당된다.

11 허위표시에 기초하여 새로운 법률상의 이해관계를 맺은 자(통정허위표시에서의 제3자)에 해당하지 않는 것은? (다툼이 있으면 판례에 따름) ^{2015 기출}

① 가장매매의 매수인으로부터 목적부동산을 다시 매수하여 소유권이전등기를 마친 자

② 가장매매의 매수인으로부터 매매계약에 의한 소유권이전청구권보전을 위한 가등기를 마친 자

③ 허위표시인 전세권설정계약에 기하여 등기까지 마친 전세권에 대하여 저당권을 취득한 자

④ 허위표시인 근저당권설정계약이 유효하다고 믿고 그 피담보채권에 대하여 가압류한 자

⑤ 채권의 가장양도에서 가장양수인에게 채무를 변제하지 않고 있었던 채무자

---

07 ② 통정허위표시에 있어 제3자란 허위표시의 당사자 및 포괄승계인 이외의 자로서, 허위표시에 의하여 외형상 형성된 법률관계를 토대로 실질적으로 새로운 법률상 이해관계를 맺은 자를 말한다. 따라서 통정허위표시인 채권양도계약의 양도인에 대하여 기존에 채무를 부담하고 있던 사람은 이에 해당하지 않는다.
④ 파산자가 상대방과 통정한 허위의 의사표시를 통하여 가장채권을 보유하고 있다가 파산이 선고된 경우 그 가장채권도 일단 파산재단에 속하게 되고, 파산선고에 따라 파산자와는 독립한 지위에서 파산채권자 전체의 공동의 이익을 위하여 직무를 행하게 된 파산관재인은 그 허위표시에 따라 외형상 형성된 법률관계를 토대로 실질적으로 새로운 법률상 이해관계를 가지게 된 민법 제108조 제2항의 제3자에 해당한다(대판 2003. 6. 24, 2002다48214).

08 ⑤ 선의이면 되고 무과실은 요건이 아니므로, 丙에게 과실이 있다 하더라도 甲은 丙에게 저당권등기의 말소를 청구할 수 없다.

09 ③ 채권의 가장양도의 채무자는 가장양도를 토대로 새로운 이해관계를 맺은 자가 아니므로 제3자에 속하지 않는다.

10 ② 제108조 제2항에서 선의의 제3자의 무과실을 요구하고 있지 않으므로 선의이면 되고 무과실은 요건이 아니다.

11 ⑤ 채권의 가장양도에서 가장양수인에게 채무를 변제하지 않고 있었던 채무자는 가장양도를 하기 이전부터 존재하던 채무자이므로, 새로운 법률상의 이해관계를 맺은 자에 해당하지 않는다.

Answer 07 ② 08 ⑤ 09 ③ 10 ② 11 ⑤

12 甲은 채권자 丙으로부터의 강제집행을 면하기 위하여 乙과 짜고 자신의 유일한 재산인 X토지를 乙명의로 매매를 원인으로 하는 소유권이전등기를 해 주었다. 다음 설명 중 옳지 않은 것은? (다툼이 있는 경우에는 판례에 의함) _{2013 기출}

① 甲·乙 간의 매매계약은 허위표시로서 당사자 간에는 언제나 무효이다.

② 丙은 乙을 상대로 매매계약의 취소와 함께 이전등기의 말소를 구하는 소송을 제기할 수 있다.

③ 乙로부터 X토지를 상속받은 자는 매매계약이 허위표시임을 몰랐던 경우에도 그 소유권을 취득할 수 없다.

④ 乙로부터 X토지에 대한 저당권을 설정받은 자가 저당권설정 당시에 매매계약이 허위표시임을 과실로 알지 못했다면 그 저당권자는 선의의 제3자로서 보호받을 수 없다.

⑤ 乙로부터 X토지를 매수하여 소유권이전청구권 보전을 위한 가등기를 마친 자에 대하여 甲이 甲·乙 간의 매매계약이 허위표시임을 이유로 X토지의 소유권을 주장하려면, 甲은 가등기권리자의 악의를 증명하여야 한다.

13 甲과 乙은 강제집행을 면할 목적으로 서로 통모하여 甲 소유의 X토지를 乙에게 매도하는 내용의 허위 매매계약서를 작성하고, 이에 근거하여 乙 앞으로 소유권이전등기를 마쳤다. 이에 관한 설명으로 옳지 않은 것은? (다툼이 있으면 판례에 따름) _{2017 기출}

① 甲은 X토지에 대하여 乙명의의 소유권이전등기의 말소를 청구할 수 있다.

② 乙의 채권자 丙이 乙 명의의 X토지를 가압류하면서 丙이 甲과 乙 사이의 매매계약이 허위표시임을 알았다면 丙의 가압류는 무효이다.

③ 乙이 사망한 경우 甲은 乙의 단독상속인 丁에게 X토지에 대한 매매계약의 무효를 주장할 수 있다.

④ 乙의 채권자 丙이 乙 명의의 X토지를 가압류한 경우 丙이 보호받기 위해서는 선의이고 무과실이어야 한다.

⑤ 乙 명의의 X토지를 가압류한 丙은 특별한 사정이 없는 한 선의로 추정된다.

14 통정허위표시에 관한 설명으로 옳지 않은 것은? (다툼이 있으면 판례에 따름)

2023 기출

① 채무자의 법률행위가 통정허위표시인 경우에도 채권자취소권의 대상이 될 수 있다.

② 가장 근저당권설정계약이 유효하다고 믿고 그 피담보채권을 가압류한 자는 허위표시의 무효로부터 보호되는 선의의 제3자에 해당한다.

③ 의사표시의 진의와 표시의 불일치에 관하여 상대방과 사이에 합의가 있으면 통정허위표시가 성립한다.

④ 통정허위표시에 따른 법률효과를 침해하는 것처럼 보이는 위법행위가 있는 경우에도 그에 따른 손해배상을 청구할 수 없다.

⑤ 자신의 채권을 보전하기 위해 가장양도인의 가장양수인에 대한 권리를 대위행사하는 채권자는 허위표시를 기초로 새로운 법률상의 이해관계를 맺은 제3자에 해당한다.

★

12 ④ 민법 제108조 제2항에 규정된 통정허위표시에 있어서의 제3자는 그 선의 여부가 문제이지 이에 관한 과실 유무를 따질 것이 아니다(대판 2006. 3. 10, 2002다1321). 따라서 저당권자에게 과실이 있더라도 제3자로 보호받을 수 있다.

13 ④ 乙의 채권자 丙이 乙 명의의 X토지를 가압류한 경우 丙이 보호받기 위해서는 선의이면 족하고 무과실은 요하지 않는다.
① 甲과 乙의 X토지 매매계약은 허위표시로서 무효이므로, 甲은 乙명의의 소유권이전등기의 말소를 청구할 수 있다.
③ 허위표시의 무효는 선의의 제3자에게 대항하지 못한다(제108조 제2항). 여기서 제3자란 허위표시의 당사자 및 포괄승계인 이외의 자로서, 허위표시에 의하여 외형상 형성된 법률관계를 토대로 실질적으로 새로운 법률상 이해관계를 맺은 자를 말한다. 상속인 丁은 포괄승계인이므로 여기의 제3자에 해당하지 않는다.
⑤ 乙 명의의 X토지를 가압류한 丙은 제108조 제2항의 제3자에 해당한다. 제3자는 선의로 추정되므로, 무효를 주장하는 자가 제3자의 악의를 입증하여야 한다.

14 ⑤ 자신의 채권을 보전하기 위해 가장양도인의 가장양수인에 대한 권리를 대위행사하는 채권자는 허위표시를 기초로 새로운 법률상의 이해관계를 맺은 제3자에 해당하지 않는다.
① 채무자가 상대방과 통정하여 가장행위를 한 경우에, 채권자는 허위표시로서 무효인 그 법률행위에 대해 채권자취소권을 행사할 수 있다(판례).
② 허위표시의 무효는 선의의 제3자에게 대항하지 못한다(제108조 제2항). 여기서 제3자란 허위표시의 당사자 및 포괄승계인 이외의 자로서, 허위표시에 의하여 외형상 형성된 법률관계를 토대로 실질적으로 새로운 법률상 이해관계를 맺은 자를 말한다. 가장 근저당권설정계약이 유효하다고 믿고 그 피담보채권을 가압류한 자도 이에 속한다.
③ 진의와 다른 의사표시를 하는 데 있어 상대방과 통정하여야 한다. 통정이란 상대방과의 합의를 의미하고 상대방이 단순히 이를 인식하고 있다는 것만으로는 부족하다.
④ 무효인 법률행위는 그 법률행위가 성립한 당초부터 당연히 효력이 발생하지 않는 것이므로, 무효인 법률행위에 따른 법률효과를 침해하는 것처럼 보이는 위법행위나 채무불이행이 있다고 하여도 법률효과의 침해에 따른 손해는 없는 것이므로 그 손해배상을 청구할 수는 없다(대판 2003. 3. 28, 2002다72125).

Answer **12** ④ **13** ④ **14** ⑤

15 통정허위표시에 관한 설명으로 옳은 것은? (다툼이 있는 경우에는 판례에 의함)

2014 기출

① 통정은 상대방과 짜고 함을 의미하지만, 이때 표의자의 상대방이 단순히 진의와 다른 표시가 있다는 사실을 인식하면 충분하다.

② 대리인이 그 권한 안에서 본인의 이름으로 의사표시를 함에 있어서 상대방과 통정하여 진의와 다른 의사를 표시한 경우, 그 의사표시는 본인에게 효력이 생긴다.

③ 허위표시의 당사자가 아닌 사람은 허위표시의 무효로써 허위표시에 기초하여 새로운 법률상 이해관계를 가진 선의의 제3자에게 대항할 수 있다.

④ 상대방과 허위표시로써 성립한 가장채권을 보유한 채권자에 대하여 파산이 선고된 경우 파산관재인은 허위표시의 무효로부터 보호되는 선의의 제3자가 될 수 없다.

⑤ 통정한 허위표시에 의하여 외형상 형성된 법률관계로 생긴 채권을 가압류한 경우, 그 가압류권자는 허위표시에 기초하여 새로운 법률상 이해관계를 가지게 된 제3자에 해당한다.

16 甲이 乙에게 X부동산을 허위표시로 매도하고 이전등기를 해 주었다. 이에 관한 설명으로 옳지 않은 것은? (다툼이 있으면 판례에 따름)

2021 기출

① 甲은 乙을 상대로 매매대금의 지급을 청구할 수 없다.

② 甲은 乙을 상대로 X부동산의 반환을 구할 수 있다.

③ 만약 乙과 X부동산에 대해 저당권설정계약을 체결하고 저당권설정등기를 한 丙이 허위표시에 대해 선의인 경우, 甲은 그 저당권등기의 말소를 구할 수 없다.

④ 만약 乙명의로 등기된 X부동산을 가압류한 丙이 허위표시에 대해 선의이지만 과실이 있는 경우, 甲은 丙에 대하여 가압류의 무효를 주장할 수 없다.

⑤ 만약 X부동산이 乙로부터 丙, 丙으로부터 丁에게 차례로 매도되어 각기 그 명의로 이전등기까지 된 경우, 허위표시에 대해 丙이 악의이면 丁이 선의이더라도 甲은 丁 명의의 이전등기의 말소를 구할 수 있다.

17 통정허위표시를 기초로 새로운 법률상의 이해관계를 맺은 제3자를 모두 고른 것은? (다툼이 있으면 판례에 따름) 2022 기출

ⓒ 가장소비대차에 있어 대주의 계약상의 지위를 이전받은 자

ⓐ 가장매매의 매수인으로부터 그와의 매매계약에 의한 소유권이전청구권 보전을 위한 가등기를 마친 자

ⓑ 허위의 선급금 반환채무 부담행위에 기하여 그 채무를 보증하고 이행까지 하여 구상권을 취득한 자

① ⓐ ② ⓒ
③ ⓐ, ⓑ ④ ⓐ, ⓒ
⑤ ⓑ, ⓒ

---

15 ⑤ 통정한 허위표시에 의하여 외형상 형성된 법률관계로 생긴 채권을 가압류한 경우, 그 가압류권자는 허위표시에 기초하여 새로운 법률상 이해관계를 가지게 되므로 민법 제108조 제2항의 제3자에 해당한다(대판 2004. 5. 28, 2003다70041).
① 통정이란 상대방과의 합의를 의미하고 상대방이 단순히 이를 인식하고 있다는 것만으로는 부족하다.
② 대리행위의 하자는 대리인을 표준으로 결정하므로, 대리인이 상대방과 통정허위표시를 한 경우, 그 의사표시는 무효이므로 본인에게 효력이 미치지 않는다.
③ 상대방과 통정한 허위의 의사표시는 무효이고 누구든지 그 무효를 주장할 수 있는 것이 원칙이나, 허위표시의 당사자와 포괄승계인 이외의 자로서 허위표시에 의하여 외형상 형성된 법률관계를 토대로 실질적으로 새로운 법률상 이해관계를 맺은 선의의 제3자에 대하여는 허위표시의 당사자뿐만 아니라 그 누구도 허위표시의 무효를 대항하지 못하는 것이다(대판 2000. 7. 6, 99다51258).
④ 파산자가 상대방과 통정한 허위의 의사표시를 통하여 가장채권을 보유하고 있다가 파산이 선고된 경우 그 가장채권도 일단 파산재단에 속하게 되고, 파산선고에 따라 파산자와는 독립한 지위에서 파산채권자 전체의 공동의 이익을 위하여 직무를 행하게 된 파산관재인은 그 허위표시에 따라 외형상 형성된 법률관계를 토대로 실질적으로 새로운 법률상 이해관계를 가지게 된 민법 제108조 제2항의 제3자에 해당한다(대판 2003. 6. 24, 2002다48214).

16 ⑤ 악의의 제3자로부터 전득한 자가 선의라면 제108조 제2항의 선의의 제3자로서 보호된다. 따라서 丙이 악의이고 丁이 선의이면 丁은 보호되는 선의의 제3자에 해당하므로 甲은 丁명의 이전등기의 말소를 구할 수 없다.
② 제108조의 통정허위표시는 제103조의 반사회질서행위가 아니므로 제746조의 불법원인급여에 해당하지 않는다. 따라서 급부자는 반환을 청구할 수 있다.
④ 제108조의 보호되는 제3자는 선의이면 충분하고 무과실은 요건이 아니다.

17 ⓑ 보증인이 주채무자의 기망행위에 의하여 주채무가 있는 것으로 믿고 주채무자와 보증계약을 체결한 다음 그에 따라 보증채무자로서 그 채무까지 이행한 경우, 그 보증인은 주채무자에 대한 구상권 취득에 관하여 법률상의 이해관계를 가지게 되었고 그 구상권 취득에는 보증의 부종성으로 인하여 주채무가 유효하게 존재할 것을 필요로 한다는 이유로 결국 그 보증인은 주채무자의 채권자에 대한 채무 부담행위라는 허위표시에 기초하여 구상권 취득에 관한 법률상 이해관계를 가지게 되었다고 보아 민법 제108조 제2항 소정의 '제3자'에 해당한다(대판 2000. 7. 6, 99다51258).
ⓒ 구 상호신용금고법 소정의 계약이전은 금융거래에서 발생한 계약상의 지위가 이전되는 사법상의 법률효과를 가져오는 것이므로, 계약이전을 받은 금융기관은 계약이전을 요구받은 금융기관과 대출채무자 사이의 통정허위표시에 따라 형성된 법률관계를 기초로 하여 새로운 법률상 이해관계를 가지게 된 민법 제108조 제2항의 제3자에 해당하지 않는다(대판 2004. 1. 15, 2002다31537).

Answer 15 ⑤ 16 ⑤ 17 ③

18 착오에 관한 설명으로 옳지 않은 것은? (다툼이 있으면 판례에 따름)　2021 기출

① 법률행위의 내용의 중요부분에 착오가 있으면 취소할 수 있는 것이 원칙이다.

② 1심 판결에서 패소한 자가 항소심 판결 선고 전에 패소를 예상하고 법률행위를 하였으나 이후 항소심에서 승소판결이 선고된 경우 착오를 이유로 그 법률행위를 취소할 수 있다.

③ 의사표시의 착오가 표의자의 중대한 과실로 발생하였으나 상대방이 표의자의 착오를 알고 이용한 경우 표의자는 의사표시를 취소할 수 있다.

④ 착오한 표의자의 중대한 과실 유무에 관한 증명책임은 의사표시를 취소하게 하지 않으려는 상대방에게 있다.

⑤ 착오자의 착오로 인한 취소로 상대방이 손해를 입게 되더라도, 착오자는 불법행위로 인한 손해배상책임을 부담하지 않는다.

19 민법 제109조(착오로 인한 의사표시)에 관한 설명으로 옳지 않은 것은? (다툼이 있는 경우에는 판례에 의함)　2013 기출

① 동기의 착오를 이유로 법률행위를 취소하기 위해서는 당사자 사이에 그 동기를 의사표시의 내용으로 삼기로 하는 별도의 합의가 있어야 한다.

② 동기의 착오가 상대방에 의하여 유발된 경우에는 동기의 표시 여부와 관계없이 취소가 인정된다.

③ 매도인이 매수인의 중도금 지급채무 불이행을 이유로 매매계약을 적법하게 해제한 후라도 매수인은 착오를 이유로 그 매매계약을 취소할 수 있다.

④ 착오한 표의자의 중대한 과실 유무에 관한 증명책임은 의사표시를 취소하게 하지 않으려는 상대방에게 있다.

⑤ 착오로 인하여 표의자가 경제적 불이익을 입은 것이 아니라면, 이는 법률행위 내용의 중요부분의 착오가 아니다.

20 착오에 관한 설명으로 옳지 않은 것은?
(다툼이 있는 경우에는 판례에 의함) ^{2014 기출}

① 법률행위의 일부분에만 착오가 있고 그 법률행위가 가분적이면 그 나머지 부분이라도 유지하려는 당사자의 가정적 의사가 인정되는 경우 그 일부만의 취소도 가능하다.

② 표의자가 착오로 의사표시를 하였으나 그에게 아무런 경제적 불이익이 발생하지 않은 때에는 중요부분의 착오가 되지 아니한다.

③ 법률행위의 중요부분의 착오는 착오가 없었더라면 표의자뿐만 아니라 일반인도 표의자의 처지에서 그러한 의사표시를 하지 않았을 것이라고 생각될 정도로 중요한 것이어야 한다.

④ 등기명의자가 소유권이전등기의 무효를 주장한 종전 소유자의 공동상속인 중 1인을 단독상속인으로 오인하여 소유권환원에 관하여 합의한 경우, 이는 중요부분의 착오이다.

⑤ 채무자의 채무불이행을 원인으로 적법하게 해제된 매매계약도 착오를 이유로 취소될 수 있다.

★

18 ② 의사표시에 착오가 있다고 하려면 법률행위를 할 당시에 실제로 없는 사실을 있는 사실 또는 실제로 있는 사실을 없는 것으로 잘못 생각하듯이 표의자의 인식과 대조사실과가 어긋나는 경우라야 할 터이므로 판결 선고 전에 이미 그 선고결과를 예상하고 법률행위를 하였으나 실제로 선고된 판결이 그 예상과 다르다 하더라도 이 표의자의 심리상태에 인식과 대조사실에 불일치가 있다고는 할 수 없어 착오로 다룰 수는 없다(대판 1972. 3. 28, 71다2193).
③ 민법 제109조 제1항 단서는 의사표시의 착오가 표의자의 중대한 과실로 인한 때에는 그 의사표시를 취소하지 못한다고 규정하고 있는데, 위 단서 규정은 표의자의 상대방의 이익을 보호하기 위한 것이므로, 상대방이 표의자의 착오를 알고 이를 이용한 경우에는 착오가 표의자의 중대한 과실로 인한 것이라고 하더라도 표의자는 의사표시를 취소할 수 있다(대판 2014. 11. 27, 2013다49794).
⑤ 불법행위로 인한 손해배상책임이 성립하기 위하여는 가해자의 고의 또는 과실 이외에 행위의 위법성이 요구되므로, 전문건설공제조합이 계약보증서를 발급하면서 조합원이 수급할 공사의 실제 도급금액을 확인하지 아니한 과실이 있다고 하더라도 민법 제109조에서 중과실이 없는 착오자의 착오를 이유로 한 의사표시의 취소를 허용하고 있는 이상, 전문건설공제조합이 과실로 인하여 착오에 빠져 계약보증서를 발급한 것이나 그 착오를 이유로 보증계약을 취소한 것이 위법하다고 할 수는 없다(대판 1997. 8. 22, 97다13023).

19 ① 동기의 착오가 법률행위의 내용의 중요부분의 착오에 해당함을 이유로 표의자가 법률행위를 취소하려면 그 동기를 당해 의사표시의 내용으로 삼을 것을 상대방에게 표시하고 의사표시의 해석상 법률행위의 내용으로 되어 있다고 인정되면 충분하고 당사자들 사이에 별도로 그 동기를 의사표시의 내용으로 삼기로 하는 합의까지 이루어질 필요는 없다(대판 1998. 2. 10, 97다44737).

20 ④ 등기명의자 甲과 종전 소유자의 상속인으로서 소유권이전등기의 원인무효를 주장하는 乙 사이에 토지 소유권 환원의 방법으로 乙 앞으로 소유권이전등기를 경료하여 주기로 하는 합의가 이루어진 경우, 乙이 공동상속인들 중 1인이라면 공유물에 대한 보존행위로서 단독으로 공유물에 관한 원인무효의 등기의 말소를 구하거나 소유권이전등기에 관한 합의를 할 수 있다고 보아야 하므로, 甲이 乙을 단독상속인으로 믿고서 그와 같은 소유권환원의 합의에 이르렀더라도 그와 같은 착오는 합의내용의 중요부분에 해당한다고 볼 수 없다(대판 1996. 12. 23, 95다35371).

Answer 18 ② 19 ① 20 ④

21 착오로 인한 의사표시에 관한 설명으로 옳지 않은 것은? (다툼이 있으면 판례에 따름)

2017 기출

① 의사표시의 동기에 착오가 있더라도 당사자 사이에서 그 동기를 의사표시의 내용으로 삼은 경우에는 의사표시의 내용의 착오가 되어 취소할 수 있다.

② 착오로 인한 의사표시에 있어서 표의자에게 중대한 과실이 있는지의 여부에 관한 증명책임은 표의자에게 있다.

③ 근저당권설정계약에서 채무자의 동일성에 관한 착오는 법률행위 내용의 중요부분에 관한 착오에 해당한다.

④ 대리인에 의한 계약체결의 경우 착오의 유무는 대리인을 표준으로 결정한다.

⑤ 당사자는 합의를 통하여 착오로 인한 의사표시 취소에 관한 민법 제109조 제1항의 적용을 배제할 수 있다.

22 착오의 의사표시에 관한 설명으로 옳지 않은 것은? (다툼이 있으면 판례에 따름)

2020 기출

① 동기의 착오를 이유로 취소하려면 당사자 사이에 동기를 의사표시의 내용으로 하는 합의가 필요하다.

② 착오를 이유로 취소하기 위해서는 일반인이 표의자라면 그러한 의사표시를 하지 않았을 정도의 중요부분에 착오가 있어야 한다.

③ 착오를 이유로 취소할 수 없는 중대한 과실은 표의자의 직업 등에 비추어 보통 요구되는 주의를 현저히 결여한 것을 의미한다.

④ 매매계약이 적법하게 해제된 후에도 착오를 이유로 그 매매계약을 취소할 수 있다.

⑤ 상대방의 기망으로 표시상의 착오에 빠진 자의 행위에 대하여 착오취소의 법리가 적용된다.

23 착오에 의한 의사표시에 관한 설명으로 옳지 않은 것은? (다툼이 있으면 판례에 따름)

2023 기출

① 착오로 인하여 표의자가 경제적 불이익을 입은 것이 아니라면 이를 법률행위 내용의 중요부분의 착오라고 할 수 없다.

② 기망행위로 인하여 법률행위의 내용으로 표시되지 않은 동기에 관하여 착오를 일으킨 경우에도 표의자는 그 법률행위를 사기에 의한 의사표시를 이유로 취소할 수 있다.

③ 대리인에 의한 계약체결의 경우, 특별한 사정이 없는 한 착오의 유무는 대리인을 표준으로 판단하여야 한다.

④ 매도인이 매수인의 채무불이행을 이유로 매매계약을 적법하게 해제한 후라도 매수인은 착오를 이유로 취소권을 행사할 수 있다.

⑤ 착오로 인한 의사표시에 있어서 표의자의 중대한 과실 유무에 관한 증명책임은 그 상대방이 아니라 착오자에게 있다.

21 ② 중대한 과실이 있다는 입증책임은 표의자로 하여금 그 의사표시를 취소케 하지 않으려는 상대방이 부담한다.
① 동기의 착오가 법률행위의 내용의 중요 부분의 착오에 해당함을 이유로 표의자가 법률행위를 취소하려면 그 동기를 당해 의사표시의 내용으로 삼을 것을 상대방에게 표시하고 의사표시의 해석상 법률행위의 내용으로 되어 있다고 인정되면 충분하고 당사자들 사이에 별도로 그 동기를 의사표시의 내용으로 삼기로 하는 합의까지 이루어질 필요는 없다. 다만, 예외적으로 동기가 상대의 부정한 방법에 의하여 유발되었거나 상대방으로부터 제공된 경우에는 그 동기가 표시되지 않더라도 취소할 수 있다.
④ 의사표시의 효력이 의사의 흠결, 사기, 강박 또는 어느 사정을 알았거나 과실로 알지 못한 것으로 인하여 영향을 받을 경우에 그 사실의 유무는 대리인을 표준하여 결정한다(제116조 제1항).
⑤ 착오로 인한 의사표시 취소에 관한 민법 제109조 규정은 임의규정이므로, 특약에 의해 그 적용을 배제할 수 있다.

22 ① 동기의 착오가 법률행위의 내용의 중요 부분의 착오에 해당함을 이유로 표의자가 법률행위를 취소하려면 그 동기를 당해 의사표시의 내용으로 삼을 것을 상대방에게 표시하고 의사표시의 해석상 법률행위의 내용으로 되어 있다고 인정되면 충분하고 당사자들 사이에 별도로 그 동기를 의사표시의 내용으로 삼기로 하는 합의까지 이루어질 필요는 없다.
② 법률행위의 내용의 착오는 보통 일반인이 표의자의 입장에 섰더라면 그와 같은 의사표시를 하지 아니하였으리라고 여겨질 정도로 그 착오가 중요한 부분에 관한 것이어야 한다(대판 1998. 2. 10, 97다44737).
④ 매도인이 매수인의 중도금지급채무불이행을 이유로 매매계약을 적법하게 해제한 후라도 매수인으로서는 상대방이 한 계약해제의 효과로서 발생하는 손해배상책임을 지거나 매매계약에 따른 계약금의 반환을 받을 수 없는 불이익을 면하기 위하여 착오를 이유로 한 취소권을 행사하여 매매계약 전체를 무효로 돌리게 할 수 있다(대판 1996. 12. 6, 95다24982 · 24999).
⑤ 신원보증서류에 서명날인한다는 착각에 빠진 상태로 연대보증의 서면에 서명날인한 경우, 결국 위와 같은 행위는 강학상 기명날인의 착오(또는 서명의 착오), 즉 어떤 사람이 자신의 의사와 다른 법률효과를 발생시키는 내용의 서면에, 그것을 읽지 않거나 올바르게 이해하지 못한 채 기명날인을 하는 이른바 표시상의 착오에 해당하므로, 비록 위와 같은 착오가 제3자의 기망행위에 의하여 일어난 것이라 하더라도 그에 관하여는 사기에 의한 의사표시에 관한 법리, 특히 상대방이 그러한 제3자의 기망행위 사실을 알았거나 알 수 있었을 경우가 아닌 한 의사표시자가 취소권을 행사할 수 없다는 민법 제110조 제2항의 규정을 적용할 것이 아니라, 착오에 의한 의사표시에 관한 법리만을 적용하여 취소권 행사의 가부를 가려야 한다(대판 2005. 5. 27, 2004다43824).

23 ⑤ 중대한 과실이 있다는 입증책임은 표의자로 하여금 그 의사표시를 취소케 하지 않으려는 상대방이 부담한다.
① 주채무자의 차용금반환채무를 보증할 의사로 공정증서에 연대보증인으로 서명 · 날인하였으나 그 공정증서가 주채무자의 기존의 구상금채무 등에 관한 준소비대차계약의 공정증서이었던 경우, 연대보증인은 주채무자가 채권자에게 부담하는 차용금반환채무를 연대보증할 의사가 있었던 이상 <u>착오로 인하여 경제적인 불이익을 입었거나 장차 불이익을 당할 염려도 없으므로</u> 위와 같은 착오는 연대보증계약의 중요부분의 착오가 아니다(대판 2006. 12. 7, 2006다41457).
② 기망행위로 인하여 법률행위의 중요부분에 관하여 착오를 일으킨 경우뿐만 아니라 법률행위의 내용으로 표시되지 아니한 의사결정의 동기에 관하여 착오를 일으킨 경우에도 표의자는 그 법률행위를 '사기에 의한 의사표시'로서 취소할 수 있다(대판 1969. 6. 24, 68다1749).
③ 의사표시의 효력이 <u>의사의 흠결</u>, 사기, 강박 또는 어느 사정을 알았거나 과실로 알지 못한 것으로 인하여 영향을 받을 경우에 그 사실의 유무는 <u>대리인을 표준하여</u> 결정한다(제116조 제1항).
④ 매도인이 매수인의 중도금지급채무불이행을 이유로 매매계약을 적법하게 해제한 후라도 매수인으로서는 상대방이 한 계약해제의 효과로서 발생하는 손해배상책임을 지거나 매매계약에 따른 계약금의 반환을 받을 수 없는 불이익을 면하기 위하여 <u>착오를 이유로 한 취소권을 행사하여</u> 매매계약 전체를 무효로 돌리게 할 수 있다(대판 1996. 12. 6, 95다24982 · 24999).

Answer 21 ② 22 ① 23 ⑤

24 착오로 인한 의사표시에 관한 설명으로 옳지 않은 것은?

① 법률행위 내용의 중요부분에 착오가 있더라도 표의자에게 중대한 과실이 있는 경우에는 법률행위를 취소할 수 없다.

② 채권자와 제3자 간의 근저당권설정계약에 있어서 채무자의 동일성에 관한 착오는 일반적으로 법률행위 내용의 중요부분에 관한 착오에 해당한다.

③ 착오로 인한 취소는 표의자의 주관적 이익을 보호하는 제도이므로 표의자의 경제적인 불이익은 법률행위 내용의 중요부분의 판단에 고려되지 않는다.

④ 착오로 인한 의사표시의 취소는 선의의 제3자에게 대항하지 못한다.

⑤ 착오가 상대방의 적극적 행위에 의하여 유발된 경우에는 그 착오가 표시되지 아니한 동기의 착오라도 이를 이유로 법률행위를 취소할 수 있다.

25 착오로 인한 의사표시에 관한 설명 중 틀린 것은? (다툼이 있으면 판례에 의함)

① 착오가 표의자의 경과실로 생긴 때에도 표의자는 착오를 이유로 그 의사표시를 취소할 수 있다.

② 임차인이 목적물을 임대인의 소유인 것으로 착각하여 임차한 경우, 특별한 사정이 없는 한 법률행위의 내용의 중요부분에 착오가 있다고 할 수 없다.

③ 시가(時價)에 관한 착오를 이유로 의사표시를 취소할 수 있음이 원칙이다.

④ 착오를 이유로 의사표시가 취소된 경우, 이로 인해 상대방에게 손해가 발생한 때에도 불법행위가 성립하지 않는다.

⑤ 토지의 현황·경계에 관한 착오는 법률행위 내용의 중요부분의 착오에 해당할 수 있다.

26 착오로 인한 의사표시에 관한 설명으로 옳지 않은 것은?

① 동기의 착오를 이유로 표의자가 법률행위를 취소하려면 그 동기를 표시하고 당사자들 사이에 그 동기를 의사표시의 내용으로 삼기로 하는 합의가 있어야 한다.

② 착오가 표의자의 중대한 과실로 인하여 발생한 때에는 표의자는 그 법률행위를 취소할 수 없다.

③ 착오가 법률행위 내용의 중요부분에 관한 것인 때에 한하여 표의자는 그 의사표시를 취소할 수 있다.

④ 착오를 이유로 의사표시를 취소하는 자는 착오의 존재뿐만 아니라 그 착오가 법률행위 내용의 중요부분에 존재한다는 것도 증명하여야 한다.

⑤ 신원보증서류에 서명날인한다는 착각에 빠진 상태로 연대보증의 서면에 서명날인한 경우, 중요부분의 착오에 해당한다.

27 착오에 관한 설명으로 옳지 않은 것은? (다툼이 있으면 판례에 의함)

① 농지로 알고 매수하였으나 그 상당부분이 하천부지인 경우, 매매계약의 중요부분에 관한 착오이다.

② 부동산매매에서 시가에 관한 착오는 특별한 사정이 없는 한 법률행위 내용의 중요부분에 관한 착오이다.

③ 착오로 인하여 표의자가 경제적 불이익을 입지 아니한 경우는 법률행위 내용의 중요부분의 착오라고 할 수 없다.

④ 법률행위 내용의 중요부분에 착오가 있더라도 표의자에게 중대한 과실이 있으면 의사표시를 취소할 수 없다.

⑤ 재건축조합이 재건축아파트 설계용역계약을 체결함에 있어서 상대방의 건축사 자격 유무에 관한 착오는 법률행위의 중요부분에 관한 착오이다.

---

24 ③ 착오로 인하여 표의자가 무슨 경제적인 불이익을 입은 것이 아니라고 한다면 이를 법률행위 내용의 중요부분의 착오라고 할 수 없다(대판 1999. 2. 23, 98다47924).

25 ③ 물건의 수량·시가에 관한 착오는 원칙적으로 중요부분의 착오가 되지 않는다. 그러나 그 물건의 객관적인 가격이나 예기된 수량과 상당히 큰 차가 있는 경우에는 중요부분의 착오가 될 수도 있다.

26 ① 동기의 착오가 법률행위의 중요부분의 착오 되려면 표의자가 그 동기를 당해 의사표시의 내용으로 삼을 것을 상대방에게 표시하고 의사표시의 해석상 법률행위의 내용으로 되어 있다고 인정되면 충분하고 당사자들 사이에 별도로 그 동기를 의사표시의 내용으로 삼기로 하는 합의까지 이루어질 필요는 없다.

27 ② 물건의 수량·가격에 관한 착오는 일반적으로 중요부분의 착오가 되지 않는다.

Answer   24 ③   25 ③   26 ①   27 ②

28 착오로 인한 의사표시에 관한 설명으로 옳지 않은 것은? (다툼이 있으면 판례에 따름)
2019 기출

① 장래의 미필적 사실의 발생에 대한 기대나 예상이 빗나간 것에 불과한 것은 착오라고 할 수 없다.

② 표의자가 착오로 인하여 경제적인 불이익을 입은 것이 아니라면 이를 법률행위 내용의 중요부분의 착오라고 할 수 없다.

③ 표의자가 경과실로 인하여 착오에 빠져 법률행위를 하고 그 착오를 이유로 법률행위를 취소하는 것은 위법하다고 할 수 없다.

④ 착오로 인한 의사표시 취소에 관한 민법 제109조 제1항의 적용을 당사자의 합의로 배제할 수 있다.

⑤ 의사표시의 착오가 표의자의 중대한 과실로 인한 때에는 상대방이 표의자의 착오를 알고 이용한 경우에도 표의자는 그 의사표시를 취소할 수 없다.

29 착오로 인한 의사표시에 관한 설명으로 옳지 않은 것은? (다툼이 있으면 판례에 따름)
2022 기출

① 법률행위 내용의 중요부분에 착오가 있는 경우, 그 착오가 표의자의 중과실로 인한 것이 아니라면 특별한 사정이 없는 한 이를 이유로 의사표시를 취소할 수 있다.

② 표의자는 자신에게 중과실이 없음에 대한 주장·증명책임을 부담한다.

③ 착오로 인한 의사표시에 관한 민법 제109조 제1항의 적용은 당사자의 합의로 배제할 수 있다.

④ 착오로 인하여 표의자가 경제적 불이익을 입지 않았다면 이는 법률행위 내용의 중요부분의 착오로 볼 수 없다.

⑤ 표의자가 장래에 있을 어떤 사항의 발생이 미필적임을 알아 그 발생을 예기한 데 지나지 않는 경우, 그 기대가 이루어지지 않은 것을 착오로 볼 수는 없다.

30 사기, 강박에 의한 의사표시에 관한 설명으로 옳은 것을 모두 고른 것은? (다툼이 있으면 판례에 따름)
2019 기출

㉠ 부작위에 의한 기망행위도 인정될 수 있다.

㉡ 제3자의 사기로 계약을 체결한 경우, 그 계약을 취소하지 않으면 그 제3자에 대하여 손해배상을 청구할 수 없다.

㉢ 부정행위에 대한 고소, 고발은 부정한 이익의 취득을 목적으로 하는 경우에도 위법한 강박행위가 될 수 없다.

① ㉠
② ㉡
③ ㉠, ㉢
④ ㉡, ㉢
⑤ ㉠, ㉡, ㉢

Part 04

28 ⑤ 의사표시의 착오가 표의자의 중대한 과실로 인한 때라도 상대방이 표의자의 착오를 알고 이용한 경우라면 표의자는 그 의사표시를 취소할 수 있다.

① 민법 제109조의 의사표시에 착오가 있다고 하려면 법률행위를 할 당시에 실제로 없는 사실을 있는 사실로 잘못 깨닫거나 아니면 실제로 있는 사실을 없는 것으로 잘못 생각하듯이 표의자의 인식과 그 대조사실이 어긋나는 경우라야 할 것이므로, 표의자가 행위를 할 당시에 장래에 있을 어떤 사항의 발생이 미필적임을 알아 그 발생을 예기한 데 지나지 않는 경우는, 표의자의 심리상태에 인식과 대조에 불일치가 있다고 할 수 없어 착오로 다룰 수는 없다 할 것이다(대판 2010. 5. 27, 2009다94841).

② 착오가 법률행위 내용의 중요 부분에 있다고 하기 위하여는 표의자에 의하여 추구된 목적을 고려하여 합리적으로 판단하여 볼 때 표시와 의사의 불일치가 객관적으로 현저하여야 하고, 만일 그 착오로 인하여 표의자가 무슨 경제적인 불이익을 입은 것이 아니라고 한다면 이를 법률행위 내용의 중요 부분의 착오라고 할 수 없다(대판 1999. 2. 23, 98다47924).

③ 불법행위로 인한 손해배상책임이 성립하기 위하여는 가해자의 고의 또는 과실 이외에 행위의 위법성이 요구되므로, 전문건설공제조합이 계약보증서를 발급하면서 조합원이 수급할 공사의 실제 도급금액을 확인하지 아니한 과실이 있다고 하더라도 민법 제109조에서 중과실이 없는 착오자의 착오를 이유로 한 의사표시의 취소를 허용하고 있는 이상, 전문건설공제조합이 과실로 인하여 착오에 빠져 계약보증서를 발급한 것이나 그 착오를 이유로 보증계약을 취소한 것이 위법하다고 할 수는 없다(대판 1997. 8. 22, 97다13023).

④ 착오로 인한 의사표시 취소에 관한 민법 제109조는 임의규정이다.

29 ② 중대한 과실이 있다는 입증책임은 표의자로 하여금 그 의사표시를 취소케 하지 않으려는 상대방이 부담한다.

⑤ 민법 제109조에 따라 의사표시에 착오가 있다고 하려면 법률행위를 할 당시에 실제로 없는 사실을 있는 사실로 잘못 깨닫거나 아니면 실제로 있는 사실을 없는 것으로 잘못 생각하듯이 의사표시자의 인식과 그러한 사실이 어긋나는 경우라야 한다. 의사표시자가 행위를 할 당시 장래에 있을 어떤 사항의 발생을 예측한 데 지나지 않는 경우는 의사표시자의 심리상태에 인식과 대조사실의 불일치가 있다고 할 수 없어 이를 착오로 다룰 수 없다. 장래에 발생할 막연한 사정을 예측하거나 기대하고 법률행위를 한 경우 그러한 예측이나 기대와 다른 사정이 발생하였다고 하더라도 그로 인한 위험은 원칙적으로 법률행위를 한 사람이 스스로 감수하여야 하고 상대방에게 전가해서는 안 되므로 착오를 이유로 취소를 구할 수 없다(대판 2020. 5. 14, 2016다12175).

30 ㉠ 신의칙상 어떤 상황을 설명해야 할 고지의무가 있음에도 불구하고 고지하지 않은 경우에는 부작위에 의한 기망행위에 해당한다.

㉡ 제3자의 사기로 계약을 체결한 경우, 그 계약을 취소하지 않더라도 그 제3자에 대하여 불법행위로 인한 손해배상을 청구할 수 있다.

㉢ 부정행위에 대한 고소, 고발도 부정한 이익의 취득을 목적으로 하는 경우에는 위법한 강박행위가 될 수 있다.

Answer 28 ⑤ 29 ② 30 ①

31 사기, 강박에 의한 의사표시에 관한 설명으로 옳지 않은 것은? (다툼이 있으면 판례에 따름)

2017 기출

① 제3자에 의한 사기행위로 계약을 체결한 경우에는 그 계약을 취소해야만 제3자에 대하여 불법행위로 인한 손해배상을 청구할 수 있다.

② 신의성실의 원칙상 고지의무가 있는 자가 소극적으로 진실을 숨기는 것은 기망행위에 해당한다.

③ 강박에 의하여 의사결정을 스스로 할 수 있는 여지가 완전히 박탈된 상태에서 이루어진 법률행위는 무효이다.

④ 상대방 있는 의사표시에 관하여 제3자가 사기를 행한 경우에는 상대방이 그 사실을 알았거나 알 수 있었을 경우에 한하여 그 의사표시를 취소할 수 있다.

⑤ 강박에 의한 의사표시라고 하려면 상대방이 불법으로 어떤 해악을 고지함으로 인하여 공포를 느끼고 의사표시를 한 것이어야 한다.

32 사기 또는 강박에 의한 의사표시에 관한 설명으로 옳지 않은 것은?

① 부정행위에 대한 고소·고발도 강박행위가 될 수 있다.

② 사기에 의한 의사표시가 성립하기 위해서는 기망행위가 위법하여야 한다.

③ 중요한 구체적 사실을 신의성실의무에 비추어 비난받을 정도의 방법으로 허위 고지한 상품 선전행위는 기망행위가 될 수 있다.

④ 특별한 사정이 없는 한 교환계약의 당사자가 자기 소유 목적물의 시가를 묵비하더라도 기망행위가 되지 않는다.

⑤ 제3자의 사기·강박에 의하여 상대방 있는 의사표시를 한 자는 상대방이 그 사실을 알았던 때에 한하여 취소할 수 있다.

33 사기에 의한 의사표시에 관한 설명으로 옳지 않은 것은?

① 사기를 이유로 법률행위를 취소하면 그 법률행위는 소급하여 무효로 된다.

② 상대방의 대리인의 사기로 의사표시를 한 경우, 상대방이 그 사실을 알았거나 알 수 있었는지의 여부에 관계없이 표의자는 그 의사표시를 취소할 수 있다.

③ 사기에 의한 의사표시의 취소는 선의의 제3자에게 대항하지 못하는데, 이 경우 제3자는 스스로 자기가 선의임을 증명하여야 한다.

④ 부작위나 침묵도 경우에 따라서는 기망행위가 될 수 있다.

⑤ 기망행위는 불법행위를 이유로 한 손해배상청구권을 발생시킬 수도 있다.

34 사기·강박에 의한 의사표시에 관한 설명으로 옳지 않은 것은?

① 사기에 의한 의사표시는 표의자가 취소할 수 있다.

② 사기에 의한 의사표시는 표의자가 취소하지 않더라도 무효이다.

③ 신의칙상 거래상대방에 대한 고지의무를 부담하는 경우, 고지의무 위반은 기망행위에 해당한다.

④ 강박에 의한 의사표시라고 하려면 상대방이 불법으로 어떤 해악을 고지함으로 말미암아 공포를 느끼고 의사표시를 한 것이어야 한다.

⑤ 제3자의 기망행위로 계약을 체결한 경우, 그 행위가 불법행위를 구성하면 그 계약을 취소하지 않고 제3자에 대하여 불법행위로 인한 손해배상을 청구할 수 있다.

---

31 ① 제3자의 사기행위로 인하여 피해자가 주택건설사와 사이에 주택에 관한 분양계약을 체결하였다고 하더라도 제3자의 사기행위 자체가 불법행위를 구성하는 이상, 제3자로서는 그 불법행위로 인하여 피해자가 입은 손해를 배상할 책임을 부담하는 것이므로, 피해자가 제3자를 상대로 손해배상청구를 하기 위하여 반드시 그 분양계약을 취소할 필요는 없다(대판 1998. 3. 10, 97다55829).

② 작위에 의한 적극적 기망행위뿐만 아니라, 부작위 특히 침묵도 '고지의무 또는 설명의무'가 전제되는 경우에는 기망행위가 될 수 있다.

③ 상대방 또는 제3자의 강박에 의하여 의사결정의 자유가 완전히 박탈된 상태에서 이루어진 의사표시는 효과의사에 대응하는 내심의 의사가 결여된 것이므로 무효라고 볼 수밖에 없으나, 강박이 의사결정의 자유를 완전히 박탈하는 정도에 이르지 아니하고 이를 제한하는 정도에 그친 경우에는 그 의사표시는 취소할 수 있음에 그치고 무효라고까지 볼 수 없다(대판 1984. 12. 11, 84다카1402).

32 ⑤ 상대방 있는 의사표시에 관하여 제3자가 사기나 강박을 행한 경우에는 상대방이 그 사실을 알았거나 알 수 있었을 경우에 한하여 그 의사표시를 취소할 수 있다(제110조 제2항).

33 ③ 제3자는 선의로 추정된다.

34 ② 사기에 의한 의사표시라도 표의자가 취소하지 않으면 여전히 유효이다.

Answer 31 ① 32 ⑤ 33 ③ 34 ②

35 甲이 乙을 기망하여 乙소유 토지를 丙에게 시가에 비해 현저히 저렴한 가격으로 처분하도록 유인하였고, 이에 따라 乙은 丙과 그 토지에 대한 매매계약을 체결한 후 소유권이전등기를 마쳐주었다. 乙은 甲의 사기를 이유로 丙과의 매매계약을 취소하고자 한다. 이에 관한 설명으로 옳은 것을 모두 고른 것은? (다툼이 있으면 판례에 따름) 2018 기출

ㄱ 甲의 기망사실을 丙이 알 수 있었던 경우, 乙은 위 계약을 취소할 수 있다.

ㄴ 甲의 사기로 불법행위가 성립하더라도, 乙은 위 계약을 취소하지 않는 한 甲에 대하여 불법행위로 인한 손해배상을 청구할 수 없다.

ㄷ 선의의 제3자 丁이 丙으로부터 위 토지를 매수하여 소유권이전등기를 마쳤다면, 그 후 乙이 자신과 丙 사이의 매매계약을 취소하여도 이를 근거로 丁명의의 소유권이전등기의 말소를 청구할 수 없다.

---

① ㄱ

② ㄴ

③ ㄱ, ㄷ

④ ㄴ, ㄷ

⑤ ㄱ, ㄴ, ㄷ

36 사기에 의한 의사표시에 관한 설명으로 옳지 않은 것은? (다툼이 있으면 판례에 따름) 2021 기출

① 상대방이 기망하였으나 표의자가 기망되지 않고 의사표시를 하였다면 기망을 이유로 그 의사표시를 취소할 수 없다.

② 제3자가 행한 사기로 계약을 체결한 경우 상대방이 그 사실을 알았거나 알 수 있었을 경우에 한하여 그 계약을 취소할 수 있다.

③ 상대방의 대리인이 사기를 행하여 계약을 체결한 경우 그 대리인은 '제3자에 의한 사기'에서의 '제3자'에 해당되지 않는다.

④ 상대방이 사용자책임을 져야 할 관계에 있는 피용자가 사기를 행하여 계약을 체결한 경우 그 피용자는 '제3자에 의한 사기'에서의 '제3자'에 해당한다.

⑤ '제3자에 의한 사기'로 계약을 체결한 피기망자는 그 계약을 취소하지 않은 상태에서 그 제3자에 대하여 불법행위로 인한 손해배상청구를 할 수 없다.

37 사기에 의한 의사표시에 관한 설명으로 옳지 않은 것은? (다툼이 있으면 판례에 따름)

2022 기출

① 광고에 있어 다소의 과장은 일반 상거래의 관행과 신의칙에 비추어 시인될 수 있는 한 기망성이 결여된다.

② 부작위에 의한 기망행위에서 고지의무는 조리상 일반원칙에 의해서는 인정될 수 없다.

③ 사기에 의한 의사표시가 인정되기 위해서는 의사표시자에게 재산상의 손실을 주려는 사기자의 고의는 필요하지 않다.

④ 기망행위로 인하여 법률행위의 내용으로 표시되지 않은 동기에 관하여 착오를 일으킨 경우에도 그 법률행위를 사기에 의한 의사표시를 이유로 취소할 수 있다.

⑤ 사기에 의한 의사표시의 취소는 선의의 제3자에게 대항하지 못한다.

35 ㉠ 상대방 있는 의사표시에 관하여 제3자가 사기나 강박을 행한 경우에는 상대방이 그 사실을 알았거나 알 수 있었을 경우에 한하여 그 의사표시를 취소할 수 있다.
㉢ 사기를 이유로 한 의사표시의 취소는 선의의 제3자에게 대항하지 못한다(제110조 제3항).
㉡ 제3자의 사기행위로 인하여 피해자가 주택건설사와 사이에 주택에 관한 분양계약을 체결하였다고 하더라도 제3자의 사기행위 자체가 불법행위를 구성하는 이상, 제3자로서는 그 불법행위로 인하여 피해자가 입은 손해를 배상할 책임을 부담하는 것이므로, 피해자가 제3자를 상대로 손해배상청구를 하기 위하여 반드시 그 분양계약을 취소할 필요는 없다(대판 1998. 3. 10, 97다55829).

36 ⑤ 제3자의 사기행위로 인하여 피해자가 주택건설사와 사이에 주택에 관한 분양계약을 체결하였다고 하더라도 제3자의 사기행위 자체가 불법행위를 구성하는 이상, 제3자로서는 그 불법행위로 인하여 피해자가 입은 손해를 배상할 책임을 부담하는 것이므로, 피해자가 제3자를 상대로 손해배상청구를 하기 위하여 반드시 그 분양계약을 취소할 필요는 없다(대판 1998. 3. 10, 97다55829).
③ 상대방 있는 의사표시에 관하여 제3자가 사기나 강박을 한 경우에는 상대방이 그 사실을 알았거나 알 수 있었을 경우에 한하여 그 의사표시를 취소할 수 있으나, 상대방의 대리인 등 상대방과 동일시할 수 있는 자의 사기나 강박은 제3자의 사기·강박에 해당하지 아니한다(대판 1999. 2. 23, 98다60828·60835).

37 ② 부동산 거래에 있어 거래 상대방이 일정한 사정에 관한 고지를 받았더라면 그 거래를 하지 않았을 것임이 경험칙상 명백한 경우에는 신의성실의 원칙상 사전에 상대방에게 그와 같은 사정을 고지할 의무가 있으며, 그와 같은 고지의무의 대상이 되는 것은 직접적인 법령의 규정뿐 아니라 널리 계약상, 관습상 또는 조리상의 일반원칙에 의하여도 인정될 수 있다(대판 2006. 10. 12, 2004다48515).
③ 표의자를 기망하여 착오에 빠지게 하려는 고의와 착오에 기하여 의사표시를 하게 하려는 고의, 즉 2단계의 고의만 있으면 된다.

Answer　35 ③　36 ⑤　37 ②

38 사기에 의한 의사표시에 관한 설명으로 옳지 않은 것은? (다툼이 있으면 판례에 따름)

2023 기출

① 사기에 의한 의사표시에는 의사와 표시의 불일치가 있을 수 없고, 단지 의사표시의 동기에 착오가 있는 것에 불과하다.

② 사기의 의사표시로 인해 부동산의 소유권을 취득한 자로부터 그 부동산의 소유권을 새로이 취득한 제3자는 특별한 사정이 없는 한 선의로 추정된다.

③ 교환계약의 당사자가 자기 소유의 목적물의 시가를 묵비하는 것은 특별한 사정이 없는 한 기망행위가 되지 않는다.

④ 상대방의 대리인에 의한 사기는 민법 제110조 제2항 소정의 제3자의 사기에 해당하지 않는다.

⑤ 계약이 제3자의 위법한 사기행위로 체결된 경우, 표의자는 그 계약을 취소하지 않는 한 제3자를 상대로 그로 인해 발생한 손해의 배상을 청구할 수 없다.

39 의사표시에 관한 설명으로 옳은 것은?

2016 기출

① 의사표시자가 그 통지를 발송한 후 사망하여도 의사표시의 효력에 영향을 미치지 아니한다.

② 진의 아닌 의사표시에서 상대방이 표의자의 진의 아님을 알았거나 알 수 있었을 경우, 표의자는 그 의사표시를 취소할 수 있다.

③ 표의자가 과실로 상대방의 소재를 알지 못하는 경우, 의사표시는 민사소송법 공시송달의 규정에 의하여 송달할 수 있다.

④ 상대방이 있는 의사표시는 상대방이 요지(了知)한 때에 그 효력이 생긴다.

⑤ 상대방 있는 의사표시에 관하여 제3자가 강박을 행한 경우, 상대방이 그 사실을 알았던 경우에 한하여 그 의사표시를 취소할 수 있다.

40 의사표시에 관한 설명으로 옳은 것은? (다툼이 있으면 판례에 따름) 2015 기출

① 착오에 의한 의사표시의 취소는 선의의 제 3자에게 대항할 수 있다.

② 부동산 매매에서 시가에 관한 착오는 특별한 사정이 없는 한 법률행위의 중요부분에 관한 착오라고 할 수 없다.

③ 채무자의 법률행위가 통정허위표시에 해당되어 무효인 경우에는 채권자취소권의 대상이 되지 않는다.

④ 진의 아닌 의사표시는 상대방이 표의자의 진의 아님을 알았거나 알 수 있었을 경우에 그 효력이 있다.

⑤ 강박이 의사결정의 자유를 완전히 박탈하는 정도에 이르지 않고 이를 제한하는 정도에 그친 경우에 그 의사표시는 무효이다.

---

38 ⑤ 제3자의 사기행위로 인하여 피해자가 주택건설사와 사이에 주택에 관한 분양계약을 체결하였다고 하더라도 제3자의 사기행위 자체가 불법행위를 구성하는 이상, 제3자로서는 그 불법행위로 인하여 피해자가 입은 손해를 배상할 책임을 부담하는 것이므로, <u>피해자가 제3자를 상대로 손해배상청구를 하기 위하여 반드시 그 분양계약을 취소할 필요는 없다</u>(대판 1998. 3. 10, 97다55829).
① 사기에 의한 의사표시란 타인의 기망행위로 말미암아 착오에 빠지게 된 결과 어떠한 의사표시를 하게 되는 경우이므로 거기에는 의사와 표시의 불일치가 있을 수 없고, 단지 의사의 형성과정 즉 의사표시의 동기에 착오가 있는 것에 불과하며, 이 점에서 고유한 의미의 착오에 의한 의사표시와 구분된다(대판 2005. 5. 27, 2004다43824).
② 사기, 강박을 이유로 한 의사표시의 취소는 선의의 제3자에게 대항하지 못한다(제110조 제3항). 이 때 제3자는 선의로 추정된다.
③ 교환계약에서 일방당사자가 자기가 소유하는 목적물의 시가를 묵비하여 상대방에게 고지하지 아니하거나 혹은 허위로 시가보다 높은 가액을 시가라고 고지하였다 하더라도 이는 상대방의 의사결정에 불법적인 간섭을 한 것이라고 볼 수 없다(대판 2002. 9. 4, 2000다54406·54413).
④ 상대방의 대리인 등 상대방과 동일시할 수 있는 자의 사기나 강박은 제3자의 사기·강박에 해당하지 아니한다(대판 1999. 2. 23, 98다60828).

39 ② 의사표시는 표의자가 진의 아님을 알고 한 것이라도 그 효력이 있다. 그러나 상대방이 표의자의 진의 아님을 알았거나 이를 알 수 있었을 경우에는 무효로 한다(제107조 제1항).
③ 표의자가 과실 없이 상대방을 알지 못하거나 상대방의 소재를 알지 못하는 경우에는 의사표시는 민사소송법 공시송달의 규정에 의하여 송달할 수 있다(제113조).
④ 상대방이 있는 의사표시는 상대방에게 도달한 때에 그 효력이 생긴다(제111조 제1항).
⑤ 상대방 있는 의사표시에 관하여 제3자가 사기나 강박을 행한 경우에는 상대방이 그 사실을 알았거나 알 수 있었을 경우에 한하여 그 의사표시를 취소할 수 있다(제110조 제2항).

40 ① 착오에 의한 의사표시의 취소는 선의의 제3자에게 대항할 수 없다(제109조 제2항).
③ 채무자의 법률행위가 통정허위표시에 해당되어 무효인 경우에도 채권자취소권의 대상이 된다.
④ 진의 아닌 의사표시는 상대방이 표의자의 진의 아님을 알았거나 알 수 있었을 경우에 그 효력이 없다(제107조 제1항 단서).
⑤ 강박에 의하여 의사결정의 자유가 완전히 박탈된 상태에서 이루어진 의사표시는 효과의사에 대응하는 내심의 의사가 결여된 것이므로 무효라고 볼 수밖에 없으나, 강박이 의사결정의 자유를 완전히 박탈하는 정도에 이르지 아니하고 이를 제한하는 정도에 그친 경우에는 그 의사표시는 취소할 수 있음에 그치고 무효라고까지 볼 수 없다(대판 1984. 12. 11, 84다카1402).

Answer 38 ⑤ 39 ① 40 ②

41 의사표시의 효력에 관한 설명으로 옳지 않은 것은? (다툼이 있으면 판례에 의함)

① 상대방 있는 의사표시는 그 통지가 상대방에게 도달한 때에 그 효력이 발생한다.

② 표의자가 의사표시 통지를 발송한 후 사망한 경우, 그 의사표시는 효력을 상실한다.

③ 격지자 간의 계약은 승낙의 통지를 발송한 때에 성립한다.

④ 표의자는 의사표시의 발송 후에도 도달 전에는 그 의사표시를 철회할 수 있다.

⑤ 내용증명우편이나 등기우편과는 달리, 보통우편의 방법으로 발송되었다는 사실만으로는 그 우편물이 상당기간 내에 도달하였다고 추정할 수 없다.

42 의사표시의 효력발생시기에 관한 설명으로 옳지 않은 것은? (다툼이 있는 경우에는 판례에 의함) **2014 기출**

① 상대방이 있는 의사표시는 상대방에게 도달한 때에 그 효력이 생기는 것이 원칙이다.

② 표의자는 그의 의사표시가 상대방에게 도달하였으나 상대방이 이행에 착수하기 전에는 그 의사표시를 철회할 수 있다.

③ 제한능력자에게 의사를 표시한 사람은 제한능력자의 법정대리인이 의사표시가 도달한 사실을 안 후에는 그 의사표시로써 제한능력자에게 대항할 수 있다.

④ 상대방이 정당한 사유 없이 의사표시의 수령을 거절한 경우에는 그 의사표시는 상대방이 그 내용을 알 수 있는 객관적 상태에 놓여 있는 때에 효력이 생긴다.

⑤ 의사표시의 부도달에 대한 위험은 표의자에게 있다.

43 甲은 자기 소유의 부동산을 1억 원에 매도하겠다는 청약을 등기우편으로 乙에게 보냈다. 이에 관한 설명으로 옳지 않은 것은?

2019 기출

① 甲의 청약은 乙에게 도달한 때에 효력이 생긴다.
② 甲이 등기우편을 발송한 후 성년후견개시의 심판을 받은 경우, 乙에게 도달한 甲의 청약은 효력이 발생하지 않는다.
③ 甲의 등기우편은 반송되는 등 특별한 사정이 없는 한 乙에게 배달된 것으로 인정하여야 한다.
④ 甲은 등기우편이 乙에게 도달하기 전에 자신의 청약을 철회할 수 있다.
⑤ 甲의 청약이 효력을 발생하기 위해서 乙이 그 내용을 알 것까지는 요하지 않는다.

★

41 ② 의사표시를 발신한 후에 표의자가 사망하거나 또는 행위능력을 상실하여도 그 의사표시의 효력에는 아무런 영향을 미치지 않으므로(제111조 제2항), 후에 의사표시가 도달하는 한 효력이 발생한다.

42 ② 표의자는 발송 후 도달 전에는 철회할 수 있다. 일단 도달하면 상대방이 이행에 착수하기 전이라도 철회할 수 없다.

43 ② 의사표시자가 그 통지를 발송한 후 사망하거나 제한능력자가 되어도 의사표시의 효력에 영향을 미치지 아니한다(제111조 제2항). 따라서 乙에게 도달한 甲의 청약은 효력이 발생한다.
① 상대방 있는 의사표시는 도달주의가 원칙이다.
③ 우편법 등 관계 규정의 취지에 비추어 볼 때 우편물이 등기취급의 방법으로 발송된 경우 반송되는 등의 특별한 사정이 없는 한 그 무렵 수취인에게 배달되었다고 보아야 한다(대판 1992. 3. 27, 91누3819).
④ 도달 전에는 의사표시를 철회할 수 있다.
⑤ 채권양도의 통지와 같은 준법률행위의 도달은 의사표시와 마찬가지로 사회관념상 채무자가 통지의 내용을 알 수 있는 객관적 상태에 놓여졌을 때를 지칭하고, 그 통지를 채무자가 현실적으로 수령하였거나 그 통지의 내용을 알았을 것까지는 필요하지 않다(대판 1983. 8. 23, 82다카439).

Answer 41 ② 42 ② 43 ②

법률행위의 대리

ⓞ① 대리제도 일반론

1. 대리의 의의 및 본질

(1) 대리의 의의

대리란 대리인이 본인의 이름으로 법률행위를 하고, 그 법률효과가 직접 본인에게 생기게 하는 제도를 말한다. 대리제도의 특질은 법률행위의 행위자와 법률행위에 의한 효과의 귀속자가 분리된다는 점에 있다.

(2) 대리제도의 사회적 작용

임의대리는 분업화와 전문화를 통하여 개인의 거래영역을 확대시킴으로써 경제집중을 법적으로 가능하게 한다(사적자치의 확장). 이에 반해 법정대리는 제한능력자의 부족한 행위능력을 보충하여 법률행위를 가능하게 한다(사적자치의 보충).

(3) 대리의 본질

대리제도에 있어서는 법률행위를 하는 자와 그 법률효과를 받는 자가 분리되는 법현상이 일어난다. 여기서 이러한 법현상이 법이론적으로 허용되는지, 만일 허용된다면 그 이론적 근거는 무엇인지가 문제된다. 학설은 본인행위설·대리인행위설·공동행위설이 대립하나, 통설은 법률행위의 당사자는 대리인이지만 그 행위의 효과가 법률의 규정에 의하여 본인에게 귀속한다고 하는 대리인행위설을 취한다.

2. 대리와 구별되는 제도

(1) 대표

법인의 대표기관의 행위에 의하여 직접 법인이 권리와 의무를 갖는 점에서 대표와 대리는 비슷하다. 그러나 대표는 법인의 기관으로서 법인 그 자체로 평가받는 것이다. 그러므로 본래의 대리처럼 법률행위에만 국한되는 것이 아니라 그 밖에 사실행위나 불법행위에 관하여도 성립한다는 점에서 대리와 구별된다.

(2) 간접대리

행위자가 타인의 계산으로 그러나 자기 자신의 이름으로 법률행위를 하고, 그 결과 얻은 권리를 타인에게 이전하는 관계를 간접대리라고 한다. 위탁매매업(상법 제101조)이 그 예이다. 행위자의 이름으로 법률행위를 하며 따라서 그 법률행위의 효과는 직접적으로 행위자에게만 미친다는 점에서, 본인의 이름으로 법률행위를 하는 대리와 구별된다.

(3) 사자

① 본인의 의사표시를 단순히 전달하거나 또는 본인이 결정한 의사를 상대방에게 그대로 표시함으로써 표시행위의 완성에 협력하는 자가 사자(使者)이다.

② 사자에는 전달기관으로서의 사자와 표시기관으로서의 사자 두 종류가 있는데, 이 중 대리와 비슷한 것은 후자이다. 그러나 이 경우에도 효과의사는 본인이 결정하는 것이므로 본인이 아니라 대리인 자신이 효과의사를 결정하는 대리와 다르다.

③ 사자에 있어서는 본인이 행위능력을 가지고 있어야 하고 또한 의사표시의 착오 등에 관하여는 사자의 표시와 본인의 의사를 비교하여서 결정하게 된다.

3. 대리가 허용되는 범위

① 대리는 원칙적으로 의사표시를 그 구성요소로 하는 법률행위에 한하여 인정된다. 그러나 법률행위 중에도 대리가 허용되지 않는 경우가 있는데, 혼인·인지·유언과 같이 본인결정을 절대적으로 필요로 하는 가족법상의 법률행위(신분행위)가 이에 속한다. 다만, 부양청구권과 같이 가족법상의 행위이더라도 재산행위로서의 성질도 아울러 가지는 행위에는 대리가 허용된다.

② 준법률행위 중 의사의 통지와 관념의 통지에는 의사표시에 관한 규정이 유추적용되므로 대리가 허용된다.

③ 무주물 선점이나 유실물 습득과 같은 사실행위와 불법행위에는 대리가 허용되지 않는다.

4. 대리의 종류

(1) 임의대리 · 법정대리

대리권수여의 근거에 따른 구분이다. 즉, 임의대리는 법률행위에 의하여 수여된 대리권(제120조, 제128조)에 의한 대리를 말하고, 법정대리는 법률의 규정에 의하여 발생되는 대리권에 의한 대리를 말한다. 양자는 대리인의 복임권(제120조), 대리권의 소멸(제128조), 표현대리에 관한 규정(제125조)의 적용 여부에 관하여 구별의 실익이 있다.

(2) 능동대리 · 수동대리

의사표시의 주체에 따른 구분이다. 능동대리는 대리행위가 제3자에 대한 의사표시를 내용으로 하는 대리, 즉 대리인이 적극적으로 상대방에게 의사표시를 하는 대리이고, 수동대리는 대리행위가 제3자의 의사표시를 수령하는 것을 내용으로 하는 대리이다. 민법은 원칙적으로 능동대리를 기준으로 규정하고, 수동대리에는 그 성질이 허용하는 한 능동대리의 규정을 준용하고 있다(제114조 제2항). 양자는 상대방 있는 단독행위의 무권대리(제136조), 현명주의의 요건(제114조, 제115조) 등에서 그 구별의 실익이 있다.

(3) 유권대리 · 무권대리

대리권의 유무에 따른 구분이다. 유권대리는 대리인으로서 행위를 하는 자가 정당한 대리권을 가진 정상적인 대리를 말하고, 무권대리는 대리인으로서 행위를 하는 자가 정당한 대리권을 갖지 않는 대리를 말한다. 양자는 본인에로의 효과귀속의 유무와 요건(제114조, 제130조)에서 구별의 실익이 있다.

02 대리권 2013 · 2014 · 2017 · 2018 · 2020 · 2021 · 2022 기출

1. 대리권의 의의 및 발생원인

(1) 대리권의 의의

대리권이란 본인의 이름으로 의사표시를 하거나 또는 의사표시를 받음으로써 직접 본인에게 법률효과를 귀속시킬 수 있는, 대리인의 본인에 대한 법률상의 지위 또는 자격을 말한다.

(2) 대리권의 발생원인

① **법정대리권의 발생원인**: 법정대리권은 본인의 의사와는 관계없이 직접 법률의 규정에 의해 발생한다. 법정대리에는 다음 3가지의 유형이 있다.

ㄱ 본인에 대하여 일정한 지위에 있는 자가 당연히 대리인이 되는 경우: 친권자(제911조 · 제920조), 일상가사대리권을 가지는 부부(제827조 제1항) 등

ㄴ 본인 이외의 일정한 지정권자의 지정으로 대리인이 되는 경우: 지정후견인(제931조), 지정유언집행자(제1093조 · 제1094조) 등

ㄷ 법원이 선임하는 자가 대리인이 되는 경우: 부재자재산관리인(제23조 · 제24조), 상속재산관리인(제1023조 · 제1040조), 선임유언집행자(제1096조) 등

② **임의대리권의 발생원인** : 임의대리권은 본인이 대리인에게 대리권을 수여하는 행위, 즉 수권행위에 의하여 발생한다.

　㉠ **수권행위의 법적 성질과 방식** : 위임과 유사한 무명계약으로 보는 견해도 있으나, 통설은 '상대방 있는 단독행위'라고 한다. 수권행위는 불요식행위이다. 따라서 반드시 서면으로 할 필요는 없고 구두로도 할 수 있다. 수권행위는 백지위임장에 의해서도 할 수 있고 명시적으로는 물론 묵시적으로도 할 수 있다.

　㉡ **수권행위의 독자성** : 수권행위는 기초적 내부관계와 독립하여 대리권의 발생만을 목적으로 하는 행위이다(독자성 인정). 다만, 독자성을 인정한다고 하여 수권행위가 언제나 기초적 내부관계와 다른 시기에 별개로 행하여져야 한다는 것은 아니며, 오히려 양자가 합체되어 행하여지는 경우가 보통이다.

　㉢ **수권행위의 하자** : 대리행위의 하자 유무는 대리인을 기준으로 하지만(제116조 제1항), 수권행위의 하자 유무는 본인을 기준으로 하여 제107조 이하의 규정에 따라서 규율된다. 따라서 수권행위가 비진의표시 또는 허위표시이거나 착오, 사기 또는 강박에 의해 행하여졌다면 무효이거나 취소될 수 있다. 또한 대리인은 제한능력자라도 무방하지만(제117조), 본인의 수권행위에서 본인은 행위능력자이어야 하므로, 본인이 제한능력자라면 제한능력을 이유로 수권행위를 취소할 수 있다. 수권행위가 무효 또는 취소되어 소급적으로 실효되면, 그 수권행위에 기한 대리행위는 무권대리가 된다.

2. 대리권의 범위 및 제한

(1) 대리권의 범위

① **법정대리권의 범위** : 법정대리권의 발생원인이 되는 법률의 규정에 의하여 정해진다.

② **임의대리권의 범위**

　㉠ 임의대리권의 범위는 수권행위에 의하여 정해진다. 그러므로 그 수권행위가 어떠한 범위의 대리권을 준 것이냐는 결국 수권행위의 해석에 따라 결정된다.

> **판례**
>
> 1. 수권행위의 통상의 내용으로서의 임의대리권은 그 권한에 부수하여 필요한 한도에서 상대방의 의사표시를 수령하는 이른바 수령대리권을 포함하는 것으로 보아야 한다(대판 1994. 2. 8, 93다39379).
> 2. 부동산의 소유자로부터 매매계약을 체결할 대리권을 수여받은 대리인은 특별한 사정이 없는 한 그 매매계약에서 약정한 바에 따라 중도금이나 잔금을 수령할 권한도 있다고 보아야 한다(대판 1994. 2. 8, 93다39379).
> 3. 매매계약의 체결과 이행에 관하여 포괄적으로 대리권을 수여받은 대리인은 특별한 다른 사정이 없는 한 상대방에 대하여 약정된 매매대금지급기일을 연기하여 줄 권한도 가진다고 보아야 할 것이다(대판 1992. 4. 14, 91다43107).

4. 소비대차계약체결의 대리권을 위임받은 자는 그 계약의 체결은 물론 그 계약의 내용을 구성하는 기한의 연기, 이자의 수령 또는 대여금변제의 수령권이 있다고 해석된다(대판 1997. 7. 8, 97다12273).

5. 법률행위에 의하여 수여된 대리권은 그 원인된 법률관계의 종료에 의하여 소멸하는 것이므로 특별한 다른 사정이 없는 한 부동산을 매수할 권한을 수여받은 대리인에게 그 부동산을 처분할 대리권도 있다고 볼 수 없다(대판 1991. 2. 12, 90다7364).

6. 대여금의 영수권한만을 위임받은 대리인이 그 대여금채무의 일부를 면제하기 위해서는 본인의 특별수권이 필요하다(대판 1981. 6. 23, 80다3221).

7. 특별한 다른 사정이 없는 한 본인을 대리하여 금전소비대차 내지 그를 위한 담보권설정계약을 체결할 권한을 수여받은 대리인에게 본래의 계약관계를 해제할 대리권까지 있다고 볼 수 없다(대판 1993. 1. 15, 92다39365).

8. 예금계약의 체결을 수임받은 자가 가지는 대리권에 당연히 그 예금을 담보로 하여 대부를 받거나 기타 이를 처분할 수 있는 대리권이 포함되어 있는 것은 아니다(대판 1992. 6. 23, 91다14987).

ⓛ 제118조는 대리권의 범위가 수권행위에 의해 정해지지 않거나 명백하지 아니한 경우에 대비한 보충규정이며, 대리권의 범위가 명백하거나 표현대리가 성립하는 경우에는 적용되지 않는다.

> **제118조【대리권의 범위】** 권한을 정하지 아니한 대리인은 다음 각 호의 행위만을 할 수 있다.
> 1. 보존행위
> 2. 대리의 목적인 물건이나 권리의 성질을 변하지 아니하는 범위에서 그 이용 또는 개량하는 행위

ⓐ 보존행위 : 재산의 가치를 현상 그대로 유지하는 것을 목적으로 하는 행위(예 가옥의 수선, 소멸시효의 중단, 미등기부동산의 등기, 기한이 도래한 채무의 변제, 부패하기 쉬운 물건의 매각 등)를 말한다. 대리인은 이 보존행위를 무제한으로 할 수 있다(제1호).

ⓑ 이용행위와 개량행위 : 이용행위란 대리의 목적인 물건이나 권리를 사용·수익하는 행위(예 물건의 임대, 금전의 이자부대여 등)를 말하고, 개량행위란 대리의 목적인 물건이나 권리의 사용가치 또는 교환가치를 증가시키는 행위(예 무이자의 금전대여를 이자부로 하는 행위)를 말한다. 이용행위와 개량행위는 대리의 목적인 물건이나 권리의 성질을 변하지 않게 하는 범위 내에서만 할 수 있다(제2호).

(2) 대리권의 제한

① 공동대리에 의한 제한

> **제119조【각자대리】** 대리인이 수인인 때에는 각자가 본인을 대리한다. 그러나 법률 또는 수권행위에 다른 정한 바가 있는 때에는 그러하지 아니하다.

ⓐ **의의**: 대리인이 수인인 때에는 원칙적으로 대리인 각자가 본인을 대리한다(제119조 본문). 즉, 각자대리가 원칙이다. 그러나 대리인이 수인 있는 경우에, 법률의 규정(친권의 부모 공동행사·제909조) 또는 수권행위에 의하여 대리인 전원이 공동으로만 대리행위를 하도록 정한 경우에는 공동으로만 대리하여야 한다.

ⓑ **공동의 의미**: 공동대리에 있어 공동(共同)이 의사결정의 공동인지, 표시행위의 공동인지가 문제된다. 다수설은 공동대리제도의 취지에 비추어 볼 때 의사결정을 공동으로 하면 충분하다고 한다. 따라서 공동대리인 전원의 의사의 합치가 있는 한, 반드시 전원이 공동으로 의사표시를 할 필요는 없고, 공동대리인 중 1인에게 의사표시의 실행을 위임할 수 있다고 한다.

ⓒ **수동대리에서의 공동대리**: 공동대리의 제한이 존재하는 경우에 수동대리에 있어서도 공동으로만 상대방의 의사표시를 수령하여야 하느냐가 문제되나, 다수설은 상대방의 보호와 거래상의 편의를 위하여 각 대리인이 단독으로 수령할 권한이 있다고 해석한다.

ⓓ **위반의 효과**: 공동대리의 제한에 위반하여 1인의 대리인이 단독으로 대리행위를 한 경우에는 그 대리행위는 무권대리가 된다.

② **자기계약·쌍방대리의 금지**

> **제124조【자기계약, 쌍방대리】** 대리인은 본인의 허락이 없으면 본인을 위하여 자기와 법률행위를 하거나 동일한 법률행위에 관하여 당사자쌍방을 대리하지 못한다. 그러나 채무의 이행은 할 수 있다.

ⓐ **의의**: 자기계약이란 대리인이 한편으로는 본인을 대리하면서 다른 한편으로는 대리인 자신이 일방당사자가 되어 계약을 하는 것을 말한다. 쌍방대리란 동일인이 당사자쌍방의 대리인이 되어 법률행위를 하는 것을 말한다. 자기계약·쌍방대리는 원칙적으로 금지된다. 이는 본인과 대리인의 이익충돌, 본인 간의 이익충돌로 본인에게 손해를 끼칠 우려가 있기 때문이다.

ⓑ **금지의 예외**

ⓐ **본인의 허락**: 본인이 미리 자기계약·쌍방대리를 허락한 경우에는 자기계약·쌍방대리를 할 수 있다.

ⓑ **채무의 이행**: 채무의 이행은 이미 확정되어 있는 법률관계를 단순히 결제하는 데 불과하므로, 당사자 간에 새로운 이해관계를 형성하지 않고 본인의 이익을 부당하게 해하지 않기 때문에, 자기계약·쌍방대리가 허용된다. 주식의 명의개서, 등기신청 등의 경우이다. 채무의 이행이라 하더라도 ⅰ) 다툼이 있는 채무 ⅱ) 기한미도래의 채무 ⅲ) 항변권이 있는 채무 ⅳ) 대물변제(제466조) ⅴ) 경개(제500조) 등의 경우에는 새로운 이해관계의 변경을 수반하므로 자기계약·쌍방대리가 허용되지 아니한다.

ⓒ **위반의 효과** : 자기계약·쌍방대리의 금지를 위반한 대리행위는 무권대리로서 무효이다. 따라서 본인이 사후에 추인을 하면 대리행위의 효과가 본인에게 귀속한다.

> **판례**
>
> 제124조는 "대리인은 본인의 허락이 없으면 본인을 위하여 자기와 법률행위를 하거나 동일한 법률행위에 관하여 당사자쌍방을 대리하지 못한다"고 규정하고 있으므로 <u>부동산 입찰절차에서 동일물건에 관하여 이해관계가 다른 입찰자 2인 이상의 대리인이 된 경우에는 그 대리인이 한 입찰은 무효이다</u>(대결 2004. 2. 13, 2003마44).

ⓓ **적용범위** : 자기계약·쌍방대리의 금지는 임의대리뿐만 아니라 법정대리에도 적용된다. 자기계약·쌍방대리의 금지는 계약의 대리뿐만 아니라 상대방 있는 단독행위에도 적용된다.

ⓜ **제124조에 대한 특칙**

ⓐ **법인과 이사의 이해상반행위(제64조)** : 법인과 이사의 이익이 상반하는 사항에 관하여는 이사는 대표권이 없다. 이 경우에는 일정한 자의 청구에 의하여 법원은 특별대리인을 선임하여야 한다.

ⓑ **친권자(親權者)와 자(子) 또는 수인의 자(子) 사이의 이해상반행위(제921조)** : 친권자와 그 자 사이에 또는 친권에 복종하는 수인의 자 사이에 이해가 충돌하는 경우에 친권자는 법원에 그 자의 또는 그 자 일방의 특별대리인의 선임을 청구하여야 한다.

> **판례**
>
> 법정대리인인 친권자가 부동산을 매수하여 이를 그 자(子)에게 증여하는 행위는, 미성년자인 자에게 이익만을 주는 행위이므로, 친권자와 자 사이의 이해상반행위에 속하지 아니하고, 또 자기계약이지만 유효하다(대판 1981. 10. 13, 81다649).

3. 대리권의 남용

(1) 의의

대리인이 형식적으로는 대리권 범위 내에서 대리행위를 하였지만, 그 대리행위가 실질적으로는 본인을 위해서가 아니라, 대리인 자신 또는 제3자의 이익을 위해서 한 경우를 대리권의 남용이라고 한다.

(2) 법률적 취급

대리인이 배임행위를 한 경우에도 대리의사는 있는 것이므로 원칙적으로 대리행위로서 유효하고, 다만 대리인이 본인의 이익을 위하여 대리행위를 하는 것이 아니라는 것을 상대방이 알았거나 알 수 있었을 때에는 제107조 제1항 단서를 유추적용하여 그 대리행위는 무효가된다(제107조 제1항 단서 유추적용설, 다수설·판례).

판례

진의 아닌 의사표시가 대리인에 의하여 이루어지고 그 대리인의 진의가 본인의 이익이나 의사에 반하여 자기 또는 제3자의 이익을 위한 배임적인 것임을 그 상대방이 알았거나 알 수 있었을 경우에는 민법 제107조 제1항 단서의 유추해석상 그 대리인의 행위에 대하여 본인은 책임을 지지 아니하므로, 금융기관의 임직원이 예금 명목으로 돈을 교부받을 때의 진의가 예금주와 예금계약을 맺으려는 것이 아니라 그 돈을 사적인 용도로 사용하거나 비정상적인 방법으로 운용하는 데 있었던 경우에 예금주가 그 임직원의 예금에 관한 비진의 내지 배임적 의사를 알았거나 알 수 있었다면 금융기관은 그러한 예금에 대하여 예금계약에 기한 반환책임을 지지 아니한다(대판 2007. 4. 12, 2004다51542).

4. 대리권의 소멸

(1) 의의

대리권의 소멸원인에는 임의대리와 법정대리에 공통한 것과 양자의 어느 한쪽에 특유한 것이 있다. 우리 민법은 법정대리에 특유한 것은 각각의 법정대리에 관하여 규정하고 있으며, 총칙에는 공통의 소멸사유(제127조)와 임의대리에 특유한 소멸사유만을 규정하고 있다.

(2) 공통의 소멸사유

> **제127조【대리권의 소멸사유】** 대리권은 다음 각 호의 어느 하나에 해당하는 사유가 있으면 소멸된다.
> 1. 본인의 사망
> 2. 대리인의 사망, 성년후견의 개시 또는 파산

① **본인의 사망**: 본인이 사망하면 대리권은 소멸한다. 여기에는 예외가 있다. 본인의 사망으로 위임이 종료하더라도 급박한 사정이 있는 때에는 수임인이 그 사무의 처리를 계속하여야 하므로(제691조), 이 한도에서는 임의대리권은 존속하는 것으로 해석된다. 또한 상행위의 위임에 의한 대리권은 본인의 사망으로 소멸하지 않으며(상법 제50조), 소송대리권도 당사자의 사망으로 소멸하지 않는다(민사소송법 제95조).

② **대리인의 사망 · 성년후견의 개시 · 파산**

　　㉠ **대리인의 사망**: 대리인의 사망에 의해 대리권은 소멸한다. 다만, 이때 급박한 사정이 있는 때에는 위임인이 그 사무를 처리할 수 있을 때까지 수임인의 상속인 등이 그 사무의 처리를 계속해야 하므로(제691조) 그 한도에서 임의대리권은 존속하는 것으로 해석된다(다수설).

　　㉡ **대리인의 성년후견의 개시 · 파산**: 피성년후견인이나 파산자도 대리인이 될 수 있다. 그러나 대리인이 될 때에는 피성년후견인이나 파산자가 아니었다가 대리인이 된 후에 성년후견의 개시의 심판 또는 파산선고를 받은 경우에는 대리권은 소멸한다.

(3) 임의대리에 특유한 소멸사유

> **제128조【임의대리의 종료】** 법률행위에 의하여 수여된 대리권은 전조의 경우 외에 그 원인된 법률관계의 종료에 의하여 소멸한다. 법률관계의 종료 전에 본인이 수권행위를 철회한 경우에도 같다.

① **원인된 법률관계의 종료**: 임의대리권은 그 대리권수여의 원인된 법률관계의 종료에 의하여 소멸한다(제128조 전문). 이 규정은 임의규정이므로 원인된 법률관계의 종료에도 불구하고 대리권을 존속시키기로 하는 당사자 사이의 약정은 유효하다.

② **수권행위의 철회**: 원인된 법률관계가 종료하기 전이라도 본인이 수권행위를 철회하면 임의대리권은 소멸한다(제128조 후문). 이 규정도 임의규정이므로 원인된 법률관계의 종료 전에 수권행위를 철회하지 않겠다는 특약은 유효하다.

(4) 법정대리에 특유한 소멸사유

법정대리권의 특유한 소멸사유는 법률에 개별적으로 규정하고 있다.

① 부재자 재산관리인의 선임의 취소 또는 해임(제22조, 제23조)

② 청산인의 해임(제84조)

③ 친권자의 친권상실 선고(제924조)

④ 친권자의 대리권 및 재산관리권의 상실 선고(제925조)

⑤ 친권자의 대리권의 사퇴(제927조)

⑥ 후견인의 결격사유의 발생(제937조)

⑦ 후견인의 사퇴(제939조)

⑧ 후견인의 해임(제940조)

⑨ 후견사무의 종료(제957조)

⑩ 상속관리인의 관리임무의 종료(제1055조)

03 대리행위 ^{2019 · 2021 기출}

1. 현명주의

> **제114조【대리행위의 효력】** ① 대리인이 그 권한 내에서 본인을 위한 것임을 표시한 의사표시는 직접 본인에게 대하여 효력이 생긴다.
> ② 전항의 규정은 대리인에게 대한 제3자의 의사표시에 준용한다.

(1) 의의 및 본질

① 대리행위는 '본인을 위한 것임을 표시'한 것이어야 한다. 이는 그 법률행위의 효과가 행위자(대리인)가 아닌 제3자(본인)에게 귀속한다는 것을 표시하여야 한다는 의미이다.

② '본인을 위한 것임을 표시하는 것', 즉 현명의 본질에 대하여 의사의 통지라는 견해, 관념의 통지라는 견해, 대리적 효과의사를 상대방에게 표시하는 의사표시라는 견해가 대립한다.

③ 여기서 '본인을 위한다'의 의미는 그 행위의 법률효과를 본인에게 귀속시키려는 의사를 말하는 것으로서, 본인의 이익을 위하여 행위한다는 뜻이 아니다.

(2) 현명의 방법

① 현명의 방법에는 제한이 없다. 따라서 서면 또는 구술로도 가능하다.

② 현명은 甲의 대리인 乙이라는 형식으로 행하여지는 것이 보통이다. 그러나 대리자격을 분명히 하지 아니하더라도, 법률행위를 전체로 보아 대리인을 위한 행위가 아니고 본인을 위하여 하는 행위라는 취지를 인식할 수 있는 정도의 표시가 있으면, 대리관계의 표시로 볼 수 있다.

[판례]

1. 대리인은 반드시 대리인임을 표시하여 의사표시를 하여야 하는 것이 아니고 <u>본인명의로도 할 수 있다</u>(대판 1963. 5. 9, 63다67).

2. <u>매매위임장을 제시하고 매매계약을 체결하는 자는</u> 특단의 사정이 없는 한 <u>소유자를 대리하여 매매행위하는 것이라고 보아야</u> 하고 매매계약서에 대리관계의 표시 없이 그 자신의 이름을 기재하였다고 해서 그것만으로 그 자신이 매도인으로서 타인물을 매매한 것이라고 볼 수는 없다(대판 1982. 5. 25, 81다1349 · 1209).

3. '<u>타인의 이름을 임의로 사용하여 계약을 체결한 경우</u>'에는 누가 그 계약의 당사자인가를 먼저 확정하여야 할 것으로서, <u>행위자 또는 명의인 가운데 누구를 당사자로 할 것인지</u>에 관하여 <u>행위자와 상대방의 의사가 일치한 경우</u>에는 그 일치하는 의사대로 행위자의 행위 또는 명의자의 행위로서 확정하여야 할 것이지만, <u>그러한 일치하는 의사를 확정할 수 없을 경우</u>에는 계약의 성질, 내용, 체결 경위 및 계약체결을 전후한 구체적인 제반 사정을 토대로 상대방이 합리적인 인간이라면 행위자와 명의자 중 누구를 계약당사자로 이해할 것인가에 의하여 당사자를 결정하고, 이에 터 잡아 계약의 성립 여부와 효력을 판단함이 상당하다(대판 1995. 9. 29, 94다4912).

4. 甲이 부동산을 금융기관에 담보로 제공함에 있어 동업자인 乙에게 그에 관한 대리권을 주었다면 乙이 동 금융기관과의 사이에 그 부동산에 관하여 근저당권설정계약을 체결함에 있어 그 피담보채무를 동업관계의 채무로 특정하지 아니하고 또 대리관계를 표시함이 없이 마치 자신이 甲 본인인 양 행세하였다 하더라도 위 근저당권설정계약은 대리인인 위 乙이 그의 권한범위 안에서 한 것인 이상 그 효력은 본인인 甲에게 미친다(대판 1987. 6. 23, 86다카1411).

5. 甲이 임대차계약을 체결함에 있어서 임차인 명의를 乙 명의로 하기는 하였으나 행위자(甲)인 자기의 이름이 乙인 것 같이 행세하여 계약을 체결함으로써, 임대인은 甲과 乙이 동일인인 것으로 알고 계약을 맺게 되었다면, 설사 甲이 乙을 위하여 하는 의사로서 위 계약을 체결하였다 하더라도 위 계약의 효력은 乙에게 미치지 않는다(대판 1974. 6. 11, 74다165).

③ **수동대리에서의 현명**: 수동대리의 경우 대리인이 본인을 위해 수령한다는 현명을 하는 것이 아니라, 반대로 상대방이 본인에 대한 의사표시임을 표시해야 한다(제114조 제2항).

(3) 현명하지 아니한 행위의 법률효과

> **제115조【본인을 위한 것임을 표시하지 아니한 행위】** 대리인이 본인을 위한 것임을 표시하지 아니한 때에는 그 의사표시는 자기를 위한 것으로 본다. 그러나 상대방이 대리인으로서 한 것임을 알았거나 알 수 있었을 때에는 전조 제1항의 규정을 준용한다.

① **원칙**: 대리인이 본인을 위한 것임을 표시하지 아니한 경우, 즉 현명하지 않은 대리행위는 대리인 자신을 위한 것으로 간주되므로(제115조 본문), 대리인이 법률관계의 당사자가 되어 그로 인한 효과도 대리인에게 직접 발생한다. 대리인은 자신을 위하여 행위할 의사가 없었다는 이유로 그 계약을 착오를 이유로 취소할 수 없다(통설).

② **예외**: 상대방 보호의 필요성이 없는 경우, 즉 상대방이 대리인으로서 한 것임을 알았거나 알 수 있었을 때에는 유효한 대리행위가 된다(제115조 단서).

③ **수동대리에의 적용 여부**: 제115조는 수동대리에는 적용이 없다. 따라서 상대방이 본인에게 효과를 미칠 의사로써, 그러나 이를 표시하지 않고서 대리인에게 의사표시를 한 경우에는 의사표시의 해석에 의하여 유효 여부가 결정된다.

판례

[1] 민법 제450조에 의한 채권양도통지는 양도인이 직접 하지 아니하고 사자를 통하여 하거나 대리인으로 하여금 하게 하여도 무방하고, 채권의 양수인도 양도인으로부터 채권양도통지 권한을 위임받아 대리인으로서 그 통지를 할 수 있다.

[2] 채권양도통지 권한을 위임받은 양수인이 양도인을 대리하여 채권양도통지를 함에 있어서는 민법 제114조 제1항 규정에 따라 양도인 본인과 대리인을 표시하여야 하는 것이므로, 양수인이 서면으로 채권양도통지를 함에 있어 대리관계의 현명을 하지 아니한 채 양수인 명의로 된 채권양도통지서를 채무자에게 발송하여 도달되었다 하더라도 이는 효력이 없다.

[3] 대리에 있어 본인을 위한 것임을 표시하는 이른바 현명은 반드시 명시적으로만 할 필요는 없고 묵시적으로도 할 수 있는 것이고, <u>채권양도통지를 함에 있어 현명을 하지 아니한 경우라도 채권양도통지를 둘러싼 여러 사정에 비추어 양수인이 대리인으로서 통지한 것임을 상대방이 알았거나 알 수 있었을 때에는 민법 제115조 단서의 규정에 의하여 유효하다</u>(대판 2004. 2. 13, 2003다43490).

(4) 현명주의의 예외

상행위에 있어서는 현명주의의 원칙이 적용되지 않는다. 즉, 상행위의 대리인이 본인을 위한 것임을 표시하지 아니하여도 그 행위는 본인에 대하여 효력이 있다. 그러나 상대방이 본인을 위한 것임을 알지 못한 때에는 대리인에 대하여도 이행의 청구를 할 수 있다(상법 제48조).

2. 대리행위의 하자

제116조 【대리행위의 하자】 ① 의사표시의 효력이 의사의 흠결, 사기, 강박 또는 어느 사정을 알았거나 과실로 알지 못한 것으로 인하여 영향을 받을 경우에 그 사실의 유무는 대리인을 표준하여 결정한다.
② 특정한 법률행위를 위임한 경우에 대리인이 본인의 지시에 좇아 그 행위를 한 때에는 본인은 자기가 안 사정 또는 과실로 인하여 알지 못한 사정에 관하여 대리인의 부지를 주장하지 못한다.

(1) 원칙

대리인은 자기의 결정에 따라 자기의 의사표시를 하는 것이지, 본인의 의사표시를 대행하거나 전달하는 것이 아니다. 그러므로 의사표시의 효력이 의사의 흠결 · 사기 · 강박 또는 어느 사정을 알았거나 과실로 알지 못한 것으로 인하여 영향을 받을 경우에, 그 사실의 유무는 '대리인'을 표준으로 결정하여야 한다(제116조 제1항). 그러나 그러한 대리행위의 하자로 인하여 발생하는 효과(⑩ 취소권 등)는 본인에게 귀속된다.

(2) 예외

특정한 법률행위를 위임한 경우에 대리인이 본인의 지시에 좇아 그 행위를 한 때에는 본인은 자기가 안 사정 또는 과실로 인하여 알지 못한 사정에 관하여 대리인의 부지를 주장하지 못한다(제116조 제2항).

3. 대리인의 능력

제117조 【대리인의 행위능력】 대리인은 행위능력자임을 요하지 아니한다.

대리인 자신은 대리행위의 법률효과의 귀속자가 아니기 때문에, 대리인은 행위능력이 없어도 된다. 제117조가 임의대리에 있어서 적용됨은 분명하지만, 법정대리에 있어서도 적용되는지에 관하여 견해의 대립이 있다.

04 대리의 효과

1. 법률효과의 본인에의 귀속

대리권이 있는 자가 그 권한의 범위 내에서 본인을 위한 것임을 표시하고 대리행위를 한 경우에는 직접 본인에 대하여 효력이 생긴다(제114조 제1항). 직접 본인에게 귀속하게 되는 효과는 대리인이 행한 당해 법률행위의 중심적 효과(⑩ 대리인이 건물을 매수한 경우에 등기청구권 등)는 물론이며, 그 밖에 부수적 효과(⑩ 취소권, 해제권, 담보책임 등)도 모두 본인에게 귀속된다.

2. 본인의 능력

대리행위의 효과는 본인에게 귀속하므로 본인은 최소한 권리능력은 가져야 한다. 그러나 본인은 스스로 의사표시를 하는 것이 아니므로, 대리인의 대리행위시 본인이 의사능력 및 행위능력을 가질 필요는 없다.

05 복대리 2013 · 2015 · 2016 · 2017 · 2018 · 2019 · 2021 · 2023 기출

1. 의의 및 법적 성질

(1) **의의**

복대리인이란 대리인이 그의 권한 내의 행위를 행하게 하기 위하여 대리인 자신의 이름으로 선임한 본인의 대리인을 말한다. 대리인이 복대리인을 선임할 수 있는 권한을 복임권이라 하고, 복대리인 선임행위를 복임행위라고 한다. 복임행위의 성질에 대해서 다수설은 대리권의 병존적 설정행위로 본다.

(2) **법적 성질**

① 복대리인도 역시 대리인이며 대리인의 단순한 사자나 보조자가 아니다.
② 복대리인은 대리인이 자신의 이름으로 선임한 자이며, 대리인이 본인의 이름으로 선임한 자가 아니다. 그러므로 복대리인 선임행위는 대리행위가 아니다.
③ 복대리인은 본인의 대리인이며 대리인의 대리인이 아니다.
④ 복대리인을 선임한 뒤에도 대리인의 대리권은 소멸하지 않는다.

2. 대리인의 복임권과 책임

> **제120조【임의대리인의 복임권】** 대리권이 법률행위에 의하여 부여된 경우에는 대리인은 본인의 승낙이 있거나 부득이한 사유가 있는 때가 아니면 복대리인을 선임하지 못한다.
> **제121조【임의대리인의 복대리인선임의 책임】** ① 전조의 규정에 의하여 대리인이 복대리인을 선임한 때에는 본인에게 대하여 그 선임감독에 관한 책임이 있다.
> ② 대리인이 본인의 지명에 의하여 복대리인을 선임한 경우에는 그 부적임 또는 불성실함을 알고 본인에게 대한 통지나 그 해임을 태만한 때가 아니면 책임이 없다.
> **제122조【법정대리인의 복임권과 그 책임】** 법정대리인은 그 책임으로 복대리인을 선임할 수 있다. 그러나 부득이한 사유로 인한 때는 전조 제1항에 정한 책임만이 있다.

(1) 임의대리인의 복임권과 책임

① 임의대리인은 원칙적으로 복임권(復任權)이 없다. 본래 임의대리인은 본인의 신임을 받은 자이고 언제든지 사임할 수 있기 때문에, 민법은 임의대리인에게는 예외적으로만 복임권을 인정한다. 여기의 '부득이한 사유'는 본인의 소재불명 등으로 본인의 승낙을 얻을 수 없거나 사임할 수 없는 사정이 있는 것을 의미한다(통설). '본인의 승낙'은 명시적 또는 묵시적으로도 행하여질 수 있으며, 승낙이 있는지 여부는 수권행위의 해석에 의하여 확정된다.

판례

[1] 대리의 목적인 법률행위의 성질상 대리인 자신에 의한 처리가 필요하지 아니한 경우에는 본인이 복대리 금지의 의사를 명시하지 아니하는 한 복대리인의 선임에 관하여 묵시적인 승낙이 있는 것으로 보는 것이 타당하다.

[2] 오피스텔의 분양업무는 그 성질상 … 대리인의 능력에 따라 본인의 분양사업의 성공 여부가 결정되는 것이므로, 사무처리의 주체가 별로 중요하지 아니한 경우에 해당한다고 보기 어렵다. 그렇다면 이 사건 분양위임에 복대리인의 선임에 관한 묵시적인 승낙이 있다고 한 원심판결에는 임의대리인의 복대리인 선임권에 관한 법리를 오해한 잘못이 있다(대판 1996. 1. 26, 94다30690).

② 임의대리인이 복대리인을 선임한 때에는 그 선임과 감독에 관하여 본인에 대하여 책임을 져야 한다. 그러나 대리인이 본인의 지명에 따라 복대리인을 선임한 경우에는 그 책임이 경감된다. 즉, 본인이 지명한 자가 '부적임 또는 불성실함을 알고 본인에게 대한 통지나 그 해임을 태만한 때'에 한하여 책임을 진다.

(2) 법정대리인의 복임권과 책임

① 법정대리인은 언제나 복임권이 있다. 법정대리인은 본인의 신임에 기하여 대리인이 된 자가 아니고, 임의로 사임할 수 없으며, 본인이 복대리인 선임에 관하여 승낙할 능력을 가지지 못하는 것이 통상적일 뿐만 아니라, 법정대리인의 직무범위가 광범위하다는 등의 이유 때문이다. 다만, 법정대리인의 복임권을 제한하는 특별규정이 있으면 그에 의한다.

② 법정대리인은 복대리인의 행위에 관하여 선임·감독에 과실이 있는지를 묻지 않고 '모든 책임'을 진다(제122조 본문). 즉, 법정의 무과실책임이다. 다만, 부득이한 사유로 복대리인을 선임한 경우에는 임의대리인과 동일한 책임(선임·감독의 책임)만을 진다(제122조 단서).

3. 복대리인의 지위

> **제123조【복대리인의 권한】** ① 복대리인은 그 권한 내에서 본인을 대리한다.
> ② 복대리인은 본인이나 제3자에 대하여 대리인과 동일한 권리의무가 있다.

(1) 본인과의 관계

우리 민법은 복대리인은 본인에 대하여 대리인과 동일한 권리·의무가 있다(제123조 제2항)고 규정한다. 따라서 대리인이 수임인인 경우에는 복대리인도 본인에 대하여 수임인으로서 선관주의의무(제681조), 취득물의 인도의무(제684조), 보수청구권(제686조), 비용상환청구권(제688조) 등의 권리·의무를 가지게 된다.

(2) 상대방과의 관계

복대리인은 그 권한 내에서 본인을 대리한다(제123조 제1항). 따라서 복대리인의 대리행위에 관해서는 대리의 일반원칙이 적용된다. 그리고 복대리인은 제3자에 대하여 대리인과 동일한 권리·의무가 있다(제123조 제2항).

(3) 대리인과의 관계

복대리인은 대리인에 의하여 선임된 자이므로 대리인의 감독을 받는다. 그리고 복대리인의 대리권은 그 범위나 존립에 있어서 대리인의 대리권에 의존한다. 따라서 복대리권은 대리권을 초과할 수 없으며, 대리인의 대리권이 소멸하면 복대리인의 복대리권도 소멸한다.

(4) 복대리인의 복임권

복대리인이 다시 복대리인을 선임할 수 있는지가 문제된다. 제123조 제2항의 규정과 복대리인이 다시 복대리인을 선임하여야 할 실제상의 필요성을 중시하여 임의대리인과 동일한 조건(제120조)하에서 복대리인의 복임권도 인정된다(통설).

4. 복대리권의 소멸

(1) 대리권의 일반적 소멸사유

복대리권도 대리권이므로 대리권의 일반적 소멸사유에 의해 소멸한다(⑩ 본인의 사망, 복대리인의 사망·성년후견의 개시·파산). 또한 복대리인은 대리인의 수권행위에 의해 발생하는 임의대리인이므로, 대리인과 복대리인 사이의 원인된 법률관계의 종료(제128조 전문), 대리인의 복대리인에 대한 수권행위의 철회(제128조 후문)에 의해 복대리권은 소멸한다.

(2) 대리인의 대리권 소멸로 인한 복대리권의 소멸

복대리권은 대리권을 기초로 하므로 대리인의 대리권이 소멸하면 복대리권도 소멸한다(예 본인의 사망, 대리인의 사망·성년후견의 개시·파산, 본인과 대리인 사이의 원인된 법률관계의 종료, 본인의 대리인에 대한 수권행위의 철회).

06 무권대리

1. 의의

무권대리란 대리권 없이 행한 대리행위, 즉 대리행위의 다른 요건을 모두 갖추고 있으나 대리권만이 없는 행위를 말한다. 무권대리행위의 효과는 대리권이 존재하지 않기 때문에 본인에게 귀속될 수 없으며, 또한 대리의사로 행위하였기 때문에 대리인에게 귀속될 수도 없다. 이러한 결과는 대리행위의 상대방에게 불측의 손해를 주기 때문에 민법은 2가지 방향에서 규정을 두고 있다. 즉, 대리권이 존재하는 것과 같은 외관이 존재하고, 이에 대하여 본인이 어느 정도의 원인제공을 하였을 때에는 표현대리라고 하여 대리권을 신뢰한 상대방을 보호하기 위하여 그 대리행위에 의한 법률효과를 정당한 대리행위에서와 같이 본인에게 귀속시킨다. 그리고 표현대리가 성립하지 않는 경우(협의의 무권대리)에는 무권대리행위를 확정적으로 무효로 하지 않고, 본인의 추인에 의하여 대리행위의 효과를 본인에게 귀속시키며, 본인의 추인이 없으면 무권대리인에게 책임을 지운다.

2. 표현대리 2014·2015·2016·2017·2018·2020·2021 기출

(1) 의의 및 법적 성질

① 표현대리라 함은 대리인에게 대리권이 없음에도 불구하고 마치 그것이 있는 것과 같은 외관이 있고, 그 외관의 형성에 본인이 어느 정도의 원인을 주고 있는 경우에 본인에게 그 무권대리행위에 대하여 책임을 지도록 하는 제도이다.

② 표현대리는 무권대리의 일종(통설)으로서, 외관을 신뢰한 상대방을 보호하고 거래의 안전을 보장하며 나아가 대리제도의 신용을 유지하기 위한 제도이다. 이러한 표현대리제도의 이론적 근거는 영미법상의 금반언의 원리 내지 독일법상의 권리외관이론에 기초하고 있다.

당사자가 변론에서 주장한 주요사실만이 심판의 대상이 되는 것으로서 여기서 주요 사실이라 함은 법률효과를 발생시키는 실체법상의 구성요건 해당사실을 말한다. 대리권에 기한 대리의 경우나 표현대리의 경우나 모두 제3자가 행한 대리행위의 효과가 본인에게 귀속된다는 점에서는 차이가 없으나, 유권대리에 있어서는 본인이 대리인에게 수여한 대리권의 효력에 의하여 법률효과가 발생하는 반면 표현대리에 있어서는 대리권이 없음에도 불구하고 법률이 특히 거래상대방 보호와 거래안전유지를 위하여 본래 무효인 무권대리행위의 효과를 본인에게 미치게 한 것으로서, 표현대리가 성립된다고 하여 무권대리의 성질이 유권대리로 전환되는 것은 아니므로, 양자의 구성요건 해당사실, 즉 주요사실은 다르다고 볼 수밖에 없다. 그러므로 유권대리에 관한 주장 속에 무권대리에 속하는 표현대리의 주장이 포함되어 있다고 볼 수 없으며, 따로 표현대리에 관한 주장이 없는 한 법원은 나아가 표현대리의 성립 여부를 심리판단할 필요가 없다고 할 것이다(대판 1983. 12. 13, 83다카1489).

(2) 제125조의 표현대리(대리권수여표시에 의한 표현대리)

> **제125조【대리권수여의 표시에 의한 표현대리】** 제3자에 대하여 타인에게 대리권을 수여함을 표시한 자는 그 대리권의 범위 내에서 행한 그 타인과 그 제3자 간의 법률행위에 대하여 책임이 있다. 그러나 제3자가 대리권 없음을 알았거나 알 수 있었을 때에는 그러하지 아니하다.

① **의의**: 제3자에 대하여 타인에게 대리권을 수여함을 표시한 자는 그 표시의 범위 내에서 행한 그 타인과 그 제3자 간의 법률행위에 대하여 책임이 있다.

② **요건**

　㉠ 대리권수여의 표시

　　ⓐ **표시의 법적 성질**: 제125조의 표시는 수권행위가 아니고, 수권행위가 있었다는 뜻을 알리는 관념의 통지이다(통설).

　　ⓑ **표시의 방법**: 표시의 방법에는 제한이 없다. 서면에 의할 수도 있고 구두로 할 수도 있다. 특정의 제3자에게 하든 신문광고처럼 불특정 다수인에게 하든 상관없다. 본인이 직접 하지 않고 대리인이 될 자를 통해서 하더라도 무방하다. 대리권수여의 표시는 명시적 또는 묵시적으로 할 수 있다.

1. 민법 제125조가 규정하는 대리권수여의 표시에 의한 표현대리는 본인과 대리행위를 한 자 사이의 기본적인 법률관계의 성질이나 그 효력의 유무와는 직접적인 관계가 없이 어떤 자가 본인을 대리하여 제3자와 법률행위를 함에 있어 본인이 그자에게 대리권을 수여하였다는 표시를 제3자에게 한 경우에는 성립될 수가 있고, 또 본인에 의한 대리권수여의 표시는 반드시 대리권 또는 대리인이라는 말을 사용하여야 하는 것이 아니라 사회통념상 대리권을 추단할 수 있는 직함이나 명칭 등의 사용을 승낙 또는 묵인한 경우에도 대리권수여의 표시가 있은 것으로 볼 수 있다. 호텔 등의 시설이용 우대 회원 모집계약을 체결하면서 자신의 판매점, 총대리점 또는 연락사무소 등의 명칭을 사용하여 회원 모집 안내를 하거나 입회계약을 체결하는 것을 승낙 또는 묵인하였다면 민법 제125조의 표현대리가 성립할 여지가 있다(대판 1998. 6. 12, 97다53762).

2. 금융기관의 직원이 고객관리차원에서 장기간 동안 고객의 예금을 파출수납의 방법으로 입금 및 인출하여 오던 중 고객으로부터 예금인출 요구를 받지 않았음에도 불구하고 인출을 요구받아 파출업무를 수행하는 것처럼 가장하여 금융기관의 영업부 직원에게 구두로 출금을 요구하여 돈을 받은 후 고객 몰래 인장을 찍어 둔 인출청구서에 고객의 서명을 위조하여 위 영업부 직원에게 교부하는 방법으로 여러 차례에 걸쳐 금원을 인출한 경우, 파출수납의 방법에 의한 예금 입·출금은 금융기관 직원 자신의 직무를 수행하는 것에 불과하고, 고객이 직원에게 예금 입·출금과 관련한 대리권을 '수여'하였다거나 그 '수여의 의사를 표시'한 것으로 볼 수는 없다(대판 2001. 2. 9, 99다48801).

ⓒ 표시의 철회 : 표시는 표현대리인이 대리행위를 하기 전에는 철회를 할 수 있지만, 그 철회는 표시와 동일한 방법으로 상대방에게 알려야 한다.

ⓛ 표시된 대리권의 범위 내의 대리행위 : 표현대리인이 표시된 대리권의 범위 내에서 대리행위를 하여야 한다. 만약 그 범위를 넘으면 권한을 넘은 표현대리(제126조)가 된다. 그리고 대리행위는 표시의 통지를 받은 상대방과 하였어야 한다. 통지를 불특정인에게 한 경우에는 문제가 없으나, 특정인에게 한 때에는 그 특정인만이 제125조의 보호를 받는 상대방이 된다.

ⓒ 상대방의 선의·무과실 : 제125조의 표현대리가 성립하려면, 상대방(제3자)은 선의·무과실이어야 한다. 대리권수여의 표시를 받은 제3자가 표현대리인에게 대리권이 수여되지 않았음을 알았거나 알 수 있었을 경우에는 제125조가 적용되지 아니한다. 본인이 상대방의 악의·과실에 대한 입증책임이 있다(통설).

③ 적용범위

ㄱ 제125조의 표현대리는 임의대리에 한하여 적용되며, 법정대리에는 적용되지 않는다(판례).

ㄴ 제125조의 표현대리는 복대리에도 적용된다.

ㄷ 공법행위에는 표현대리규정이 적용되지 않는다. 다만, 국가나 지방자치단체가 사경제의 주체로서 법률행위를 하였을 때에는 표현대리의 법리를 적용한다(판례).

ㄹ 소송행위에는 민법상의 표현대리규정이 적용 또는 유추적용될 수 없다(판례).

(3) 제126조의 표현대리(권한을 넘은 표현대리)

> **제126조【권한을 넘은 표현대리】** 대리인이 그 권한 외의 법률행위를 한 경우에 제3자가 그 권한이 있다고 믿을 만한 정당한 이유가 있는 때에는 본인은 그 행위에 대하여 책임이 있다.

① **의의** : 대리인이 그 대리권의 범위를 넘어 대리행위를 한 경우에 그 대리권을 신뢰하여 거래한 자를 보호하기 위하여 대리권의 범위 내에서 대리행위를 한 것과 동일한 법률관계를 인정하는 것을 말한다.

② **요건**

　㉠ 기본대리권의 존재

　　ⓐ 대리인이 그 권한 외의 법률행위를 한 경우에 본조가 적용되므로 대리인은 최소한 일정범위의 대리권을 반드시 가지고 있어야 한다.

　　ⓑ 기본대리권의 종류에는 제한이 없다. 그것이 반드시 그 월권대리행위와 같거나 유사한 종류의 대리권이어야 하는 것은 아니다. 즉, 제126조의 표현대리는 문제된 법률행위와 수여받은 대리권 사이에 아무런 관계가 없는 경우에도 적용이 된다.

　　ⓒ 사실행위를 할 수 있는 권한을 부여한 경우에 그러한 사실행위에 관한 권한을 기본대리권으로 볼 수 있느냐가 문제된다. 판례는 사실행위를 하는 사자(使者)의 행위에 대해 제126조의 표현대리를 긍정한 것과 고객의 유치·투자상담 등 사실행위를 위임받은 경우에 제126조의 표현대리를 부정한 것이 있다.

판례

1. 공법상의 대리권 : 기본대리권이 등기신청, 영업허가신청, 이사취임등록 등 공법상의 행위에 관한 것이고 표현대리행위가 사법상의 행위(대물변제, 매매 등)일지라도 제126조의 표현대리는 성립한다(대판 1978. 3. 28, 78다282·283).

2. 사실행위를 위한 사자 : 대리인이 아니고 <u>사실행위를 위한 사자</u>라 하더라도 외관상 그에게 어떠한 권한이 있는 것 같은 표시 내지 행동이 있어 상대방이 그를 믿었고 또 그를 믿음에 있어 정당한 사유가 있었다면 <u>표현대리의 법리에 의하여 본인에게 책임지워 상대방을 보호하여야 할 것이다</u>(대판 1962. 2. 8, 61다192).

3. 사실행위를 위임받은 경우 : 제126조의 표현대리가 성립하기 위해서는 무권대리인에게 법률행위에 관한 기본대리권이 있어야 하는바, <u>증권회사로부터 위임받은 고객의 유치·투자상담 및 권유·위탁매매약정실적의 제고 등의 업무는 사실행위에 불과하므로 이를 기본대리권으로 하여서는 권한 초과의 표현대리가 성립할 수 없다</u>(대판 1992. 5. 26, 91다32190).

4. 복대리권 : 복대리인이 권한을 넘은 대리행위를 한 경우에도 표현대리가 인정된다(대판 1967. 11. 21, 66다2197).

5. 표현대리권 : 제129조에 의하여 표현대리로 인정되는 경우에 그 표현대리의 권한을 넘은 대리행위가 있을 때에도 제126조의 표현대리가 성립할 수 있다(대판 1979. 3. 27, 79다234).

6. 부부의 일상가사대리권 : 문제가 된 부부의 행위가 일상가사에 속하지 않더라도 일상가사대리권을 기본대리권으로 한 제126조의 표현대리를 인정한다(대판 1967. 8. 29, 67다1125). 다만, 부부는 인장, 권리문서 등 권리외관을 용이하게 작출할 수 있다는 점에서 정당한 이유를 엄격하게 해석하고 있다.

7. 인장교부 : 판례는 '단순히 타인의 인장을 보관'하는 자가 타인 명의의 문서를 위조하여 소유권이전등기를 경료한 경우에 대리권을 수반하는 것으로 볼 수 없다고 하면서도(대판 1973. 6. 5, 72다2617), '특정한 거래행위와 관련하여 인장을 교부한 때'에는 일반적으로 대리권수여가 있다고 한다.
즉, [1] 각종 등기절차를 위임하면서 인장을 교부한 경우(대판 1964. 7. 21, 64다494), [2] 은행으로부터 융자를 받을 것을 의뢰하면서 인장 및 등기권리증을 교부한 경우(대판 1963. 1. 17, 62다775) 등에 기본대리권의 존재를 긍정하고 있다. 한편, 인감증명서는 인장사용에 부수해서 그 확인방법으로 사용되며 인장사용과 분리해서 그것만으로서는 어떤 증명방법으로 사용되는 것이 아니므로 '인감증명서만의 교부'는 일반적으로 어떤 대리권을 부여하기 위한 행위라고 볼 수 없다고 한다(대판 1978. 10. 10, 78다75).

8. 대리인이 사자 내지 임의로 선임한 복대리인을 통하여 권한 외의 법률행위를 한 경우, 상대방이 그 행위자를 대리권을 가진 대리인으로 믿었고 또한 그렇게 믿는 데에 정당한 이유가 있는 때에는, 복대리인 선임권이 없는 대리인에 의하여 선임된 복대리인의 권한도 기본대리권이 될 수 있고, 그 행위자가 사자라고 하더라도 대리행위의 주체가 되는 대리인이 별도로 있고 그들에게 본인으로부터 기본대리권이 수여된 이상, 제126조를 적용함에 있어서 기본대리권의 흠결 문제는 생기지 않는다 (대판 1998. 3. 27, 97다48982).

ⓛ 권한을 넘은 대리행위 : 표현대리인과 제3자(상대방) 사이에 대리행위가 있어야 한다. 여기의 제3자라 함은 당해 표현대리행위의 직접 상대방이 된 자만을 지칭하는 것이다.

판례

1. [1] 민법 제126조의 표현대리는 대리인이 본인을 위한다는 의사를 명시 혹은 묵시적으로 표시하거나 대리의사를 가지고 권한 외의 행위를 하는 경우에 성립하고, '사술을 써서 위와 같은 대리행위의 표시를 하지 아니하고 단지 본인의 성명을 모용하여 자기가 마치 본인인 것처럼 기망하여 본인 명의로 직접 법률행위를 한 경우'에는 특별한 사정이 없는 한 위 법조 소정의 표현대리는 성립될 수 없다. … 특별한 사정이 있는 경우에 한하여 민법 제126조 소정의 표현대리의 법리를 유추적용할 수 있다고 할 것인데, 여기서 특별한 사정이란 본인을 모용한 사람에게 본인을 대리할 기본대리권이 있었고, 상대방으로서는 위 모용자가 본인 자신으로서 본인의 권한을 행사하는 것으로 믿은 데 정당한 사유가 있었던 사정을 의미한다.
   [2] 처가 제3자를 남편으로 가장시켜 관련 서류를 위조하여 남편 소유의 부동산을 담보로 금원을 대출받은 경우, 남편에 대한 민법 제126조 소정의 표현대리책임이 성립하지 아니한다(대판 2002. 6. 28, 2001다49814).

2. 본인으로부터 아파트에 관한 임대 등 일체의 관리권한을 위임받아 본인으로 가장하여 아파트를 임대한 바 있는 대리인이 다시 자신을 본인으로 가장하여 임차인에게 아파트를 매도하는 법률행위를 한 경우에는 권한을 넘은 표현대리의 법리를 유추적용하여 본인에 대하여 그 행위의 효력이 미친다고 볼 수 있다(대판 1993. 2. 23, 92다52436).

3. 권한을 넘은 표현대리에 관한 민법 제126조의 규정에서 제3자라 함은 당해 표현대리행위의 직접 상대방이 된 자만을 지칭하는 것이고, 이는 위 규정을 배서와 같은 어음행위에 적용 또는 유추적용할 경우에 있어서도 마찬가지로 보아야 할 것이며, 약속어음의 배서행위의 직접 상대방은 그 배서에 의하여 어음을 양도받은 피배서인만을 가리키고 그 피배서인으로부터 다시 어음을 취득한 자는 민법 제126조 소정의 제3자에는 해당하지 아니한다(대판 1994. 5. 27, 93다21521).

ⓒ 정당한 이유의 존재
   ⓐ 정당한 이유가 있는 경우란 상대방이 대리권의 존재를 믿었고 또한 그렇게 믿는 데에 과실이 없었음을 의미한다. 즉, 상대방은 선의·무과실이어야 한다.
   ⓑ 정당한 이유의 유무는 대리행위시를 기준으로 판단하며, 그 이후의 사정은 고려할 것이 아니다(판례). 또한, 정당한 이유의 유무는 보통인을 기준으로 판단한다(판례).

ⓒ 정당한 이유의 입증책임에 관해서는 ⅰ) 제125조, 제129조의 표현대리에 있어서와 해석을 달리할 근거가 없으므로 본인이 상대방의 악의·과실을 입증하여야 한다는 견해와 ⅱ) 상대방이 정당한 이유를 입증해야 한다는 견해가 대립한다. 판례에 따르면 제126조에 의한 표현대리행위로 인정된다는 점의 주장 및 입증책임은 그것을 유효하다고 주장하는 자에게 있다고 한다.

> **판례**
>
> 1. 남편이 정신병으로 장기간 병원에 입원하였고 입원 당시 입원비, 생활비, 자녀교육비 등을 준비하여 두지 아니한 경우에 그 아내에게 가사대리권이 있었고, 남편소유의 집을 적정가격으로 매도하여 그로서 위 비용에 충당하고 나머지로서 대신 들어가 살 집을 매수하였다면 매수인이 이러한 사유를 알았건 몰랐건 간에 객관적으로 보아서 그 처에게 남편의 대리권이 있다고 믿을 만한 정당한 사유가 된다고 보아야 할 것이다(대판 1970. 10. 30, 70다1812).
> 2. 소외 甲이 해외체류 중인 남편 乙의 대리인으로 부동산을 매수하여 乙의 이름으로 소유권이전등기를 하였다가 위 乙의 인감도장과 그 부동산의 등기권리증 및 부동산 명의변경용 인감증명서를 소외 丙에게 교부하여 丙이 그 명의로 소유권이전등기를 마친 것이라면 위 丙으로서는 甲에게 본건 부동산에 관하여 乙을 대리할 대리권이 있다고 믿을 만한 정당한 이유가 있었다고 볼 것이다(대판 1984. 11. 27, 84다310·84다카1283).

③ **적용범위**

ㄱ 제126조의 표현대리는 임의대리와 법정대리에 모두 적용된다(판례).

ㄴ 제125조와 제129조의 표현대리가 성립하는 경우에 그 표현대리권의 범위를 넘어 대리행위를 하는 경우에도 제126조의 표현대리가 성립한다.

ㄷ 공법행위·소송행위에는 표현대리규정이 적용되지 않는다.

(4) 제129조의 표현대리(대리권 소멸 후의 표현대리)

> **제129조【대리권 소멸 후의 표현대리】** 대리권의 소멸은 선의의 제3자에게 대항하지 못한다. 그러나 제3자가 과실로 인하여 그 사실을 알지 못한 때에는 그러하지 아니하다.

① **의의**: 대리권이 소멸하여 대리권이 없게 된 자가 마치 대리권이 존속하는 것처럼 하여 대리행위를 한 경우에 있어서 이를 믿고 거래한 상대방을 보호하기 위하여 상대방이 선의·무과실인 경우에 그 대리행위의 효과를 본인에게 귀속시키기 위한 것이다.

② **요건**

ㄱ 이전에 존재하였던 대리권이 소멸하였을 것: 대리인이 이전에는 대리권을 가지고 있었으나 대리행위를 할 때에는 그 대리권이 이미 소멸하였어야 한다. 당초부터 전혀 대리권이 존재하지 않았던 경우에는 본조가 적용될 여지가 없다.

ⓛ 소멸한 대리권의 범위 내의 행위를 할 것 : 만약 대리행위가 소멸한 대리권의 범위를 넘어서서 행하여졌다면, 제126조의 표현대리가 문제된다.

ⓒ 상대방은 선의·무과실일 것

    ⓐ 대리인이 과거에 대리권을 가지고 있었기 때문에 지금도 그 대리권이 존속하는 것으로 상대방이 믿고(선의), 또한 그와 같이 믿은 데에 과실이 없어야 한다. 또한 대리권이 이전에 존재하였던 것과 상대방의 신뢰 사이에 인과관계가 있어야 한다.

    ⓑ 제129조의 요건사실 중 존재하였던 대리권이 소멸하였다는 점 및 대리인이 권한 내의 대리행위를 하였다는 점에 대해서는 상대방이 이를 주장·입증하여야 한다. 그런데 선의·무과실의 입증책임에 관하여는 ⅰ) 다른 표현대리와 달리 취급할 이유가 없으므로 본인이 상대방의 악의·과실을 입증해야 한다는 견해와 ⅱ) 선의는 상대방이 입증해야 하고, 상대방에게 과실이 있다는 점은 본인이 입증해야 한다는 견해가 대립한다.

③ **적용범위** : 제129조의 표현대리는 임의대리와 법정대리에 모두 적용된다(판례).

> **판례**
>
> 대리인이 대리권 소멸 후 직접 상대방과 사이에 대리행위를 하는 경우는 물론, 대리인이 대리권 소멸 후 복대리인을 선임하여 복대리인으로 하여금 상대방과 사이에 대리행위를 하도록 한 경우에도 상대방이 대리권 소멸 사실을 알지 못하여 복대리인에게 적법한 대리권이 있는 것으로 믿었고, 그와 같이 믿은 데 과실이 없다면 민법 제129조에 의한 표현대리가 성립할 수 있다(대판 1998. 5. 29, 97다55317).

(5) 표현대리의 효과

① **본인의 책임** : 표현대리의 요건이 충족되면 표현대리인이 한 법률행위의 효과는 본인에게 발생한다. 그 결과 본인은 상대방에 대해 그 표현대리행위에 따른 권리와 의무를 가지게 된다.

> **판례**
>
> 표현대리행위가 성립하는 경우에 그 본인은 표현대리행위에 의하여 전적인 책임을 져야 하고, 상대방에게 과실이 있다고 하더라도 과실상계의 법리를 유추적용하여 본인의 책임을 경감할 수 없다(대판 1996. 7. 12, 95다49554).

② **표현대리의 주장자** : 표현대리는 상대방이 이를 주장한 경우에 비로소 문제가 되는 것이고, 상대방이 주장하지 않는 한 본인 쪽에서 표현대리를 주장하지 못한다(통설). 본인은 상대방이 무권대리행위를 철회하기 전에 먼저 추인을 하는 수밖에 없다. 반대로 본인이 무권대리행위의 추인을 거절하여도 상대방에 의한 표현대리의 주장을 막지는 못한다.

③ 상대방이 표현대리를 주장하지 않는 경우의 효과

㉠ 표현대리가 성립하더라도 상대방이 이를 주장하지 않는 한 무권대리로 취급된다. 따라서 무권대리에 관한 민법의 규정은 상대방의 주장이 없는 표현대리에 관하여도 적용된다. 그 결과 ⓐ 본인의 추인권(제130조) ⓑ 본인의 추인거절권(제132조) ⓒ 상대방의 최고권(제131조) ⓓ 상대방의 철회권(제134조)이 인정된다.

㉡ 다만, 상대방에 대한 무권대리인의 책임(제135조)의 적용 여부에 대하여는 학설이 대립되며, 다수설은 제135조의 적용을 부정한다.

⑹ **강행규정에 위반한 대리행위와 표현대리**

대리인의 대리행위가 강행규정 위반으로 무효인 경우에 표현대리를 적용하여 상대방이 본인에게 책임을 물을 수 있느냐가 문제된다. 판례는 이를 부정한다. 예컨대, 투자수익보장약정은 증권거래법상의 강행규정에 위반되어 무효인데, 증권회사의 지점장에게 그와 같은 약정을 체결할 권한이 수여되었는지 여부에 불구하고 그 약정은 여전히 무효이므로 표현대리의 법리가 준용될 여지가 없다(판례). 이는 표현대리규정에 의하여 본인이 대리행위의 구속을 받기 위해서는 대리권의 부존재를 제외하고 대리행위에 다른 장애사유가 있어서는 안 되기 때문이다.

> **판례**
>
> 계약체결의 요건을 규정하고 있는 강행법규에 위반한 계약은 무효이므로 그 경우에 계약상대방이 선의·무과실이더라도 표현대리 법리가 적용될 여지는 없다. 따라서 도시 및 주거환경정비법에 의한 주택재건축조합의 대표자가 그 법에 정한 강행규정에 위반하여 적법한 총회의 결의 없이 계약을 체결한 경우에는 상대방이 그러한 법적 제한이 있다는 사실을 몰랐다거나 총회결의가 유효하기 위한 정족수 또는 유효한 총회결의가 있었는지에 관하여 잘못 알았더라도 계약이 무효임에는 변함이 없다(대판 2016. 5. 12, 2013다49381).

3. 협의의 무권대리 2013·2015·2016·2017·2018·2019·2020·2021·2022·2023 기출

⑴ **의의**

무권대리 중에 제125조, 제126조, 제129조의 표현대리를 제외한 경우가 협의의 무권대리이다. 한편 표현대리에 해당하는 경우에도 상대방이 이를 주장하지 않은 동안은 그것이 협의의 무권대리가 된다. 우리 민법은 협의의 무권대리를 계약의 무권대리(제130조~제135조)와 단독행위의 무권대리(제136조)로 나누어 규정하고 있다.

(2) 계약의 무권대리

① 본인과 상대방 사이의 효과

㉠ 의의 : 제130조는 무권대리행위가 원칙적으로 본인에 대하여 효력이 없음을 규정하면서, 무권대리행위라도 본인에게 유리할 수도 있고 상대방을 위해서도 그대로 효력이 인정되는 것이 당초의 기대에 부합하기 때문에, 본인의 추인에 의하여 그 효력이 발생하도록 하였다. 즉, 무권대리행위에 기한 계약이 본인에 대하여 효력을 발생하는가는 본인의 추인에 좌우된다. 결국 협의의 무권대리의 무효는 본인의 추인에 의하여 유효로 될 수 있는 '유동적 무효'이다.

㉡ 본인의 추인권

> 제130조【무권대리】대리권 없는 자가 타인의 대리인으로 한 계약은 본인이 이를 추인하지 아니하면 본인에 대하여 효력이 없다.
>
> 제132조【추인, 거절의 상대방】추인 또는 거절의 의사표시는 상대방에 대하여 하지 아니하면 그 상대방에 대항하지 못한다. 그러나 상대방이 그 사실을 안 때에는 그러하지 아니하다.
>
> 제133조【추인의 효력】추인은 다른 의사표시가 없을 때에는 계약시에 소급하여 그 효력이 생긴다. 그러나 제3자의 권리를 해하지 못한다.

ⓐ 추인의 의의 : 추인은 무권대리행위의 효과를 자기에게 귀속시키도록 하는 상대방 있는 단독행위로서, 일종의 형성권이다. 추인에는 상대방·무권대리인의 동의나 승낙이 필요하지 않다. 또한, 추인은 사후의 대리권의 수여가 아니다.

ⓑ 추인권자와 추인의 상대방

- 추인은 본인뿐만 아니라 대리인도 할 수 있고, 본인이 사망한 경우 상속인도 추인할 수 있다.
- 추인의 의사표시는 무권대리인에 대해서는 물론, 무권대리행위의 직접의 상대방 및 그 무권대리행위로 인한 권리 또는 법률관계의 승계인에게도 가능하다. 그런데 상대방에 대하여 추인하는 경우에는 추인으로서의 완전한 효력이 생기지만, 무권대리인에 대하여 추인하는 경우에는, 상대방이 추인이 있었음을 알지 못한 때에는 이에 대하여 추인의 효과를 주장하지 못한다(제132조). 따라서 추인이 있었음을 알지 못하는 상대방은 철회를 할 수 있다(제134조). 그러나 이 경우에도 상대방이 추인이 있었음을 주장하는 것은 상관없다.

ⓒ 추인의 방법 : 추인에 특별한 방식이 요구되지 않으므로 명시적으로 하여야 하는 것은 아니며, 묵시적으로도 할 수 있다. 또한, 재판 외에서뿐만 아니라 재판상으로도 가능하고, 서면은 물론 구술로서도 가능하다. 그러나 추인은 원칙적으로 무권대리행위의 전부에 대하여 행하여져야 하고, 그 일부에 대하여 추인을 하거나 그 내용을 변경하여 추인을 하였을 경우에는, 상대방의 동의를 얻지 못하는 한 무효이다.

판례

1. 추인을 긍정한 사례

[1] 무권대리인이 체결한 매매계약상의 매매대금 전부 또는 일부를 본인이 상대방 또는 무권대리인으로부터 받은 경우(대판 1992. 2. 28, 91다15584)

[2] 본인이 무권대리인이 체결한 임대차계약상의 차임의 일부를 무권대리인에게 지급한 경우(대판 1984. 12. 11, 83다카1531)

[3] 처가 타인으로부터 금원을 차용하면서 승낙 없이 남편 소유 부동산에 근저당권을 설정한 것을 알게 된 남편이, 처의 채무변제에 갈음하여 아파트와 토지를 처가 금전을 차용한 자에게 이전하고 그 토지의 시가에 따라 사후에 정산하기로 합의한 후 그 합의가 결렬되어 이행되지 않았다고 하더라도, 일단 처가 차용한 사채를 책임지기로 한 이상 남편은 처의 근저당권설정 및 금원차용의 무권대리행위를 추인한 것이다(대판 1995. 12. 22, 94다45098).

2. 추인을 부정한 사례

타인의 형사책임을 수반하는 무권대리행위에 의하여 권리의 침해를 받은 자가 그 침해사실을 알고서도 장기간 형사고소나 민사소송을 제기하지 않은 경우에 그 사실만으로 그 행위에 대하여 묵시적인 추인이 있었다고 단정할 수 없다(대판 1967. 12. 18, 67다2294 · 2295).

ⓓ **추인의 효과**: 추인이 있으면 무권대리행위는 처음부터 유권대리에서와 같은 법률효과가 발생한다(제133조 본문). 그러나 이러한 추인의 소급효의 원칙에는 다음의 두 가지 예외가 있다. 즉, 다른 의사표시가 있으면 추인의 소급효는 제한되고(제133조 본문), 추인의 소급효는 제3자의 권리를 해하지 못한다(제133조 단서).

ⓒ **본인의 추인거절권**

ⓐ 무권대리는 본인이 이를 방치하더라도 본인에게 효력이 생기지 않지만, 본인은 적극적으로 추인의 의사가 없음을 통지하여 무권대리를 확정적으로 무효로 할 수 있다.

ⓑ 추인거절의 상대방과 방법은 추인에서와 같다(제132조).

ⓒ 본인의 추인거절이 있으면, 무권대리행위는 무효인 것으로 확정된다. 따라서 본인은 다시 추인할 수 없으며, 상대방도 최고권이나 철회권을 행사할 수 없다.

ⓓ 상속에 의해 본인의 지위와 무권대리인의 지위가 동일인에게 귀속한 경우

• **무권대리인이 본인을 상속한 경우**: 무권대리행위는 당연히 유효로 되고 본인의 지위에서 추인을 거절하지 못한다고 하는 당연유효설과, 본인의 지위와 무권대리인의 지위가 혼동되지 않고 병존하므로 추인을 거절할 수 있는 것으로 보자는 병존설이 대립한다. 판례는 이러한 경우에 있어 무권대리인이 본인의 지위에서 추인을 거절하는 것은 금반언의 원칙이나 신의칙상 허용되지 않는다고 본다.

판례

乙이 대리권 없이 甲 소유의 부동산을 丙에게 매도하여 부동산소유권이전등기 등에 관한 특별조 치법에 의하여 소유권이전등기를 마치어 주었다고 하여도 그 매매계약은 무효이고 이에 터 잡은 이전등기 역시 무효가 되나, 乙은 甲의 무권대리인으로서 민법 제135조 제1항의 규정에 의하여 매수인인 丙에게 부동산에 대한 소유권이전등기를 이행할 의무가 있으므로 그러한 지위에 있는 乙이 甲으로부터 부동산을 상속받아 그 소유자가 되어 소유권이전등기이행의무를 이행하는 것 이 가능하게 된 시점에서 자신이 소유자라고 하여 자신으로부터 부동산을 전전매수한 丁에게 <u>원래 자신의 매매행위가 무권대리행위여서 무효였다는 이유로 丁 앞으로 경료된 소유권이전등 기가 무효의 등기라고 주장하여 그 등기의 말소를 청구하거나 부동산의 점유로 인한 부당이득금 의 반환을 구하는 것은 금반언의 원칙이나 신의성실의 원칙에 반하여 허용될 수 없다</u>(대판 1994. 9. 27, 94다20617).

- **본인이 무권대리인을 상속한 경우** : 본인의 지위에서 추인을 거절하는 것이 신의 칙에 반하지는 않으나, 본인은 무권대리인의 책임을 상속한다는 점을 생각한다면 이때에도 그 무권대리행위는 유효하게 되고 추인을 거절하지 못한다고 새기는 것이 타당하다는 당연유효설과, 무권대리인이 본인을 상속하는 경우에서와 달리 상속인인 본인은 추인거절권을 행사할 수 있다는 병존설이 대립한다.

ㄹ **상대방의 최고권**

> **제131조【상대방의 최고권】** 대리권 없는 자가 타인의 대리인으로 계약을 한 경우에 상대방은 상당 한 기간을 정하여 본인에게 그 추인 여부의 확답을 최고할 수 있다. 본인이 그 기간 내에 확답을 발하지 아니한 때에는 추인을 거절한 것으로 본다.

ⓐ **의의** : 최고는 본인에 대하여 무권대리행위를 추인하느냐 않느냐의 확답을 촉구하 는 행위로, 법적 성질은 의사의 통지이며, 형성권의 일종이다.

ⓑ **요건**
- 악의의 상대방, 즉 계약 당시 무권대리임을 알았던 상대방도 최고를 할 수 있다.
- 최고의 상대방은 본인이다. 무권대리인에게는 최고를 할 수 없다.
- 상대방이 상당한 기간을 정하여 최고하여야 하는데, 기간을 너무 짧게 정하고 최 고한 경우 최고의 효력을 인정할 수 있는가에 관해, 최고의 효력이 없다는 견해와 최고 후 상당한 기간이 지난 후에 효력이 발생한다는 견해가 대립한다.

ⓒ **효과** : 본인의 확답, 즉 추인 또는 추인거절이 있으면 각각 그에 따른 효과가 발생 한다. 그러나 이는 확답의 효과이며 최고의 효과가 아니다. 최고의 효과는 본인이 추인도 추인거절도 하지 않는 경우에 발생한다. 즉, 본인이 최고기간 중에 확답을 발하지 아니한 때(발신주의)에는 추인을 거절한 것으로 간주한다(제131조 단서).

ⓜ 상대방의 철회권

> **제134조【상대방의 철회권】** 대리권 없는 자가 한 계약은 본인의 추인이 있을 때까지 상대방은 본인이나 그 대리인에 대하여 이를 철회할 수 있다. 그러나 계약 당시에 상대방이 대리권 없음을 안 때에는 그러하지 아니하다.

ⓐ 의의 : 철회는 무권대리행위의 상대방이 무권대리인과의 사이에서 맺은 계약을 확정적으로 무효로 하는 행위로서, 형성권의 일종이다.

ⓑ 요건
  • 철회는 '본인의 추인이 있기 전'에 하여야 한다. 다만, 추인의 의사표시를 무권대리인에게 하였으나, 상대방이 그 사실을 알지 못한 경우에는, 본인이 추인의 효과를 주장하지 못하므로 철회할 수 있다.
  • 철회권은 '선의'의 상대방에게만 인정된다. 이 점에서 악의의 상대방에게도 인정되는 최고권과 구별된다. 여기서 선의란 대리인에게 대리권 없음을 알지 못하는 것이며, 선의 · 악의를 결정하는 표준이 되는 시기는 '계약 당시'이다.
  • 철회의 의사표시는 최고와 달리 본인뿐만 아니라 무권대리인에 대해서도 할 수 있다.

ⓒ 효과 : 상대방이 철회를 하면, 무권대리행위가 확정적으로 무효가 된다. 따라서 그 후에는 본인은 무권대리행위를 추인할 수 없고, 상대방도 일단 철회한 후에는 무권대리인에게 제135조의 책임을 물을 수 없게 된다.

② **무권대리인과 상대방 사이의 효과**

> **제135조【상대방에 대한 무권대리인의 책임】** ① 다른 자의 대리인으로서 계약을 맺은 자가 그 대리권을 증명하지 못하고 또 본인의 추인을 받지 못한 경우에는 그는 상대방의 선택에 따라 계약을 이행할 책임 또는 손해를 배상할 책임이 있다.
> ② 대리인으로서 계약을 맺은 자에게 대리권이 없다는 사실을 상대방이 알았거나 알 수 있었을 때 또는 대리인으로서 계약을 맺은 사람이 제한능력자일 때에는 제1항을 적용하지 아니한다.

㉠ 의의 : 대리인에게 대리권 없음이 밝혀지면, 표현대리가 성립하거나 본인의 추인이 없는 한, 대리행위의 효과는 본인에게 미치지 않는다. 이렇게 되면 상대방은 손해를 입게 되고 대리제도는 신뢰를 잃게 될 것이다. 우리 민법은 이러한 경우에 상대방 및 거래의 안전을 보호하고 대리제도의 신용을 유지하기 위해 무권대리인에게 법률의 규정에 의해 이행 또는 손해배상책임을 지우고 있다(제135조). 이는 법정의 무과실책임이다.

㉡ 요건
  ⓐ 대리인으로 계약을 한 자가 대리권을 증명할 수 없을 것
  ⓑ 본인의 추인을 얻지 못하고 표현대리도 성립하지 않을 것

ⓒ 상대방이 아직 철회권을 행사하고 있지 않을 것

ⓓ 상대방이 선의 · 무과실일 것

ⓔ 무권대리인이 행위능력자일 것

ⓒ **효과**

    ⓐ 무권대리인은 상대방의 선택에 따라 계약을 이행할 책임 또는 손해를 배상할 책임이 있다(제135조 제1항).

    ⓑ 여기서 이행책임이라 함은 무권대리행위가 유권대리였다면 본인이 이행하였을 것과 같은 내용으로 이행하여야 한다는 것이다.

    ⓒ 손해배상책임에 있어 그 범위가 이행이익(계약이 유권대리로서 유효하게 이행되었더라면 얻었을 이익)인지 신뢰이익(계약이 유권대리라고 믿었기 때문에 입은 손해)인지 문제될 수 있는데, 통설은 '이행이익의 배상'이라고 한다.

> **판례**
>
> 1. 무권대리인의 상대방에 대한 책임은 무과실책임으로서 대리권의 흠결에 관하여 대리인에게 과실 등의 귀책사유가 있어야만 인정되는 것이 아니고, 무권대리행위가 제3자의 기망이나 문서위조 등 위법행위로 야기되었다고 하더라도 책임은 부정되지 아니한다(대판 2014. 2. 27, 2013다213038).
>
> 2. 다른 자의 대리인으로서 계약을 맺은 자가 그 대리권을 증명하지 못하고 또 본인의 추인을 받지 못한 경우에는 그는 상대방의 선택에 따라 계약을 이행할 책임 또는 손해를 배상할 책임이 있다(민법 제135조 제1항). 이때 상대방이 계약의 이행을 선택한 경우 무권대리인은 계약이 본인에게 효력이 발생하였더라면 본인이 상대방에게 부담하였을 것과 같은 내용의 채무를 이행할 책임이 있다. 무권대리인은 마치 자신이 계약의 당사자가 된 것처럼 계약에서 정한 채무를 이행할 책임을 지는 것이다. 무권대리인이 계약에서 정한 채무를 이행하지 않으면 상대방에게 채무불이행에 따른 손해를 배상할 책임을 진다(대판 2018. 6. 28, 2018다210775).

③ **본인과 무권대리인 사이의 효과**: 본인이 추인하지 않으면 본인과 무권대리인 사이에는 아무런 법률관계가 생기지 않는다. 본인이 추인하면 사무관리(제734조)가 성립할 것이다. 또한, 그 무권대리행위로 본인의 이익이 침해되면 불법행위(제750조)가 될 수도 있고, 그 밖에 무권대리인에게 부당한 이득이 생긴 때에는 부당이득(제741조)이 문제될 것이다.

(3) 단독행위의 무권대리

① **상대방 없는 단독행위의 무권대리**: 상대방 없는 단독행위(재단법인의 설립행위, 소유권의 포기 등)의 무권대리는 능동대리 및 수동대리를 묻지 않고서 언제나 확정적 · 절대적으로 무효이다. 본인의 추인이 있더라도 아무런 효력이 없고 무권대리인의 책임도 생기지 않는다. 이 경우 본인의 추인권을 인정한다면 본인의 자의에 따라 무권대리행위의 효과가 좌우되는 불합리가 있기 때문이다.

② 상대방 있는 단독행위의 무권대리

> **제136조【단독행위와 무권대리】** 단독행위에는 그 행위 당시에 상대방이 대리인이라 칭하는 자의 대리권 없는 행위에 동의하거나 그 대리권을 다투지 아니한 때에 한하여 전6조의 규정을 준용한다. 대리권 없는 자에 대하여 그 동의를 얻어 단독행위를 한 때에도 같다.

우리 민법은 상대방 있는 단독행위(해제, 채무면제 등)의 무권대리도 원칙적으로 무효로 하되, 예외적으로 ⊙ 능동대리에 있어서는 대리인이 대리권 없이 대리행위를 하는 데 상대방이 동의를 하거나 그 대리권을 다투지 아니한 때에는 계약의 경우와 동일한 효과를 인정하고(제136조 전문), ⓛ 수동대리에 있어서는 상대방이 무권대리인의 동의를 얻어 행위를 한 때에만 계약의 경우와 동일한 효과를 인정한다(제136조 후문).

01 수권행위에 관한 설명 중 틀린 것은? (다툼이 있는 경우 판례에 의함)

① 수권행위는 불요식행위이다.
② 수권행위는 묵시적 의사표시에 의해서도 할 수 있다.
③ 수권행위의 하자 유무는 대리인을 기준으로 하여 정한다.
④ 수권행위는 백지위임장에 의해서도 할 수 있다.
⑤ 수권행위가 무효가 되면 그 대리권에 기한 대리행위는 무권대리가 된다.

02 대리권의 범위에 관한 설명으로 옳지 않은 것은? (다툼이 있으면 판례에 의함)

① 매매계약의 체결과 이행에 관하여 포괄적으로 대리권을 수여받은 대리인은 특별한 사정이 없는 한 상대방에 대하여 약정된 매매대금지급기일을 연기하여 줄 권한도 가진다.
② 매매계약을 체결할 권한이 있는 대리인은 특별한 사정이 없는 한 그 잔대금을 수령할 권한도 있다.
③ 일반적으로 인감증명서만을 교부하는 행위는 대리권수여행위로 보지 않는다.
④ 계약체결의 대리권을 가진 대리인은 그 계약을 해제할 권한도 당연히 가진다.
⑤ 대여금의 수령권한만을 위임받은 대리인이 대여금채무의 일부를 면제하기 위해서는 본인의 특별수권이 필요하다.

01 ③ 대리행위의 하자는 제116조 제1항에 의해 대리인을 기준으로 판단하지만, 수권행위의 하자는 본인을 기준으로 하여 정한다.
02 ④ 계약체결의 대리권을 가진 대리인은 특별한 사정이 없는 한 계약을 해제할 대리권까지 있다고 볼 수 없다.

Answer 01 ③ 02 ④

03 자기계약과 쌍방대리에 관한 설명 중 틀린 것은? (다툼이 있는 경우 판례에 의함)

① 본인이 허락한 경우 자기계약·쌍방대리는 유효하다.
② 자기계약과 쌍방대리의 금지는 임의대리와 법정대리에 모두 적용된다.
③ 주식의 명의개서에 관하여 매수인이 매도인의 대리인이 되는 것은 허용된다.
④ 법정대리인인 친권자가 부동산을 매수하여 이를 그 자(子)에게 증여하는 행위는 자기계약에 해당되어 무효이다.
⑤ 자기계약과 쌍방대리의 금지규정에 위반하여 대리행위를 한 경우 그 대리행위는 무권대리가 된다.

04 임의대리에 관한 설명으로 옳은 것은? (다툼이 있으면 판례에 의함)

① 임의대리권의 발생원인인 수권행위의 하자 유무는 대리인을 기준으로 판단한다.
② 통상의 임의대리권은 상대방의 의사표시를 수령하는 대리권을 포함하지 않는다.
③ 대리인이 될 때에 피성년후견인이 아니었다가 대리인이 된 후에 성년후견 개시의 심판을 받은 때에는 대리권은 당연히 소멸한다.
④ 매매계약을 체결할 대리권을 수여받은 대리인은 중도금 등을 수령할 권한이 없는 것이 일반적이다.
⑤ 대리권의 범위가 불분명한 경우에 대리인은 제한 없이 개량행위를 할 수 있다.

05 임의대리권의 범위가 수권행위에 의해 정해지지 않거나 명백하지 않은 경우, 대리인이 할 수 없는 행위는?

① 소멸시효의 중단행위
② 예금을 주식으로 바꾸는 행위
③ 미등기부동산을 등기하는 행위
④ 기한이 도래한 채무를 변제하는 행위
⑤ 무이자의 금전대여를 이자부로 변경하는 행위

06 임의대리권의 범위에 관한 설명으로 옳지 않은 것은? (다툼이 있으면 판례에 따름)
2022 기출

① 임의대리권의 범위는 원칙적으로 수권행위에 의하여 정해진다.
② 특별한 사정이 없는 한 통상의 임의대리권은 필요한 한도에서 수령대리권을 포함한다.
③ 매도인으로부터 매매계약체결에 대한 대리권을 수여받은 자는 특별한 사정이 없는 한 그 매매계약에 따른 중도금을 수령할 권한이 있다.
④ 매도인으로부터 매매계약의 체결과 이행에 대해 포괄적인 대리권을 수여받은 자는 특별한 사정이 없는 한 약정된 매매대금의 지급기일을 연기해 줄 권한이 없다.
⑤ 부동산을 매수할 권한을 수여받은 자는 원칙적으로 그 부동산을 처분할 권한이 없다.

07 대리에 관한 설명으로 옳지 않은 것은? (다툼이 있는 경우에는 판례에 의함) 2014 기출

① 매매계약을 체결할 권한을 수여받은 대리인은 특별한 사정이 없으면, 그 매매계약에 따른 중도금과 잔금을 받을 권한을 갖는다.

② 매매계약의 체결과 이행에 관하여 포괄적인 권한을 수여받은 대리인은 특별한 사정이 없으면, 상대방에 대하여 약정된 매매대금의 지급기일을 연기할 권한을 갖는다.

③ 대여금의 영수권한만을 위임받은 대리인은 그 대여금 채무의 일부를 면제하기 위하여는 특별수권이 필요하다.

④ 특별한 사정이 없으면, 예금계약의 체결을 위임받은 자의 대리권에는 그 예금을 담보로 하여 대출을 받거나 이를 처분할 수 있는 권한이 포함되지 않는다.

⑤ 본인을 위하여 금전소비대차와 그 담보를 위한 담보권설정계약을 체결할 권한을 수여받은 대리인은 특별한 사정이 없으면, 금전소비대차계약과 담보권설정계약이 체결된 후에 이를 해제할 권한을 갖는다.

★

03 ④ 법정대리인인 친권자가 부동산을 매수하여 이를 그 자에게 증여하는 행위는 미성년자인 자에게 이익만을 주는 행위이므로 친권자와 자 사이의 이해상반행위(제921조)에 속하지 아니하고, 또 자기계약(제124조)이지만 유효하다(대판 1981. 10. 13, 81다649).

04 ① 대리행위의 하자 유무는 대리인을 기준으로 하지만(제116조 제1항), 수권행위의 하자 유무는 본인을 기준으로 한다.
② 수권행위의 통상의 내용으로서의 임의대리권은 그 권한에 부수하여 필요한 한도에서 상대방의 의사표시를 수령하는 이른바 수령대리권을 포함하는 것으로 보아야 한다(대판 1994. 2. 8, 93다39379).
④ 부동산의 소유자로부터 매매계약을 체결할 대리권을 수여받은 대리인은 특별한 사정이 없는 한 중도금이나 잔금을 수령할 권한도 있다고 보아야 한다(대판 1994. 2. 8, 93다39379).
⑤ 이용행위와 개량행위는 대리의 목적인 물건이나 권리의 성질을 변하지 않게 하는 범위 내에서만 할 수 있다(제118조 제2호).

05 ② 권한을 정하지 아니한 대리인은 보존행위와 대리의 목적인 물건이나 권리의 성질을 변하지 아니하는 범위에서 그 이용 또는 개량하는 행위를 할 수 있다(제118조). 성질의 변경이 있는지 여부는 거래관념에 따라 판단한다. 가령 예금을 주식으로 바꾸는 행위는 할 수 없다.

06 ④ 매매계약의 체결과 이행에 관하여 포괄적으로 대리권을 수여받은 대리인은 특별한 다른 사정이 없는 한 상대방에 대하여 약정된 매매대금지급기일을 연기하여 줄 권한도 가진다고 보아야 할 것이다(대판 1992. 4. 14, 91다43107).

07 ⑤ 특별한 다른 사정이 없는 한 본인을 대리하여 금전소비대차 내지 그를 위한 담보권설정계약을 체결할 권한을 수여받은 대리인에게 본래의 계약관계를 해제할 대리권까지 있다고 볼 수 없다(대판 1993. 1. 15, 92다39365).

Answer 03 ④ 04 ③ 05 ② 06 ④ 07 ⑤

08 법률행위의 대리에 관한 설명으로 옳은 것은? (다툼이 있으면 판례에 따름) 2017 기출

① 권한의 범위가 정해지지 않은 임의대리인은 부패하기 쉬운 농산물을 처분할 수 없다.
② 대리인은 행위능력자이어야 한다.
③ 부동산 입찰절차에서 동일물건에 관하여 이해관계가 다른 2인 이상의 대리인이 된 경우에는 그 대리인이 한 입찰은 무효이다.
④ 예금계약의 체결을 위임받은 자의 대리권에는 당연히 그 예금을 담보로 하여 대출을 받거나 이를 처분할 수 있는 권한이 포함되어 있다.
⑤ 복대리인은 그 권한내에서 대리인을 대리한다.

09 대리에 관한 설명으로 옳지 않은 것은? (다툼이 있는 경우에는 판례에 의함) 2013 기출

① 본인이 대리인에게 자기계약을 허락한 경우에는 그 대리행위는 유효하다.
② 대리에 의한 의사표시의 효력이 의사의 흠결로 영향을 받을 경우에는 그 사실 유무는 대리인을 기준으로 정한다.
③ 대리권의 범위가 불분명한 대리인은 소멸시효의 중단과 같은 보존행위는 할 수 있지만 금전을 이자부로 대여하는 이용행위는 할 수 없다.
④ 유권대리의 주장이 있다고 하여 표현대리의 주장이 당연히 포함되는 것은 아니다.
⑤ 대리인이 여러 명인 경우에는 대리인은 원칙적으로 각자 본인을 대리한다.

10 甲은 乙에게 매매계약체결의 대리권을 수여하였고, 乙은 甲을 대리하여 丙 소유의 토지에 관하여 丙과 매매계약을 체결하였다. 그 계약의 효력이 甲에게 미치는 경우를 모두 고른 것은? (다툼이 있으면 판례에 따름) 2018 기출

> ㉠ 甲이 피한정후견인 乙에게 대리권을 수여하여 위 계약이 체결된 경우
> ㉡ 甲이 수권행위를 통하여 乙과 丁이 공동으로 대리하도록 정하였음에도 乙이 단독의 의사결정으로 위 계약을 체결한 경우
> ㉢ 乙이 위 토지에 대한 丙의 선행 매매사실을 알면서도 丙의 배임적 이중매매행위에 적극 가담하여 위 계약을 체결하였으나 이러한 사실을 甲이 알지 못한 경우

① ㉠ 　　　　　② ㉢
③ ㉠, ㉡ 　　　④ ㉡, ㉢
⑤ ㉠, ㉡, ㉢

11 대리에 관한 설명으로 옳지 않은 것은? (다툼이 있으면 판례에 따름) 2019 기출

① 대리인은 행위능력자임을 요하지 않는다.
② 유언은 대리가 허용되지 않는다.
③ 대리에 있어 본인을 위한 것임을 표시하는 현명은 묵시적으로 할 수는 없다.
④ 임의대리의 경우 그 원인된 법률관계의 종료 전에 본인이 수권행위를 철회할 수 있다.
⑤ 대리인이 수인인 때에는 원칙적으로 각자가 본인을 대리한다.

12 당사자 일방으로부터 부동산 매매계약의 체결에 관한 대리권만 수여받은 대리인이 특별한 사정이 없는 한 할 수 있는 행위에 해당하는 것은? (다툼이 있으면 판례에 따름)

2020 기출

① 매도인을 대리하여 중도금이나 잔금을 수령하는 행위
② 매도인을 대리하여 약정된 매매대금의 지급기일을 연기해주는 행위
③ 매도인을 대리하여 잔금채권을 담보로 대출을 받는 행위
④ 매수인을 대리하여 매매계약을 해제하는 행위
⑤ 매수인을 대리하여 매매목적 부동산을 처분하는 행위

---

08 ③ 민법 제124조는 "대리인은 본인의 허락이 없으면 본인을 위하여 자기와 법률행위를 하거나 동일한 법률행위에 관하여 당사자 쌍방을 대리하지 못한다"고 규정하고 있으므로 부동산 입찰절차에서 동일물건에 관하여 이해관계가 다른 2인 이상의 대리인이 된 경우에는 그 대리인이 한 입찰은 무효이다(대결 2004. 2. 13. 자 2003마44).
① 권한을 정하지 아니한 대리인은 다음 각 호의 행위(1. 보존행위 2. 대리의 목적인 물건이나 권리의 성질을 변하지 아니하는 범위에서 그 이용 또는 개량하는 행위)만을 할 수 있다(제118조). 부패하기 쉬운 농산물을 처분하는 것은 보존행위에 속하므로 할 수 있다.
② 대리인은 행위능력자임을 요하지 아니한다(제117조).
④ 예금계약의 체결을 수임받은 자가 가지는 대리권에 당연히 그 예금을 담보로 하여 대부를 받거나 기타 이를 처분할 수 있는 대리권이 포함되어 있는 것은 아니다(대판 1992. 6. 23, 91다14987).
⑤ 복대리인은 그 권한 내에서 본인을 대리한다(제123조 제1항).

09 ③ 권한을 정하지 않은 대리인은 보존행위와 성질이 변하지 않는 범위에서 이용개량행위를 할 수 있다(제118조).

10 ㉠ 대리인은 행위능력자임을 요하지 아니한다(제117조).
㉡ 공동대리의 제한에 위반하여 1인의 대리인이 단독으로 대리행위를 한 경우에는 그 대리행위는 무권대리가 된다.
㉢ 의사표시의 효력이 의사의 흠결, 사기, 강박 또는 어느 사정을 알았거나 과실로 알지 못한 것으로 인하여 영향을 받을 경우에 그 사실의 유무는 대리인을 표준하여 결정한다(제116조 제1항). 따라서 이중매매가 제2매수인의 적극가담으로 인하여 반사회적 법률행위로서 제103조 무효가 되는 경우에 그 적극가담의 기준은 제2매수인의 대리인 乙이다.

11 ③ 대리에 있어 본인을 위한 것임을 표시하는 현명은 묵시적으로 할 수 있다.
① 제117조
② 유언 등 신분행위에는 원칙적으로 대리가 허용되지 않는다.
④ 제128조
⑤ 제119조

12 ① 부동산의 소유자로부터 매매계약을 체결할 대리권을 수여받은 대리인은 특별한 사정이 없는 한 그 매매계약에서 약정한 바에 따라 중도금이나 잔금을 수령할 권한도 있다고 보아야 한다(대판 1994. 2. 8, 93다39379).

Answer 08 ③ 09 ③ 10 ① 11 ③ 12 ①

13 임의대리에 관한 설명으로 옳지 않은 것은? (다툼이 있으면 판례에 따름) 2021 기출

① 권한을 정하지 아니한 대리인은 대리의 목적물에 대해 모든 개량행위를 할 수 있다.
② 대리권은 그 권한에 부수하여 필요한 한도에서 상대방의 의사표시를 수령하는 수령대리권을 포함하는 것이 원칙이다.
③ 수권행위는 묵시적인 의사표시로 할 수 있다.
④ 대리권의 존속 중 원인된 법률관계가 종료하기 전에는 본인은 수권행위를 철회할 수 있다.
⑤ 대리인에 대한 성년후견의 개시는 대리권의 소멸사유이다.

15 민법에서 정한 임의대리권의 소멸사유에 해당하지 않는 것은? 2018 기출

① 본인의 사망
② 대리인의 사망
③ 본인의 성년후견 개시
④ 본인과 대리인 사이의 원인된 법률관계의 종료
⑤ 본인과 대리인 사이의 원인된 법률관계의 종료 전 수권행위의 철회

14 대리에 관한 설명으로 옳은 것은? 2016 기출

① 복대리인은 그 권한 내에서 대리인을 대리한다.
② 임의대리인의 대리권의 범위를 정하지 아니한 경우, 대리인은 보존행위 뿐만 아니라 처분행위도 할 수 있다.
③ 대리인은 본인의 허락이 있어도 부동산 매매에 관하여 자기계약을 체결하지 못한다.
④ 임의대리에서 본인은 원인된 법률관계가 존속하고 있으면, 수권행위를 철회하여 임의대리권을 소멸시킬 수 없다.
⑤ 복대리인은 본인이나 제3자에 대하여 대리인과 동일한 권리의무가 있다.

16 甲은 乙의 대리인이다. 甲의 대리권 소멸 사유가 아닌 것은?

① 법정대리인인 甲이 사망한 경우
② 甲이 일시적으로 의사무능력자가 된 경우
③ 乙이 사망한 경우 법정대리인 甲의 대리권
④ 甲이 피성년후견인이 된 경우
⑤ 乙이 성년이 된 경우 친권자인 甲의 대리권

17 대리행위에 관한 다음 설명 중 틀린 것은?

① 미성년자도 대리인이 될 수 있다.
② 대리인에게 의사능력은 필요하다.
③ 본인은 대리인의 제한능력을 이유로 대리행위를 취소할 수 있다.
④ 대리인이 제한능력자인 경우 본인과 대리인 사이의 기초적인 내부관계는 제한능력을 이유로 취소될 수 있다.
⑤ 피성년후견인도 대리인이 될 수 있다.

18 대리에 관한 설명으로 옳지 않은 것은? (다툼이 있으면 판례에 의함)

① 대리행위의 효과는 일단 대리인에게 귀속하였다가 본인과 대리인 간의 내부적 법률관계에 따라 본인에게 이전한다.
② 물건을 매도하는 대리권을 수여받은 대리인은 특별한 사정이 없는 한 매매계약에 따른 중도금이나 잔금을 수령할 수 있다.
③ 본인은 원인된 법률관계가 존속하고 있더라도 수권행위를 철회하여 임의대리권을 소멸시킬 수 있다.
④ 지명채권 양도의 통지도 대리인을 통하여 할 수 있다.
⑤ 수인의 대리인에게 대리권을 수여한 경우, 원칙적으로 각자가 본인을 대리한다.

13 ① 권한을 정하지 아니한 대리인은 보존행위와 대리의 목적인 물건이나 권리의 성질을 변하지 아니하는 범위에서 그 이용 또는 개량하는 행위만을 할 수 있다(제118조).
② 임의대리에 있어서 대리권의 범위는 수권행위(대리권수여행위)에 의하여 정하여지는 것이므로 어느 행위가 대리권의 범위 내의 행위인지의 여부는 개별적인 수권행위의 내용이나 그 해석에 의하여 판단할 것이나, 일반적으로 말하면 수권행위의 통상의 내용으로서의 임의대리권은 그 권한에 부수하여 필요한 한도에서 상대방의 의사표시를 수령하는 이른바 수령대리권을 포함하는 것으로 보아야 한다(대판 1994. 2. 8, 93다39379).
④ 법률행위에 의하여 수여된 대리권은 전조(대리권의 공통소멸사유)의 경우 외에 그 원인된 법률관계의 종료에 의하여 소멸한다. 법률관계의 종료 전에 본인이 수권행위를 철회한 경우에도 같다(제128조).

14 ① 복대리인은 그 권한 내에서 본인을 대리한다(제123조 제1항).
② 보존행위와 대리의 목적인 물건이나 권리의 성질을 변하지 아니하는 범위에서 그 이용 또는 개량하는 행위만 할 수 있다.
③ 대리인은 본인의 허락이 없으면 본인을 위하여 자기와 법률행위를 하거나 동일한 법률행위에 관하여 당사자쌍방을 대리하지 못한다. 그러나 채무의 이행은 할 수 있다(제124조). 즉 본인의 허락이 있는 경우와 채무의 이행의 경우에는 자기계약·쌍방대리가 허용된다.
④ 법률행위에 의하여 수여된 대리권은 전조의 경우 외에 그 원인된 법률관계의 종료에 의하여 소멸한다. 법률관계의 종료 전에 본인이 수권행위를 철회한 경우에도 같다(제128조).

15 ③ 본인이 아니라 대리인의 성년후견의 개시가 공통소멸사유이다(제127조).

16 ② 대리인이 일시적으로 의사무능력자가 되었다고 하여 대리권이 소멸하는 것은 아니다.

17 ③ 대리인은 행위능력자임을 요하지 않는다. 따라서 본인은 대리인의 제한능력을 이유로 대리행위를 취소할 수 없다.

18 ① 대리행위의 효과는 직접 본인에게 생긴다.

Answer 13 ① 14 ⑤ 15 ③ 16 ② 17 ③ 18 ①

19 대리행위에 관한 설명으로 옳은 것은? (다툼이 있으면 판례에 따름) 2021 기출

① 미성년자 甲의 법정대리인 乙이 제3자 丙의 이익만을 위한 대리행위를 하고 그 사정을 상대방 丁이 알고 있었다면, 그 대리행위는 甲에게 효과가 없다.

② 매매위임장을 제시하고 매매계약을 체결하면서 계약서에 대리인의 성명만 기재하는 경우, 특단의 사정이 없는 한 그 계약은 본인에게 효력이 없다.

③ 특정한 법률행위를 위임한 경우에 대리인이 본인의 지시에 좇아 그 행위를 한 때에는 본인은 자기가 안 사정에 관하여 대리인의 부지(不知)를 주장할 수 있다.

④ 하나의 물건에 대해 본인과 대리인이 각각 계약을 체결한 경우, 대리인이 체결한 계약은 무효이다.

⑤ 본인은 임의대리인이 제한능력자라는 이유로 대리행위를 취소할 수 있다.

20 복대리에 관한 설명으로 옳은 것은? 2019 기출

① 복대리인은 대리인의 대리인이다.

② 법정대리인은 복대리인을 선임하지 못한다.

③ 복대리인의 대리권은 대리인의 대리권의 범위를 넘지 못한다.

④ 임의대리인이 부득이한 사유로 복대리인을 선임한 경우, 본인에 대하여 그 선임감독에 관한 책임이 없다.

⑤ 복대리인이 선임된 후 대리인의 대리권이 소멸하더라도 복대리권은 소멸하지 않는다.

21 미성년자 甲의 법정대리인 乙이 복대리인 丙을 선임한 경우에 관한 설명으로 옳지 않은 것은? 2021 기출

① 乙은 항상 복임권이 있다.

② 丙도 법정대리인의 지위를 가진다.

③ 乙이 부득이한 사유로 丙을 선임한 경우라면 甲에 대하여 그 선임감독에 관한 책임이 있다.

④ 乙이 사망한 경우 丙의 복대리인의 지위는 원칙적으로 소멸한다.

⑤ 丙은 자신이 수령한 법률행위의 목적물을 乙에게 인도할 의무가 있다.

22 복대리권의 소멸사유가 아닌 것은? 2017 기출

① 본인의 사망

② 대리인의 파산

③ 복대리인의 파산

④ 대리인의 성년후견의 개시

⑤ 본인의 성년후견의 개시

23 복대리에 관한 설명으로 옳지 않은 것은? (다툼이 있으면 판례에 따름) 2015 기출

① 복대리인은 대리인의 대리인이 아니다.
② 복대리에서도 표현대리가 성립할 수 있다.
③ 복대리인은 본인이나 제3자에 대하여 대리인과 동일한 권리의무가 있다.

④ 복대리인이 선임된 후에 대리인의 대리권이 소멸하더라도 복대리권은 소멸하지 않는다.
⑤ 법정대리인이 부득이한 사유로 복대리인을 선임한 경우, 본인에 대하여 복대리인의 선임감독에 관한 책임이 있다.

★

19 ① 사안은 대리권남용의 문제이다. 진의 아닌 의사표시가 대리인에 의하여 이루어지고 그 대리인의 진의가 본인의 이익이나 의사에 반하여 자기 또는 제3자의 이익을 위한 배임적인 것임을 그 상대방이 알았거나 알 수 있었을 경우에는, 민법 제107조 제1항 단서의 유추해석상 그 대리인의 행위는 본인의 대리행위로 성립할 수 없으므로 본인은 대리인의 행위에 대하여 아무런 책임이 없다(대판 1996. 4. 26, 94다29850).
② 매매위임장을 제시하고 매매계약을 체결하는 자는 특단의 사정이 없는 한 소유자를 대리하여 매매행위하는 것이라고 보아야 한다(대판 1982. 5. 25, 81다1349·81다카1209).
③ 특정한 법률행위를 위임한 경우에 대리인이 본인의 지시에 좇아 그 행위를 한 때에는 본인은 자기가 안 사정 또는 과실로 인하여 알지 못한 사정에 관하여 대리인의 부지(不知)를 주장하지 못한다(제116조 제2항).
④ 하나의 물건에 대해 본인과 대리인이 각각 계약을 체결한 경우에 대리인이 체결한 계약이 무효가 되는 것은 아니다. 대리인의 행위와 본인의 행위는 경합할 수 있기 때문이다. 예컨대, 그 물건이 부동산이라면 먼저 이전등기를 받은 상대방이 소유권을 취득하게 된다.

20 ③ 복대리인의 대리권은 그 범위에 있어서 대리인의 대리권을 넘지 못한다.
① 복대리인은 본인의 대리인이다.
② 법정대리인은 그 책임으로 복대리인을 선임할 수 있다. 그러나 부득이한 사유로 인한 때에는 전조 제1항에 정한 책임만이 있다(제122조).
④ 대리권이 법률행위에 의하여 부여된 경우에는 대리인은 본인의 승낙이 있거나 부득이한 사유있는 때가 아니면 복대리인을 선임하지 못한다(제120조). 전 조의 규정에 의하여 대리인이 복대리인을 선임한 때에는 본인에게 대하여 그 선임감독에 관한 책임이 있다(제121조 제1항).
⑤ 복대리인의 대리권은 대리인의 대리권을 전제로 하는 것이므로, 복대리인이 선임된 후 대리인의 대리권이 소멸하면 복대리권도 소멸한다.

21 ② 법정대리인의 복대리인이든 임의대리인의 복대리인이든 상관없이 복대리인은 언제나 임의대리인이다.
③ 법정대리인은 그 책임으로 복대리인을 선임할 수 있다. 그러나 부득이한 사유로 인한 때에는 선임감독에 관한 책임만 있다(제122조).
④ 대리인의 사망으로 대리인의 대리권이 소멸하면 복대리권도 소멸한다.

22 ⑤ 복대리권도 대리권이므로 대리권의 일반적 소멸사유에 의해 소멸한다(᠓ 본인의 사망, 복대리인의 사망·성년후견의 개시·파산). 또한 복대리권은 대리권을 기초로 하므로 대리권이 소멸하면 복대리권도 소멸한다(᠓ 본인의 사망, 대리인의 사망·성년후견의 개시·파산). 본인의 성년후견의 개시는 복대리권의 소멸사유에 해당하지 않는다.

23 ④ 복대리인의 대리권은 그 존립에 있어서 대리인의 대리권에 의존한다. 따라서 대리인의 대리권이 소멸하면 복대리인의 복대리권도 소멸한다.

Answer 19 ① 20 ③ 21 ② 22 ⑤ 23 ④

24 복대리에 관한 설명으로 옳은 것은?

2023 기출

① 복대리인은 대리인의 대리인이다.
② 법정대리인은 언제나 복임권이 있다.
③ 대리인이 파산하여도 복대리권은 소멸하지 않는다.
④ 임의대리인은 본인의 승낙이 있는 때에 한하여 복임권을 갖는다.
⑤ 복대리인이 선임되면 특별한 사정이 없는 한 대리인의 대리권은 소멸한다.

25 복대리에 관한 설명으로 옳지 않은 것은? (다툼이 있으면 판례에 의함)

① 법정대리인이 부득이한 사유로 복대리인을 선임한 경우 본인에 대하여 그 선임감독에 관한 책임을 진다.
② 복대리에도 표현대리에 관한 법리가 적용된다.
③ 임의대리인이 본인의 지명에 의하여 복대리인을 선임한 경우에도 본인에 대하여 책임을 지는 경우가 있다.
④ 임의대리인은 본인의 승낙이 있는 경우에 한하여 복대리인을 선임할 수 있다.
⑤ 복대리인의 대리권 범위는 대리인의 대리권 범위를 넘지 못한다.

26 甲으로부터 대리권을 수여받은 乙은 甲의 승낙을 얻어 스스로 丙을 복대리인으로 선임하였다. 다음 설명 중 옳지 않은 것은? (다툼이 있으면 판례에 의함)

① 丙은 甲의 대리인이다.
② 丙의 선임으로 乙의 대리권이 소멸하는 것은 아니다.
③ 乙의 대리권이 소멸하면 丙의 대리권도 소멸한다.
④ 乙은 甲에 대하여 丙의 선임감독에 관한 책임을 진다.
⑤ 丙이 권한을 넘은 대리행위를 하여도 표현대리에 관한 규정은 적용되지 않는다.

27 법정대리인이 복대리인을 선임하는 경우에 관한 설명으로 옳은 것은?(다툼이 있으면 판례에 따름)

2018 기출

① 복대리권은 복임행위가 철회되더라도 소멸되지 않는다.
② 본인의 승낙이 있거나 부득이한 사유가 없으면 복대리인을 선임하지 못한다.
③ 부득이한 사유로 복대리인을 선임한 경우, 본인에 대하여 그 선임·감독에 관한 책임이 있다.
④ 본인의 지명 없이 복대리인을 선임한 경우, 그 불성실함을 알고 본인에 대한 통지나 그 해임을 태만한 때가 아니면 책임이 없다.
⑤ 법정대리인이 대리권 소멸 후에 복대리인을 선임하여 그에게 대리행위를 하게 하였다면 특별한 사정이 없는 한, 민법 제129조의 표현대리가 성립할 수 없다.

28 甲의 임의대리인 乙은 자신의 이름으로 甲의 대리인 丙을 선임하였다. 다음 설명 중 옳은 것은? (다툼이 있는 경우에는 판례에 의함) 2013 기출

① 乙은 언제나 甲의 대리인을 선임할 수 있는 권한을 가진다.

② 丙이 甲의 지명에 의해 선임된 경우에는 乙은 丙이 부적임자임을 알고 甲에게 통지하지 않았더라도 선임감독의 책임을 지지 않는다.

③ 甲과 丙 사이에는 아무런 권리·의무관계가 없다.

④ 丙의 대리행위가 권한을 넘은 표현대리에 해당하면 甲은 그 상대방에 대하여 본인으로서 책임을 져야 한다.

⑤ 丙이 甲의 지명에 의해 선임된 경우에는 乙의 대리권이 소멸하여도 丙의 대리권은 소멸하지 않는다.

---

24 ② 법정대리인은 그 책임으로 복대리인을 선임할 수 있다(제122조 제1항 본문). 즉 법정대리인은 원칙적으로 언제나 복임권이 있다.

① 복대리인은 본인의 대리인이다.

③ 복대리권은 대리권을 기초로 하므로 대리인의 대리권이 소멸하면 복대리인의 복대리권도 소멸한다. 예컨대 대리인이 파산하면 대리권이 소멸하고 따라서 복대리권도 소멸한다.

④ 대리권이 법률행위에 의하여 부여된 경우에는 대리인은 <u>본인의 승낙</u>이 있거나 <u>부득이한 사유</u>가 있는 때가 아니면 복대리인을 선임하지 못한다(제120조).

⑤ 복대리인을 선임한 뒤에도 대리인의 대리권은 소멸하지 않는다.

25 ④ 임의대리인은 본인의 승낙이 있거나 부득이한 사유가 있는 때가 아니면 복대리인을 선임하지 못한다.

26 ⑤ 복대리인이 권한을 넘은 대리행위를 한 경우에도 표현대리가 인정된다.

27 ③ 제122조 단서

① 복대리권은 대리인의 복임행위에 의해 발생하므로, 대리인의 복대리인에 대한 복임행위의 철회에 의해 복대리권은 소멸한다.

② 법정대리인은 그 책임으로 복대리인을 선임할 수 있다(제122조).

④ 법정대리인은 복대리인의 행위에 관하여 선임·감독에 과실이 있는지를 묻지 않고 '모든 책임'을 진다(제122조 본문). 즉, 법정의 무과실책임이다. 다만, 부득이한 사유로 복대리인을 선임한 경우에는 임의대리인의 경우와 동일한 책임(선임·감독의 책임)만을 진다(제122조 단서).

⑤ 대리인이 대리권 소멸 후 직접 상대방과 사이에 대리행위를 하는 경우는 물론, 대리인이 대리권 소멸 후 복대리인을 선임하여 복대리인으로 하여금 상대방과 사이에 대리행위를 하도록 한 경우에도 상대방이 대리권 소멸 사실을 알지 못하여 복대리인에게 적법한 대리권이 있는 것으로 믿었고, 그와 같이 믿은 데 과실이 없다면 민법 제129조에 의한 표현대리가 성립할 수 있다.

28 ① 임의대리인은 원칙적으로 복임권이 없다.

② 본인이 지명한 경우에 복대리인의 부적임 또는 불성실함을 알고도 본인에 대한 통지나 해임을 태만한 때가 아니면 책임이 없다(제121조 제2항).

③ 복대리인은 본인이나 제3자에 대하여 대리인과 동일한 권리와 의무가 있다(제123조 제2항).

⑤ 복대리권은 대리권에 종속되므로 대리인의 대리권이 소멸하면 복대리권도 소멸한다.

Answer 24 ② 25 ④ 26 ⑤ 27 ③ 28 ④

29 권한을 넘은 표현대리에 관한 설명 중 틀린 것은? (다툼이 있는 경우 판례에 의함)

① 권한을 넘은 표현대리가 성립하기 위한 기본대리권은 권한을 넘은 행위와 동일한 종류 또는 유사한 것임을 요하지 않는다.

② 이미 소멸한 대리권에 기하여 그 대리권의 범위를 넘어서 대리권을 행사한 경우에는 권한을 넘은 표현대리가 성립할 수 있다.

③ 말소등기신청을 위한 대리권을 수여받은 자가 대물변제를 한 경우에 권한을 넘은 표현대리가 성립할 수 있다.

④ 본인을 사칭하여 인감증명을 발급받은 후 이를 이용하여 부동산을 매매한 경우에는 권한을 넘은 표현대리가 성립할 수 있다.

⑤ 법정대리에도 권한을 넘은 표현대리가 성립할 수 있다.

30 권한을 넘은 표현대리에 관한 설명으로 옳지 않은 것은? (다툼이 있으면 판례에 의함)

① 임의대리와 법정대리에 모두 적용된다.

② 상대방의 유권대리의 주장 속에는 표현대리의 주장이 포함되어 있다고 볼 수 없다.

③ 제3자라 함은 대리행위의 직접 상대방이 된 자만을 지칭한다.

④ 대리행위와 수여받은 대리권 사이에 아무런 관계가 없는 경우에도 적용된다.

⑤ 대리권이 있다고 믿을 만한 정당한 이유의 유무는 대리행위의 상대방을 기준으로 판단하는 것이 원칙이다.

31 권한을 넘은 표현대리(민법 제126조)에 관한 설명으로 옳지 않은 것은? (다툼이 있으면 판례에 따름)

2021 기출

① 권한을 넘은 대리행위와 기본대리권이 반드시 동종의 것이어야 하는 것은 아니다.

② 대리인이 사술을 써서 대리행위의 표시를 하지 아니하고 단지 본인의 성명을 모용하여 자기가 본인인 것처럼 기망하여 본인 명의로 직접 법률행위를 한 경우에는 특별한 사정이 없는 한 권한을 넘은 표현대리는 성립할 수 없다.

③ 권한을 넘은 표현대리에 관한 규정에서의 제3자에는 당해 표현대리행위의 직접 상대방이 된 자 외에 전득자도 포함된다.

④ 권한을 넘은 표현대리에 있어서 정당한 이유의 유무는 대리행위 당시를 기준으로 하여 판단한다.

⑤ 복임권이 없는 대리인이 선임한 복대리인의 대리권도 권한을 넘은 표현대리에서의 기본대리권이 될 수 있다.

32 표현대리에 관한 설명으로 옳지 않은 것은? (다툼이 있으면 판례에 의함)

① 표현대리가 성립하는 경우에도 선의의 상대방은 본인의 추인이 있을 때까지 무권대리를 이유로 계약을 철회할 수 있다.
② 대리권 소멸 후의 표현대리는 법정대리에도 적용된다.
③ 대리권수여표시에 의한 표현대리에서 대리권의 수여표시는 대리인이라는 문자를 사용한 경우에만 한정되지 않는다.
④ 권한을 넘은 표현대리에 있어서 기본대리권에는 복대리권도 포함된다.
⑤ 표현대리가 성립하여 본인이 이행책임을 지는 경우 상대방에게 과실이 있다면 과실상계의 법리가 적용된다.

33 표현대리에 관한 설명으로 옳지 않은 것은? (다툼이 있으면 판례에 의함)

① 일상가사대리권은 권한을 넘은 표현대리에 있어서 기본대리권이 될 수 없다.
② 유권대리의 주장 속에 표현대리의 주장이 포함되어 있다고 볼 수는 없다.
③ 강행법규에 반하여 무효인 법률행위에 대하여는 표현대리의 법리가 준용될 수 없다.
④ 표현대리가 성립하는 경우, 상대방의 과실이 있더라도 과실상계의 법리를 유추적용하여 본인의 책임을 감경할 수 없다.
⑤ 법정대리의 경우에도 권한을 넘은 표현대리가 성립할 수 있다.

---

29 ④ 기본대리권이 존재하지 않으므로 권한을 넘은 표현대리가 성립할 수 없다.
30 ⑤ 정당한 이유의 유무는 보통인을 기준으로 판단한다(대판 2000. 2. 11, 99다47525).
31 ③ 권한을 넘은 표현대리에 관한 규정에서의 제3자는 당해 표현대리행위의 직접 상대방에 한하며 상대방과 거래한 전득자는 포함되지 않는다.
⑤ 대리인이 사자 내지 임의로 선임한 복대리인을 통하여 권한 외의 법률행위를 한 경우, 상대방이 그 행위자를 대리권을 가진 대리인으로 믿었고 또한 그렇게 믿는 데에 정당한 이유가 있는 때에는, 복대리인 선임권이 없는 대리인에 의하여 선임된 복대리인의 권한도 기본대리권이 될 수 있을 뿐만 아니라, 그 행위자가 사자라고 하더라도 대리행위의 주체가 되는 대리인이 별도로 있고 그들에게 본인으로부터 기본대리권이 수여된 이상, 민법 제126조를 적용함에 있어서 기본대리권의 흠결 문제는 생기지 않는다(대판 1998. 3. 27, 97다48982).
32 ⑤ 표현대리에는 과실상계의 법리가 적용되지 않는다.
33 ① 일상가사대리권도 제126조의 권한을 넘은 표현대리에 있어서 기본대리권이 될 수 있다.

Answer 29 ④ 30 ⑤ 31 ③ 32 ⑤ 33 ①

34 표현대리에 관한 설명으로 옳지 않은 것은? (다툼이 있는 경우에는 판례에 의함)

2014 기출

① 표현대리가 성립하면 본인은 표현대리행위에 대하여 전적으로 책임을 져야 하고, 과실상계의 법리를 유추적용하여 본인의 책임을 경감할 수 없다.

② 대리권 수여의 표시에 의한 표현대리는 본인과 대리행위를 한 사람 사이의 기본적인 법률관계의 성질이나 그 효력의 유무와는 관계없이, 어떤 자가 본인을 대리하여 제3자와 법률행위를 함에 있어 본인이 그 사람에게 대리권을 수여하였다는 표시를 제3자에게 한 경우에 성립한다.

③ 등기신청행위를 기본대리권으로 가진 사람이 대물변제라는 사법행위를 한 경우, 그 대리행위는 기본대리권과 같은 종류의 행위가 아니므로 권한을 넘은 표현대리가 성립할 수 없다.

④ 권한을 넘은 표현대리에서 무권대리인에게 그 권한이 있다고 믿을 만한 정당한 이유가 있는가의 여부는 대리행위 당시를 기준으로 결정하여야 한다.

⑤ 기본적인 어떠한 대리권도 없었던 사람에 대하여 대리권소멸 후의 표현대리는 성립할 수 없다.

35 표현대리에 관한 설명으로 옳지 않은 것은? (다툼이 있으면 판례에 따름)

2017 기출

① 권한을 넘은 표현대리에 있어서 법정대리권은 기본대리권이 될 수 없다.

② 대리행위가 강행법규 위반으로 무효인 경우에는 표현대리가 성립할 수 없다.

③ 유권대리에 관한 주장 속에 표현대리의 주장이 포함되어 있다고 볼 수 없다.

④ 민법 제129조의 대리권 소멸 후의 표현대리로 인정되는 경우에, 그 표현대리의 권한을 넘는 대리행위가 있을 때에는 민법 제126조의 표현대리가 성립될 수 있다.

⑤ 대리권 수여의 표시에 의한 표현대리가 성립하려면 대리권 없음에 대하여 상대방이 선의이고 무과실이어야 한다.

36 표현대리에 관한 설명으로 옳은 것은? (다툼이 있으면 판례에 따름)

2015 기출

① 유권대리에 관한 주장 속에는 무권대리에 속하는 표현대리의 주장이 포함되어 있다고 볼 수 없다.

② 대리권소멸 후의 표현대리에 관한 규정은 법정대리에는 적용되지 않는다.

③ 표현대리가 성립하여 대리행위의 효과가 본인에게 귀속되면 표현대리의 성질이 유권대리로 전환된다.

④ 기본대리권이 월권행위와 관련이 없는 경우에는 권한을 넘은 표현대리는 성립할 여지가 없다.

⑤ 대리권을 추단할 수 있는 직함이나 명칭 등의 사용을 본인이 승낙 또는 묵인하였더라도 대리권 수여의 표시가 있는 것으로 볼 수 없다.

37 표현대리에 관한 설명으로 옳지 않은 것은? (다툼이 있으면 판례에 따름) _{2018 기출}

① 유권대리에 관한 주장에는 표현대리의 주장이 포함되어 있지 않다.

② 강행법규에 위반하여 무효인 행위에 대해서는 표현대리의 법리가 적용되지 않는다.

③ 표현대리가 성립된다고 하여 무권대리의 성질이 유권대리로 전환되는 것은 아니다.

④ 표현대리가 성립하는 경우, 상대방에게 과실이 있으면 과실상계의 법리에 따라 본인의 책임을 경감할 수 있다.

⑤ 대리인이 사자(使者)를 통하여 권한을 넘은 법률행위를 하더라도 민법 제126조의 표현대리가 성립할 수 있다.

---

34 ③ 공법상의 대리권 : 기본대리권이 등기신청, 영업허가신청, 이사취임등록 등 공법상의 행위에 관한 것이고 표현대리행위가 사법상의 행위(대물변제, 매매 등)일지라도 제126조의 표현대리는 성립한다(대판 1978. 3. 28, 78다282·283).

35 ① 제126조의 표현대리는 임의대리와 법정대리에 모두 적용된다.
② 증권회사 또는 그 임·직원의 부당권유행위를 금지하는 증권거래법 제52조 제1호는 공정한 증권거래질서의 확보를 위하여 제정된 강행법규로서 이에 위배되는 주식거래에 관한 투자수익보장약정은 무효이고, 투자수익보장이 강행법규에 위반되어 무효인 이상 증권회사의 지점장에게 그와 같은 약정을 체결할 권한이 수여되었는지 여부에 불구하고 그 약정은 여전히 무효이므로 표현대리의 법리가 준용될 여지가 없다(대판 1996. 8. 23, 94다38199).
③ 유권대리에 관한 주장 속에 무권대리에 속하는 표현대리의 주장이 포함되어 있다고 볼 수 없으며, 따로 표현대리에 관한 주장이 없는 한 법원은 나아가 표현대리의 성립 여부를 심리판단할 필요가 없다(대판 1983. 12. 13, 83다카1489).

36 ② 대리권소멸 후의 표현대리에 관한 규정은 임의대리 뿐만 아니라 법정대리에도 적용된다.
③ 표현대리는 기본적으로 무권대리이기 때문에 표현대리가 성립하여 대리행위의 효과가 본인에게 귀속되었다고 해서 표현대리가 유권대리로 전환되는 것은 아니다.
④ 기본대리권과 월권행위는 동종 유사한 행위일 필요가 없고 전혀 별개의 행위라도 권한을 넘은 표현대리가 성립한다.
⑤ 본인에 의한 대리권 수여의 표시는 반드시 대리권 또는 대리인이라는 말을 사용하여야 하는 것이 아니라 사회통념상 대리권을 추단할 수 있는 직함이나 명칭 등의 사용을 승낙 또는 묵인한 경우에도 대리권 수여의 표시가 있은 것으로 볼 수 있다(대판 1998. 6. 12, 97다53762).

37 ④ 표현대리행위가 성립하는 경우에 그 본인은 표현대리행위에 의하여 전적인 책임을 져야 하고, 상대방에게 과실이 있다고 하더라도 과실상계의 법리를 유추적용하여 본인의 책임을 경감할 수 없다(대판 1996. 7. 12, 95다49554).

Answer 34 ③ 35 ① 36 ① 37 ④

38 표현대리에 관한 설명으로 옳지 않은 것은? (다툼이 있으면 판례에 따름) _{2020 기출}

① 민법 제125조의 표현대리가 성립하기 위한 대리권 수여의 표시는 사회통념상 대리권을 추단할 수 있는 직함의 사용을 승낙한 경우도 포함한다.

② 대리인이 복대리인을 통하여 대리권의 범위를 넘는 법률행위를 한 경우에도 권한을 넘은 표현대리에 관한 민법 제126조가 적용된다.

③ 표현대리가 성립하여 본인이 이행책임을 지는 경우, 상대방에게 과실이 있으면 과실상계의 법리를 적용하여 본인의 책임을 경감할 수 있다.

④ 대리권 소멸 후의 표현대리가 인정된 경우에 그 표현대리의 권한을 넘는 대리행위가 있으면 권한을 넘은 표현대리가 성립할 수 있다.

⑤ 권한을 넘은 표현대리에 관한 민법 제126조는 임의대리뿐만 아니라 법정대리에도 적용된다.

39 대리권 없는 乙이 甲을 대리하여 甲 소유 X건물에 대하여 丙과 매매계약을 체결하였다. 표현대리가 성립하지 않는 경우 이에 관한 설명으로 옳은 것은? (다툼이 있으면 판례에 따름) _{2020 기출}

① 계약체결 당시 乙이 무권대리인임을 丙이 알았다면 丙은 甲에게 추인 여부의 확답을 최고할 수 없다.

② 甲은 丙에 대하여 계약을 추인할 수 있으나 乙에 대해서는 이를 추인할 수 없다.

③ 계약체결 당시 乙이 무권대리인임을 丙이 알았더라도 甲이 추인하기 전이라면 丙은 乙을 상대로 의사표시를 철회할 수 있다.

④ 甲이 추인을 거절한 경우, 丙의 선택으로 乙에게 이행을 청구하였으나 이를 이행하지 않은 乙은 丙에 대하여 채무불이행에 따른 손해배상책임을 진다.

⑤ 甲이 사망하여 乙이 단독상속한 경우 乙은 본인의 지위에서 위 계약의 추인을 거절할 수 있다.

40 무권대리에 관한 설명으로 옳지 않은 것은? (다툼이 있으면 판례에 따름) 2019 기출

① 무권대리인이 체결한 계약은 본인이 이를 추인할 수 있다.

② 무권대리인이 체결한 계약의 상대방은 상당한 기간을 정하여 본인에게 추인여부의 확답을 최고할 수 있다.

③ 대리권 없이 타인의 부동산을 매도한 자가 그 부동산을 단독상속한 후 그 대리행위가 무권대리로 무효임을 주장하는 것은 신의칙상 허용될 수 없다.

④ 무권대리행위가 제3자의 기망 등 위법행위로 야기되었더라도 민법 제135조에 따른 무권대리인의 상대방에 대한 책임은 부정되지 않는다.

⑤ 민법 제135조에 따른 무권대리인의 상대방에 대한 책임은 대리권 흠결에 관하여 무권대리인에게 귀책사유가 있어야만 인정된다.

---

38 ③ 표현대리행위가 성립하는 경우에 그 본인은 표현대리행위에 의하여 전적인 책임을 져야 하고, 상대방에게 과실이 있다고 하더라도 과실상계의 법리를 유추적용하여 본인의 책임을 경감할 수 없다(대판 1996. 7. 12, 95다49554).
① 민법 제125조의 표현대리에서 본인에 의한 대리권 수여의 표시는 반드시 대리권 또는 대리인이라는 말을 사용하여야 하는 것이 아니라 사회통념상 대리권을 추단할 수 있는 직함이나 명칭 등의 사용을 승낙 또는 묵인한 경우에도 대리권 수여의 표시가 있은 것으로 볼 수 있다(대판 1998. 6. 12, 97다53762).
② 복대리인이 권한을 넘은 대리행위를 한 경우에도 표현대리가 인정된다(대판 1967. 11. 21, 66다2197).
④ 제129조에 의하여 표현대리로 인정되는 경우에 그 표현대리의 권한을 넘은 대리행위가 있을 때에도 제126조의 표현대리가 성립할 수 있다(대판 1979. 3. 27, 79다234).
⑤ 제126조의 표현대리는 임의대리와 법정대리에 모두 적용된다(다수설, 판례).

39 ④ 다른 자의 대리인으로서 계약을 맺은 자가 그 대리권을 증명하지 못하고 또 본인의 추인을 받지 못한 경우에는 그는 상대방의 선택에 따라 계약을 이행할 책임 또는 손해를 배상할 책임이 있다(민법 제135조 제1항). 이때 상대방이 계약의 이행을 선택한 경우 무권대리인은 계약이 본인에게 효력이 발생하였더라면 본인이 상대방에게 부담하였을 것과 같은 내용의 채무를 이행할 책임이 있다. 무권대리인은 마치 자신이 계약의 당사자가 된 것처럼 계약에서 정한 채무를 이행할 책임을 지는 것이다. 무권대리인이 계약에서 정한 채무를 이행하지 않으면 상대방에게 채무불이행에 따른 손해를 배상할 책임을 진다(대판 2018. 6. 28, 2018다210775).
① 악의의 상대방, 즉 계약 당시 무권대리임을 알았던 상대방도 최고를 할 수 있다.
② 추인의 의사표시는 무권대리인에 대해서는 물론, 무권대리행위의 직접의 상대방 및 그 무권대리행위로 인한 권리 또는 법률관계의 승계인에게도 가능하다.
③ 철회권은 '선의'의 상대방에게만 인정된다.
⑤ 판례는 이러한 경우에 있어 무권대리인이 본인의 지위에서 추인을 거절하는 것은 금반언의 원칙이나 신의칙상 허용되지 않는다고 본다.

40 ⑤ 민법 제135조에 따른 무권대리인의 상대방에 대한 책임은 무과실책임이다.
① 제130조
② 제131조
③ 대판 1994. 9. 27, 94다20617
④ 무권대리인의 상대방에 대한 책임은 무과실책임으로서 대리권의 흠결에 관하여 대리인에게 과실 등의 귀책사유가 있어야만 인정되는 것이 아니고, 무권대리행위가 제3자의 기망이나 문서위조 등 위법행위로 야기되었다고 하더라도 책임은 부정되지 아니한다(대판 2014. 2. 27, 2013다213038).

Answer 38 ③ 39 ④ 40 ⑤

41 甲의 아들 乙은 소유권이전등기에 필요한 서류를 위조한 다음, 甲의 대리인으로 사칭하여 甲 소유 부동산을 丙에게 매도하였다. 다음 설명 중 옳은 것은? (다툼이 있으면 판례에 의함)

① 乙이 甲을 상속한 경우에 乙은 추인거절권을 행사할 수 있다.
② 乙이 미성년자이더라도 乙은 무권대리인으로서 책임을 진다.
③ 丙 명의로 이전등기된 경우, 甲의 추인이 없더라도 丙 명의의 등기는 실체관계에 부합하여 유효하다.
④ 乙이 대리권을 증명하지 못하고 甲의 추인을 얻지 못한 경우, 丙은 乙에 대해 소유권이전등기 또는 손해배상을 청구할 수 있다.
⑤ 丙이 甲에게 상당한 기간을 정하여 추인여부의 확답을 최고하였는데, 甲이 그 기간 내에 확답을 발하지 아니한 때에는 추인한 것으로 본다.

42 계약의 무권대리에 관한 설명으로 옳지 않은 것은? (표현대리를 고려하지 않으며, 다툼이 있으면 판례에 의함)

① 본인은 무권대리인이나 상대방에게 추인할 수 있다.
② 철회권을 행사하기 전에 반드시 최고권을 먼저 행사할 필요는 없다.
③ 상대방이 악의이더라도 본인의 추인이 있을 때까지 철회할 수 있다.
④ 철회는 본인뿐만 아니라 무권대리인에 대해서도 할 수 있다.
⑤ 상대방이 철회를 하면 무권대리인과 맺은 계약은 확정적으로 무효가 된다.

43 무권대리행위의 추인에 관한 설명으로 옳지 않은 것은? (다툼이 있으면 판례에 따름)
2015 기출

① 추인의 의사표시는 본인으로부터 그에 관한 대리권을 수여받은 임의대리인도 할 수 있다.
② 추인의 의사표시는 무권대리인 뿐만 아니라 무권대리행위의 상대방에 대하여도 할 수 있다.
③ 무권대리행위의 상대방이 계약 당시 무권대리임을 안 경우에는 본인에 대해 추인여부의 확답을 최고할 수 없다.
④ 추인은 의사표시 전부에 대하여 행하여져야 하고, 그 내용을 변경하여 추인할 경우에는 상대방의 동의가 없는 한 무효이다.
⑤ 본인이 무권대리인에게 무권대리행위를 추인한 경우, 계약 당시에 대리권 없음을 알지 못한 상대방은 그 추인 사실을 알기 전까지 무권대리인과 체결한 계약을 철회할 수 있다.

44 무권대리인 乙은 甲의 대리인이라 칭하면서 甲 소유의 부동산을 丙에게 매도하였다. 이에 관한 설명으로 옳지 않은 것은?

① 甲이 丙에게 乙의 무권대리행위를 추인하면, 위 매매계약은 추인한 때로부터 효력이 있다.

② 甲이 乙에게 무권대리행위를 추인하였지만 丙이 이를 알지 못하였다면 甲은 추인으로써 丙에게 대항할 수 없다.

③ 丙은 甲에게 상당한 기간을 정하여 추인 여부의 확답을 최고할 수 있다.

④ 丙이 乙의 대리권 없음을 알지 못하였다면, 丙은 甲의 추인이 있기 전에 계약을 철회할 수 있다.

⑤ 乙이 행위능력이 없는 때에는, 乙은 丙에 대하여 계약의 이행 또는 손해배상책임을 지지 않는다.

45 甲으로부터 대리권을 수여받지 않은 乙은 평소 甲이 자신의 아파트를 처분하고자 한다는 사실을 알고, 甲을 대리하여 丙과 그 아파트에 대한 매매계약을 체결하였다. 다음 설명 중 옳지 않은 것은?

① 甲이 추인을 거절한 경우, 丙은 최고권을 행사할 수 없다.

② 乙과 丙이 체결한 계약은 甲의 추인 여부에 따라 그 효력이 확정되는 유동적 무효이다.

③ 丙이 계약체결 당시 乙에게 대리권이 없음을 알지 못한 경우, 丙은 甲의 추인이 있기 전까지 계약을 철회할 수 있다.

④ 丙이 계약체결 당시 乙에게 대리권 없음을 알았던 경우, 丙은 乙에게 계약의 이행이나 손해배상을 청구할 수 없다.

⑤ 丙이 상당한 기간을 정하여 甲에게 추인 여부의 확답을 최고하였으나 甲이 그 기간 내에 확답을 발하지 않으면 그 계약을 추인한 것으로 본다.

---

41 ① 판례는 무권대리인이 본인을 상속한 경우에 추인거절은 '금반언의 원칙이나 신의성실의 원칙'에 반하여 허용될 수 없다고 한다.
② 제한능력자는 제135조의 무권대리인의 책임을 지지 않는다(제135조 제2항).
③ 무권대리행위는 본인의 추인이 없으면 본인에 대하여 효력이 없다.
⑤ 추인을 거절한 것으로 본다.
42 ③ 철회권은 '선의'의 상대방에게만 인정된다(제134조 단서).
43 ③ 무권대리인의 상대방의 최고권은 선의·악의 관계없이 인정된다(제131조).
44 ① 무권대리의 추인은 다른 의사표시가 없을 때에는 계약시에 소급하여 그 효력이 생긴다.
45 ⑤ 대리권 없는 자가 타인의 대리인으로 계약을 한 경우에 상대방은 상당한 기간을 정하여 본인에게 그 추인 여부의 확답을 최고할 수 있다. 본인이 그 기간 내에 확답을 발하지 아니한 때에는 추인을 거절한 것으로 본다.

Answer 41 ④　42 ③　43 ③　44 ①　45 ⑤

46 협의의 무권대리에 관한 설명으로 옳은 것은? (다툼이 있으면 판례에 따름) 2017 기출

① 상대방이 상당한 기간을 정하여 본인에게 무권대리행위의 추인여부의 확답을 최고한 경우 본인이 그 기간 내에 확답을 발하지 아니한 때에는 추인한 것으로 본다.

② 무권대리행위의 추인은 무권대리인이나 상대방에게 명시적인 방법으로만 할 수 있다.

③ 상대방은 계약 당시에 대리인에게 대리권이 없음을 안 때에도 본인의 추인이 있을 때까지 계약을 철회할 수 있다.

④ 본인이 무권대리행위의 내용을 변경하여 추인한 경우에는 상대방의 동의를 얻지 못하는 한 무효이다.

⑤ 대리인으로서 계약을 맺은 자에게 대리권이 없다는 사실을 알 수 있었던 상대방은 무권대리인에게 계약을 이행할 책임 또는 손해를 배상할 책임을 물을 수 있다.

47 무권대리인이 체결한 계약의 추인 및 추인거절에 관한 설명으로 옳지 않은 것은? (다툼이 있으면 판례에 따름) 2018 기출

① 추인은 묵시적인 방법으로도 할 수 있다.

② 기간을 정한 상대방의 최고에 대하여 본인이 그 기간 내에 추인 여부의 확답을 발하지 않으면 추인을 거절한 것으로 본다.

③ 추인의 거절을 이미 알고 있는 상대방에 대해서는 그 거절의 의사표시를 하지 않아도 대항할 수 있다.

④ 무권대리행위를 한 후 본인의 지위를 단독으로 상속한 무권대리인은 선의인 상대방에 대하여 무권대리행위의 추인을 거절하지 못한다.

⑤ 추인은 무권대리행위의 상대방에 대하여는 할 수 있지만, 무권대리행위로 인한 권리의 승계인에 대해서는 할 수 없다.

48 甲이 만 18세인 대학생 乙에게 X아파트 분양계약체결에 관한 대리권을 수여하였고, 乙은 甲을 대리하여 丙이 분양하는 X아파트를 3억 원에 분양받기로 하는 계약을 체결한 경우에 관한 설명으로 옳지 않은 것은? (다툼이 있으면 판례에 따름) 2015 기출

① 丙은 甲에 대하여 X아파트 분양계약에 따른 이행을 청구할 수 있다.

② 乙의 법정대리인은 X아파트 분양계약을 법정대리인의 동의가 없다는 이유로 취소할 수 없다.

③ 丙이 X아파트에 대한 소유권이전등기를 해주지 않은 경우, 특별한 사정이 없는 한 乙은 甲을 대리하여 계약을 해제할 수 없다.

④ 만일 乙이 무권대리인이었고, 丙이 이를 알지 못하였다면, 丙은 乙에게 계약의 이행을 청구할 수 있다.

⑤ 만일 X아파트 단지 인근에 쓰레기 매립장이 건설예정인 사실을 알고 있는 丙이 乙에게 이를 고지하지 않았다면 이는 부작위에 의한 기망행위가 된다.

49 표현대리와 협의의 무권대리에 관한 설명으로 옳지 않은 것은? (다툼이 있으면 판례에 따름)
2016 기출

① 유권대리에 관한 주장 속에는 표현대리의 주장이 당연히 포함되어 있다고 볼 수는 없다.

② 처음부터 어떠한 대리권도 없었던 자에 대하여 대리권 소멸 후의 표현대리는 성립할 수 없다.

③ 증권회사로부터 위임받은 고객의 유치, 투자상담 및 권유, 위탁매매약정실적의 제고 등의 업무는 사실행위에 불과하나 이를 기본대리권으로 하여 권한을 넘은 표현대리가 성립할 수 있다.

④ 협의의 무권대리인이 타인의 대리인으로 한 계약은 본인이 이를 추인하지 아니하면 본인에 대하여 효력이 없다.

⑤ 협의의 무권대리행위의 상대방은 계약 당시 무권대리행위임을 안 때에는 본인이나 그 대리인에 대하여 자신의 의사표시를 철회할 수 없다.

★

46 ④ 추인은 원칙적으로 무권대리행위의 전부에 대하여 행하여져야 하고, 그 일부에 대하여 추인을 하거나 그 내용을 변경하여 추인을 하였을 경우에는, 상대방의 동의를 얻지 못하는 한 무효이다.
① 대리권 없는 자가 타인의 대리인으로 계약을 한 경우에 상대방은 상당한 기간을 정하여 본인에게 그 추인 여부의 확답을 최고할 수 있다. 본인이 그 기간 내에 확답을 발하지 아니한 때에는 추인을 거절한 것으로 본다(제131조).
② 추인은 반드시 명시적으로 하여야 하는 것은 아니며, 묵시적으로도 할 수 있다.
③ 대리권 없는 자가 한 계약은 본인의 추인이 있을 때까지 상대방은 본인이나 그 대리인에 대하여 이를 철회할 수 있다. 그러나 계약 당시에 상대방이 대리권 없음을 안 때에는 그러하지 아니하다(제134조). 즉, 철회권은 '선의'의 상대방에게만 인정된다.
⑤ 다른 자의 대리인으로서 계약을 맺은 자가 그 대리권을 증명하지 못하고 또 본인의 추인을 받지 못한 경우에는 그는 상대방의 선택에 따라 계약을 이행할 책임 또는 손해를 배상할 책임이 있다(제135조 제1항). 다만, 대리인으로서 계약을 맺은 자에게 대리권이 없다는 사실을 상대방이 알았거나 알 수 있었을 때 또는 대리인으로서 계약을 맺은 사람이 제한능력자일 때에는 제1항을 적용하지 아니한다(제135조 제2항). 즉, 상대방은 선의·무과실이어야 한다.

47 ⑤ 추인의 의사표시는 무권대리인에 대해서는 물론, 무권대리행위 직접의 상대방 및 그 무권대리행위로 인한 권리 또는 법률관계의 승계인에게도 가능하다.

48 ④ 대리인으로서 계약을 맺은 자에게 대리권이 없다는 사실을 상대방(丙)이 알았거나 알 수 있었을 때 또는 대리인으로서 계약을 맺은 사람(乙)이 제한능력자일 때에는 상대방에 대한 무권대리인의 책임규정(제135조 제1항)을 적용하지 아니한다.

49 ③ 제126조의 표현대리가 성립하기 위해서는 무권대리인에게 법률행위에 관한 기본대리권이 있어야 하는바, 증권회사로부터 위임받은 고객의 유치·투자상담 및 권유·위탁매매약정실적의 제고 등의 업무는 사실행위에 불과하므로 이를 기본대리권으로 하여서는 권한 초과의 표현대리가 성립할 수 없다(대판 1992. 5. 26, 91다32190).

Answer **46** ④ **47** ⑤ **48** ④ **49** ③

50 甲의 아들인 성년자 乙이 아무런 권한없이 丙에게 甲의 대리인이라고 사칭하고, 甲소유의 X아파트를 丙에게 매각하였다. 다음 설명 중 옳지 않은 것은? (다툼이 있으면 판례에 따름)
2016 기출

① 乙이 丙에게 X아파트를 매각한 직후 甲이 X아파트를 丁에게 매각하고 소유권이전등기를 경료해 준 이후에, 甲이 乙의 무권대리행위를 추인하더라도 丁은 X아파트의 소유권을 취득한다.

② 甲은 丙에 대하여 적극적으로 추인의 의사가 없음을 표시하여 무권대리행위를 무효로 확정지을 수 있다.

③ 丙이 매매계약 당시 乙에게 대리권이 없음을 알지 못하였던 경우, 丙은 甲의 추인이 있기 전에 乙을 상대로 매매계약을 철회할 수 있다.

④ 丙은 상당한 기간을 정하여 甲에게 X아파트 매매계약의 추인여부의 확답을 최고할 수 있고, 甲이 그 기간 내에 확답을 발하지 않으면 추인한 것으로 본다.

⑤ 乙이 자신의 대리권을 증명하지 못하고 甲의 추인을 받지 못한 경우, 乙은 과실이 없어도 丙의 선택에 따라 계약을 이행하거나 손해를 배상할 책임이 있다.

51 대리권 없는 乙이 甲의 대리인이라 칭하며 甲 소유의 X토지를 丙에게 매도하였다. 다음 설명 중 옳은 것은? (다툼이 있는 경우에는 판례에 의함)
2013 기출

① 甲은 乙을 상대로 추인권을 행사할 수 있다.

② 甲의 추인이 있기 전에 甲과 丁이 X토지에 대하여 매매계약을 체결하고 丁이 소유권이전을 위한 가등기를 해 두었더라도, 甲이 무권대리인의 매매계약을 추인하면 그로 인한 소급효는 丁에게도 미친다.

③ 乙이 단독으로 甲을 상속한 경우, 乙은 丙과 체결한 매매계약에 대하여 추인거절권을 행사할 수 있다.

④ 甲의 추인이 있기 전이라면, 丙이 매매계약 체결 당시 乙에게 대리권 없음을 알았던 경우라도 丙은 매매계약을 철회할 수 있다.

⑤ 甲이 추인을 거절한 경우, 丙은 乙을 상대로 계약의 이행과 손해배상을 청구할 수 있다.

52 대리에 관한 설명으로 옳은 것을 모두 고른 것은?
2021 기출

┌─────────────────────────────────┐
㉠ 계약의 무권대리에 대한 추인은 다른 의사표시가 없으면 추인한 때부터 그 효력이 생긴다.
㉡ 무권대리의 상대방이 상당한 추인기간을 설정한 경우, 그 기간 내에 본인이 확답을 발하지 않은 때에는 추인한 것으로 본다.
㉢ 대리인이 수인인 경우 각자가 본인을 대리하는 것이 원칙이다.
㉢ 채무의 이행의 경우 본인의 허락이 없어도 쌍방대리는 유효하다.
└─────────────────────────────────┘

① ㉠, ㉡   ② ㉠, ㉢
③ ㉡, ㉢   ④ ㉡, ㉣
⑤ ㉢, ㉣

53 계약에 대한 무권대리에 관한 설명으로 옳은 것은? (다툼이 있으면 판례에 따름)

2021 기출

① 범죄가 되는 무권대리행위에 대하여 장기간 형사고소를 하지 아니하였다는 사실만으로 묵시적인 추인이 있었다고 볼 수 있다.

② 본인이 추인을 거절하더라도 상대방은 철회권을 행사할 수 있다.

③ 본인이 무권대리행위의 일부에 대해 추인을 한 경우, 그에 대하여 상대방의 동의를 얻으면 유효하다.

④ 본인이 무권대리인에게 한 추인의 의사표시는 항상 효력이 없다.

⑤ 무권대리인의 계약상대방에 대한 책임(민법 제135조 제1항)은 대리권의 흠결에 관하여 대리인에게 과실이 있어야 인정된다.

★

50 ④ 대리권 없는 자가 타인의 대리인으로 계약을 한 경우에 상대방은 상당한 기간을 정하여 본인에게 그 추인 여부의 확답을 최고할 수 있다. 본인이 그 기간 내에 확답을 발하지 아니한 때에는 추인을 거절한 것으로 본다(제131조).

51 ② 추인의 소급효는 제3자의 권리를 해하지 못한다(제133조).
③ 무권대리인이 본인을 상속한 경우에 본인의 지위에서 추인을 거절하는 것은 신의칙에 반한다(대판 1994. 9. 27. 94다20617).
④ 상대방은 선의인 경우에 한하여 본인의 추인이 있기 전에 철회를 할 수 있다.
⑤ 상대방의 선택에 따라 계약을 이행할 책임 또는 손해를 배상할 책임이 있다(제135조 제1항).

52 ㉢ 대리인이 수인인 때에는 각자가 본인을 대리한다. 그러나 법률 또는 수권행위에 다른 정한 바가 있는 때에는 그러하지 아니하다(제119조).
㉣ 대리인은 본인의 허락이 없으면 본인을 위하여 자기와 법률행위를 하거나 동일한 법률행위에 관하여 당사자 쌍방을 대리하지 못한다. 그러나 채무의 이행은 할 수 있다(제124조).
㉠ 무권대리의 추인은 다른 의사표시가 없는 때에는 계약시에 소급하여 그 효력이 생긴다. 그러나 제3자의 권리를 해하지 못한다(제133조).
㉡ 대리권 없는 자가 타인의 대리인으로 계약을 한 경우에 상대방은 상당한 기간을 정하여 본인에게 그 추인 여부의 확답을 최고할 수 있다. 본인이 그 기간 내에 확답을 발하지 않은 때에는 추인을 거절한 것으로 본다(제131조).

53 ③ 무권대리행위의 추인은 무권대리인에 의하여 행하여진 불확정한 행위에 관하여 그 행위의 효과를 자기에게 직접 발생케 하는 것을 목적으로 하는 의사표시이며, 무권대리인 또는 상대방의 동의나 승락을 요하지 않는 단독행위로서 추인은 의사표시의 전부에 대하여 행하여져야 하고, 그 일부에 대하여 추인을 하거나 그 내용을 변경하여 추인을 하였을 경우에는 상대방의 동의를 얻지 못하는 한 무효이다(대판 1982. 1. 26. 81다카549).
① 무권대리행위에 대한 추인은 무권대리행위로 인한 효과를 자기에게 귀속시키려는 의사표시이니만큼 무권대리행위에 대한 추인이 있었다고 하려면 그러한 의사가 표시되었다고 볼 만한 사유가 있어야 하고, 무권대리행위가 범죄가 되는 경우에 대하여 그 사실을 알고도 장기간 형사고소를 하지 아니하였다 하더라도 그 사실만으로 묵시적인 추인이 있었다고 할 수는 없는바, 권한 없이 기명날인을 대행하는 방식에 의하여 약속어음을 위조한 경우에 피위조자가 이를 묵시적으로 추인하였다고 인정하려면 추인의 의사가 표시되었다고 볼 만한 사유가 있어야 한다(대판 1998. 2. 10. 97다31113).
② 대리권 없는 자가 한 계약은 본인의 추인이 있을 때까지 상대방은 본인이나 그 대리인에 대하여 이를 철회할 수 있다. 그러나 계약 당시에 상대방이 대리권 없음을 안 때에는 그러하지 아니하다(제134조).
④ 추인의 의사표시를 무권대리인에게 한 경우에도 그 사실을 상대방이 안 때에는 추인의 효력을 상대방에게 주장할 수 있다(제132조 단서).
⑤ 민법 제135조의 무권대리인의 상대방에 대한 책임은 무과실책임으로서 대리권의 흠결에 관하여 대리인에게 과실 등의 귀책사유가 있어야만 인정되는 것이 아니고, 무권대리행위가 제3자의 기망이나 문서위조 등 위법행위로 야기되었다고 하더라도 책임은 부정되지 아니한다(대판 2014. 2. 27. 2013다213038).

Answer 50 ④ 51 ① 52 ⑤ 53 ③

54 무권대리와 표현대리에 관한 설명으로 옳지 않은 것은? (다툼이 있으면 판례에 따름)
2021 기출

① 유권대리에 관한 주장 속에는 무권대리에 속하는 표현대리의 주장이 포함되어 있다고 볼 수 없다.

② 표현대리가 성립하는 경우, 상대방에게 과실이 있어도 과실상계의 법리를 유추적용하여 본인의 책임을 경감할 수 없다.

③ 대리행위가 강행법규 위반으로 무효인 경우 표현대리 법리가 적용되지 않는다.

④ 상대방은 계약 당시에 대리인에게 대리권이 없음을 안 때에는 계약을 철회할 수 없다.

⑤ 제한능력자인 무권대리인은 민법 제135조 제1항에 따라 계약을 이행할 책임 또는 손해를 배상할 책임이 있다.

55 무권대리행위에 대한 본인의 추인에 관한 설명으로 옳은 것은? (다툼이 있으면 판례에 따름)
2022 기출

① 추인은 무권대리인의 동의가 있어야 유효하다.

② 추인은 무권대리인이 아닌 무권대리행위의 상대방에게 하여야 한다.

③ 무권대리행위가 범죄가 되는 경우, 본인이 그 사실을 알고 장기간 형사고소를 하지 않았다면 묵시적 추인이 인정된다.

④ 추인은 무권대리행위가 있음을 알고 하여야 한다.

⑤ 무권대리행위의 일부에 대한 추인은 상대방의 동의가 없더라도 유효하다.

56 무권대리인 乙은 아무런 권한 없이 자신을 甲의 대리인이라고 칭하면서 丙과 甲소유의 X토지에 대한 매매계약을 체결하였다. 이에 관한 설명으로 옳지 않은 것은? (표현대리는 성립하지 않으며, 다툼이 있으면 판례에 따름)
2023 기출

① 丙이 계약 체결 당시 乙이 무권대리인임을 알지 못하였다면, 丙은 甲의 추인이 있기 전에 乙을 상대로 계약을 철회할 수 있다.

② 丙이 계약 체결 당시 乙이 무권대리인임을 알았더라도 丙은 상당한 기간을 정하여 甲에게 추인 여부의 확답을 최고할 수 있다.

③ 甲이 乙의 무권대리행위의 내용을 변경하여 추인한 경우, 그 추인은 그에 대한 丙의 동의가 있어야 유효하다.

④ 乙이 대리권을 증명하지 못하고 甲의 추인도 받지 못한 경우, 丙은 계약 체결 당시 乙이 무권대리인임을 알았더라도 乙에게 계약의 이행이나 손해배상을 청구할 수 있다.

⑤ 계약 체결 후 乙이 甲의 지위를 단독상속한 경우, 乙은 본인의 지위에서 丙을 상대로 계약의 추인을 거절할 수 없다.

57 대리에 관한 설명으로 옳지 않은 것은? (다툼이 있으면 판례에 따름)
2022 기출

① 대리인은 행위능력자임을 요하지 아니한다.

② 사실상의 용태에 의하여 대리권의 수여가 추단될 수 있다.

③ 임의대리의 원인된 법률관계가 종료하기 전이라도 본인은 수권행위를 철회할 수 있다.

④ 수권행위에서 권한을 정하지 아니한 대리인은 보존행위만을 할 수 있다.

⑤ 복대리인은 본인의 대리인이다.

54 ⑤ 제135조의 무권대리인의 상대방에 대한 책임이 인정되기 위해서는 그 무권대리인이 행위능력자이어야 한다(제135조 제2항).

① 유권대리에 있어서는 본인이 대리인에게 수여한 대리권의 효력에 의하여 법률효과가 발생하는 반면 표현대리에 있어서는 대리권이 없음에도 불구하고 법률이 특히 거래상대방 보호와 거래안전유지를 위하여 본래 무효인 무권대리행위의 효과를 본인에게 미치게 한 것으로서 표현대리가 성립된다고 하여 무권대리의 성질이 유권대리로 전환되는 것은 아니므로, 양자의 주요사실은 다르다고 볼 수 밖에 없으니 유권대리에 관한 주장 속에 무권대리에 속하는 표현대리의 주장이 포함되어 있다고 볼 수 없다(대판 1983. 12. 13, 83다카1489).

③ 계약체결의 요건을 규정하고 있는 강행법규에 위반한 계약은 무효이므로 그 경우에 계약상대방이 선의·무과실이더라도 표현대리 법리가 적용될 여지는 없다. 따라서 도시 및 주거환경정비법에 의한 주택재건축조합의 대표자가 그 법에 정한 강행규정에 위반하여 적법한 총회의 결의 없이 계약을 체결한 경우에는 상대방이 그러한 법적 제한이 있다는 사실을 몰랐다거나 총회결의가 유효하기 위한 정족수 또는 유효한 총회결의가 있었는지에 관하여 잘못 알았더라도 계약이 무효임에는 변함이 없다(대판 2016. 5. 12, 2013다49381).

55 ④ 추인은 무권대리행위의 효과를 자기에게 귀속시키도록 하는 상대방 있는 단독행위로서 무권대리행위가 있음을 알고 하여야 한다.

① 추인권은 일종의 형성권이다. 따라서 추인에는 무권대리인의 동의나 승낙이 필요하지 않다.

② 추인의 의사표시는 무권대리인에 대해서는 물론, 무권대리행위 직접의 상대방 및 그 무권대리행위로 인한 권리 또는 법률관계의 승계인에게도 가능하다.

③ 타인의 형사책임을 수반하는 무권대리행위에 의하여 권리의 침해를 받은 자가 그 침해사실을 알고서도 장기간 형사고소나 민사소송을 제기하지 않은 경우에 그 사실만으로 그 행위에 대하여 묵시적인 추인이 있었다고 단정할 수 없다(대판 1967. 12. 18, 67다2294·2295).

⑤ 추인은 원칙적으로 무권대리행위의 전부에 대하여 행하여져야 하고, 그 일부에 대하여 추인을 하거나 그 내용을 변경하여 추인을 하였을 경우에는, 상대방의 동의를 얻지 못하는 한 무효이다.

56 ④ 상대방 丙은 선의·무과실이어야 한다.

① 대리권 없는 자가 한 계약은 본인의 추인이 있을 때까지 상대방은 본인이나 그 대리인에 대하여 이를 철회할 수 있다. 그러나 계약 당시에 상대방이 대리권 없음을 안 때에는 그러하지 아니하다(제134조).

② 대리권 없는 자가 타인의 대리인으로 계약을 한 경우에 상대방은 상당한 기간을 정하여 본인에게 그 추인 여부의 확답을 최고할 수 있다. 본인이 그 기간 내에 확답을 발하지 아니한 때에는 추인을 거절한 것으로 본다(제131조).

③ 추인은 원칙적으로 무권대리행위의 전부에 대하여 행하여져야 하고, 그 일부에 대하여 추인을 하거나 그 내용을 변경하여 추인을 하였을 경우에는, 상대방의 동의를 얻지 못하는 한 무효이다.

⑤ 이러한 경우에 무권대리인이 본인의 지위에서 추인을 거절하는 것은 금반언의 원칙이나 신의칙상 허용되지 않는다(대판 1994. 9. 27, 94다20617).

57 ④ 권한을 정하지 아니한 대리인은 다음 각 호의 행위만(1. 보존행위 2. 대리의 목적인 물건이나 권리의 성질을 변하지 아니하는 범위에서 그 이용 또는 개량하는 행위)을 할 수 있다(제118조).

② 대리권을 수여하는 수권행위는 불요식의 행위로서 명시적인 의사표시에 의함이 없이 묵시적인 의사표시에 의하여 할 수도 있으며, 어떤 사람이 대리인의 외양을 가지고 행위하는 것을 본인이 알면서도 이의를 하지 아니하고 방임하는 등 사실상의 용태에 의하여 대리권의 수여가 추단되는 경우도 있다(대판 2016. 5. 26, 2016다203315).

Answer 54 ⑤ 55 ④ 56 ④ 57 ④

Chapter

05 법률행위의 무효와 취소

01 법률행위의 무효

1. 서론 2016 · 2020 · 2021 · 2022 · 2023 기출

(1) 무효의 의의

법률행위의 무효란 법률행위가 성립한 처음부터 법률상 당연히 그 효력이 발생하지 않는 것이 확정되어 있는 것을 말한다. 법률행위의 무효는 법률행위가 성립된 것을 전제로 하며, 법률행위의 부존재 또는 불성립의 경우에는, 법률행위의 무효에 관한 일반규정, 즉 법률행위의 일부무효(제137조), 무효행위의 전환(제138조), 무효행위의 추인(제139조)의 규정이 적용될 여지가 없다.

(2) 무효사유

의사무능력자의 법률행위, 원시적 불능의 법률행위, 강행규정에 위반하는 법률행위, 반사회질서의 법률행위(제103조), 불공정한 법률행위(제104조), 상대방이 알았거나 알 수 있었을 비진의표시(제107조 제1항 단서), 허위표시(제108조) 등은 법률행위가 '무효'로 되는 경우이다.

(3) 무효의 효과

① 법률행위가 무효이면 표의자가 의욕한 법률효과가 발생하지 않게 된다. 따라서 무효인 법률행위가 채권행위인 때에는 채권은 발생하지 않고, 물권행위인 때에는 물권변동은 일어나지 않는다.

② 무효인 법률행위에 기한 이행이 있기 전이라면 이행할 필요가 없지만, 이미 급부가 이행된 경우에는 그 급부는 원칙적으로 부당이득에 관한 규정에 의하여 반환되어야 한다(제741조). 다만, 그 급부가 불법원인급여일 때에는 제746조의 제한을 받아 그 반환을 청구할 수 없는 경우도 있다.

③ 원시적 불능을 이유로 하는 무효의 경우에는 제535조에 따라 신뢰이익배상책임이 발생한다.

2. 무효의 종류

(1) 절대적 무효 · 상대적 무효

① 절대적 무효 : 법률행위를 행한 당사자 사이에서뿐만 아니라 제3자에 대한 관계에서도 무효인 것을 절대적 무효라고 하는데, 의사무능력자의 법률행위, 강행법규에 위반하는 법률행위, 반사회질서의 법률행위 등이 이에 속한다.

② 상대적 무효 : 법률행위의 당사자 간에는 무효이지만 선의의 제3자에 대하여는 그 무효를 주장할 수 없는 것을 상대적 무효라고 하는데, 진의 아닌 의사표시(제107조 제1항 단서), 허위표시(제108조)가 이에 속한다.

(2) 재판상 무효 · 당연무효

① 재판상 무효 : 재판상 무효는 소(訴)에 의해서만 주장할 수 있는 무효이다(회사설립의 무효(상법 제184조), 회사합병의 무효(상법 제236조)).

② 당연무효 : 법률행위를 무효로 하기 위하여 어떤 특별한 행위나 절차를 필요로 하지 않는 무효이다. 무효는 당연무효가 원칙이다.

(3) 전부무효 · 일부무효

> **제137조 【법률행위의 일부무효】** 법률행위의 일부분이 무효인 때에는 그 전부를 무효로 한다. 그러나 그 무효부분이 없더라도 법률행위를 하였을 것이라고 인정될 때에는 나머지 부분은 무효가 되지 아니한다.

① 법률행위의 전부가 무효인 경우가 전부무효이고, 그 일부만이 무효인 경우가 일부무효이다. 법률행위의 일부분이 무효인 때에는 원칙적으로 그 전부를 무효로 한다. 그러나 '무효부분이 없더라도 법률행위를 하였을 것이라고 인정될 때'에는 잔존부분에 한하여 유효하다(제137조). 즉, 당사자의 가정적 의사가 잔존부분의 유효를 의욕해야 한다. 한편 법률이 일부무효의 효과를 명시적으로 규정하는 경우가 있는데(제385조, 제591조 제1항, 제651조 제1항), 이러한 경우에는 그 규정에 따라 처리된다.

② 일부무효에 관한 제137조는 임의규정이다. 따라서 일부무효에 관한 당사자의 약정이 있으면 제137조는 적용되지 않는다.

> **판례**
>
> 1. [1] 민법 제137조는 임의규정으로서 의사자치의 원칙이 지배하는 영역에서 적용된다고 할 것이므로, 법률행위의 일부가 강행법규인 효력규정에 위반되어 무효가 되는 경우 그 부분의 무효가 나머지 부분의 유효·무효에 영향을 미치는가의 여부를 판단함에 있어서는 개별 법령이 일부무효의 효력에 관한 규정을 두고 있는 경우에는 그에 따라야 하고, 그러한 규정이 없다면 원칙적으로 민법 제137조가 적용될 것이나 당해 효력규정 및 그 효력규정을 둔 법의 입법취지를 고려하여 볼 때 나머지 부분을 무효로 한다면 당해 효력규정 및 그 법의 취지에 명백히 반하는 결과가 초래되는 경우에는 나머지 부분까지 무효가 된다고 할 수는 없다.
>   [2] <u>상호신용금고의 담보제공약정이 효력규정인 구 상호신용금고법 제18조의2 제4호에 위반하여 무효라고 하더라도, 그와 일체로 이루어진 대출약정까지 무효로 된다고는 할 수 없다</u>(대판 2004. 6. 11, 2003다1601).
> 2. 복수의 당사자 사이에 중간생략등기의 합의를 한 경우 그 합의는 전체로서 일체성을 가지는 것이므로, 그중 한 당사자의 의사표시가 무효인 것으로 판명된 경우 나머지 당사자 사이의 합의가 유효한지의 여부는 민법 제137조에 정한 바에 따라 당사자가 그 무효부분이 없더라도 법률행위를 하였을 것이라고 인정되는지의 여부에 의하여 판정되어야 할 것이고, 그 당사자의 의사는 실재하는 의사가 아니라 법률행위의 일부분이 무효임을 법률행위 당시에 알았다면 당사자쌍방이 이에 대비하여 의욕하였을 가정적 의사를 말한다(대판 1996. 2. 27, 95다38875).

(4) 확정적 무효·유동적 무효

① 법률행위의 무효는 확정적으로 효력이 발생하지 아니함이 원칙이다. 이와는 달리 법률행위의 효력이 현재로서는 발생하지 않지만, 추후에 허가를 받거나 추인을 얻으면 법률행위 시에 소급하여 유효로 확정될 수 있는 법적 상태를 유동적 무효(불확정적 무효)라고 한다.

② 유동적 무효의 법리는 국토의 계획 및 이용에 관한 법률의 규제구역에 속하는 토지거래에 관한 판례에 의하여 주목받기 시작했으나, 그에 앞서 무권대리행위의 효력도 역시 유동적 무효에 속한다.

3. 토지거래허가구역 내에서 허가 없이 체결한 토지거래계약에 관한 판례이론 2014·2016·2019 기출

(1) 국토의 계획 및 이용에 관한 법률상의 규제구역 내의 토지에 대하여 허가받을 것을 전제로 체결한 거래계약의 효력(유동적 무효)

국토의 계획 및 이용에 관한 법률상의 규제구역 내의 '토지 등의 거래계약허가'에 관한 관계규정의 내용과 그 입법취지에 비추어 볼 때 토지의 소유권 등 권리를 이전 또는 설정하는 내용의 거래계약은 관할관청의 허가를 받아야만 그 효력이 발생하고, 허가를 받기 전에는 물권적 효력은 물론 채권적 효력도 발생하지 아니하여 무효라고 보아야 할 것이다. 다만, 허가를 받기 전의 거래계약이 처음부터 허가를 배제하거나 잠탈하는 내용의 계약일 경우에는 확정적으로 무효로서 유효화될 여지가 없으나, 이와 달리 허가받을 것을 전제로 한 거래계약(허가를 배제하거나 잠탈하는 내용의 계약이 아닌 계약은 이에 해당하는 것으로 본다)일 경우에는 허가를 받을 때까지는 법률상 미완성의 법률행위로서 소유권 등 권리의 이전 또는 설정에 관한 거래의 효력이 전혀 발생하지 않음은 위의 확정적 무효의 경우와 다를 바 없지만, 일단 허가를 받으면 그 계약은 소급하여 유효한 계약이 되고, 이와 달리 불허가가 된 때에는 무효로 확정되므로 허가를 받기까지는 유동적 무효의 상태에 있다고 보는 것이 타당하다. 따라서 허가받을 것을 전제로 한 거래계약은 허가받기 전의 상태에서는 거래계약의 채권적 효력도 전혀 발생하지 않아 권리의 이전 또는 설정에 관한 어떠한 내용의 이행청구도 할 수 없으나, 일단 허가를 받으면 그 계약은 소급해서 유효화되므로 허가 후에 새로이 거래계약을 체결할 필요는 없다.

(2) 급부의무

① **계약상의 이행청구(소극)** : 허가를 받을 것을 전제로 한 거래계약은 허가받기 전의 상태에서는 거래계약의 채권적 효력도 전혀 발생하지 않으므로 권리의 이전 또는 설정에 관한 어떠한 내용의 이행청구도 할 수 없다.

② **채무불이행을 이유로 하는 해제와 그로 인한 손해배상(소극)** : 거래계약의 당사자로서는 허가받기 전의 상태에서 상대방의 계약상 채무불이행을 이유로 계약을 해제하거나 그로 인한 손해배상을 청구할 수 없다.

판례

토지거래규제구역 내의 토지와 건물을 일괄하여 매매한 경우 일반적으로 토지와 그 지상의 건물은 법률적인 운명을 같이하는 것이 거래의 관행이고, 당사자의 의사나 경제의 관념에도 합치되는 것이므로, 토지에 관한 당국의 거래허가가 없으면 건물만이라도 매매하였을 것이라고 볼 수 있는 특별한 사정이 인정되는 경우에 한하여 토지에 대한 매매거래허가가 있기 전에 건물만의 소유권이전등기를 명할 수 있다고 보아야 할 것이고, 그렇지 않은 경우에는 토지에 대한 거래허가가 있어 그 매매계약의 전부가 유효한 것으로 확정된 후에 토지와 함께 이전등기를 명할 수 있고, 토지에 대한 매매거래허가를 받기 전의 상태에서는 지상건물에 대하여도 그 거래계약 내용에 따른 이행청구 내지 채무불이행으로 인한 손해배상청구를 할 수 없다(대판 1994. 1. 11, 93다22043).

(3) 협력의무

① **협력의무의 소구(적극)** : 규제지역 내의 토지에 대하여 거래계약이 체결된 경우에 계약을 체결한 당사자 사이에 있어서는 그 계약이 효력 있는 것으로 완성될 수 있도록 서로 협력할 의무가 있음이 당연하므로, 계약의 쌍방당사자는 공동으로 관할관청의 허가를 신청할 의무가 있고, 이러한 의무에 위배하여 허가신청절차에 협력하지 않는 당사자에 대하여 상대방은 협력의무의 이행을 소송으로써 구할 이익이 있다.

② 협력의무 불이행으로 인한 손해배상(적극) : 유동적 무효상태에 있는 매매계약에 대하여 허가를 받을 수 있도록 허가신청을 하여야 할 협력의무를 이행하지 아니하고 매수인이 그 매매계약을 일방적으로 철회함으로써 매도인이 손해를 입은 경우에, 매수인은 이 협력 의무 불이행과 인과관계가 있는 손해를 배상하여야 할 의무가 있다.

③ 협력의무 불이행에 대한 손해배상액 약정의 효력(유효) : 매매계약을 체결할 당시 당사자 사이에 당사자일방이 토지거래허가를 받기 위한 협력 자체를 이행하지 아니하거나 허가 신청에 이르기 전에 매매계약을 철회하는 경우, 상대방에게 일정한 손해액을 배상하기로 하는 약정을 유효하게 할 수 있다.

④ 협력의무 불이행을 이유로 한 해제 가부(소극) : 유동적 무효의 상태에 있는 거래계약의 당사자는 상대방이 그 거래계약의 효력이 완성되도록 협력할 의무를 이행하지 아니하였 음을 들어 일방적으로 유동적 무효의 상태에 있는 거래계약 자체를 해제할 수 없다.

⑷ **해약금에 의한 계약해제(적극)**

국토의 계획 및 이용에 관한 법률상의 토지거래허가를 받지 않아 유동적 무효상태인 매매계 약에 있어서도 당사자 사이의 매매계약은 매도인이 계약금의 배액을 상환하고 계약을 해제 함으로써 적법하게 해제된다.

⑸ **유동적 무효상태에서 이미 지급한 계약금 등의 반환을 부당이득으로 구할 수 있는지 여부**

유동적 무효상태의 매매계약을 체결하고 매수인이 이에 기하여 임의로 지급한 계약금은 그 계약이 유동적 무효상태로 있는 한 이를 부당이득으로 반환을 구할 수는 없고, 유동적 무효상 태가 확정적으로 무효로 되었을 때 비로소 부당이득으로 그 반환을 구할 수 있다.

⑹ **확정적 무효로의 전환**

① 불허가처분 또는 당사자 쌍방이 허가신청을 하지 않기로 의사표시를 명백히 한 경우 : 국 토의 계획 및 이용에 관한 법률상의 거래허가를 받지 않은 유동적 무효상태의 계약은 관 할 도지사에 의한 불허가처분이 있을 때뿐만이 아니라, 당사자쌍방이 허가신청을 하지 아 니하기로 의사표시를 명백히 한 경우에도 유동적 무효상태의 계약은 확정적으로 무효로 된다고 보아야 한다.

② 거래계약이 확정적으로 무효가 된 경우, 거래계약이 확정적으로 무효로 됨에 있어서 귀책 사유가 있는 자라고 하더라도 그 계약의 무효를 주장할 수 있다.

③ 다른 무효·취소사유의 주장 : 국토의 계획 및 이용에 관한 법률상 거래허가를 받지 아니 하고 계약당사자의 표시와 불일치한 의사(ⓔ 비진의표시, 허위표시, 착오) 또는 사기·강박과 같은 하자 있는 의사에 의하여 토지거래 등이 이루어진 경우에 있어서, 이들 사유에 기하 여 그 거래의 무효 또는 취소를 주장할 수 있는 당사자는 그러한 거래허가를 신청하기

전 단계에서 이러한 사유를 주장하여 거래허가신청협력에 거절의사를 일방적으로 명백히 함으로써 그 계약을 확정적으로 무효화시키고 자신의 거래허가절차에 협력할 의무를 면함은 물론, 기왕에 지급된 계약금 등의 반환도 구할 수 있다.

④ **정지조건부계약인 경우 정지조건의 불성취 확정**: 토지거래허가 전의 거래계약이 정지조건부계약인 경우에 있어서 그 정지조건이 토지거래허가를 받기 전에 이미 불성취로 확정되었다면, 장차 토지거래허가를 받는다고 하더라도 그 거래계약의 효력이 발생될 여지는 없게 되었다고 할 것이므로, 이와 같은 경우에도 또한 허가 전 거래계약의 유동적 무효상태가 더 이상 지속된다고 볼 수 없고 그 계약관계는 확정적으로 무효가 된다.

⑺ 확정적 유효로의 전환

① **허가처분**: 일단 허가를 받으면 그 계약은 소급하여 유효한 계약이 된다.

② **토지거래허가구역 지정해제 또는 지정기간 만료 후 재지정을 않는 경우**: 허가구역 지정기간 중에 허가구역 안의 토지에 대하여 토지거래허가를 받지 아니하고 토지거래계약을 체결한 후 허가구역 지정해제 등이 된 때에는, 그 토지거래계약이 허가구역 지정이 해제되기 전에 확정적으로 무효로 된 경우를 제외하고는, 더 이상 관할 행정청으로부터 토지거래허가를 받을 필요가 없이 확정적으로 유효로 되어 거래당사자는 그 계약에 기하여 바로 토지의 소유권 등 권리의 이전 또는 설정에 관한 이행청구를 할 수 있고, 상대방도 반대급부의 청구를 할 수 있다고 보아야 할 것이지, 여전히 그 계약이 유동적 무효상태에 있다고 볼 것은 아니다.

4. 무효행위의 전환 2018 기출

> **제138조【무효행위의 전환】** 무효인 법률행위가 다른 법률행위의 요건을 구비하고 당사자가 그 무효를 알았더라면 다른 법률행위를 하는 것을 의욕하였으리라고 인정될 때에는 다른 법률행위로서 효력을 가진다.

⑴ 의의

무효행위의 전환이란 A행위로서는 무효인 법률행위가 B행위의 요건을 갖추고 있고, 또한 당사자가 그 무효를 알았더라면 B행위를 의욕하였을 것으로 인정되는 경우에는 무효인 A행위에 B행위로서의 효력을 인정하는 것을 말한다.

(2) 요건

① **일단 성립한 법률행위가 무효일 것** : 법률행위가 성립하지 않은 경우에는 무효행위의 전환을 논할 여지가 없다.

② **당사자의 전환의사가 있을 것** : 당사자가 그 무효를 알았더라면 다른 법률행위를 할 것을 의욕하였으리라고 인정되어야 한다. 이러한 전환의사는 현실의 의사일 필요는 없고 '가정적 의사'로 족하다. 가정적 의사는 전환시점이 아니라 행위시점을 기준으로 판단하여야 한다.

③ **다른 법률행위의 요건을 갖추고 있을 것** : 여기의 다른 법률행위는 그 법률효과에서 원래의 법률행위보다 작은 것으로 원래의 법률행위에 내포될 수 있어야 한다.

　㉠ **불요식행위로의 전환** : 요식행위나 불요식행위에서 다른 불요식행위로의 전환은 쉽게 인정된다. 예컨대, 어음행위가 방식을 갖추지 못하여 무효인 경우 일반채무로서의 효력은 인정된다. 그리고 연착된 승낙은 청약자가 이를 새 청약으로 볼 수 있고(제530조), 승낙자가 청약에 대하여 조건을 붙이거나 변경을 가하여 승낙한 때에는 그 청약의 거절과 동시에 새로 청약한 것으로 본다(제534조).

　㉡ **요식행위로의 전환** : 무효인 불요식행위에서 요식행위로의 전환은 성질상 인정되기 어렵다. 예컨대 어음의 방식을 갖추지 않은 경우에 어음행위로의 전환은 인정될 수 없다. 문제는 무효인 요식행위에서 요식행위로의 전환인데, 이러한 전환이 예외적으로 인정되는 경우가 있다. 먼저 민법은 비밀증서에 의한 유언이 그 방식을 결여한 경우에는 자필증서의 방식을 갖춘 경우에 한하여 자필증서에 의한 유언으로서 인정한다(제1071조). 판례도 혼인 외의 자를 혼인 중의 자로 출생신고한 경우 인지신고로서의 효력을 인정하고, 타인의 자를 자기의 자로서 허위의 친생자출생신고를 한 경우에 입양의 요건을 모두 구비하였다면 입양의 효력을 인정한다.

> **판례**
>
> 상속재산 전부를 공동상속인 중 1인에게 상속시킬 방편으로 나머지 상속인들이 법원에 한 상속포기신고가 그 법정기간 경과 후에 한 것으로서 재산상속포기로서의 효력이 생기지 아니하더라도, 그에 따라 위 공동상속인들 사이에는 위 1인이 고유의 법정상속분을 초과하여 상속재산 전부를 취득하고 위 잔여 상속인들은 이를 전혀 취득하지 않기로 하는 내용의 상속재산에 관한 협의분할이 이루어진 것으로 볼 것이다(대판 1991. 12. 24, 90누5986).

(3) 효과

전환의 요건을 갖추면 무효인 법률행위는 다른 법률행위로서의 효력을 발생한다.

> **판례**
>
> [1] 매매계약이 약정된 매매대금의 과다로 말미암아 민법 제104조에서 정하는 불공정한 법률행위에 해당하여 무효인 경우에도 무효행위의 전환에 관한 민법 제138조가 적용될 수 있다. 따라서 당사자쌍방이

위와 같은 무효를 알았더라면 대금을 다른 액으로 정하여 매매계약에 합의하였을 것이라고 예외적으로 인정되는 경우에는, 그 대금액을 내용으로 하는 매매계약이 유효하게 성립한다. 이때 당사자의 의사는 매매계약이 무효임을 계약 당시에 알았다면 의욕하였을 가정적 효과의사로서, 당사자 본인이 계약 체결시와 같은 구체적 사정 아래 있다고 상정하는 경우에 거래관행을 고려하여 신의성실의 원칙에 비추어 결단하였을 바를 의미한다. 이와 같이 여기서는 어디까지나 당해 사건의 제반 사정 아래서 각각의 당사자가 결단하였을 바가 탐구되어야 하는 것이므로, 계약 당시의 시가와 같은 객관적 지표는 그러한 가정적 의사의 인정에 있어서 하나의 참고자료로 삼을 수는 있을지언정 그것이 일응의 기준이 된다고도 쉽사리 말할 수 없다. 이와 같이 가정적 의사에 기한 계약의 성립 여부 및 그 내용을 발굴·구성하여 제시하게 되는 법원으로서는 그 '가정적 의사'를 함부로 추단하여 당사자가 의욕하지 아니하는 법률효과를 그에게 또는 그들에게 계약의 이름으로 불합리하게 강요하는 것이 되지 아니하도록 신중을 기하여야 한다.

[2] 재건축사업부지에 포함된 토지에 대하여 재건축사업조합과 토지의 소유자가 체결한 매매계약이 매매대금의 과다로 말미암아 불공정한 법률행위에 해당하지만, 그 매매대금을 적정한 금액으로 감액하여 매매계약의 유효성을 인정한 사례(대판 2010. 7. 15, 2009다50308).

5. 무효행위의 추인 2016·2017·2018·2020 기출

> **제139조【무효행위의 추인】** 무효인 법률행위는 추인하여도 그 효력이 생기지 아니한다. 그러나 당사자가 그 무효임을 알고 추인한 때에는 새로운 법률행위로 본다.

(1) 의의

무효행위의 추인이라 함은 법률행위로서의 효과가 확정적으로 발생하지 않는 무효행위를 뒤에 유효케 하는 의사표시를 말하는 것으로, 무효인 행위를 사후에 유효로 하는 것이 아니라 새로운 의사표시에 의하여 새로운 행위가 있는 것으로 보아 그때부터 유효케 되는 것이므로 원칙적으로 소급효가 인정되지 않는 것이다.

(2) 요건

① 확정적 무효인 법률행위가 있을 것: 제139조는 법률행위의 효과가 확정적 무효인 경우를 전제로 한다. 무권대리의 추인처럼 유동적 무효인 경우에는 본인이 추인을 함으로써 소급하여 그 효과가 발생한다.

② 당사자가 무효임을 알고 추인할 것: 추인은 명시적으로 혹은 묵시적으로도 할 수 있다.

③ 무효사유가 종료된 후에 추인할 것: 추인시에 무효원인이 소멸하여야 한다. 법률행위가 사회질서에 반하거나, 불공정한 법률행위여서 무효인 경우처럼, 무효원인이 해소되고 있지 않은 때에는 추인에 의해 유효하게 될 수 없다. 강행규정 위반의 경우도 마찬가지이다.

④ 추인시에 새로운 법률행위의 유효요건을 구비할 것: 무효행위의 추인은 새로운 법률행위를 한 것으로 보기 때문에, 추인은 새로운 법률행위를 하는 경우와 마찬가지로 법률행위의 유효요건을 구비하여야 한다.

(3) 효과

① 비소급적 추인: 무효행위의 추인에는 원칙적으로 소급효가 없다. 즉, 추인한 때로부터 새로운 법률행위를 한 것으로서의 효력이 발생할 뿐이다.

> **판례**
>
> 무효인 법률행위는 당사자가 무효임을 알고 추인할 경우 새로운 법률행위를 한 것으로 간주할 뿐이고 소급효가 없는 것이므로 무효인 가등기를 유효한 등기로 전용키로 한 약정은 그때부터 유효하고 이로써 위 가등기가 소급하여 유효한 등기로 전환될 수 없다(대판 1992. 5. 12, 91다26546).

② 약정에 의한 채권적·소급적 추인: 무효행위의 추인에 원칙적으로 소급효가 없지만, 당사자 사이에서만 행위시에 소급시키는 추인은 인정된다(통설). 예컨대, 그들 사이에서만 행위시부터 유효한 것으로 함으로써 과실의 취득과 조세의 부담 등에 관하여 행위시부터 양수인에게 이전한 것으로 다룰 수 있다.

③ 신분행위의 소급적 추인: 판례는 입양·혼인 등의 신분행위의 경우에 그 내용에 맞는 신분관계가 실질적으로 형성되어 당사자쌍방이 이의 없이 그 신분관계를 계속하여 왔다면, 추인의 소급효를 인정한다.

④ 무권리자 처분행위의 추인: 타인의 권리를 처분할 권한이 없는 자가 타인의 권리를 자신의 이름으로 처분하는 것을 무권리자 처분행위라 한다. 처분권 없는 자의 처분행위는 무효이다. 무권리자 처분행위의 추인은 이러한 무권리자 처분행위에 대한 권리자의 추인을 말한다. 민법에 명문의 규정은 없으나, 학설은 이러한 추인을 인정한다. 다만, 이론적 근거에 대해 ㉠ 무효행위의 소급적 추인으로 다루는 견해 ㉡ 무권대리의 추인을 유추적용하는 견해 ㉢ 사적자치의 원리에 있다는 견해 등으로 나뉜다.

> **판례**
>
> 1. 타인의 권리를 자기의 이름으로 또는 자기의 권리로 처분한 후에 본인이 그 처분을 인정하였다면 특별한 사정이 없는 한 무권대리에 있어서 본인의 추인의 경우와 같이 그 처분은 본인에 대하여 효력을 발생한다(대판 1981. 1. 13, 79다2151).
> 2. 무권리자가 타인의 권리를 자기의 이름으로 또는 자기의 권리로 처분한 경우에, 권리자는 후일 이를 추인함으로써 그 처분행위를 인정할 수 있고, 이러한 경우 특별한 사정이 없는 한 권리자 본인에게 위 처분행위의 효력이 발생함은 사적자치의 원칙에 비추어 당연하다 할 것이다(대판 2001. 11. 9, 2001다44291).

02 법률행위의 취소 2015 · 2016 · 2017 · 2018 · 2019 · 2020 · 2023 기출

1. 서론

(1) 의의

법률행위의 취소란, 일단 유효하게 성립한 법률행위의 효력을 제한능력 또는 의사표시의 흠을 이유로, 특정인(취소권자)의 의사표시에 의하여 행위시에 소급하여 무효로 하는 것을 말한다. 취소권은 권리자의 일방적 의사표시에 의하여 당사자 사이의 법률관계를 변동케 하는 효력이 생기므로 형성권의 일종이다.

(2) 구별개념

① 무효와 취소의 비교

⑦ 법률행위의 효력 : 무효는 누구의 주장을 기다릴 필요 없이 처음부터 당연히 효력이 발생하지 않는다. 반면, 취소는 취소권자가 취소의 의사표시를 한 때에 한해 소급하여 무효가 된다.

ⓛ 추인의 의미 : 무효인 법률행위는 추인하여도 그 효력이 생기지 않는 것이 원칙이다(제139조). 반면, 취소할 수 있는 법률행위를 추인하면 그 이후에는 더 이상 취소할 수 없고 유효한 법률행위로 확정된다(제143조 제1항).

ⓒ 권리행사기간 : 무효는 아무리 시간이 경과하더라도 무효일 뿐 유효한 것으로 치유되지 못한다. 취소는 일정한 기간 내에 취소권자가 취소권을 행사하지 않으면 취소권 자체가 소멸하여 그 이후에는 유효한 법률행위로 확정된다(제146조).

ⓔ 부당이득반환의 범위 : 법률행위를 취소하면 처음부터 무효인 것으로 되므로(제141조) 취소한 때에는 그 결과에서 무효와 같게 된다.

ⓜ 무효와 취소의 이중효 : 어떤 법률행위가 무효사유와 취소사유를 모두 포함하고 있는 경우, 예컨대 미성년자가 의사능력이 없는 상태에서 단독으로 법률행위를 한 때에는 각각의 요건을 입증하여 무효를 주장하거나 혹은 취소할 수 있다.

② 철회 : 철회는 법률행위의 효과가 확정적으로 생기기 이전에 행위자 자신이 그 효과의 발생을 원하지 않음을 이유로 장래에 향하여 그 행위가 없었던 것으로 하는 행위이다. 따라서 일단 효력을 발생하고 있는 법률행위의 효력을 소멸케 하는 취소와는 다르다.

③ 해제 : 해제는 유효한 계약을 일정한 사유가 있는 때에 일방적 의사표시에 의하여 소급하여 효력을 상실케 하는 것이다. 소급효가 있는 점은 해제와 취소에 공통된 것이나, 취소는 모든 법률행위가 대상이나 해제는 계약에만 인정된다. 해제권은 법정해제권과 약정해제권이 있는 반면, 취소권은 법률의 규정에 의해 발생한다.

④ 공법상의 취소 : 실종선고의 취소(제29조), 부재자 재산관리에 관한 명령의 취소(제22조), 법인설립허가의 취소(제38조) 등은 사법상의 의사표시에 관한 사항이 아닌 공법상의 취소로서 제140조 이하의 규정이 적용되지 않는다.

⑤ 신분행위의 취소 : 혼인·협의이혼·입양·협의파양과 같은 신분행위를 취소하는 경우는 재판상 취소인 점에서 역시 제140조 이하의 규정이 적용되지 않는다.

2. 취소의 당사자

(1) 취소권자

> **제140조【법률행위의 취소권자】** 취소할 수 있는 법률행위는 제한능력자, 착오로 인하거나 사기·강박에 의하여 의사표시를 한 자, 그 대리인 또는 승계인만이 취소할 수 있다.

① 제한능력자 : 제한능력자는 자기가 한 법률행위를 단독으로 취소할 수 있다. 즉, 제한능력자가 한 취소행위에 법정대리인의 동의가 없었음을 이유로 그 취소행위를 다시 취소할 수 없다.

② 착오로 인하거나 사기·강박에 의하여 의사표시를 한 자 : 착오에 의한 의사표시를 한 자나, 사기·강박에 의한 의사표시를 한 자는 스스로 취소할 수 있다.

③ 대리인 : 제한능력·착오·사기·강박에 의한 의사표시를 한 자의 대리인(법정대리인과 임의대리인)은 취소권을 행사할 수 있다. 제한능력자의 법정대리인은 제한능력자가 갖는 취소권을 대리행사 하는 것이 아니라 고유의 취소권을 가진다. 그러나 임의대리의 경우에 대리인이 행한 법률행위에 취소원인이 있으면 취소권은 본인에게 귀속되므로 임의대리인이 당연히 취소권을 행사할 수 있는 것은 아니다. 그러므로 임의대리인은 본인으로부터 취소권에 관한 대리권을 수여받은 경우에 한하여 취소할 수 있다.

④ 승계인 : 제한능력·착오·사기·강박에 의한 의사표시를 한 자의 승계인(포괄승계인과 특정승계인)은 취소권을 행사할 수 있다. 승계인에는 포괄승계인과 특정승계인이 있다. 포괄승계인은 당연히 취소권을 행사할 수 있다. 그러나 특정승계인의 경우에는 취소권만의 승계는 인정되지 않으므로, 취소할 수 있는 행위에 의하여 취득한 권리의 승계가 있는 경우에만 취소권을 승계할 수 있다. 예컨대, 토지소유자가 사기를 당하여 지상권을 설정한 후에 그 토지를 양도한 경우에는 그 토지의 승계인은 지상권설정계약을 취소할 수 있다.

(2) 취소의 상대방

> **제142조【취소의 상대방】** 취소할 수 있는 법률행위의 상대방이 확정한 경우에는 그 취소는 그 상대방에 대한 의사표시로 하여야 한다.

취소할 수 있는 법률행위의 상대방이 확정되어 있는 경우에는 그 취소는 그 법률행위의 상대방에 대한 의사표시로 하여야 한다(제142조). 따라서 상대방이 취소의 대상이 되는 법률행위에 의하여 취득한 권리를 제3자에게 양도한 경우에도 원래의 상대방이 여전히 취소의 상대방이다. 예컨대, 제한능력자인 甲이 乙에게 부동산을 매매한 후 그 부동산이 丙에게 전매된 경우에, 甲의 취소의 의사표시는 乙에게 하여야 하며 丙에게는 할 수 없다.

3. 취소의 방법

(1) 취소의 의사표시

취소권은 형성권이므로 취소권자의 일방적인 의사표시에 의한다. 취소의 방식에는 제한이 없으므로 묵시적으로도 할 수 있다.

판례

1. 법률행위의 취소는 상대방에 대한 의사표시로 하여야 하나, 그 취소의 의사표시는 특별히 재판상 행하여짐이 요구되는 경우 이외에는 특정한 방식이 요구되는 것이 아니고, 취소의 의사가 상대방에 의하여 인식될 수 있다면 어떠한 방법에 의하더라도 무방하다고 할 것이고, 법률행위의 취소를 당연한 전제로 한 소송상의 이행청구나 이를 전제로 한 이행거절 가운데는 취소의 의사표시가 포함되어 있다고 볼 수 있다(대판 1993. 9. 14, 93다13162).

2. 강박을 이유로 증여의 의사표시를 취소함에 있어서는 그 상대방에 대하여 적어도 그 의사표시 자체에 하자가 있으므로 이를 취소한다거나 또는 강박에 의한 증여이니 그 목적물을 반환하라는 취지가 어느 정도 명확하게 표명되어야 한다(대판 2002. 9. 24, 2002다11847).

3. 취소의 의사표시란 반드시 명시적이어야 하는 것은 아니고, 취소자가 그 착오를 이유로 자신의 법률행위의 효력을 처음부터 배제하려고 한다는 의사가 드러나면 족한 것이며, 취소원인의 진술 없이도 취소의 의사표시는 유효한 것이므로, 신원보증서류에 서명날인하는 것으로 잘못 알고 이행보증보험약정서를 읽어보지 않은 채 서명날인한 것일 뿐 연대보증약정을 한 사실이 없다는 주장은 위 연대보증약정을 착오를 이유로 취소한다는 취지로 볼 수 있다(대판 2005. 5. 27, 2004다43824).

(2) 일부취소

법률행위의 일부에 취소원인이 있는 경우에, 취소권자가 그 부분만을 취소하고 나머지 부분은 유효하게 하는 것을 말한다. 일부취소에 관하여는 일부무효(제137조)의 법리를 적용한다(통설). 하나의 법률행위의 일부분에만 취소사유가 있다고 하더라도 그 법률행위가 가분적이거나 그 목적물의 일부가 특정될 수 있다면, 나머지 부분이라도 이를 유지하려는 당사자의 '가정적 의사'가 인정되는 경우, 그 일부만의 취소도 가능하고, 그 일부의 취소는 법률행위의 일부에 관하여 효력이 생긴다.

판례

1. 甲이 지능이 박약한 乙(원고)을 꾀어 돈을 빌려 주어 유흥비로 쓰게 하고 실제 준 돈의 두 배 가량을 채권최고액으로 하여 자기 처인 丙(피고) 앞으로 근저당권을 설정한 사안에서, 근저당권설정계약은 독자적으로 존재하는 것이 아니라 금전소비대차계약과 결합하여 그 전체가 경제적·사실적으로 일체로서 행하여진 것이고 더욱이 근저당권설정계약의 체결원인이 되었던 甲의 기망행위는 금전소비대차계약에도 미쳤으므로 甲의 기망을 이유로 한 乙의 근저당권설정계약취소의 의사표시는 법률행위의 일부무효 이론과 궤를 같이 하는 법률행위의 일부취소의 법리에 따라 소비대차계약을 포함한 전체에 대하여 취소의 효력이 있다(대판 1994. 9. 9, 93다31191).

2. 채권자와 연대보증인 사이의 연대보증계약이 주채무자의 기망에 의하여 체결되어 적법하게 취소되었으나, 그 보증책임이 금전채무로서 채무의 성격상 가분적이고 연대보증인에게 보증한도를 일정 금액으로 하는 보증의사가 있었으므로, 연대보증인의 연대보증계약의 취소는 그 일정 금액을 초과하는 범위 내에서만 효력이 생긴다(대판 2002. 9. 10, 2002다21509).

3. 법률행위 취소는 어떤 목적 혹은 목적물에 대한 법률행위가 존재함을 전제로 한다. 따라서 **매매계약 체결시 토지의 일정 부분을 매매 대상에서 제외시키는 특약을 한 경우**, 이는 매매계약의 대상 토지를 특정하여 그 부분에 대하여는 매매계약이 체결되지 않았음을 분명히 한 것으로써 그 부분에 대한 어떠한 법률행위가 이루어진 것으로는 볼 수 없으므로, 특약만을 기망에 의한 법률행위로서 취소할 수는 없다(대판 1999. 3. 26, 98다56607).

4. 취소의 효과

> **제141조【취소의 효과】** 취소된 법률행위는 처음부터 무효인 것으로 본다. 다만, 제한능력자는 그 행위로 인하여 받은 이익이 현존하는 한도에서 상환할 책임이 있다.

(1) 소급적 무효

법률행위의 취소가 있으면 그 법률행위는 처음부터 무효인 것으로 간주된다. 따라서 유동적으로 발생하였던 효력은 전혀 발생하지 않았던 것으로 된다. 다만 혼인, 입양 등 가족법상의 법률행위에는 소급효를 제한하는 특별규정이 있다. 이러한 취소의 소급적 무효의 효과는 제한능력을 이유로 취소한 경우에는 제3자에게도 주장할 수 있는 절대적인 것이나, 착오·사기·강박을 이유로 취소한 경우에는 선의의 제3자에게는 주장할 수 없는 상대적인 것이다(제109조 제2항, 제110조 제3항).

판례

1. 근로계약은 근로자가 사용자에게 근로를 제공하고 사용자는 이에 대하여 임금을 지급하는 것을 목적으로 체결된 계약으로서(근로기준법 제2조 제1항 제4호) 기본적으로 그 법적 성질이 사법상 계약이므로 계약 체결에 관한 당사자들의 의사표시에 무효 또는 취소의 사유가 있으면 상대방은 이를 이유로 근로계약의 무효 또는 취소를 주장하여 그에 따른 법률효과의 발생을 부정하거나 소멸시킬 수 있다. 다만

그와 같이 근로계약의 무효 또는 취소를 주장할 수 있다 하더라도 근로계약에 따라 그동안 행하여진 근로자의 노무 제공의 효과를 소급하여 부정하는 것은 타당하지 않으므로 이미 제공된 근로자의 노무를 기초로 형성된 취소 이전의 법률관계까지 효력을 잃는다고 보아서는 아니 되고, 취소의 의사표시 이후 장래에 관하여만 근로계약의 효력이 소멸된다고 보아야 한다(대판 2017. 12. 22, 2013다25194 · 25200).

2. 취소한 법률행위는 처음부터 무효인 것으로 간주되므로 취소할 수 있는 법률행위가 일단 취소된 이상 그 후에는 취소할 수 있는 법률행위의 추인에 의하여 이미 취소되어 무효인 것으로 간주된 당초의 의사표시를 다시 확정적으로 유효하게 할 수는 없고, 다만 무효인 법률행위의 추인의 요건과 효력으로서 추인할 수는 있으나, 무효행위의 추인은 그 무효 원인이 소멸한 후에 하여야 그 효력이 있고, 따라서 '강박에 의한 의사표시임을 이유로 일단 유효하게 취소되어 당초의 의사표시가 무효로 된 후에 추인한 경우' 그 추인이 효력을 가지기 위해서는 그 무효 원인이 소멸한 후일 것을 요한다고 할 것인데, 그 무효 원인 이란 바로 위 의사표시의 취소사유라 할 것이므로 결국 무효 원인이 소멸한 후란 것은 당초의 의사표시의 성립과정에 존재하였던 취소의 원인이 종료된 후, 즉 강박상태에서 벗어난 후라고 보아야 한다(대판 1997. 12. 12, 95다38240).

(2) 부당이득반환의무의 발생

① 법률행위가 취소되면 그 행위는 무효가 되므로, 그 행위가 채권행위인 때에는 채권은 발생하지 않고, 따라서 이행할 필요가 없다. 물권행위인 때에는 물권변동은 일어나지 않았던 것으로 된다.

② 그 법률행위에 기하여 급부가 이미 행하여진 경우 부당이득반환의 법리에 의하여 그 급부가 반환되어야 한다(제741조, 제748조).

③ 제한능력자 반환범위에 관한 특칙 : 제한능력자는 그 행위로 인하여 받은 이익이 현존하는 한도에서 상환할 책임이 있다(제141조 단서). 여기서 '받은 이익이 현존하는 한도'라 함은, 취소되는 행위에 의해 얻은 이익이 그대로 있거나 또는 그것이 변형되어 잔존하고 있는 한 그것만을 반환하면 된다는 것이다. 따라서 받은 것을 이미 소비한 경우에 이익은 현존하지 않지만, 필요한 비용(예 생활비 · 학비 · 채무변제 등)에 충당하였다면, 다른 재산의 소비를 면한 것이므로 그 한도에서 이익은 현존하는 것으로 된다. 이익이 현존하는지 여부 및 현존이익의 범위는 취소한 시점을 기준으로 판단하여야 한다.

판례

1. 법률상 원인 없이 타인의 재산 또는 노무로 인하여 이익을 얻고 이로 인하여 타인에게 손해를 가한 경우 그 이득금산정의 시기와 방법에 관하여는 법률상 특별한 제한이 없으며 그 취득한 것이 금전상의 이득인 때에는 그 금전은 이를 취득한 자가 소비하였는가의 여부를 불문하고 현존하는 것으로 추정된다(대판 1987. 8. 18, 87다카768).

2. 미성년자가 신용카드발행인과 사이에 신용카드이용계약을 체결하여 신용카드거래를 하다가 취소하는 경우 미성년자는 그 행위로 인하여 받은 이익이 현존하는 한도에서 상환할 책임이 있는바, 신용카드이용계약이 취소됨에도 불구하고 신용카드회원과 해당 가맹점 사이에 체결된 개별적인 매매계약은 특별한 사정이 없는 한 신용카드이용계약 취소와 무관하게 유효하게 존속한다 할 것이고, 신용카드발행인이 가맹점들에 대하여 그 신용카드사용대금을 지급한 것은 신용카드이용계약과는 별개로 신용카드발행인과 가맹점 사이에 체결된 가맹점계약에 따른 것으로서 유효하므로, 신용카드발행인의 가맹점에 대한 신용카드이용대금의 지급으로써 신용카드회원은 자신의 가맹점에 대한 매매대금지급채무를 법률상 원인 없이 면제받는 이익을 얻었으며, 이러한 이익은 금전상의 이득으로서 특별한 사정이 없는 한 현존하는 것으로 추정된다(대판 2005. 4. 15, 2003다60297).

3. 무능력자의 책임을 제한하는 민법 제141조 단서는 부당이득에 있어 수익자의 반환범위를 정한 민법 제748조의 특칙으로서 무능력자의 보호를 위해 그 선의·악의를 묻지 아니하고 반환범위를 현존 이익에 한정시키려는 데 그 취지가 있으므로, 의사능력의 흠결을 이유로 법률행위가 무효가 되는 경우에도 유추적용되어야 할 것이다(대판 2009. 1. 15, 2008다58367).

5. 취소할 수 있는 행위의 추인 2013 · 2017 · 2020 · 2021 기출

> 제143조 【추인의 방법, 효과】 ① 취소할 수 있는 법률행위는 제140조에 규정한 자가 추인할 수 있고 추인 후에는 취소하지 못한다.
> ② 전조의 규정은 전항의 경우에 준용한다.
> 제144조 【추인의 요건】 ① 추인은 취소의 원인이 소멸된 후에 하여야만 효력이 있다.
> ② 제1항은 법정대리인 또는 후견인이 추인하는 경우에는 적용하지 아니한다.

(1) 의의

취소할 수 있는 행위의 추인이란, 취소할 수 있는 법률행위를 취소하지 않겠다는 취소권자의 의사표시이다. 이는 취소권 포기의 의미가 있다.

(2) 추인의 요건

① 추인권자 : 취소권자가 추인할 수 있다(제143조).

② 추인은 '취소의 원인이 소멸된 후'에 하여야 한다(제144조 제1항). 제한능력자는 능력자가 된 후, 착오·사기·강박에 의하여 의사표시를 한 자는 그 상태를 벗어난 후에 추인하여야 한다. 그러나 법정대리인 또는 후견인이 추인하는 경우에는 취소원인이 소멸되기 전이라도 추인할 수 있다. 피성년후견인이 아닌 제한능력자, 즉 미성년자와 피한정후견인은 능력자가 되기 전이라도 법정대리인 또는 후견인의 동의를 얻어서 추인할 수 있다(제5조, 제13조).

③ 추인은 취소할 수 있는 행위임을 알고 하여야 한다.

(3) 추인방법

추인은 취소할 수 있는 법률행위의 상대방에 대한 의사표시로 한다(제143조 제2항, 제142조). 묵시적 추인도 가능하다.

(4) 추인의 효과

추인이 있으면 다시는 취소할 수 없으며(제143조 제1항), 그 결과 취소할 수 있는 법률행위는 확정적으로 유효로 된다.

6. 법정추인 ^{2017 · 2022 기출}

> **제145조【법정추인】** 취소할 수 있는 법률행위에 관하여 전조의 규정에 의하여 추인할 수 있는 후에 다음 각 호의 사유가 있으면 추인한 것으로 본다. 그러나 이의를 보류한 때에는 그러하지 아니하다.
> 1. 전부나 일부의 이행
> 2. 이행의 청구
> 3. 경개
> 4. 담보의 제공
> 5. 취소할 수 있는 행위로 취득한 권리의 전부나 일부의 양도
> 6. 강제집행

(1) 의의

법정추인이란 취소할 수 있는 법률행위에 관한 일정한 사유가 있는 때에 법률상 당연히 추인하는 것으로 간주하는 것을 말한다. 법정추인은 취소권자의 추인의사의 유무를 묻지 않고 법률에 의하여 당연히 취소권을 배제하는 것이다.

(2) 법정추인의 요건

① 법정추인의 사유의 존재: 취소할 수 있는 법률행위에 관하여 다음 중 어느 하나의 사유가 있어야 한다.

ㄱ 전부나 일부의 이행: 취소권자가 상대방에게 이행한 경우와 상대방의 이행을 수령한 경우를 포함한다.

ㄴ 이행의 청구: 취소권자의 이행청구만을 말하며, 상대방이 이행청구한 경우는 제외된다.

ㄷ 경개(更改): 경개는 취소할 수 있는 행위에 의해 생긴 채권 또는 채무를 소멸시키고 그에 대신하여 다른 채권이나 채무를 발생케 하는 계약이다(제500조). 취소권자가 채권자 또는 채무자로 경개계약을 체결한 경우를 모두 포함한다.

ㄹ 담보의 제공: 인적·물적 담보 모두를 포함한다. 그리고 채무자로서 담보를 제공하는 경우뿐만 아니라 채권자로서 담보의 제공을 받은 경우를 포함한다.

      ◎ 취소할 수 있는 행위로 취득한 권리의 전부나 일부의 양도 : 취소권자의 양도에 한한다. 취소권자의 양도에는 취소할 수 있는 행위로 취득한 권리 위에 제한적 권리(◎ 제한물권, 임차권 등)를 설정하는 경우도 포함한다.

      ◎ 강제집행 : 취소권자가 채권자로서 집행한 경우뿐만 아니라 채무자로서 집행을 받은 경우도 포함한다(통설).

  ② **취소원인의 소멸** : 이러한 법정추인사유가 '추인할 수 있는 후', 즉 '취소의 원인이 소멸된 후'에 발생하여야 한다(제145조 본문). 다만, 미성년자·피한정후견인이 법정대리인 또는 후견인의 동의를 얻어서 위와 같은 행위를 하였거나 법정대리인 또는 후견인이 스스로 그러한 행위를 한 경우에는 그것이 취소원인이 소멸되기 전에 행하여졌더라도 법정추인으로 된다(제145조 본문, 제144조 제2항).

  ③ **이의의 보류가 없을 것** : 취소권자가 위의 행위를 하는 데 있어 이의(異議)를 보류하지 않았어야 한다(제145조 단서).

  ④ **추인(追認)의사는 불요(不要)** : 그 밖에 취소권자에게 추인의 의사가 있을 필요가 없고, 또 취소권의 존재를 인식할 필요도 없다.

(3) 법정추인의 효과

법정추인도 추인한 것으로 간주되므로(제145조 본문), 추인의 효과와 같다. 즉, 취소할 수 있는 행위가 추인되면 이제는 취소할 수 없고 그 법률행위는 완전히 유효한 것으로 확정된다(제143조 제1항).

7. 취소권의 단기소멸

> **제146조【취소권의 소멸】** 취소권은 추인할 수 있는 날로부터 3년 내에, 법률행위를 한 날로부터 10년 내에 행사하여야 한다.

(1) 취소권의 존속기간

취소권은 ① 추인할 수 있는 날로부터 3년 내에, ② 법률행위를 한 날로부터 10년 내에 행사하여야 한다(제146조). 위 3년, 10년의 두 기간 중 어느 것이든 먼저 만료하는 것이 있으면 취소권은 소멸한다.

(2) 기간의 성질

제146조가 규정하는 기간은 소멸시효기간이 아니라 제척기간이다. 제척기간이 도과하였는지 여부는 당사자의 주장에 관계없이 법원이 당연히 조사하여 고려하여야 할 사항이다.

(3) 취소권의 행사로 발생한 부당이득반환청구권의 존속기간

법률행위를 취소하면 부당이득반환청구권이 발생하는데, 이 부당이득반환청구권도 취소권의
제척기간 내에 행사하여야 하는가가 문제된다.

① 제1설은 취소에 따른 부당이득반환청구권도 취소권의 제척기간 내에 행사하여야 한다고
본다. 그렇게 하는 것이 법률관계를 빨리 확정시키고자 하는 제척기간의 취지에 부합한다
고 한다.

② 이에 반해 제2설은 취소한 때부터 별도로 10년의 소멸시효에 걸린다고 본다. 즉, 취소권과
취소에 따른 부당이득반환청구권은 별개이며, 취소권을 행사하면 법률관계는 확정되므로
제척기간의 취지는 달성되고, 부당이득반환청구권은 그 발생시(즉, 취소시)부터 별도로
10년의 소멸시효가 진행한다고 한다.

③ 취소권에 관한 직접적인 판례는 없다. 다만, 같은 형성권인 환매권에 관하여, 환매권의 행
사로 발생한 소유권이전등기청구권은 환매권을 행사한 때로부터 10년의 소멸시효에 걸린
다고 한다고 하여 제2설을 따르고 있다.

01 법률행위의 당사자 외에 선의의 제3자에 대하여도 무효를 주장할 수 있는 경우를 모두 고른 것은? (다툼이 있으면 판례에 따름)
2019 기출

> ㉠ 의사무능력자의 법률행위
> ㉡ 반사회질서의 법률행위
> ㉢ 무효인 진의 아닌 의사표시
> ㉣ 통정한 허위의 의사표시

① ㉠, ㉡   ② ㉠, ㉢
③ ㉢, ㉣   ④ ㉠, ㉡, ㉣
⑤ ㉡, ㉢, ㉣

02 법률행위의 무효에 관한 설명으로 옳은 것은? (다툼이 있으면 판례에 따름) 2022 기출

① 진의 아닌 의사표시는 원칙적으로 무효이다.
② 법률행위가 무효와 취소사유를 모두 포함하고 있는 경우, 당사자는 취소권이 있더라도 무효에 따른 효과를 제거하기 위해 이미 무효인 법률행위를 취소할 수 없다.
③ 법률행위의 무효는 제한능력자, 착오나 사기·강박에 의하여 의사표시를 한 자, 그의 대리인 또는 승계인 이외에는 주장할 수 없다.
④ 타인의 권리를 목적으로 하는 매매계약은 특별한 사정이 없는 한 유효하다.
⑤ 무효인 법률행위는 추인할 수 있는 날로부터 3년, 법률행위를 한 날로부터 10년 이후에는 추인할 수 없다.

03 무효에 관한 설명으로 옳지 않은 것은? (다툼이 있으면 판례에 의함)

① 무효는 법률효과가 처음부터 생기지 않는 것이나, 취소는 일단 법률효과를 발생시킨 후 그 효과를 소멸시킬 여지를 인정하는 것이다.
② 법률행위 성립 후 이행 전에 당사자 일방의 과실로 목적물이 멸실되더라도 그 법률행위가 무효로 되는 것은 아니다.
③ 법률행위의 일부분이 무효인 때에는 그 전부를 무효로 함이 원칙이다.
④ 매매계약을 체결하고 그에 기하여 임의로 지급된 계약금은 비록 그 계약이 유동적 무효상태에 있더라도 부당이득으로 반환을 구할 수 있다.
⑤ 일부무효의 효과에 관하여 민법 외에 다른 법률에 규정이 있다면 그 법률의 규정에 의한다.

04 甲은 토지거래허가구역 내에 있는 자신의 X토지를 乙에게 매도하는 계약을 체결하였다. 다음 설명 중 옳지 않은 것은? (다툼이 있으면 판례에 의함)

① 甲은 관할관청의 허가가 있기 전이라도 매매대금의 지급을 청구할 수 있다.

② 유동적 무효상태에서 허가구역 지정이 해제되면 매매계약은 확정적 유효로 된다.

③ 당사자쌍방이 이행거절의 의사를 명백히 한 경우 매매계약은 확정적 무효로 된다.

④ 甲은 乙이 매매계약의 효력이 완성되도록 협력할 의무를 이행하지 않았음을 이유로 매매계약을 해제할 수 없다.

⑤ 유동적 무효상태에서 乙은 이미 지급한 계약금을 부당이득으로 반환 청구할 수 없다.

05 「국토의 계획 및 이용에 관한 법률」상의 토지거래허가구역 내의 토지를 매매한 경우에 관한 설명으로 옳지 않은 것은? (다툼이 있으면 판례에 따름)   2016 기출

① 토지매매계약은 관할관청의 허가를 받아야만 그 효력이 발생하고 그 허가를 받기 전에는 채권적 효력도 발생하지 아니한다.

② 처음부터 토지거래허가를 배제하거나 잠탈하는 내용의 계약일 경우에는 확정적으로 무효로서 유효화될 여지가 없다.

③ 당사자들이 계약상 대금지급의무를 소유권이전등기의무에 선행하여 이행하기로 약정하였더라도, 허가 전이라면 매매대금 미지급을 이유로 계약을 해제할 수 없다.

④ 매도인의 토지거래허가 신청절차 협력의무와 매수인의 매매대금지급의무가 동시이행의 관계에 있는 것은 아니다.

⑤ 계약의 쌍방당사자는 공동허가신청절차에 협력할 의무가 있지만, 이러한 의무에 일방이 위배하더라도 상대방은 협력의무의 이행을 소구할 수는 없다.

★

01 ㉠ 의사무능력자의 법률행위, ㉡ 반사회질서의 법률행위는 누구에게나 주장할 수 있는 절대적 무효이다.
㉢ 무효인 진의 아닌 의사표시, ㉣ 통정한 허위의 의사표시는 선의의 제3자에게는 주장할 수 없는 상대적 무효이다.

02 ④ 매매계약은 채권계약이므로, 타인의 권리를 목적으로 하는 매매계약도 특별한 사정이 없는 한 유효하다.
① 의사표시는 표의자가 진의 아님을 알고 한 것이라도 그 효력이 있다. 그러나 상대방이 표의자의 진의 아님을 알았거나 이를 알 수 있었을 경우에는 무효로 한다(제107조 제1항).
③ 무효는 누구든지 주장할 수 있다.

03 ④ 계약이 유동적 무효상태로 있는 한 이를 부당이득으로 반환을 구할 수는 없고, 유동적 무효상태가 확정적으로 무효로 되었을 때 비로소 부당이득으로 그 반환을 구할 수 있다.

04 ① 허가를 받을 것을 전제로 한 거래계약은 허가받기 전의 상태에서는 거래계약의 채권적 효력도 전혀 발생하지 않으므로 권리의 이전 또는 설정에 관한 어떠한 내용의 이행청구도 할 수 없다.

05 ⑤ 계약의 쌍방당사자는 공동으로 관할관청의 허가를 신청할 의무가 있고, 이러한 의무에 위배하여 허가신청절차에 협력하지 않는 당사자에 대하여 상대방은 협력의무의 이행을 소송으로써 구할 이익이 있다.

Answer **01** ① **02** ④ **03** ④ **04** ① **05** ⑤

06 甲은 토지거래허가구역 내의 X토지에 대하여 관할관청으로부터 허가를 받지 않고 乙에게 매도하는 계약을 체결하였고, 乙은 계약금을 지급한 경우에 관한 설명으로 옳지 않은 것은? (다툼이 있으면 판례에 따름) 2015 기출

① 甲은 허가를 받기 전에도 특별한 사정이 없는 한 계약금의 배액을 상환하고 적법하게 계약을 해제할 수 있다.

② 甲·乙 쌍방이 허가신청을 하지 않기로 의사표시를 명백히 한 경우에는 X토지에 대한 매매계약은 확정적으로 유효이다.

③ 乙은 매매계약이 확정적으로 무효가 되지 않는 한 계약체결 시 지급한 계약금에 대하여 이를 부당이득으로 반환청구할 수 없다.

④ 매매계약과 별개의 약정으로, 甲과 乙은 매매 잔금이 지급기일에 지급되지 않는 경우에 매매계약을 자동해제하기로 정할 수 있다.

⑤ 매매계약을 체결한 이후에 X토지에 대한 토지거래허가구역지정이 해제된 경우, 甲과 乙 사이의 매매계약은 특별한 사정이 없는 한 확정적으로 유효가 된다.

07 「국토의 계획 및 이용에 관한 법률」이 정하는 토지거래허가구역 내의 토지거래행위에 관한 설명으로 옳지 않은 것은? (다툼이 있는 경우에는 판례에 의함) 2014 기출

① 권리의 이전 또는 설정에 관한 토지거래계약은 그에 대한 허가를 받을 때까지는 효력이 전혀 없다.

② 당사자의 일방이 허가신청절차에 협력하지 아니한다면 상대방은 소송으로써 그 이행을 구할 수 있다.

③ 매수인이 대금을 선급하기로 약정하였다면 허가를 받기 전에도 매도인은 대금 미지급을 이유로 계약을 해제할 수 있다.

④ 일단 허가를 받으면 토지거래계약은 처음부터 효력이 있으므로 거래계약을 다시 체결할 필요가 없다.

⑤ 토지매매계약의 무효가 확정되지 않은 상태에서는 매수인은 임의로 지급한 계약금을 부당이득으로 반환을 청구할 수 없다.

08 甲이 토지거래허가구역 내의 자신의 토지에 대하여 乙과 매매계약을 체결한 경우에 관한 설명으로 옳은 것은? (다툼이 있으면 판례에 따름) 2019 기출

① 토지거래허가를 받기 전에도 위 계약의 채권적 효력은 발생한다.

② 토지거래허가를 받기 전에도 乙은 甲에게 소유권이전의무 불이행으로 인한 손해배상청구를 할 수 있다.

③ 위 계약 체결 후 토지거래허가를 받은 경우, 위 계약은 특별한 사정이 없는 한 그 허가를 받은 때부터 유효가 된다.

④ 토지거래허가를 받기 전에 甲이 허가신청 협력의무의 이행거절의사를 명백히 표시한 경우, 위 계약은 확정적으로 무효가 된다.

⑤ 토지거래허가를 받지 못하여 위 계약이 확정적으로 무효가 된 경우, 그 무효가 됨에 있어 귀책사유가 있는 자는 위 계약의 무효를 주장할 수 없다.

09 무효인 법률행위에 관한 설명으로 옳지 않은 것은? (다툼이 있으면 판례에 따름) 2018 기출

① 무효행위의 추인은 그 무효 원인이 소멸한 후에 하여야 그 효력이 있다.

② 무효행위의 추인은 원칙적으로 소급효가 없다.

③ 불공정한 법률행위로서 무효인 경우에는 추인에 의하여 유효로 될 수 없다.

④ 불공정한 법률행위로서 무효인 경우에는 무효행위의 전환에 관한 민법 제138조가 적용될 수 없다.

⑤ 토지거래허가구역 내의 토지매매계약에서 토지거래허가를 받기 전에 처음부터 그 허가를 배제하기로 하는 약정은 확정적으로 무효이다.

---

06 ② 당사자 쌍방이 허가신청을 하지 아니하기로 의사표시를 명백히 한 경우에는 유동적 무효 상태의 계약은 확정적으로 무효가 된다(대판 1995. 12. 12, 95다8236).

07 ③ 허가를 받을 것을 전제로 한 거래계약은 허가받기 전의 상태에서 상대방의 계약상 채무불이행을 이유로 계약을 해제하거나 그로 인한 손해배상을 청구할 수는 없다.

08 ④ 유동적 무효상태하에서 당사자 일방이 허가신청협력의무의 이행거절의사를 명백히 표시한 경우에는 허가 전 거래계약관계 즉 계약의 유동적 무효상태가 더 이상 지속한다고 볼 수는 없고 그 계약관계는 확정적으로 무효라고 인정되는 상태에 이르렀다고 하여야 할 것이다(대판 1993. 6. 22. 91다21435). 이 사건의 경우 원고와 피고 모두 위 매매계약 당시 이 사건 토지가 위 법 소정의 규제지역에 속하여 있는 사실을 모르고 계약을 체결하였다가 매수인인 원고가 뒤늦게 이를 알고서 매도인인 피고에게 허가신청절차에 협력할 것을 요구하였으나, 피고는 그 협력을 거부하고 오히려 원고의 잔대금미지급을 이유로 위 매매계약의 해제 및 계약금 몰수를 주장하고 있는 사실을 엿볼 수 있어 당사자 일방이 허가신청협력 의무의 이행거절의사를 명백히 표시하였다고 할 것이고, 이러한 경우에는 허가 전 거래계약관계 즉 계약의 유동적 무효상태가 더 이상 지속한다고 볼 수는 없고 그 계약관계는 확정적으로 무효라고 인정되는 상태에 이르렀다고 하여야 할 것이다.

① 토지거래허가를 받기 전에는 위 계약의 채권적 효력도 발생하지 않는다.

② 토지거래허가를 받기 전에는 乙은 甲에게 소유권이전의무 불이행으로 인한 손해배상청구를 할 수 없다.

③ 위 계약 체결 후 토지거래허가를 받은 경우, 위 계약은 특별한 사정이 없는 한 소급하여 계약 체결시부터 유효가 된다.

⑤ 토지거래허가를 받지 못하여 위 계약이 확정적으로 무효가 된 경우, 그 무효가 됨에 있어 귀책사유가 있는 자도 위 계약의 무효를 주장할 수 있다.

09 ④ 불공정한 법률행위로서 무효인 경우에도 무효행위의 전환에 관한 민법 제138조가 적용된다.

Answer 06 ② 07 ③ 08 ④ 09 ④

10 법률행위의 무효에 관한 설명으로 옳지 않은 것은? (다툼이 있으면 판례에 따름)

2020 기출

① 법률행위의 일부가 무효인 때에는 원칙적으로 그 전부를 무효로 한다.

② 무효인 법률행위에 따른 법률효과를 침해하는 것처럼 보이는 채무불이행이 있다면 채무불이행으로 인한 손해배상을 청구할 수 있다.

③ 불공정한 법률행위로서 무효인 경우 무효행위의 전환에 관한 민법 제138조가 적용될 수 있다.

④ 법률행위가 불성립하는 경우 무효행위의 추인을 통해 유효로 전환할 수 없다.

⑤ 무효행위의 추인은 그 무효 원인이 소멸한 후에 하여야 효력이 있다.

11 법률행위의 무효에 관한 설명으로 옳은 것은? (다툼이 있으면 판례에 따름) 2021 기출

① 법률행위의 일부분이 무효이면 그 일부분만 무효로 되는 것이 원칙이다.

② 의사무능력을 이유로 법률행위가 무효인 경우 의사무능력자는 이익의 현존여부를 불문하고 받은 이익 전부를 반환하여야 한다.

③ 무효인 법률행위에 대해 당사자가 무효임을 알고 추인하면 그 법률행위는 소급하여 유효하게 되는 것이 원칙이다.

④ 불공정한 법률행위로서 무효인 경우 그 무효인 법률행위는 추인에 의하여 유효로 될 수 없다.

⑤ 반사회적 법률행위로서 무효인 경우 그 무효로 선의의 제3자에게 대항할 수 없다.

12 무효인 법률행위에 관한 설명으로 옳지 않은 것은? (다툼이 있으면 판례에 따름)

2017 기출

① 무효인 재산상 법률행위를 당사자가 무효임을 알고 추인한 경우 제3자에 대한 관계에서도 처음부터 유효한 법률행위가 된다.

② 무효인 법률행위가 다른 법률행위의 요건을 구비한 경우, 당사자가 그 무효를 알았다면 다른 법률행위를 하는 것을 의욕하였으리라고 인정될 때에는 다른 법률행위로서의 효력을 가진다.

③ 무효행위의 추인은 무효원인이 소멸한 후에 하여야 효력이 있다.

④ 무효행위의 추인은 명시적일 뿐만 아니라 묵시적으로도 할 수 있다.

⑤ 법률행위의 일부분이 무효인 때에는 그 전부를 무효로 한다. 그러나 그 무효부분이 없더라도 법률행위를 하였을 것이라고 인정될 때에는 나머지 부분은 무효가 되지 아니한다.

13 무효행위의 전환에 관한 다음의 설명 중 옳지 않은 것은?

① 무효행위의 전환은 일단 성립한 법률행위가 무효인 경우에 비로소 문제되므로 법률행위가 성립하지 않은 때에는 무효행위전환의 문제가 생길 여지가 없다.
② 판례는 단독행위에 대해서는 무효행위의 전환을 인정하지 않고 있다.
③ 무효행위의 전환은 당사자가 그 무효를 알았더라면 다른 법률행위를 하는 것을 의욕하였으리라고 인정되어야 한다.
④ 무효행위의 전환은 무효인 법률행위가 다른 법률행위의 요건을 구비하였을 경우에 인정된다.
⑤ 판례는 입양, 상속 등과 관련된 신분행위에 있어서도 무효행위의 전환을 인정하고 있다.

14 법률행위의 무효와 취소에 관한 설명으로 옳지 않은 것은? (다툼이 있으면 판례에 의함)

① 취소권은 형성권으로서 취소권자가 단독으로 행사할 수 있다.
② 법률행위의 무효로 인하여 쌍방이 부당이득반환의무를 부담하는 경우, 쌍방의 의무는 동시이행관계이다.
③ 법률행위의 일부분이 무효인 때에는 나머지 부분은 원칙적으로 유효하다.
④ 법률행위가 취소되어 무효가 되었더라도 무효행위의 추인요건을 갖춘 경우, 이를 추인할 수 있다.
⑤ 법률행위가 무효이더라도 선의의 제3자에게 무효를 주장할 수 없는 경우가 있다.

Part 04

★

10 ② 무효인 법률행위는 그 법률행위가 성립한 당초부터 당연히 효력이 발생하지 않는 것이므로, 무효인 법률행위에 따른 법률효과를 침해하는 것처럼 보이는 위법행위나 채무불이행이 있다고 하여도 법률효과의 침해에 따른 손해는 없는 것이므로 그 손해배상을 청구할 수는 없다(대판 2003. 3. 28, 2002다72125).

11 ④ 대판 1994. 6. 24, 94다10900
② 제한능력자의 책임을 제한하는 민법 제141조 단서는 부당이득에 있어 수익자의 반환범위를 정한 민법 제748조의 특칙으로서 무능력자의 보호를 위해 그 선의·악의를 묻지 아니하고 반환범위를 현존 이익에 한정시키려는 데 그 취지가 있으므로, 의사능력의 흠결을 이유로 법률행위가 무효가 되는 경우에도 유추적용되어야 할 것이나, 법률상 원인 없이 타인의 재산 또는 노무로 인하여 이익을 얻고 그로 인하여 타인에게 손해를 가한 경우에 그 취득한 것이 금전상의 이득인 때에는 그 금전은 이를 취득한 자가 소비하였는가의 여부를 불문하고 현존하는 것으로 추정되므로, 위 이익이 현존하지 아니함은 이를 주장하는 자, 즉 의사무능력자 측에 입증책임이 있다.(대판 2009. 1. 15, 2008다58367). 따라서 제141조 단서에 의해 의사무능력자도 그 행위로 인하여 받은 이익이 현존하는 한도에서 상환할 책임이 있다.
③ 무효인 법률행위는 추인하여도 그 효력이 생기지 아니한다. 그러나 당사자가 그 무효임을 알고 추인한 때에는 새로운 법률행위로 본다(제139조).

12 ① 무효행위의 추인에는 원칙적으로 소급효가 없다(제139조 참조). 다만, 다수설은 당사자 사이에서만 행위시에 소급시키는 추인(약정에 의한 채권적·소급적 추인)을 인정한다.

13 ② 민법 자체에서 단독행위의 전환을 인정하고 있으며(제1071조), 판례는 무효인 상속포기를 상속재산의 협의분할로 인정한 예가 있다(대판 1989. 9. 12, 88누9305).

14 ③ 법률행위의 일부분이 무효인 때에는 그 전부를 무효로 한다. 그러나 그 무효부분이 없더라도 법률행위를 하였을 것이라고 인정될 때에는 나머지 부분은 무효가 되지 아니한다(제137조).

Answer 10 ② 11 ④ 12 ① 13 ② 14 ③

15 다음 중 취소할 수 있는 법률행위의 취소권자에 해당되지 않는 자는?

① 제한능력자 본인
② 착오에 의한 의사표시를 한 자
③ 취소권 있는 회사를 합병한 회사
④ 제3자의 사기에 의하여 의사표시를 한 자
⑤ 임의대리인이 행한 하자 있는 법률행위에 있어서 그 임의대리인

16 법률행위의 취소에 관한 설명으로 옳은 것은? (다툼이 있으면 판례에 의함)

① 강박에 의해 의사표시를 한 자의 특정승계인은 법률행위의 취소권자가 될 수 없다.
② 제한능력자가 법률행위를 취소한 경우에는 그 행위로 인한 이익이 현존하더라도 상환할 책임이 없다.
③ 매수인이 유발한 동기착오에 의해 체결된 토지매매계약이 이행 후 취소된 경우, 매수인의 소유권이전등기말소의무는 매도인의 매매대금반환의무보다 먼저 이행되어야 한다.
④ 취소권자의 상대방이 취소할 수 있는 행위로 취득한 권리의 일부를 양도하더라도 취소권자의 취소권은 소멸한다.
⑤ 매도인이 중도금지급의무의 불이행을 이유로 매매계약을 적법하게 해제한 후에도, 매수인은 착오를 이유로 그 매매계약을 취소할 수 있다.

17 법률행위의 취소에 관한 설명으로 옳지 않은 것은? (다툼이 있으면 판례에 따름)

2020 기출

① 제한능력을 이유로 법률행위가 취소되면 제한능력자는 그 행위로 인해 받은 이익이 현존하는 한도에서 상환할 책임이 있다.
② 취소권은 추인할 수 있는 날로부터 3년 내에, 법률행위를 한 날로부터 10년 내에 행사하여야 한다.
③ 취소할 수 있는 법률행위는 추인에 의하여 유효한 것으로 확정된다.
④ 취소된 법률행위는 원칙적으로 처음부터 무효인 것으로 본다.
⑤ 미성년자가 한 법률행위는 그가 단독으로 유효하게 취소할 수 없다.

18 법률행위의 취소에 관한 설명으로 옳은 것은? (다툼이 있으면 판례에 따름) 2018 기출

① 취소원인의 진술이 없는 취소의 의사표시는 그 효력이 없다.
② 이미 취소된 법률행위는 무효인 법률행위의 추인의 요건과 효력으로서도 추인할 수 없다.
③ 해제된 계약은 이미 소멸하여 그 효력이 없으므로 착오를 이유로 다시 취소할 수 없다.
④ 취소할 수 있는 법률행위의 추인은 취소권자가 취소할 수 있는 법률행위임을 알고서 추인하여야 한다.
⑤ 민법이 취소권을 행사할 수 있는 기간으로 정한 '추인할 수 있는 날로부터 3년, 법률행위를 한 날로부터 10년'은 소멸시효기간이다.

19 재산상 법률행위의 취소에 관한 설명으로 옳지 않은 것은? (다툼이 있으면 판례에 의함)

① 취소한 법률행위는 처음부터 무효인 것으로 본다.

② 취소권은 추인할 수 있는 날로부터 3년 내에, 법률행위를 한 날로부터 10년 내에 행사하여야 한다.

③ 취소할 수 있는 법률행위를 법정대리인이 추인하는 경우에는 취소의 원인이 소멸한 후에만 할 수 있다.

④ 미성년을 이유로 법률행위가 취소된 경우에 미성년자는 그 행위로 인하여 받은 이익이 현존하는 한도에서 상환할 책임이 있다.

⑤ 법정대리인의 동의 없이 한 법률행위를 미성년자가 취소하는 것은 신의성실의 원칙에 반하지 않는다.

★

15 ⑤ 대리인은 법정대리인과 임의대리인으로 구별하여 전자는 고유의 취소권을 갖지만, 후자는 본인으로부터 취소에 대한 특별수권이 있는 경우에 한하여 취소권을 갖는다.

16 ① 특정승계인도 일정한 경우 취소권자가 된다(제140조).
② 제한능력자는 그 행위로 인하여 받은 이익이 현존하는 한도에서 상환할 책임이 있다(제141조 단서).
③ 매매계약이 취소된 경우에 쌍방의 부당이득반환의무는 동시이행관계에 있다.
④ 법정추인사유인 취소할 수 있는 행위로 취득한 권리의 전부나 일부의 양도(제145조 제5호)는 취소권자의 양도에 한한다. 따라서 취소권자의 상대방이 양도한 경우는 법정추인사유가 아니므로 취소권자의 취소권은 소멸하지 않는다.

17 ⑤ 제한능력자는 자기가 한 법률행위를 단독으로 취소할 수 있다.
① 제한능력자는 그 행위로 인하여 받은 이익이 현존하는 한도에서 상환할 책임이 있다(제141조 단서).
② 취소권은 추인할 수 있는 날로부터 3년 내에, 법률행위를 한 날로부터 10년 내에 행사하여야 한다(제146조). 위 3년, 10년의 두 기간 중 어느 것이든 먼저 만료하는 것이 있으면 취소권은 소멸한다.
③ 추인이 있으면 다시는 취소할 수 없으며(제143조 제1항), 그 결과 취소할 수 있는 법률행위는 확정적으로 유효로 된다.
④ 취소된 법률행위는 처음부터 무효인 것으로 본다(제141조 본문).

18 ④ 취소할 수 있는 법률행위의 추인은 취소할 수 있는 행위임을 알고 하여야 한다.
① 취소의 의사표시란 반드시 명시적이어야 하는 것은 아니고, 취소자가 그 착오를 이유로 자신의 법률행위의 효력을 처음부터 배제하려고 한다는 의사가 드러나면 족한 것이며, 취소원인의 진술 없이도 취소의 의사표시는 유효한 것이므로, 신원보증서류에 서명날인하는 것으로 잘못 알고 이행보증보험약정서를 읽어보지 않은 채 서명날인한 것일 뿐 연대보증약정을 한 사실이 없다는 주장은 위 연대보증약정을 착오를 이유로 취소한다는 취지로 볼 수 있다(대판 2005. 5. 27, 2004다43824).
② 취소한 법률행위는 처음부터 무효인 것으로 간주되므로 취소할 수 있는 법률행위가 일단 취소된 이상 그 후에는 취소할 수 있는 법률행위의 추인에 의하여 이미 취소되어 무효인 것으로 간주된 당초의 의사표시를 다시 확정적으로 유효하게 할 수는 없고, 다만 무효인 법률행위의 추인의 요건과 효력으로서 추인할 수는 있다(대판 1997. 12. 12, 95다38240).
③ 매도인이 매수인의 중도금지급채무불이행을 이유로 매매계약을 적법하게 해제한 후라도 매수인으로서는 상대방이 한 계약해제의 효과로서 발생하는 손해배상책임을 지거나 매매계약에 따른 계약금의 반환을 받을 수 없는 불이익을 면하기 위하여 착오를 이유로 한 취소권을 행사하여 매매계약 전체를 무효로 돌리게 할 수 있다(대판 1996. 12. 6, 95다24982·24999).
⑤ 취소권은 추인할 수 있는 날로부터 3년 내에, 법률행위를 한 날로부터 10년 내에 행사하여야 한다. 이 기간은 제척기간이다.

19 ③ 추인은 취소의 원인이 소멸된 후에 하여야 한다. 그러나 법정대리인 또는 후견인이 추인하는 경우에는 취소원인이 소멸되기 전이라도 추인할 수 있다(제144조).

Answer **15** ⑤ **16** ⑤ **17** ⑤ **18** ④ **19** ③

20 취소할 수 있는 법률행위로서 법정추인이 되는 경우가 아닌 것은? 2017 기출

① 취소할 수 있는 행위로부터 생긴 채권에 관하여 취소권자가 상대방에게 이행한 경우
② 취소권자가 취소할 수 있는 행위로 취득한 권리를 전부 양도한 경우
③ 취소권자의 상대방이 이행을 청구하는 경우
④ 취소권자가 채무자로서 담보를 제공하는 경우
⑤ 취소권자가 채권자로서 강제집행 하는 경우

21 취소할 수 있는 법률행위의 법정추인에 해당하지 않는 것은? (다툼이 있으면 판례에 따름) 2022 기출

① 취소할 수 있는 행위로부터 생긴 채무의 이행을 위해 취소권자가 상대방에게 일부 이행을 한 경우
② 취소할 수 있는 행위로부터 생긴 채무의 이행을 위해 취소권자가 상대방에게 이행을 청구하는 경우
③ 취소할 수 있는 행위로부터 생긴 채무의 이행을 위해 취소권자가 상대방에게 저당권을 설정해 준 경우
④ 취소권자가 취소할 수 있는 행위에 의하여 성립된 채권을 소멸시키고 그 대신 다른 채권을 성립시키는 경개를 하는 경우
⑤ 취소할 수 있는 행위로부터 취득한 권리의 전부를 취소권자의 상대방이 제3자에게 양도하는 경우

22 취소할 수 있는 법률행위의 추인에 관한 설명으로 옳지 않은 것은? (다툼이 있으면 판례에 의함)

① 상대방이 취소권자에 대하여 이행의 청구를 한 경우에는 법정추인이 된다.
② 추인은 그 행위가 취소할 수 있는 것임을 알고 하여야 한다.
③ 취소권자가 취소할 수 있는 법률행위를 적법하게 추인하면 더 이상 취소할 수 없다.
④ 법정대리인은 취소원인이 소멸되기 전이라도 추인할 수 있다.
⑤ 취소권자가 추인할 수 있는 후에 이의를 유보하지 않고 담보를 제공한 경우에는 추인한 것으로 간주된다.

23 甲은 18세 때 시가 5,000만원에 상당하는 명화(名畵)를 법정대리인인 丙의 동의 없이 乙에게 400만원에 매도하였으나, 그 당시 乙은 甲의 외모로 보아 그가 성년이라고 생각하였다. 현재 甲이 미성년자라고 할 때 다음 설명 중 옳은 것은? 2017 기출

① 甲은 매매계약을 취소할 수 없다.
② 丙은 매매계약을 추인할 수 있으나, 甲은 추인할 수 없다.
③ 乙이 丙에게 1개월 이상의 기간을 정하여 매매계약을 추인할 것인지 확답을 촉구한 경우, 丙이 그 기간 내에 확답을 발송하지 않으면 그 매매계약을 취소한 것으로 본다.
④ 丙이 적법하게 매매계약을 취소한 경우 그 매매계약은 취소한 때로부터 무효인 것으로 본다.
⑤ 甲이 매매대금을 전부 유흥비로 탕진한 후 丙이 매매계약을 적법하게 취소한 경우, 乙은 명화를 반환하고 매매대금 전부를 반환받을 수 있다.

24 무효 또는 취소할 수 있는 법률행위의 추인에 관한 설명으로 옳은 것은? (다툼이 있으면 판례에 따름) 2020 기출

① 무효인 계약은 계약당사자가 무효임을 알고 추인한 경우 계약성립시부터 새로운 법률행위를 한 것으로 본다.

② 불공정한 법률행위로서 무효인 경우 당사자가 무효임을 알고 추인하면 그 법률행위는 유효로 된다.

③ 무권리자가 타인의 권리를 처분하는 행위는 권리자가 이를 알고 추인하여도 그 처분의 효력이 발생하지 않는다.

④ 취소할 수 있는 법률행위를 추인할 수 있는 자는 그 법률행위의 취소권자이다.

⑤ 피성년후견인은 취소할 수 있는 법률행위를 단독으로 유효하게 추인할 수 있다.

---

20 ③ 법정추인사유로서의 이행의 청구는 취소권자의 이행의 청구만을 의미한다. 따라서 취소권자의 상대방이 이행을 청구하는 경우는 법정추인이 되지 않는다.

21 ⑤ 법정추인사유인 취소할 수 있는 행위로 취득한 권리의 전부나 일부의 양도는 취소권자의 양도에 한하고 상대방의 양도는 이에 포함되지 않는다.

22 ① 법정추인사유로서 이행의 청구는 취소권자의 이행청구만을 말하며, 상대방이 이행청구한 경우는 제외된다.

23 ② 취소할 수 있는 법률행위의 추인은 '취소의 원인이 소멸된 후'에 하여야 한다(제144조 제1항). 미성년자 甲은 능력자가 된 후에 추인하여야 한다. 그러나 미성년자의 법정대리인 丙이 추인하는 경우에는 취소원인이 소멸되기 전이라도 추인할 수 있다(제144조 제2항 참조). 다만, 미성년자 甲은 능력자가 되기 전이라도 법정대리인의 동의를 얻어서 추인할 수는 있다.
① 제한능력자는 자기가 한 법률행위를 단독으로 취소할 수 있다.
③ 제한능력자가 아직 능력자가 되지 못한 경우에는 그의 법정대리인에게 제1항의 촉구를 할 수 있고, 법정대리인이 그 정하여진 기간 내에 확답을 발송하지 아니한 경우에는 그 행위를 추인한 것으로 본다(제15조 제2항).
④ 취소된 법률행위는 처음부터 무효인 것으로 본다(제141조 본문).
⑤ 제한능력자는 그 행위로 인하여 받은 이익이 현존하는 한도에서 상환할 책임이 있다(제141조 단서). 따라서 甲이 매매대금을 전부 유흥비로 탕진한 후에는 현존이익이 없으므로 乙은 명화를 반환하더라도 매매대금을 반환받을 수 없다.

24 ④ 취소할 수 있는 법률행위는 제140조에 규정한 자(취소권자)가 추인할 수 있고 추인 후에는 취소하지 못한다(제143조 제1항).
① 무효행위의 추인에는 원칙적으로 소급효가 없다. 즉, 추인한 때로부터 새로운 법률행위를 한 것으로서의 효력이 발생할 뿐이다.
② 불공정한 법률행위로서 무효인 경우에는 추인에 의하여 무효인 법률행위가 유효로 될 수 없다(대판 1994. 6. 24, 94다10900).
③ 무권리자가 타인의 권리를 자기의 이름으로 또는 자기의 권리로 처분한 경우에, 권리자는 후일 이를 추인함으로써 그 처분행위를 인정할 수 있고, 이러한 경우 특별한 사정이 없는 한 권리자 본인에게 위 처분행위의 효력이 발생함은 사적자치의 원칙에 비추어 당연하다 할 것이다(대판 2001. 11. 9, 2001다44291).
⑤ 추인은 '취소의 원인이 종료한 후'에 하여야 한다(제144조 제1항). 제한능력자는 능력자가 된 후, 착오·사기·강박에 의하여 의사표시를 한 자는 그 상태를 벗어난 후에 추인하여야 한다. 그러나 법정대리인이 추인하는 경우에는 취소원인이 종료하기 전이라도 추인할 수 있다. 피성년후견인이 아닌 제한능력자, 즉 미성년자와 피한정후견인은 법정대리인의 동의를 얻어 능력자가 되기 전이라도 추인할 수 있다(제5조·제10조).

Answer 20 ③ 21 ⑤ 22 ① 23 ② 24 ④

25 법률행위의 취소에 관한 설명으로 옳지 않은 것은? (다툼이 있으면 판례에 따름)

2021 기출

① 제한능력자도 단독으로 취소권을 행사할 수 있다.
② 법률행위의 취소로 무효가 된 그 법률행위는 무효행위의 추인의 법리에 따라 추인할 수 없다.
③ 근로계약이 취소된 경우 이미 제공된 근로자의 노무를 기초로 형성된 취소 이전의 법률관계는 소급하여 효력을 잃지 않는다.
④ 취소권자가 추인할 수 있은 후에 이의를 보류한 상태에서 취소할 수 있는 계약을 이행한 때에는 법정추인이 되지 않는다.
⑤ 계약이 해제된 후에도 해제의 상대방은 해제로 인한 불이익을 면하기 위하여 취소권을 행사하여 계약 전체를 무효로 돌릴 수 있다.

26 법률행위의 무효와 취소에 관한 설명으로 옳은 것은? (다툼이 있으면 판례에 따름)

2016 기출

① 무효인 법률행위의 추인은 명시적으로 하여야 하고 묵시적으로는 할 수 없다.
② 법률행위가 취소되면 처음부터 무효인 것으로 되지만, 제한능력자는 그 행위로 인하여 받은 이익이 현존하는 한도에서 상환(償還)할 책임이 있다.
③ 착오에 의한 의사표시를 한 자가 사망한 경우, 그 상속인은 피상속인의 착오를 이유로 취소할 수 없다.
④ 취소권은 추인할 수 있는 날로부터 10년 내에 행사하면 된다.
⑤ 법률행위의 일부분이 무효인 경우, 그 무효부분이 없더라도 법률행위를 하였을 것이라고 인정될 때에도 그 전부를 무효로 한다.

27 민법상의 법률행위의 무효와 취소에 관한 설명으로 옳은 것은? (다툼이 있는 경우에는 판례에 의함)

2013 기출

① 의사무능력자가 한 법률행위는 상대적 무효이다.
② 법률행위의 일부분이 무효인 때에는 원칙적으로 나머지 부분은 유효하게 존속한다.
③ 폭리행위로 무효인 법률행위도 추인에 의하여 유효하게 될 수 있다.
④ 미성년자가 법률행위를 한 후, 성년자가 되기 전에 그가 이를 추인하더라도 그 추인은 효력이 없다.
⑤ 취소권은 법률행위를 한 날로부터 3년 내에 행사하여야 한다.

28 법률행위의 무효와 취소에 관한 설명으로 옳은 것은? (다툼이 있으면 판례에 따름)
2023 기출

① 계약이 불공정한 법률행위로서 무효인 경우, 그 계약에 대한 부제소합의는 특별한 사정이 없는 한 유효하다.

② 취소할 수 있는 법률행위에서 취소권자의 상대방이 이행을 청구하는 경우에는 법정추인이 된다.

③ 매매계약이 약정된 대금의 과다로 인해 불공정한 법률행위에 해당하여 무효인 경우, 무효행위의 전환에 관한 민법 제138조는 적용될 여지가 없다.

④ 무권리자가 타인의 권리를 처분하는 계약을 체결한 경우, 권리자가 이를 추인하면 계약의 효과는 원칙적으로 계약체결시에 소급하여 권리자에게 귀속된다.

⑤ 취소할 수 있는 법률행위의 상대방이 그 법률행위로 취득한 권리를 타인에게 임의로 양도한 경우, 특별한 사정이 없는 한 그 취소의 의사표시는 그 양수인을 상대방으로 하여야 한다.

---

25 ② 취소한 법률행위는 처음부터 무효인 것으로 간주되므로 취소할 수 있는 법률행위가 일단 취소된 이상 그 후에는 취소할 수 있는 법률행위의 추인에 의하여 이미 취소되어 무효인 것으로 간주된 당초의 의사표시를 다시 확정적으로 유효하게 할 수는 없고, 다만 무효인 법률행위의 추인의 요건과 효력으로서 추인할 수는 있다(대판 1997. 12. 12, 95다38240).

③ 근로계약의 무효 또는 취소를 주장할 수 있다 하더라도 근로계약에 따라 그동안 행하여진 근로자의 노무 제공의 효과를 소급하여 부정하는 것은 타당하지 않으므로 이미 제공된 근로자의 노무를 기초로 형성된 취소 이전의 법률관계까지 효력을 잃는다고 보아서는 아니 되고, 취소의 의사표시 이후 장래에 관하여만 근로계약의 효력이 소멸된다고 보아야 한다(대판 2017. 12. 22, 2013다25194·25200).

④ 이의를 보류한 때에는 법정추인이 되지 않는다(제145조 단서).

26 ② 제141조

① 무효인 법률행위의 추인은 묵시적인 방법으로도 할 수 있다.

③ 상속인은 포괄승계인으로서 취소권자에 해당한다.

④ 취소권은 추인할 수 있는 날로부터 3년 내에, 법률행위를 한 날로부터 10년 내에 행사하여야 한다(제146조).

⑤ 법률행위의 일부분이 무효인 때에는 그 전부를 무효로 한다. 그러나 그 무효부분이 없더라도 법률행위를 하였을 것이라고 인정될 때에는 나머지 부분은 무효가 되지 아니한다(제137조).

27 ① 상대적 무효가 아니라 절대적 무효이다.

② 법률행위의 일부분이 무효인 때에는 원칙은 전부 무효이다(제137조).

③ 불공정한 법률행위로서 무효인 경우에는 추인에 의하여 무효인 법률행위가 유효로 될 수 없다(대판 1994. 6. 24, 94다10900).

⑤ 취소권은 법률행위를 한 날로부터 10년, 추인할 수 있는 날로부터 3년 이내에 행사하여야 한다(제146조).

28 ④ 타인의 권리를 자기의 이름으로 또는 자기의 권리로 처분한 후에 본인이 그 처분을 인정하였다면 특별한 사정이 없는 한 무권대리에 있어서 본인의 추인의 경우와 같이 그 처분은 본인에 대하여 효력을 발생한다(대판 1981. 1. 13, 79다2151).

① 매매계약과 같은 쌍무계약이 '불공정한 법률행위'에 해당하여 무효라고 한다면, 그 계약으로 인하여 불이익을 입는 당사자로 하여금 위와 같은 불공정성을 소송 등 사법적 구제수단을 통하여 주장하지 못하도록 하는 부제소합의 역시 다른 특별한 사정이 없는 한 무효이다(대판 2010. 7. 15, 2009다50308).

② 취소권자의 이행청구만을 말하며, 상대방이 이행청구한 경우는 제외된다.

③ 매매계약이 약정된 매매대금의 과다로 말미암아 민법 제104조에서 정하는 불공정한 법률행위에 해당하여 무효인 경우에도 무효행위의 전환에 관한 민법 제138조가 적용될 수 있다(대판 2010. 7. 15, 2009다50308).

⑤ 취소할 수 있는 법률행위의 상대방이 확정한 경우에는 그 취소는 그 상대방에 대한 의사표시로 하여야 한다(제142조).

Answer 25 ②   26 ②   27 ④   28 ④

29 법률행위의 무효와 취소에 관한 설명으로 옳지 않은 것은? (다툼이 있으면 판례에 따름)

2019 기출

① 무효인 법률행위는 추인하여도 원칙적으로 그 효력이 생기지 않는다.

② 법률행위의 일부분이 무효인 경우에 대하여 규정하고 있는 민법 제137조는 임의규정이다.

③ 취소할 수 있는 법률행위에서 취소권자의 상대방이 그 취소할 수 있는 행위로 취득한 권리를 양도하는 경우 법정추인이 된다.

④ 하나의 법률행위의 일부분에만 취소사유가 있다고 하더라도 그 법률행위가 가분적이거나 그 목적물의 일부가 특정될 수 있다면, 그 나머지 부분이라도 이를 유지하려는 당사자의 가정적 의사가 인정되는 경우 그 일부만의 취소도 가능하다.

⑤ 임차권양도계약과 권리금 계약이 결합하여 경제적·사실적 일체로 행하여진 경우, 그 권리금계약 부분에만 취소사유가 존재하여도 특별한 사정이 없는 한 권리금계약 부분만을 따로 떼어 취소할 수는 없다.

---

29 ③ 취소권자가 양도하는 경우에 한하여 법정추인이 된다.

① 무효인 법률행위는 추인하여도 그 효력이 생기지 아니한다. 그러나 당사자가 그 무효임을 알고 추인한 때에는 새로운 법률행위로 본다(제139조).

④ 판례는 일정 요건이 갖추어진 경우에 일부만의 취소를 인정한다.

⑤ [1] 여러 개의 계약이 체결된 경우에 각 계약이 전체적으로 경제적, 사실적으로 일체로서 행하여진 것으로 그 하나가 다른 하나의 조건이 되어 어느 하나의 존재 없이는 당사자가 다른 하나를 의욕하지 않았을 것으로 보이는 경우 등에는, 하나의 계약에 대한 기망 취소의 의사표시는 법률행위의 일부무효이론과 궤를 같이하는 법률행위 일부취소의 법리에 따라 전체 계약에 대한 취소의 효력이 있다. [2] 임차권의 양수인 갑이 양도인 을의 기망행위를 이유로 을과 체결한 임차권양도계약 및 권리금계약을 각 취소 또는 해제한다고 주장한 사안에서, 위 권리금계약은 임차권양도계약과 결합하여 전체가 경제적·사실적으로 일체로 행하여진 것으로서, 어느 하나의 존재 없이는 당사자가 다른 하나를 의욕하지 않았을 것으로 보이므로 권리금계약 부분만을 따로 떼어 취소할 수 없다(대판 2013. 5. 9, 2012다115120).

Answer 29 ③

06 법률행위의 조건과 기한

Chapter

01 서론

1. 법률행위의 부관의 의의

일반적으로 법률행위가 성립하면 곧바로 법률행위의 효력이 발생한다. 그러나 당사자들이 법률행위의 효력의 발생 또는 소멸을 장래의 일정한 사실에 의존하게 하는 것도 사적자치의 원칙상 허용된다. 이처럼 법률행위의 효력의 발생 또는 소멸을 제한하기 위하여 법률행위에 부가되는 약관을 법률행위의 부관이라 한다.

2. 법률행위의 부관의 종류

법률행위의 부관에는 조건, 기한, 부담의 세 가지가 있다. 우리 민법은 이 가운데 조건과 기한에 대하여 총칙에 일반적 규정을 두고 있다(제147조~제154조). 조건과 기한은 법률효과의 발생 또는 소멸과 관련되는 것이지만, 부담 있는 법률행위는 완전한 효력을 발생하고 당사자의 일방이 일정한 의무를 부담하게 될 뿐이므로 부담은 법률효과의 발생 또는 소멸과 관련성을 가지는 것은 아니다. 그리하여 우리 민법은 부담에 대하여는 부담부 증여(제561조)와 부담부 유증(제1088조)에 특별규정을 두고 있을 뿐이다.

02 조건 2014 · 2015 · 2016 · 2017 · 2018 · 2019 · 2020 · 2022 · 2023 기출

1. 조건의 의의

① 조건이란 법률행위의 '효력'의 발생 또는 소멸을 '장래의 불확실한 사실'의 성부(成否)에 의존케 하는 법률행위의 부관이다.
② 조건은 법률행위의 효과의 발생 또는 소멸에 관한 것이며, 법률행위의 성립에 관한 것은 아니다.
③ 조건이 되는 사실은 발생할 것인지 여부가 객관적으로 불확실한 장래의 사실이어야 한다. 장래 반드시 실현되는 사실은 조건으로 되지 못한다.
④ 조건은 법률행위 내용의 일부이므로 당사자가 임의로 부가한 것이어야 한다. 그러므로 이른바 법정조건은 조건이 아니다.

판례

[1] 조건은 법률행위의 효력의 발생 또는 소멸을 장래의 불확실한 사실의 성부에 의존케 하는 법률행위의 부관으로서 당해 법률행위를 구성하는 의사표시의 일체적인 내용을 이루는 것이므로, 의사표시의 일반 원칙에 따라 조건을 붙이고자 하는 의사, 즉 조건의사와 그 표시가 필요하며, 조건의사가 있더라도 그 것이 외부에 표시되지 않으면 법률행위의 동기에 불과할 뿐이고 그것만으로는 법률행위의 부관으로서 의 조건이 되는 것은 아니다.

[2] 甲이 乙에게 丙의 횡령금 중 일부를 지급하기로 한 약정은 甲이 丙의 오빠로서 丙이 乙에 대하여 부담 하는 부당이득반환 또는 손해배상채무 중 일부를 대신 변제한다는 취지이고, 그러한 약정을 하는 甲의 내심에는 丙이 처벌받지 않기를 바라는 동기 이외에 丙이 실제로 처벌을 받는 경우에는 위 약정 자체 가 무효라는 조건의사까지 있었을지도 모르지만, 그것만으로는 丙의 선처를 조건으로 한 조건부 약정 이 이루어졌다고 단정할 수 없고, 각서의 기재 내용과 그 작성 당시의 상황 및 상대방인 乙의 의사 등 제반사정에 비추어 보면 위 약정 자체의 효력이 乙의 정식 고소나 丙의 처벌이라는 사실의 발생만으로 당연히 소멸된다는 의미의 조건이 쌍방의 합의에 따라 위 약정에 붙어 있다고는 볼 수 없으며, 오히려 위 각서 중 '변제하고 선처를 받기로 한다'라는 문구는 甲과 丙이 위 약정을 예정대로 이행하면 丙이 선처를 받을 수 있도록 乙이 협조한다는 취지에 불과한 것으로 보인다(대판 2003. 5. 13, 2003다10797).

2. 종류

(1) 정지조건 · 해제조건

법률행위의 효력 발생을 장래의 불확실한 사실에 의존케 하는 것이 정지조건이고, 법률행위 의 효력의 소멸을 장래의 불확실한 사실에 의존케 하는 것이 해제조건이다.

판례

약혼예물의 수수는 약혼의 성립을 증명하고 혼인이 성립한 경우 당사자 내지 양가의 정리를 두텁게 할 목 적으로 수수되는 것으로 혼인의 불성립을 해제조건으로 하는 증여와 유사한 성질을 가지므로, 예물의 수령 자 측이 혼인 당초부터 성실히 혼인을 계속할 의사가 없고 그로 인하여 혼인의 파국을 초래하였다고 인정되 는 등 특별한 사정이 있는 경우에는 신의칙 내지 형평의 원칙에 비추어 혼인 불성립의 경우에 준하여 예물 반환의무를 인정함이 상당하나, 그러한 특별한 사정이 없는 한 일단 부부관계가 성립하고 그 혼인이 상당 기간 지속된 이상 후일 혼인이 해소되어도 그 반환을 구할 수는 없으므로, 비록 혼인 파탄의 원인이 며느리 에게 있더라도 혼인이 상당 기간 계속된 이상 약혼예물의 소유권은 며느리에게 있다(대판 1996. 5. 14, 96다 5506).

(2) 수의조건 · 비수의조건

① 수의조건(隨意條件) : 조건의 성부가 당사자의 일방적 의사에 의존하는 조건으로서, 전적 으로 당사자의 일방적 의사에 의존하는 순수수의조건(예 내 마음이 내키면 집 한 채를 주겠다) 과, 결국은 당사자의 일방적 의사에 의존하지만 그 밖에 다른 사실상태의 성립도 요구하 는 단순수의조건(예 내가 자동차를 한 대 더 사면 이 자동차를 주겠다)이 있다. 단순수의조건은 유효한 조건이다. 그러나 순수수의조건의 유효성에 대해서는 ㉠ 당사자에게 법적 구속력

을 생기게 하려는 의사가 있다고 할 수 없으므로, 언제나 무효라는 견해(종래 다수설) ⓛ 정지조건부 법률행위에 있어서 그 조건이 채무자의 의사에만 의존하는 경우는 무효이나, 나머지의 경우는 유효하다는 견해 ⓒ 사적자치의 원칙상 언제나 유효하다는 견해가 대립한다.

② 비수의조건(非隨意條件) : 조건의 성부가 당사자의 일방적 의사에만 의존하지 않는 조건을 말한다. 여기에는 당사자의 의사와 전혀 관계없이 자연적인 사실이나 제3자의 의사나 행위에 의존하는 우성조건(偶成條件)(예 내일 비가 오면)과 조건의 성부가 당사자일방의 의사뿐만 아니라 제3자의 의사에도 의존하는 혼성조건(混成條件)(예 내가 甲과 결혼하면)이 있다. 우성조건과 혼성조건은 모두 유효한 조건이다.

(3) 가장조건(假裝條件)

가장조건은 겉으로 보기에는 조건이지만 실질적으로 조건으로서의 효력이 인정되지 않는 것이다.

> **제151조【불법조건, 기성조건】** ① 조건이 선량한 풍속 기타 사회질서에 위반한 것인 때에는 그 법률행위는 무효로 한다.
> ② 조건이 법률행위의 당시 이미 성취한 것인 경우에는 그 조건이 정지조건이면 조건없는 법률행위로 하고 해제조건이면 그 법률행위는 무효로 한다.
> ③ 조건이 법률행위의 당시에 이미 성취할 수 없는 것인 경우에는 그 조건이 해제조건이면 조건없는 법률행위로 하고 정지조건이면 그 법률행위는 무효로 한다.

① 법정조건 : 법인의 설립에서 주무관청의 허가(제32조)나 유언에서 유언자의 사망(제1073조 제1항)과 같이 법률행위의 효력을 발생하기 위하여 법률이 명문으로 요구하는 조건이다. 이러한 법정조건은 조건이 아니다. 만약 법정조건을 법률행위의 조건으로 정한 경우에는 당연한 것을 정한 것이므로 조건으로서의 의미가 없다. 다만, 법정조건에 관하여도 민법의 조건의 규정을 유추적용할 수 있다(판례).

② 불법조건 : 조건이 선량한 풍속 기타 사회질서에 위반한 경우가 불법조건이다. 불법조건이 붙은 법률행위는 불법조건만이 무효인 것이 아니고 법률행위 전부가 무효로 된다(제151조 제1항). 예컨대, 부첩생활의 종료를 해제조건으로 하는 증여계약은 그 조건만이 무효인 것이 아니라 증여계약 자체가 무효이다. 불법행위를 하지 않을 것을 조건으로 하는 법률행위는 조건이 불법하지는 않지만, 그것이 법률행위와 결합함으로써 반사회성을 띠게 되어 무효이다.

③ 기성조건 : 조건이 법률행위 당시에 이미 성립하고 있는 경우이다. 기성조건이 정지조건이면 조건없는 법률행위가 되고, 해제조건이면 그 법률행위는 무효이다(제151조 제2항).

④ 불능조건 : 이는 객관적으로 실현이 불가능한 사실을 내용으로 하는 조건이다. 불능조건이 정지조건이면 그 법률행위는 무효이고, 해제조건이면 조건없는 법률행위가 된다(제151조 제3항).

3. 조건을 붙일 수 없는 법률행위(조건에 친하지 않은 법률행위)

(1) 의의

조건부 법률행위에 있어서는 그 효력의 발생이나 존속이 불확정하기 때문에, 성질상 법률관계가 확정적이어야 하는 법률관계에 대해서는 조건을 붙이지 못한다. 또한, 조건을 붙임으로써 상대방의 지위를 현저하게 불리하게 하는 행위에는 조건을 붙일 수 없다.

(2) 구체적인 예

① 가족법상의 행위 : 혼인·입양·인지·파양·상속의 승인 및 포기와 같은 가족법상의 행위에는 조건을 붙이지 못한다. 그러나 유언에는 조건을 붙일 수 있다(제1073조 제2항).

② 어음·수표행위 : 원칙적으로 조건을 붙이지 못한다. 그러나 어음보증에 조건을 붙이는 것은 어음거래의 안전성이 저해되는 것이 아니므로 허용되며, 따라서 조건부 보증문언대로 보증인의 책임이 발생한다(판례).

③ 단독행위

㉠ 단독행위에 조건을 붙이게 하면 상대방의 지위가 지나치게 불안정하게 되므로, 단독행위에는 원칙적으로 조건을 붙이지 못한다. 즉, 명문규정이 있는 상계(제493조 제1항)뿐만 아니라 취소, 추인, 해제, 해지 등 상대방 있는 단독행위에는 일반적으로 조건을 붙일 수 없다.

㉡ 그러나 단독행위라도 상대방의 동의가 있으면 조건을 붙일 수 있으며, 채무면제나 유증처럼 상대방에게 이익만을 주는 경우에도 조건을 붙일 수 있다. 또한 상대방이 결정할 수 있는 사실을 조건으로 한 경우에도 상대방에게 불이익하지 않으므로 허용된다. 예컨대, 계약당사자일방이 이행지체에 빠진 상대방에 대하여 일정한 기간을 정하여 채무이행을 최고함과 동시에 그 기간 내에 이행이 없으면 해제권을 행사하지 않더라도 당연히 계약이 해제된다고 하는 '정지조건부 계약해제'는 허용된다.

(3) 효과

조건을 붙일 수 없는 법률행위에 조건을 붙인 경우의 효과에 관하여, 법률에 특별규정이 있는 경우도 있다(어음법 제12조 제1항). 법률에 규정이 있다면 그에 따른다. 그러나 그러한 규정이 없다면 일부무효의 법리가 적용된다. 따라서 원칙적으로 법률행위 전부가 무효로 된다.

4. 조건의 성취와 불성취

(1) 의의

조건이 성립하는 것을 조건의 성취라고 하고, 반면에 조건이 성립하지 않는 것을 조건의 불성취라고 한다. 이에 따라 법률행위의 효력 여부가 확정된다.

(2) 신의에 반하는 행위에 의한 조건의 성취와 불성취

> **제150조【조건성취, 불성취에 대한 반신의행위】** ① 조건의 성취로 인하여 불이익을 받을 당사자가 신의성실에 반하여 조건의 성취를 방해한 때에는 상대방은 그 조건이 성취한 것으로 주장할 수 있다. ② 조건의 성취로 인하여 이익을 받을 당사자가 신의성실에 반하여 조건을 성취시킨 때에는 상대방은 그 조건이 성취하지 아니한 것으로 주장할 수 있다.

① 취지: 조건이 성취되었는지 여부에 관하여 당사자들은 중대한 이해관계를 가진다. 따라서 조건의 성취 또는 불성취로 인하여 불이익을 받게 될 자가 부당하게 조건의 성취 또는 불성취를 방해하는 것을 허용해서는 안 된다. 그래서 민법은 이러한 경우에 조건이 성취되었는지와 무관하게 조건의 성취 또는 불성취를 주장할 수 있도록 하고 있다.

② 효과

　㉠ 조건의 성취 또는 불성취의 주장

　　ⓐ 조건의 성취로 인하여 불이익을 받을 당사자가 신의성실에 반하여 조건의 성취를 방해한 때에는 상대방은 그 조건이 성취한 것으로 주장할 수 있다(제150조 제1항). 여기서 조건이 성취된 것으로 주장할 수 있는 권리를 통설은 형성권의 일종으로 이해한다. 한편, 상대방이 조건성취를 주장하는 경우에 어느 시점을 표준으로 하여 조건성취가 된 것으로 다루어져야 하는지가 문제된다. 판례는 '신의성실에 반하는 행위가 없었더라면 조건이 성취되었으리라고 추산되는 시점'이라고 한다.

　　ⓑ 조건의 성취로 인하여 이익을 받을 당사자가 신의성실에 반하여 조건을 성취시킨 때에는 상대방은 그 조건이 성취하지 아니한 것으로 주장할 수 있다(제150조 제2항).

판례

상대방이 하도급받은 부분에 대한 공사를 완공하여 준공필증을 제출하는 것을 정지조건으로 하여 공사대금채무를 부담하거나 위 채무를 보증한 사람은 위 조건의 성취로 인하여 불이익을 받을 당사자의 지위에 있다고 할 것이므로, 이들이 위 공사에 필요한 시설을 해주지 않았을 뿐만 아니라 공사장에의 출입을 통제함으로써 위 상대방으로 하여금 나머지 공사를 수행할 수 없게 하였다면, 그것이 고의에 의한 경우만이 아니라 과실에 의한 경우에도 신의성실에 반하여 조건의 성취를 방해한 때에 해당한다고 할 것이므로, 그 상대방은 민법 제150조 제1항의 규정에 의하여 위 공사대금채무자 및 보증인에 대하여 그 조건이 성취된 것으로 주장할 수 있다. 조건의 성취로 인하여 불이익을 받을 당사자가 신의성실에 반하여 조건의 성취를 방해한 경우, 조건이 성취된 것으로 의제되는 시점은 이러한 신의성실에 반하는 행위가 없었더라면 조건이 성취되었으리라고 추산되는 시점이다(대판 1998. 12. 22, 98다42356).

      ○ 손해배상의 청구 : 조건의 성취와 관련하여 신의칙에 반하는 행위는 조건부 권리의 침해가 되어(제148조) 상대방은 이를 이유로 손해배상청구권을 갖는다. 따라서 상대방은 조건의 성취 또는 불성취의 주장과 손해배상청구권을 선택적으로 행사할 수 있다.

5. 조건부 법률행위의 효력

(1) 조건의 성취 여부 확정 전의 효력

> **제148조【조건부권리의 침해금지】** 조건 있는 법률행위의 당사자는 조건의 성부가 미정한 동안에 조건의 성취로 인하여 생길 상대방의 이익을 해하지 못한다.
> **제149조【조건부권리의 처분 등】** 조건의 성취가 미정한 권리의무는 일반규정에 의하여 처분, 상속, 보존 또는 담보로 할 수 있다.

① **기대권** : 조건의 성부가 확정되기 전에 있어서는 당사자의 일방은 조건의 성취로 일정한 이익을 얻게 될 기대를 가지게 되는바, 우리 민법은 이 기대를 일종의 권리로서 보호하고 있다. 이를 '조건부 권리'라 한다.

② **조건부 권리의 침해금지(소극적 보호)** : 조건 있는 법률행위의 당사자는 조건의 성부가 미정인 동안에 조건의 성취로 인하여 생길 상대방의 이익을 해하지 못한다(제148조). 따라서 의무자가 조건부 권리를 침해한 때에는 의무자에게 손해배상책임이 생기는 것은 당연하다. 그리고 제148조를 위반하여 조건부 권리를 침해하는 의무자의 처분행위는 조건성취의 효과를 제한하는 한도 내에서는 무효이다(판례). 그러나 제3자에 대한 관계에서는 조건부 권리의 목적이 부동산일 때에는 가등기 또는 등기를 하여야 대항할 수 있고, 동산일 경우에는 선의취득(제249조)에 의하여 제3자의 이익이 보호받을 수 있다. 이러한 조건부 권리를 침해한 처분행위의 무효 또는 손해배상청구권의 성립도 조건부로 발생한다. 따라서 처분행위가 확정적으로 무효가 되거나 손해배상청구권이 확정적으로 성립하는 것은 조건이 성취되어 당사자가 이익을 받을 것이 확정된 때라고 본다(통설).

판례

해제조건부증여로 인한 부동산소유권이전등기를 마쳤다 하더라도 그 해제조건이 성취되면 그 소유권은 증여자에게 복귀한다고 할 것이고, 이 경우 당사자 간에 별단의 의사표시가 없는 한 그 조건성취의 효과는 소급하지 아니하나, 조건성취 전에 수증자가 한 처분행위는 조건성취의 효과를 제한하는 한도 내에서는 무효라고 할 것이고, 다만 그 조건이 등기되어 있지 않는 한 그 처분행위로 인하여 권리를 취득한 제3자에게 위 무효를 대항할 수 없다(대판 1992. 5. 22, 92다5584).

③ **조건부 권리의 처분 등(적극적 보호)** : 조건의 성취가 미정한 권리의무는 일반규정에 의하여 처분, 상속, 보존 또는 담보로 할 수 있다(제149조).

(2) 조건의 성취 여부 확정 후의 효력

① 법률행위의 효력의 확정

> **제147조【조건성취의 효과】** ① 정지조건 있는 법률행위는 조건이 성취한 때로부터 그 효력이 생긴다.
> ② 해제조건 있는 법률행위는 조건이 성취한 때로부터 그 효력을 잃는다.
> ③ 당사자가 조건성취의 효력을 그 성취 전에 소급하게 할 의사를 표시한 때에는 그 의사에 의한다.

　㉠ 정지조건부 법률행위 : 조건이 성취되면 법률행위의 효력이 발생하고, 불성취로 확정 되면 무효로 된다(제147조).

판례

1. 어떠한 법률행위가 조건의 성취시 법률행위의 효력이 발생하는 소위 '정지조건부 법률행위에 해당 한다는 사실'은 그 법률행위로 인한 법률효과의 발생을 저지하는 사유로서 그 법률효과의 발생을 다투려는 자에게 주장·입증책임이 있다(대판 1993. 9. 28, 93다20832).

2. 정지조건부 법률행위에 있어서 조건이 성취되었다는 사실은 이에 의하여 권리를 취득하고자 하는 측에서 그 입증책임이 있다 할 것이므로, 정지조건부 채권양도에 있어서 정지조건이 성취되었다는 사실은 채권양도의 효력을 주장하는 자에게 그 입증책임이 있다(대판 1983. 4. 12, 81다카692).

　㉡ 해제조건부 법률행위 : 조건이 성취되면 법률행위의 효력이 소멸하고, 불성취로 확정 되면 효력이 소멸하지 않은 것으로 확정한다(제147조 제2항).

판례

합의내용이 이행되지 않을 경우 합의를 무효로 하기로 한 경우, 계약당사자가 부도가 난 후 상대방에게 합의서상의 채무를 이행할 수 없다고 통고하였다면, 그 계약당사자는 그 의사표시에 의하여 합의서상 의 채무가 이행될 수 없음을 명백히 한 것이니, 이로써 '합의내용이 불이행된 때'라는 조건이 성취되었 다고 보는 것이 상당하다(대판 1997. 11. 11, 96다36579).

② 불소급의 원칙 : 조건성취의 효과는 원칙적으로 조건성취시로부터 발생하고 소급하지 않 는다. 그러나 당사자의 의사표시로 예외적으로 소급효를 인정하는 것도 가능하다(제147 조 제3항).

(03) 기한 2013 · 2015 · 2016 · 2018 · 2020 · 2023 기출

1. 기한의 의의 및 종류

(1) 기한의 의의

① 기한이란 법률행위의 '효력의 발생이나 소멸' 또는 '채무의 이행'을 '장래 발생할 것이 확실한 사실'에 의존케 하는 법률행위의 부관을 말한다. 기한은 법률행위의 내용으로 당사자가 임의로 정하는 것이므로, 법정기한은 여기서 말하는 기한이 아니다.

② 기한은 법률행위의 효력을 장래의 확실한 사실에 의존케 한다는 점에서, 법률행위의 효력을 장래의 불확실한 사실에 의존케 하는 조건과 구별된다.

(2) 기한의 종류

① 시기·종기: 시기(始期)란 법률행위의 효력의 발생 또는 채무이행을 장래 발생이 확실한 사실에 의존케 하는 기한이다(ㅁ 내년 1월 1일부터 임대한다). 종기(終期)란 법률행위의 효력의 소멸을 장래 발생이 확실한 사실에 의존케 하는 기한이다(ㅁ 내년 6월 30일까지 임대한다).

② 확정기한·불확정기한: 기한이 되는 사실은 장래 발생할 것이 확실하여야 하나, 발생시기가 확정되어 있을 필요는 없다. 발생시기가 확정되어 있는 기한이 확정기한(ㅁ 내년 1월 1일)이고, 발생시기가 확정되어 있지 않은 기한이 불확정기한(ㅁ 甲이 사망한 때)이다. 그런데 조건인지 불확정기한인지가 명확하지 않은 경우가 있는바, 이는 결국 법률행위의 해석에 의하여 판단될 것이다.

> **판례**
>
> [1] 부관이 붙은 법률행위에 있어서 부관에 표시된 사실이 발생하지 아니하면 채무를 이행하지 아니하여도 된다고 보는 것이 상당한 경우에는 조건으로 보아야 하고, 표시된 사실이 발생한 때에는 물론이고 반대로 발생하지 아니하는 것이 확정된 때에도 그 채무를 이행하여야 한다고 보는 것이 상당한 경우에는 표시된 사실의 발생 여부가 확정되는 것을 불확정기한으로 정한 것으로 보아야 한다.
>
> [2] 이미 부담하고 있는 채무의 변제에 관하여 일정한 사실이 부관으로 붙여진 경우에는 특별한 사정이 없는 한 그것은 변제기를 유예한 것으로서 그 사실이 발생한 때 또는 발생하지 아니하는 것으로 확정된 때에 기한이 도래한다(대판 2003. 8. 19, 2003다24215).

2. 기한을 붙일 수 없는 법률행위(기한에 친하지 않은 법률행위)

① 조건을 붙일 수 없는 행위는 대체로 기한도 붙일 수 없다. 다만, 성질상 약간의 차이가 있어 조건은 붙일 수 없지만 기한은 붙일 수 있는 것도 있다.

② 행위 당시에 즉시 효과가 발생할 것을 요하는 법률행위에는 시기를 붙일 수 없다. 혼인, 협의이혼, 입양, 파양, 상속의 승인과 포기 등 가족법상의 행위가 그 예이다.

③ 어음행위는 조건을 붙이지 못하지만, 시기(지급일)를 붙이는 것은 허용된다.

④ 취소, 추인, 상계 등과 같이 소급효가 있는 법률행위는 시기를 붙이지 못한다. 시기를 붙이면 소급효가 무의미해지기 때문이다.

3. 기한부 법률행위의 효력

(1) 기한 도래 전의 효력

> **제154조【기한부 권리와 준용규정】** 제148조와 제149조의 규정은 기한 있는 법률행위에 준용한다.

(2) 기한 도래 후의 효력

> **제152조【기한 도래의 효과】** ① 시기 있는 법률행위는 기한이 도래한 때로부터 그 효력이 생긴다.
> ② 종기 있는 법률행위는 기한이 도래한 때로부터 그 효력을 잃는다.

① 시기부 법률행위는 기한이 도래하면 그 효력이 발생하고, 종기부 법률행위는 기한이 도래하면 그 효력이 소멸한다.

② 기한 도래의 효력에는 소급효가 없다. 이는 절대적이며, 당사자의 특약에 의하여서도 소급효를 인정할 수 없다. 기한에 소급효를 인정하는 것은 기한을 붙이는 것과 모순되기 때문이다.

4. 기한의 이익

> **제153조【기한의 이익과 그 포기】** ① 기한은 채무자의 이익을 위한 것으로 추정한다.
> ② 기한의 이익은 이를 포기할 수 있다. 그러나 상대방의 이익을 해하지 못한다.

(1) 의의

① 기한의 이익이란 기한이 존재함으로써, 즉 기한이 도래하지 않음으로써 당사자가 받는 이익을 말한다.

② 기한의 이익을 누가 가지는가는 법률행위의 성질에 따라 다르다. 예컨대, 무상임치의 경우에는 채권자만이, 무이자소비대차의 경우에는 채무자만이 기한의 이익을 가지며, 이자부소비대차의 경우에는 채권자와 채무자 쌍방이 기한의 이익을 가진다.

③ 민법은 당사자의 특약이나 법률행위의 성질상 분명하지 않으면, 기한의 이익은 채무자에게 있는 것으로 추정한다(제153조 제1항).

(2) 기한의 이익의 포기

① 기한의 이익을 가지는 자는 그 이익을 포기할 수 있다. 그러나 상대방의 이익을 해하지 못한다(제153조 제2항). 기한의 이익의 포기는 상대방 있는 단독행위이며, 성질상 장래를 향하여만 효력이 발생하고 소급효가 없다. 기한의 이익의 포기가 있으면 기한이 도래한다.

② 기한의 이익이 당사자일방에게만 있는 경우에 그 당사자는 상대방에 대한 일방적 의사표시에 의하여 기한의 이익을 포기할 수 있다. 예컨대, 무이자소비대차의 차주(借主)는 기한 전에 언제든지 반환할 수 있고, 무상임치의 임치인은 언제든지 그 반환을 청구할 수 있다.

③ 기한의 이익이 상대방에게도 있는 경우에는 당사자일방은 상대방의 손해를 배상하고 기한의 이익을 포기할 수 있다. 예컨대, 이자부소비대차의 채무자는 채권자의 손해를 배상하고 기한 전에 변제할 수 있다.

(3) 기한의 이익의 상실

> **제388조 【기한의 이익의 상실】** 채무자는 다음 각 호의 경우에는 기한의 이익을 주장하지 못한다.
> 1. 채무자가 담보를 손상, 감소 또는 멸실하게 한 때
> 2. 채무자가 담보제공의 의무를 이행하지 아니한 때

① 의의 : 기한의 이익을 채무자에게 주는 것은 채무자를 믿고 그에게 이행의 유예를 주는 것이다. 따라서 채무자가 그의 경제적 신용을 잃었다고 할 수 있는 사유가 발생한 때에는 채무자의 기한의 이익을 상실시켜 채권자를 보호한다.

② 기한이익의 상실사유 : 당사자의 합의에 의한 기한이익 상실의 특약 외에 민법은 일정한 경우에 채무자는 기한의 이익을 주장하지 못한다고 한다. 즉, 채무자가 담보를 손상·감소 또는 멸실하게 하거나, 담보제공의 의무를 이행하지 아니한 때(제388조)이다. 민법 제388조의 기한이익의 상실사유가 발생하면 채무자는 기한의 이익을 주장하지 못하므로, 채무자는 채권자의 기한 전의 이행청구를 거절할 수 없게 된다. 즉, 기한의 이익을 주장하지 못할 뿐 기한의 도래가 의제되는 것은 아니다.

Part 04

01 법률행위의 조건에 관한 설명 중 틀린 것은?

① 해제조건 있는 법률행위는 조건이 성취한 때로부터 그 효력을 상실한다.

② 조건의 성취가 미정인 권리의무는 일반규정에 의해 처분, 상속, 보존 또는 담보로 할 수 없다.

③ 조건의 성취로 인하여 불이익을 받을 당사자가 신의성실에 반하여 조건의 성취를 방해한 때에는 상대방은 그 조건이 성취한 것으로 주장할 수 있다.

④ 조건이 선량한 풍속 기타 사회질서에 위반한 법률행위는 무효이다.

⑤ 조건이 법률행위의 당시 이미 성취한 것인 경우에 그 조건이 해제조건이면 그 법률행위는 무효이다.

02 조건부 법률행위에 관한 설명으로 옳은 것은?

① 법률행위 당시에 정지조건이 이미 성취된 것이면 그 법률행위는 무효이다.

② 법률행위의 조건이 선량한 풍속 기타 사회질서에 위반한 것인 때에도 그 법률행위는 유효하다.

③ 조건을 붙일 수 없는 법률행위에 조건을 붙인 경우에 그 법률행위는 원칙적으로 전부무효가 된다.

④ 건축허가를 받지 못할 때에는 토지매매계약을 무효로 하기로 한 약정은 정지조건부 법률행위에 해당한다.

⑤ 조건이 법률행위의 당시에 이미 성취할 수 없는 것인 경우에 그 조건이 해제조건이면 그 법률행위는 무효이다.

★

01 ② 조건의 성취가 미정인 권리의무는 일반규정에 의하여 처분, 상속, 보존 또는 담보로 할 수 있다(제149조).

02 ① 조건이 법률행위의 당시 이미 성취한 것인 경우에는 그 조건이 정지조건이면 조건없는 법률행위로 한다(제151조 제2항).

② 조건이 선량한 풍속 기타 사회질서에 위반한 것인 때에는 그 법률행위는 무효로 한다(제151조 제1항).

④ 해제조건부 계약이다.

⑤ 조건이 법률행위의 당시에 이미 성취할 수 없는 것인 경우에는 그 조건이 해제조건이면 조건없는 법률행위로 한다(제151조 제3항).

Answer 01 ② 02 ③

03 조건에 관한 설명으로 옳지 않은 것은? (다툼이 있으면 판례에 의함)

① "건축허가 신청이 불허되면 계약은 효력을 상실한다"는 특약은 해제조건에 관한 약정이다.
② 조건이 법률행위 당시에 이미 성취된 것인 때에는 그 조건이 해제조건이면 그 법률행위는 무효로 한다.
③ 약혼예물의 수수는 혼인의 불성립을 해제조건으로 하는 증여와 유사한 성질을 갖는다.
④ 조건부 법률행위는 조건을 붙이고자 하는 의사와 그 표시가 요구된다.
⑤ 부첩관계의 종료를 해제조건으로 하는 증여계약은 조건없는 법률행위가 된다.

04 법률행위의 조건에 관한 설명으로 옳은 것은? (다툼이 있으면 판례에 의함)

① 조건성취로 이익을 받을 당사자가 신의칙에 반하여 조건을 성취시킨 때에는 상대방은 그 법률행위를 취소할 수 있다.
② 법정조건은 법률행위의 부관으로서의 조건이 아니다.
③ 불능조건이 정지조건으로 되어 있는 법률행위는 조건없는 법률행위이다.
④ 조건에 친하지 않은 법률행위에 불법조건을 붙인다면 조건없는 법률행위로 전환된다.
⑤ 채무면제는 단독행위이므로 조건을 붙일 수 없다.

05 조건부 법률행위로서 유효한 것은?

① 딸과 사위가 이미 이혼한 사실을 모르는 장인이 이혼하면 돌려받기로 하고 그 사위에게 건물을 증여하기로 하는 약정
② 건물이 철거되면 그 부지를 매수하기로 하는 약정
③ 금괴밀수에 성공하면 5억원을 배당해 주기로 하는 약정
④ 사육하고 있는 진돗개가 죽으면 풍산개 한 마리를 사 주기로 하는 약정
⑤ 해저 1만m에 빠진 결혼반지를 찾아주면 사례금을 지급하기로 하는 약정

06 다음 중 기한의 이익을 가지지 않는 자는?

① 이자 있는 정기예금의 채무자
② 이자 있는 정기예금의 채권자
③ 이자 없는 소비대차의 차주
④ 이자 없는 소비대차의 대주
⑤ 무상임치에 있어서의 임치인

07 조건에 관한 설명으로 옳지 않은 것은?
(다툼이 있으면 판례에 따름) 2017 기출

① 조건의 성취가 미정인 권리의무는 일반규정에 의하여 처분, 상속, 보존 또는 담보로 할 수 있다.
② 조건이 선량한 풍속 기타 사회질서에 위반한 것인 때에는 그 법률행위는 무효로 한다.
③ 당사자가 조건 성취 전에 특별한 의사표시를 하지 않으면 조건성취의 효력은 소급효가 없다.
④ 해제조건부 법률행위의 경우 법률행위 당시 조건이 이미 성취할 수 없는 것인 때에는 그 법률행위는 무효이다.
⑤ 조건부 법률행위의 당사자는 조건의 성부가 미정인 동안에 조건의 성취로 인하여 생길 상대방의 이익을 해하지 못한다.

08 조건에 관한 설명으로 옳지 않은 것은?
(다툼이 있는 경우에는 판례에 의함) 2014 기출

① 조건은 법률행위의 효력의 발생 또는 소멸을 장래 발생이 확실한 사실에 의존시키는 법률행위의 부관이다.
② "행정사시험에 합격하면 자동차를 사주겠다"고 약속한 경우 약속 당시 이미 시험에 합격했다면, 이는 조건없는 증여계약이다.
③ "내일 해가 서쪽에서 뜨면 자동차를 사주겠다"는 내용의 증여계약은 무효이다.
④ 혼인이나 입양 등 가족법상의 법률행위는 원칙적으로 조건과 친하지 않다.
⑤ 조건의 성취로 인하여 불이익을 받을 당사자가 신의성실에 반하여 조건의 성취를 방해한 때에는 상대방은 그 조건이 성취한 것으로 주장할 수 있다.

---

03 ⑤ 불법조건이 붙은 법률행위는 불법조건만이 무효인 것이 아니고 법률행위 전부가 무효로 된다.

04 ① 상대방은 그 조건이 성취하지 아니한 것으로 주장할 수 있다(제150조 제2항).
③ 불능조건이 정지조건이면 그 법률행위는 무효로 한다(제151조 제3항).
④ 조건을 붙일 수 없는 법률행위에 조건을 붙인 경우에는 원칙적으로 법률행위 전부가 무효로 된다.
⑤ 단독행위에는 원칙적으로 조건을 붙이지 못하나, 채무면제처럼 상대방에게 이익만을 주는 경우에는 조건을 붙일 수 있다.

05 ① 기성조건이 해제조건이면 그 법률행위는 무효이다(제151조 제2항).
③ 불법조건이 붙은 법률행위는 불법조건만이 무효인 것이 아니고 법률행위 전부가 무효로 된다(제151조 제1항).
④ 기한부 법률행위이다.
⑤ 불능조건이 정지조건이면 그 법률행위는 무효이다(제151조 제3항).

06 ④ 무이자 소비대차의 경우에는 채무자(차주)만이 기한의 이익을 가진다.

07 ④ 조건이 법률행위의 당시에 이미 성취할 수 없는 것인 경우에는 그 조건이 해제조건이면 조건없는 법률행위로 하고 정지조건이면 그 법률행위는 무효로 한다(제151조 제3항).
③ 조건성취의 효과는 원칙적으로 조건성취시로부터 발생하고 소급하지 않는다. 다만 당사자가 조건성취의 효력을 그 성취 전에 소급하게 할 의사를 표시한 때에는 그 의사에 의한다(제147조 제3항).

08 ① 조건이란 법률행위의 '효력'의 발생 또는 소멸을 '장래의 불확실한 사실'의 성부(成否)에 의존케 하는 법률행위의 부관이다.
② 조건이 법률행위의 당시 이미 성취한 것인 경우에는 그 조건이 정지조건이면 조건없는 법률행위로 하고 해제조건이면 그 법률행위는 무효로 한다(제151조 제2항).
③ 조건이 법률행위의 당시에 이미 성취할 수 없는 것인 경우에는 그 조건이 해제조건이면 조건없는 법률행위로 하고 정지조건이면 그 법률행위는 무효로 한다(제151조 제3항).
⑤ 제150조 제1항

Answer 03 ⑤ 04 ② 05 ② 06 ④ 07 ④ 08 ①

09 법률행위의 조건과 기한에 관한 설명으로 옳은 것은? (다툼이 있으면 판례에 따름)
2016 기출

① 조건성취로 불이익을 받을 자가 고의가 아닌 과실로 신의성실에 반하여 조건의 성취를 방해한 경우, 상대방은 조건이 성취된 것으로 주장할 수 없다.
② 정지조건이 성취되면 법률효과는 그 성취된 때로부터 발생하며, 당사자의 의사로 이를 소급시킬 수 없다.
③ 조건이 선량한 풍속 기타 사회질서에 위반한 것인 때에는 그 조건은 무효로 되지만 그 조건이 붙은 법률행위가 무효로 되는 것은 아니다.
④ "3년 안에 甲이 사망하면 현재 甲이 사용 중인 乙소유의 자전거를 乙이 丙에게 증여한다"는 계약은 조건부 법률행위이다.
⑤ 조건의 성취가 미정한 권리는 일반규정에 의하여 처분할 수 없다.

11 기한에 관한 설명으로 틀린 것은?

① 기한이 도래한 법률행위에는 소급효가 인정된다.
② 어음행위에는 원칙적으로 조건을 붙일 수 없지만, 시기는 붙일 수 있다.
③ 기한의 이익은 포기할 수 있으나 상대방의 이익을 해하지 못한다.
④ 기한부 권리를 일반규정에 의하여 처분, 상속, 보존 또는 담보로 할 수 있다.
⑤ 채무자가 담보제공의 의무를 이행하지 않은 때에도 채권자는 본래의 이행기에 이행을 청구할 수 있다.

10 조건과 기한에 관한 설명으로 옳지 않은 것은? (다툼이 있으면 판례에 따름)
2018 기출

① 조건이란 법률행위 효력의 발생 또는 소멸을 장래 발생할 것이 확실한 사실에 의존하게 하는 법률행위의 부관을 말한다.
② 조건의 성취로 이익을 받을 당사자가 신의성실에 반하여 조건을 성취시킨 경우, 상대방은 그 조건이 성취하지 아니한 것으로 주장할 수 있다.
③ 조건이 법률행위 당시 이미 성취한 것인 경우, 그 조건이 정지조건이면 조건없는 법률행위로 한다.
④ 종기(終期) 있는 법률행위는 기한이 도래한 때로부터 그 효력을 잃는다.
⑤ 기한은 채무자의 이익을 위한 것으로 추정한다.

12 조건과 기한에 관한 설명으로 옳지 않은 것은? (다툼이 있으면 판례에 의함)

① 정지조건부 법률행위의 조건이 불성취로 확정되면 그 법률행위는 무효가 된다.
② 기한의 이익은 특별한 사정이 없는 한 채권자를 위한 것으로 추정한다.
③ 시기(始期) 있는 법률행위는 기한이 도래한 때로부터 그 효력이 생긴다.
④ 기한의 이익은 이를 포기할 수 있으나 상대방의 이익을 해하지 못한다.
⑤ 조건의 성취로 인하여 불이익을 받을 당사자가 신의성실에 반하여 조건의 성취를 방해한 때에는 상대방은 그 조건이 성취된 것으로 주장할 수 있다.

13 조건이나 기한에 관한 설명으로 옳지 않은 것은? 2013 기출

① 당사자가 조건 성취의 효력을 그 성취 전에 소급하게 할 의사를 표시한 때에는 그 의사에 의한다.

② 기한의 이익은 당사자의 특약이나 법률행위의 성질상 분명하지 않으면 채권자를 위한 것으로 추정한다.

③ 해제조건이 법률행위 당시 이미 성취될 수 없는 것이면 조건없는 법률행위로 한다.

④ 조건이 사회질서에 위반한 것인 때에는 그 법률행위는 무효로 한다.

⑤ 조건의 성취가 미정한 권리는 일반규정에 의하여 처분할 수 있다.

14 법률행위의 조건과 기한에 관한 설명으로 옳지 않은 것은? (다툼이 있으면 판례에 따름) 2015 기출

① 기한의 이익은 포기할 수 있지만, 상대방의 이익을 해하지 못한다.

② 정지조건 있는 법률행위는 조건이 성취한 때로부터 그 효력을 잃는다.

③ 조건의 성취가 미정한 권리의무는 일반규정에 의하여 처분, 상속, 보존 또는 담보로 할 수 있다.

④ 조건부 법률행위에 있어 조건의 내용 자체가 불법적인 것이어서 무효일 경우, 그 조건만을 분리하여 무효로 할 수 없다.

⑤ 불확정한 사실이 발생할 때를 이행기한으로 정한 경우, 그 사실이 발생할 때뿐만 아니라 발생이 불가능하게 된 때에도 이행기한은 도래한 것으로 보아야 한다.

---

09 ① 조건의 성취로 인하여 불이익을 받을 당사자가 신의성실에 반하여 조건의 성취를 방해한 때에는 상대방은 그 조건이 성취한 것으로 주장할 수 있다(제150조 제1항). 이때 고의에 의한 경우만이 아니라 과실에 의한 경우도 신의성실에 반하여 조건의 성취를 방해한 때에 해당한다.
② 당사자가 조건성취의 효력을 그 성취 전에 소급하게 할 의사를 표시한 때에는 그 의사에 의한다(제147조 제3항).
③ 조건이 선량한 풍속 기타 사회질서에 위반한 것인 때에는 그 법률행위는 무효로 한다(제151조 제1항).
⑤ 조건의 성취가 미정한 권리의무는 일반규정에 의하여 처분, 상속, 보존 또는 담보로 할 수 있다(제149조).

10 ① 조건이란 법률행위 효력의 발생 또는 소멸을 장래 발생할 것이 불확실한 사실에 의존하게 하는 법률행위의 부관을 말한다.

11 ① 기한도래의 효력에는 소급효가 없다. 이는 절대적이며, 당사자의 특약에 의하여서도 소급효를 인정할 수 없다.

12 ② 기한은 채무자의 이익을 위한 것으로 추정한다(제153조 제1항).

13 ② 기한의 이익이 누구에게 있는지 명확하지 않은 경우에는 채무자를 위한 것으로 추정한다(제153조 제1항).

14 ② 정지조건이 있는 법률행위는 조건이 성취한 때로부터 그 효력이 생긴다(제147조 제1항).

Answer 09 ④ 10 ① 11 ① 12 ② 13 ② 14 ②

15 법률행위의 조건과 기한에 관한 설명으로 옳지 않은 것은? (다툼이 있으면 판례에 따름)
2019 기출

① 기한부 권리는 일반규정에 의하여 처분할 수 있다.

② 조건 있는 법률행위의 당사자는 조건의 성부가 미정한 동안에 조건의 성취로 인하여 생길 상대방의 이익을 해하지 못한다.

③ 해제 조건 있는 법률행위는 조건이 성취한 때로부터 그 효력을 잃지만, 당사자의 의사에 따라 이를 소급하게 할 수 있다.

④ 시기 있는 법률행위는 기한이 도래한 때로부터 그 효력이 생긴다.

⑤ 부첩관계의 종료를 해제조건으로 하는 증여계약에서 그 조건은 무효이므로 그 증여계약은 조건없는 법률행위가 된다.

16 조건과 기한에 관한 설명으로 옳은 것은?
2020 기출

① 기한은 채권자의 이익을 위한 것으로 본다.

② 정지조건은 법률행위 효력의 발생을 장래의 확실한 사실에 의존케 하는 조건이다.

③ 해제조건은 법률행위 효력의 발생을 장래의 불확실한 사실에 의존케 하는 조건이다.

④ 불법조건이 붙은 법률행위는 원칙적으로 불법조건을 제외한 나머지는 유효하다.

⑤ 시기 있는 법률행위는 기한이 도래한 때로부터 그 효력이 생긴다.

17 법률행위의 부관에 관한 설명으로 옳은 것은? (다툼이 있으면 판례에 따름) 2022 기출

① 상계의 의사표시에는 원칙적으로 조건을 붙일 수 있다.

② 조건부 법률행위에서 조건의 내용 자체가 불법적이어서 무효인 경우, 원칙적으로 그 조건만이 무효이고 나머지 법률행위는 유효이다.

③ 해제조건부 법률행위의 조건이 불능조건인 경우, 그 법률행위는 무효이다.

④ 시기(始期) 있는 법률행위는 기한이 도래한 때로부터 그 효력을 잃는다.

⑤ 기한은 특별한 사정이 없는 한 채무자의 이익을 위한 것으로 추정한다.

18 법률행위의 조건과 기한에 관한 설명으로 옳은 것은? (다툼이 있으면 판례에 따름)
2023 기출

① 기한이익 상실의 특약은 특별한 사정이 없는 한 정지조건부 기한이익 상실의 특약으로 추정한다.

② 당사자가 불확정한 사실이 발생한 때를 이행기한으로 정한 경우, 그 사실의 발생이 불가능하게 된 때에는 기한의 도래로 볼 수 없다.

③ 조건성취로 불이익을 받을 자가 과실로 신의성실에 반하여 조건의 성취를 방해한 때에는 상대방은 조건이 성취된 것으로 주장할 수 없다.

④ 기한부 법률행위의 당사자가 기한도래의 효력을 그 도래 전으로 소급하게 할 의사를 표시한 때에는 그 의사에 의한다.

⑤ 조건이 성립하기 위해서는 조건의사와 그 표시가 필요하고, 조건의사가 있더라도 그것이 외부에 표시되지 않으면 원칙적으로 법률행위의 동기에 불과하다.

15 ⑤ 부첩관계의 종료를 해제조건으로 하는 증여계약은 불법조건의 경우로서 그 계약 전부가 무효이다.
① 제154조
② 제148조
③ 제147조 제2항, 제3항
④ 제152조 제1항

16 ⑤ 제152조 제1항
① 기한은 채무자의 이익을 위한 것으로 추정한다(제153조 제1항).
② 정지조건은 법률행위 효력의 발생을 장래의 불확실한 사실에 의존케 하는 조건이다.
③ 해제조건은 법률행위 효력의 소멸을 장래의 불확실한 사실에 의존케 하는 조건이다.
④ 불법조건이 붙은 법률행위는 불법조건만이 무효인 것이 아니고 법률행위 전부가 무효로 된다(제151조 제1항).

17 ⑤ 기한은 채무자의 이익을 위한 것으로 추정한다(제153조 제1항).
① 상계는 상대방에 대한 의사표시로 한다. 이 의사표시에는 조건 또는 기한을 붙이지 못한다(제493조 제1항).
② 조건이 선량한 풍속 기타 사회질서에 위반한 경우가 불법조건이다. 불법조건이 붙은 법률행위는 불법조건만이 무효인 것이 아니라 법률행위 전부가 무효로 된다(제151조 제1항).
③ 불능조건이 정지조건이면 그 법률행위는 무효이고, 해제조건이면 조건없는 법률행위가 된다(제151조 제3항).
④ 시기 있는 법률행위는 기한이 도래한 때로부터 그 효력이 생긴다(제152조 제1항).

18 ⑤ 조건은 법률행위의 효력의 발생 또는 소멸을 장래의 불확실한 사실의 성부에 의존케 하는 법률행위의 부관으로서 당해 법률행위를 구성하는 의사표시의 일체적인 내용을 이루는 것이므로, 의사표시의 일반원칙에 따라 조건을 붙이고자 하는 의사, 즉 조건의사와 그 표시가 필요하며, 조건의사가 있더라도 그것이 외부에 표시되지 않으면 법률행위의 동기에 불과할 뿐이고 그것만으로는 법률행위의 부관으로서의 조건이 되는 것은 아니다(대판 2003. 5. 13, 2003다10797).
① 정지조건부 기한이익상실의 특약과 형성권적 기한이익상실의 특약의 두 가지로 대별되는 기한이익상실의 특약이 양자 중 어느 것에 해당하느냐는 당사자의 의사해석의 문제이지만, 일반적으로 기한이익상실의 특약이 채권자를 위하여 둔 것인 점에 비추어 명백히 정지조건부 기한이익상실의 특약이라고 볼 만한 특별한 사정이 없는 이상 형성권적 기한이익상실의 특약으로 추정하는 것이 타당하다(대판 2002. 9. 4, 2002다28340).
② [1] 부관이 붙은 법률행위에 있어서 부관에 표시된 사실이 발생하지 아니하면 채무를 이행하지 아니하여도 된다고 보는 것이 상당한 경우에는 조건으로 보아야 하고, 표시된 사실이 발생한 때에는 물론이고 반대로 발생하지 아니하는 것이 확정된 때에도 그 채무를 이행하여야 한다고 보는 것이 상당한 경우에는 표시된 사실의 발생 여부가 확정되는 것을 불확정기한으로 정한 것으로 보아야 한다. [2] 이미 부담하고 있는 채무의 변제에 관하여 일정한 사실이 부관으로 붙여진 경우에는 특별한 사정이 없는 한 그것은 변제기를 유예한 것으로서 그 사실이 발생한 때 또는 발생하지 아니하는 것으로 확정된 때에 기한이 도래한다(대판 2003. 8. 19, 2003다24215).
③ 조건의 성취로 인하여 불이익을 받을 당사자가 신의성실에 반하여 조건의 성취를 방해한 때에는 상대방은 그 조건이 성취한 것으로 주장할 수 있다(제150조 제1항). 이 때 고의에 의한 경우만이 아니라 과실에 의한 경우에도 신의성실에 반하여 조건의 성취를 방해한 때에 해당한다(대판 1998. 12. 22, 98다42356).
④ 기한 도래의 효력에는 소급효가 없다. 이는 절대적이며, 당사자의 특약에 의하여서도 소급효를 인정할 수 없다.

Answer 15 ⑤ 16 ⑤ 17 ⑤ 18 ⑤

Chapter 07 기간

01 기간의 의의

① 기간(期間)이란 어느 시점에서 어느 시점까지의 계속된 시간을 말한다. 기간은 계속된 시간을 의미하므로 일정한 시점을 가리키는 기일(期日)과는 구별된다.

② 법률사실로서의 기간은 이른바 사건에 속한다. 기간은 그 자체만으로 법률요건이 되는 일은 없고 다른 법률사실과 결합하여 법률요건을 이룬다.

③ 기간의 계산에 관한 민법의 규정은 임의규정이고, 보충적 규정이다.

> **제155조【본장의 적용범위】** 기간의 계산은 법령, 재판상의 처분 또는 법률행위에 다른 정한 바가 없으면 본장의 규정에 의한다.

④ 민법의 기간에 관한 규정은 사법관계뿐만 아니라 공법관계에도 적용된다.

02 기간의 계산방법 2013 · 2014 · 2015 · 2016 · 2017 · 2018 · 2019 · 2020 · 2021 · 2022 · 2023 기출

1. 계산방법의 종류

기간의 계산방법에는 자연적 계산법과 역법적 계산법이 있다. 자연적 계산법은 시간을 실제 그대로 계산하는 것이고, 역법적 계산법은 역(曆)에 따라서 계산하는 것이다. 전자는 정확하지만 불편하고, 후자는 부정확하지만 편리하다는 장단점이 있다. 민법은 시·분·초를 단위로 하는 단기간에 대하여는 자연적 계산법을, 일·주·월·연을 단위로 하는 장기간에 대해서는 역법적 계산법을 사용한다.

2. 시·분·초를 단위로 하는 기간의 계산법 ⇨ 자연적 계산방법

> **제156조【기간의 기산점】** 기간을 시, 분, 초로 정한 때에는 즉시로부터 기산한다.

기간을 시·분·초로 정한 때에는 자연적 계산방법에 의한다. 즉, 즉시로부터 기산하며 기간의 만료점은 그 정하여진 시·분·초가 종료한 때이다. 예컨대, 오후 1시 25분부터 7시간이라면 오후 8시 25분에 끝난다. 오전 6시 30분부터 8시간이라고 하는 경우에는 만료점은 오후 2시 30분이 된다.

3. 일·주·월·연을 단위로 하는 기간의 계산법 ⇨ 역법적 계산방법

(1) 기산점

기간을 일·주·월 또는 연으로 정한 때에는 기간의 초일은 산입하지 아니한다(제157조 본문). 즉, 익일부터 기산한다. 그러나 기간이 오전 0시부터 시작하는 때에는 초일을 산입한다(제157조 단서). 또한 나이는 출생일을 산입하여 만(滿) 나이로 계산하고, 연수(年數)로 표시한다. 다만, 1세에 이르지 아니한 경우에는 월수(月數)로 표시할 수 있다(제158조).

(2) 만료점

① 기간을 일·주·월 또는 연으로 정한 때에는 기간 말일의 종료로 기간이 만료한다(제159조). 따라서 1월 1일 오후 3시부터 5일간의 기간이 만료되는 것은 1월 6일 오후 3시가 아니라 1월 6일 오후 12시가 된다. 판례는 정년이 53세라 함은 만 53세에 도달하는 날을 말하는 것이지, 만 53세가 만료하는 날을 의미하지는 않는다고 한다.

② 기간을 주·월 또는 연으로 정한 때에는 역(曆)에 의하여 계산한다(제160조 제1항). 따라서 월이나 연의 일수의 장단은 문제되지 않는다.

③ 주·월 또는 연의 처음으로부터 기간을 기산하지 아니한 때에는 최후의 주, 월 또는 연에서 그 기산일에 해당한 날의 전일(前日)로 기간이 만료한다(제160조 제2항). 예컨대, 7월 15일에 앞으로 1년이라고 한 때에는 기산일은 7월 16일이 되고, 만료점은 그 다음해 7월 16일의 전일인 7월 15일 오후 12시이다.

④ 기간을 월 또는 연으로 정한 경우에 최종의 월에 해당일이 없는 때에는 그 월의 말일로 기간이 만료한다(제160조 제3항). 예컨대, 1월 30일 오후 3시에 만나서 '앞으로 1개월'이라고 하면 1월 31일부터 기산하므로 만료점은 2월 30일이 되어야 하나, 2월은 30일이 없으므로 2월의 말일인 2월 28일(윤년인 경우에는 29일) 오후 12시에 만료한다.

⑤ 기간의 말일이 '토요일 또는 공휴일'에 해당한 때에는 기간은 그 익일로 만료한다(제161조). 공휴일에는 임시공휴일도 포함된다. 그러나 기간의 초일이 공휴일인 것은 영향을 미치지 않고 기간은 초일부터 기산한다.

⑥ 일자와 시간이 모두 포함된 기간의 계산에서는 일자는 역법적 계산방법에 의하고 시간은 자연적 계산방법에 따른다. 예컨대, '5월 5일 오후 2시부터 4일과 4시간'이라고 하면, 5월 6일부터 기산하여 4일간이 만료하는 때인 5월 9일 오후 12시에서 다시 4시간 후인 5월 10일 오전 4시가 만료점이 된다.

03 기간의 역산방법

민법이 규정하고 있는 계산방법은 과거에 소급하여 계산하는 기간(총회 1주간 전)의 경우에
도 유추적용된다(통설). 예컨대, 사원총회일이 3월 15일이라고 한다면, 14일이 기산점이 되어
그날로부터 역으로 7일을 계산한 날의 말일인 8일 오전 0시에 만료한다. 따라서 7일 중으로
총회소집통지가 발송되어야 한다.

문제로 실력다지기

01 다음 중 기간(期間)에 관한 기술 중 틀린 것은?

① 내일(1월 1일)부터 5일간이라 하면 1월 5일 까지이다.

② 기간이 오전 0시로부터 시작하는 경우에는 초일을 산입한다.

③ 오늘(5월 3일)부터 1개월이라 하면 6월 3일 까지이다.

④ 오는 4월 6일부터 1주일이라 하면 4월 13일 까지이다.

⑤ 4시부터 4시간이라 하면 8시까지이다.

02 사단법인의 총회소집을 1주일 전에 사원 에게 통지하여야 하는 경우에 총회를 2006 년 12월 15일 오후 2시에 개최하고자 한다면, 소집권자는 총회소집을 늦어도 2006년 언제 까지 통지해야 하는가?

① 12월 6일 24시까지 통지도달

② 12월 7일 24시까지 통지발송

③ 12월 7일 24시까지 통지도달

④ 12월 8일 24시까지 통지발송

⑤ 12월 8일 24시까지 통지도달

Part
04

---

01 ④ 오는 4월 6일부터 1주일이라 하면 4월 12일까지이다(초일산입).

02 ② 사단법인의 사원총회를 1주일 전에 통지하여야 할 경우에, 사원총회일이 12월 15일이라고 한다면, 14일이 기산 점이 되어 그날로부터 역으로 7일을 계산한 날의 말일인 8일의 오전 0시에 만료하기 때문에, 7일 중으로 총회소집 통지가 발송되어야 한다.

Answer 01 ④ 02 ②

03 민법상 기간에 관한 설명으로 옳은 것은? (다툼이 있으면 판례에 따름) ^{2017 기출}

① 기간이 오전 0시부터 시작하는 경우라고 하더라도 초일을 산입하지 않는다.
② 기간의 계산에 관하여 법률행위에서 다르게 정하고 있더라도 민법의 기간 계산방법이 우선한다.
③ 초일이 공휴일이라고 해서 다음날부터 기간을 기산하는 것은 아니다.
④ 민법상 기간의 계산에 관한 규정은 공법관계에는 적용되지 않는다.
⑤ 주, 월 또는 연(年)의 처음으로부터 기간을 기산하지 아니하는 때에는 최후의 주, 월 또는 연(年)에서 그 기산일에 해당한 날로 기간이 만료한다.

04 민법상 기간에 관한 설명으로 옳은 것은? (다툼이 있으면 판례에 따름) ^{2016 기출}

① 월로 정한 기간의 기산일이 공휴일인 경우에는 그 다음 날부터 기산한다.
② 기한을 일, 주, 월 또는 연으로 정한 때에 기간의 초일을 산입하지 아니하는 것은 강행규정이며 당사자의 약정으로 달리 정할 수 없다.
③ 2016. 4. 30. 10시부터 2개월인 경우 2016. 6. 30. 10시로 기간이 만료한다.
④ 사단법인의 사원총회일이 2016. 7. 19. 10시인 경우 늦어도 7. 12. 24시까지 사원에게 총회소집통지를 발신하면 된다.
⑤ 1997. 6. 1. 07시에 출생한 사람은 2016. 6. 1. 0시부터 성년자가 된다.

05 민법상 기간에 관한 설명으로 옳지 않은 것은? (다툼이 있으면 판례에 따름) ^{2015 기출}

① 기간을 일, 주, 월 또는 연으로 정한 때에 그 기간의 초일을 산입하기로 한 당사자 사이의 약정은 유효하다.
② 1996. 6. 5. 08시에 출생한 사람은 2015. 6. 5. 0시부터 성년자가 된다.
③ 월로 정한 기간의 기산일이 공휴일인 경우에는 그 다음 날부터 기산한다.
④ 2015. 5. 31. 09시부터 1개월인 경우, 2015. 6. 30. 24시에 기간이 만료한다.
⑤ 2015. 6. 10. 09시에 甲이 乙에게 자전거를 빌리면서 10시간 후에 반환하기로 한 경우, 甲은 乙에게 2015. 6. 10. 19시까지 반환하여야 한다.

06 기간에 관한 설명으로 옳은 것은? ^{2014 기출}

① 기간의 계산에 관한 민법규정은 강행규정이다.
② 연령을 계산할 때에는 출생일을 산입하지 아니한다.
③ 기간을 일, 주, 월 또는 연으로 정한 때에는 기간말일의 개시로 만료한다.
④ 시, 분, 초를 단위로 하는 기간은 자연적 계산방법에 따라 즉시부터 기산한다.
⑤ 기간의 계산에 관한 민법규정은 기산일로부터 소급하여 계산되는 기간의 계산방법에 대하여 적용되지 아니한다.

07 기간에 관한 계산으로 옳지 않은 것은?

2013 기출

① 1993. 5. 30. 01시에 출생한 사람은 2012. 5. 30. 0시부터 성년자가 된다.

② 2013. 5. 15. 08시에 승용차를 빌리면서 12시간 후에 반환하기로 약정하였다면, 같은 날 20시까지 이행하여야 한다.

③ 2012. 3. 8. 14시에 돈을 빌리면서 1년 후에 변제하기로 약정하였다면, 2013. 3. 8. 24시까지 이행하여야 한다.

④ 2013. 3. 23. 토요일 13시에 매매목적물을 인도받으면서 1개월 후에 대금을 변제하겠다고 약정하였다면, 2013. 4. 24. 24시까지 이행하여야 한다.

⑤ 사단법인의 사원총회 소집을 1주 전에 통지하여야 하는 경우, 총회일이 2013. 5. 15. 10시라면 늦어도 2013. 5. 7. 24시까지는 총회소집의 통지를 발송하여야 한다.

---

03 ③ 기간의 말일이 토요일 또는 공휴일에 해당한 때에는 기간은 그 익일로 만료한다는 규정(제161조)의 취지는 기간의 만료일이 공휴일에 해당함으로써 발생할 불이익을 막자고 함에 그 뜻이 있는 것이므로, 초일이 공휴일인 경우에는 적용되지 않는다.
① 기간을 일·주·월·연으로 정한 때에는 기간의 초일은 산입하지 아니한다(제157조 본문). 즉, 익일부터 기산한다. 그러나 기간이 오전 0시부터 시작하는 때에는 초일을 산입한다(제157조 단서).
② 기간의 계산은 법령, 재판상의 처분 또는 법률행위에 다른 정한 바가 없으면 본장의 규정에 의한다(제155조).
④ 민법의 기간에 관한 규정은 사법관계뿐만 아니라 공법관계에도 적용된다.
⑤ 주·월·연의 처음으로부터 기간을 기산하지 아니한 때에는 최후의 주, 월 또는 년에서 그 기산일에 해당한 날의 전일(前日)로 기간이 만료한다(제160조 제2항). 예컨대, 7월 15일에 앞으로 1년이라고 한 때에는 기산일은 7월 16일이 되고, 만료점은 그 다음해 7월 16일의 전일인 7월 15일 오후 12시이다.

04 ① 기간의 기산일이 공휴일인 경우에는 그 날부터 기산한다.
② 임의규정이므로 당사자의 약정으로 달리 정할 수 있다.
③ 2016. 6. 30. 24시로 기간이 만료한다.
④ 총회의 소집은 1주간 전에 그 회의의 목적사항을 기재한 통지를 발하고 기타 정관에 정한 방법에 의하여야 한다(제71조). 따라서 사원총회일이 7월 19일이라고 한다면, 18일이 기산점이 되어 그날로부터 역으로 7일을 계산한 날의 말일인 12일 오전 0시에 만료한다. 따라서 11일 24시까지는 총회소집통지가 발송되어야 한다.

05 ③ 기간의 기산일이 아니라 말일이 토요일 또는 공휴일에 해당한 때에는 기간은 그 익일로 만료한다(제161조).

06 ④ 제156조
① 임의규정이다.
② 연령의 계산에는 출생일을 산입한다(제158조).
③ 기간을 일·주·월·연으로 정한 때에는 기간 말일의 종료로 기간이 만료한다(제159조).
⑤ 유추적용된다.

07 ④ 기간을 일·주·월·연으로 정한 때에는 기간의 초일은 산입하지 아니한다(제157조). 따라서 기산점은 2013. 3. 24이고 만료점은 2013. 4. 23. 24시이다.

Answer 03 ③ 04 ⑤ 05 ③ 06 ④ 07 ④

---

08 기간에 관한 설명으로 옳지 않은 것은? (다툼이 있으면 판례에 따름) 2018 기출

① 기간의 계산은 법령, 재판상의 처분 또는 법률행위에 다른 정한 바가 없으면 민법 규정에 의한다.

② 연령이 아닌 기간 계산에서 기간을 월(月)로 정한 경우, 그 기간이 오전 0시로부터 시작하는 때에는 초일을 산입한다.

③ 기간의 초일이 공휴일이라 하더라도 그 기간은 초일부터 기산한다.

④ 기간을 주(週)로 정한 때에는 역(曆)에 의하여 계산한다.

⑤ 기간의 말일이 토요일인 때에는 기간은 그 전일로 만료한다.

09 2000년 5월 25일 오후 11시에 출생한 자가 성년이 되는 때는? 2019 기출

① 2018년 5월 25일 오후 11시
② 2019년 5월 25일 오전 0시
③ 2019년 5월 25일 오후 11시
④ 2020년 5월 25일 오전 0시
⑤ 2020년 5월 25일 오후 11시

10 甲은 乙에게 1천만 원을 빌려주면서 대여 기간을 각 대여일로부터 1개월로 약정하였다. 민법의 기간에 관한 규정에 따를 때 변제기가 옳은 것을 모두 고른 것은? (8월 15일 외에는 평일을 전제로 함) 2020 기출

> ㉠ 대여일 : 1월 31일 14시, 변제기 : 2월 28일 (윤년 아님) 24시
> ㉡ 대여일 : 3월 14일 17시, 변제기 : 4월 14일 17시
> ㉢ 대여일 : 7월 15일 17시, 변제기 : 8월 15일 (공휴일)의 익일인 8월 16일 24시

① ㉢
② ㉠, ㉡
③ ㉠, ㉢
④ ㉡, ㉢
⑤ ㉠, ㉡, ㉢

11 기간에 관한 설명으로 옳지 않은 것은? (다툼이 있으면 판례에 따름) 2021 기출

① 계약 기간의 기산점을 오는 7월 1일부터 기산하여 주(週)로 정한 때에는 기간의 초일은 산입하지 아니한다.

② 기간을 시(時)로 정한 때에는 즉시로부터 기산한다.

③ 기간을 월(月)로 정한 경우에 최종의 월에 해당일이 없는 때에는 그 월의 말일로 기간이 만료한다.

④ 기간의 말일이 토요일 또는 공휴일에 해당한 때에는 기간은 그 익일로 만료한다.

⑤ 정년이 60세라 함은 만 60세에 도달하는 날을 말하는 것이라고 보는 것이 상당하다.

12 민법상 기간에 관한 설명으로 옳지 않은 것은? (다툼이 있으면 판례에 따름) *2022 기출*

① 연령 계산에는 출생일을 산입한다.

② 기간의 초일(初日)이 공휴일에 해당한 때에는 기간은 그 익일부터 기산한다.

③ 기간을 시, 분, 초로 정한 때에는 즉시로부터 기산한다.

④ 기간을 주, 월 또는 연으로 정한 때에는 역(曆)에 의하여 계산한다.

⑤ 기간을 일, 주, 월로 정한 때에는 그 기간이 오전 영(零)시로부터 시작하는 때가 아니면 기간의 초일은 산입하지 않는다.

13 민법상 기간에 관한 설명으로 옳은 것은? (다툼이 있으면 판례에 따름) *2023 기출*

① 2023년 6월 1일(목) 14시부터 2일간의 기간이 만료하는 때는 2023년 6월 4일 24시이다.

② 2023년 6월 1일(목) 16시부터 72시간의 기간이 만료하는 때는 2023년 6월 4일 16시이다.

③ 2023년 4월 1일(토) 09시부터 2개월의 기간이 만료하는 때는 2023년 6월 2일 24시이다.

④ 2004년 5월 16일(일) 오전 7시에 태어난 사람은 2023년 5월 16일 24시에 성년자가 된다.

⑤ 민법 제157조의 초일불산입의 원칙은 강행규정이므로 당사자의 합의로 달리 정할 수 없다.

★

08 ⑤ 기간의 말일이 토요일 또는 공휴일에 해당한 때에는 기간은 그 익일로 만료한다(제161조).

09 ② 기간의 기산점을 정함에 있어 연령계산에는 출생일을 산입한다. 따라서 2000년 5월 25일 오후 11시에 출생한 자는 기산일이 2000년 5월 25일이므로 성년이 되는 때는 2019년 5월 24일 오후 12시(2019년 5월 25일 오전 0시)이다.

10 ㉠ 초일불산입원칙에 따라 기산점은 2월 1일이다. 또한 기간을 월·연으로 정한 경우에 최종의 월에 해당일이 없는 때에는 그 월의 말로 기간이 만료한다(제160조 제3항). 따라서 만료점은 2월 28일 24시이다.
   ㉢ 기간의 말일이 토요일 또는 공휴일에 해당한 때에는 기간은 그 익일로 만료한다(제161조). 따라서 만료점은 8월 16일 24시이다.
   ㉡ 초일불산입원칙에 따라 기산점은 3월 15일이다. 또한 주·월·연의 처음으로부터 기간을 기산하지 아니한 때에는 최후의 주, 월 또는 연에서 그 기산일에 해당한 날의 전일(前日)로 기간이 만료한다(제160조 제2항). 따라서 만료점은 4월 14일 24시이다.

11 ① '오는 7월 1일부터'처럼 미래의 시점을 표시하는 경우는 오전 0시부터 시작하는 것으로 보아 초일을 산입한다(제157조 단서).
   ⑤ 노사간의 협약에 의하여 광부의 정년을 53세로 한 때에는 광부의 가동연령을 만 53세 '되는' 시기로 인정함이 정당하다(대판 1969. 4. 22, 69다183).

12 ② 기간의 초일이 공휴일이라 하더라도 기간은 초일부터 기산한다(대판 1982. 2. 23, 81누204).

13 ② 기간을 시·분·초로 정한 때에는 자연적 계산방법에 의한다. 즉, 즉시로부터 기산하며 기간의 만료점은 그 정하여진 시·분·초가 종료한 때이다.
   ① 기간을 일·주·월 또는 연으로 정한 때에는 기간의 초일은 산입하지 아니한다(제157조 본문). 따라서 기산점은 6월 2일 오전 0시이고 만료점은 6월 3일 오후 12시이다.
   ③ 주·월 또는 연의 처음으로부터 기간을 기산하지 아니한 때에는 최후의 주· 월 또는 연에서 그 기산일에 해당한 날의 전일(前日)로 기간이 만료한다(제160조 제2항). 따라서 기산점은 4월 2일 오전 0시이고 만료점은 6월 1일 오후 12시이다.
   ④ 나이는 출생일을 산입한다(제158조). 따라서 기산점은 2004년 5월 16일이고 2023년 5월 15일 24시에 성년자가 된다.
   ⑤ 기간의 계산에 관한 민법의 규정은 임의규정이다.

Answer 08 ⑤　09 ②　10 ③　11 ①　12 ②　13 ②

Chapter

08 소멸시효

제1절 ▶ 서설

01 시효의 의의

① 시효란 일정한 사실상태가 일정 기간 계속된 경우에 진실한 권리관계와 일치하는지를 묻지 않고 그 사실상태를 존중하여 일정한 법률효과, 즉 권리의 취득 또는 권리의 소멸을 일어나게 하는 법률요건이라고 할 수 있다.

② 시효에는 권리행사라는 외관이 일정 기간 계속된 경우에 권리취득의 효과를 부여하는 취득시효와 권리불행사라는 사실상태가 일정 기간 계속된 경우에 권리소멸의 효과를 부여하는 소멸시효의 두 가지가 있다. 민법은 소멸시효를 총칙편에, 취득시효를 소유권 취득원인의 하나로 물권편에 각 규정하고 있다.

02 시효제도의 존재이유

1. 사회질서의 안정

일정한 사실상태가 계속되면, 사회는 이를 진실한 권리관계에 부합하는 것으로 신뢰하고, 이를 기초로 하여 사회질서가 형성되는데, 이러한 사실관계를 부인한다면 사회질서가 흔들리게 된다. 여기서 법은 일정한 기간 계속된 사실상태를 권리관계로 인정함으로써 사회질서를 안정시키고 제3자를 보호하려고 한다.

2. 입증곤란의 구제

일정한 사실상태가 오래 계속되면 그동안에 진정한 권리관계에 대한 증거가 없어지기 쉽다. 이때에는 어떤 사실상태가 오래 계속되었다는 것 자체가, 그것이 상당한 권리관계에 기하여 유지되어 왔다는 개연성이 대단히 높다는 증거라고 볼 수 있다. 이러한 개연성에 기하여 사실상태를 그대로 권리관계로 인정하는 것이 입증곤란에 빠진 당사자를 구제하는 길이다.

3. 권리행사의 태만에 대한 제재

오랫동안 자기의 권리를 행사하지 아니한 채 방치한 자는 이른바 '권리 위에 잠자는 자'로서 보호받을 가치가 없다고 한다.

03 제척기간 2020 · 2022 기출

1. 의의

제척기간이란 일정한 권리에 관하여 법률이 예정하는 존속기간을 말하며(통설), 그 기간 내에 권리를 행사하지 않으면 그 권리는 당연히 소멸한다. 제척기간을 두는 이유는 그 권리를 중심으로 하는 법률관계를 조속히 확정하려는 데 있다.

2. 제척기간이 정해져 있는 권리의 행사방법

권리자는 어떠한 방법으로 권리를 행사해야 제척기간의 경과에 따른 권리의 소멸을 저지할 수 있는가에 대해서, 제척기간 내에 재판상의 권리행사가 있어야 권리가 보전된다는 출소기간설이 다수설이다. 즉, 제척기간을 출소기간(出訴期間)으로 본다. 이에 대해 법률이 특히 재판상 행사를 하여야 하는 것으로 정하고 있지 아니한 이상 재판 외의 행사만으로 충분하다는 견해도 있다. 판례의 주류적인 입장은 출소기간이 아니라는 태도이다. 즉, 징발재산정리에 관한 특별조치법 제20조가 정한 환매권, 미성년자의 법률행위의 취소권, 매도인이나 수급인에 대하여 하자담보책임을 물을 수 있는 권리 등에 관하여, 이들의 제척기간은 출소기간이 아니어서 재판상 또는 재판 외에서 행사하면 된다고 본다. 그러나 점유보호청구권의 행사기간(제204조 제3항, 제205조 제2항)은 그 기간 내에 소를 제기하여야 하는 출소기간이라고 판단하였다.

> **판례**
>
> 1. 민법상 수급인의 하자담보책임에 관한 기간은 제척기간으로서 재판상 또는 재판 외의 권리행사기간이며, 재판상 청구를 위한 출소기간이 아니라고 할 것이다(대판 2000. 6. 9, 2000다15371).
> 2. 민법 제204조 제3항과 제205조 제2항에 의하면 <u>점유를 침탈당하거나 방해를 받은 자의 침탈자 또는 방해자에 대한 청구권은 그 점유를 침탈당한 날 또는 점유의 방해행위가 종료된 날로부터 1년</u> 내에 행사하여야 하는 것으로 규정되어 있는데, 여기의 <u>제척기간은</u> 재판 외에서 권리행사를 하는 것으로 족한 기간이 아니라 반드시 그 기간 내에 소를 제기하여야 하는 이른바 <u>출소기간</u>으로 해석함이 상당하다(대판 2002. 4. 26, 2001다8097).

3. 소멸시효와의 차이점

(1) 권리소멸의 시기

소멸시효는 그 기산일에 소급하여 권리소멸의 효과가 생기지만, 제척기간의 경우 기간이 경과한 때로부터 장래에 향하여 권리가 소멸한다.

(2) 소송상의 주장 여부

제척기간의 경과로 인한 권리의 소멸은 당사자의 주장이 없더라도 당연히 직권으로 조사하여 재판에 고려해야 하는 직권조사사항이다. 이에 반해 소멸시효완성에 의한 권리의 소멸은 변론주의의 원칙상 당사자가 시효소멸을 주장해야 재판의 기초로 삼을 수 있다.

(3) 시효중단의 적용 여부

소멸시효에는 시효중단이 있으나, 제척기간은 권리의 존속기간으로서 기간의 중단이 있을 수 없다.

(4) 시효정지의 적용 여부

소멸시효에는 시효정지제도가 있다. 이에 비해 제척기간에는 정지제도가 없어 시효정지에 관한 규정이 제척기간에도 준용되는지에 대해 견해가 대립하고 있다. 판례는 제척기간의 성질에 비추어 기간의 중단이나 정지는 있을 수 없다고 한다.

(5) 이익의 포기 여부

소멸시효에서는 시효이익을 포기할 수 있으나, 제척기간에는 기간의 만료로 권리 자체가 소멸하기 때문에 포기가 인정되지 않는다.

(6) 기간의 단축 · 경감

소멸시효기간은 법률행위에 의하여 이를 단축 또는 경감할 수 있지만, 제척기간은 당사자 사이의 약정으로 자유로이 단축할 수 없다.

4. 소멸시효와 제척기간의 구별기준

어떤 권리를 소멸시효에 걸리게 할 것인지 아니면 제척기간으로 할 것인지는 기본적으로 입법사항이다. 통설적 견해는, 조문상에 '시효로 인하여'라는 규정이 있으면 소멸시효로 보고 그렇지 않은 것은 제척기간으로 본다. 다만, 불법행위에 의한 손해배상청구권의 행사기간인 10년(제766조 제2항)과 유류분반환청구권의 행사기간인 10년(제1117조 후단)에 대하여는 제척기간설(다수설)과 소멸시효설(판례)의 대립이 있다.

5. 형성권의 존속기간

형성권의 행사기간은 소멸시효기간이 아닌 제척기간이다. 이러한 형성권의 제척기간에 대해 규정이 있으면 그에 따르면 되는데, 규정이 없는 때에는 그 기간이 몇 년인가가 문제된다. 판례는 형성권의 제척기간은 별도의 규정이나 당사자 간의 약정이 없는 한 10년이라고 한다.

판례

대물변제예약완결권은 일종의 형성권으로 당사자 사이에 그 행사기간을 <u>약정한 때에는 그 기간 내에</u>, 그러한 <u>약정이 없는 때에는 그 권리가 발생한 때로부터 10년</u> 내에 이를 행사하여야 하고, 이 기간을 도과한 때에는 예약완결권은 제척기간의 경과로 인하여 소멸한다(대판 1997. 6. 27, 97다12488).

6. 형성권 행사로 발생한 채권의 행사기간

다수설은 형성권 행사의 결과 발생하는 채권도 그 제척기간 내에 행사하여야 한다고 본다. 그렇게 보는 것이 법률관계를 조속히 확정하고자 하는 제척기간의 취지에 부합하기 때문이라고 한다. 이에 반해 형성권과 형성권 행사로 발생하는 채권은 별개이며, 형성권을 행사하면 법률관계는 확정되므로 제척기간을 정한 취지는 달성된 것이고, 따라서 형성권 행사로 발생하는 채권은 형성권 행사시로부터 별도로 10년의 소멸시효(일반채권의 경우)가 적용된다고 보는 견해도 있다. 판례는 형성권을 행사한 때부터 별도의 소멸시효에 걸린다고 본다.

판례

[1] 징발재산정리에 관한 특별조치법 제20조 소정의 환매권은 일종의 형성권으로서 그 존속기간은 제척기간으로 보아야 한다는 것이 당원의 견해인바, 위 환매권은 재판상이든 재판 외이든 위 기간 내에 이를 행사하면 이로써 매매의 효력이 생기는 것이고 반드시 위 기간 내에 재판상 행사하여야 되는 것은 아니다.

[2] <u>환매권의 행사로 발생한 소유권이전등기청구권은</u> 위 기간 제한과는 별도로 <u>환매권을 행사한 때로부터</u> 일반채권과 같이 민법 제162조 제1항 소정의 10년의 <u>소멸시효기간이 진행</u>되는 것이지 위 제척기간 내에 이를 행사하여야 하는 것은 아니라고 보아야 할 것이다(대판 1991. 2. 22, 90다13420).

제2절 소멸시효의 요건

01 서설

시효로 인하여 권리가 소멸하려면 ① 권리가 소멸시효의 목적이 될 수 있는 것이어야 하고 (소멸시효의 대상적격), ② 권리자가 법률상 권리를 행사할 수 있음에도 불구하고 행사하지 않아야 하며(소멸시효의 기산점), ③ 이러한 권리불행사의 상태가 일정 기간 계속되어야 하는(소멸시효기간) 3가지의 요건이 갖추어져야 한다.

02 소멸시효의 대상적격 2019·2020·2021·2022 기출

> 제162조【채권, 재산권의 소멸시효】① 채권은 10년간 행사하지 아니하면 소멸시효가 완성한다.
> ② 채권 및 소유권 이외의 재산권은 20년간 행사하지 아니하면 소멸시효가 완성한다.

1. 의의

민법상 소멸시효의 대상이 되는 권리는 '채권'과 '소유권 이외의 재산권'이다. 실제 소멸시효는 주로 채권에 관하여 문제가 된다. 그 밖에 소멸시효의 대상이 되는지가 문제되는 것들이 있다.

2. 채권

채권은 소멸시효에 걸린다(제162조 제1항). 채권적 청구권도 원칙적으로 소멸시효에 걸린다. 다만, 채권적 청구권인 부동산매수인의 소유권이전등기청구권과 취득시효완성자의 소유권이전등기청구권에 대해 판례는 특수한 법리를 전개한다.

판례

1. 부동산매수인의 소유권이전등기청구권의 소멸시효
   시효제도는 일정 기간 계속된 사회질서를 유지하고 시간의 경과로 인하여 곤란해지는 증거보전으로부터의 구제를 꾀하며 자기 권리를 행사하지 않고 소위 권리 위에 잠자는 자는 법적 보호에서 이를 제외하기 위하여 규정된 제도라 할 것인바, 부동산에 관하여 인도, 등기 등의 어느 한 쪽만에 대하여서라도 권리를 행사하는 자는 전체적으로 보아 그 부동산에 관하여 권리 위에 잠자는 자라고 할 수 없다 할 것이고, 매수인이 목적부동산을 인도받아 계속 점유하는 경우에는 그 소유권이전등기청구권의 소멸시효가 진행하지 않는다는 것이 당원의 확립된 판례인바, 부동산의 매수인이 그 부동산을 인도받은 이상 이를 사용·수익하다가 그 부동산에 대한 보다 적극적인 권리행사의 일환으로 다른 사람에게 그 부동산을 처분하고 그 점유를 승계하여 준 경우에도 그 이전등기청구권의 행사 여부에 관하여 그가 그 부동산을 스스로 계속 사용·수익만 하고 있는 경우와 특별히 다를 바 없으므로 위 두 어느 경우에나 이전등기청구권의 소멸시효는 마찬가지로 진행되지 않는다고 보아야 할 것이다(대판 전합 1999. 3. 18, 98다32175).

2. 취득시효완성자의 소유권이전등기청구권의 소멸시효

토지에 대한 취득시효완성으로 인한 소유권이전등기청구권은 그 토지에 대한 점유가 계속되는 한 시효로 소멸하지 아니하고 그 후 점유를 상실하였다고 하더라도 이를 시효이익의 포기로 볼 수 있는 경우가 아닌 한 이미 취득한 소유권이전등기청구권은 바로 소멸되는 것은 아니나, <u>취득시효가 완성된 점유자가 점유를 상실한 경우 취득시효완성으로 인한 소유권이전등기청구권의 소멸시효는 이와 별개의 문제로서, 그 점유자가 점유를 상실한 때로부터 10년간 등기청구권을 행사하지 아니하면 소멸시효가 완성한다</u> (대판 1996. 3. 8, 95다34866).

3. 물권

① 소유권이 소멸시효에 걸리지 아니함은 제162조 제2항에 의해 명백하다.

② 소유권 기타 물권에 수반하는 상린관계상의 권리(제216조 이하)도 독립하여 소멸시효에 걸리지 않는다.

③ 점유권은 점유라는 사실상태에 따르는 물권이므로 성질상 소멸시효가 문제되지 않는다.

④ 용익물권 중 지역권은 소멸시효의 대상이 된다. 지상권에 대해서는 최단기간이 법률에 의해 정해져 있다는 이유로 소멸시효의 대상이 아니라는 견해와 소멸시효의 대상이 된다는 견해가 대립한다. 전세권에 대해서는 최장기간이 10년이므로 20년의 소멸시효에 걸리는 일은 없다는 견해가 유력하나 반대설도 있다.

⑤ 담보물권은 피담보채권이 존속하는 한 독립하여 소멸시효에 걸리지 않는다.

⑥ 공유물분할청구권은 공유관계에서 수반되는 형성권이므로 공유관계가 존속하는 한 그 분할청구권만이 독립하여 시효소멸될 수 없다(판례).

⑦ 소유권에 기한 물권적 청구권은 소멸시효에 걸리지 않는다(통설·판례). 제한물권에 기한 물권적 청구권이 소멸시효에 걸리는지 여부에 대해서는 물권의 침해 상태가 계속되고 있는 동안은 물권적 청구권이 부단히 발생하여 소멸시효가 완성될 여지가 없다는 견해와 소유권 이외의 물권은 소멸시효에 걸리므로 그에 기한 물권적 청구권도 시효로 소멸한다고 보아야 한다는 견해가 대립한다.

> **판례**
>
> <u>매매계약이 합의해제된 경우</u>에도 매수인에게 이전되었던 소유권은 당연히 매도인에게 복귀하는 것이므로 합의해제에 따른 매도인의 원상회복청구권은 소유권에 기한 물권적 청구권이라고 할 것이고 이는 <u>소멸시효의 대상이 되지 아니한다</u>(대판 1982.07.27., 80다2968).

⑧ 광업권, 어업권 및 지식재산권(특허권·상표권 등)은 소유권과 같은 성질을 가지므로 소멸시효에 걸리지 않는다(다수설).

4. 형성권

형성권에 관하여 존속기간이 정하여져 있는 경우에, 그것은 제척기간이라고 보아야 한다. 즉, 형성권은 소멸시효에 걸리지 않는다.

5. 항변권

쌍무계약에서의 동시이행의 항변권(제536조), 보증채무에서의 보증인의 최고·검색의 항변권(제437조) 등은 그 기초가 되는 쌍무계약이나 보증채무에 수반되어 있는 것이므로, 그 항변권만이 독립하여 소멸시효에 걸리지 않는다.

6. 비재산권

소멸시효의 대상이 되는 권리는 채권 및 소유권 이외의 재산권이다. 가족권, 인격권 같은 비재산권은 소멸시효에 걸리지 않는다.

(03) 소멸시효의 기산점 2019 · 2023 기출

> **제166조 【소멸시효의 기산점】** ① 소멸시효는 권리를 행사할 수 있는 때로부터 진행한다.
> ② 부작위를 목적으로 하는 채권의 소멸시효는 위반행위를 한 때로부터 진행한다.

1. '권리를 행사할 수 있는 때'의 의미

소멸시효는 객관적으로 권리가 발생하여 그 권리를 행사할 수 있는 때로부터 진행하고, 그 권리를 행사할 수 없는 동안만은 진행하지 않는바, '권리를 행사할 수 있는 때'라 함은 그 권리행사에 법률상의 장애사유(◉ 기한미도래, 조건불성취 등)가 없는 경우를 말하는 것이고, 사실상 권리의 존재나 권리행사 가능성을 알지 못하였고 알지 못함에 과실이 없다고 하여도 이러한 사유는 법률상 장애사유에 해당하지 않는다.

판례

건물에 관한 소유권이전등기청구권에 있어서 그 목적물인 건물이 완공되지 아니하여 이를 행사할 수 없었다는 사유는 법률상의 장애사유에 해당한다. 따라서 신축중인 건물에 관한 소유권이전등기청구권의 소멸시효 기산점은 건물 완공시이다(대판 2007. 8. 23, 2007다28024·28031).

2. 각종 권리에서 소멸시효의 기산점

(1) 확정기한부권리

확정기한부권리는 기한이 도래한 때부터 소멸시효가 진행한다.

(2) 불확정기한부권리

불확정기한부권리의 경우 기한이 객관적으로 도래한 때부터 시효가 진행한다. 비록 권리자가 기한의 도래를 몰랐고 또 모른 데 과실이 없었어도, 소멸시효는 그 기한이 객관적으로 도래한 때부터 진행한다.

(3) 기한을 정하지 않은 권리

기한의 정함이 없는 권리는 그 권리가 발생한 때(⑩ 채권성립시)부터 소멸시효가 진행한다.

> **판례**
>
> 1. 공동불법행위자의 다른 공동불법행위자에 대한 구상권은 그 소멸시효에 관하여 법률에 따로 정한 바가 없으므로 일반원칙으로 돌아가 일반채권과 같이 그 소멸시효는 10년으로 완성된다고 해석함이 상당하고 그 기산점은 구상권이 발생한 시점, 즉 구상권자가 현실로 피해자에게 지급한 때라 할 것이다(대판 1994. 1. 11, 93다32958).
>
> 2. 계속적 물품공급계약에 기하여 발생한 외상대금채권은 특별한 사정이 없는 한 개별 거래로 인한 각 외상대금채권이 발생한 때로부터 개별적으로 소멸시효가 진행하는 것이지 거래종료일부터 외상대금채권 총액에 대하여 한꺼번에 소멸시효가 기산한다고 할 수 없는 것이다(대판 2007. 1. 25, 2006다68940).

(4) 최고(청구) 또는 해지통고를 요하는 권리

채권자가 최고(제603조 제2항)나 해지통고(제635조)를 한 후 상당한 기간 또는 일정한 기간이 경과한 후에 현실로 권리를 행사할 수 있는 채권은 최고나 해지통고를 할 수 있는 때로부터 소정의 유예기간이 경과한 때부터 소멸시효가 진행한다.

(5) 정지조건부 권리

조건이 성취되어야 권리행사가 가능하므로, 조건의 성취시가 소멸시효의 기산점이다.

(6) 할부급(割賦給)채권

① 각 분기의 할부금은 각 변제기의 도래시로부터 소멸시효를 기산한다.
② 한 번이라도 할부금지급을 연체하면 잔금 전액을 일시에 청구해도 이의가 없다는 약정 또는 잔금 전액을 일시에 지급한다는 약정을 하는 것을 기한이익상실의 특약이라고 한다. 이때 기한이익 상실사유가 발생하면 할부급채권의 소멸시효는 언제부터 진행하는지가 문제된다.

③ 판례는 기한이익상실의 특약을 두 가지 유형으로 나눈 다음, 정지조건부 기한이익상실의 특약의 경우는 기한이익 상실사유의 발생시(1회의 불이행이 있는 때)로부터 잔액 전부에 대한 소멸시효가 진행하며, 형성권적 기한이익상실의 특약의 경우는 각 할부금이 본래의 변제기의 도래시마다 순차적으로 소멸시효가 진행되고 채권자의 잔존채무 전액의 변제를 청구한 때부터 잔액 전부에 대해 소멸시효가 진행한다고 한다.

판례

1. 기한이익상실의 특약은 그 내용에 의하여 일정한 사유가 발생하면 채권자의 청구 등을 요함이 없이 당연히 기한의 이익이 상실되어 이행기가 도래하는 것으로 하는 것(정지조건부 기한이익상실의 특약)과 일정한 사유가 발생한 후 채권자의 통지나 청구 등 채권자의 의사행위를 기다려 비로소 이행기가 도래하는 것으로 하는 것(형성권적 기한이익상실의 특약)의 두 가지로 대별할 수 있다(대판 1997. 8. 29, 97다12990).

2. 정지조건부 기한이익상실의 특약과 형성권적 기한이익상실의 특약의 두 가지로 대별되는 기한이익상실의 특약이 양자 중 어느 것에 해당하느냐는 당사자의 의사해석의 문제이지만, 일반적으로 기한이익상실의 특약이 채권자를 위하여 둔 것인 점에 비추어 명백히 정지조건부 기한이익상실의 특약이라고 볼 만한 특별한 사정이 없는 이상 형성권적 기한이익상실의 특약으로 추정하는 것이 타당하다(대판 2002. 9. 4, 2002다28340).

3. 채권자의 별도의 의사표시가 없더라도 바로 이행기가 도래한 것과 같은 효과를 발생케 하는 이른바 정지조건부 기한이익상실의 특약을 하였을 경우에는 그 특약에 정한 기한의 이익상실사유가 발생함과 동시에 기한의 이익을 상실케 하는 채권자의 의사표시가 없더라도 이행기도래의 효과가 발생하고, 채무자는 특별한 사정이 없는 한 그때부터 이행지체의 상태에 놓이게 된다(대판 1999. 7. 9, 99다15184).

4. 형성권적 기한이익상실의 특약이 있는 경우에는 그 특약은 채권자의 이익을 위한 것으로서 기한이익의 상실사유가 발생하였다고 하더라도 채권자가 나머지 전액을 일시에 청구할 것인가 또는 종래대로 할부변제를 청구할 것인가를 자유로이 선택할 수 있으므로, 이와 같은 기한이익상실의 특약이 있는 할부채무에 있어서는 1회의 불이행이 있더라도 각 할부금에 대해 그 각 변제기의 도래시마다 그때부터 순차로 소멸시효가 진행하고 <채권자가 특히 잔존채무 전액의 변제를 구하는 취지의 의사를 표시한 경우에 한하여> 전액에 대하여 그때부터 소멸시효가 진행한다(대판 2002. 9. 4, 2002다28340).

(7) 부작위채권

위반행위를 한 때로부터 소멸시효가 진행한다.

(8) 선택채권

선택권을 행사할 수 있는 때로부터 소멸시효가 진행된다.

(9) 채무불이행으로 인한 손해배상청구권

채무불이행시로부터 소멸시효가 진행한다.

판례

매매로 인한 부동산소유권이전채무가 이행불능됨으로써 매수인이 매도인에 대하여 갖게 되는 손해배상채권은 그 부동산소유권의 이전채무가 이행불능된 때에 발생하는 것이고 그 계약체결일에 생기는 것은 아니므로, 위 손해배상채권의 소멸시효는 계약체결일 아닌 소유권이전채무가 이행불능된 때부터 진행한다(대판 1990. 11. 9, 90다카22513).

(10) 불법행위에 의한 손해배상청구권

불법행위로 인한 손해배상청구권은 피해자나 그 법정대리인이 그 손해 및 가해자를 안 날로부터 3년간 이를 행사하지 아니하면 시효로 인하여 소멸한다(제766조 제1항). 불법행위를 한 날로부터 10년을 경과한 때에도 시효로 인하여 소멸한다(제766조 제2항).

(11) 부당이득반환청구권

부당이득반환청구권은 그 성립과 동시에 행사할 수 있으므로 부당이득시부터 소멸시효가 진행한다.

판례

취소할 수 있는 행정처분에 불과한 때에는, 행정처분이 취소되어야만 부당이득의 반환을 구할 수 있으므로, 그 소멸시효의 기산점은 행정처분이 취소된 때이다(대판 1986. 3. 25, 85다카748). 반면 행정처분이 당연무효인 경우에는, 그로 인한 부당이득반환청구권은 그로 인하여 돈을 납부하였을 때 바로 성립하므로, 소멸시효의 기산점도 그 납부시이다(대판 1992. 3. 31, 91다32053).

(12) 동시이행의 항변권이 붙은 채권

동시이행관계에 있더라도 이와 상관없이 이행기부터 채권의 소멸시효는 진행한다.

판례

1. 부동산에 대한 매매대금 채권이 소유권이전등기청구권과 동시이행의 관계에 있다고 할지라도 매도인은 매매대금의 지급기일 이후 언제라도 그 대금의 지급을 청구할 수 있는 것이며, 다만 매수인은 매도인으로부터 그 이전등기에 관한 이행의 제공을 받기까지 그 지급을 거절할 수 있는 데 지나지 아니하므로 매매대금청구권은 그 지급기일 이후 시효의 진행에 걸린다(대판 1991. 3. 22, 90다9797).

2. 소멸시효가 완성되기 위해서는 권리의 불행사라는 사실상태가 일정한 기간 동안 계속되어야 한다. 채권을 일정한 기간 행사하지 않으면 소멸시효가 완성하지만, 채권을 계속 행사하고 있다고 볼 수 있다면 소멸시효가 진행하지 않는다. 임대차가 종료함에 따라 발생한 임차인의 목적물반환의무와 임대인의 보증금반환의무는 동시이행관계에 있다. 임차인이 임대차 종료 후 동시이행항변권을 근거로 임차목적물을 계속 점유하는 것은 임대인에 대한 보증금반환채권에 기초한 권능을 행사한 것으로서 보증금을 반환받으려는 계속적인 권리행사의 모습이 분명하게 표시되었다고 볼 수 있다. 따라서 주택임대차보호법에 따른 임대차에서 그 기간이 끝난 후 임차인이 보증금을 반환받기 위해 목적물을 점유하고 있는 경우 보증금반환채권에 대한 소멸시효는 진행하지 않는다고 보아야 한다(대판 2020. 7. 9, 2016다244224·244231).

3. 소멸시효의 기산일과 변론주의

소멸시효의 기산일은 변론주의의 적용대상이므로 당사자가 주장하는 날을 기준으로 한다.

판례

소멸시효의 기산일은 채무의 소멸이라고 하는 법률효과 발생의 요건에 해당하는 소멸시효 기간 계산의 시발점으로서 소멸시효 항변의 법률요건을 구성하는 구체적인 사실에 해당하므로 이는 변론주의의 적용대상이고, 따라서 본래의 소멸시효 기산일과 당사자가 주장하는 기산일이 서로 다른 경우에는 변론주의의 원칙상 법원은 당사자가 주장하는 기산일을 기준으로 소멸시효를 계산하여야 하는데, 이는 당사자가 본래의 기산일보다 뒤의 날짜를 기산일로 하여 주장하는 경우는 물론이고 특별한 사정이 없는 한 그 반대의 경우에 있어서도 마찬가지이다(대판 1995. 8. 25, 94다35886).

(04) 소멸시효기간 2013 · 2016 · 2017 · 2022 · 2023 기출

1. 보통의 채권

보통의 채권의 소멸시효기간은 10년이다(제162조 제1항). 그러나 상행위로 생긴 채권의 소멸시효기간은 5년이다(상법 제64조).

2. 단기소멸시효기간에 걸리는 채권

(1) 3년의 단기소멸시효에 걸리는 채권

> **제163조【3년의 단기소멸시효】** 다음 각 호의 채권은 3년간 행사하지 아니하면 소멸시효가 완성한다.
> 1. 이자, 부양료, 급료, 사용료 기타 1년 이내의 기간으로 정한 금전 또는 물건의 지급을 목적으로 한 채권
> 2. 의사, 조산사, 간호사 및 약사의 치료, 근로 및 조제에 관한 채권
> 3. 도급받은 자, 기사 기타 공사의 설계 또는 감독에 종사하는 자의 공사에 관한 채권
> 4. 변호사, 변리사, 공증인, 공인회계사 및 법무사에 대한 직무상 보관한 서류의 반환을 청구하는 채권
> 5. 변호사, 변리사, 공증인, 공인회계사 및 법무사의 직무에 관한 채권
> 6. 생산자 및 상인이 판매한 생산물 및 상품의 대가
> 7. 수공업자 및 제조자의 업무에 관한 채권

판례

1. 민법 제163조 제1호 소정의 이자·부양료·급료·사용료 기타 1년 이내의 기간으로 정한 금전 또는 물건의 지급을 목적으로 하는 채권이라 함은 <u>1년 이내의 정기에 지급되는 채권을 의미하는 것</u>이고 변제기가 1년 이내의 채권을 말하는 것이 아니므로, 1회의 변제로써 소멸되는 소비대차의 원리금채권은 물론이고 이자채권이라고 하더라도 1년 이내의 정기에 지급하기로 한 것이 아닌 이상 위 규정 소정의 3년의 단기소멸시효에 걸리는 것이 아니다(대판 1996. 9. 20, 96다25302).

2. <u>금전채무의 이행지체로 인하여 발생하는 지연손해금</u>은 그 성질이 손해배상금이지 이자가 아니며, 민법 제163조 제1호의 1년 이내의 기간으로 정한 채권도 아니므로 <u>3년간의 단기소멸시효의 대상이 되지 아니한다</u>(대판 1998. 11. 10, 98다42141).

3. 민법 제163조 제5호에서 정하고 있는 '변호사, 변리사, 공증인, 공인회계사 및 법무사의 직무에 관한 채권'에만 3년의 단기 소멸시효가 적용되고, <u>세무사와 같이 그들의 직무와 유사한 직무를 수행하는 다른 자격사의 직무에 관한 채권에 대하여는 민법 제163조 제5호가 유추적용된다고 볼 수 없다</u>(대판 2022. 8. 25, 2021다311111).

4. 민법 제163조 제2호 소정의 '<u>의사의 치료에 관한 채권</u>'에 있어서는, 특약이 없는 한 그 <u>개개의 진료가 종료될 때마다</u> 각각의 당해 진료에 필요한 비용의 이행기가 도래하여 그에 대한 <u>소멸시효가 진행된다</u>고 해석함이 상당하고, 장기간 입원 치료를 받는 경우라 하더라도 다른 특약이 없는 한 입원 치료 중에 환자에 대하여 치료비를 청구함에 아무런 장애가 없으므로 <u>퇴원시부터 소멸시효가 진행된다고 볼 수는 없다</u>(대판 2001. 11. 9, 2001다52568).

(2) 1년의 단기소멸시효기간에 걸리는 채권

> **제164조 【1년의 단기소멸시효】** 다음 각 호의 채권은 1년간 행사하지 아니하면 소멸시효가 완성한다.
> 1. 여관, 음식점, 대석, 오락장의 숙박료, 음식료, 대석료, 입장료, 소비물의 대가 및 체당금의 채권
> 2. 의복, 침구, 장구 기타 동산의 사용료의 채권
> 3. 노역인, 연예인의 임금 및 그에 공급한 물건의 대금채권
> 4. 학생 및 수업자의 교육, 의식 및 유숙에 관한 교주, 숙주, 교사의 채권

판례

일정한 채권의 소멸시효기간에 관하여 이를 특별히 1년의 단기로 정하는 민법 제164조는 그 각 호에서 개별적으로 정하여진 채권의 채권자가 그 채권의 발생원인이 된 계약에 기하여 상대방에 대하여 부담하는 반대채무에 대하여는 적용되지 아니한다. 따라서 그 채권의 상대방이 그 계약에 기하여 가지는 반대채권은 원칙으로 돌아가, 다른 특별한 사정이 없는 한 「민법」 제162조 제1항에서 정하는 10년의 일반소멸시효기간의 적용을 받는다(대판 2013. 11. 14, 2013다65178).

3. 판결 등에 의해 확정된 채권

> **제165조【판결 등에 의하여 확정된 채권의 소멸시효】** ① 판결에 의하여 확정된 채권은 단기의 소멸시효에 해당한 것이라도 그 소멸시효는 10년으로 한다.
> ② 파산절차에 의하여 확정된 채권 및 재판상의 화해, 조정 기타 판결과 동일한 효력이 있는 것에 의하여 확정된 채권도 전항과 같다.
> ③ 전2항의 규정은 판결확정 당시에 변제기가 도래하지 아니한 채권에 적용하지 아니한다.

① 판결에 의하여 확정된 채권은 단기의 소멸시효에 해당한 것이라도 그 소멸시효는 10년으로 한다(제165조 제1항). 제165조의 규정은 단기의 소멸시효에 걸리는 것이라도 확정판결을 받은 권리의 소멸시효는 10년으로 한다는 뜻일 뿐, 10년보다 장기의 소멸시효를 10년으로 단축한다는 의미도 아니고, 본래 소멸시효의 대상이 아닌 권리가 확정판결을 받음으로써 10년의 소멸시효에 걸린다는 뜻도 아니다(판례).

② 위와 같은 결과는 파산절차에 의하여 확정된 채권 및 재판상의 화해, 조정 기타 판결과 동일한 효력이 있는 것에 의하여 확정된 채권에도 인정된다(제165조 제2항). 여기의 '기타 판결과 동일한 효력이 있는 것'에는 청구의 인낙조서(민사소송법 제220조)와 확정된 지급명령(민사소송법 제474조)이 있다.

③ 판결확정 당시에 변제기가 도래하지 아니한 채권에는 이들 규정이 적용되지 않는다(제165조 제3항).

판례

채권자와 주채무자 사이의 확정판결에 의하여 주채무가 확정되어 그 소멸시효기간이 10년으로 연장되었다 할지라도 그 보증채무까지 당연히 단기소멸시효의 적용이 배제되어 10년의 소멸시효기간이 적용되는 것은 아니고, 채권자와 연대보증인 사이에 있어서 연대보증채무의 소멸시효기간은 여전히 종전의 소멸시효기간에 따른다(대판 2006. 8. 24, 2004다26287·26294).

---

4. 기타 재산권의 소멸시효기간

채권 및 소유권 이외의 재산권의 소멸시효기간은 20년이다(제162조 제2항).

판례

어떤 권리의 소멸시효기간이 얼마나 되는지에 관한 주장은 단순한 법률상의 주장에 불과하므로 변론주의의 적용대상이 되지 않고 법원이 직권으로 판단할 수 있다(대판 2008. 3. 27, 2006다70929·70936).

제3절 소멸시효의 중단과 정지

01 소멸시효의 중단 2013 · 2015 · 2017 · 2021 · 2023 기출

1. 소멸시효 중단의 의의

소멸시효의 중단이란 소멸시효가 진행하는 중간에 권리불행사라는 사실상태를 중단케 하는 권리자 또는 의무자의 일정한 행위가 있는 경우에 이미 경과한 시효기간을 소멸하게 하고, 그때부터 새로이 다시 소멸시효의 기간을 진행하게 하는 제도를 말한다.

2. 소멸시효의 중단사유

> 제168조 【소멸시효의 중단사유】 소멸시효는 다음 각 호의 사유로 인하여 중단된다.
> 1. 청구
> 2. 압류 또는 가압류, 가처분
> 3. 승인

우리 민법에서 소멸시효의 중단사유로 규정한 것은 ① 청구 ② 압류·가압류·가처분 ③ 승인 등 3가지이다. ①과 ②는 권리자가 자기의 권리를 주장하는 것이고, ③은 의무자가 상대방의 권리를 인정하는 것이다.

(1) 청구

청구란 권리자가 소멸시효로 인하여 이익을 얻는 자에 대하여 그의 권리내용을 주장하는 재판상 또는 재판 외의 행위를 총칭하는 것이다(제170조~제174조).

① 재판상의 청구

ㄱ 재판상의 청구란 권리자가 원고가 되어 민사소송을 제기하는 것으로서, 이행의 소·확인의 소·형성의 소는 물론 본소·반소 나아가 재심의 소 등을 포함한다.

> **판례**
>
> 확정된 승소판결에는 기판력이 있으므로 <u>승소 확정판결을 받은 당사자가 전소의 상대방을 상대로 다시 승소 확정판결의 전소와 동일한 청구의 소를 제기하는 경우,</u> 특별한 사정이 없는 한 후소(後訴)는 권리보호의 이익이 없어 부적법하다. 하지만 <u>예외적으로 확정판결에 의한 채권의 소멸시효기간인 10년의 경과가 임박한 경우에는 그 시효중단을 위한 소는 소의 이익이 있다</u>(대판 2019.1.17, 2018다24349).

ⓛ 행정소송은 위법한 행정처분의 취소 또는 변경을 구하는 것으로서 사권을 재판상 행사하는 것이 아니므로 시효중단사유가 되지 못한다. 다만, 과세처분의 취소 또는 무효확인을 구하는 행정소송은 조세환급을 구하는 부당이득반환청구권의 소멸시효를 중단시키는 재판상 청구에 해당한다(판례).

ⓒ 형사소송도 시효의 중단사유가 되지 않는다. 다만, 소송촉진 등에 관한 특례법에 따른 배상명령의 신청은 민사소송상의 소제기와 동일한 효력이 있으므로 재판상 청구에 해당되어 시효가 중단된다(판례).

ⓔ 시효를 주장하는 자가 스스로 원고가 되어 소를 제기한 데에 대하여 권리자가 피고로서 '응소하여 그 소송에서 적극적으로 권리를 주장하여 그것이 받아들여진 경우'도 재판상의 청구에 포함된다(판례).

판례

시효를 주장하는 자의 소 제기에 대한 응소행위가 민법상 시효중단사유로서의 재판상 청구에 준하는 행위로 인정되려면 의무 있는 자가 제기한 소송에서 권리자가 의무 있는 자를 상대로 응소하여야 할 것이므로, 담보가등기가 설정된 후에 그 목적부동산의 소유권을 취득한 제3취득자나 물상보증인 등 시효를 원용할 수 있는 지위에 있으나 직접 의무를 부담하지 아니하는 자가 제기한 소송에서의 응소행위는 권리자의 의무자에 대한 재판상 청구에 준하는 행위에 해당한다고 볼 수 없다(대판 2007. 1. 11, 2006다33364).

ⓜ **일부청구**: 청구부분이 특정될 수 있는 경우에 있어서의 일부청구는 나머지 부분에 대한 시효중단의 효력이 없고 나머지 부분에 관하여는 소를 제기하거나 그 청구를 확장(청구의 변경)하는 서면을 법원에 제출한 때에 비로소 시효중단의 효력이 생긴다(판례). 그러나 청구의 대상으로 삼은 채권 중 일부만을 청구한 경우에도 그 취지로 보아 채권 전부에 관하여 판결을 구하는 것으로 해석되는 경우에는 그 동일성의 범위 내에서 그 전부에 관하여 시효중단의 효력이 발생한다(판례).

ⓗ **어음채권과 원인채권의 상호관계**: 원인채권의 지급을 확보하기 위한 방법으로 어음이 수수된 경우에 원인채권과 어음채권은 별개로서 채권자는 그 선택에 따라 권리를 행사할 수 있고, 원인채권에 기하여 청구를 한 것만으로는 어음채권 그 자체를 행사한 것으로 볼 수 없어 어음채권의 소멸시효를 중단시키지 못한다(판례). 그러나 채권자가 어음채권에 기하여 청구를 하는 반대의 경우에는 원인채권의 소멸시효를 중단시키는 효력이 있다(판례).

판례

1. 채권자가 동일한 목적을 달성하기 위하여 복수의 채권을 갖고 있는 경우, 채권자로서는 그 선택에 따라 권리를 행사할 수 있되, 그 중 어느 하나의 청구를 한 것만으로는 다른 채권 그 자체를 행사한 것으로 볼 수는 없으므로, 특별한 사정이 없는 한 그 다른 채권에 대한 소멸시효 중단의 효력은 없다 (대판 2011.02.10, 2010다81285).

2. 파면처분무효확인의 소는 보수금채권을 실현하는 수단이라는 성질을 가지고 있으므로 보수금채권 자체에 관한 이행소송을 제기하지 않았다 하더라도 보수금채권에 대한 시효는 중단된다(대판 1978. 4. 11, 77다2509).

3. 파면처분무효확인의 소는 퇴직급여금청구권의 전제가 되는 공무원신분의 소멸과는 정반대로 그 신분의 존속을 주장하는 것으로서 퇴직급여청구권을 행사하기 위한 전제가 되거나 이를 실현하는 수단이 될 수는 없는 것이므로, 파면처분을 받은 자가 그 파면처분에 대하여 무효확인청구의 소를 제기하였다 하더라도 이는 위 퇴직급여청구권에 대한 소멸시효 중단사유에 해당하지 않는다(대판 1990. 8. 14, 90누2024).

4. [1] 근저당권설정 약정에 의한 근저당권설정등기청구권은 그 피담보채권이 될 채권과 별개로 소멸시효에 걸린다.

   [2] 채권자의 근저당권설정등기청구권의 행사는 그 피담보채권이 될 금전채권의 실현을 목적으로 하는 것으로서, 근저당권설정등기청구의 소에는 그 피담보채권이 될 채권의 존재에 관한 주장이 당연히 포함되어 있는 것이고, 채무자로서도 채권자가 원심에 이르러 금전지급을 구하는 청구를 추가하기 전부터 피담보채권이 될 금전채권의 소멸을 항변으로 주장하여 그 채권의 존부에 관한 실질적 심리가 이루어져 그 존부가 확인된 이상, 그 피담보채권이 될 채권으로 주장되고 심리된 채권에 관하여는 근저당권설정등기청구의 소 제기에 의하여 피담보채권이 될 채권에 관한 권리의 행사가 있은 것으로 볼 수 있으므로, 근저당권설정등기청구의 소의 제기는 그 피담보채권의 재판상의 청구에 준하는 것으로서 피담보채권에 대한 소멸시효 중단의 효력을 생기게 한다고 봄이 상당하다(대판 2004. 2. 13, 2002다7213).

5. 비록 대항요건을 갖추지 못하여 채무자에게 대항하지 못한다고 하더라도 채권의 양수인이 채무자를 상대로 재판상의 청구를 하였다면 이는 소멸시효 중단사유인 재판상의 청구에 해당한다고 보아야 한다(대판 2005.11.10., 2005다41818).

Ⓐ 재판상의 청구가 시효중단의 효력을 발생하는 시기는 소를 제기한 때이다(민사소송법 제265조). 한편, 응소행위로 인한 시효중단의 효력은 피고가 현실적으로 권리를 행사하여 응소한 때에 발생한다(판례).

◎ 시효중단효력의 부인

> **제170조【재판상의 청구와 시효중단】** ① 재판상의 청구는 소송의 각하, 기각 또는 취하의 경우에는 시효중단의 효력이 없다.
> ② 전항의 경우에 6월 내에 재판상의 청구, 파산절차참가, 압류 또는 가압류, 가처분을 한 때에는 시효는 최초의 재판상 청구로 인하여 중단된 것으로 본다.

시효중단의 효력이 발생하기 위해서는 청구가 인용되어야 한다. 따라서 소의 각하, 기각, 취하 등 청구가 받아들여지지 않고 소송절차가 종료된 경우에는 시효가 중단되지 않는다(제170조 제1항). 그러나 이 경우에도 재판 외의 최고로서의 효력은 인정되므로, 6월 내에 재판상 청구, 파산절차참가, 압류 또는 가압류, 가처분을 한 때에는 시효는 최초의 재판상 청구로 인하여 중단된 것으로 본다(제170조 제2항).

> **판례**
>
> 민법 제170조 제1항에 규정하고 있는 '재판상의 청구'란 종국판결을 받기 위한 '소의 제기'에 한정되지 않고, 권리자가 이행의 소를 대신하여 재판기관의 공권적인 법률판단을 구하는 지급명령 신청도 포함된다고 보는 것이 타당하다. 그리고 민법 제170조의 재판상 청구에 지급명령 신청이 포함되는 것으로 보는 이상 특별한 사정이 없는 한, 지급명령 신청이 각하된 경우라도 6개월 이내 다시 소를 제기한 경우라면 민법 제170조 제2항에 의하여 시효는 당초 지급명령 신청이 있었던 때에 중단되었다고 보아야 한다(대판 2011. 11. 10, 2011다54686).

② 파산절차참가

> **제171조【파산절차참가와 시효중단】** 파산절차참가는 채권자가 이를 취소하거나 그 청구가 각하된 때에는 시효중단의 효력이 없다.

파산절차참가란 채권자가 파산재단의 배당에 참가하기 위하여 그의 채권을 신고하는 것으로(채무자회생 및 파산에 관한 법률 제447조), 시효중단의 효력이 있다. 그러나 채권자가 이를 취소하거나 또는 그 청구가 각하된 때에는 시효중단의 효력이 없다(제171조).

③ 지급명령

　㉠ 지급명령은 금전 그 밖의 대체물이나 유가증권의 일정한 수량의 지급을 목적으로 하는 청구에 대하여, 보통의 소송절차에 의함이 없이, 채권자의 신청에 의하여 간이·신속하게 발하는 이행에 관한 명령이다(민사소송법 제462조 이하). 지급명령의 신청이 있으면 시효가 중단되며, 그 시기는 지급명령신청서를 관할법원에 제출하였을 때이다.

　㉡ 지급명령에 대하여 채무자의 적법한 이의신청이 있으면 지급명령을 신청한 때에 소가 제기된 것으로 보므로(민사소송법 제472조) 시효중단의 효력이 유지된다. 이에 반해 지급명령에 대하여 이의신청이 없거나 이의신청을 취하하거나 또는 이의신청에 대하여 각하결정이 확정된 때에는 지급명령은 확정판결과 같은 효력이 있다(민사소송법 제474조).

　㉢ 민사소송법의 개정으로 채권자의 가집행신청제도가 삭제되었으므로 민법 제172조 규정은 무의미해졌다.

> **제172조【지급명령과 시효중단】** 지급명령은 채권자가 법정기간 내에 가집행신청을 하지 아니함으로 인하여 그 효력을 잃은 때에는 시효중단의 효력이 없다.

④ 화해를 위한 소환

> **제173조【화해를 위한 소환, 임의출석과 시효중단】** 화해를 위한 소환은 상대방이 출석하지 아니하거나 화해가 성립되지 아니한 때에는 1월 내에 소를 제기하지 아니하면 시효중단의 효력이 없다. 임의출석의 경우에 화해가 성립되지 아니한 때에도 그러하다.

제소전화해(민사소송법 제385조)를 신청하면 시효가 중단된다. 중단시점은 화해신청서 제출시이다. 그러나 법원이 화해를 위하여 상대방을 소환하였는데 상대방이 출석하지 아니하거나 또는 출석하였지만 화해가 성립하지 않은 때에는, 화해신청인이 1월 내에 소를 제기하지 아니하면 시효중단의 효력이 없다. 적법한 소제기 신청이 있으면 화해신청을 한 때 소가 제기된 것으로 본다.

⑤ **임의출석** : 임의출석은 당사자쌍방이 임의로 법원에 출석하여 소송에 관하여 구두변론함으로써 제소 또는 제소전화해신청을 하도록 허용하는 제도이다. 이러한 임의출석제도는 현행 민사소송법에는 없고 소액사건심판법에만 있다. 임의출석이 있으면 시효가 중단된다. 그러나 화해가 성립하지 않으면 1월 내에 소를 제기하여야 시효중단의 효력이 유지된다.

⑥ **최고**

> **제174조【최고와 시효중단】** 최고는 6월 내에 재판상의 청구, 파산절차참가, 화해를 위한 소환, 임의출석, 압류 또는 가압류, 가처분을 하지 아니하면 시효중단의 효력이 없다.

㉠ 최고는 채권자가 채무자에 대하여 채무의 이행을 청구하는 것으로, 그 성질은 의사의 통지이다. 최고에 의하여 일단 시효중단의 효과가 발생하여도, 최고 후 6월 내에 재판상 청구·파산절차참가·화해를 위한 소환, 임의출석, 압류 또는 가압류 및 가처분 등과 같은 보다 더 강력한 방법을 취하지 않으면 중단의 효력은 생기지 않는다(제174조).

㉡ 최고를 여러 번 거듭하다가 재판상 청구 등을 한 경우에 있어서의 시효중단의 효과는 항상 최초의 최고시에 발생하는 것이 아니라, 재판상 청구 등을 한 시점을 기준으로 하여 이로부터 소급하여 6월 이내에 한 최고시에 발생한다.

㉢ 제174조에 명문의 규정은 없지만, 지급명령의 신청도 여기에 포함되는 것으로 해석한다(통설).

㉣ 채권자가 채무자를 상대로 재산관계명시신청을 하고 그 재산목록의 제출을 명하는 결정이 채무자에게 송달되었다면 소멸시효 중단사유인 최고로서의 효력이 인정된다(판례).

(2) 압류 · 가압류 · 가처분

> **제175조【압류, 가압류, 가처분과 시효중단】** 압류, 가압류 및 가처분은 권리자의 청구에 의하여 또는 법률의 규정에 따르지 아니함으로 인하여 취소된 때에는 시효중단의 효력이 없다.
>
> **제176조【압류, 가압류, 가처분과 시효중단】** 압류, 가압류 및 가처분은 시효의 이익을 받은 자에 대하여 하지 아니한 때에는 이를 그에게 통지한 후가 아니면 시효중단의 효력이 없다.

① 압류(押留)란 금전채권의 실행을 확보하기 위해 집행기관이 확정판결 기타의 집행권원에 기하여 채무자의 재산처분을 금하는 강제집행이다. 가압류(假押留)란 장래의 금전채권 또는 금전으로 환산할 수 있는 채권의 보전을 위하여 집행권원을 얻기 전에 미리 집행대상 재산을 압류하여 두는 것을 말한다. 가처분(假處分)에는, 청구권의 목적물의 현상을 유지하게 하는 '계쟁물에 관한 가처분'과, 다툼 있는 권리관계에 대하여 임시의 지위를 정하여 주는 '임시의 지위를 정하는 가처분'이 있다.

② 압류 · 가압류 · 가처분은 그 집행을 신청한 때에 시효중단의 효력이 발생한다(통설).

③ 압류 등이 권리자의 청구에 의하여 또는 법률의 규정에 따르지 아니함으로 인하여 취소된 때에는 시효중단의 효력이 없다(제175조). 그러나 압류절차를 개시한 이상 비록 압류할 물건이 없어 집행불능에 그치더라도 시효중단의 효력은 발생한다(판례).

④ 압류 등을 시효의 이익을 받을 자에 대하여 하지 않은 때에는, 이를 그에게 통지한 후가 아니면 시효중단의 효력이 없다(제176조). 예컨대, 물상보증인이나 저당부동산의 제3취득자의 부동산을 압류한 경우에는, 그 사실을 채무자에게 통지하여야 그에게 시효중단의 효력이 미친다.

판례

1. 사망한 사람을 피신청인으로 한 가압류신청은 부적법하고 그 신청에 따른 가압류결정이 내려졌다고 하여도 그 결정은 당연무효로서 그 효력이 상속인에게 미치지 않으며, 이러한 당연무효의 가압류는 민법 제168조 제1호에 정한 소멸시효의 중단사유에 해당하지 않는다(대판 2006. 8. 24, 2004다26287 · 26294).

2. 집행력 있는 채무명의 정본을 가진 채권자는 이에 기하여 강제경매를 신청할 수 있으며, 다른 채권자의 신청에 의하여 개시된 경매절차를 이용하여 배당요구를 신청하는 행위도 채무명의에 기하여 능동적으로 그 권리를 실현하려고 하는 점에서는 강제경매의 신청과 동일하다고 할 수 있으므로, 부동산경매절차에서 집행력 있는 채무명의 정본을 가진 채권자가 하는 배당요구는 민법 제168조 제2호의 압류에 준하는 것으로서 배당요구에 관련된 채권에 관하여 소멸시효를 중단하는 효력이 생긴다고 할 것이다(대판 2002. 2. 26, 2000다25484).

3. 가압류의 피보전채권에 관하여 본안의 승소판결이 확정되었다고 하더라도 가압류에 의한 시효중단의 효력이 이에 흡수되어 소멸된다고 할 수 없다(대판 2000. 4. 25, 2000다11102).

4. 비록 주택임대차보호법이 임차권등기명령의 신청에 대한 재판절차와 집행 등에 관하여 민사집행법상 가압류에 관한 절차규정을 일부 준용하고 있지만, 이는 일방 당사자의 신청에 따라 법원이 심리 · 결정한 다음 등기를 촉탁하는 일련의 절차가 서로 비슷한 데서 비롯된 것일 뿐 이를 이유로 임차권등기명령에

따른 임차권등기가 본래의 담보적 기능을 넘어서 <u>채무자의 일반재산에 대한 강제집행을 보전하기 위한</u>
<u>처분의 성질을 가진다고 볼 수는 없다.</u> 그렇다면 임차권등기명령에 따른 임차권등기에는 민법 제168조
제2호에서 정하는 소멸시효 중단사유인 압류 또는 가압류, 가처분에 준하는 효력이 있다고 볼 수 없다
(대판 2019. 5. 16, 2017다226629).

(3) 승인

> 제177조【승인과 시효중단】시효중단의 효력 있는 승인에는 상대방의 권리에 관한 처분의 능력이나
> 권한 있음을 요하지 아니한다.

① 의의 : 시효중단사유로서의 승인은 시효이익을 받을 자가 그 시효의 완성으로 권리를 상
실하게 될 자에 대하여 그 권리가 존재함을 인식하고 있다는 뜻을 표시하는 것으로서, 그
법적 성질은 관념의 통지이다.

② 승인의 당사자

　㉠ 승인을 할 수 있는 자는 시효이익을 받을 자 및 그의 대리인이고, 승인의 상대방은 시
효의 완성으로 권리를 잃게 될 자 및 그의 대리인이다.

판례

1. 소멸시효 중단사유로서 승인은 시효이익을 받을 당사자인 채무자가 소멸시효의 완성으로 권리를 상실
하게 될 자 또는 그 대리인에 대하여 그 권리가 존재함을 인식하고 있다는 뜻을 표시함으로써 성립하는
것인바, <u>검사 작성의 피의자신문조서의 피의자의 진술은 어디까지나 검사를 상대로 이루어지는 것이어</u>
<u>서 그 진술기재 가운데 채무의 일부를 승인하는 의사가 표시되어 있다고 하더라도, 그 기재 부분만으로</u>
<u>곧바로 소멸시효 중단사유로서 승인의 의사표시가 있은 것으로는 볼 수 없다</u>(대판 1999. 3. 12, 98다
18124).

2. 이행인수는 채무자와 인수인 사이의 계약에 따라 인수인이 채권자에 대한 채무를 변제하기로 약정하는
것을 말한다. 이 경우 인수인은 채무자의 채무를 변제하는 등으로 면책시킬 의무를 부담하지만 채권자
에 대한 관계에서 직접 이행의무를 부담하게 되는 것은 아니다. 한편 <u>소멸시효 중단사유인 채무의 승인</u>
<u>은 시효이익을 받을 당사자나 대리인만 할 수 있으므로 이행인수인이 채권자에 대하여 채무자의 채무를</u>
<u>승인하더라도</u> 다른 특별한 사정이 없는 한 <u>시효중단 사유가 되는 채무승인의 효력은 발생하지 않는다</u>
(대판 2016. 10. 27, 2015다239744).

3. <u>면책적 채무인수가 있은 경우,</u> 인수채무의 소멸시효기간은 채무인수와 동시에 이루어진 소멸시효 중단
사유, 즉 <u>채무승인에 따라 채무인수일로부터 새로이 진행된다</u>(대판 1999. 7. 9, 99다12376).

4. 비법인사단의 사원총회가 그 총유물에 관한 매매계약의 체결을 승인하는 결의를 하였다면, 통상 그러한
결의에는 그 매매계약의 체결에 따라 발생하는 채무의 부담과 이행을 승인하는 결의까지 포함되었다고
봄이 상당하므로, <u>비법인사단의 대표자가 그 채무에 대하여 소멸시효 중단의 효력이 있는 승인을 하거</u>
<u>나 그 채무를 이행할 경우에는</u> 특별한 사정이 없는 한 <u>별도로 그에 대한 사원총회의 결의를 거칠 필요는</u>
<u>없다</u>고 보아야 한다(대판 2009. 11. 26, 2009다64383).

ⓛ 승인은 권리의 존재를 인식하면서 하여야 한다.

ⓒ 시효중단의 효력 있는 승인에는 상대방의 권리에 관한 처분의 능력이나 권한 있음을 요하지 아니한다(제177조). 승인은 상대방의 권리의 존재를 인정하는 것에 불과하기 때문이다. 그러나 제177조의 반대해석상 승인자에게 관리능력이나 권한은 있어야 한다고 본다(통설).

③ **승인의 방법**: 승인에는 특별한 방식이 요구되지 않으므로, 명시적으로뿐만 아니라 묵시적으로도 할 수 있다. 예컨대 기한유예의 요청, 이자의 지급, 담보제공 등은 묵시적 승인이 된다. 또한, 시효완성 전에 채무의 일부를 변제한 경우에는, 그 수액에 관하여 다툼이 없는 한 채무승인으로서의 효력이 있어 시효중단의 효과가 발생한다.

④ **승인의 시기**: 승인은 시효의 진행이 개시된 이후부터 시효가 완성되기 전까지만 할 수 있다. 그 완성 후에는 시효이익의 포기의 문제로 될 뿐이다.

> **판례**
>
> [1] 소멸시효의 중단사유로서의 승인은 시효이익을 받을 당사자인 채무자가 그 권리의 존재를 인식하고 있다는 뜻을 표시함으로써 성립하는 것이므로 이는 소멸시효의 진행이 개시된 이후에만 가능하고 그 이전에 승인을 하더라도 시효가 중단되지는 않는다고 할 것이고, 또한 현존하지 아니하는 장래의 채권을 미리 승인하는 것은 채무자가 그 권리의 존재를 인식하고서 한 것이라고 볼 수 없어 허용되지 않는다고 할 것이다.
>
> [2] 진료계약을 체결하면서 "입원료 기타 제요금이 체납될 시는 병원의 법적 조치에 대하여 아무런 이의를 하지 않겠다"고 약정하였다 하더라도, 이로써 그 당시 아직 발생하지도 않은 치료비채무의 존재를 미리 승인하였다고 볼 수는 없다(대판 2001. 11. 9, 2001다52568).

⑤ **입증책임**: 소멸시효의 중단사유인 채무자의 승인이 있었다는 사실은 이를 주장하는 채권자 측에서 입증하여야 한다.

⑥ **승인에 의한 시효중단의 효력발생시기**: 승인에 의하여 시효중단의 효력이 발생하는 시점은 승인이 상대방에게 도달한 때이다.

3. 소멸시효 중단의 효력

(1) 기본적 효력

> **제178조【중단 후에 시효진행】** ① 시효가 중단된 때에는 중단까지에 경과한 시효기간은 이를 산입하지 아니하고 중단사유가 종료한 때로부터 새로이 진행한다.
> ② 재판상의 청구로 인하여 중단한 시효는 전항의 규정에 의하여 재판이 확정된 때로부터 새로이 진행한다.

① 소멸시효가 중단되면 그때까지 경과한 시효기간은 산입하지 않는다. 그리고 중단사유가 종료한 때로부터 다시 처음부터 시효가 진행된다.

② 중단된 시효가 다시 기산하는 시기는 '중단사유가 종료한 때'이다. 이를 구체적으로 살펴보면 재판상 청구는 재판이 확정된 때(제178조 제2항), 압류·가압류·가처분인 경우는 절차가 종료한 때, 승인인 경우에는 승인의 통지가 상대방에게 도달한 때 등이다.

(2) 시효중단의 인적 범위

> **제169조【시효중단의 효력】** 시효의 중단은 당사자 및 그 승계인 간에만 효력이 있다.

① 시효중단의 효력은 당사자 및 그 승계인 사이에만 미친다. 여기서 당사자라 함은 중단행위에 관여한 당사자를 가리키고 시효의 대상인 권리 또는 청구권의 당사자를 의미하지 않는다. 승계인이라 함은 시효중단에 관여한 당사자로부터 중단의 효과를 받는 권리를 그 중단효과 발생 이후에 승계한 자를 뜻하며, 포괄승계인은 물론 특정승계인도 이에 포함된다.

판례

1. 재산상 손해배상청구권을 공동상속인의 한 사람이 자기의 상속분에 관하여 행사하여 승소판결을 얻었다 하여 다른 공동상속인이 상속한 권리부분에 관하여 소멸시효중단의 효력은 없다(대판 1967. 1. 24, 66다2279).

2. 공유자의 한 사람이 공유물의 보존행위로서 제소한 경우라도 동 제소로 인한 시효중단의 효력은 재판상의 청구를 한 그 공유자에 한하여 발생하고, 다른 공유자에게는 미치지 아니한다(대판 1979. 6. 26, 79다639).

② 예외 : 중단의 효력이 당사자와 그 승계인에게만 미친다는 원칙에는 예외가 있다.

   ㉠ 압류·가압류·가처분은 시효의 이익을 받은 자에 대하여 하지 아니한 때에는 이를 그에게 통지한 후가 아니면 시효중단의 효력이 없다(제176조).

   ㉡ 요역지가 수인의 공유인 경우에 그 1인에 의한 지역권 소멸시효의 중단 또는 정지는 다른 공유자를 위하여 효력이 있다(제296조).

   ㉢ 어느 연대채무자에 대한 이행청구는 다른 연대채무자에게도 효력이 있다(제416조).

   ㉣ 주채무자에 대한 시효의 중단은 보증인에 대하여 그 효력이 있다(제440조).

⑫ 소멸시효의 정지 2013 · 2015 기출

1. 소멸시효 정지의 의의

소멸시효의 정지는, 시효가 거의 완성될 무렵에 권리자가 시효를 중단시키는 행위를 할 수 없거나 그 행위를 하는 것이 대단히 곤란한 경우에, 그 사유가 소멸한 후 일정 기간이 경과한 시점까지 시효의 완성을 유예하는 것을 말한다. 시효의 정지는 정지사유가 소멸된 후 일정한 유예기간이 경과하면 시효는 완성한다는 점에서, 이미 경과한 시효기간이 없었던 것으로 되는 시효의 중단과 구별된다.

2. 소멸시효의 정지사유

(1) 제한능력자를 위한 정지

> **제179조【제한능력자의 시효정지】** 소멸시효의 기간 만료 전 6개월 내에 제한능력자에게 법정대리인이 없는 경우에는 그가 능력자가 되거나 법정대리인이 취임한 때로부터 6개월 내에는 시효가 완성하지 아니한다.
> **제180조【재산관리자에 대한 제한능력자의 권리, 부부 사이의 권리와 시효정지】** ① 재산을 관리하는 아버지, 어머니 또는 후견인에 대한 제한능력자의 권리는 그가 능력자가 되거나 후임 법정대리인이 취임한 때로부터 6개월 내에는 소멸시효가 완성되지 아니한다.

(2) 혼인관계의 종료에 의한 정지

> **제180조【재산관리자에 대한 제한능력자의 권리, 부부 사이의 권리와 시효정지】** ② 부부 중 한쪽이 다른 쪽에 대하여 가지는 권리는 혼인관계가 종료된 때부터 6월 내에는 소멸시효가 완성되지 아니한다.

(3) 상속재산에 관한 정지

> **제181조【상속재산에 관한 권리와 시효정지】** 상속재산에 속한 권리나 상속재산에 대한 권리는 상속인의 확정, 관리인의 선임 또는 파산선고가 있는 때로부터 6월 내에는 소멸시효가 완성하지 아니한다.

(4) 사변에 의한 정지

> **제182조【천재 기타 사변과 시효정지】** 천재 기타 사변으로 인하여 소멸시효를 중단할 수 없을 때에는 그 사유가 종료한 때로부터 1월 내에는 시효가 완성하지 아니한다.

제4절 | 소멸시효의 효력

01 소멸시효완성의 효과 2014 기출

1. 의의

민법은 '…소멸시효가 완성한다'고 규정하고 있을 뿐 구체적으로 어떠한 효과의 발생을 의미하는지 명문으로 밝히고 있지 않다. 따라서 이에 대하여 학설이 대립되고 있다.

2. 학설

(1) 절대적 소멸설

소멸시효의 완성으로 당사자의 원용 없이도 권리는 당연히 소멸한다는 견해이다(다수설·판례).

(2) 상대적 소멸설

소멸시효의 완성으로 권리가 당연히 소멸하지 않고, 다만 시효이익을 받을 자에게 권리의 소멸을 원용(주장)할 수 있는 권리가 생길 뿐이라는 견해이다.

(3) 절대적 소멸설과 상대적 소멸설의 구체적 차이

구분	절대적 소멸설	상대적 소멸설
법원의 판단에 있어 당사자의 원용 여부	민사소송법이 변론주의를 취하고 있으므로 법원은 당사자가 그 사실을 주장한 때에 비로소 시효를 고려한다.	당사자의 원용이 없는 한 법원은 직권으로 시효를 고려하지 못한다.
시효완성 후의 변제	시효완성의 사실을 알고 변제하면 시효이익의 포기(제184조) 내지는 악의의 비채변제(제742조)가 되어 그 반환을 청구하지 못하고, 시효완성의 사실을 모르고 변제한 경우에는 도의관념에 적합한 비채변제(제744조)가 되어 역시 그 반환을 청구하지 못한다.	원용이 없는 동안은 채권은 소멸하지 않은 것이므로 유효한 채무의 변제가 된다.
시효이익의 포기	소멸시효의 이익을 받지 않겠다는 의사표시	원용권의 포기

3. 판례

(1) 판례의 입장

판례는 절대적 소멸설을 취하고 있다. 즉, 당사자의 원용이 없어도 시효완성의 사실로서 채무는 당연히 소멸되는 것이고, 다만 변론주의의 원칙상 소멸시효의 이익을 받을 자가 그것을 포기하지 않고 실제 소송에 있어서 권리를 주장하는 자에 대항하여 시효소멸의 이익을 받겠다는 뜻을 항변하지 않는 이상 그 의사에 반하여 재판할 수 없을 뿐이다.

(2) 소멸시효의 주장을 할 수 있는 자의 범위

① 판례는 소멸시효완성을 원용할 수 있는 자를 권리의 소멸에 의하여 직접 이익을 받는 자에 한정한다.

② 채무자가 그 대표적인 예이지만, 가등기담보가 설정된 부동산의 양수인, 물상보증인, 사해행위취소소송의 상대방이 된 사해행위의 수익자도 직접 이익을 받는 자에 해당한다고 본다.

> **판례**
>
> 1. 소멸시효를 원용할 수 있는 사람은 권리의 소멸에 의하여 직접 이익을 받는 사람에 한정되는바, <u>채권담보의 목적으로 매매예약의 형식을 빌어 소유권이전청구권 보전을 위한 가등기가 경료된 부동산을 양수하여 소유권이전등기를 마친 제3자는</u> 당해 가등기담보권의 피담보채권의 소멸에 의하여 직접 이익을 받는 자이므로, 그 가등기담보권에 의하여 담보된 채권의 채무자가 아니더라도 그 피담보채권에 관한 소멸시효를 원용할 수 있다(대판 1995. 7. 11, 95다12446).
>
> 2. <u>타인의 채무를 담보하기 위하여 자기의 물건에 담보권을 설정한 물상보증인은</u> 채권자에 대하여 물적 유한책임을 지고 있어 그 피담보채권의 소멸에 의하여 직접 이익을 받는 관계에 있으므로 소멸시효의 완성을 주장할 수 있다(대판 2004. 1. 16, 2003다30890).
>
> 3. 소멸시효를 원용할 수 있는 사람은 권리의 소멸에 의하여 직접 이익을 받는 자에 한정되는바, <u>사해행위취소소송의 상대방이 된 사해행위의 수익자는</u>, 사해행위가 취소되면 사해행위에 의하여 얻은 이익을 상실하고 사해행위취소권을 행사하는 채권자의 채권이 소멸하면 그와 같은 이익의 상실을 면하는 지위에 있으므로, 그 채권의 소멸에 의하여 직접 이익을 받는 자에 해당하는 것으로 보아야 한다(대판 2007. 11. 29, 2007다54849).
>
> 4. 채권자대위소송의 제3채무자가 채무자의 채권자에 대한 소멸시효완성의 항변을 원용할 수 있는지 여부: 채권자가 채권자대위권을 행사하여 제3자에 대하여 하는 청구에 있어서, 제3채무자는 채무자가 채권자에 대하여 가지는 항변으로 대항할 수 없고, 채권의 소멸시효가 완성된 경우 이를 원용할 수 있는 자는 원칙적으로는 시효이익을 직접 받는 자뿐이고, <u>채권자대위소송의 제3채무자는</u> 이를 행사할 수 없다(대판 1998. 12. 8, 97다31472).
>
> 5. 소멸시효가 완성된 경우 이를 주장할 수 있는 사람은 시효로 인하여 채무가 소멸되는 결과 직접적인 이익을 받는 사람에 한정되므로, <u>채무자에 대한 일반채권자는</u> 자기의 채권을 보전하기 위하여 필요한 한도 내에서 채무자를 대위하여 소멸시효 주장을 할 수 있을 뿐 채권자의 지위에서 독자적으로 소멸시효의 주장을 할 수 없다(대판 1997. 12. 26, 97다22676).

⑫ 소멸시효의 소급효

> **제167조【소멸시효의 소급효】** 소멸시효는 그 기산일에 소급하여 효력이 생긴다.

① 소멸시효는 그 기산일에 소급하여 효력이 생긴다(제167조). 그리하여 소멸시효가 완성된 권리는 기산일, 즉 그 권리를 처음 행사할 수 있었을 때에 소멸한 것으로 된다. 이러한 소급효 때문에 채권의 소멸시효가 완성된 때에는 채무자는 기산일 이후의 이자를 지급할 필요가 없다.
② 이러한 소멸시효의 소급효에 관하여 민법은 예외를 인정하고 있다. 즉, 소멸시효가 완성된 채권이 그 완성 전에 상계할 수 있었던 것이면 그 채권자는 상계할 수 있다(제495조).

⑬ 종속된 권리에 대한 소멸시효의 효력

> **제183조【종속된 권리에 대한 소멸시효의 효력】** 주된 권리의 소멸시효가 완성한 때에는 종속된 권리에 그 효력이 미친다.

주된 권리의 소멸시효가 완성한 때에는 종속된 권리에 그 효력이 미친다(제183조). 예컨대, 원본채권이 시효로 소멸하면 지분권인 이자채권도 역시 시효로 소멸한다. 주된 권리의 소멸시효가 완성하였으나 종된 권리의 소멸시효는 아직 완성되지 않는 경우에 제183조가 적용되는 실익이 있다.

⑭ 소멸시효의 이익의 포기 2018 기출

> **제184조【시효의 이익의 포기 기타】** ① 소멸시효의 이익은 미리 포기하지 못한다.
> ② 소멸시효는 법률행위에 의하여 이를 배제, 연장 또는 가중할 수 없으나 이를 단축 또는 경감할 수 있다.

1. 소멸시효완성 전의 포기

소멸시효가 완성하기 전에 미리 시효이익을 포기하는 것은 인정되지 않는다. 시효제도는 본래 계속된 사실상태를 존중하려는 공익적 제도이므로 개인의 의사에 의해 미리 배척할 수 있게 하는 것은 부당하고, 채권자가 채무자의 궁박을 이용하여 미리 소멸시효의 이익을 포기하게 할 염려가 있기 때문이다. 같은 취지에서 소멸시효의 완성을 곤란하게 하는 특약, 즉 소멸시효의 배제, 시효기간의 연장이나 가중하는 특약은 무효이다. 반면, 이를 단축 또는 경감하는 특약은 유효하다(제184조 제2항).

2. 소멸시효완성 후의 포기

(1) 의의 및 성질

제184조 제1항의 반대해석상 소멸시효가 완성한 후에 시효이익을 포기하는 것은 유효하다. 시효가 완성된 후에는 채무자의 궁박을 이용할 염려가 없을 뿐 아니라, 이를 인정하는 것이 당사자의 의사를 존중하는 것이기 때문이다. 소멸시효 이익의 포기는 다수설인 절대적 소멸설에 따르면, 소멸시효의 완성으로 생기는 법률상의 이익을 받지 않겠다는 일방적 의사표시로서 상대방 있는 단독행위이다.

(2) 포기의 요건

① 시효이익 포기의 의사표시를 할 수 있는 자는 시효완성의 이익을 받을 당사자 또는 대리인에 한정된다. 또한, 시효이익의 포기는 처분행위이므로 포기하는 자가 처분능력과 처분권한을 가져야 한다. 이 점에서 이를 요하지 않는 승인(제177조)과 구별된다.

② 시효이익 포기의 의사표시의 상대방은 진정한 권리자이다.

③ 포기의 의사표시는 명시적 또는 묵시적으로도 할 수 있다. 따라서 채권의 소멸시효가 완성된 후에 채무자가 그 기한의 유예를 요청하였다면, 그때에 소멸시효의 이익을 포기한 것으로 보아야 한다.

④ 포기가 유효하려면 포기하는 자가 시효완성의 사실을 알고 한 경우이어야 한다. 판례는 시효완성 후에 채무를 승인하거나 일부를 변제한 때에는 시효완성의 사실을 알고 그 이익을 포기한 것이라고 추정할 수 있다고 한다.

(3) 포기의 효과

① 포기를 하면 처음부터 시효의 이익이 생기지 않았던 것으로 된다(절대적 소멸설의 입장). 포기의 효력은 그 의사표시가 상대방에 도달하는 때에 발생한다. 포기가 있었다는 입증책임은 시효완성으로 불이익을 받을 자가 부담한다.

② 소멸시효이익의 포기는 상대적이며, 시효이익을 받을 자가 수인인 경우에 그중 1인이 포기하더라도 다른 사람에게는 영향을 미치지 않는다. 따라서 주채무자의 시효이익의 포기는 보증인에 대해서는 그 효력이 없다(제433조 제2항 참조).

판례

1. 채무자가 소멸시효완성 후 채무를 일부 변제한 때에는 그 액수에 관하여 다툼이 없는 한 그 채무 전체를 묵시적으로 승인한 것으로 보아야 하고, 이 경우 시효완성의 사실을 알고 그 이익을 포기한 것으로 추정되므로, 소멸시효가 완성된 채무를 피담보채무로 하는 근저당권이 실행되어 채무자 소유의 부동산이 경락되고 그 대금이 배당되어 채무의 일부 변제에 충당될 때까지 채무자가 아무런 이의를 제기하지 아니하였다면, 경매절차의 진행을 채무자가 알지 못하였다는 등 다른 특별한 사정이 없는 한, 채무자는 시효완성의 사실을 알고 그 채무를 묵시적으로 승인하여 시효의 이익을 포기한 것으로 보아야 한다(대판 2001. 6. 12, 2001다3580).

2. 소멸시효완성 이후에 있은 과세처분에 기하여 세액을 납부하였다 하더라도 이를 들어 바로 소멸시효의 이익을 포기한 것으로 볼 수 없다(대판 1988. 1. 19, 87다카70).

01 제척기간에 관한 설명으로 옳지 않은 것은? (다툼이 있으면 판례에 의함)

① 제척기간에 의한 권리소멸의 효과는 그 기간이 경과한 때로부터 장래에 향하여 생긴다.

② 제척기간에 의한 권리소멸의 여부는 당사자의 주장에 관계없이 법원이 직권으로 조사하여야 한다.

③ 불법행위를 한 날로부터 10년이 경과하면 손해배상청구를 할 수 없도록 한 민법의 규정은 제척기간이 아니라 소멸시효에 관한 규정이다.

④ 형성권의 행사기간은 당사자의 약정에 관계없이 10년이다.

⑤ 제척기간에는 기간의 중단이 있을 수 없다.

02 소멸시효와 제척기간에 관한 설명으로 옳지 않은 것은? (다툼이 있으면 판례에 따름)

2020 기출

① 권리자의 청구로 소멸시효가 중단된 경우 그때까지 경과된 기간은 시효기간에 산입된다.

② 소멸시효가 완성되면 그 기산일에 소급하여 권리소멸의 효과가 생긴다.

③ 소멸시효의 이익을 포기하기 위해서는 원칙적으로 소멸시효의 완성사실을 알아야 한다.

④ 제척기간의 기산점은 특별한 사정이 없는 한 원칙적으로 권리가 발생한 때이다.

⑤ 제척기간은 그 성질상 기간의 중단이 있을 수 없다.

03 소멸시효와 제척기간에 관한 설명으로 옳은 것은? (다툼이 있으면 판례에 따름)

2022 기출

① 소멸시효가 완성되면 그 기간이 경과한 때부터 장래에 향하여 권리가 소멸하지만, 제척기간이 완성되면 그 기산일에 소급하여 권리가 소멸한다.

② 소멸시효는 그 성질상 기간의 중단이 있을 수 없지만, 제척기간은 권리자의 청구가 있으면 기간이 중단된다.

③ 소멸시효가 완성된 이후 그 이익을 포기하는 것은 원칙적으로 인정되지만, 제척기간은 그 포기가 인정되지 않는다.

④ 소멸시효 완성에 의한 권리소멸은 법원의 직권조사 사항이지만, 제척기간에 의한 권리의 소멸은 원용권자가 이를 주장하여야 한다.

⑤ 매도인의 하자담보책임에 기한 매수인의 손해배상청구권과 같이 청구권에 관하여 제척기간을 정하고 있는 경우에는 제척기간이 적용되므로 소멸시효는 당연히 적용될 수 없다.

04 소멸시효의 대상이 되는 권리를 모두 고른 것은?

2019 기출

> ㉠ 해제조건부 채권
> ㉡ 불확정기한부 채권
> ㉢ 소유권
> ㉣ 인격권

① ㉠, ㉡   ② ㉠, ㉢
③ ㉠, ㉣   ④ ㉡, ㉢
⑤ ㉡, ㉣

01 ④ 판례는 형성권의 제척기간은 별도의 규정이나 당사자 간의 약정이 없는 한 10년이라고 한다.

02 ① 시효가 중단된 때에는 중단까지에 경과한 시효기간은 이를 산입하지 아니하고 중단사유가 종료한 때로부터 새로이 진행한다(제178조 제1항).
② 소멸시효는 그 기산일에 소급하여 효력이 생긴다(제167조).
④ 이와 달리 소멸시효의 기산점은 권리를 행사할 수 있는 때이다.
⑤ 소멸시효와 달리 제척기간은 그 성질상 기간의 중단이 있을 수 없다.

03 ③ 소멸시효에서는 시효이익을 포기할 수 있으나, 제척기간에는 기간의 만료로 권리 자체가 소멸하기 때문에 포기가 인정되지 않는다.
① 소멸시효는 그 기산일에 소급하여 권리소멸의 효과가 생기지만, 제척기간의 경우 기간이 경과한 때로부터 장래에 향하여 권리가 소멸한다.
② 소멸시효에는 시효중단제도가 있으나, 제척기간은 기간의 중단이 인정되지 않는다.
④ 제척기간의 경과로 인한 권리의 소멸은 당사자의 주장이 없더라도 당연히 직권으로 조사하여 재판에 고려해야 하는 직권조사사항이다. 이에 반해 소멸시효완성에 의한 권리의 소멸은 변론주의의 원칙상 당사자가 시효소멸을 주장해야 재판의 기초로 삼을 수 있다.
⑤ 매도인에 대한 하자담보에 기한 손해배상청구권에 대하여는 민법 제582조의 제척기간이 적용되고, 이는 법률관계의 조속한 안정을 도모하고자 하는 데에 취지가 있다. 그런데 하자담보에 기한 매수인의 손해배상청구권은 권리의 내용·성질 및 취지에 비추어 민법 제162조 제1항의 채권 소멸시효의 규정이 적용되고, 민법 제582조의 제척기간 규정으로 인하여 소멸시효 규정의 적용이 배제된다고 볼 수 없다(대판 2011. 10. 13, 2011다10266).

04 ㉠ 해제조건부 채권, ㉡ 불확정기한부 채권은 채권으로서 소멸시효의 대상이다.
㉢ 소유권은 그 항구성으로 인해 소멸시효의 대상이 되지 않으며, ㉣ 인격권은 비재산권이므로 소멸시효의 대상이 되지 않는다.

Answer 01 ④   02 ①   03 ③   04 ①

05 甲이 자신 소유의 X 토지를 乙에게 매도하고, 乙은 甲에게 매매대금을 모두 지급하였다. 甲과 乙이 행사하는 다음 등기청구권 중 소멸시효가 진행되는 경우를 모두 고른 것은? (다툼이 있으면 판례에 따름) 2022 기출

> ㉠ 乙이 甲을 상대로 위 매매계약에 기하여 X 토지에 대해 소유권이전등기청구권을 행사하는 경우
> ㉡ 乙이 위 매매계약에 기하여 甲으로부터 X 토지를 인도받아 사용·수익하고 있으나, 아직 甲의 명의로 소유권이전등기가 남아 있어 甲을 상대로 X 토지에 대해 소유권이전등기청구권을 행사하는 경우
> ㉢ 乙이 위 매매계약에 기하여 甲으로부터 X 토지에 대해 소유권이전등기를 경료받았으나, 이후 甲과 乙의 매매계약이 적법하게 취소되어 甲이 乙을 상대로 소유권에 기한 말소등기청구권을 행사하는 경우

① ㉠　　　　　② ㉡
③ ㉠, ㉢　　　④ ㉡, ㉢
⑤ ㉠, ㉡, ㉢

06 소멸시효의 기산점에 관한 설명으로 옳은 것은? (다툼이 있으면 판례에 의함)

① 채무자가 소멸시효완성 후에 채무를 승인함으로써 시효이익을 포기한 경우에는 그 채무는 소멸시효가 완성된 때로부터 시효가 다시 진행한다.
② 부작위 채권의 소멸시효는 그 위반행위를 한 때로부터 진행한다.
③ 무효인 과세처분에 기해 오납한 세금의 반환청구권의 소멸시효는 납세자가 그 과세처분의 무효를 안 날로부터 진행한다.
④ 이행불능으로 인한 손해배상청구권의 소멸시효는 본래의 채권을 행사할 수 있는 때부터 진행한다.
⑤ 동시이행의 항변권이 붙은 채권의 소멸시효는 채권자가 변제의 제공을 하여 채무자의 동시이행의 항변권이 소멸된 때부터 진행한다.

07 소멸시효의 기산점에 관한 설명 중 틀린 것은? (다툼이 있는 경우 판례에 의함)

① 권리가 불확정기한부인 경우에 기한이 객관적으로 도래한 때부터 소멸시효가 진행된다.

② 기한을 정하고 있지 않은 권리의 경우에 권리가 발생한 때부터 소멸시효가 진행한다.

③ 동시이행의 항변권이 붙어 있는 채권의 경우에 이행기부터 소멸시효가 진행한다.

④ 선택채권의 소멸시효는 선택권을 행사할 수 있는 때부터 진행한다.

⑤ 채무불이행으로 인한 손해배상청구권의 경우에 소멸시효는 본래의 채권을 행사할 수 있는 때부터 진행한다.

08 소멸시효의 기산점에 관한 설명으로 옳지 않은 것은? (다툼이 있으면 판례에 따름)
2017 기출

① 채무불이행으로 인한 손해배상청구권의 소멸시효는 계약이 성립한 때로부터 진행한다.

② 확정기한부채권의 소멸시효는 그 기한이 도래한 때로부터 진행한다.

③ 정지조건부 권리의 소멸시효는 그 조건이 성취된 때부터 진행한다.

④ 부작위를 목적으로 하는 채권의 소멸시효는 위반행위를 한 때로부터 진행한다.

⑤ 동시이행의 항변권이 붙은 채권의 소멸시효는 그 이행기로부터 진행한다.

★

05 ㉠ 매수인의 소유권이전등기청구권은 채권적 청구권이므로 원칙적으로 소멸시효에 걸린다.
ⓛ 매수인이 목적부동산을 인도받아 계속 점유하는 경우에는 그 소유권이전등기청구권의 소멸시효가 진행하지 않는다는 것이 당원의 확립된 판례이다(대판 전합 1999. 3. 18, 98다32175).
ⓒ 소유권에 기한 물권적 청구권은 소멸시효에 걸리지 않는다(통설·판례).

06 ① 포기한 때부터 시효가 새로 진행한다.
③ 오납시부터 진행한다.
④ 채무불이행시, 즉 이행불능된 때부터 진행한다.
⑤ 동시이행관계와 상관없이 이행기부터 진행한다.

07 ⑤ 채무불이행으로 인한 손해배상청구권의 소멸시효는 채무불이행시로부터 진행한다(대판 2005. 1. 14, 2002다57119).

08 ① 채무불이행으로 인한 손해배상청구권의 소멸시효는 채무불이행시로부터 진행한다(대판 1995. 6. 30, 94다54269).
⑤ 부동산에 대한 매매대금 채권이 소유권이전등기청구권과 동시이행의 관계에 있다고 할지라도 매도인은 매매대금의 지급기일 이후 언제라도 그 대금의 지급을 청구할 수 있는 것이며, 다만 매수인은 매도인으로부터 그 이전등기에 관한 이행의 제공을 받기까지 그 지급을 거절할 수 있는 데 지나지 아니하므로 매매대금청구권은 그 지급기일 이후 시효의 진행에 걸린다(대판 1991. 3. 22, 90다9797).

Answer 05 ① 06 ② 07 ⑤ 08 ①

09 소멸시효에 관한 설명으로 옳지 않은 것은? (다툼이 있으면 판례에 따름) 2023 기출

① 선택채권의 소멸시효는 선택권을 행사할 수 있는 때로부터 진행한다.

② 부작위를 목적으로 하는 채권의 소멸시효는 위반행위를 한 때로부터 진행한다.

③ 불확정기한부 채권의 소멸시효는 그 기한이 객관적으로 도래한 때로부터 진행한다.

④ 어떤 권리의 소멸시효기간이 얼마나 되는지에 대해서는 법원이 직권으로 판단할 수 없다.

⑤ 부동산에 대한 매매대금채권이 소유권이전등기청구권과 동시이행의 관계에 있는 경우, 매매대금 청구권은 그 지급기일 이후 시효의 진행에 걸린다.

10 소멸시효에 관한 설명으로 옳지 않은 것은? (다툼이 있는 경우에는 판례에 의함) 2013 기출

① 채권은 10년, 소유권 이외의 재산권은 20년 동안 행사하지 않으면 소멸시효가 완성됨이 원칙이다.

② 음식점의 음식료에 대한 채권이 판결에 의하여 확정된 경우, 그 소멸시효기간은 1년이다.

③ 원본채권이 시효로 소멸하면, 변제기가 도래하지 아니한 이자채권도 소멸한다.

④ 부작위를 목적으로 하는 채권은 위반행위를 한 때로부터 소멸시효가 진행한다.

⑤ 소멸시효의 이익은 시효기간의 완성 전에는 포기할 수 없다.

11 다음 중 3년의 단기소멸시효에 걸리는 채권을 모두 고른 것은? (다툼이 있으면 판례에 따름) 2016 기출

ㄱ 의사의 치료에 관한 채권
ㄴ 노역인의 임금 채권
ㄷ 도급받은 자의 공사에 관한 채권
ㄹ 2년 후에 원금과 이자를 한꺼번에 받기로 하고 대여한 경우의 이자채권
ㅁ 상인인 가구상이 판매한 자개장롱의 대금채권

① ㄱ, ㅁ
② ㄱ, ㄷ, ㅁ
③ ㄴ, ㄷ, ㄹ
④ ㄷ, ㄹ, ㅁ
⑤ ㄱ, ㄴ, ㄷ, ㄹ

12 민법상 3년의 소멸시효 기간의 적용을 받는 채권이 아닌 것은? (다툼이 있으면 판례에 따름) 2023 기출

① 의사의 치료에 관한 채권
② 세무사의 직무에 관한 채권
③ 도급받은 자의 공사에 관한 채권
④ 공인회계사의 직무에 관한 채권
⑤ 수공업자의 업무에 관한 채권

13 1년의 단기소멸시효에 걸리는 채권이 아닌 것은?

2017 기출

① 노역인의 임금채권
② 의사의 치료비 채권
③ 여관의 숙박료 채권
④ 의복의 사용료 채권
⑤ 음식점의 음식료 채권

14 민법상 1년의 소멸시효 기간의 적용을 받는 채권이 아닌 것은?

2022 기출

① 음식점의 음식대금채권
② 여관의 숙박대금채권
③ 판결에 의하여 확정된 채권
④ 의복 등 동산의 사용료 채권
⑤ 연예인의 임금채권

09 ④ 어떤 권리의 소멸시효기간이 얼마나 되는지에 관한 주장은 단순한 법률상의 주장에 불과하므로 변론주의의 적용대상이 되지 않고 법원이 직권으로 판단할 수 있다(대판 2008. 3. 27, 2006다70929 · 70936).
　① 선택권을 행사할 수 있는 때로부터 소멸시효가 진행한다.
　② 부작위를 목적으로 하는 채권의 소멸시효는 위반행위를 한 때로부터 진행한다(제166조 제2항).
　③ 불확정기한부권리의 경우에 비록 권리자가 기한의 도래를 몰랐고 또 모른 데 과실이 없었어도, 소멸시효는 그 기한이 객관적으로 도래한 때부터 진행한다.
　⑤ 부동산에 대한 매매대금 채권이 소유권이전등기청구권과 동시이행의 관계에 있다고 할지라도 매도인은 매매대금의 지급기일 이후 언제라도 그 대금의 지급을 청구할 수 있는 것이며, 다만 매수인은 매도인으로부터 그 이전등기에 관한 이행의 제공을 받기까지 그 지급을 거절할 수 있는 데 지나지 아니하므로 매매대금청구권은 그 지급기일 이후 시효의 진행에 걸린다(대판 1991. 3. 22, 90다9797).

10 ② 판결에 의하여 확정된 채권은 단기의 소멸시효에 해당한 것이라도 그 소멸시효는 10년으로 한다(제165조 제1항).

11 ㉠ 3년(제163조 제2호)
　㉢ 3년(제163조 제3호)
　㉣ 3년(제163조 제6호)
　㉡ 1년(제164조 제3호)
　㉤ 민법 제163조 제1호 소정의 이자 · 부양료 · 급료 · 사용료 기타 1년 이내의 기간으로 정한 금전 또는 물건의 지급을 목적으로 하는 채권이라 함은 1년 이내의 정기에 지급되는 채권을 의미하는 것이고 변제기가 1년 이내의 채권을 말하는 것이 아니므로, 1회의 변제로써 소멸되는 소비대차의 원리금채권은 물론이고 이자채권이라고 하더라도 1년 이내의 정기에 지급하기로 한 것이 아닌 이상 위 규정 소정의 3년의 단기소멸시효에 걸리는 것이 아니다(대판 1996. 9. 20, 96다25302).

12 ②④ 민법 제163조 제5호에서 정하고 있는 '변호사, 변리사, 공증인, 공인회계사 및 법무사의 직무에 관한 채권'에만 3년의 단기 소멸시효가 적용되고, 세무사와 같이 그들의 직무와 유사한 직무를 수행하는 다른 자격사의 직무에 관한 채권에 대하여는 민법 제163조 제5호가 유추적용된다고 볼 수 없다(대판 2022. 8. 25, 2021다311111).
　① 제163조 제2호
　③ 제163조 제3호
　⑤ 제163조 제7호

13 ② 의사의 치료비 채권은 3년의 단기소멸시효에 걸리는 채권이다(제163조 제2호).

14 ③ 판결에 의하여 확정된 채권은 단기의 소멸시효에 해당한 것이라도 그 소멸시효는 10년으로 한다(제165조 제1항).

Answer　09 ④　10 ②　11 ②　12 ②　13 ②　14 ③

15 민법상 소멸시효에 관한 설명으로 옳은 것은? (다툼이 있으면 판례에 따름) 2019 기출

① 판결에 의하여 확정된 채권은 판결확정당시에 변제기가 도래하지 않아도 10년의 소멸시효에 걸린다.

② 본래의 소멸시효 기산일과 당사자가 주장하는 기산일이 서로 다른 경우에 법원은 당사자가 주장하는 기산일을 기준으로 소멸시효를 계산해야 한다.

③ 소멸시효의 기산점이 되는 '권리를 행사할 수 있는 때'란 권리를 행사하는 데 있어 사실상의 장애가 없는 경우를 말한다.

④ 어떤 권리의 소멸시효기간이 얼마나 되는지에 대해서 법원은 당사자의 주장에 따라 판단하여야 한다.

⑤ 어떤 채권이 1년의 단기소멸시효에 걸리는 경우, 그 채권의 발생원인이 된 계약에 기하여 상대방이 가지는 반대채권도 당연히 1년의 단기소멸시효에 걸린다.

16 민법상 소멸시효에 관한 설명으로 옳은 것을 모두 고른 것은? (다툼이 있으면 판례에 따름) 2020 기출

㉠ 소유권은 재산권이므로 소멸시효의 대상이 된다.
㉡ 음식점의 음식대금채권의 소멸시효는 1년이다.
㉢ 점유자가 점유를 상실하면 그때로부터 점유권의 소멸시효가 진행된다.

---

① ㉠   ② ㉡
③ ㉢   ④ ㉡, ㉢
⑤ ㉠, ㉡, ㉢

17 민법상 원칙적으로 적용되는 소멸시효의 기산점에 관한 설명으로 옳지 않은 것은? (다툼이 있으면 판례에 따름) 2020 기출

① 변제기가 확정기한인 때에는 그 기한이 도래한 때부터 기산된다.

② 변제기가 불확정기한인 때에는 채권자가 기한도래의 사실을 안 때부터 기산된다.

③ 기한의 정함이 없는 채권은 그 채권이 발생한 때부터 기산된다.

④ 부작위를 목적으로 하는 채권의 소멸시효는 위반행위를 한 때부터 진행한다.

⑤ 정지조건부 채권은 조건이 성취된 때부터 기산된다.

18 소멸시효에 관한 설명으로 옳지 않은 것은? (다툼이 있으면 판례에 따름) 2021 기출

① 채권 및 소유권 이외의 재산권은 10년간 행사하지 아니하면 시효가 완성한다.

② 점유권은 시효에 걸리지 아니한다.

③ 시효는 권리행사에 법률상의 장애사유가 없는 때로부터 진행한다.

④ 정지조건부 권리는 조건이 성취된 때부터 시효가 진행된다.

⑤ 부작위를 목적으로 하는 채권의 시효는 위반행위를 한 때부터 진행한다.

19 소멸시효의 중단에 관한 설명으로 옳지 않은 것은? (다툼이 있으면 판례에 따름)

2021 기출

① 채무자가 제기한 소에 대하여 채권자가 응소하여 그 소송에서 적극적으로 권리를 주장하고 그것이 받아들여진 경우 재판상의 청구가 될 수 있다.

② 시효완성 전에 한 채무의 일부변제는 특별한 사정이 없는 한 시효중단사유가 될 수 있다.

③ 현존하지 않는 장래의 채권을 시효진행이 개시되기 전에 미리 승인하는 것도 허용된다.

④ 임의출석의 경우에 화해가 성립되지 아니한 때에는 1월 내에 소를 제기하지 아니하면 시효중단의 효력이 없다.

⑤ 시효의 중단은 당사자 및 그 승계인 사이에만 효력이 있는 것이 원칙이다.

Part 04

★

15 ② 소멸시효의 기산일은 채무의 소멸이라고 하는 법률효과 발생의 요건에 해당하는 소멸시효 기간 계산의 시발점으로서 소멸시효 항변의 법률요건을 구성하는 구체적인 사실에 해당하므로 이는 변론주의의 적용 대상이고, 따라서 본래의 소멸시효 기산일과 당사자가 주장하는 기산일이 서로 다른 경우에는 변론주의의 원칙상 법원은 당사자가 주장하는 기산일을 기준으로 소멸시효를 계산하여야 하는데, 이는 당사자가 본래의 기산일보다 뒤의 날짜를 기산일로 하여 주장하는 경우는 물론이고 특별한 사정이 없는 한 그 반대의 경우에 있어서도 마찬가지이다(대판 1995. 8. 25, 94다35886).
① 판결에 의하여 확정된 채권은 단기의 소멸시효에 해당한 것이라도 그 소멸시효는 10년으로 한다. 그러나 판결확정당시에 변제기가 도래하지 아니한 채권에는 적용하지 아니한다(제165조 참조).
③ 소멸시효의 기산점이 되는 '권리를 행사할 수 있는 때'란 권리를 행사하는 데 있어 법률상의 장애가 없는 경우를 말한다.
④ 소멸시효기간은 변론주의의 적용대상이 되지 않고 법원이 직권으로 판단할 수 있다.
⑤ 일정한 채권의 소멸시효기간에 관하여 이를 특별히 1년의 단기로 정하는 민법 제164조는 그 각 호에서 개별적으로 정하여진 채권의 채권자가 그 채권의 발생원인이 된 계약에 기하여 상대방에 대하여 부담하는 반대채무에 대하여는 적용되지 아니한다. 따라서 그 채권의 상대방이 그 계약에 기하여 가지는 반대채권은 원칙으로 돌아가, 다른 특별한 사정이 없는 한 민법 제162조 제1항에서 정하는 10년의 일반소멸시효기간의 적용을 받는다(대판 2013. 11. 14, 2013다65178).

16 ⓒ 제164조 제1호
㉠ 소유권은 소멸시효에 걸리지 않는다(제162조 제2항 참조).
ⓒ 점유권은 점유라는 사실 상태에 따르는 물권이므로 성질상 소멸시효에 걸리지 않는다.

17 ② 불확정기한부권리의 경우 기한이 객관적으로 도래한 때부터 시효가 진행한다.
④ 제166조 제2항
⑤ 조건이 성취되어야 권리행사가 가능하므로, 조건의 성취시가 소멸시효의 기산점이다.

18 ① 채권 및 소유권 이외의 재산권은 20년간 행사하지 아니하면 소멸시효가 완성한다(제162조 제2항).
③ 소멸시효는 권리를 행사할 수 있는 때로부터 진행한다(제166조 제1항). 권리를 행사할 수 있는 때라 함은 권리를 행사하는 데 있어 법률상의 장애가 없음을 의미한다.
⑤ 제166조 제2항

19 ③ 소멸시효의 중단사유로서의 승인은 시효이익을 받을 당사자인 채무자가 그 권리의 존재를 인식하고 있다는 뜻을 표시함으로써 성립하는 것이므로 이는 소멸시효의 진행이 개시된 이후에만 가능하고 그 이전에 승인을 하더라도 시효가 중단되지는 않는다고 할 것이고, 또한 현존하지 아니하는 장래의 채권을 미리 승인하는 것은 채무자가 그 권리의 존재를 인식하고서 한 것이라고 볼 수 없어 허용되지 않는다고 할 것이다(대판 2001. 11. 9, 2001다52568).
② 시효완성 전에 채무의 일부를 변제한 경우에는, 그 수액에 관하여 다툼이 없는 한 채무승인으로서의 효력이 있어 시효중단의 효과가 발생한다(대판 1996. 1. 23, 95다39854).

Answer 15 ② 16 ② 17 ② 18 ① 19 ③

20 소멸시효의 중단에 관한 설명으로 옳은 것은? (다툼이 있으면 판례에 의함)

① 가압류가 법률의 규정에 따르지 않아 취소된 때에도 시효중단의 효력이 있다.

② 채권자가 확정판결에 기한 채권의 실현을 위해 민사집행법상의 재산명시신청을 하고 그 결정이 채무자에게 송달된 경우, 시효중단사유인 최고로서의 효력이 있다.

③ 보증채무에 대한 소멸시효가 중단되면 주채무에 대한 소멸시효도 중단되는 것이 원칙이다.

④ 제소전화해의 신청을 받은 법원이 화해를 권고하기 위해 당사자를 소환하였으나 화해가 성립되지 않은 경우, 즉시 소를 제기하지 않으면 시효중단의 효력이 없다.

⑤ 시효중단의 효력은 시효중단에 관여한 당사자로부터 중단의 효과가 생긴 권리를 포괄승계한 자에게는 미치지만, 특정승계한 자에게는 미치지 않는다.

21 甲은 乙에 대하여 채권을 가지고 있다. 다음 설명 중 옳은 것은? (다툼이 있으면 판례에 의함)

① 甲이 소멸시효기간 만료 전 최고를 한 후 6개월 이내에 소를 제기한 경우, 그 소제기 시에 시효중단의 효력이 생긴다.

② 甲의 乙에 대한 시효중단의 효력은 乙의 보증인에게는 미치지 않는다.

③ 乙이 명시적으로 채무를 승인한 경우뿐만 아니라 묵시적으로 승인한 경우에도 소멸시효는 중단될 수 있다.

④ 甲이 乙을 사기죄로 고소하여 형사재판이 개시된 경우, 특별한 사정이 없는 한 소멸시효의 중단사유인 재판상의 청구로 볼 수 있다.

⑤ 甲이 이미 사망한 乙을 피신청인으로 하여 가압류신청을 한 경우, 법원의 가압류결정이 내려지면 소멸시효가 중단된다.

22 소멸시효에 관한 설명으로 옳은 것은? (다툼이 있으면 판례에 따름) **2016 기출**

① 물상보증인이 채권자를 상대로 채무자의 채무가 모두 소멸하였다고 주장하면서 근저당권말소청구소송을 제기하였는데 채권자가 피고로서 응소하여 적극적으로 권리를 주장하고 받아들여진 경우에도 그 채권의 소멸시효는 중단되지 않는다.

② 비법인사단이 총유물을 매도한 후 그 대표자가 매수인에게 소유권이전등기의무에 대하여 시효중단의 효력이 있는 승인을 하는 경우에 있어 사원총회의 결의를 거치지 아니하였다면 그 승인은 무효이다.

③ 채권자가 물상보증인의 소유인 부동산에 경료된 근저당권을 실행하기 위하여 경매를 신청한 경우, 그 경매와 관련하여 채무자에게 압류사실이 통지되었는지 여부와 무관하게 소멸시효 중단의 효력이 발생한다.

④ 담보가등기가 경료된 부동산을 양수하여 소유권이전등기를 마친 자는 그 가등기담보권에 의하여 담보된 채권의 채무자가 시효이익을 포기한 경우 독자적으로 시효이익을 주장할 수 없다.

⑤ 대여금 채권의 소멸시효가 진행하는 중 채권자가 채무자 소유의 부동산에 가압류집행을 함으로써 소멸시효의 진행을 중단시킨 경우 그 기입등기일로부터 새롭게 소멸시효기간이 진행한다.

23 소멸시효의 중단 또는 정지에 관한 설명으로 옳지 않은 것은? (다툼이 있으면 판례에 따름)

① 재판상의 청구는 그 소송이 취하된 경우에는 그로부터 6개월 내에 다시 재판상의 청구 등을 하지 않는 한 소멸시효 중단의 효력이 없다.

② 당연 무효의 가압류·가처분은 소멸시효의 중단사유에 해당하지 않는다.

③ 부부 중 한쪽이 다른 쪽에 대하여 갖는 권리는 혼인관계가 종료된 때부터 6개월 내에는 소멸시효가 완성되지 않는다.

④ 승인은 소멸시효의 진행이 개시된 이후에만 가능하고, 그 이전에는 승인을 하더라도 시효가 중단되지 않는다.

⑤ 시효중단의 효력 있는 승인에는 상대방의 권리에 관한 처분의 능력이나 권한이 있을 것을 요한다.

Part 04

★

20 ① 압류, 가압류 및 가처분은 권리자의 청구에 의하여 또는 법률의 규정에 따르지 아니함으로 인하여 취소된 때에는 시효중단의 효력이 없다(제175조).
③ 주채무자에 대한 시효의 중단은 보증인에 대하여 그 효력이 있다(제440조). 그러나 반대로 보증채무에 대한 소멸시효가 중단되었다고 하더라도 이로써 주채무에 대한 소멸시효가 중단되는 것은 아니다.
④ 화해를 위한 소환은 상대방이 출석하지 아니하거나 화해가 성립되지 아니한 때에는 1월 내에 소를 제기하지 아니하면 시효중단의 효력이 없다(제173조).
⑤ 시효중단의 효력은 당사자 및 그 승계인 사이에만 미친다. 여기의 승계인에는 포괄승계인은 물론 특정승계인도 포함된다.

21 ① 최고시에 시효중단의 효력이 생긴다.
② 주채무자에 대한 시효의 중단은 보증인에 대하여 그 효력이 있다(제440조).
④ 원칙적으로 형사소송은 시효의 중단사유인 재판상 청구로 보지 않는다.
⑤ 가압류 등은 유효하여야 하므로, 무효인 가압류에 의해서는 소멸시효가 중단되지 않는다.

22 ① 시효를 주장하는 자의 소 제기에 대한 응소행위가 민법상 시효중단사유로서의 재판상 청구에 준하는 행위로 인정되려면 의무 있는 자가 제기한 소송에서 권리자가 의무 있는 자를 상대로 응소하여야 할 것이므로, 담보가등기가 설정된 후에 그 목적부동산의 소유권을 취득한 제3취득자나 물상보증인 등 시효를 원용할 수 있는 지위에 있으나 직접 의무를 부담하지 아니하는 자가 제기한 소송에서의 응소행위는 권리자의 의무자에 대한 재판상 청구에 준하는 행위에 해당한다고 볼 수 없다(대판 2007. 1. 11, 2006다33364).
② 비법인사단의 사원총회가 그 총유물에 관한 매매계약의 체결을 승인하는 결의를 하였다면, 통상 그러한 결의에는 그 매매계약의 체결에 따라 발생하는 채무의 부담과 이행을 승인하는 결의까지 포함되었다고 봄이 상당하므로, 비법인사단의 대표자가 그 채무에 대하여 소멸시효 중단의 효력이 있는 승인을 하거나 그 채무를 이행할 경우에는 특별한 사정이 없는 한 별도로 그에 대한 사원총회의 결의를 거칠 필요는 없다고 보아야 한다(대판 2009. 11. 26, 2009다64383).
③ 압류 등을 시효의 이익을 받을 자에 대하여 하지 않은 때에는, 이를 그에게 통지한 후가 아니면 시효중단의 효력이 없다(제176조). 따라서 물상보증인의 부동산을 압류한 경우에는, 그 사실을 채무자에게 통지하여야 그에게 시효중단의 효력이 미친다.
④ 소멸시효이익의 포기는 상대적이며, 시효이익을 받을 자가 수인인 경우에 그중 1인이 포기하더라도 다른 사람에게는 영향을 미치지 않는다.
⑤ 시효가 중단된 때에는 중단까지에 경과한 시효기간은 이를 산입하지 아니하고 중단사유가 종료한 때로부터 새로이 진행한다(제178조 제1항). 따라서 압류·가압류·가처분의 경우는 절차가 종료한 때로부터 새로이 진행한다.

23 ⑤ 시효중단의 효력 있는 승인에는 상대방의 권리에 관한 처분의 능력이나 권한 있음을 요하지 아니한다(제177조).

Answer **20** ② **21** ③ **22** ① **23** ⑤

24 소멸시효 중단에 관한 설명으로 옳지 않은 것은? (다툼이 있으면 판례에 따름)

2023 기출

① 지급명령에 의한 시효중단의 효과는 지급명령을 신청한 때에 발생한다.
② 시효이익을 받을 본인의 대리인은 소멸시효 중단사유인 채무의 승인을 할 수 있다.
③ 가압류의 피보전채권에 관하여 본안의 승소판결이 확정되면 가압류에 의한 시효중단의 효력은 당연히 소멸한다.
④ 재판상의 청구로 인하여 중단한 소멸시효는 재판이 확정된 때로부터 새로이 진행한다.
⑤ 시효중단의 효력 있는 승인에는 상대방의 권리에 관한 처분능력이나 권한 있음을 요하지 않는다.

25 소멸시효에 관한 설명으로 옳은 것은?

2017 기출

① 시효 중단사유가 종료하면 남은 시효기간이 경과함으로써 소멸시효는 완성된다.
② 주된 권리의 소멸시효가 완성되어도 종속된 권리에는 그 영향을 미치지 않는다.
③ 소멸시효중단의 효력은 당사자 사이에서만 효력이 있다.
④ 소멸시효는 특약에 의하여 이를 배제, 연장 또는 가중할 수 있다.
⑤ 판결에 의하여 확정된 채권은 단기의 소멸시효에 해당한 것이라도 그 소멸시효는 10년으로 한다.

26 소멸시효에 관한 설명으로 옳은 것을 모두 고른 것은?

2014 기출

> ㉠ 기한을 정하지 않은 권리의 소멸시효는 권리가 발생한 때로부터 진행한다.
> ㉡ 소멸시효는 그 기산일에 소급하여 효력이 생긴다.
> ㉢ 소멸시효의 중단은 그 당사자 사이에만 효력이 생긴다.
> ㉣ 시효중단의 효력이 있는 승인에는 상대방의 권리에 관한 처분의 능력이나 권한 있음을 요하지 아니한다.

① ㉠, ㉡   ② ㉠, ㉢
③ ㉢, ㉣   ④ ㉠, ㉡, ㉣
⑤ ㉡, ㉢, ㉣

27 소멸시효에 관한 설명으로 옳은 것은? (다툼이 있는 경우에는 판례에 의함)

2014 기출

① 시효의 중단사유가 재판상의 청구인 때에는 중단까지 경과한 시효기간은 이를 산입하지 아니하고 재판이 확정된 때로부터 새로이 시효가 진행한다.
② 건물이 완공되지 않아 소유권이전등기청구권을 행사할 수 없었다는 사유는 그 청구권의 소멸시효의 진행을 막는 법률상의 장애사유가 되지 아니한다.
③ 근저당권설정등기청구권은 피담보채권에 부종하는 청구권이므로 독자적인 시효기간의 적용을 받지 아니한다.
④ 물상보증인이 피담보채무의 부존재를 이유로 제기한 저당권설정등기 말소청구소송에서 저당권자가 청구기각의 판결을 구하였다면 이를 직접 채무자에 대한 재판상 청구로 볼 수 있다.
⑤ 채무자는 소멸시효의 진행이 개시된 이후는 물론 그 이전에도 채무를 승인하여 시효를 중단할 수 있다.

24 ③ 가압류의 피보전채권에 관하여 본안의 승소판결이 확정되었다고 하더라도 가압류에 의한 시효중단의 효력이 이에 흡수되어 소멸된다고 할 수 없다(대판 2000. 4. 25, 2000다11102).
① 지급명령의 신청이 있으면 소멸시효가 중단된다.
② 승인을 할 수 있는 자는 시효이익을 받을 자 및 그의 대리인이고, 승인의 상대방은 시효의 완성으로 권리를 잃게 될 자 및 그의 대리인이다.
④ 중단된 시효가 다시 기산하는 시기는 '중단사유가 종료한 때'이다. 재판상 청구는 재판이 확정된 때(제178조 제2항), 압류·가압류·가처분인 경우는 절차가 종료한 때, 승인인 경우에는 승인의 통지가 상대방에게 도달한 때 등이다.
⑤ 시효중단의 효력 있는 승인에는 상대방의 권리에 관한 처분의 능력이나 권한 있음을 요하지 아니한다(제177조). 승인은 상대방의 권리의 존재를 인정하는 것에 불과하기 때문이다.

25 ⑤ 판결에 의하여 확정된 채권은 단기의 소멸시효에 해당한 것이라도 그 소멸시효는 10년으로 한다(제165조 제1항).
① 시효가 중단된 때에는 중단까지에 경과한 시효기간은 이를 산입하지 아니하고 중단사유가 종료한 때로부터 새로이 진행한다(제178조 제1항).
② 주된 권리의 소멸시효가 완성한 때에는 종속된 권리에 그 효력이 미친다(제183조).
③ 시효의 중단은 당사자 및 그 승계인 간에만 효력이 있다(제169조).
④ 소멸시효는 법률행위에 의하여 이를 배제, 연장 또는 가중할 수 없으나 이를 단축 또는 경감할 수 있다.

26 ㉠ 기한의 정함이 없는 권리는 권리가 발생한 때(예 채권성립시)부터 소멸시효가 진행한다.
㉡ 제167조
㉣ 제177조
㉢ 시효의 중단은 당사자 및 그 승계인 간에만 효력이 있다(제169조).

27 ① 재판상의 청구로 인하여 중단한 시효는 재판이 확정된 때로부터 새로이 진행한다(제178조 제2항).
② 건물에 관한 소유권이전등기청구권에 있어서 건물이 완공되지 아니하여 이를 행사할 수 없었다는 사유는 법률상의 장애사유에 해당한다(대판 2007. 8. 23, 2007다28024·28031).
③ 근저당권설정 약정에 의한 근저당권설정등기청구권은 그 피담보채권이 될 채권과 별개로 소멸시효에 걸린다(대판 2004. 2. 13, 2002다7213).
④ 타인의 채무를 담보하기 위하여 자기의 물건에 담보권을 설정한 물상보증인은 채권자에 대하여 물적 유한책임을 지고 있어 그 피담보채권의 소멸에 의하여 직접 이익을 받는 관계에 있으므로 소멸시효의 완성을 주장할 수 있는 것이지만, 채권자에 대하여는 아무런 채무도 부담하고 있지 아니하므로, 물상보증인이 그 피담보채무의 부존재 또는 소멸을 이유로 제기한 저당권설정등기 말소등기절차이행청구소송에서 채권자 겸 저당권자가 청구기각의 판결을 구하고 피담보채권의 존재를 주장하였다고 하더라도 이로써 직접 채무자에 대하여 재판상 청구를 한 것으로 볼 수는 없는 것이므로 피담보채권의 소멸시효에 관하여 규정한 민법 제168조 제1호 소정의 '청구'에 해당하지 아니한다(대판 2004. 1. 16, 2003다30890).
⑤ 소멸시효의 중단사유로서의 승인은 시효이익을 받을 당사자인 채무자가 그 권리의 존재를 인식하고 있다는 뜻을 표시함으로써 성립하는 것이므로 이는 소멸시효의 진행이 개시된 이후에만 가능하고 그 이전에 승인을 하더라도 시효가 중단되지는 않는다고 할 것이고, 또한 현존하지 아니하는 장래의 채권을 미리 승인하는 것은 채무자가 그 권리의 존재를 인식하고서 한 것이라고 볼 수 없어 허용되지 않는다고 할 것이다(대판 2001. 11. 9, 2001다52568).

Answer 24 ③ 25 ⑤ 26 ④ 27 ③

28 소멸시효의 중단과 정지에 관한 설명으로 옳지 않은 것은? 2013 기출

① 파산절차참가는 채권자가 이를 취소한 때에는 시효중단의 효력이 없다.

② 임의출석의 경우에 화해가 성립되지 아니한 때에는 1월 내에 소를 제기하지 아니하면 시효중단의 효력이 없다.

③ 재판상의 청구를 한 후에 소의 각하가 있고 6월 내에 다시 재판상의 청구를 한 경우, 소멸시효는 다시 재판상의 청구를 한 때로부터 중단된 것으로 본다.

④ 천재 기타 사변으로 인하여 소멸시효를 중단할 수 없을 때에는 그 사유가 종료한 때로부터 1월 내에는 시효가 완성하지 아니한다.

⑤ 물상보증인의 부동산을 압류한 경우에 그 사실을 주채무자에게 통지한 후가 아니면 그 주채무자에게 시효중단의 효력이 없다.

29 소멸시효의 중단사유에 관한 설명으로 옳지 않은 것은? (다툼이 있으면 판례에 따름) 2018 기출

① 지급명령 신청은 시효중단 사유가 아니다.

② 부동산의 가압류로 중단된 시효는 특별한 사정이 없는 한, 가압류등기가 말소된 때로부터 새로이 진행된다.

③ 채무승인이 있었다는 사실은 이를 주장하는 채권자 측에서 증명하여야 한다.

④ 채무의 일부변제도 채무승인으로서 시효중단사유가 될 수 있다.

⑤ 시효중단의 효력이 있는 승인에는 상대방의 권리에 관한 처분의 능력이나 권한이 있음을 요하지 않는다.

30 소멸시효에 관한 설명으로 옳지 않은 것은? (다툼이 있으면 판례에 따름) 2018 기출

① 시효의 이익을 받은 자가 소송에서 소멸시효완성 사실을 주장하지 않으면, 그 의사에 반하여 재판할 수 없다.

② 천재 기타 사변으로 인하여 소멸시효를 중단할 수 없는 경우에는 그 사유가 종료한 때에 시효가 완성된다.

③ 부작위를 목적으로 하는 채권의 소멸시효는 위반행위를 한 때로부터 진행한다.

④ 파산절차에 의하여 확정된 채권이 확정 당시에 변제기가 이미 도래한 경우, 그 시효는 10년으로 한다.

⑤ 소멸시효는 그 기산일에 소급하여 효력이 생긴다.

31 소멸시효에 관한 설명으로 옳지 않은 것은? (다툼이 있으면 판례에 따름) 2021 기출

① 시효기간 만료로 인한 권리의 소멸은 시효의 이익을 받은 자가 시효완성의 항변을 하지 않으면 그 의사에 반하여 재판할 수 없다.

② 시효를 원용할 수 있는 사람은 권리의 소멸에 의하여 직접 이익을 받는 사람에 한정된다.

③ 시효가 완성된 채권의 시효이익을 채무자가 포기하면 포기한 때로부터 그 채권의 시효가 새로 진행한다.

④ 시효는 법률행위에 의하여 이를 배제하거나 경감할 수 없다.

⑤ 시효는 그 기산일에 소급하여 효력이 생긴다.

Part 04

★

28 ③ 재판상의 청구는 소송의 각하, 기각 또는 취하의 경우에는 시효중단의 효력이 없다(제170조 제1항). 그러나 이 경우에도 재판 외의 최고로서의 효력은 인정되므로 6월 내에 재판상 청구, 파산절차참가, 압류 또는 가압류·가처분을 한 때에는 시효는 최초의 재판상 청구로 인하여 중단된 것으로 본다(제170조 제2항).

29 ① 지급명령의 신청이 있으면 소멸시효가 중단된다.

30 ② 천재 기타 사변으로 인하여 소멸시효를 중단할 수 없을 때에는 그 사유가 종료한 때로부터 1월 내에는 시효가 완성하지 아니한다(제182조).
③ 제166조 제2항
④ 제165조 제2항
⑤ 제167조

31 ④ 소멸시효는 법률행위에 의하여 이를 배제, 연장 또는 가중할 수 없으나 이를 단축 또는 경감할 수 있다(제184조 제2항).
① 당사자의 원용이 없어도 시효완성의 사실로서 채무는 당연히 소멸하고, 다만 소멸시효의 이익을 받는 자가 소멸시효 이익을 받겠다는 뜻을 항변하지 않는 이상 그 의사에 반하여 재판할 수 없을 뿐이다(대판 1979. 2. 13, 78다2157).
② 소멸시효를 원용할 수 있는 사람은 권리의 소멸에 의하여 직접 이익을 받는 자에 한정되는바, 사해행위취소소송의 상대방이 된 사해행위의 수익자는, 사해행위가 취소되면 사해행위에 의하여 얻은 이익을 상실하고 사해행위취소권을 행사하는 채권자의 채권이 소멸하면 그와 같은 이익의 상실을 면하는 지위에 있으므로, 그 채권의 소멸에 의하여 직접 이익을 받는 자에 해당하는 것으로 보아야 한다(대판 2007. 11. 29, 2007다54849).

Answer 28 ③ 29 ① 30 ② 31 ④

32 소멸시효완성 후 시효이익의 포기에 관한 설명으로 옳지 않은 것은? (다툼이 있으면 판례에 따름) 2018 기출

① 시효완성 후 시효이익의 포기는 허용되지만, 시효완성 전 시효이익의 포기는 허용되지 않는다.

② 시효이익의 포기는 그 의사표시로 인하여 권리에 직접적인 영향을 받는 상대방에게 도달한 때에 그 효력이 발생한다.

③ 주채무자가 시효이익을 포기하면 보증인에게도 그 효과가 미친다.

④ 시효이익을 포기한 경우에는 그때부터 새로이 소멸시효가 진행한다.

⑤ 시효완성 후 당해 채무의 이행을 채무자가 약정한 경우에는 특별한 사정이 없는 한, 시효이익을 포기한 것으로 보아야 한다.

---

32 ③ 소멸시효이익의 포기는 상대적이며, 시효이익을 받을 자가 수인인 경우에 그중 1인이 포기하더라도 다른 사람에게는 영향을 미치지 않는다. 따라서 주채무자의 시효이익의 포기는 보증인에 대해서는 그 효력이 없다.
① 소멸시효의 이익은 미리 포기하지 못한다(제184조 제1항).

Answer 32 ③

부록

제11회 행정사 민법총칙 기출문제

민법총칙 조문

01 부재자의 재산관리에 관한 설명으로 옳지 않은 것은? (다툼이 있으면 판례에 따름)

① 법원이 선임한 재산관리인은 법원의 허가 없이 재산의 보존행위를 할 수 없다.

② 법원은 그 선임한 재산관리인으로 하여금 재산의 관리 및 반환에 관하여 상당한 담보를 제공하게 할 수 있다.

③ 법원이 선임한 재산관리인은 관리할 재산목록을 작성하여야 한다.

④ 법원은 그 선임한 재산관리인에 대하여 부재자의 재산으로 상당한 보수를 지급할 수 있다.

⑤ 법원이 선임한 부재자의 재산관리인은 그 부재자의 사망이 확인된 후라도 그에 대한 선임결정이 취소되지 않는 한 그 관리인으로서의 권한이 소멸되지 않는다.

> **해설** ① 법원이 선임한 재산관리인은 제118조의 관리행위(보존행위 및 물건이나 권리의 성질을 변하지 아니하는 범위에서 그 이용 또는 개량하는 행위)를 자유롭게 할 수 있다.
> ② 제26조 제1항
> ③ 제24조 제1항
> ④ 제26조 제2항
> ⑤ 선임결정이 취소되어야 그 재산관리인으로서의 권한이 소멸한다.

02 신의성실의 원칙(이하 '신의칙')에 관한 설명으로 옳지 않은 것은? (다툼이 있으면 판례에 따름)

① 사적 자치의 영역을 넘어 공공질서를 위하여 공익적 요구를 선행시켜야 할 경우에도 특별한 사정이 없는 한 신의칙이 합법성의 원칙보다 우월하다.

② 신의칙이란 "법률관계의 당사자는 상대방의 이익을 고려하여 형평에 어긋나거나 신의를 저버리는 내용 또는 방법으로 권리를 행사하거나 의무를 이행하여서는 안 된다."는 추상적 규범을 말한다.

③ 숙박업자는 신의칙상 부수적 의무로서 고객의 안전을 배려할 보호의무를 부담한다.

④ 인지청구권에는 실효의 법리가 적용되지 않는다.

⑤ 이사가 회사 재직 중에 채무액과 변제기가 특정되어 있는 회사채무를 보증한 후 사임한 경우, 그 이사는 사정변경을 이유로 그 보증계약을 일방적으로 해지할 수 없다.

> **해설** ①② 민법상 신의성실의 원칙은, 법률관계의 당사자가 상대방의 이익을 배려하여 형평에 어긋나거나 신뢰를 저버리는 내용 또는 방법으로 권리를 행사하거나 의무를 이행하여서는 안된다는 추상적 규범을 말하는 것인바, <u>사적자치의 영역을 넘어 공공질서를 위하여 공익적 요구를 선행시켜야 할 사안에서는 원칙적으로 합법성의 원칙은 신의성실의 원칙보다 우월한 것이므로</u> 신의성실의 원칙은 합법성의 원칙을 희생하여서라도 구체적 신뢰보호의 필요성이 인정되는 경우에 비로소 적용된다고 봄이 상당하다(대판 2021. 6. 10, 2021다207489·207496).
> ③ 대판 2000. 11. 24, 2000다38718 · 38725
> ④ 대판 2001. 11. 27, 2001므1353
> ⑤ 대판 1996. 2. 9, 95다27431

03 실종선고에 관한 설명으로 옳지 않은 것은? (다툼이 있으면 판례에 따름)

① 부재자의 제1순위 상속인이 따로 있는 경우, 제2순위 상속인은 특별한 사정이 없는 한 부재자에 대하여 실종선고를 청구할 수 있는 이해관계인이 아니다.
② 실종선고가 취소되지 않았더라도 반증을 들어 실종선고의 효과를 다툴 수 있다.
③ 실종선고의 요건이 충족되면 법원은 이해관계인이나 검사의 청구에 의하여 실종선고를 하여야 한다.
④ 실종선고를 받은 자는 특별한 사정이 없는 한 실종기간이 만료한 때에 사망한 것으로 본다.
⑤ 실종선고가 취소된 때 실종선고를 직접원인으로 재산을 취득한 자가 선의인 경우에는 그 받은 이익이 현존하는 한도에서 반환할 의무가 있다.

해설 ② 실종선고를 받은 자는 사망한 것으로 간주되므로, 선고가 취소되지 않는 한 생존 기타의 반증을 들어서 선고의 효과를 다투지 못하며, 이 효과를 뒤집으려면 실종선고를 취소하여야 한다.
① 선순위의 재산상속인이 있는 경우에 후순위의 상속인은 실종선고를 청구할 수 있는 이해관계인에 들어가지 않는다.
③ 제27조 제1항
④ 제28조
⑤ 실종선고의 취소가 있을 때에 실종의 선고를 직접원인으로 하여 재산을 취득한 자가 <u>선의인 경우에는 그 받은 이익이 현존하는 한도에서 반환할 의무가 있고</u>, 악의인 경우에는 그 받은 이익에 이자를 붙여서 반환하고 손해가 있으면 이를 배상하여야 한다(제29조 제2항).

04 미성년자 乙은 친권자 甲의 처분동의가 필요한 자기 소유의 물건을 甲의 동의 없이 丙에게 매도하는 계약을 체결하였다. 이에 관한 설명으로 옳지 않은 것은? (다툼이 있으면 판례에 따름)

① 丙은 乙이 성년이 된 후에 그에게 1개월 이상의 기간을 정하여 계약의 추인 여부의 확답을 촉구할 수 있다.
② 성년이 된 乙이 ①에서 丙이 정한 기간 내에 확답을 발송하지 아니하면 계약을 추인한 것으로 본다.
③ 丙이 계약 당시에 乙이 미성년자임을 알았더라도 丙은 자신의 의사표시를 철회할 수 있다.
④ 丙이 계약 당시에 乙이 미성년자임을 알지 못한 경우, 丙은 乙에게도 철회의 의사표시를 할 수 있다.
⑤ 乙이 계약 당시에 甲의 동의서를 위조하여 甲의 동의가 있는 것으로 丙을 믿게 한 경우, 甲은 그 계약을 취소할 수 없다.

해설 ③ 제한능력자가 맺은 계약은 추인이 있을 때까지 상대방이 그 의사표시를 철회할 수 있다. 다만, 상대방이 계약 당시에 제한능력자임을 알았을 경우에는 그러하지 아니하다(제16조 제1항). 즉, 선의의 상대방만 철회할 수 있다.
①② 제한능력자의 상대방은 제한능력자가 능력자가 된 후에 그에게 1개월 이상의 기간을 정하여 그 취소할 수 있는 행위를 추인할 것인지 여부의 확답을 촉구할 수 있다. 능력자로 된 사람이 그 기간 내에 확답을 발송하지 아니하면 그 행위를 추인한 것으로 본다(제15조 제1항).
④ 철회의 의사표시는 법정대리인뿐만 아니라 제한능력자에게도 할 수 있다(제16조 제3항).
⑤ 미성년자나 피한정후견인이 속임수로써 법정대리인의 동의가 있는 것으로 믿게 한 경우에는 그 행위를 취소할 수 없다(제17조 제2항).

05 피성년후견인과 피한정후견인에 관한 설명으로 옳지 않은 것은?

① 가정법원은 성년후견개시의 심판을 할 때 본인의 의사를 고려하여야 한다.

② 성년후견개시의 심판은 일정한 사유로 인한 정신적 제약으로 사무처리능력이 일시적으로 부족한 사람에게 허용된다.

③ 가정법원은 피한정후견인이 한정후견인의 동의를 받아야 하는 행위의 범위를 정할 수 있다.

④ 일상생활에 필요하고 그 대가가 과도하지 아니한 피성년후견인의 법률행위는 성년후견인이 취소할 수 없다.

⑤ 가정법원이 피성년후견인에 대하여 한정후견개시의 심판을 할 때에는 종전의 성년후견의 종료 심판을 한다.

해설 ② 가정법원은 질병, 장애, 노령, 그 밖의 사유로 인한 정신적 제약으로 사무를 처리할 능력이 지속적으로 결여된 사람에 대하여 성년후견개시의 심판을 한다(제9조 제1항).
① 가정법원은 성년후견개시의 심판을 할 때 본인의 의사를 고려하여야 한다(제9조 제2항).
③ 가정법원은 피한정후견인이 한정후견인의 동의를 받아야 하는 행위의 범위를 정할 수 있다(제13조 제1항).
④ 일용품의 구입 등 일상생활에 필요하고 그 대가가 과도하지 아니한 법률행위는 성년후견인이 취소할 수 없다(제10조 제4항).
⑤ 가정법원이 피성년후견인 또는 피특정후견인에 대하여 한정후견개시의 심판을 할 때에는 종전의 성년후견 또는 특정후견의 종료 심판을 한다(제14조의3 제2항).

06 미성년자의 법률행위에 관한 설명으로 옳은 것은? (다툼이 있으면 판례에 따름)

① 법정대리인이 취소한 미성년자의 법률행위는 취소한 때로부터 그 효력을 상실한다.

② 법정대리인이 재산의 범위를 정하여 미성년자에게 처분을 허락한 경우, 법정대리인은 그 재산에 관하여 유효한 대리행위를 할 수 없다.

③ 법정대리인이 미성년자에게 특정한 영업을 허락한 경우, 법정대리인은 그 영업에 관하여 유효한 대리행위를 할 수 있다.

④ 미성년자가 자신의 주민등록증을 변조하여 자기를 능력자로 믿게 하여 법률행위를 한 경우, 미성년자는 그 법률행위를 취소할 수 없다.

⑤ 미성년자가 오직 권리만을 얻는 법률행위를 할 경우에도 특별한 사정이 없는 한 법정대리인의 동의가 필요하다.

해설 ④ 제한능력자가 속임수로써 자기를 능력자로 믿게 한 경우에는 그 행위를 취소할 수 없다(제17조 제1항).
① 취소된 법률행위는 처음부터 무효인 것으로 본다(제141조).
② 재산처분허락의 경우에 법정대리인의 동의권은 소멸하나 대리권은 여전히 존속하므로 법정대리인은 유효한 대리행위를 할 수 있다.
③ 영업허락의 경우(제8조 제1항)에 그 범위에서 대리권도 소멸한다.
⑤ 미성년자가 법률행위를 함에는 법정대리인의 동의를 얻어야 한다. 그러나 권리만을 얻거나 의무만을 면하는 행위는 그러하지 아니하다(제5조 제1항).

07 민법상 법인의 불법행위능력에 관한 설명으로 옳은 것은? (다툼이 있으면 판례에 따름)

① 법인의 대표자는 법인을 사실상 대표하는지 여부와 관계없이 대표자로 등기되었는지 여부만을 기준으로 판단하여야 한다.

② 법인의 대표자가 부정한 대표행위를 한 경우에 그 행위가 직무범위 내에 있더라도 법인의 불법행위가 성립될 여지가 없다.

③ 행위의 외형상 법인의 대표자의 직무행위라고 인정되더라도 법령의 규정에 위배된 것이라면 직무에 관한 행위에 해당하지 않는다.

④ 법인의 대표자의 행위로 법인의 불법행위책임이 성립하는 경우, 특별한 사정이 없는 한 법인만이 피해자에게 불법행위책임을 진다.

⑤ 법인의 대표자의 행위가 직무행위에 해당하지 아니함을 피해자 자신이 경과실로 알지 못한 경우에는 법인에게 손해배상책임을 물을 수 있다.

해설 ⑤ 법인의 대표자의 행위가 직무에 관한 행위에 해당하지 아니함을 피해자 자신이 알았거나 또는 중대한 과실로 인하여 알지 못한 경우에는 법인에 손해배상책임을 물을 수 없다(대판 2004. 3. 26, 2003다34045).

① 여기서 '법인의 대표자'에는 그 명칭이나 직위 여하, 또는 대표자로 등기되었는지 여부를 불문하고 당해 법인을 실질적으로 운영하면서 법인을 사실상 대표하여 법인의 사무를 집행하는 사람을 포함한다(대판 2011. 4. 28, 2008다15438).

② 법인의 대표자가 부정한 대표행위를 한 경우라도 직무관련성이 있고 기타 요건을 갖춘 경우에는 법인에게 불법행위책임을 인정한다.

③ 행위의 외형상 법인의 대표자의 직무행위라고 인정할 수 있는 것이라면 설사 그것이 대표자 개인의 사리를 도모하기 위한 것이었거나 혹은 법령의 규정에 위배된 것이었다 하더라도 위의 직무에 관한 행위에 해당한다고 보아야 한다(대판 2004. 2. 27, 2003다15280).

④ 법인의 불법행위가 성립하면, 법인은 피해자에 대하여 손해배상책임을 진다. 법인의 배상책임이 인정된다고 하더라도 대표기관이 자기의 손해배상책임을 면하지 못한다. 피해자는 법인 또는 대표기관 개인에 대해 손해배상을 청구할 수 있고, 이 양자는 '부진정연대채무'로 해석된다.

08 민법상 비법인사단에 관한 설명으로 옳은 것은? (다툼이 있으면 판례에 따름)

① 비법인사단에는 대표권제한의 등기에 관한 규정이 적용되지 않는다.

② 비법인사단이 총유물에 관한 매매계약을 체결하는 행위는 총유물의 처분행위가 아니다.

③ 교회가 의결권을 가진 교인 2/3 이상의 찬성으로 소속 교단을 탈퇴한 경우, 종전 교회의 재산은 탈퇴한 교회 소속 교인들의 총유로 귀속되지 않는다.

④ 비법인사단의 구성원은 지분권에 기하여 총유물의 보존행위를 할 수 있다.

⑤ 비법인사단이 타인 간의 금전채무를 보증하는 행위는 총유물의 관리·처분행위로 볼 수 있다.

해설 ① 비법인사단의 경우에는 대표자의 대표권 제한에 관하여 등기할 방법이 없어 민법 제60조의 규정을 준용할 수 없고, 비법인사단의 대표자가 정관에서 사원총회의 결의를 거쳐야 하도록 규정한 대외적 거래행위에 관하여 이를 거치지 아니한 경우라도, 이와 같은 사원총회 결의사항은 비법인사단의 내부적 의사결정에 불과하다 할 것이므로, 그 거래 상대방이 그와 같은 대표권 제한 사실을 알았거나 알 수 있었을 경우가 아니라면 그 거래행위는 유효하다(대판 2003. 7. 22, 2002다64780).

② 비법인사단이 총유물에 관한 매매계약을 체결하는 행위는 총유물 그 자체의 처분이 따르는 채무부담행위로서 총유물의 처분행위에 해당하나, 그 매매계약에 의하여 부담하고 있는 채무의 존재를 인식하고 있다는 뜻을 표시하는 데 불과한 소멸시효 중단사유로서의 승인은 총유물 그 자체의 관리·처분이 따르는 행위가 아니어서 총유물의 관리·처분행위라고 볼 수 없다(대판 2009. 11. 26, 2009다64383).

③ 소속 교단에서의 탈퇴 내지 소속 교단의 변경은 사단법인 정관변경에 준하여 의결권을 가진 교인 3분의 2 이상의 찬성에 의한 결의를 필요로 하고, 그 결의요건을 갖추어 소속 교단을 탈퇴하거나 다른 교단으로 변경한 경우에 종전 교회의 실체는 이와 같이 교단을 탈퇴한 교회로서 존속하고 종전 교회 재산은 위 탈퇴한 교회 소속 교인들의 총유로 귀속된다(대판 전합 2006. 4. 20, 2004다37775).

④ 민법 제276조 제1항은 "총유물의 관리 및 처분은 사원총회의 결의에 의한다." 같은 조 제2항은 "각 사원은 정관 기타의 규약에 좇아 총유물을 사용·수익할 수 있다." 라고 규정하고 있을 뿐 공유나 합유의 경우처럼 보존행위는 그 구성원 각자가 할 수 있다는 민법 제265조 단서 또는 민법 제272조 단서와 같은 규정을 두고 있지 아니한바, 이는 법인 아닌 사단의 소유형태인 총유가 공유나 합유에 비하여 단체성이 강하고 구성원 개인들의 총유재산에 대한 지분권이 인정되지 아니하는 데에서 나온 당연한 귀결이라고 할 것이다(대판 전합 2005. 9. 15, 2004다44971).

⑤ 비법인사단이 타인 간의 금전채무를 보증하는 행위는 총유물 그 자체의 관리·처분이 따르지 아니하는 단순한 채무부담행위에 불과하여 이를 총유물의 관리·처분행위라고 볼 수는 없다(대판 전합 2007. 4. 19, 2004다60072·60089).

09 물건에 관한 설명으로 옳지 않은 것은? (다툼이 있으면 판례에 따름)

① 물건이라 함은 유체물 및 전기 기타 관리할 수 있는 자연력을 말한다.
② 주유소의 주유기는 특별한 사정이 없는 한 주유소 건물의 종물이다.
③ 타인의 토지 위에 권원 없이 식재한 수목의 소유권은 특별한 사정이 없는 한 식재한 자에게 속한다.
④ 물건의 용법에 의하여 수취하는 산출물은 천연과실이다.
⑤ 최소한의 기둥과 지붕 및 주벽이 있는 건물은 토지와는 별개의 독립한 물건으로 인정될 수 있다.

해설 ③ 부동산의 소유자는 그 부동산에 부합한 물건의 소유권을 취득한다. 그러나 타인의 권원에 의하여 부속된 것은 그러하지 아니하다(제256조). 따라서 타인의 토지 위에 권원 없이 식재한 수목의 소유권은 이러한 부합의 법리에 의해 토지 소유자에게 속한다.
① 제98조
② 주유소의 주유기가 비록 독립된 물건이기는 하나 유류저장탱크에 연결되어 유류를 수요자에게 공급하는 기구로서 주유소영업을 위한 건물이 있는 토지의 지상에 설치되었고 그 주유기가 설치된 건물은 당초부터 주유소영업을 위한 건물로 건축되었다는 점 등을 종합하여 볼 때, 그 주유기는 계속해서 주유소건물 자체의 경제적 효용을 다하게 하는 작용을 하고 있으므로 주유소건물의 상용에 공하기 위하여 부속시킨 종물이다(대판 1995. 6. 29, 94다6345).
④ 제101조 제1항
⑤ 판례는 법률상 독립된 부동산으로서의 건물이라고 하기 위하여는 최소한의 기둥과 지붕 그리고 주벽이 이루어지면 된다고 본다.

10 준법률행위에 해당하는 것을 모두 고른 것은?

> ㄱ. 채무의 승인
> ㄴ. 채권양도의 통지
> ㄷ. 매매계약의 해제
> ㄹ. 무권대리인의 상대방이 본인에게 하는 무권대리행위의 추인 여부에 대한 확답의 최고

① ㄱ, ㄴ   ② ㄴ, ㄷ
③ ㄷ, ㄹ   ④ ㄱ, ㄴ, ㄹ
⑤ ㄴ, ㄷ, ㄹ

해설 ㄱ, ㄴ. 관념의 통지로서 준법률행위에 속한다.
ㄷ. 의사표시이다.
ㄹ. 의사의 통지로서 준법률행위에 속한다.

11 민법상 강행규정을 위반한 법률행위의 효과에 관한 설명으로 옳지 않은 것은? (다툼이 있으면 판례에 따름)

① 강행규정을 위반한 법률행위는 당사자의 주장이 없더라도 법원이 직권으로 판단할 수 있다.

② 강행규정을 위반하여 확정적 무효가 된 법률행위는 특별한 사정이 없는 한 당사자의 추인에 의해 유효로 할 수 없다.

③ 강행규정에 위반하여 무효인 계약의 상대방이 그 위반사실에 대하여 선의·무과실이더라도 표현대리의 법리가 적용될 여지는 없다.

④ 강행규정에 위반한 약정을 한 자가 스스로 그 약정의 무효를 주장하는 것은 특별한 사정이 없는 한 신의성실 원칙에 반하여 허용될 수 없다.

⑤ 법률의 금지에 위반되는 행위라도 그것이 선량한 풍속 기타 사회질서에 위반하지 않는 경우에는 민법 제746조가 규정하는 불법원인에 해당하지 않는다.

해설 ④ 강행법규에 위반하여 무효인 수익보장약정이 투자신탁회사가 먼저 고객에게 제의를 함으로써 체결된 것이라고 하더라도, 이러한 경우에 <u>강행법규를 위반한 투자신탁회사 스스로가 그 약정의 무효를 주장함이 신의칙에 위반되는 권리의 행사라는 이유로 그 주장을 배척한다면, 이는 오히려 강행법규에 의하여 배제하려는 결과를 실현시키는 셈이 되어 입법취지를 완전히 몰각하게 되므로, 달리 특별한 사정이 없는 한 위와 같은 주장이 신의성실의 원칙에 반하는 것이라고 할 수 없다</u>(대판 1999. 3. 23, 99다4405).
① <u>신의성실의 원칙에 반하는 것 또는 권리남용은 강행규정에 위배되는</u> 것이므로 당사자의 주장이 없더라도 <u>법원은 직권으로 판단할 수 있다</u>(판례).
② 법률행위가 강행규정 위반이거나 사회질서에 반하거나, 불공정한 법률행위여서 무효인 경우처럼, 무효원인이 해소되고 있지 않은 때에는 추인에 의해 유효하게 될 수 없다.

③ 대리인의 대리행위가 강행규정 위반으로 무효인 경우에 표현대리를 적용하여 상대방이 본인에게 책임을 물을 수 있느냐가 문제된다. 판례는 이를 부정한다.
⑤ 부당이득의 반환청구가 금지되는 사유로 민법 제746조가 규정하는 불법원인이라 함은 그 원인되는 행위가 선량한 풍속 기타 사회질서에 위반하는 경우를 말하는 것으로서 <u>법률의 금지에 위반하는 경우라 할지라도 그것이 선량한 풍속 기타 사회질서에 위반하지 않는 경우에는 이에 해당하지 않는다</u>(대판 2001. 5. 29, 2001다1782).

12 권리의 승계취득에 해당하는 것을 모두 고른 것은? (다툼이 있으면 판례에 따름)

> ㄱ. 타인 소유의 부동산에 저당권을 취득한 경우
> ㄴ. 신축건물의 소유권 보존등기를 마친 자로부터 그 건물에 대하여 전세권을 취득한 경우
> ㄷ. 유실물에 대하여 적법하게 소유권을 취득한 경우
> ㄹ. 점유취득시효의 완성에 의해 완전한 부동산 소유권을 취득한 경우

① ㄱ, ㄴ   ② ㄴ, ㄷ
③ ㄴ, ㄹ   ④ ㄷ, ㄹ
⑤ ㄱ, ㄴ, ㄹ

해설 ㄱ, ㄴ. 저당권설정이나 전세권설정은 승계취득 중 설정적 승계에 속한다
ㄷ. 유실물습득은 원시취득이다.
ㄹ. 취득시효는 원시취득이다.

13 선량한 풍속 기타 사회질서에 반하는 법률행위에 해당하지 않는 것은? (다툼이 있으면 판례에 따름)

① 살인할 것을 조건으로 증여한 경우
② 형사사건에 관하여 보수약정과 별개로 성공보수를 약정한 경우
③ 강제집행을 면할 목적으로 부동산에 허위의 근저당권등기를 마친 경우
④ 수증자가 매도인의 매수인에 대한 배임행위에 적극 가담하여 매매목적 부동산을 증여받은 경우
⑤ 당초부터 오로지 보험사고를 가장하여 보험금을 취득할 목적으로 생명보험계약을 체결한 경우

해설 ③ 강제집행을 면할 목적으로 부동산에 허위의 근저당권설정등기를 경료하는 행위는 민법 제103조의 선량한 풍속 기타 사회질서에 위반한 사항을 내용으로 하는 법률행위로 볼 수 없다(대판 2004. 5. 28, 2003다70041).

① 민법 제103조에 의하여 무효로 되는 반사회질서 행위는 법률행위의 목적인 권리·의무의 내용이 선량한 풍속 기타 사회질서에 위반되는 경우뿐 아니라 그 내용 자체는 반사회질서적인 것이 아니라고 하여도 법률적으로 이를 강제하거나 법률행위에 반사회질서적인 조건 또는 금전적 대가가 결부됨으로써 반사회질서적 성질을 띠게 되는 경우 및 표시되거나 상대방에게 알려진 법률행위의 동기가 반사회질서적인 경우를 포함하나, 이상의 각 요건에 해당하지 아니하고 단지 법률행위의 성립과정에 강박이라는 불법적 방법이 사용된 데에 불과한 때에는 강박에 의한 의사표시의 하자나 의사의 흠결을 이유로 효력을 논의할 수는 있을지언정 반사회질서의 법률행위로서 무효라고 할 수는 없다(대판 2002. 12. 27, 2000다47361).

② 형사사건에 관하여 체결된 성공보수약정이 가져오는 여러 가지 사회적 폐단과 부작용 등을 고려하면, 구속영장청구 기각, 보석 석방, 집행유예나 무죄 판결 등과 같이 의뢰인에게 유리한 결과를 얻어내기 위한 변호사의 변론활동이나 직무수행 그 자체는 정당하다 하더라도, 형사사건에서의 성공보수약정은 수사·재판의 결과를 금전적인 대가와 결부시킴으로써, 기본적 인권의 옹호와 사회정의의 실현을 사명으로 하는 변호사 직무의 공공성을 저해하고, 의뢰인과 일반 국민의 사법제도에 대한 신뢰를 현저히 떨어뜨릴 위험이 있으므로, 선량한 풍속 기타 사회질서에 위배되는 것으로 평가할 수 있다(대판 2015. 7. 23, 2015다200111).

④ 이미 부동산이 매도되었음을 알면서 매도인의 배임행위에 적극 가담하여 증여받은 경우에, 위 증여계약은 사회질서에 반하여 무효이다.

⑤ 당초부터 오로지 보험사고를 가장하여 보험금을 취득할 목적으로 생명보험계약을 체결한 경우에는 사람의 생명을 수단으로 이득을 취하고자 하는 불법적인 행위를 유발할 위험성이 크고, 이러한 목적으로 체결된 생명보험계약에 의하여 보험금을 지급하게 하는 것은 보험계약을 악용하여 부정한 이득을 얻고자 하는 사행심을 조장함으로써 사회적 상당성을 일탈하게 되므로, 이와 같은 생명보험계약은 사회질서에 위배되는 법률행위로서 무효이다(대판 2000. 2. 11, 99다49064).

14 사기에 의한 의사표시에 관한 설명으로 옳지 않은 것은? (다툼이 있으면 판례에 따름)

① 사기에 의한 의사표시에는 의사와 표시의 불일치가 있을 수 없고, 단지 의사표시의 동기에 착오가 있는 것에 불과하다.

② 사기의 의사표시로 인해 부동산의 소유권을 취득한 자로부터 그 부동산의 소유권을 새로이 취득한 제3자는 특별한 사정이 없는 한 선의로 추정된다.

③ 교환계약의 당사자가 자기 소유의 목적물의 시가를 묵비하는 것은 특별한 사정이 없는 한 기망행위가 되지 않는다.

④ 상대방의 대리인에 의한 사기는 민법 제110조 제2항 소정의 제3자의 사기에 해당하지 않는다.

⑤ 계약이 제3자의 위법한 사기행위로 체결된 경우, 표의자는 그 계약을 취소하지 않는 한 제3자를 상대로 그로 인해 발생한 손해의 배상을 청구할 수 없다.

해설 ⑤ 제3자의 사기행위로 인하여 피해자가 주택건설사와 사이에 주택에 관한 분양계약을 체결하였다고 하더라도 제3자의 사기행위 자체가 불법행위를 구성하는 이상, 제3자로서는 그 불법행위로 인하여 피해자가 입은 손해를 배상할 책임을 부담하는 것이므로, <u>피해자가 제3자를 상대로 손해배상청구를 하기 위하여 반드시 그 분양계약을 취소할 필요는 없다</u>(대판 1998. 3. 10, 97다55829).

① 사기에 의한 의사표시란 타인의 기망행위로 말미암아 착오에 빠지게 된 결과 어떠한 의사표시를 하게 되는 경우이므로 거기에는 의사와 표시의 불일치가 있을 수 없고, 단지 의사의 형성과정 즉 의사표시의 동기에 착오가 있는 것에 불과하며, 이 점에서 고유한 의미의 착오에 의한 의사표시와 구분된다(대판 2005. 5. 27, 2004다43824).

② 사기, 강박을 이유로 한 의사표시의 취소는 선의의 제3자에게 대항하지 못한다(제110조 제3항). 이때 제3자는 선의로 추정된다.

③ 교환계약에서 일방당사자가 자기가 소유하는 목적물의 시가를 묵비하여 상대방에게 고지하지 아니하거나 혹은 허위로 시가보다 높은 가액을 시가라고 고지하였다 하더라도 이는 상대방의 의사결정에 불법적인 간섭을 한 것이라고 볼 수 없다(대판 2002. 9. 4, 2000다54406·54413).

④ 상대방의 대리인 등 상대방과 동일시 할 수 있는 자의 사기나 강박은 제3자의 사기·강박에 해당하지 아니한다(대판 1999. 2. 23, 98다60828).

15 "부동산 매매계약에서 당사자 쌍방이 모두 X토지를 그 목적물로 삼았으나 X토지의 지번에 착오를 일으켜 계약체결 시에 계약서상으로는 그 목적물을 Y토지로 표시한 경우라도, X토지를 매매 목적물로 한다는 당사자 쌍방의 의사합치가 있은 이상 그 매매계약은 X토지에 관하여 성립한 것으로 보아야 한다."고 하는 법률행위의 해석방법은?

① 문언해석　　② 통일적 해석
③ 자연적 해석　　④ 규범적 해석
⑤ 보충적 해석

해설 ③ 사안은 오표시(誤表示)무해(無害)의 원칙이 적용되는 경우이다. 이는 표의자 및 그 상대방이 표시행위를 본래의 의미대로 이해하지 아니하고, 일치하여 이와 다른 의미로 이해한 때에 그 법률행위는 표의자와 상대방이 실제 이해한 의미대로 성립한다는 원칙으로, 자연적 해석에 속한다.

16 통정허위표시에 관한 설명으로 옳지 않은 것은? (다툼이 있으면 판례에 따름)

① 채무자의 법률행위가 통정허위표시인 경우에도 채권자취소권의 대상이 될 수 있다.

② 가장 근저당권설정계약이 유효하다고 믿고 그 피담보채권을 가압류한 자는 허위표시의 무효로부터 보호되는 선의의 제3자에 해당한다.

③ 의사표시의 진의와 표시의 불일치에 관하여 상대방과 사이에 합의가 있으면 통정허위표시가 성립한다.

④ 통정허위표시에 따른 법률효과를 침해하는 것처럼 보이는 위법행위가 있는 경우에도 그에 따른 손해배상을 청구할 수 없다.

⑤ 자신의 채권을 보전하기 위해 가장양도인의 가장양수인에 대한 권리를 대위행사하는 채권자는 허위표시를 기초로 새로운 법률상의 이해관계를 맺은 제3자에 해당한다.

해설 ⑤ 자신의 채권을 보전하기 위해 가장양도인의 가장양수인에 대한 권리를 대위행사하는 채권자는 허위표시를 기초로 새로운 법률상의 이해관계를 맺은 제3자에 해당하지 않는다.

① 채무자가 상대방과 통정하여 가장행위를 한 경우에, 채권자는 허위표시로서 무효인 그 법률행위에 대해 채권자취소권을 행사할 수 있다(판례).

② 허위표시의 무효는 선의의 제3자에게 대항하지 못한다(제108조 제2항). 여기서 제3자란 허위표시의 당사자 및 포괄승계인 이외의 자로서, 허위표시에 의하여 외형상 형성된 법률관계를 토대로 실질적으로 새로운 법률상 이해관계를 맺은 자를 말한다. 가장 근저당권설정계약이 유효하다고 믿고 그 피담보채권을 가압류한 자도 이에 속한다.

③ 진의와 다른 의사표시를 하는 데 있어 상대방과 통정하여야 한다. 통정이란 상대방과의 합의를 의미하고 상대방이 단순히 이를 인식하고 있다는 것만으로는 부족하다.

④ 무효인 법률행위는 그 법률행위가 성립한 당초부터 당연히 효력이 발생하지 않는 것이므로, 무효인 법률행위에 따른 법률효과를 침해하는 것처럼 보이는 위법행위나 채무불이행이 있다고 하여도 법률효과의 침해에 따른 손해는 없는 것이므로 그 손해배상을 청구할 수는 없다(대판 2003. 3. 28. 2002다72125).

17 착오에 의한 의사표시에 관한 설명으로 옳지 않은 것은? (다툼이 있으면 판례에 따름)

① 착오로 인하여 표의자가 경제적 불이익을 입은 것이 아니라면 이를 법률행위 내용의 중요부분의 착오라고 할 수 없다.

② 기망행위로 인하여 법률행위의 내용으로 표시되지 않은 동기에 관하여 착오를 일으킨 경우에도 표의자는 그 법률행위를 사기에 의한 의사표시를 이유로 취소할 수 있다.

③ 대리인에 의한 계약체결의 경우, 특별한 사정이 없는 한 착오의 유무는 대리인을 표준으로 판단하여야 한다.

④ 매도인이 매수인의 채무불이행을 이유로 매매계약을 적법하게 해제한 후라도 매수인은 착오를 이유로 취소권을 행사할 수 있다.

⑤ 착오로 인한 의사표시에 있어서 표의자의 중대한 과실 유무에 관한 증명책임은 그 상대방이 아니라 착오자에게 있다.

해설 ⑤ 중대한 과실이 있다는 입증책임은 표의자로 하여금 그 의사표시를 취소케 하지 않으려는 상대방이 부담한다.

① 주채무자의 차용금반환채무를 보증할 의사로 공정증서에 연대보증인으로 서명·날인하였으나 그 공정증서가 주채무자의 기존의 구상금채무 등에 관한 준소비대차계약의 공정증서이었던 경우, 연대보증인은 주채무자가 채권자에게 부담하는 차용금반환채무를 연대보증할 의사가 있었던 이상 착오로 인하여 경제적인 불이익을 입었거나 장차 불이익을 당할 염려도 없으므로 위와 같은 착오는 연대보증계약의 중요부분의 착오가 아니다(대판 2006. 12. 7, 2006다41457).

② 기망행위로 인하여 법률행위의 중요부분에 관하여 착오를 일으킨 경우뿐만 아니라 법률행위의 내용으로 표시되지 아니한 의사결정의 동기에 관하여 착오를 일으킨 경우에도 표의자는 그 법률행위를 '사기에 의한 의사표시'로서 취소할 수 있다(대판 1969. 6. 24, 68다1749).

③ 의사표시의 효력이 의사의 흠결, 사기, 강박 또는 어느 사정을 알았거나 과실로 알지 못한 것으로 인하여 영향을 받을 경우에 그 사실의 유무는 대리인을 표준하여 결정한다(제116조 제1항).

④ 매도인이 매수인의 중도금지급채무불이행을 이유로 매매계약을 적법하게 해제한 후라도 매수인으로서는 상대방이 한 계약해제의 효과로서 발생하는 손해배상책임을 지거나 매매계약에 따른 계약금의 반환을 받을 수 없는 불이익을 면하기 위하여 착오를 이유로 한 취소권을 행사하여 매매계약 전체를 무효로 돌리게 할 수 있다(대판 1996. 12. 6, 95다24982·24999).

18 법률행위의 무효와 취소에 관한 설명으로 옳은 것은? (다툼이 있으면 판례에 따름)

① 계약이 불공정한 법률행위로서 무효인 경우, 그 계약에 대한 부제소합의는 특별한 사정이 없는 한 유효하다.

② 취소할 수 있는 법률행위에서 취소권자의 상대방이 이행을 청구하는 경우에는 법정추인이 된다.

③ 매매계약이 약정된 대금의 과다로 인해 불공정한 법률행위에 해당하여 무효인 경우, 무효행위의 전환에 관한 민법 제138조는 적용될 여지가 없다.

④ 무권리자가 타인의 권리를 처분하는 계약을 체결한 경우, 권리자가 이를 추인하면 계약의 효과는 원칙적으로 계약체결시에 소급하여 권리자에게 귀속된다.

⑤ 취소할 수 있는 법률행위의 상대방이 그 법률행위로 취득한 권리를 타인에게 임의로 양도한 경우, 특별한 사정이 없는 한 그 취소의 의사표시는 그 양수인을 상대방으로 하여야 한다.

해설 ④ 타인의 권리를 자기의 이름으로 또는 자기의 권리로 처분한 후에 본인이 그 처분을 인정하였다면 특별한 사정이 없는 한 무권대리에 있어서 본인의 추인의 경우와 같이 그 처분은 본인에 대하여 효력을 발생한다(대판 1981. 1. 13, 79다2151).

① 매매계약과 같은 쌍무계약이 '불공정한 법률행위'에 해당하여 무효라고 한다면, 그 계약으로 인하여 불이익을 입는 당사자로 하여금 위와 같은 불공정성을 소송 등 사법적 구제수단을 통하여 주장하지 못하도록 하는 부제소합의 역시 다른 특별한 사정이 없는 한 무효이다(대판 2010. 7. 15, 2009다50308).

② 취소권자의 이행청구만을 말하며, 상대방이 이행청구한 경우는 제외된다.

③ 매매계약이 약정된 매매대금의 과다로 말미암아 민법 제104조에서 정하는 불공정한 법률행위에 해당하여 무효인 경우에도 무효행위의 전환에 관한 민법 제138조가 적용될 수 있다(대판 2010. 7. 15, 2009다50308).

⑤ 취소할 수 있는 법률행위의 상대방이 확정한 경우에는 그 취소는 그 상대방에 대한 의사표시로 하여야 한다(제142조).

19 법률행위의 조건과 기한에 관한 설명으로 옳은 것은? (다툼이 있으면 판례에 따름)

① 기한이익 상실의 특약은 특별한 사정이 없는 한 정지조건부 기한이익 상실의 특약으로 추정한다.

② 당사자가 불확정한 사실이 발생한 때를 이행기한으로 정한 경우, 그 사실의 발생이 불가능하게 된 때에는 기한의 도래로 볼 수 없다.

③ 조건성취로 불이익을 받을 자가 과실로 신의성실에 반하여 조건의 성취를 방해한 때에는 상대방은 조건이 성취된 것으로 주장할 수 없다.

④ 기한부 법률행위의 당사자가 기한도래의 효력을 그 도래 전으로 소급하게 할 의사를 표시한 때에는 그 의사에 의한다.

⑤ 조건이 성립하기 위해서는 조건의사와 그 표시가 필요하고, 조건의사가 있더라도 그 것이 외부에 표시되지 않으면 원칙적으로 법률행위의 동기에 불과하다.

해설 ⑤ 조건은 법률행위의 효력의 발생 또는 소멸을 장래의 불확실한 사실의 성부에 의존케 하는 법률행위의 부관으로서 당해 법률행위를 구성하는 의사표시의 일체적인 내용을 이루는 것이므로, 의사표시의 일반원칙에 따라 조건을 붙이고자 하는 의사, 즉 <u>조건의사와 그 표시가 필요하며, 조건의사가 있더라도 그것이 외부에 표시되지 않으면 법률행위의 동기에 불과할 뿐이고 그것만으로는 법률행위의 부관으로서의 조건이 되는 것은 아니다</u> (대판 2003. 5. 13, 2003다10797).

① 정지조건부 기한이익상실의 특약과 형성권적 기한이익상실의 특약의 두 가지로 대별되는 기한이익상실의 특약이 양자 중 어느 것에 해당하느냐는 당사자의 의사해석의 문제이지만, 일반적으로 기한이익상실의 특약이 채권자를 위하여 둔 것인 점에 비추어 명백히 정지조건부 기한이익상실의 특약이라고 볼 만한 특별한 사정이 없는 이상 형성권적 기한이익상실의 특약으로 추정하는 것이 타당하다(대판 2002. 9. 4, 2002다28340).

② [1] 부관이 붙은 법률행위에 있어서 부관에 표시된 사실이 발생하지 아니하면 채무를 이행하지 아니하여도 된다고 보는 것이 상당한 경우에는 조건으로 보아야 하고, 표시된 사실이 <u>발생한 때에는 물론이고 반대로 발생하지 아니하는 것이 확정된 때에도 그 채무를 이행하여야 한다고 보는 것이 상당한 경우에는 표시된 사실의 발생 여부가 확정되는 것을 불확정기한으로 정한 것으로 보아야 한다</u>. [2] 이미 부담하고 있는 채무의 변제에 관하여 일정한 사실이 부관으로 붙여진 경우에는 특별한 사정이 없는 한 그것은 변제기를 유예한 것으로서 그 사실이 발생한 때 또는 발생하지 아니하는 것으로 확정된 때에 기한이 도래한다(대판 2003. 8. 19, 2003다24215).

③ 조건의 성취로 인하여 불이익을 받을 당사자가 신의성실에 반하여 조건의 성취를 방해한 때에는 상대방은 그 조건이 성취한 것으로 주장할 수 있다(제150조 제1항). 이 때 고의에 의한 경우만이 아니라 과실에 의한 경우에도 신의성실에 반하여 조건의 성취를 방해한 때에 해당한다(대판 1998. 12. 22, 98다42356).

④ 기한 도래의 효력에는 소급효가 없다. 이는 절대적이며, 당사자의 특약에 의하여서도 소급효를 인정할 수 없다.

20 복대리에 관한 설명으로 옳은 것은?

① 복대리인은 대리인의 대리인이다.

② 법정대리인은 언제나 복임권이 있다.

③ 대리인이 파산하여도 복대리권은 소멸하지 않는다.

④ 임의대리인은 본인의 승낙이 있는 때에 한하여 복임권을 갖는다.

⑤ 복대리인이 선임되면 특별한 사정이 없는 한 대리인의 대리권은 소멸한다.

해설 ② 법정대리인은 그 책임으로 복대리인을 선임할 수 있다(제122조 제1항 본문). 즉 법정대리인은 원칙적으로 언제나 복임권이 있다.
① 복대리인은 본인의 대리인이다.
③ 복대리권은 대리권을 기초로 하므로 대리인의 대리권이 소멸하면 복대리인의 복대리권도 소멸한다. 예컨대 대리인이 파산하면 대리권이 소멸하고 따라서 복대리권도 소멸한다.
④ 대리권이 법률행위에 의하여 부여된 경우에는 대리인은 본인의 승낙이 있거나 부득이한 사유가 있는 때가 아니면 복대리인을 선임하지 못한다(제120조).
⑤ 복대리인을 선임한 뒤에도 대리인의 대리권은 소멸하지 않는다.

21 무권대리인 乙은 아무런 권한 없이 자신을 甲의 대리인이라고 칭하면서 丙과 甲소유의 X토지에 대한 매매계약을 체결하였다. 이에 관한 설명으로 옳지 않은 것은? (표현대리는 성립하지 않으며, 다툼이 있으면 판례에 따름)

① 丙이 계약 체결 당시 乙이 무권대리인임을 알지 못하였다면, 丙은 甲의 추인이 있기 전에 乙을 상대로 계약을 철회할 수 있다.

② 丙이 계약 체결 당시 乙이 무권대리인임을 알았더라도 丙은 상당한 기간을 정하여 甲에게 추인 여부의 확답을 최고할 수 있다.

③ 甲이 乙의 무권대리행위의 내용을 변경하여 추인한 경우, 그 추인은 그에 대한 丙의 동의가 있어야 유효하다.

④ 乙이 대리권을 증명하지 못하고 甲의 추인도 받지 못한 경우, 丙은 계약 체결 당시 乙이 무권대리인임을 알았더라도 乙에게 계약의 이행이나 손해배상을 청구할 수 있다.

⑤ 계약 체결 후 乙이 甲의 지위를 단독상속한 경우, 乙은 본인의 지위에서 丙을 상대로 계약의 추인을 거절할 수 없다.

해설 ④ 상대방 丙은 선의·무과실이어야 한다.
① 대리권 없는 자가 한 계약은 본인의 추인이 있을 때까지 상대방은 본인이나 그 대리인에 대하여 이를 철회할 수 있다. 그러나 계약 당시에 상대방이 대리권 없음을 안 때에는 그러하지 아니하다(제134조).
② 대리권 없는 자가 타인의 대리인으로 계약을 한 경우에 상대방은 상당한 기간을 정하여 본인에게 그 추인 여부의 확답을 최고할 수 있다. 본인이 그 기간 내에 확답을 발하지 아니한 때에는 추인을 거절한 것으로 본다(제131조).
③ 추인은 원칙적으로 무권대리행위의 전부에 대하여 행하여져야 하고, 그 일부에 대하여 추인을 하거나 그 내용을 변경하여 추인을 하였을 경우에는, 상대방의 동의를 얻지 못하는 한 무효이다.
⑤ 이러한 경우에 무권대리인이 본인의 지위에서 추인을 거절하는 것은 금반언의 원칙이나 신의칙상 허용되지 않는다(대판 1994. 9. 27, 94다20617).

22 민법상 기간에 관한 설명으로 옳은 것은? (다툼이 있으면 판례에 따름)

① 2023년 6월 1일(목) 14시부터 2일간의 기간이 만료하는 때는 2023년 6월 4일 24시이다.

② 2023년 6월 1일(목) 16시부터 72시간의 기간이 만료하는 때는 2023년 6월 4일 16시이다.

③ 2023년 4월 1일(토) 09시부터 2개월의 기간이 만료하는 때는 2023년 6월 2일 24시이다.

④ 2004년 5월 16일(일) 오전 7시에 태어난 사람은 2023년 5월 16일 24시에 성년자가 된다.

⑤ 민법 제157조의 초일불산입의 원칙은 강행규정이므로 당사자의 합의로 달리 정할 수 없다.

해설 ② 기간을 시·분·초로 정한 때에는 자연적 계산방법에 의한다. 즉, 즉시로부터 기산하며 기간의 만료점은 그 정하여진 시·분·초가 종료한 때이다.

① 기간을 일·주·월 또는 연으로 정한 때에는 기간의 초일은 산입하지 아니한다(제157조 본문). 따라서 기산점은 6월 2일 오전 0시이고 만료점은 6월 3일 오후 12시이다.

③ 주·월 또는 연의 처음으로부터 기간을 기산하지 아니한 때에는 최후의 주·월 또는 연에서 그 기산일에 해당한 날의 전일(前日)로 기간이 만료한다(제160조 제2항). 따라서 기산점은 4월 2일 오전 0시이고 만료점은 6월 1일 오후 12시이다.

④ 나이는 출생일을 산입한다(제158조). 따라서 기산점은 2004년 5월 16일이고 2023년 5월 15일 24시에 성년자가 된다.

⑤ 기간의 계산에 관한 민법의 규정은 임의규정이다.

23 소멸시효에 관한 설명으로 옳지 않은 것은? (다툼이 있으면 판례에 따름)

① 선택채권의 소멸시효는 선택권을 행사할 수 있는 때로부터 진행한다.

② 부작위를 목적으로 하는 채권의 소멸시효는 위반행위를 한 때로부터 진행한다.

③ 불확정기한부 채권의 소멸시효는 그 기한이 객관적으로 도래한 때로부터 진행한다.

④ 어떤 권리의 소멸시효기간이 얼마나 되는지에 대해서는 법원이 직권으로 판단할 수 없다.

⑤ 부동산에 대한 매매대금채권이 소유권이전등기청구권과 동시이행의 관계에 있는 경우, 매매대금 청구권은 그 지급기일 이후 시효의 진행에 걸린다.

해설 ④ 어떤 권리의 소멸시효기간이 얼마나 되는지에 관한 주장은 단순한 법률상의 주장에 불과하므로 변론주의의 적용대상이 되지 않고 법원이 직권으로 판단할 수 있다(대판 2008. 3. 27, 2006다70929·70936).

① 선택권을 행사할 수 있는 때로부터 소멸시효가 진행한다.

② 부작위를 목적으로 하는 채권의 소멸시효는 위반행위를 한 때로부터 진행한다(제166조 제2항).

③ 불확정기한부권리의 경우에 비록 권리자가 기한의 도래를 몰랐고 또 모른 데 과실이 없었어도, 소멸시효는 그 기한이 객관적으로 도래한 때부터 진행한다.

⑤ 부동산에 대한 매매대금 채권이 소유권이전등기청구권과 동시이행의 관계에 있다고 할지라도 매도인은 매매대금의 지급기일 이후 언제라도 그 대금의 지급을 청구할 수 있는 것이며, 다만 매수인은 매도인으로부터 그 이전등기에 관한 이행의 제공을 받기까지 그 지급을 거절할 수 있는 데 지나지 아니하므로 매매대금청구권은 그 지급기일 이후 시효의 진행에 걸린다(대판 1991. 3. 22, 90다9797).

24 민법상 3년의 소멸시효 기간의 적용을 받는 채권이 아닌 것은? (다툼이 있으면 판례에 따름)

① 의사의 치료에 관한 채권
② 세무사의 직무에 관한 채권
③ 도급받은 자의 공사에 관한 채권
④ 공인회계사의 직무에 관한 채권
⑤ 수공업자의 업무에 관한 채권

해설 ②④ 민법 제163조 제5호에서 정하고 있는 '변호사, 변리사, 공증인, 공인회계사 및 법무사의 직무에 관한 채권'에만 3년의 단기 소멸시효가 적용되고, 세무사와 같이 그들의 직무와 유사한 직무를 수행하는 다른 자격사의 직무에 관한 채권에 대하여는 민법 제163조 제5호가 유추적용된다고 볼 수 없다(대판 2022. 8. 25, 2021다311111).
① 제163조 제2호
③ 제163조 제3호
⑤ 제163조 제7호

25 소멸시효 중단에 관한 설명으로 옳지 않은 것은? (다툼이 있으면 판례에 따름)

① 지급명령에 의한 시효중단의 효과는 지급명령을 신청한 때에 발생한다.
② 시효이익을 받을 본인의 대리인은 소멸시효 중단사유인 채무의 승인을 할 수 있다.
③ 가압류의 피보전채권에 관하여 본안의 승소판결이 확정되면 가압류에 의한 시효중단의 효력은 당연히 소멸한다.
④ 재판상의 청구로 인하여 중단한 소멸시효는 재판이 확정된 때로부터 새로이 진행한다.
⑤ 시효중단의 효력 있는 승인에는 상대방의 권리에 관한 처분능력이나 권한 있음을 요하지 않는다.

해설 ③ 가압류의 피보전채권에 관하여 본안의 승소판결이 확정되었다고 하더라도 가압류에 의한 시효중단의 효력이 이에 흡수되어 소멸된다고 할 수 없다(대판 2000. 4. 25, 2000다11102).
① 지급명령의 신청이 있으면 소멸시효가 중단된다.
② 승인을 할 수 있는 자는 시효이익을 받을 자 및 그의 대리인이고, 승인의 상대방은 시효의 완성으로 권리를 잃게 될 자 및 그의 대리인이다.
④ 중단된 시효가 다시 기산하는 시기는 '중단사유가 종료한 때'이다. 재판상 청구는 재판이 확정된 때(제178조 제2항), 압류·가압류·가처분인 경우는 절차가 종료한 때, 승인인 경우에는 승인의 통지가 상대방에게 도달한 때 등이다.
⑤ 시효중단의 효력 있는 승인에는 상대방의 권리에 관한 처분의 능력이나 권한 있음을 요하지 아니한다(제177조). 승인은 상대방의 권리의 존재를 인정하는 것에 불과하기 때문이다.

Answer

01 ①	02 ①	03 ②	04 ③	05 ②	06 ④	07 ⑤	08 ①	09 ③	10 ④
11 ④	12 ①	13 ③	14 ⑤	15 ③	16 ⑤	17 ⑤	18 ④	19 ⑤	20 ②
21 ④	22 ②	23 ④	24 ②	25 ③					

제1편 총칙

제1장 통칙

제1조【법원】 민사에 관하여 법률에 규정이 없으면 관습법에 의하고 관습법이 없으면 조리에 의한다.

제2조【신의성실】 ① 권리의 행사와 의무의 이행은 신의에 좇아 성실히 하여야 한다.

② 권리는 남용하지 못한다.

제2장 인

제3조【권리능력의 존속기간】 사람은 생존한 동안 권리와 의무의 주체가 된다.

제4조【성년】 사람은 19세로 성년에 이르게 된다.

[전문개정 2011. 3. 7.]

제5조【미성년자의 능력】 ① 미성년자가 법률행위를 함에는 법정대리인의 동의를 얻어야 한다. 그러나 권리만을 얻거나 의무만을 면하는 행위는 그러하지 아니하다.

② 전항의 규정에 위반한 행위는 취소할 수 있다.

제6조【처분을 허락한 재산】 법정대리인이 범위를 정하여 처분을 허락한 재산은 미성년자가 임의로 처분할 수 있다.

제7조【동의와 허락의 취소】 법정대리인은 미성년자가 아직 법률행위를 하기 전에는 전2조의 동의와 허락을 취소할 수 있다.

제8조【영업의 허락】 ① 미성년자가 법정대리인으로부터 허락을 얻은 특정한 영업에 관하여는 성년자와 동일한 행위능력이 있다.

② 법정대리인은 전항의 허락을 취소 또는 제한할 수 있다. 그러나 선의의 제삼자에게 대항하지 못한다.

제9조【성년후견개시의 심판】 ① 가정법원은 질병, 장애, 노령, 그 밖의 사유로 인한 정신적 제약으로 사무를 처리할 능력이 지속적으로 결여된 사람에 대하여 본인, 배우자, 4촌 이내의 친족, 미성년후견인, 미성년후견감독인, 한정후견인, 한정후견감독인, 특정후견인, 특정후견감독인, 검사 또는 지방자치단체의 장의 청구에 의하여 성년후견개시의 심판을 한다.

② 가정법원은 성년후견개시의 심판을 할 때 본인의 의사를 고려하여야 한다.

[전문개정 2011. 3. 7.]

제10조【피성년후견인의 행위와 취소】 ① 피성년후견인의 법률행위는 취소할 수 있다.

② 제1항에도 불구하고 가정법원은 취소할 수 없는 피성년후견인의 법률행위의 범위를 정할 수 있다.

③ 가정법원은 본인, 배우자, 4촌 이내의 친족, 성년후견인, 성년후견감독인, 검사 또는 지방자치단체의 장의 청구에 의하여 제2항의 범위를 변경할 수 있다.

④ 제1항에도 불구하고 일용품의 구입 등 일상생활에 필요하고 그 대가가 과도하지 아니한 법률행위는 성년후견인이 취소할 수 없다.

[전문개정 2011. 3. 7.]

제11조【성년후견종료의 심판】 성년후견개시의 원인이 소멸된 경우에는 가정법원은 본인, 배우자, 4촌 이내의 친족, 성년후견인, 성년후견감독인, 검사 또는 지방자치단체의 장의 청구에 의하여 성년후견종료의 심판을 한다.

[전문개정 2011. 3. 7.]

제12조【한정후견개시의 심판】 ① 가정법원은 질병, 장애, 노령, 그 밖의 사유로 인한 정신적 제약으로 사무를 처리할 능력이 부족한 사람에 대하여 본인, 배우자, 4촌 이내의 친족, 미성년후견인, 미성년후견감독인, 성년후견인, 성년후견감독인, 특정후견인, 특정후견감독인, 검사 또는 지방자치단체의 장의 청구에 의하여 한정후견개시의 심판을 한다.

② 한정후견개시의 경우에 제9조제2항을 준용한다.

[전문개정 2011. 3. 7.]

제13조【피한정후견인의 행위와 동의】 ① 가정법원은 피한정후견인이 한정후견인의 동의를 받아야 하는 행위의 범위를 정할 수 있다.

② 가정법원은 본인, 배우자, 4촌 이내의 친족, 한정후견인, 한정후견감독인, 검사 또는 지방자치단체의 장의 청구에 의하여 제1항에 따른 한정후견인의 동의를 받

아야만 할 수 있는 행위의 범위를 변경할 수 있다.

③ 한정후견인의 동의를 필요로 하는 행위에 대하여 한정후견인이 피한정후견인의 이익이 침해될 염려가 있음에도 그 동의를 하지 아니하는 때에는 가정법원은 피한정후견인의 청구에 의하여 한정후견인의 동의를 갈음하는 허가를 할 수 있다.

④ 한정후견인의 동의가 필요한 법률행위를 피한정후견인이 한정후견인의 동의 없이 하였을 때에는 그 법률행위를 취소할 수 있다. 다만, 일용품의 구입 등 일상생활에 필요하고 그 대가가 과도하지 아니한 법률행위에 대하여는 그러하지 아니하다.

[전문개정 2011. 3. 7.]

제14조 【한정후견종료의 심판】 한정후견개시의 원인이 소멸된 경우에는 가정법원은 본인, 배우자, 4촌 이내의 친족, 한정후견인, 한정후견감독인, 검사 또는 지방자치단체의 장의 청구에 의하여 한정후견종료의 심판을 한다.

[전문개정 2011. 3. 7.]

제14조의2 【특정후견의 심판】 ① 가정법원은 질병, 장애, 노령, 그 밖의 사유로 인한 정신적 제약으로 일시적 후원 또는 특정한 사무에 관한 후원이 필요한 사람에 대하여 본인, 배우자, 4촌 이내의 친족, 미성년후견인, 미성년후견감독인, 검사 또는 지방자치단체의 장의 청구에 의하여 특정후견의 심판을 한다.

② 특정후견은 본인의 의사에 반하여 할 수 없다.

③ 특정후견의 심판을 하는 경우에는 특정후견의 기간 또는 사무의 범위를 정하여야 한다.

[본조신설 2011. 3. 7.]

제14조의3 【심판 사이의 관계】 ① 가정법원이 피한정후견인 또는 피특정후견인에 대하여 성년후견개시의 심판을 할 때에는 종전의 한정후견 또는 특정후견의 종료 심판을 한다.

② 가정법원이 피성년후견인 또는 피특정후견인에 대하여 한정후견개시의 심판을 할 때에는 종전의 성년후견 또는 특정후견의 종료 심판을 한다.

[본조신설 2011. 3. 7.]

제15조 【제한능력자의 상대방의 확답을 촉구할 권리】
① 제한능력자의 상대방은 제한능력자가 능력자가 된 후에 그에게 1개월 이상의 기간을 정하여 그 취소할 수 있는 행위를 추인할 것인지 여부의 확답을 촉구할 수 있다. 능력자로 된 사람이 그 기간 내에 확답을 발송하지 아니하면 그 행위를 추인한 것으로 본다.

② 제한능력자가 아직 능력자가 되지 못한 경우에는 그의 법정대리인에게 제1항의 촉구를 할 수 있고, 법정대리인이 그 정하여진 기간 내에 확답을 발송하지 아니한 경우에는 그 행위를 추인한 것으로 본다.

③ 특별한 절차가 필요한 행위는 그 정하여진 기간 내에 그 절차를 밟은 확답을 발송하지 아니하면 취소한 것으로 본다.

[전문개정 2011. 3. 7.]

제16조 【제한능력자의 상대방의 철회권과 거절권】 ① 제한능력자가 맺은 계약은 추인이 있을 때까지 상대방이 그 의사표시를 철회할 수 있다. 다만, 상대방이 계약 당시에 제한능력자임을 알았을 경우에는 그러하지 아니하다.

② 제한능력자의 단독행위는 추인이 있을 때까지 상대방이 거절할 수 있다.

③ 제1항의 철회나 제2항의 거절의 의사표시는 제한능력자에게도 할 수 있다.

[전문개정 2011. 3. 7.]

제17조 【제한능력자의 속임수】 ① 제한능력자가 속임수로써 자기를 능력자로 믿게 한 경우에는 그 행위를 취소할 수 없다.

② 미성년자나 피한정후견인이 속임수로써 법정대리인의 동의가 있는 것으로 믿게 한 경우에도 제1항과 같다.

[전문개정 2011. 3. 7.]

제18조 【주소】 ① 생활의 근거되는 곳을 주소로 한다.

② 주소는 동시에 두 곳 이상 있을 수 있다.

제19조 【거소】 주소를 알 수 없으면 거소를 주소로 본다.

제20조 【거소】 국내에 주소없는 자에 대하여는 국내에 있는 거소를 주소로 본다.

제21조 【가주소】 어느 행위에 있어서 가주소를 정한 때에는 그 행위에 관하여는 이를 주소로 본다.

제22조 【부재자의 재산의 관리】 ① 종래의 주소나 거소를 떠난 자가 재산관리인을 정하지 아니한 때에는 법원은 이해관계인이나 검사의 청구에 의하여 재산관리에 관하여 필요한 처분을 명하여야 한다. 본인의 부재 중 재산관리인의 권한이 소멸한 때에도 같다.

② 본인이 그 후에 재산관리인을 정한 때에는 법원은 본인, 재산관리인, 이해관계인 또는 검사의 청구에 의하여 전항의 명령을 취소하여야 한다.

제23조 【관리인의 개임】 부재자가 재산관리인을 정한 경우에 부재자의 생사가 분명하지 아니한 때에는 법원은 재산관리인, 이해관계인 또는 검사의 청구에 의하여

재산관리인을 개임할 수 있다.

제24조【관리인의 직무】 ① 법원이 선임한 재산관리인은 관리할 재산목록을 작성하여야 한다.

② 법원은 그 선임한 재산관리인에 대하여 부재자의 재산을 보존하기 위하여 필요한 처분을 명할 수 있다.

③ 부재자의 생사가 분명하지 아니한 경우에 이해관계인이나 검사의 청구가 있는 때에는 법원은 부재자가 정한 재산관리인에게 전2항의 처분을 명할 수 있다.

④ 전3항의 경우에 그 비용은 부재자의 재산으로써 지급한다.

제25조【관리인의 권한】 법원이 선임한 재산관리인이 제118조에 규정한 권한을 넘는 행위를 함에는 법원의 허가를 얻어야 한다. 부재자의 생사가 분명하지 아니한 경우에 부재자가 정한 재산관리인이 권한을 넘는 행위를 할 때에도 같다.

제26조【관리인의 담보제공, 보수】 ① 법원은 그 선임한 재산관리인으로 하여금 재산의 관리 및 반환에 관하여 상당한 담보를 제공하게 할 수 있다.

② 법원은 그 선임한 재산관리인에 대하여 부재자의 재산으로 상당한 보수를 지급할 수 있다.

③ 전2항의 규정은 부재자의 생사가 분명하지 아니한 경우에 부재자가 정한 재산관리인에 준용한다.

제27조【실종의 선고】 ① 부재자의 생사가 5년간 분명하지 아니한 때에는 법원은 이해관계인이나 검사의 청구에 의하여 실종선고를 하여야 한다.

② 전지에 임한 자, 침몰한 선박 중에 있던 자, 추락한 항공기 중에 있던 자 기타 사망의 원인이 될 위난을 당한 자의 생사가 전쟁종지후 또는 선박의 침몰, 항공기의 추락 기타 위난이 종료한 후 1년간 분명하지 아니한 때에도 제1항과 같다. <개정 1984. 4. 10.>

제28조【실종선고의 효과】 실종선고를 받은 자는 전조의 기간이 만료한 때에 사망한 것으로 본다.

제29조【실종선고의 취소】 ① 실종자의 생존한 사실 또는 전조의 규정과 상이한 때에 사망한 사실의 증명이 있으면 법원은 본인, 이해관계인 또는 검사의 청구에 의하여 실종선고를 취소하여야 한다. 그러나 실종선고 후 그 취소전에 선의로 한 행위의 효력에 영향을 미치지 아니한다.

② 실종선고의 취소가 있을 때에 실종의 선고를 직접원인으로 하여 재산을 취득한 자가 선의인 경우에는 그 받은 이익이 현존하는 한도에서 반환할 의무가 있고 악의인 경우에는 그 받은 이익에 이자를 붙여서 반환하고

손해가 있으면 이를 배상하여야 한다.

제30조【동시사망】 2인 이상이 동일한 위난으로 사망한 경우에는 동시에 사망한 것으로 추정한다.

제3장 법인

제31조【법인성립의 준칙】 법인은 법률의 규정에 의함이 아니면 성립하지 못한다.

제32조【비영리법인의 설립과 허가】 학술, 종교, 자선, 기예, 사교 기타 영리아닌 사업을 목적으로 하는 사단 또는 재단은 주무관청의 허가를 얻어 이를 법인으로 할 수 있다.

제33조【법인설립의 등기】 법인은 그 주된 사무소의 소재지에서 설립등기를 함으로써 성립한다.

제34조【법인의 권리능력】 법인은 법률의 규정에 좇아 정관으로 정한 목적의 범위 내에서 권리와 의무의 주체가 된다.

제35조【법인의 불법행위능력】 ① 법인은 이사 기타 대표자가 그 직무에 관하여 타인에게 가한 손해를 배상할 책임이 있다. 이사 기타 대표자는 이로 인하여 자기의 손해배상책임을 면하지 못한다.

② 법인의 목적범위외의 행위로 인하여 타인에게 손해를 가한 때에는 그 사항의 의결에 찬성하거나 그 의결을 집행한 사원, 이사 및 기타 대표자가 연대하여 배상하여야 한다.

제36조【법인의 주소】 법인의 주소는 그 주된 사무소의 소재지에 있는 것으로 한다.

제37조【법인의 사무의 검사, 감독】 법인의 사무는 주무관청이 검사, 감독한다.

제38조【법인의 설립허가의 취소】 법인이 목적 이외의 사업을 하거나 설립허가의 조건에 위반하거나 기타 공익을 해하는 행위를 한 때에는 주무관청은 그 허가를 취소할 수 있다.

제39조【영리법인】 ① 영리를 목적으로 하는 사단은 상사회사설립의 조건에 좇아 이를 법인으로 할 수 있다.

② 전항의 사단법인에는 모두 상사회사에 관한 규정을 준용한다.

제40조【사단법인의 정관】 사단법인의 설립자는 다음 각호의 사항을 기재한 정관을 작성하여 기명날인하여야 한다.

1. 목적
2. 명칭

3. 사무소의 소재지

4. 자산에 관한 규정

5. 이사의 임면에 관한 규정

6. 사원자격의 득실에 관한 규정

7. 존립시기나 해산사유를 정하는 때에는 그 시기 또는 사유

제41조【이사의 대표권에 대한 제한】 이사의 대표권에 대한 제한은 이를 정관에 기재하지 아니하면 그 효력이 없다.

제42조【사단법인의 정관의 변경】 ① 사단법인의 정관은 총사원 3분의 2 이상의 동의가 있는 때에 한하여 이를 변경할 수 있다. 그러나 정수에 관하여 정관에 다른 규정이 있는 때에는 그 규정에 의한다.

② 정관의 변경은 주무관청의 허가를 얻지 아니하면 그 효력이 없다.

제43조【재단법인의 정관】 재단법인의 설립자는 일정한 재산을 출연하고 제40조제1호 내지 제5호의 사항을 기재한 정관을 작성하여 기명날인하여야 한다.

제44조【재단법인의 정관의 보충】 재단법인의 설립자가 그 명칭, 사무소소재지 또는 이사임면의 방법을 정하지 아니하고 사망한 때에는 이해관계인 또는 검사의 청구에 의하여 법원이 이를 정한다.

제45조【재단법인의 정관변경】 ① 재단법인의 정관은 그 변경방법을 정관에 정한 때에 한하여 변경할 수 있다.

② 재단법인의 목적달성 또는 그 재산의 보전을 위하여 적당한 때에는 전항의 규정에 불구하고 명칭 또는 사무소의 소재지를 변경할 수 있다.

③ 제42조제2항의 규정은 전2항의 경우에 준용한다.

제46조【재단법인의 목적 기타의 변경】 재단법인의 목적을 달성할 수 없는 때에는 설립자나 이사는 주무관청의 허가를 얻어 설립의 취지를 참작하여 그 목적 기타 정관의 규정을 변경할 수 있다.

제47조【증여, 유증에 관한 규정의 준용】 ① 생전처분으로 재단법인을 설립하는 때에는 증여에 관한 규정을 준용한다.

② 유언으로 재단법인을 설립하는 때에는 유증에 관한 규정을 준용한다.

제48조【출연재산의 귀속시기】 ① 생전처분으로 재단법인을 설립하는 때에는 출연재산은 법인이 성립된 때로부터 법인의 재산이 된다.

② 유언으로 재단법인을 설립하는 때에는 출연재산은 유언의 효력이 발생한 때로부터 법인에 귀속한 것으로 본다.

제49조【법인의 등기사항】 ① 법인설립의 허가가 있는 때에는 3주간내에 주된 사무소소재지에서 설립등기를 하여야 한다.

② 전항의 등기사항은 다음과 같다.

1. 목적

2. 명칭

3. 사무소

4. 설립허가의 연월일

5. 존립시기나 해산이유를 정한 때에는 그 시기 또는 사유

6. 자산의 총액

7. 출자의 방법을 정한 때에는 그 방법

8. 이사의 성명, 주소

9. 이사의 대표권을 제한한 때에는 그 제한

제50조【분사무소설치의 등기】 ① 법인이 분사무소를 설치한 때에는 주사무소소재지에서는 3주간내에 분사무소를 설치한 것을 등기하고 그 분사무소소재지에서는 동기간내에 전조제2항의 사항을 등기하고 다른 분사무소소재지에서는 동기간내에 그 분사무소를 설치한 것을 등기하여야 한다.

② 주사무소 또는 분사무소의 소재지를 관할하는 등기소의 관할구역내에 분사무소를 설치한 때에는 전항의 기간내에 그 사무소를 설치한 것을 등기하면 된다.

제51조【사무소이전의 등기】 ① 법인이 그 사무소를 이전하는 때에는 구소재지에서는 3주간내에 이전등기를 하고 신소재지에서는 동기간내에 제49조제2항에 게기한 사항을 등기하여야 한다.

② 동일한 등기소의 관할구역내에서 사무소를 이전한 때에는 그 이전한 것을 등기하면 된다.

제52조【변경등기】 제49조제2항의 사항 중에 변경이 있는 때에는 3주간내에 변경등기를 하여야 한다.

제52조의2【직무집행정지 등 가처분의 등기】 이사의 직무집행을 정지하거나 직무대행자를 선임하는 가처분을 하거나 그 가처분을 변경·취소하는 경우에는 주사무소와 분사무소가 있는 곳의 등기소에서 이를 등기하여야 한다.

[본조신설 2001. 12. 29.]

제53조【등기기간의 기산】 전3조의 규정에 의하여 등기할 사항으로 관청의 허가를 요하는 것은 그 허가서가 도착한 날로부터 등기의 기간을 기산한다.

제54조【설립등기 이외의 등기의 효력과 등기사항의 공고】 ① 설립등기 이외의 본절의 등기사항은 그 등기후

가 아니면 제삼자에게 대항하지 못한다.

② 등기한 사항은 법원이 지체없이 공고하여야 한다.

제55조【재산목록과 사원명부】 ① 법인은 성립한 때 및 매년 3월내에 재산목록을 작성하여 사무소에 비치하여야 한다. 사업연도를 정한 법인은 성립한 때 및 그 연도말에 이를 작성하여야 한다.

② 사단법인은 사원명부를 비치하고 사원의 변경이 있는 때에는 이를 기재하여야 한다.

제56조【사원권의 양도, 상속금지】 사단법인의 사원의 지위는 양도 또는 상속할 수 없다.

제57조【이사】 법인은 이사를 두어야 한다.

제58조【이사의 사무집행】 ① 이사는 법인의 사무를 집행한다.

② 이사가 수인인 경우에는 정관에 다른 규정이 없으면 법인의 사무집행은 이사의 과반수로써 결정한다.

제59조【이사의 대표권】 ① 이사는 법인의 사무에 관하여 각자 법인을 대표한다. 그러나 정관에 규정한 취지에 위반할 수 없고 특히 사단법인은 총회의 의결에 의하여야 한다.

② 법인의 대표에 관하여는 대리에 관한 규정을 준용한다.

제60조【이사의 대표권에 대한 제한의 대항요건】 이사의 대표권에 대한 제한은 등기하지 아니하면 제삼자에게 대항하지 못한다.

제60조의2【직무대행자의 권한】 ① 제52조의2의 직무대행자는 가처분명령에 다른 정함이 있는 경우 외에는 법인의 통상사무에 속하지 아니한 행위를 하지 못한다. 다만, 법원의 허가를 얻은 경우에는 그러하지 아니하다.

② 직무대행자가 제1항의 규정에 위반한 행위를 한 경우에도 법인은 선의의 제3자에 대하여 책임을 진다.

[본조신설 2001. 12. 29.]

제61조【이사의 주의의무】 이사는 선량한 관리자의 주의로 그 직무를 행하여야 한다.

제62조【이사의 대리인 선임】 이사는 정관 또는 총회의 결의로 금지하지 아니한 사항에 한하여 타인으로 하여금 특정한 행위를 대리하게 할 수 있다.

제63조【임시이사의 선임】 이사가 없거나 결원이 있는 경우에 이로 인하여 손해가 생길 염려 있는 때에는 법원은 이해관계인이나 검사의 청구에 의하여 임시이사를 선임하여야 한다.

제64조【특별대리인의 선임】 법인과 이사의 이익이 상반하는 사항에 관하여는 이사는 대표권이 없다. 이 경우에는 전조의 규정에 의하여 특별대리인을 선임하여야 한다.

제65조【이사의 임무해태】 이사가 그 임무를 해태한 때에는 그 이사는 법인에 대하여 연대하여 손해배상의 책임이 있다.

제66조【감사】 법인은 정관 또는 총회의 결의로 감사를 둘 수 있다.

제67조【감사의 직무】 감사의 직무는 다음과 같다.

1. 법인의 재산상황을 감사하는 일
2. 이사의 업무집행의 상황을 감사하는 일
3. 재산상황 또는 업무집행에 관하여 부정, 불비한 것이 있음을 발견한 때에는 이를 총회 또는 주무관청에 보고하는 일
4. 전호의 보고를 하기 위하여 필요있는 때에는 총회를 소집하는 일

제68조【총회의 권한】 사단법인의 사무는 정관으로 이사 또는 기타 임원에게 위임한 사항외에는 총회의 결의에 의하여야 한다.

제69조【통상총회】 사단법인의 이사는 매년 1회 이상 통상총회를 소집하여야 한다.

제70조【임시총회】 ① 사단법인의 이사는 필요하다고 인정한 때에는 임시총회를 소집할 수 있다.

② 총사원의 5분의 1 이상으로부터 회의의 목적사항을 제시하여 청구한 때에는 이사는 임시총회를 소집하여야 한다. 이 정수는 정관으로 증감할 수 있다.

③ 전항의 청구있는 후 2주간내에 이사가 총회소집의 절차를 밟지 아니한 때에는 청구한 사원은 법원의 허가를 얻어 이를 소집할 수 있다.

제71조【총회의 소집】 총회의 소집은 1주간전에 그 회의의 목적사항을 기재한 통지를 발하고 기타 정관에 정한 방법에 의하여야 한다.

제72조【총회의 결의사항】 총회는 전조의 규정에 의하여 통지한 사항에 관하여서만 결의할 수 있다. 그러나 정관에 다른 규정이 있는 때에는 그 규정에 의한다.

제73조【사원의 결의권】 ① 각 사원의 결의권은 평등으로 한다.

② 사원은 서면이나 대리인으로 결의권을 행사할 수 있다.

③ 전2항의 규정은 정관에 다른 규정이 있는 때에는 적용하지 아니한다.

제74조【사원이 결의권없는 경우】 사단법인과 어느 사원과의 관계사항을 의결하는 경우에는 그 사원은 결의권이 없다.

제75조【총회의 결의방법】 ① 총회의 결의는 본법 또

는 정관에 다른 규정이 없으면 사원 과반수의 출석과 출석사원의 결의권의 과반수로써 한다.

② 제73조제2항의 경우에는 당해사원은 출석한 것으로 한다.

제76조【총회의 의사록】 ① 총회의 의사에 관하여는 의사록을 작성하여야 한다.

② 의사록에는 의사의 경과, 요령 및 결과를 기재하고 의장 및 출석한 이사가 기명날인하여야 한다.

③ 이사는 의사록을 주된 사무소에 비치하여야 한다.

제77조【해산사유】 ① 법인은 존립기간의 만료, 법인의 목적의 달성 또는 달성의 불능 기타 정관에 정한 해산사유의 발생, 파산 또는 설립허가의 취소로 해산한다.

② 사단법인은 사원이 없게 되거나 총회의 결의로도 해산한다.

제78조【사단법인의 해산결의】 사단법인은 총사원 4분의 3 이상의 동의가 없으면 해산을 결의하지 못한다. 그러나 정관에 다른 규정이 있는 때에는 그 규정에 의한다.

제79조【파산신청】 법인이 채무를 완제하지 못하게 된 때에는 이사는 지체없이 파산신청을 하여야 한다.

제80조【잔여재산의 귀속】 ① 해산한 법인의 재산은 정관으로 지정한 자에게 귀속한다.

② 정관으로 귀속권리자를 지정하지 아니하거나 이를 지정하는 방법을 정하지 아니한 때에는 이사 또는 청산인은 주무관청의 허가를 얻어 그 법인의 목적에 유사한 목적을 위하여 그 재산을 처분할 수 있다. 그러나 사단법인에 있어서는 총회의 결의가 있어야 한다.

③ 전2항의 규정에 의하여 처분되지 아니한 재산은 국고에 귀속한다.

제81조【청산법인】 해산한 법인은 청산의 목적범위 내에서만 권리가 있고 의무를 부담한다.

제82조【청산인】 법인이 해산한 때에는 파산의 경우를 제하고는 이사가 청산인이 된다. 그러나 정관 또는 총회의 결의로 달리 정한 바가 있으면 그에 의한다.

제83조【법원에 의한 청산인의 선임】 전조의 규정에 의하여 청산인이 될 자가 없거나 청산인의 결원으로 인하여 손해가 생길 염려가 있는 때에는 법원은 직권 또는 이해관계인이나 검사의 청구에 의하여 청산인을 선임할 수 있다.

제84조【법원에 의한 청산인의 해임】 중요한 사유가 있는 때에는 법원은 직권 또는 이해관계인이나 검사의 청구에 의하여 청산인을 해임할 수 있다.

제85조【해산등기】 ① 청산인은 파산의 경우를 제하고는 그 취임후 3주간내에 해산의 사유 및 연월일, 청산인의 성명 및 주소와 청산인의 대표권을 제한한 때에는 그 제한을 주된 사무소 및 분사무소소재지에서 등기하여야 한다.

② 제52조의 규정은 전항의 등기에 준용한다.

제86조【해산신고】 ① 청산인은 파산의 경우를 제하고는 그 취임후 3주간내에 전조제1항의 사항을 주무관청에 신고하여야 한다.

② 청산중에 취임한 청산인은 그 성명 및 주소를 신고하면 된다.

제87조【청산인의 직무】 ① 청산인의 직무는 다음과 같다.

　　1. 현존사무의 종결
　　2. 채권의 추심 및 채무의 변제
　　3. 잔여재산의 인도

② 청산인은 전항의 직무를 행하기 위하여 필요한 모든 행위를 할 수 있다.

제88조【채권신고의 공고】 ① 청산인은 취임한 날로부터 2월내에 3회 이상의 공고로 채권자에 대하여 일정한 기간내에 그 채권을 신고할 것을 최고하여야 한다. 그 기간은 2월 이상이어야 한다.

② 전항의 공고에는 채권자가 기간내에 신고하지 아니하면 청산으로부터 제외될 것을 표시하여야 한다.

③ 제1항의 공고는 법원의 등기사항의 공고와 동일한 방법으로 하여야 한다.

제89조【채권신고의 최고】 청산인은 알고 있는 채권자에게 대하여는 각각 그 채권신고를 최고하여야 한다. 알고 있는 채권자는 청산으로부터 제외하지 못한다.

제90조【채권신고기간내의 변제금지】 청산인은 제88조제1항의 채권신고기간내에는 채권자에 대하여 변제하지 못한다. 그러나 법인은 채권자에 대한 지연손해배상의 의무를 면하지 못한다.

제91조【채권변제의 특례】 ① 청산 중의 법인은 변제기에 이르지 아니한 채권에 대하여도 변제할 수 있다.

② 전항의 경우에는 조건있는 채권, 존속기간의 불확정한 채권 기타 가액의 불확정한 채권에 관하여는 법원이 선임한 감정인의 평가에 의하여 변제하여야 한다.

제92조【청산으로부터 제외된 채권】 청산으로부터 제외된 채권자는 법인의 채무를 완제한 후 귀속권리자에게 인도하지 아니한 재산에 대하여서만 변제를 청구할 수 있다.

제93조【청산중의 파산】 ① 청산중 법인의 재산이 그 채무를 완제하기에 부족한 것이 분명하게 된 때에는 청산인은 지체없이 파산선고를 신청하고 이를 공고하여야 한다.
② 청산인은 파산관재인에게 그 사무를 인계함으로써 그 임무가 종료한다.
③ 제88조제3항의 규정은 제1항의 공고에 준용한다.

제94조【청산종결의 등기와 신고】 청산이 종결한 때에는 청산인은 3주간내에 이를 등기하고 주무관청에 신고하여야 한다.

제95조【해산, 청산의 검사, 감독】 법인의 해산 및 청산은 법원이 검사, 감독한다.

제96조【준용규정】 제58조제2항, 제59조 내지 제62조, 제64조, 제65조 및 제70조의 규정은 청산인에 이를 준용한다.

제97조【벌칙】 법인의 이사, 감사 또는 청산인은 다음 각호의 경우에는 500만원 이하의 과태료에 처한다. <개정 2007. 12. 21.>
　1. 본장에 규정한 등기를 해태한 때
　2. 제55조의 규정에 위반하거나 재산목록 또는 사원명부에 부정기재를 한 때
　3. 제37조, 제95조에 규정한 검사, 감독을 방해한 때
　4. 주무관청 또는 총회에 대하여 사실아닌 신고를 하거나 사실을 은폐한 때
　5. 제76조와 제90조의 규정에 위반한 때
　6. 제79조, 제93조의 규정에 위반하여 파산선고의 신청을 해태한 때
　7. 제88조, 제93조에 정한 공고를 해태하거나 부정한 공고를 한 때

제4장 물건

제98조【물건의 정의】 본법에서 물건이라 함은 유체물 및 전기 기타 관리할 수 있는 자연력을 말한다.

제99조【부동산, 동산】 ① 토지 및 그 정착물은 부동산이다.
② 부동산 이외의 물건은 동산이다.

제100조【주물, 종물】 ① 물건의 소유자가 그 물건의 상용에 공하기 위하여 자기소유인 다른 물건을 이에 부속하게 한 때에는 그 부속물은 종물이다.
② 종물은 주물의 처분에 따른다.

제101조【천연과실, 법정과실】 ① 물건의 용법에 의하여 수취하는 산출물은 천연과실이다.
② 물건의 사용대가로 받는 금전 기타의 물건은 법정과실로 한다.

제102조【과실의 취득】 ① 천연과실은 그 원물로부터 분리하는 때에 이를 수취할 권리자에게 속한다.
② 법정과실은 수취할 권리의 존속기간일수의 비율로 취득한다.

제5장 법률행위

제103조【반사회질서의 법률행위】 선량한 풍속 기타 사회질서에 위반한 사항을 내용으로 하는 법률행위는 무효로 한다.

제104조【불공정한 법률행위】 당사자의 궁박, 경솔 또는 무경험으로 인하여 현저하게 공정을 잃은 법률행위는 무효로 한다.

제105조【임의규정】 법률행위의 당사자가 법령 중의 선량한 풍속 기타 사회질서에 관계없는 규정과 다른 의사를 표시한 때에는 그 의사에 의한다.

제106조【사실인 관습】 법령 중의 선량한 풍속 기타 사회질서에 관계없는 규정과 다른 관습이 있는 경우에 당사자의 의사가 명확하지 아니한 때에는 그 관습에 의한다.

제107조【진의 아닌 의사표시】 ① 의사표시는 표의자가 진의아님을 알고 한 것이라도 그 효력이 있다. 그러나 상대방이 표의자의 진의아님을 알았거나 이를 알 수 있었을 경우에는 무효로 한다.
② 전항의 의사표시의 무효는 선의의 제삼자에게 대항하지 못한다.

제108조【통정한 허위의 의사표시】 ① 상대방과 통정한 허위의 의사표시는 무효로 한다.
② 전항의 의사표시의 무효는 선의의 제삼자에게 대항하지 못한다.

제109조【착오로 인한 의사표시】 ① 의사표시는 법률행위의 내용의 중요부분에 착오가 있는 때에는 취소할 수 있다. 그러나 그 착오가 표의자의 중대한 과실로 인한 때에는 취소하지 못한다.
② 전항의 의사표시의 취소는 선의의 제삼자에게 대항하지 못한다.

제110조【사기, 강박에 의한 의사표시】 ① 사기나 강박에 의한 의사표시는 취소할 수 있다.
② 상대방있는 의사표시에 관하여 제삼자가 사기나 강

박을 행한 경우에는 상대방이 그 사실을 알았거나 알 수 있었을 경우에 한하여 그 의사표시를 취소할 수 있다.

③ 전2항의 의사표시의 취소는 선의의 제삼자에게 대항하지 못한다.

제111조【의사표시의 효력발생시기】 ① 상대방이 있는 의사표시는 상대방에게 도달한 때에 그 효력이 생긴다.

② 의사표시자가 그 통지를 발송한 후 사망하거나 제한능력자가 되어도 의사표시의 효력에 영향을 미치지 아니한다.

[전문개정 2011. 3. 7.]

제112조【제한능력자에 대한 의사표시의 효력】 의사표시의 상대방이 의사표시를 받은 때에 제한능력자인 경우에는 의사표시자는 그 의사표시로써 대항할 수 없다. 다만, 그 상대방의 법정대리인이 의사표시가 도달한 사실을 안 후에는 그러하지 아니하다.

[전문개정 2011. 3. 7.]

제113조【의사표시의 공시송달】 표의자가 과실없이 상대방을 알지 못하거나 상대방의 소재를 알지 못하는 경우에는 의사표시는 민사소송법 공시송달의 규정에 의하여 송달할 수 있다.

제114조【대리행위의 효력】 ① 대리인이 그 권한내에서 본인을 위한 것임을 표시한 의사표시는 직접 본인에게 대하여 효력이 생긴다.

② 전항의 규정은 대리인에게 대한 제삼자의 의사표시에 준용한다.

제115조【본인을 위한 것임을 표시하지 아니한 행위】 대리인이 본인을 위한 것임을 표시하지 아니한 때에는 그 의사표시는 자기를 위한 것으로 본다. 그러나 상대방이 대리인으로서 한 것임을 알았거나 알 수 있었을 때에는 전조제1항의 규정을 준용한다.

제116조【대리행위의 하자】 ① 의사표시의 효력이 의사의 흠결, 사기, 강박 또는 어느 사정을 알았거나 과실로 알지 못한 것으로 인하여 영향을 받을 경우에 그 사실의 유무는 대리인을 표준하여 결정한다.

② 특정한 법률행위를 위임한 경우에 대리인이 본인의 지시에 좇아 그 행위를 한 때에는 본인은 자기가 안 사정 또는 과실로 인하여 알지 못한 사정에 관하여 대리인의 부지를 주장하지 못한다.

제117조【대리인의 행위능력】 대리인은 행위능력자임을 요하지 아니한다.

제118조【대리권의 범위】 권한을 정하지 아니한 대리인은 다음 각호의 행위만을 할 수 있다.

1. 보존행위

2. 대리의 목적인 물건이나 권리의 성질을 변하지 아니하는 범위에서 그 이용 또는 개량하는 행위

제119조【각자대리】 대리인이 수인인 때에는 각자가 본인을 대리한다. 그러나 법률 또는 수권행위에 다른 정한 바가 있는 때에는 그러하지 아니하다.

제120조【임의대리인의 복임권】 대리권이 법률행위에 의하여 부여된 경우에는 대리인은 본인의 승낙이 있거나 부득이한 사유있는 때가 아니면 복대리인을 선임하지 못한다.

제121조【임의대리인의 복대리인선임의 책임】 ① 전조의 규정에 의하여 대리인이 복대리인을 선임한 때에는 본인에게 대하여 그 선임감독에 관한 책임이 있다.

② 대리인이 본인의 지명에 의하여 복대리인을 선임한 경우에는 그 부적임 또는 불성실함을 알고 본인에게 대한 통지나 그 해임을 태만한 때가 아니면 책임이 없다.

제122조【법정대리인의 복임권과 그 책임】 법정대리인은 그 책임으로 복대리인을 선임할 수 있다. 그러나 부득이한 사유로 인한 때에는 전조제1항에 정한 책임만이 있다.

제123조【복대리인의 권한】 ① 복대리인은 그 권한내에서 본인을 대리한다.

② 복대리인은 본인이나 제삼자에 대하여 대리인과 동일한 권리의무가 있다.

제124조【자기계약, 쌍방대리】 대리인은 본인의 허락이 없으면 본인을 위하여 자기와 법률행위를 하거나 동일한 법률행위에 관하여 당사자쌍방을 대리하지 못한다. 그러나 채무의 이행은 할 수 있다.

제125조【대리권수여의 표시에 의한 표현대리】 제삼자에 대하여 타인에게 대리권을 수여함을 표시한 자는 그 대리권의 범위 내에서 행한 그 타인과 그 제삼자간의 법률행위에 대하여 책임이 있다. 그러나 제삼자가 대리권없음을 알았거나 알 수 있었을 때에는 그러하지 아니하다.

제126조【권한을 넘은 표현대리】 대리인이 그 권한외의 법률행위를 한 경우에 제삼자가 그 권한이 있다고 믿을 만한 정당한 이유가 있는 때에는 본인은 그 행위에 대하여 책임이 있다.

제127조【대리권의 소멸사유】 대리권은 다음 각 호의 어느 하나에 해당하는 사유가 있으면 소멸된다.

1. 본인의 사망

　　2. 대리인의 사망, 성년후견의 개시 또는 파산

[전문개정 2011. 3. 7.]

제128조【임의대리의 종료】 법률행위에 의하여 수여된 대리권은 전조의 경우외에 그 원인된 법률관계의 종료에 의하여 소멸한다. 법률관계의 종료전에 본인이 수권행위를 철회한 경우에도 같다.

제129조【대리권소멸후의 표현대리】 대리권의 소멸은 선의의 제삼자에게 대항하지 못한다. 그러나 제삼자가 과실로 인하여 그 사실을 알지 못한 때에는 그러하지 아니하다.

제130조【무권대리】 대리권없는 자가 타인의 대리인으로 한 계약은 본인이 이를 추인하지 아니하면 본인에 대하여 효력이 없다.

제131조【상대방의 최고권】 대리권없는 자가 타인의 대리인으로 계약을 한 경우에 상대방은 상당한 기간을 정하여 본인에게 그 추인여부의 확답을 최고할 수 있다. 본인이 그 기간내에 확답을 발하지 아니한 때에는 추인을 거절한 것으로 본다.

제132조【추인, 거절의 상대방】 추인 또는 거절의 의사표시는 상대방에 대하여 하지 아니하면 그 상대방에 대항하지 못한다. 그러나 상대방이 그 사실을 안 때에는 그러하지 아니하다.

제133조【추인의 효력】 추인은 다른 의사표시가 없는 때에는 계약시에 소급하여 그 효력이 생긴다. 그러나 제삼자의 권리를 해하지 못한다.

제134조【상대방의 철회권】 대리권없는 자가 한 계약은 본인의 추인이 있을 때까지 상대방은 본인이나 그 대리인에 대하여 이를 철회할 수 있다. 그러나 계약당시에 상대방이 대리권 없음을 안 때에는 그러하지 아니하다.

제135조【상대방에 대한 무권대리인의 책임】 ① 다른 자의 대리인으로서 계약을 맺은 자가 그 대리권을 증명하지 못하고 또 본인의 추인을 받지 못한 경우에는 그는 상대방의 선택에 따라 계약을 이행할 책임 또는 손해를 배상할 책임이 있다.

② 대리인으로서 계약을 맺은 자에게 대리권이 없다는 사실을 상대방이 알았거나 알 수 있었을 때 또는 대리인으로서 계약을 맺은 사람이 제한능력자일 때에는 제1항을 적용하지 아니한다.

[전문개정 2011. 3. 7.]

제136조【단독행위와 무권대리】 단독행위에는 그 행위당시에 상대방이 대리인이라 칭하는 자의 대리권없는 행위에 동의하거나 그 대리권을 다투지 아니한 때에 한하여 전6조의 규정을 준용한다. 대리권없는 자에 대하여 그 동의를 얻어 단독행위를 한 때에도 같다.

제137조【법률행위의 일부무효】 법률행위의 일부분이 무효인 때에는 그 전부를 무효로 한다. 그러나 그 무효부분이 없더라도 법률행위를 하였을 것이라고 인정될 때에는 나머지 부분은 무효가 되지 아니한다.

제138조【무효행위의 전환】 무효인 법률행위가 다른 법률행위의 요건을 구비하고 당사자가 그 무효를 알았더라면 다른 법률행위를 하는 것을 의욕하였으리라고 인정될 때에는 다른 법률행위로서 효력을 가진다.

제139조【무효행위의 추인】 무효인 법률행위는 추인하여도 그 효력이 생기지 아니한다. 그러나 당사자가 그 무효임을 알고 추인한 때에는 새로운 법률행위로 본다.

제140조【법률행위의 취소권자】 취소할 수 있는 법률행위는 제한능력자, 착오로 인하거나 사기·강박에 의하여 의사표시를 한 자, 그의 대리인 또는 승계인만이 취소할 수 있다.

[전문개정 2011. 3. 7.]

제141조【취소의 효과】 취소된 법률행위는 처음부터 무효인 것으로 본다. 다만, 제한능력자는 그 행위로 인하여 받은 이익이 현존하는 한도에서 상환(償還)할 책임이 있다.

[전문개정 2011. 3. 7.]

제142조【취소의 상대방】 취소할 수 있는 법률행위의 상대방이 확정된 경우에는 그 취소는 그 상대방에 대한 의사표시로 하여야 한다.

제143조【추인의 방법, 효과】 ① 취소할 수 있는 법률행위는 제140조에 규정한 자가 추인할 수 있고 추인후에는 취소하지 못한다.

② 전조의 규정은 전항의 경우에 준용한다.

제144조【추인의 요건】 ① 추인은 취소의 원인이 소멸된 후에 하여야만 효력이 있다.

② 제1항은 법정대리인 또는 후견인이 추인하는 경우에는 적용하지 아니한다.

[전문개정 2011. 3. 7.]

제145조【법정추인】 취소할 수 있는 법률행위에 관하여 전조의 규정에 의하여 추인할 수 있는 후에 다음 각호의 사유가 있으면 추인한 것으로 본다. 그러나 이의를 보류한 때에는 그러하지 아니하다.

　　1. 전부나 일부의 이행

　　2. 이행의 청구

3. 경개

4. 담보의 제공

5. 취소할 수 있는 행위로 취득한 권리의 전부나 일부의 양도

6. 강제집행

제146조【취소권의 소멸】 취소권은 추인할 수 있는 날로부터 3년내에 법률행위를 한 날로부터 10년내에 행사하여야 한다.

제147조【조건성취의 효과】 ① 정지조건있는 법률행위는 조건이 성취한 때로부터 그 효력이 생긴다.

② 해제조건있는 법률행위는 조건이 성취한 때로부터 그 효력을 잃는다.

③ 당사자가 조건성취의 효력을 그 성취전에 소급하게 할 의사를 표시한 때에는 그 의사에 의한다.

제148조【조건부권리의 침해금지】 조건있는 법률행위의 당사자는 조건의 성부가 미정한 동안에 조건의 성취로 인하여 생길 상대방의 이익을 해하지 못한다.

제149조【조건부권리의 처분 등】 조건의 성취가 미정한 권리의무는 일반규정에 의하여 처분, 상속, 보존 또는 담보로 할 수 있다.

제150조【조건성취, 불성취에 대한 반신의행위】 ① 조건의 성취로 인하여 불이익을 받을 당사자가 신의성실에 반하여 조건의 성취를 방해한 때에는 상대방은 그 조건이 성취한 것으로 주장할 수 있다.

② 조건의 성취로 인하여 이익을 받을 당사자가 신의성실에 반하여 조건을 성취시킨 때에는 상대방은 그 조건이 성취하지 아니한 것으로 주장할 수 있다.

제151조【불법조건, 기성조건】 ① 조건이 선량한 풍속 기타 사회질서에 위반한 것인 때에는 그 법률행위는 무효로 한다.

② 조건이 법률행위의 당시 이미 성취한 것인 경우에는 그 조건이 정지조건이면 조건없는 법률행위로 하고 해제조건이면 그 법률행위는 무효로 한다.

③ 조건이 법률행위의 당시에 이미 성취할 수 없는 것인 경우에는 그 조건이 해제조건이면 조건없는 법률행위로 하고 정지조건이면 그 법률행위는 무효로 한다.

제152조【기한도래의 효과】 ① 시기있는 법률행위는 기한이 도래한 때로부터 그 효력이 생긴다.

② 종기있는 법률행위는 기한이 도래한 때로부터 그 효력을 잃는다.

제153조【기한의 이익과 그 포기】 ① 기한은 채무자의 이익을 위한 것으로 추정한다.

② 기한의 이익은 이를 포기할 수 있다. 그러나 상대방의 이익을 해하지 못한다.

제154조【기한부권리와 준용규정】 제148조와 제149조의 규정은 기한있는 법률행위에 준용한다.

제6장 기간

제155조【본장의 적용범위】 기간의 계산은 법령, 재판상의 처분 또는 법률행위에 다른 정한 바가 없으면 본장의 규정에 의한다.

제156조【기간의 기산점】 기간을 시, 분, 초로 정한 때에는 즉시로부터 기산한다.

제157조【기간의 기산점】 기간을 일, 주, 월 또는 연으로 정한 때에는 기간의 초일은 산입하지 아니한다. 그러나 그 기간이 오전 영시로부터 시작하는 때에는 그러하지 아니하다.

제158조【나이의 계산과 표시】 나이는 출생일을 산입하여 만(滿) 나이로 계산하고, 연수(年數)로 표시한다. 다만, 1세에 이르지 아니한 경우에는 월수(月數)로 표시할 수 있다.

[전문개정 2022. 12. 27.]

제159조【기간의 만료점】 기간을 일, 주, 월 또는 연으로 정한 때에는 기간말일의 종료로 기간이 만료한다.

제160조【역에 의한 계산】 ① 기간을 주, 월 또는 연으로 정한 때에는 역에 의하여 계산한다.

② 주, 월 또는 연의 처음으로부터 기간을 기산하지 아니하는 때에는 최후의 주, 월 또는 연에서 그 기산일에 해당한 날의 전일로 기간이 만료한다.

③ 월 또는 연으로 정한 경우에 최종의 월에 해당일이 없는 때에는 그 월의 말일로 기간이 만료한다.

제161조【공휴일 등과 기간의 만료점】 기간의 말일이 토요일 또는 공휴일에 해당한 때에는 기간은 그 익일로 만료한다. <개정 2007. 12. 21.>

[제목개정 2007. 12. 21.]

제7장 소멸시효

제162조【채권, 재산권의 소멸시효】 ① 채권은 10년간 행사하지 아니하면 소멸시효가 완성한다.

② 채권 및 소유권 이외의 재산권은 20년간 행사하지 아니하면 소멸시효가 완성한다.

제163조【3년의 단기소멸시효】 다음 각호의 채권은 3년간 행사하지 아니하면 소멸시효가 완성한다. <개정

1997. 12. 13.>

1. 이자, 부양료, 급료, 사용료 기타 1년 이내의 기간으로 정한 금전 또는 물건의 지급을 목적으로 한 채권

2. 의사, 조산사, 간호사 및 약사의 치료, 근로 및 조제에 관한 채권

3. 도급받은 자, 기사 기타 공사의 설계 또는 감독에 종사하는 자의 공사에 관한 채권

4. 변호사, 변리사, 공증인, 공인회계사 및 법무사에 대한 직무상 보관한 서류의 반환을 청구하는 채권

5. 변호사, 변리사, 공증인, 공인회계사 및 법무사의 직무에 관한 채권

6. 생산자 및 상인이 판매한 생산물 및 상품의 대가

7. 수공업자 및 제조자의 업무에 관한 채권

제164조【1년의 단기소멸시효】 다음 각호의 채권은 1년간 행사하지 아니하면 소멸시효가 완성한다.

1. 여관, 음식점, 대석, 오락장의 숙박료, 음식료, 대석료, 입장료, 소비물의 대가 및 체당금의 채권

2. 의복, 침구, 장구 기타 동산의 사용료의 채권

3. 노역인, 연예인의 임금 및 그에 공급한 물건의 대금채권

4. 학생 및 수업자의 교육, 의식 및 유숙에 관한 교주, 숙주, 교사의 채권

제165조【판결 등에 의하여 확정된 채권의 소멸시효】
① 판결에 의하여 확정된 채권은 단기의 소멸시효에 해당한 것이라도 그 소멸시효는 10년으로 한다.

② 파산절차에 의하여 확정된 채권 및 재판상의 화해, 조정 기타 판결과 동일한 효력이 있는 것에 의하여 확정된 채권도 전항과 같다.

③ 전2항의 규정은 판결확정당시에 변제기가 도래하지 아니한 채권에 적용하지 아니한다.

제166조【소멸시효의 기산점】 ① 소멸시효는 권리를 행사할 수 있는 때로부터 진행한다.

② 부작위를 목적으로 하는 채권의 소멸시효는 위반행위를 한 때로부터 진행한다.

[단순위헌, 2014헌바148, 2018. 8. 30. 민법(1958. 2. 22. 법률 제471호로 제정된 것) 제166조 제1항 중 '진실·화해를 위한 과거사정리 기본법' 제2조 제1항 제3호, 제4호에 규정된 사건에 적용되는 부분은 헌법에 위반된다.]

제167조【소멸시효의 소급효】 소멸시효는 그 기산일에 소급하여 효력이 생긴다.

제168조【소멸시효의 중단사유】 소멸시효는 다음 각호의 사유로 인하여 중단된다.

1. 청구

2. 압류 또는 가압류, 가처분

3. 승인

제169조【시효중단의 효력】 시효의 중단은 당사자 및 그 승계인간에만 효력이 있다.

제170조【재판상의 청구와 시효중단】 ① 재판상의 청구는 소송의 각하, 기각 또는 취하의 경우에는 시효중단의 효력이 없다.

② 전항의 경우에 6월내에 재판상의 청구, 파산절차참가, 압류 또는 가압류, 가처분을 한 때에는 시효는 최초의 재판상 청구로 인하여 중단된 것으로 본다.

제171조【파산절차참가와 시효중단】 파산절차참가는 채권자가 이를 취소하거나 그 청구가 각하된 때에는 시효중단의 효력이 없다.

제172조【지급명령과 시효중단】 지급명령은 채권자가 법정기간내에 가집행신청을 하지 아니함으로 인하여 그 효력을 잃은 때에는 시효중단의 효력이 없다.

제173조【화해를 위한 소환, 임의출석과 시효중단】 화해를 위한 소환은 상대방이 출석하지 아니 하거나 화해가 성립되지 아니한 때에는 1월내에 소를 제기하지 아니하면 시효중단의 효력이 없다. 임의출석의 경우에 화해가 성립되지 아니한 때에도 그러하다.

제174조【최고와 시효중단】 최고는 6월내에 재판상의 청구, 파산절차참가, 화해를 위한 소환, 임의출석, 압류 또는 가압류, 가처분을 하지 아니하면 시효중단의 효력이 없다.

제175조【압류, 가압류, 가처분과 시효중단】 압류, 가압류 및 가처분은 권리자의 청구에 의하여 또는 법률의 규정에 따르지 아니함으로 인하여 취소된 때에는 시효중단의 효력이 없다.

제176조【압류, 가압류, 가처분과 시효중단】 압류, 가압류 및 가처분은 시효의 이익을 받은 자에 대하여 하지 아니한 때에는 이를 그에게 통지한 후가 아니면 시효중단의 효력이 없다.

제177조【승인과 시효중단】 시효중단의 효력있는 승인에는 상대방의 권리에 관한 처분의 능력이나 권한있음을 요하지 아니한다.

제178조【중단후에 시효진행】 ① 시효가 중단된 때에는 중단까지에 경과한 시효기간은 이를 산입하지 아니하고 중단사유가 종료한 때로부터 새로이 진행한다.

② 재판상의 청구로 인하여 중단한 시효는 전항의 규정에 의하여 재판이 확정된 때로부터 새로이 진행한다.

제179조【제한능력자의 시효정지】 소멸시효의 기간만료 전 6개월 내에 제한능력자에게 법정대리인이 없는 경우에는 그가 능력자가 되거나 법정대리인이 취임한 때부터 6개월 내에는 시효가 완성되지 아니한다.
[전문개정 2011. 3. 7.]

제180조【재산관리자에 대한 제한능력자의 권리, 부부 사이의 권리와 시효정지】 ① 재산을 관리하는 아버지, 어머니 또는 후견인에 대한 제한능력자의 권리는 그가 능력자가 되거나 후임 법정대리인이 취임한 때부터 6개월 내에는 소멸시효가 완성되지 아니한다.
② 부부 중 한쪽이 다른 쪽에 대하여 가지는 권리는 혼인관계가 종료된 때부터 6개월 내에는 소멸시효가 완성되지 아니한다.
[전문개정 2011. 3. 7.]

제181조【상속재산에 관한 권리와 시효정지】 상속재산에 속한 권리나 상속재산에 대한 권리는 상속인의 확정, 관리인의 선임 또는 파산선고가 있는 때로부터 6월 내에는 소멸시효가 완성하지 아니한다.

제182조【천재 기타 사변과 시효정지】 천재 기타 사변으로 인하여 소멸시효를 중단할 수 없을 때에는 그 사유가 종료한 때로부터 1월내에는 시효가 완성하지 아니한다.

제183조【종속된 권리에 대한 소멸시효의 효력】 주된 권리의 소멸시효가 완성한 때에는 종속된 권리에 그 효력이 미친다.

제184조【시효의 이익의 포기 기타】 ① 소멸시효의 이익은 미리 포기하지 못한다.
② 소멸시효는 법률행위에 의하여 이를 배제, 연장 또는 가중할 수 없으나 이를 단축 또는 경감할 수 있다.

2024 박문각 행정사 1차
조민기 민법총칙 기본서

초판인쇄 | 2023. 9. 1. **초판발행** | 2023. 9. 5. **편저자** | 조민기

발행인 | 박 용 **발행처** | (주)박문각출판 **등록** | 2015년 4월 29일 제2015-000104호

주소 | 06654 서울시 서초구 효령로 283 서경 B/D 4층 **팩스** | (02)584-2927

전화 | 교재 문의 (02)6466-7202

저자와의
협의하에
인지생략

정가 32,000원

ISBN 979-11-6987-476-2